口絵1　ダマスクス東門（Bāb Sharqī）より城内を見る

奥へ続く石畳が「真直ぐな道」（使徒行伝9章11節），その両側にキリスト教徒地区が広がる

The Street Called Straight, Damascus, ca. 1857 Francis Frith (1822-1897)　Albumen print

Damascus
9/7 44.

口絵3　アフマド・パシャ

Achmet Pacha Ferik, Commander at Kalafat
Constantin Guys (1802–1892)
The Illustrated London News,
11 February, 1854 (vol. 24, no. 668), p. 125.

ACHMET PACHA FERIK, COMMANDER AT KALAFAT.

（前頁）
口絵2　キリスト教徒地区より見たダマスクス市街

マックス・シュミット画　1844年
紙本水彩　27.5×43.5 cm
Max Schmidt (1818–1901)
Damascus, 1844
著者蔵

口絵4　アブド・アルカーディル・アルジャザーイリー

Portrait of ʿAbd al-Qadir, Damascus
30 April 1862
Francis Bedford (1815–1894)
Albumen print
The Royal Collection

口絵5　ミーハーイール・ミシャーカ

The American Vice Consul to Damascus
Michael Mishaka Holding a Bible 1859
Albumen print

口絵6　アルビーリー一家

Portrait of Professor Joseph Arbeely and Family
Holding Books, Beirut ca. 1876
Albumen print
Naff Collection,
Smithsonian Institution Archives

（前列右より）五男ハビーブ，ユースフ・アルビーリー，妻マルヤム，六男ナスィーム
（後列右より）四男ナジーブ，三男ファドルッラー，次男ハリール，長男イブラーヒーム

口絵７　暴徒に襲撃されるダマスクスの仏国領事館

Henri-Pierre-Léon-Pharamond Blanchard (1805-1873)
L'Illustration, Journal Universel, Paris, 11 août 1860, p. 89.

MASSACRE DES CHRÉTIENS A DAMAS (SYRIE), LE 9 JUILLET 1860 (d'après un croquis de M. Belbèz). — Page 283.

口絵 8　ダマスクス騒擾の様子

L'Univers illustré, journal hebdomadaire, Paris, 2 août 1860, p. 281.

口絵 9　ダマスクス・キリスト教徒地区の被害状況

Damas, quartier chrétien incendié,
façade d'une maison avec trois fenêtres et une porte, 1861
Henry Sauvaire (1831-1896)
Tirage albuminé
Musée d'Orsay, Paris

口絵 10　ダマスクス・キリスト教徒地区の事件後の概観

Damas, quartier chrétien incendié,
panorama central, maisons en ruines et arbres, 1861
Henry Sauvaire (1831-1896)
Tirage albuminé
Musée d'Orsay, Paris

口絵 11　正教会アンティオキア総主教座マルヤミーヤ大聖堂の焼跡

Ruins of the Greek church in the Christian quarter, Damascus
30 April 1862
Francis Bedford (1815-1894)
Albumen print　24.0×29.0 cm
The Royal Collection

口絵 12 「真直ぐな道」より東門方向を望む

Damascus, Part of the Straight Street in the Christian Quarter
30 April 1862
Francis Bedford (1815-1894)
Albumen print　23.8×29.0 cm
著者蔵

口絵 13　アブド・アルカーディル旧居

ダマスクス・アマーラ地区
中央棟　応接室
著者撮影

口絵 14　アブド・アルカーディル旧居

ダマスクス・アマーラ地区　　東棟　中庭

アブド・アルカーディル・アルジャザーイリー伝統文化国際財団

(Mu'assasah al-Amīr 'Abd al-Qādir al-Jazā'irī al-Dawlīyah l-l-Thaqāfah wa-l-Turāth)

設立式典にて

2011 年 11 月 26 日　　著者撮影

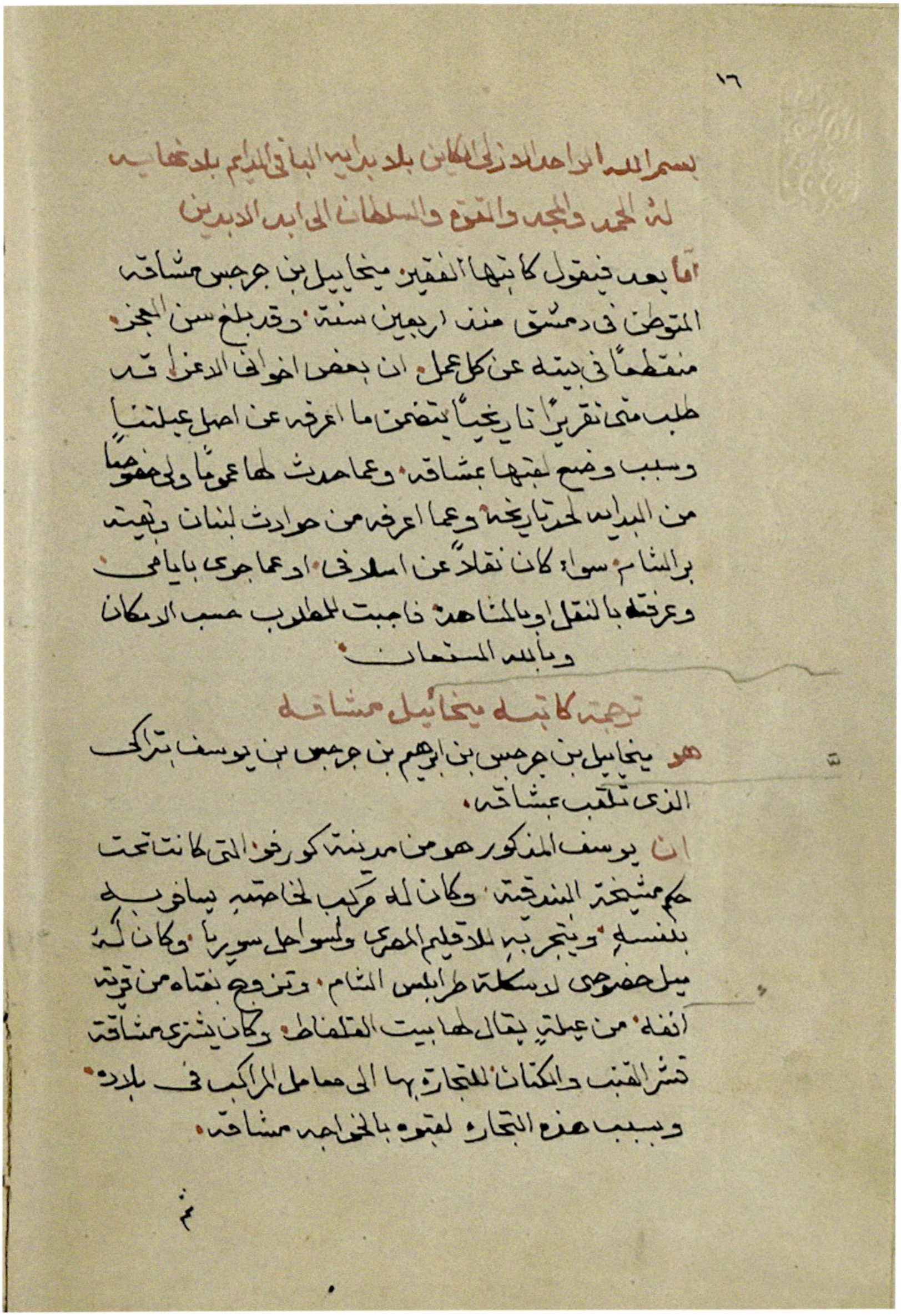
١٦

بسم الله الواحد الذي الكائن بلا بداية الباقي الدائم بلا نهاية
له الحمد والمجد والقوة والسلطان الى ابد الابدين

اما بعد فيقول كاتبها الفقير ميخائيل بن جرجس مشاقه
المتوطن في دمشق منذ اربعين سنة. وقد بلغ سن العجز
منقطعاً في بيته عن كل عمل. ان بعض اخواني الاعزاء قد
طلب مني تقريراً تاريخياً يتضمن ما اعرفه عن اصل عيلتنا
وسبب وضع لقبها مشاقه. وعما حدث لها عموماً ولي خصوصاً
من ابتداء الى حد تاريخه وعما اعرفه من حوادث لبنان وبقية
بر الشام سواء كان نقلاً عن اسلافي او عما جرى بايامي
وعرفته بالنقل او بالمشاهدة. فاجبت المطلوب حسب الامكان
وبالله المستعان.

ترجمة كاتبه ميخائيل مشاقه

هو ميخائيل بن جرجس بن ابرهيم بن جرجس بن يوسف بتراكي
الذي تلقب بمشاقه.
ان يوسف المذكور هو من مدينة كورفو التي كانت تحت
حكم مشيخة البندقية. وكان له مركب لخاصته يسافر به
بنفسه. ويتجر به للاقليم المصري ولسواحل سوريا. وكان له
ميل خصوصي لاسكلة طرابلس الشام. وتزوج بفتاة من قرية
انفه من عيلة يقال لها بيت المتلماط. وكان يشتري مشاقة
القنب والكتان للتجارة بها الى معامل المراكب في بلاده.
وبسبب هذه التجارة لقب بالخواجه مشاقه.

تم

口絵 15　『親愛なる人々の提案に対する回答』*al-Jawāb ʿalā Iqtirāḥ al-Aḥbāb*

ベイルート・アメリカン大学所蔵本

Jafet Library, American University of Beirut, MS 956.9: M39jaA: c.1

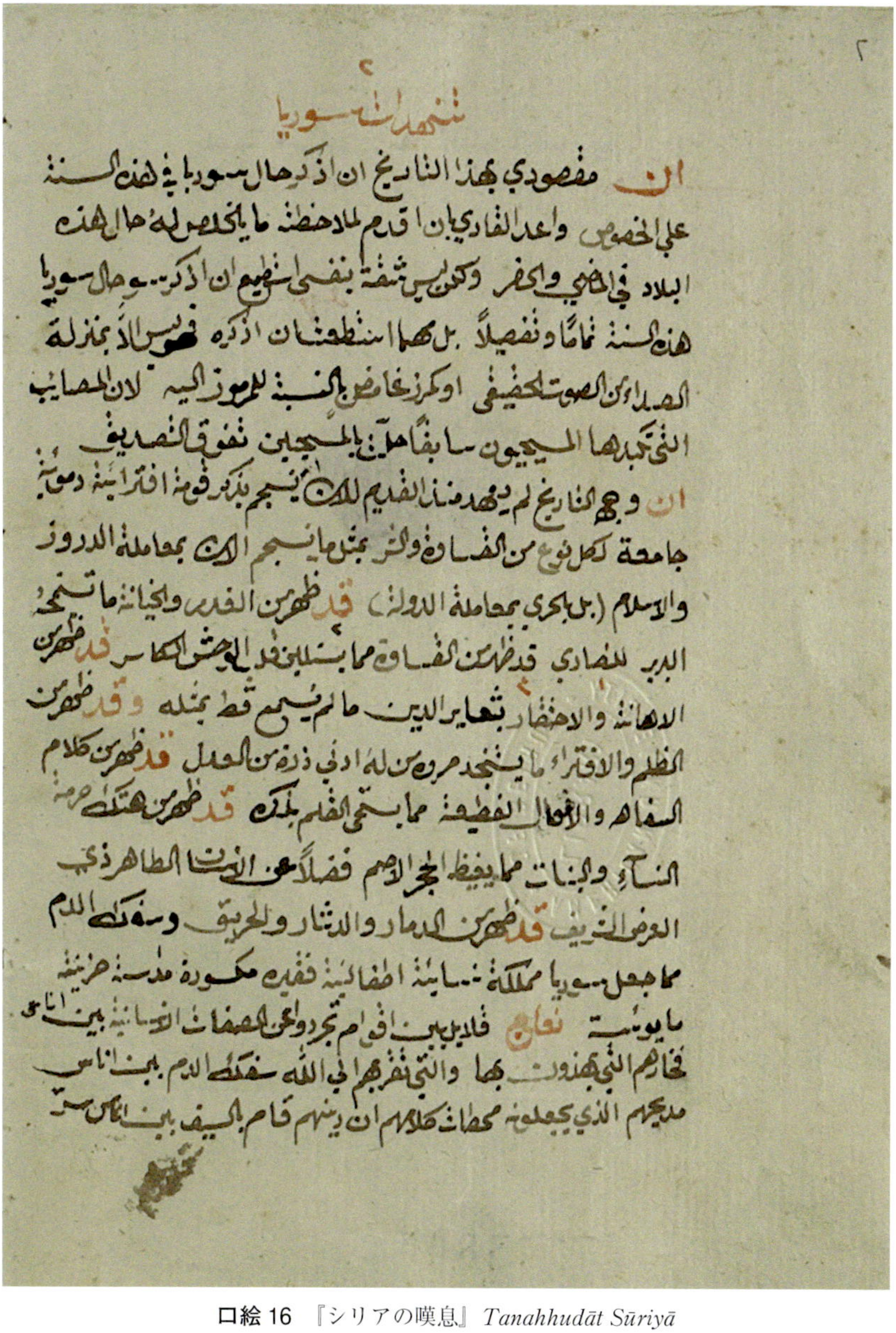

口絵 16　『シリアの嘆息』 *Tanahhudāt Sūriyā*

ベイルート・アメリカン大学所蔵本

Jafet Library, American University of Beirut MS 956.9: T16A: c.1

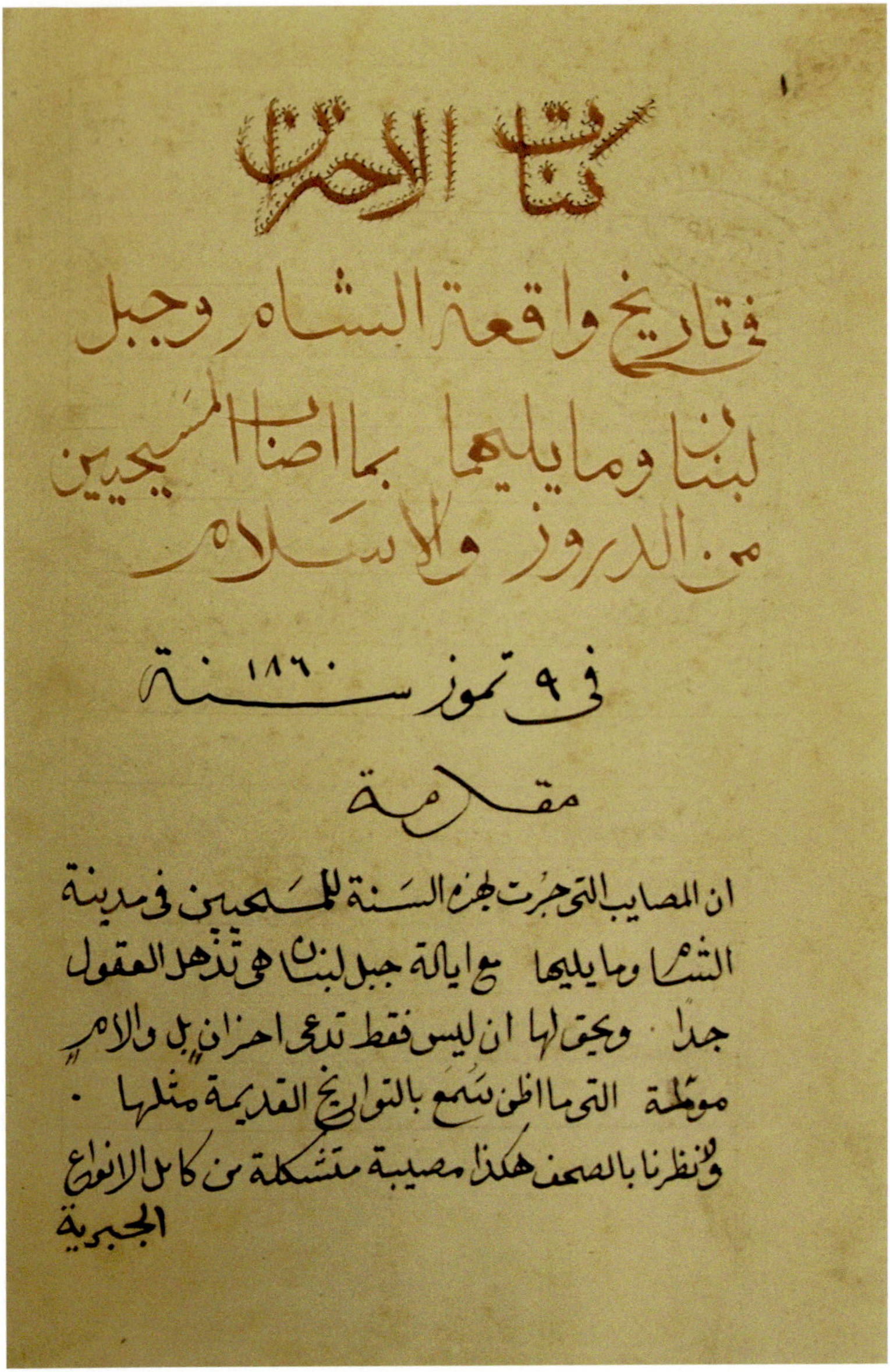

١

كتاب الاحزان

في تاريخ واقعة الشام وجبل
لبنان وما يليهما بما اصاب المسيحيين
من الدروز والاسلام

في ٩ تموز سنة ١٨٦٠

مقدمة

ان المصايب التي جرت بهذه السنة للمسيحيين في مدينة
الشام وما يليها مع ايالة جبل لبنان هي تذهل العقول
جدا وبحقها ان ليس فقط تدعى احزان بل والام
مولمة التي ما اظن نسمع بالتواريخ القديمة مثلها .
ولا نظرنا بالصحف هكذا مصيبة متشكلة من كامل الانواع
الجبرية

口絵 17　『悲哀の書』

Kitāb al-Aḥzān fī Tārīkh Wāqi'ah al-Shām wa-Jabal Lubnān wa-mā yalī-himā bi-mā aṣāba al-Masīḥīyūn min al-Durūz wa-l-Islām fī 9 Tammūz Sanah 1860

ベイルート・アメリカン大学所蔵本

Jafet Library, American University of Beirut MS 956.9: K62kA: c.1

シリアの悲嘆　キリスト教徒虐殺事件 一八六〇年

シリアの悲嘆

キリスト教徒虐殺事件　一八六〇年

若林啓史著

知泉書館

凡　例

一　本文中、簡単な補足や註釈、語句の言い換えなどは（　）内に記述した。また、原典の引用および翻訳箇所において、原文にはないが補うことが適当な語句は〔　〕の中に示した。

一　人名および重要単語には、原語表記を付した。その際、必要に応じ次の記号で言語名を示した。

Ar.＝アラビア語　Ott.＝オスマン語

アラビア語の片仮名ないしはアルファベットによる表記に関しては、日本イスラム協会監修『新イスラム事典』（平凡社、二〇〇二年）の転写法に概ね依拠した。片仮名表記に際しては原語の発音を尊重したが、一部慣用に従ったものがある。

例　ディマシュク　→　ダマスクス

なお、アラビア語の定冠詞 al- は、片仮名表記に際し語頭において省略される。

例　マフムード・アルハムザーウィー（語中）→　ハムザーウィー（語頭）

また、同一人物について言語による発音が異なる場合、異なる表記を文脈に応じて併用する場合がある。

例　アブド・アルマジード（Ar.）＝　アブデュルメジド（Ott.）

一　人名には初出の箇所に生没年を註記した。ただし、東ローマ帝国皇帝、オスマン帝国スルターンなど著名な支配者については、在位年をもってこれに代えた。

一　本書に引用した原典、翻訳、研究書、事典および雑誌論文は巻末の「参考文献」に分類の上、編著者名でアルファベット順に列挙した。註においては、「参考文献」に掲げた呼称を使用して引用した。

緒　言

本書、特に和訳したアラビア語史料には多くの人々の悲惨な最期が描写されているが、一種の黙示文学として昇華を試みた作品と受け止めて頂ければ幸いである。宗教の力によって人は過酷な現実に耐え抜くことができるとの見解を、史実に裏付けるものと読むことも可能であろう。また慎重な読者には明らかな通り、虐殺に荷担した人々を一方的に断罪する目的で本書を著すものではない。罪のない人々を殺害した側もまた処断される運命にあった。事件を峻厳に収拾したオスマン帝国の背後には、欧州列強の冷徹な政策が見え隠れしている。ダマスクスという、この事件におけるいわば擂鉢の底に位置する都市から、世界がどう見えていたかを史料に基づき再現することが本書の要諦の一つである。

事件の分析・評価に際しては、単一の視点に囚われることなく、入り組んだ事象の複雑さを可能な限り保持して、その相互関係を解明するよう心掛けた。そのため一つの事件を、現場にいた様々な立場の人物による記録を通じて検証することが必要と思われた。この事件は、次元あるいは層理の異なる複数の切り口からの捉え方が可能である。第一に、終焉に近付いたオスマン帝国を巡る列強の角逐という次元がある。この観点から再構成するには、欧州諸国に保管される外交文書が根本史料となるであろう。第二に、オスマン帝国の地方史としての見方が成り立つ。この見方にはオスマン語文献が必須であろう。第三に、同一の事件についてダマスクスの歴史そのものという視点が存在する。この第三の視点が本書の意図する主題である。

欧州外交史あるいはオスマン帝国史の文脈からは、この時代のシリア地方を対象として、すでに優れた研究が少なからず発表されている。また欧州諸語やオスマン語による文書群の博捜は、著者の及ぶところではない。したがって本書では、背景を構成する巨視的な事象に関しては簡潔な説明に努めた。一方、事件の目撃者によって記されたアラビア語文献については、これを主要な素材として収集することとした。これらアラビア語史料の多くは、今日まで続くこの事件の深刻な影響によって刊行を憚られ、未だ写本の状態にある。よってその中から重要な二作品を校訂・翻訳し、もっとも深い闇を辿る糸口として読者に提供してみたい。

目次

シリアの悲嘆

——キリスト教徒虐殺事件　一八六〇年——

序章　歴史的シリアのキリスト教

一　キリスト教の成立と発展

本書は限定された時空、すなわち一八六〇年にダマスクスで発生したキリスト教徒に対する襲撃事件に焦点を当てている。本論に入る前に、その地理的・歴史的・文化的背景の説明を試みたい。

歴史的シリア（Ar. Bilād al-Shām/Greater Syria）とは、現在シリア、レバノン、ヨルダン、パレスティナに四分割された地域であり、有史以来オスマン帝国が解体した二〇世紀初頭まで、一体の地域として認識されていた。本書はオスマン帝国時代を対象としており、単に「シリア」と言及する際は、歴史的シリアを意味している。シリアは、北はアナトリア高原、西は地中海、東から南にかけてはシリア砂漠に囲まれた、比較的平坦で肥沃な地域である。ただし平野が多いとはいえ、急峻なレバノン山脈、あるいはヘルモン山（標高二八一四メートル）を筆頭とするアンチ・レバノン山脈など山岳地帯も存在している。シリアは、地中海沿岸の人口稠密地帯と、荒野の広がる内陸では多少様相を異にしている。

ダマスクス（Dimashq/al-Shām）はシリアの内陸部、標高七〇〇メートルに位置している。シリアの内陸では、都市が乾燥した大地の中で島のように点在し、他の都市とは隊商路で結ばれていた。都市は元来防御のための城壁で囲まれており、その周囲に農村地帯を擁していた。ダマスクスも例外ではなく、アンチ・レバノン山脈の水を集めたバラダ川が七つの支流に分岐し、グータの森を潤して砂漠地帯に消える自然の恵みを生かして建設された。ダマスクスはシリアの主要都市であり、人類最古の都市の一つである。人類最古という形容は、都市形成の早さに限らず、現代まで途切れることなく住民が居住する、都市生命の長さが含意されている。旧市街は東西長径約一・六キロメートル、南北短径約一キロメートルの楕円形の城壁に囲まれている（本書巻末地図2参照）。ユリアノス帝（Ιουλιανός 在位三六一—三六三）は、ダマスクスを喩えて「東方全州の眼」（ὁ τῆς ἑῴας ἁπάσης ὀφθαλμός）と言った。(1)

　シリアに限られるものではないが、中東地域に顕著な特色として、文化的重層性を挙げることができる。シリアが地理的に一体を成すといっても、長い歴史の上で常に単一の政治権力に服していたわけではない。シリアは紀元前一五世紀にファラオに征服された記録があるなど、常に強国から争奪の目標とされていた。興亡する政治権力と共にもたらされた様々な言語、宗教などの文化、あるいはそれらの担い手である諸民族は、新しい時代に消滅することなく、少数言語、少数民族などの形態で複層的で多様な文化を現出しているのである。古代オリエント世界において、シリアはエジプトとペルシアにはさまれ、両帝国の高度な文明を共有していた。そしてアレキサンドロス大王（在位紀元前三三六—前三二三）の征服によって、東地中海地方からペルシアまでがヘレニズム文化圏に包摂された。アレキサンドロス大王の帝国は短期間で分裂したが、古典ギリシア語から発展したコイネー（κοινὴ διάλεκτος）が域内の共通言語になり、次代のローマ帝国による政治的統一、ギリシア・ローマ文明の継受、キリスト教の誕生が準備された。

　イエスや弟子たちが日常話していたと考えられるのは、アラム語である。これは、シリア語、ヘブライ語、アラビア語などと近接するセム語派の言語である。しかし、新約聖書全文書は当時の公用語であるコイネーで成立した。これにより、キリスト教のローマ帝国内への急速な浸透が可能になった。コイネーが東地中海一帯での公用語の地位を獲得したとはいえ、それ以前の言語が直ちに廃絶した訳ではなかった。エジプトでは古代エジプト語に起源を有するコプト語が話され、シリアではシリア語、アラム語などが住民の言語として用いられていた。東ローマ帝国の時代、教義論争に敗れて皇帝派教会から分離したコプト教会、シリア教会は、その地方で話されていたコプト語、シリア語を典礼語として採用した。

キリスト教は、エルサレム周辺を発祥の地とする、シリア起源の宗教である。イエスの時代から現代に至るまで、シリアのキリスト教共同体は片時の断絶もなく存続している。この地域のキリスト教共同体は、首都ローマにキリスト教が伝わるに先立って存在した。フランク王国やスラヴ族がキリスト教化されたのは、さらに数百年以上後のことである。シリアのキリスト教共同体はイスラーム帝国の征服など、今日に至る歴史の曲折に耐えて信仰を保持しており、初期キリスト教団との同一性を誇っている。彼らは、自らの信徒共同体がキリスト教そのものであると確信し、ある時点で外部からの宣教の結果、キリスト教に改宗した信徒共同体であるとは考えていないのである。このような強固な本家意識は、様々な歴史的場面で表出している。これがムスリム支配下の厳しい状況にあっても共同体を維持し、カトリックやプロテスタントからの干渉に非妥協的態度を生み出す独自の信仰心の核を形成している。

シリアのキリスト教は、イスラーム出現を前にしてすでに単一宗派ではなかった。初期のキリスト教は、ローマ帝国の交通網を辿って帝国の諸都市に拡大した。キリスト教伝播の過程では、ローマ帝国が社会制度として提供していた共通言語や移動・通信の利便性が活用された。一方でキリスト教が帝国内の広大な領域に根を下ろしていく段階にあっては、都市それぞれの歴史や文化に従って、教義や典礼に多様性が胚胎したのである。しかし、キリスト教が組織的な迫害を受けていた時代には、地域的差異を詮議する発想には至らなかった。弾圧下のキリスト教は都市単位の秘密結社であり、使徒の後継者である長老、後の主教が教義と教団運営に責任を負っていた。各都市のキリスト教共同体は、新約聖書が証するように指導者の往来や書簡によって集団としての連帯と規律を維持していた。

地中海を囲む広大な領土を支配したローマ帝国は、元来ヘレニズム文化を共通遺産とする東方と、ラテン文化に依拠する西方との複合世界であった。中央政府の力が徐々に衰退するにつれ、帝国の東西を統一的に支配することが困難になった。二八五年には帝国を東西の行政地域に分割した上で、東西にそれぞれ正副皇帝を置いて四地域を分割統治する体制が始まった。コンスタンティノス大帝（Κωνσταντίνος 在位三〇六—三三七）の時代、帝国は再び一人の皇帝の下に統一された。しかし、三九五年にテオドシオス一世（Θεοδόσιος 在位三七九—三九五）の二児の間で帝国が東西に分割されて以降、ローマ帝国の分裂が常態となった。特に西ローマ帝国ではゲルマン民族の圧力が困難に拍車をかけた。四七六年にはオドアケルによりラヴェンナが陥落し、四八〇年にダルマチア地方も彼の王国に併合されるに及んで西ローマ帝国は終焉を迎えた。ユスティニアノス一世（Ιουστινιανός 在位五二七—五六五）の時代に西ローマ帝国領のかなりの部分が一時的に回復したものの、西方ラテン世界がローマ帝国に復帰することはついになかった。

キリスト教が教義と組織の両面において確立したのは、ミラノ勅令（三一三年）によるキリスト教の公認と、国教化（三八〇年）を経たキリスト教ローマ帝国の時代である。四世紀には、ローマ帝国そのものが政治的・文化的変容を余儀なくされていた。コンスタンティノス大帝は、異教世界の中心であるローマを棄てて帝国の重心を東方に移すことを決意した。彼は三二四年新首都コンスタンティノープルを建設し、三三〇年遷都した。西ローマ帝国滅亡という状況が加わり、コンスタンティノープルを首都とする東ローマ帝国が、唯一のキリスト教ローマ帝国としての機能を担うことになった。

キリスト教は当初より多元的性格を有し、元来主教は管轄する都市の大小にかかわらず対等とされていた。東ローマ帝国時代にもこの建前は堅持されたが、キリスト教の国教化に伴い、主教の管轄が帝国の行政区画に従って整えられると共に、主要都市の主教には府主教、大主教の称号が与えられた。ローマ、コンスタンティノープル、アレキサンドリア、アンティオキアの主教にはさらに高い地位が認められた。ローマ、コンスタンティノープルは帝国の第一、第二の首都であり、アレキサンドリア、アンティオキアはそれぞれエジプト、シリアの中心地であった。特にローマは使徒ペテロ、パウロの殉教の地でもあるところから重視され、その主教は教皇の名で呼ばれた。しかし、「教皇」の称号はローマ教皇に限られるわけではなく、アレキサンドリア主教の正式称号は現在でも「教皇および総主教」である。コンスタンティノープルは、三八一年の第一コンスタンティノープル公会議で第二の序列を認められた。エルサレム主教は四五一年のカルケドン公会議においてカイザリア府主教の管轄を離れ、コンスタンティノープル主教と共に総主教に格上げされた。こうして、ローマ、コンスタンティノープル、アレキサンドリア、アンティオキア、エルサレムによる五頭体制（Pentarchy）が発足した。

キリスト教ローマ帝国時代の教義の決定は、全主教が出席する公会議の決定によることが原則であった。三二五年の第一ニケア公会議から、七八七年の第二ニケア公会議までの七回の公会議による決定が五頭体制の下で正統と承認され、これに従う共同体が正教会である。それ以降の「公会議」の名称を与えられた宗教会議は、いかに重要な会議であっても全主教出席の条件を満たすものではない。ローマ教皇は、一一世紀までこの考え方を採っていた。東ローマ皇帝は、帝国の文化的統一、ひいては政治的安定を維持する観点から、国教化されたキリスト教の教義確立に強い関心を抱いた。公会議は皇帝によって召集され、帝国官僚により詳細な記録が作成され、費用は帝国財政により支弁された。しかし皇帝はあくまで俗人であり、若干の儀礼的特権を有する反面、教義決定に直接口を挟むことはできなかった。実際には皇帝が腹心であるコンスタンティノープル総主教や官僚を通じて影響力を行使したが、公会議は皇帝の期待に反して教会の調和を実現する方向ではなく、各主教による激烈な教義論争の場になってしまった。少なからぬ主教が異端の烙印を押され、正教会から離脱した。こうして、公会議の時代にキリスト教の宗派分裂は本格化した。ローマ教皇には儀礼上の首位が認められ、全教会の上訴を受け付けるなどの特権を有したが、これはあくまでも同格者中の首位（primus inter pares）であり、後にローマ教皇が主張したような全キリスト教会に対する教会法上の最高決定権とは異なるものであった。実際にも八世紀半ばまでの一三代の教皇のうち、一一名はギリシア語を話すヘレニズム文化圏の聖職者であった。ローマ教会と、東ローマ帝国内の四総主教座との紐帯が弱まったのは、六世紀前半にスラヴ民族がバルカン半島を南下し、イスラーム帝国が六三六年から六四二年にシリア・エジプトを奪ってローマ教会を文化的に孤立させたことが原因である。さらに八〇〇年に教皇レオ三世（Leo 在位七九五―八一六）がフランク王国のシャルルマーニュ（Charlemagne 在位七六八―八一四）を「ローマ皇帝」として加冠したことは、教皇と東ローマ皇帝の関係を悪化させた。東西両教会の間では、聖霊の発出など教義上の相違に典礼、教会法の争論が加わった聖職者間の対立が始まり、一一世紀には双方の代表を互いに破門するなど亀裂が顕在化した。東ローマ帝国では、皇帝が西方教会における教皇のような一元支配を行っていたとの仮説「皇帝教皇主義」（Caesaropapism）が唱えられるが、東ローマ皇帝は聖職者ではなく、秘蹟を授ける権限すら認められていないのであるから、この説はもはや有効でないとみなされなければならない。もっとも、西方教会において「教会」とは、聖職者による組織に限定されて認識されているのに対し、東方教会における「教会」は、聖職者と俗人を含むキリスト教共同体を指しており、そのような東方的「教会」において、東ローマ皇帝と教会組織が機能を分担していた実態には留意する必要がある。

キリスト教が誕生時から多元的性格を備えていたため、公会議における正統教義の確立には諸宗派の異端化という犠牲を伴った。西方教会で四世紀に大勢力を有したアリウス派がまず弾劾され、第一コンスタンティノープル公会議で最終的打撃を受けた。受肉したキリストの人性と神性の区別を強調したコンスタンティノープル総主教ネストリオス（Νεστόριος 在位四二八―四三一）は、四三一年のエフェソス公会議で弾劾され、失脚した。彼の支持者は皇帝の迫害を逃れ、ペルシア帝国内に新たな拠点を築いた。ネストリオス派教会は、ペルシアからインド、中国に及ぶ布教活動を行ったが、一三世紀末以降衰退に向かった。一九世紀には、英国国教会の宣教師により「アッシリア教会」とも呼ばれた。五世紀の教義論争においては、ネストリオス派に対する強い反対から、キリストには神人両性があるとのカルケドン公会議の決定を拒絶し、人性と神性の区別を否定する者が現れた。彼らは正統教会から単性論派と論難され、エジプト、シリア、アルメニアでそれぞれコプト教会、シリア教会、アルメニア教会を形成した。これにより、イスラーム帝国がシリアを征服する前に、シリアのキリスト教徒は正教会（アンティオキア総主教座、エルサレム総主教座）、ネストリオス派の一部、シリア教会に分裂していた。さらに、シリアを統治した最後の東ローマ皇帝ヘラクレイオス（Ηράκλειος 在位六一〇―六四一）は、シリア教会を何とか繋ぎ止めようと、キリストには神人両性が存在するが、その意志は単一であるとのキリスト単意論を唱え、これを受け容れた信徒がマロン派の祖となった。マロン派は他宗派からの迫害を避けて、レバノン山に入った。一二一三年マロン派総主教はローマを訪問してカトリックの受容を表明し、教皇の承認を得た。以降マロン派はカトリック教会の一分枝と扱われるようになった。十字軍を率いていた仏国王ルイ九世は一二五〇年アッカにおいてマロン派に勅書を発し、マロン派は仏国臣民の一部であり、仏国臣民と同等の保護を与えると宣言した。(2) この勅書はルイ九世の歴代後継者にその効力を確認されてきたのである。

二　イスラームとの交錯

西暦六一〇年頃、預言者ムハンマドにアッラーの言葉が啓示されて始まったイスラームは、先行する一神教であるユダヤ教、キリスト教を基本的に包摂する構造を持っている。モーセやイエスなど、新旧約聖書の預言者はイスラームにおいても預言者と認められていた。もっともムハンマドは「預言者の封印」として、最終的に完全な啓示を受け取った預言者であり、アラビア語はその媒介言語としてそれぞれ特別に扱われた。イスラームにおいて預言者はムハンマドを含めすべて俗人であり、キリスト教のような聖職者は存在しなかった。また、イスラームはユダヤ教のような選民思想を持たなかった。イスラームの教義形成に関与したのはムハンマドとその教友、そして彼らの後継者であるカリフや法学者であった。

ムハンマドの没後、第三代ウスマーンまでのカリフは教友からの推戴に従い選出された。ウスマーンが暗殺されると、ムハンマドの従弟で女婿であるアリーが第四代カリフに選出された。ウスマーンの一族ムアーウィヤ(Muʻāwiyah 在位六六一—六八〇)はアリーの選出に反対し、後に自らカリフを名乗った。以後カリフ位はムアーウィヤの子孫に世襲された(ウマイヤ朝、六六一—七五〇)。アリーの支持者は預言者の血統を重視し、彼の子孫をイマームと呼ばれる指導者に擁立してウマイヤ朝に対抗した。これがシーア派の始まりである。シーア派はその後、七代にわたるイマームを認める宗派と一二代のイマームを認める宗派などに分派した。七イマーム派から興ったファーティマ朝（九〇九―一一七一）は、エジプトを含む北アフリカを征服した。ファーティマ朝の第六代カリフ、ハーキム（al-Ḥākim bi-Amr Allāh 在位九九六―一〇二一）の治世、彼を神格化する独自の教義が生み出され、ドルーズ派の起源となった。ドルーズ派は異端とみなされ、迫害を受けてエジプトからシリアの山岳地帯へ拠点を移した。

イスラームの伝統的な考え方では、世界はイスラームの支配する「イスラーム空間」（dār al-islām）と、これを拒否する異教徒の「闘争空間」（dār al-ḥarb）に分けられた。イスラーム帝国の征服事業により新たに「イスラーム空間」に編入された領域の異教徒の扱いは、イスラームと共通の一神教を奉ずる「啓典の民」か、多神教徒かで区別された。ゾロアスター教徒は啓典の民に準じて取り扱われるなど、拡大解釈も行われた。その結果多神教徒はイスラームに改宗させられたが、キリスト教徒のような「啓典の民」の場合は、貢納など一定の条件下で旧来の信仰の保持を許された。「イスラーム空間」のキリスト教徒は、イスラームの君主の支配に服す代わりに、「被保護民」（ahl al-dhimmah）の地位を得た。論理的帰結として、イスラーム教徒が正当な理由なく被保護民に危害を加えることはイスラーム法上、許されていない。この制度に基づいて、シリアのキリスト教徒の多くはその宗教を保持したまま、イスラーム帝国に留まった。ウマイヤ朝では少なからぬキリスト教徒が、書記としてカリフの宮廷で重用された。またアッバース朝では、キリスト教徒の学者がギリシア語やシリア語の知識を活用して、カリフが唱道したギリシアの学問の継受・発展に貢献した。初期イスラーム時代に確立した「啓典の民」処遇の法的枠組みは、オスマン帝国まで大きな変化を受けなかった。

シリアが七世紀にイスラーム帝国に征服されて以降、一四五三年に東ローマ帝国がオスマン帝国によって滅ぼされるまでの間、正教会はコンスタンティノープル総主教を中心とする東ローマ帝国内の信徒と、シリア、エジプトなど東ローマ帝国外の信徒に政治的に分断されていた。アンティオキア総主教やエルサレム総主教は、七世紀にイスラーム帝国の版図に入ることによって、東ローマ帝国との政治的関係を失った。そのため両者は正教会全体の庇護者である東ローマ皇帝と宗教的紐帯を保ちながら、「啓典の民」の君主であるカリフやスルターンとの関係を結ばなければならなかった。特に八世紀、東ローマ皇帝が聖像画崇敬を巡って聖職者と対立した際には、東ローマ帝国内外の正教会信徒は複雑な立場に置かれた。聖像画崇敬は、最終的に第二ニケア公会議で承認された。

八世紀以降、シリアにおいてもアラビア語の浸透が著しかった。正教会では、テオドロス・アブー・クッラ(Thāwdhūrus Abū Qurrah 七五五頃―八三〇頃)らの努力により、キリスト教神学をアラビア語で表現する途が開かれ、シリアのキリスト教共同体存続に寄与した。(3) 九世紀にはアラビア語の媒介により、キリスト教の教義を発展させることが可能になっていた。その結果アンティオキア総主教座は、アラビア語を母語とする信徒共同体の様相を強め、高位聖職者はその共同体の中から選出されていた。対照的にエルサレム総主教座では、聖地を擁する特殊性故に東ローマ帝国との文化的一体性は保持されていた。

十字軍の時代、「イスラーム空間」は西欧による直接の攻撃にさらされた。十字軍は一〇九七年アンティオキアを征服し、地中海沿岸に順次小王国を樹立した。シリアなどの東方世界のキリスト教徒は、十字軍を解放者とは見なかった。十字軍は、支配下に入ったシリアのキリスト教徒を宗派にかかわらず、教皇に服属させようとした。また、第四回十字軍(一二〇四年)は、コンスタンティノープルを略奪した。十字軍の行動により、東西教会の聖職者間の教義論争は、双方の民衆の感情的対立にまで拡大した。東方世界においては、教皇やラテン教会に対する強い反感が醸成された。マムルーク朝のスルターン・バイバルス（Baybars 在位一二六〇―一二七七）は、一二六八年アンティオキアをフランク人の手から奪回した。しかし正教会アンティオキア総主教座は戦火によって教会堂を失い、アンティオキアを放棄して新たな拠点を求めた。そして一三六六年に至り、ダマスクスに総主教座を遷した。

オスマン帝国がコンスタンティノープルを征服すると、正教会は、東ローマ皇帝とオスマン帝国スルターンとの間で二重の忠誠に腐心する必要がなくなった。コンスタンティノープルを征服したメフメト二世（Ott. Mehmet 在位一四四四―一四四五、一四五一―一四八一）は、イスラーム教徒のみならずキリスト教徒臣民の君主であるとの意識から、正教会において東ローマ皇帝が果たしてきた機能を積極的に継承し、新たなコンスタンティノープル総主教を任命した。さらに一五一七年セリム一世（Ott. Selim 在位一五一二―一五二〇）がシリア、エジプトを征服し、東地中海一帯がオスマン帝国の領域に編入されると、正教会を含む東方の諸教会は、あたかも東ローマ帝国の最盛期に戻ったかのような単一の政治権力下で安定的環境に置かれた。しかもスルターンはキリスト教諸宗派の統一については関心が薄かったため、諸宗派は多様な姿のもとに温存された。単性論派教会などは正教会と同じ地位を享受し、むしろ東ローマ帝国時代に皇帝派教会から蒙った異端視から解放された。オスマン帝国における少数宗派は、伝統的な「被保護民」の地位を享受するに留まらず、一定の行政的権能が宗派の長に委ねられていた。すなわち、正教会のコンスタンティノープル総主教は、オスマン帝国内の正教会信徒の代表者の地位を承認され、信徒に対する一定の自治権を行使することが許された。アルメニア教会、シリア教会、コプト教会などの非カルケドン派の諸教会やネストリオス派は、便宜上アルメニア教会のコンスタンティノープル総主教がこれらを代表することになった。ユダヤ教徒にも独自の代表である祭司長が任命された。このような、オスマン帝国における少数宗派の宗教上の寛容と一定の自治権の付与を認める制度を、講学上「ミッレト」制度と呼んでいる。

コンスタンティノープルを中心とする正教会信徒の多くは東ローマ帝国臣民の末裔であり、ギリシア語を受け継いでいた。オスマン帝国の拡大により、スラヴ系であるバルカン半島の正教会信徒が勢力下に吸収され、さらにはシリアの征服に伴いアラブの正教会信徒が編入された。コンスタンティノープル総主教、首都の裕福なギリシア系商人、通詞などに登用されたギリシア系帝国官僚は「正教会ミッレト」の中枢を形成し、一八世紀には政治的・経済的実力を蓄えた。こうした背景により、「正教会ミッレト」の内部においてコンスタンティノープル総主教が、セルビア正教会やブルガリア正教会などのスラヴ系教会や、アンティオキア総主教座やエルサレム総主教座などのアラブ地域の総主教座をしだいに従属させていった。これらスラヴ系、アラブ系の正教会は、一八世紀を通じその高位聖職者がギリシア系に置き換えられていき、コンスタンティノープル総主教の支配に服するようになった。この現象は個別の教会側から見れば、高位聖職者と司祭・平信徒の間の一体感が失われることを意味した。一九世紀半ばには、アンティオキア総主教座やエルサレム総主教座のアラブ信徒は在俗司祭までの地位にしか叙任されず、主教以上の高位聖職者はギリシア系聖職者が独占するようになった。

東方諸教会、特にシリアのキリスト教徒に対する西方教会からの働きかけは、十字軍時代に活発化していた。ローマ教皇は、教会法上の地理的管轄を無視して、一〇九九年エルサレムに直轄の司教座を置いた。キリスト単意論に起源を有するとされるマロン派は、独自の典礼を保持したままカトリックの教義を受容した。以後欧州のカトリック国、特に仏国はマロン派の後ろ盾として振る舞うようになった。オスマン帝国の強大化に伴い、教皇を頂点とするラテン教会からの圧力は一時的に遠のいた。しかし宗教改革へのローマ教会側の対抗において、東方諸教会に対する働きかけは再び重視された。一六二二年、ローマ教皇は「布教聖省」（Sacra Congregatio de Propaganda Fide）を設置して、東方のキリスト教徒を組織的にカトリックに改宗しようとした。多くの場合、東方諸教会の内紛に乗じてその一派をローマ教皇に服属させ、庇護を与えた。このようにカトリックの教義の受容を誓う一方、伝統的な東方の典礼や独自の教会組織の存在を許された教会を帰一教会（Uniate Church）と呼ぶ。帰一教会には、正教会アンティオキア総主教座などから独立したルーム・カトリック教会（メリキト教会）のほか、他の宗派から分離独立したシリア・カトリック教会、アルメニア・カトリック教会などが含まれる。

ローマ教皇は、一七〇一年サイダ主教アフティモス・アッサイフィー（Afīmūs al-Ṣayfī 一六四三—一七二三）をカトリックに帰順させ、正教会アンティオキア総主教座に対する工作を強化した。一七〇八年サイフィー主教は、レバノン山にムハッリス修道院を創建して東方典礼カトリックの拠点とした。一七一六年教皇クレメント一一世は、アンティオキア総主教キリロス五世（Kīrillus Za'īm 在位一六七二—一七二〇）に書簡を送り、カトリックへの帰順を促した。キリロス五世はこれに応じ、ローマ教会との合同を目指す考えを明らかにした。キリロス五世を継いだアタナシオス総主教（Athānāsiyūs Dabbās 在位一七二〇—一七二四）はローマに帰順する方針を撤回し、一七二二年にはイスタンブルに赴いて、カトリックの浸透に対抗する方策をコンスタンティノープル総主教と協議した。同年スルターン・アフメト三世（Ott. Ahmed 在位一七〇三—一七三〇）は、勅書《フェルマーン》によって正教会信徒がカトリックに改宗することを禁じた。一七二四年アタナシオス総主教の後任に、ギリシア出身の修道士シルヴェストロス（Σίλβεστρος 在位一七二四—一七六六）が選出された。これに対し、カトリックとの合同を目指す一派は、サイフィー主教の甥であるキリロス六世（Kīrillus Ṭānās 在位一七二四—一七六〇）を対立総主教に選出した。キリロス六世はスルターンの承認を得ることができず、ムハッリス修道院に退いたが、東方典礼カトリック教会を組織して教皇の権威に従った。一七二四年のアンティオキア総主教座分裂によって、キリロス六世を祖とするルーム・カトリック教会が誕生した。「ルーム」（Rūm）とは、東ローマ帝国を指すアラビア語である。ルーム・カトリック教会には、アンティオキア総主教座のみならず、エルサレム総主教座とアレキサンドリア総主教座から帰順した信徒も統合された。一方アンティオキア総主教座では、アタナシオス総主教までの歴代総主教はアラブ系聖職者であったが、この事件を契機にシルヴェストロス総主教就任から一八九八年のスピリドン総主教（Σπυρίδων 在位一八九一―一八九八）辞任まで、ギリシア系聖職者が総主教の地位を占めることになった。

　プロテスタントの側からは、一五七六年からルター派がコンスタンティノープル総主教と書簡を交わすなど対話が模索されたが、最終的に正教会からの拒絶にあった。一六二九年にはコンスタンティノープル総主教キリロス・ルカリス（Κύριλλος Λούκαρις 在位一六二〇―一六二三、一六二三―一六三三、一六三三―一六三四、一六三四―一六三五、一六三七―一六三八）がカルヴァン派の影響に陥り、プロテスタント色の濃厚な信仰告白を公にする事件があったものの、歴史上の挿話に終わった。プロテスタント諸派は、一九世紀に入ると英米人からなる宣教団を組織的にシリアに派遣し、教育・医療活動を展開した。アラブのキリスト教徒からプロテスタント改宗者を獲得し、小規模のプロテスタント共同体を作った。こうして、オスマン帝国内に一八三一年「カトリック・ミッレト」、一八五〇年に「プロテスタント・ミッレト」の創設が認められた。オスマン帝国の衰退と軌を一にして、仏墺（オーストリア）両国はカトリック、英普（プロシア）両国はプロテスタント、露国は正教会を支援し、それぞれオスマン帝国内のキリスト教徒保護権やキリスト教聖地の管理権を主張した。

三　イブラーヒーム・パシャのシリア統治とオスマン帝国のタンズィーマート改革

オスマン帝国はスレイマン大帝（Ott. Süleyman 在位一五二〇―一五六六）の時代に最盛期を迎えて欧州中部で覇を競い、一五二九年にはウィーンを包囲する勢いを示した。しかし、オスマン帝国の拡張は限界に達していた。一六八三年に再度ウィーンを攻略したが、これに失敗すると軍事的弱点を露呈した。一六九九年のカルロヴィッツ条約では、ハンガリーの大半を割譲するなど、初めて領土を失った。オスマン帝国は一八世紀を通じ、欧州から軍事技術のみならず社会思想までを導入し、劣勢の挽回を試みた。しかし近代化に先行した露国に一七八三年クリミア半島を奪われ、退潮に歯止めがかからなかった。セリム三世（Ott. Selim 在位一七八九―一八〇七）は、啓蒙思想の影響を受け、「ニザーム・ジェディード」（Nizam-ı Cedid）と総称される新体制運動を開始した。しかしイェニチェリ軍団やウラマー（ʻulamāʼ イスラーム法学者集団）、アーヤーン（aʻyān 地方郷紳層）の反対を受け、首都で発生した反乱の中で一八〇七年廃位された。イェニチェリ軍団はバルカン半島のキリスト教徒の少年を徴発して改宗させるデヴシルメ（devşirme）という制度によって補充され、オスマン帝国の初期には忠誠心と強力な軍事力でスルターンを支えた。しかし次第に自立してスルターンを廃立するほどの権勢を示し、また一部はシリアなどに移住して土着化した。

次いでオスマン帝国に衝撃を与えたのは、ナポレオンによるエジプト遠征（一七九八―一八〇一）である。ナポレオンは欧州大陸を席巻して英国を孤立させると、英国とインドの連絡を断つべくエジプトに上陸した。仏軍をエジプトに輸送した艦隊は英海軍により撃破され、陸上でも仏軍は最終的にオスマン帝国軍と英軍への降伏を余儀なくされた。しかし、ナポレオンに対抗してエジプトに送り込まれたアルバニア人部隊のムハンマド・アリー（Muhammad ʻAlī 在位一八〇五―一八四八）は、仏軍撤退後の混乱に乗じて一八〇五年、エジプトの実権を握った。ムハンマド・アリーは軍の改革や産業貿易政策を通じて急速な近代化を行った。エジプトの旧支配層であったマムルーク勢力は、一八一一年にムハンマド・アリーの計略により一網打尽にされた。ムハンマド・アリーはオスマン帝国政府の要請に応じてアラビア半島のワッハーブ派を掃討し（一八一一―一八一二、一八一八―一八二〇）、モレア（ペロポネソス半島）のギリシア人の叛乱に際して一八二五年、陸海の大軍を派遣した。

オスマン帝国においては、マフムード（マフムト）二世（Ott. Mahmud 在位一八〇八―一八三九）が旧来勢力を徐々に押さえ、一八二六年にイェニチェリ軍団が反乱を起こすと、これを武力で解体することに成功した。マフムード二世は、オスマン帝国軍の主力を近代的な常備軍の設置によって代替しようとした。これにより、オスマン帝国の本格的な改革が準備された。

列強は一八三〇年、オスマン帝国にギリシアの独立を認めさせた。オスマン帝国は東地中海の重要な拠点を失ったばかりか、「正教会ミッレト」の一部がスルターンの支配から離脱する深刻な宗教的亀裂を蒙った。また一八三〇年には仏軍がアルジェリアに上陸し、植民地化を開始した。ムハンマド・アリーはギリシアに出兵した代償として、クレタ島とシリアの支配権を要求した。オスマン帝国は、ムハンマド・アリーにクレタ島のみ統治を委ねると回答したため、彼は息子イブラーヒーム・パシャ（Ibrāhīm Bāshā 一七八九―一八四八）の軍をシリアに侵攻させ、対オスマン帝国戦争（一八三一―一八三三）が始まった。

首都でイェニチェリ軍団が解体された当時の大宰相であったセリム・パシャ（Ott. Selim Paşa 一七七一―一八三一）は一八三一年、ダマスクス総督に就任したが、常備軍の経費を賄うための新税導入を発端として群衆により城塞に監禁され、その後殺害された。イブラーヒーム・パシャは一八三二年、ダマスクスを占領し、同年末にはアナトリアに進軍した。露国皇帝ニコライ一世（在位一八二五―一八五五）はこれを見て、オスマン帝国の側に立って介入する構えを示した。英仏は露国の動きを封ずるべく、スルターンに圧力を加えて露軍介入を謝絶させる一方、シリアをムハンマド・アリーに委ねて事態を収拾するよう説得した。

ムハンマド・アリーはカイロにあってエジプト総督とシリア総督を兼ね、名目上スルターンに臣従しながら実質的に自立していた。イブラーヒーム・パシャはシリアの軍を統帥し、シャリーフ・パシャがシリア州の州政長官（Ḥukmdār）として民政を司るのがムハンマド・アリーのシリア支配体制であった。シャリーフ・パシャと共にその統治を支えたのは、キリスト教徒ハンナー・アルバフリー（Ḥannā al-Baḥrī 一七八八―一八四三）である。バフリーは、ダマスクスの大法官《ムフティー》アブド・アッラフマーン・アルムラーディーの屋敷を取り上げて役宅を構え、文官でありながらベイの称号を得て辣腕を揮った。(4) さらに、イブラーヒーム・パシャ支配下でダマスクスに酒類醸造所が開設され、ベイルートに駐在していた英国領事がダマスクスに領事館を遷すなど、イスラーム教徒を刺激する決定が行われた。(5) これらの政策に反撥して騒乱を起こす者は、容赦なく処罰された。レバノン山やホーラーン地方のドルーズ派は、攻略困難な地形を利用して反抗を続けた。これに手を焼いたイブラーヒーム・パシャは、一八三八年、レバノン山の領主アミール・バシール二世（Bashīr al-Shihābī 一七六七―一八五〇）に命じてレバノン山のキリスト教徒に武器を配布し、ドルーズ派に対抗させた。(6) シリアは強力な軍事力により治安が保たれ、養蚕の導入や外国貿易により繁栄した。エジプトの近代化に倣い、シリアでもキリスト教徒の地位向上が図られた。キリスト教徒は、商業や行政に活躍の場を見出した。反面キリスト教徒の中には、イブラーヒーム・パシャや外国領事の庇護を頼りに思うがままに振る舞う者も現れ、矯激なイスラーム教徒はこれへの敵意を強めた。

一八三九年、マフムード二世はシリアを奪還しようと軍をアレッポに進めた。ところがイブラーヒーム・パシャの反撃により、イスタンブルが脅かされるほどの敗北を喫した。マフムード二世は病没し、宮廷は混乱に陥った。同年、アブデュルメジド一世（Ott. Abdülmecid 在位一八三九―一八六一）が即位し、一一月にはギュルハネ勅令が発布された。この勅令は臣民の生命財産の保障、課税・徴兵の公平などを謳っており、オスマン帝国の近代化を目的とするタンズィーマート改革の開始と方向性を宣明するものであった。英国は、仏国の影響が強いムハンマド・アリーの勢力がこれ以上増大することを危惧し、露墺普各国と共に介入した。一八四〇年、英海軍はシリアの沿岸部やキプロス島を砲撃し、いくつかの都市を占領した。シリア各地で叛乱が発生し、イブラーヒーム・パシャの軍は総崩れになった。同年、レバノン山のバシール二世は、マルタ島に追放された。一八四一年、オスマン帝国はムハンマド・アリーにエジプト総督の地位世襲を認める代わりに、シリアの支配権を返上させた。

イブラーヒーム・パシャの退場により、強権支配で維持されていたシリアの宗派間均衡は不安定化した。レバノン山では、バシール三世が新たな領主になった。英国の庇護を受けたドルーズ派は一八四一年、マロン派への報復を試み、デイル・アルカマルを襲撃した。オスマン帝国は、レバノン山の直接支配に乗り出した。一八四二年、第七章に登場するオマル・パシャがレバノン山駐屯部隊司令官兼知事に任命され、三〇〇年に及んだレバノン山の在地領主支配は転機を迎えた。しかし列強、特に仏国はこの措置に不満を示した。一八四三年、オスマン帝国は列強の要求を受け容れ、レバノン山をサイダ州総督の管轄に服せしめる一方、これをダマスクス・ベイルート街道で南北のサンジャク（Sancak 県）に分割し、北部にマロン派のカーイム・マカーム（Qāʾim Maqām 知事代行）、南部にドルーズ派のカーイム・マカームを置いてオマル・パシャの統治に代えた。

一八四五年にはドルーズ派とマロン派の抗争が再燃した。オスマン帝国政府は外務卿シェキブ・パシャをレバノン山に派遣し、収拾に当たらしめた。シリアを管轄するアラビスタン軍司令官に任命されたナムク・パシャは、イブラーヒーム・パシャが残した二万丁を含む三万六〇〇〇丁の小銃をマロン派から回収した。レバノン山のキリスト教徒は、なお二万丁の小銃を保有していたという。これに対し仏墺両国は、ドルーズ派の武装解除が不十分であると抗議した。(7) シェキブ・パシャの改革案に従って、ドルーズ派とマロン派の混住地域にカーイム・マカームのワキール（Wakīl 代理人）を配置する弥縫策が導入され、一八六〇年までレバノン山の統治体制は維持された。

四　聖地問題とクリミア戦争

エルサレム、ベツレヘムなどパレスティナのキリスト教聖地を巡っては、キリスト教各宗派が長い歴史の中で、それぞれの宗教施設の内外で入り組んだ管理権を主張する錯綜した状態にあった。オスマン帝国支配の下では、慣習を重視した現状維持が長らく保たれてきた。例えばエルサレムの聖墳墓教会は、正教会、カトリック教会、アルメニア教会、シリア教会、コプト教会、エチオピア教会が堂内の各礼拝室や小扉の一枚に至るまで歴史的経緯に基づいた部分的管理権を主張し、各宗派は梯子一本たりとも動かすことは許されない。聖墳墓教会の入口の鍵はいずれの宗派にも委ねられることはなく、現在に至るまでイスラーム教徒が管理している。ところが一八二九年、露国が正教会に対する支援を強化し、パレスティナを目指す露国巡礼者のための修道院が一八四一年に修復されると、宗派間の均衡が崩れ始めた。一八四一年、英国国教会は初代エルサレム司教を任命した。正教会エルサレム総主教は、長らくコンスタンティノープルに居住する名誉職と化していたが、一八四七年には露国の後押しでパレスティナに戻った。仏国はこれに対抗して、カトリック聖職者の聖地での活動を強力に支援した。ローマ教皇は同年、十字軍以来中断していたエルサレムのラテン司教座を復活した。各宗派の聖地における対立は頂点を迎えた。

ベツレヘムの聖誕教会では、イエスが生まれた位置を示すため大理石の床に星形の銀盤が嵌め込まれていた。これは一八世紀にカトリック信徒が寄進した品で、銀盤にはラテン語の銘文が刻まれていた。一八四七年、何者かによってこの銀盤は手荒に引き剝がされ、姿を消した。正教会とカトリック教会の聖職者同士の怒号は、直ちに列強の抜き差しならぬ外交談判に転化した。カトリック教会は銀盤の返還に加え、それまで正教会とアルメニア教会しか持っていなかった聖誕教会入口の鍵の交付を強硬に要求した。一八五二年、スルターンは勅書《フェルマーン》を発し、聖誕教会の新たな銀盤と入口の合鍵をカトリック信徒に下賜すると宣言した。同年末、これらの品はイスタンブルからベツレヘムへ物々しい警固を伴って到着し、荘厳な儀式の中でラテン教会のエルサレム司教ヴァレルガ(Giuseppe Valerga 一八一三―一八七二、在位一八四七―一八七二)に引き渡された。届いた銀盤には、ラテン語の銘文が刻まれていた。正教会信徒と露国皇帝はこれを知ると、驚愕と忿怒を抑えることはできなかった(8)。この事件に象徴されるカトリックの影響力拡大は、ナポレオン三世の権威を著しく高めた。

英露は協調して、聖地におけるカトリックの更なる拡張を押さえ込もうとした。英国の支持を信じたニコライ一世は、全正教会信徒に対する露国の保護権をオスマン帝国に要求した。しかし、オスマン帝国はこの要求を拒絶した。一八五三年五月、露国は要求が受け容れられなければ、オスマン帝国を宗主国とするワラキア、モルダヴィア両公国を占領すると通告した。英国はオスマン帝国に対し露国の要求を斥けるよう忠告し、ダーダネルス海峡に艦隊を送って牽制した。ニコライ一世はなおも英国が妥協するとみて、同年七月、両公国に軍を進めた。列強はウィーンで会議を開催し、戦争回避の妥協案を模索した。しかし反露感情の高まっていたオスマン帝国は、同年一〇月、対露開戦に踏み切った。クリミア半島のセバストーポリを根拠地とする露艦隊は同年一一月、黒海の制海権を奪った。英仏はオスマン帝国の崩壊を恐れ、一八五四年三月、対露宣戦を布告した。クリミア戦争の緒戦では、ダニューブ河を挟んで露土間の攻防が続いた。オマル・パシャに率いられたオスマン帝国軍の善戦と墺国の対露圧力により、露軍は両公国を放棄して撤退を開始した。英仏およびオスマン帝国軍はクリミア半島北部に上陸し、一八五五年九月、セバストーポリを占領した。

クリミア戦争の帰趨が明らかになった一八五六年二月、アブデュルメジド一世は改革勅令を発布した。これはギュルハネ勅令で明らかにされた改革方針、特に宗派間の平等を推し進めようとしていた。改革勅令の各条項の多くはギュルハネ勅令を踏襲するものではあったが、その内容は各個詳細になっていた。ギュルハネ勅令とは異なり、クルアーンやオスマン帝国の栄光に対する言及はなく、西洋風の文体を有する異例な勅令であった。内容においても、英仏墺の要求に対する受諾文書との本質は蔽うべくもなかった。クリミア戦争は同年三月のパリ条約をもって終結し、同時に列強は改革勅令を歓迎した。パリ条約第九条は改革勅令をオスマン帝国に対する内政干渉の口実としてはならないと定め、政治からの宗教の隔離は一定の効果をもたらしたかに見えたが、列強はこの条項を無視した。クリミア戦争によって露国の権益拡大の試みは一旦挫折した。しかし露国はこれを機にワラキア、モルダヴィア両公国やセルビア、ブルガリアの民族主義を煽り、オスマン帝国から独立させる政策に転じた。オスマン帝国は、宗教に代わり民族問題への対処を迫られることになった。一方改革勅令は、初期イスラーム以来の少数宗派処遇制度に本質的変更を加える意味合いがあり、オスマン帝国全土でイスラーム教徒の動揺を引き起こした。(9) 彼らにとって改革勅令とは、イスラームの基本的価値を平等など西洋由来の価値体系の前に屈従させるものであった。

イスラーム教徒の一部は、キリスト教徒や列強に対する反感が昂じて騒乱を起こした。すでに一八四〇年代のレバノン山や一八五〇年のアレッポでは、騒乱がタンズィーマート改革への反対や宗派抗争の色彩を帯びていた。改革勅令発布後にその傾向はますます顕著になった。一八五六年にはプロテスタント宣教団が改革勅令を楯にとってナーブルスの教会で鐘をつき、英仏普各国の国旗を掲揚したためイスラーム教徒住民から襲撃される事件が発生した。一八五八年、アラビア半島のジェッダでは英仏領事ら約二〇人が殺害された。一八五九年には、「殉教者協会」がスルターンや改革派政治家を排除しようとしたクレリ事件が発生した。

五　本書の構成

本書は序章および第一章から第八章までの本文と、付録である未公刊のアラビア語史料二点の和訳およびアラビア語原文から成る。

序章は、本書全体への導入を目的とする基礎的事項の概説である。シリアのキリスト教共同体の歴史と性格、イスラーム支配下におけるキリスト教徒の境遇、オスマン帝国の改革とキリスト教徒への影響、列強の角逐と諸教会の関係などを説明する。

第一章において、本書の主題となる一八六〇年事件に関する基本的史料および研究史を概観し、併せて定説的解釈とこれへの批判的見解を対照させながらレバノン山とダマスクスの騒乱を要約する。

第二章から第七章においては騒乱に直面した六名の人物を選び、人物像や事件に際しての思考や行動の分析を通じて、事実関係の多様な側面を解明する。前半の三名はキリスト教徒、後半の三名はイスラーム教徒である。第八章はダマスクスとレバノン山における騒乱の顚末を抄録し、事件が後の時代に及ぼしたいくつかの影響を指摘する。

付録に掲げた史料は『シリアの嘆息』および『悲哀の書　一八六〇年七月九日にダマスクス、レバノン山その他においてキリスト教徒がドルーズ派およびイスラーム教徒によって被害を受けた事件の歴史』の二点である。文献の位置づけについては次章で言及することとし、書誌情報は「写本について」の項で解説する。二点ともアラビア語原文は未公刊であり、外国語訳も存在しない。そのため、和訳と共に写本を基に校訂した原文を参考に付した。

註

（1）Julian, *Works*, vol. 3, pp. 272-273.
（2）Lettre de Saint Louis aux Maronites, en date de Saint-Jean-d'Acre le 24 mai 1250 (17 Safer 648), Testa (ed.), *Recueil*, vol. 3, p. 140; Farley, *Massacres*, pp. 145-146.
（3）若林『聖像画論争』参照。
（4）al-Bāshā (ed.), *Mudhakkirāt Tārīkhīyah*, p. 80.
（5）*Ibid.*, pp. 88-90; 92-95.
（6）*Ibid.*, pp. 150-151.
（7）Farah, *Interventionism*, p. 443.

（8） Finn, *Stirring Times*, vol. 1, pp. 10-22.

（9） Cevdet Paşa, *Tezâkir*, vol. 1, pp. 67-68.

第一章　事件の背景と概略

関連文献は多岐にわたるため一次史料の概説と主要な研究書への言及に留め、それらの詳細な解説や書誌は、必要に応じ関連の章にて提示することとしたい。

一　史料と研究史

（イ）　一次史料

事件を直接目撃した人物による文書・記録類が中心である。事件を目撃していない同時代の人物による報告には一定の史料価値が認められるが、伝聞である点留意しなければならない。ダマスクスの住民と外国人では、史料の言語はもとより事件の認識・評価に立場の違いが反映している。また、ダマスクスの住民であっても、キリスト教徒とイスラーム教徒には自ずと視線の違いがある。

（1）　事件直後に成立したキリスト教徒による未公刊史料

本書の付録に訳出する『シリアの嘆息』（一八六一年頃）、『悲哀の書　一八六〇年七月九日にダマスクス、レバノン山その他においてキリスト教徒がドルーズ派およびイスラーム教徒によって被害を受けた事件の歴史』

（一八六四年）が代表的な史料である。両史料は、一八六〇年事件そのものに焦点を当てている点でも特異である。これらは研究書においてしばしば参照されるが、未だにアラビア語による校訂出版は行われず、写本の状態で存在している。外国語にも訳されていない。これらの史料は、現在なお暗黙の社会的制約による封印が解けていないのである。

（2）一九世紀に著されたキリスト教徒の回想録

第二章で詳述するミーハーイール・ミシャーカ『親愛なる人々の提案に対する回答』（一八七三年）の一八六〇年事件に関する回想は、現地政治情勢に通じた著者の理解を反映する重要な作品である。同書は一九五五年に校訂出版されたが、事件に関係する部分は割愛された。すなわちミーハーイール・ミシャーカの回想録についても、アラビア語では事件の記述を公刊することは憚られ、写本の状態に残されている。一方、同書は一九八八年に全文が英訳された[1]。

第三章で引用する『記憶さるべき殉教者ユースフ・ムハンナー・〔アル〕ハッダード司祭の生涯記』（一八八四年）はこの範疇に加えるべき作品である。この作品も校訂出版されていない。

ベイルートの米国副領事（当時現地人を任命）を務めたアブカリオスの著作『レバノン山の事件における稀有な出来事』（一八七七年頃）[2]は一九二〇年英訳され[3]、一九八七年にはアラビア語校訂本が出版された[4]。アルメニア人神父に帰せられる「シリア騒乱略述」[5]は一九二六年公刊であるが成立時期は早く、一八六二年頃と推定される。シリアのキリスト教徒と推定される筆者が仏語で一九〇三年公刊した『シリアの回想　一八六〇年仏軍遠征』[6]は、一八六八年の原稿を変えていないと明記している。この範疇の文献は、著作時点では公表が目的にされていなかったため、長期間写本の状態に留まっていた。

（３）　二〇世紀に公刊されたキリスト教徒の回想録

事件に際しての個人的体験談を、一世代以上経過した後にベイルート、米国など、キリスト教徒が比較的安全と感じた場所で雑誌等に発表した文献群である。

第四章で紹介するアルビーリー父子の長男イブラーヒームが、ニューヨークの正教会機関誌『カリマ』にアラビア語で寄稿した回想録「一八六〇年シリアのダマスクスにおける事件、あるいは虐殺」（一九一三年）、その続編「教師ユースフ・アルビーリー博士およびその六人の子供ら家族によるアメリカ合衆国への移住について」（一九一三年）が代表的な文献である。他に、ルーム・カトリック教会の長老修道士による回顧談の筆記「一八六〇年の事件で私の身に起きたこと」（一九一三年）[7]が挙げられる。

（４）　後代のキリスト教徒著述家による文献

一八五四年に生まれたヌウマーン・カサートリーの『宏闊たるダマスクスの豊潤なる園林』（一八七九年）[8]には事件の記述はあるが、回想というより客観的記録をダマスクス通史に残す指向による著作である。カサートリーあるいはシャーヒーン・マカリオスに帰せられる『シリア諸災禍の真相』（一八九五年）[9]も後代の作とみなされる。しかしこれらは成立時期が早く、事件を目撃した人々の話を記録した作品と考えられ、一次史料に準ずる価値を有している。

（５）　イスラーム教徒当事者による記録

第五章の中心人物であるアブー・アッスウード・エフェンディーの『一八六〇年事件始末』（一八七九年頃）、同時代のムハンマド・サイード・アルウストワーニーの証言『一九世紀中葉ダマスクス椿事目睹録』（一八六一年頃）が代表的な史料である。アブド・アッラッザーク・アルビータール『ヒジュラ暦一三世紀貴顕列伝』にも関連記事がある。オスマン語史料は文書形式で多数残されていると推測されるが、未だ十分活用されるに至っていない。編纂された文献としては、修史官を務めたジェヴデト・パシャによる手控え(10)などが残っている。

(6)後代のイスラーム教徒著述家による文献

ムハンマド・アディーブ・アルフスニーは一八六〇年には未だ生まれていないが、『ダマスクス歴史選集』に事件関連の記述がある。ムハンマド・ジャミール・アッシャッティーも同様に後代の著述家であるが、『ヒジュラ暦一三世紀および一四世紀前半のダマスクス名士列伝』に事件関係の人物を記録している。フスニーやシャッティーは、ダマスクスの名望家層に属しており、目撃談に準ずる史料を残している。

(7)外国人による文書・記録

ダマスクスにおいて事件を目撃した外国領事や宣教師の報告、あるいは事件発生直後にシリアに入った外国人記者による新聞記事には、高い史料価値が認められる。しかし、外国人による史料は、ダマスクスの住民とは異なった立場から記述されていることは当然であり、中には政策意図が事実認識を歪めていたり、煽情的な評価を下していたりする者もあるので留意が必要である。英国外交文書には、レバノン山およびダマスクスの騒乱を中心に議会報告を目的として編纂公刊された文献があり、参照に便利である(11)。史料形式としては外交文書や新聞記事の他に、早い段階で書物にまとめられた著作がある。例えば Poujoulat［1861］(12)、Edwards［1862］(13)、Churchill［1862］(14) らの著述がそれに当たる。

(ロ)研究書

(1)先駆的文献

Scheltema［1920］は、アブカリオス『レバノン山の事件における稀有な出来事』の英訳であると同時に、その解説は客観的研究の先駆的著作としての価値を失っていない。MacMahon［1927］(15)は、ダマスクスのフランシスコ会修道士の殉教者を列福した際の資料として出版された。他文献に見られない情報を含むが、事件の評価に関してはカトリック教会の立場に即している。

（2）初期の実証研究

一九六〇年代以降、オスマン帝国のアラブ地域について文書史料に依拠する実証研究が盛んになり、欧州外交文書やオスマン語文書を多用する手法が一八六〇年事件に応用された。Ülman［1966］(16)は、オスマン帝国と列強の外交関係に力点を置いたトルコ語による著作である。Maʻoz［1968］(17)は、この時期の代表的文献でアラビア語史料への目配りもあるが、改革勅令へのイスラーム教徒の反撥がシリアの騒乱の原因であるとの結論に有用な史料を選択の上、論証を行う傾向がある。

（3）一次史料の発掘

事件発生から百年が経過すると、アラブ圏の研究者においても事件への言及に際する抵抗感が後退してきた。アラビア語による一次史料に光が当てられ、一部は校訂された。Salibi［1968］(18)は、同論文の著者が併行してアラビア語で校訂出版したアブー・アッスウード・エフェンディー『一八六〇年事件始末』の英文要旨である。Saad［1974］(19)は、『悲哀の書』に着目した学位論文であるが、同史料の全面的紹介には躊躇がみられた。論文も公刊されていない。Steppat［1976］(20)は、その出版時点で知られた一次史料を網羅的に解説している。

（4）名望家研究

一九八〇年代にかけて、伝記史料等に基づくアーヤーン（名望家）研究が進展し、オスマン朝時代のダマスクスについても人物に着目した研究が現れた。Khoury［1983］(21)が焦点を当てる時代は下るが、一八六〇年事件にも言及している。Schatkowski Schilcher［1985］(22)は、主要な名望家ごとに系図を提示するなど有益である一方、典拠が必ずしも明らかでなく、誤認とみられる記述が散見する。

（5）　定説形成とその克服

一次史料と基本的研究を総合する形で、一八六〇年のレバノン山とダマスクスの事件を中心主題にする著作が公刊された。Fawaz［1993］(23)は、事件発生以後今日まで影響を及ぼしている定式的説明に忠実な事件概説書である。定式的説明とは、キリスト教徒、英国を除く外交文書、欧州報道、本書第六章の主人公アブド・アルカーディルらに一般的な認識に立脚する事件の理解である。すなわち、一八六〇年にレバノン山の抗争を仕掛けたのはドルーズ派であり、ダマスクスの騒乱はオスマン帝国当局、イスラーム教徒、ドルーズ派が結託して起こしたものであり、レバノン山およびダマスクスのキリスト教徒は一方的な被害者であるとの説である。オスマン帝国政府、イスラーム教徒名望家、ドルーズ派はこの見解に同調していないのはもちろんのこと、英国政府も事件当時から異なる認識を示している。Fawaz［1993］は後者の史料に言及するが、十分な検討を加えずMa'oz［1968］など従来の研究が提示する定説に収斂させている。

Farah［2000］(24)は、定説には批判的な史料解釈によってレバノン山の事件の解明を試みている。同書はこの主題に関し、現在のところもっとも示唆に富む概説である。その要旨は、本章第三節においてレバノン山の事件を概観する際に提示したい。ダマスクスの事件にも紙幅を割いているが、アラビスタン軍司令官兼ダマスクス総督アフマド・パシャへの評価など、依然定説的理解を脱していない面もある。

（6）　個別の角度からの補足研究

一八六〇年事件について、新たな史料群や新たな視点に基づいて、従来の研究成果を補足する論文がある。Rafeq［1988］(25)は、ダマスクス歴史文書館に保管されている法廷文書に着目し、処刑されたイスラーム教徒の相続文書などから事件の社会的背景を解明しようと試みている。Clark［2000］(26)はミーハーイール・ミシャーカとの関わりを軸とする研究であるが、新味に乏しい。Rogan［2004］(27)は、ミーハーイール・ミシャーカの事件直後の報告と、一八七三年の『親愛なる人々の提案に対する回答』の記述を比較し、ダマスクスの宗派的分断が復元していく様子を解明している。

その他、オスマン帝国の宗派間関係を主題としたBraude & Lewis［1982］(28)やMasters［2001］(29)に事件関連の論文が含まれる他、事件一五〇周年の機会に二〇一一年ベイルートで開催されたシンポジウムの記録であるde Clerck et al.［2015］(30)が出版されている。

二　キリスト教徒側の背景分析

（イ）　ミーハーイール・ミシャーカ

ミーハーイール・ミシャーカは事件当時ダマスクス駐在米国副領事の地位を有し、一八六〇年八月二七日付で米本国にアラビア語の報告を送っている(31)。この報告は、「ダマスクスのムスリムが一八六〇年キリスト教徒を襲撃した理由の解説」と題されている。ここに現れた背景分析は、上記Rogan［2004］にもある通り社会の宗派的分断を強調しており、ミーハーイール・ミシャーカ自身そのような見方を後年和らげているが、研究史に記載した定説的事件解釈の一典型として、下記に要約したい。

（1）　カリフ・アブー・バクル（在位六三二―六三四）の時代、ダマスクスはイスラーム教徒に征服された。ダマスクスでは、武力による入城と和睦による入城が同時に行われた。ハーリド・ブン・アルワリードは、バーブ・シャルキー（東門）から武力で入城した。アブー・ウバイダは、バーブ・アルジャービヤ（ジャービヤ門）から平和裡に入城した。キリスト教徒の服従が自発的か否かで処遇が変わるためイスラーム教徒の間で紛議が生じ、カリフの裁定に委ねられた。たまたまダマスクス征服の晩にアブー・バクルは世を去っており、第二代カリフ・ウマル（在位六三四―六四四）が訴えを聴いた。その結果ハーリドは解任され、アブー・ウバイダがダマスクス統治の命を受けた。ダマスクスのキリスト教徒は丁重に扱われることになった。しかし、東ローマ帝国軍が反撃に出て、イスラーム教徒をダマスクスから駆逐した。ウマルはシリア方面に親征を開始し、アブー・ウバイダ、ハーリド・ブン・アルワリードらのムスリム軍はヤルムークの戦い（六三六年）で東ローマ帝国軍を破った。ダマスクスのキリスト教徒は恐怖にとらわれ、アブー・ウバイダを通じてカリフの慈悲を乞うた。カリフはダマスクスのキリスト教徒に安全を約す文書を与えたが、その条件は厳格であった。これがキリスト教徒にとっては隷従の始まり、イスラーム教徒にとっては憎悪の始まりとなった。

（2）　一一世紀に十字軍が聖地解放のため派遣された時、欧州諸王の軍はダマスクスを包囲した。これによりイスラーム教徒のキリスト教徒に対する憎悪が増大した。

（3）　一六世紀にオスマン帝国のスルターン・セリム一世がシリアとエジプトを征服した時、オスマン帝国は東ローマ帝国との度重なる戦争によってキリスト教徒に強い憎悪を抱いていた。オスマン帝国支配者たちのその感情が、ダマスクスのイスラーム教徒に伝染した。

（4）　ナポレオン一世がエジプトを占領し、アッカを一七九九年に包囲した時、ダマスクスのイスラーム教徒が救援に駆けつけたが、仏軍によって多数が殺された。これによってイスラーム教徒のキリスト教徒に対する敵意はさらに増大し、イスラーム教徒が正当な理由なくキリスト教徒を打つなどの振舞いに及ぶようになった。一八二一年にモレアでギリシア人の叛乱が起きるとますます拍車がかかり、スルターン・マフムード二世は政府の役人に、キリスト教徒を一層厳格に服従させるよう命じた。

（5）エジプト総督ムハンマド・アリーがシリアを支配すると、政府はイスラーム教徒にキリスト教徒への敵対行為を禁じた。そして、あらゆる民を平等に扱おうとした。ダマスクスのイスラーム教徒は、エジプト総督によって不当な扱いを受けたと考えた。キリスト教徒はイスラーム教徒と同等の権利を主張し、これがイスラーム教徒に報復の念を植え付けた。

（6）エジプト支配が終わってシリアがオスマン帝国の支配に戻った時、タンズィーマート改革が始まったが、これは形骸化して実体を伴っていなかった。エジプト支配時代にダマスクスのイスラーム教徒に植え付けられた政府への恐怖心は、次第に薄れていった。

（7）シリアのキリスト教徒は、タンズィーマート改革の文言を真に受けた。かつての隷従を知らないキリスト教徒は、イスラーム教徒に公然と反論し、イスラーム教徒を裁判に訴えた。キリスト教徒は自由を主張し、服装などに課された制限に違反するようになった。イスラーム教徒はこれを見て、弾圧の機会を窺うようになった。オスマン帝国の役人が、仮にエジプト政府の役人のように改革や平等の実現を心底求めていたのであれば、イスラーム教徒大衆はキリスト教徒に危害を加えることを諦めていただろう。

（8）オスマン帝国がキリスト教国と戦争したり、レバノン山でドルーズ派とキリスト教徒が戦ったりする度に、ダマスクスではキリスト教徒への敵意が沸騰した。

（9）　一八六〇年に至り、ドルーズ派によるレバノン山のキリスト教徒に対する攻撃は例を見ぬほどであった。しかし政府の役人は騒乱を鎮圧するに必要な義務を果たそうとしなかったため、イスラーム教徒やドルーズ派は政府がキリスト教徒への攻撃を黙認したと思い込んだ。

ミーハーイール・ミシャーカの説明は、被害者であるキリスト教徒の代表的見解であり、ダマスクスのラヌス仏国領事事務代理、キリスト教徒を匿ったアブド・アルカーディルも軌を一にする意見を表明した。そして欧米の外交文書や報道を通じ、欧米朝野の一般的な認識を形成した。

（ロ）　仏語文献の論調

ダマスクス事件の直接の発端について、被害者であるキリスト教徒や、その後ろ盾である仏国関係者はさらに一歩進めて、騒乱がオスマン帝国官憲・イスラーム教徒名望家・ドルーズ派指導者らにより計画的に引き起こされたと主張している。仏語によるアブド・アルカーディル伝などはラヌス仏国領事事務代理の報告に基づき、次のような見解を示している。

（1）　一八六〇年三月五日ダマスクス総督アフマド・パシャは、総督府にサイード・ジュンブラート、イスマーイール・アルアトラシュ、ハッタール・アルイマードらドルーズ派の領袖と、アブドッラー・アルハラビー、シターヒル・エフェンディー、アフマド・アルハスィービーらダマスクスの名望家を集めて秘密の会合を開き、シリアのキリスト教徒を虐殺して根絶することを決定した。この会合には、サイダ州総督フルシード・パシャも参加していた。決行の日は三月一二日とされた。ドルーズ派はレバノン山、アフマド・パシャはダマスクスにおいて計画実行に従事し、ダマスクス郊外に逃亡する者については盗賊や追剝ぎの協力を得るものとされた。レバノン山とダマスクスで虐殺が開始されれば、ベイルート、アレッポ、ホムスなどシリアの他の都市もこれらに追随しなければならないと定められた。

（２）　会合参加者は秘密を守ると誓ったが、決定内容はアブド・アルカーディルの耳に入った。アブド・アルカーディルは、仏国領事の留守を預かっていたラヌス領事事務代理にキリスト教徒虐殺の陰謀を伝えた。ダマスクスの各国領事は、キリスト教徒の安全を保証するようアフマド・パシャに申し入れたが、アフマド・パシャ自身が陰謀を巡らせた張本人であるとは気付いていなかった。アフマド・パシャは領事たちに、情報は信用に値するものではなく、仮にそうだとしたら兵力を投入して防止すると答えた。領事たちは安心して引き揚げた。この申し入れは計画を遅らせる効果はあった。シリアは平穏であった。ラヌス領事事務代理は、当初の噂は誤りであったかも知れないと考えた。

（３）　同年五月中旬に同様の噂が広まった。虐殺計画にアブド・アルカーディルの配下のマグリブ人たちを加えようとする動きがあり、彼らは直ちにそれをアブド・アルカーディルに報告したのである。アブド・アルカーディルは、情報をラヌス領事事務代理に伝えた。ダマスクスの各国領事は、再度アフマド・パシャに懸念を表明した。これにより、アフマド・パシャは計画実行を五月末に遅らせるよう指示した。

（４）　それから三週間後、さらに具体的な噂がラヌス領事事務代理に届いた。各国領事はもはや噂を真剣に受け取らなかった。仏国領事館とアブド・アルカーディルは、彼らだけで危険に備えなければならなかった。ダマスクスにいた三〇〇人のマグリブ人に加え、七、八〇〇人のダマスクス近郊に住むマグリブ人たちがアブド・アルカーディルの配下に呼び寄せられた。ラヌス領事事務代理は、可能な限り多くの武器を秘密裡に調達した。レバノン山では、ドルーズ派がすでに行動を開始していた。

（5）　七月八日ダマスクスのキリスト教徒地区の路上には、多くの十字架の落書きがあった。これはイスラーム教徒の子供たちの仕業であったが、その背後にはアフマド・パシャの秘められた狙いがあった。ダマスクスのキリスト教徒は、総督府に困惑の意を伝えた。そこで総督府は翌九日十字架を書いた子供たちを捕まえ、見せしめにキリスト教徒地区の路上を清掃するよう命じた。これを見たダマスクスのイスラーム教徒たちは立ち上がり、キリスト教徒地域を襲撃するに至ったのである。(32)

（ハ）　米国紙記事

一八六〇年一一月一五日付米国紙は、シリアからの報告として次の記事を掲載している。これは史実というより逸話に類する内容を持つが、このように通俗的な形においても、アフマド・パシャの陰謀が存在したとの解釈が欧米人に定着したことを示す一例として、訳出する。

「トルコ人パシャの裁判での出来事

アフマド・パシャの裁判での出来事は、彼の背信の淵と心事の闇を示すのに役立つであろう。

フアード・パシャ(33)は言った。『なぜ貴方は、スルターンの都市の民のこのように大規模な殺戮を許したのか？』

『キリスト教徒を罰するためです。』と元総督は、冷然と答えた。

『キリスト教徒を罰するだと！　何のために？　貴方がキリスト教徒を処罰する何らかの命令を受けたとは、私は承知していない。私に示してほしい。』

『キリスト教徒はスルターンの政府に対して陰謀を巡らせたので、私は彼らの謀反を処罰しようとしたのです。』

『その陰謀の証拠があるなら、見せてほしい。』とファアード・パシャは言った。

『これです。読んで下さい。そうすれば、私が自分の主君に忠実であったと判るでしょう。』

そしてアフマド・パシャは、長巻の文書を取り出した。それにはトルコ政府に対する陰謀が記してあり、ダマスクスの約五〇人の重立った〔キリスト教徒〕市民が署名して判を押していた。

『この文書に名前を書き加えた人々を喚んで、これらの署名を突きつけて御覧なさい。』

彼らは喚び出されて取り調べられ、訊問された。しかし何も判明しなかった。彼らは、そのような文書は全く知らないと否定した。しかし、署名や印章が自分たちのものと似ていることは認めた。彼らの驚きはあまりに自然に見えたので、ファアード・パシャは一瞬、〔アフマド・〕パシャが彼を欺こうとしているのか、キリスト教徒たちが本当に陰謀家だったのか、それとも何か極悪な詐術の犠牲者なのか判らなくなった。彼は二、三分考えて、難問を解決する方策を思いついた。東洋のあらゆる街の印判屋の数は制限されており、官許を受けていた。そしてすべての人々の署名は、彼らが手元に持っていた。東洋人は自分の名前を書いて署名するだけではなく、銅や真鍮の小印を用いるが、偽造防止のために登録されているのである。ダマスクスの六人の印判師を拘束する命令が出され、法廷に引き出された。彼らがこの一年に作った印章の数を正確に答えるよう問われると、彼らは嘘をつく様子を見せなかった。ファアード・パシャは、五〇人のキリスト教徒の偽印影が発見されたと明らかにし、許してほしいならば罪をすべて正直に白状するよう彼らに告げた。印判師たちは大いに恐懼して進み出て、彼の足下にひれ伏した。彼らは、あるトルコ人の旦那の屋敷に密かに連行され、痛い目に遭わせるぞと強要されて、彼らが持っていた五〇人のキリスト教徒の印章の複製を作らされたが、自分たちは何のために作ったのか全く知らないまま、この件を公にしないと固く約束させられ、旦那から報酬を貰い、外へ連れ出されましたと証言した。……」(34)

（二）その他

一八七二年一一月、カトリック教会のエルサレム司教ヴァレルガはダマスクスを訪問し、一八六〇年事件の原因を解明する委員会の設置を命じた。司教代理、イエズス会士、カプチン会士と被害者であるマロン派修道士マサービキー兄弟の遺児一名から成る計六名の委員会は、一八八三〜八五年報告書を公刊している。本報告書はキリスト教徒被害者たちの見方を全面的に受け容れてオスマン帝国官憲らの謀議を認定し、カトリック教会の立場を決定した。(35)

英『タイムズ』紙上には、オスマン帝国官憲・イスラーム教徒・ドルーズ派が会合を開いてキリスト教徒襲撃を決したとの説を簡単に紹介する記事がある。(36)ただし同記事は、レバノン山の騒乱をキリスト教徒の責任に帰す説と並列して報じており、単に一方当事者の主張に依拠している訳ではない。

オスマン帝国駐剳《さつ》英国大使は一八六〇年八月一日付外務大臣宛報告において、「卑見によれば、当地政府がこのような叛乱に関与していたとの推測は問題にならない。(37)」と総督府などが計画的にダマスクスの事件を引き起こしたとの説を一蹴し、これが英国政府の基本認識を形成した。

ミーハーイール・ミシャーカ、ラヌス仏国領事事務代理、アブド・アルカーディルらに代表される事件認識は、前述の通り今日の研究態度までを規定している。このような解釈とは異なる、例えば英国政府の見解に対し、その後の研究が十分な注意を払ってきたとは言い難い。本書の目的の一つは、このような定説的見解がどこまで正確なのかを再検討することにある。

三　レバノン山騒乱の推移

(イ)　騒乱の背景

「レバノン」とは、レバノン山岳地帯（Jabal Lubnān）を指し、後の時代に沿岸地域やベカア高原を加えて創り出された現在のレバノンとは、輪郭が異なる。レバノン山はマロン派やドルーズ派などの少数宗派が、急峻な地形を頼りに迫害を避ける場所として機能していた。住民は少数宗派に限定されず、スンナ派・シーア派のイスラーム教徒、正教会・カトリック系諸教会などのキリスト教徒が共存していた。マロン派とドルーズ派は対立を宿命づけられていた訳ではなく、イブラーヒーム・パシャや英仏が彼らを利用する前は、一〇〇〇年に及ぶ年月にわたり隣人として混住していたのである。レバノン山のキリスト教徒はシリアの他地域と異なり、地形に助けられて比較的強固な自治社会を形成していた。さらにイブラーヒーム・パシャや仏国の支援を受け、一九世紀半ばには武装した宗派共同体に成長した。特にマロン派は、少なくともドルーズ派とは対等以上の抗争を続ける実力を獲得した。これはムスリム支配に服した被保護民のあり方として、例外的な現象である。レバノン山とは異なり、ダマスクスのキリスト教徒は宗派を問わず、被保護民処遇の原則に従い軍役を免除される代わりに、武装は認められていなかった。タンズィーマート改革の時代にこの原則は初めて変容し、キリスト教徒にも徴兵制が導入された。

一八六〇年に至るレバノン山の動向をFarah［2000］の論旨に留意して要約すると次のようになる。バシール二世は、イブラーヒーム・パシャと協力関係を結んでレバノン山に君臨していた。バシール二世によってドルーズ派領主は抑圧され、その多くはホーラーン地方に逃亡した。空白を埋める形で実力を蓄えたのは、マロン派の下級聖職者たちである。マロン派の総主教や主教などの高位聖職者は、従来マロン派領主層から選出されていた。一方庶民出身の下級聖職者は農民に影響力を有したが、高位聖職者に選ばれないのが例であった。マロン派下級聖職者と農民を組織化し、イブラーヒーム・パシャや仏国の支援によって一種の武装集団に育成したのは、ベイルート大主教トゥビヤ・アウン（Tūbiyā ʻAwn 一八〇三―一八七一）であった。アウン自身庶民出身ではあったが、一八二七年、ホバイシュ総主教の秘書に登用されると頭角を現した。追放されたドルーズ派領主に代わり、マロン派下級聖職者がバシール二世を支えた。一八三八年、ホーラーン地方のドルーズ派がイブラーヒーム・パシャに反旗をひるがえすと、マロン派はバシール二世から武器を受け取ってドルーズ派に対抗した。

一八四〇年、レバノン山からバシール二世が去り、ドルーズ派領主が旧来の支配権を回復すべく戻ってきた。一八四一年、支配権争奪という世俗的動機でドルーズ派との衝突が発生し、アウンはマロン派を糾合して戦った。この衝突はマロン派の敗北に終わったが、終結時には宗派対立に変容していた。アウンはレバノン山にキリスト教徒を保護する特別な統治制度を導入するよう、列強に訴えた。一八四三年、オスマン帝国はレバノン山を南北に分割して、マロン派とドルーズ派のカーイム・マカームがそれぞれを治める制度の導入を行った。アウンは大量の武器をマロン派農民に配って兵士とし、従わぬ者には破門の警告を行った。一八四五年、レバノン山からドルーズ派支配の一掃を目的として、抗争が再燃した。アウンはこの抗争においても、マロン派の中心人物であった。この頃アウンはベイルート大主教の地位を巡り、マロン派領主層に支持された聖職者と対立したが、一八四七年にアウンの叙階が確定した。一八四五年から一八五四年まで、領主ハーズィン家出身のマロン派総主教がアウン大主教の活動を牽制していた。しかし一八五四年、庶民出身のブーロス・マスアドが総主教に選出されると、アウン大主教はカトリック教国の保護の下、レバノン山を武力でキリスト教徒の支配に置こうと、新たに動き始めた。

(ロ)　一八六〇年の抗争

一八五九年、マロン派地域であるキスラワーンにおいて、鍛冶屋タニユース・シャーヒーン（Ṭāniyūs Shāhīn 一八一五―一八九五）を代弁者とするマロン派農民が、領主ハーズィン家に税の減免などを要求し、領主を追放して「共和国」（jumhūrīyah）を宣言する事件が発生した。この事件は領主・農民間の対立と評価され、研究書には農民共和国の樹立などと記述される。しかしマロン派を巡る上記背景に鑑みれば、タニユース・シャーヒーンや農民はアウン大主教の手先に過ぎず、また「共和国」との名称は仏国の差し金を思わせるものがある。アウン大主教はキスラワーンでの成功に力を得て、レバノン山全体をキリスト教共和国と転ずる機が熟したと判断した。アウン大主教はマロン派の名望家ユースフ・カラム（Yūsuf Karam 一八二三―一八八九）、タニユース・シャーヒーン、ザハレやデイル・アルカマル、キスラワーンのマロン派、正教会、ルーム・カトリック教会の信徒と謀議を重ね、計画を練った。一八六〇年五月アウン大主教は彼らに蜂起の準備を指示し、キリスト教徒の大規模な動員を行った[38]。この計画には正教会のスール兼サイダ主教ソフロニオスも呼応した。ソフロニオス主教は居住するヘルモン山麓のハスバイヤー村から、ラシャイヤー村のキリスト教徒に次のような檄文を送った。「……今やザハレ、デイル・アルカマル、キスラワーン、ジェッズィーンおよび周辺地域の民の指導者たちは、レバノン山で惣寄合を開催した。少数で弱いこの民〔ドルーズ派〕を破壊し、彼らの血を流し、彼らの財物を奪い、貴方がたの先祖である正教会の民がかつて所有していた土地から彼らを追い出すために、一本の腕となって彼らに対抗するであろう。……」[39]

サイダ州総督フルシード・パシャはこの動きを察知して、五月二〇日アウン大主教を招致し警告を行ったが[40]、蜂起を抑止するだけの十分な兵力がなかった。レバノン山各地でキリスト教徒とドルーズ派の小競り合いが始まった。六月四日、シャーヒーンに率いられた五、六〇〇人のキスラワーンのマロン派が、ドルーズ派を襲撃した。これを発端として、二万人のキリスト教徒と一五〇〇人のドルーズ派がベイルート東方のマティン地区で戦った。ドルーズ派は人数でははるかに劣っていたが、この戦闘に勝利した。

ダマスクス総督アフマド・パシャは騒乱が拡大するのを見て、ホーラーン地方に配備していた部隊を六月、レバノン山に派遣しようとした。しかしたまたま小麦の収穫時期に当たっており、遊牧民の略奪を警戒しなければならなかった。ダマスクスの住民は、ホーラーン地方の小麦に依存していた[41]。そのため十分な兵力をレバノン山に割く余裕はなく、総督府の配下に傭ったドルーズ派のカンジ・アルイマードと少数の部隊をハスバイヤーに送った。ハスバイヤーの城塞には、キリスト教徒とシハーブ家のアミール（在地支配層の称号）たちが避難していた。部隊は彼らを武装解除の上保護していたが、六月一一日、部隊の将校はドルーズ派に買収され、城塞に匿われた者のほとんどに相当する九〇〇人が、ドルーズ派によって殺された[42]。一三日にはイスマーイール・アルアトラシュに率いられたホーラーン地方のドルーズ派三〇〇〇人が、ラシャイヤーに到着した。ラシャイヤーの城塞にも同様にキリスト教徒とシハーブ家のアミールたちが集まっていたが、彼らを保護するはずの部隊は少数で手を出せなかった。一八三八年の報復を掲げるイスマーイール・アルアトラシュによって、二〇〇～五〇〇人のキリスト教徒らが殺害された[43]。

マロン派は予想外の劣勢に陥り、マスアド総主教はサイダ州総督や各国総領事に援助を懇請した。一三日、ドルーズ派がデイル・アルカマルを包囲したとの風聞が広まり、フルシード・パシャは兵を率いて駆けつけ、ドルーズ派を引き離した。ユースフ・カラムらに率いられた五〇〇〇人の「十字軍」が反撃を目指し、ザハレに進軍した。アトラシュの軍勢も五〇〇〇人に増加した。一八日、一二〇〇人のドルーズ派がザハレの北西に回り込んだが、ザハレのキリスト教徒はこれをカラムの援軍と思い込んだ。ザハレは短時間で陥落し、この街を拠点としていたイエズス会士たちは逃亡した。ハスバイヤー、ラシャイヤー、ザハレの虐殺に政府軍が加担したとの根拠のない主張が、キリスト教徒側によって行われた[44]。一九日夜、ドルーズ派はデイル・アルカマルを襲撃し、ここでは一二〇〇人が殺された[45]。七月六日、マロン派をはじめとするキリスト教徒とドルーズ派は、一八四五年の和睦と同様「過去を水に流す」原則に基づいて敵対行動を停止する和睦文書に署名した[46]。これにより、レバノン山の大乱はとりあえずの終息を見た。

（八）　抗争の責任

一八六〇年九月、ベイルートに設置された列国委員会の英代表ダファリン卿は、同年一二月、外務大臣に対し次のように報告している。

「ドルーズ派に戦意はなく、マロン派は勝利の時がきたと考えた。……一八五七年一月から一八六〇年春までの間、レバノン山には一二万組余りの歩兵用武器および二万丁余りの拳銃が持ち込まれた。一方、トゥビヤ〔・アウン〕主教とその仲間の不吉な影響力は余りに広く認識されていたため、和平のあらゆる機会に先行する措置として、彼のベイルートからの退去が主張されていた。……その高位聖職者は、事件発生前にデイル・アルカマルの人々に非常に煽動的な言葉遣いの書簡を送り、ドルーズ派の追放に公然と言及していた。これらの状況から、キリスト教徒を聖者の如き殉教者であるかのように語るのは賢明ではない。彼らは今に至る戦闘において、どの異教徒の隣人にも劣らず野蛮で血に飢えているのである。……したがって、ドルーズ派とマロン派の抗争を、無抵抗なキリスト教徒に対する残忍な異教徒の襲撃と描写することは単純な曲解である。……つい昨日、ファード・パシャは彼らの共同体の主教たちを通じて、四五〇〇人、つまりレバノン山のドルーズ派納税者全員の首に対する要求を受け取った。[47]」

ダファリン卿の主張は、事件の善後策を通じてレバノン山の政治情勢が仏国に有利に傾かないよう、ドルーズ派を庇う意図に満ちてはいる。しかしその主張の根拠とされた事実関係の検証は必要である。一八六〇年七月、サイード・ジュンブラートらドルーズ派領袖四名は連名でベイルートの各国総領事に書簡を送り、聖職者（アウン大主教を示唆）に率いられたベイルートのキリスト教徒指導者たちの陰謀によって、キリスト教徒によるドルーズ派への攻撃が繰り返されたとの弁明を行っている。[48] 末尾に一八六〇年九月一八日の日付を有する佚名《いつめい》筆者「一八六〇年事件におけるキリスト教徒に対する非難への反駁[49]」は、英国政府によって一連の事件の首魁と名指しされたアウン大主教、あるいはその代筆者による反論である。これに対しては、英外交文書がアウン大主教からデイル・アルカマルのキリスト教徒に宛てた、蹶起を促す書簡を掲載している。[50]

一八六〇年、ベイルートとイスタンブルに滞在した英国の銀行家で、後に外交官に転じたファーレイは、その著『シリアの虐殺』において「仕掛けたのは誰か」という一章を設けている。(51) ファーレイは、英米の宣教師の報告や個別事件の加害者をドルーズ派と指摘する英外交文書を根拠として、「マロン派は先に手を出していない」と結論づけるが、客観的視野に立って論理的な判断を下しているか疑問なしとしない。

このように、レバノン山のキリスト教徒を一方的な被害者と認定するか否かについては、当時から論争があった。もっとも、英国政府はドルーズ派保護や仏遠征軍撤兵の実を取るとレバノン山騒乱の責任論について関心を失い、議論から遠ざかった。しかしながら、近年に至る少なからぬ研究が、この根源的な論争を迂回したことは不可解である。

四　ダマスクス事件の展開

(イ)　レバノン山騒乱との関連

レバノン山とダマスクスの事件の関係をどう理解するかについては、これらを一体と認識する見解と、両者は無関係ではないものの、主要な原因は異なる別事件であると認識する見解が存在する。当時の仏国朝野、カトリック教会など、両事件はオスマン帝国官憲・イスラーム教徒・ドルーズ派が結託してシリアのキリスト教徒を根絶するために故意に引き起こしたとの立場を取る人々によれば、両事件は一体として認識されるのである。レバノン山の騒乱がキリスト教徒とドルーズ派の和睦によって一旦終結したとの事実は、無視されるかドルーズ派による欺罔行為と理解される。両事件の一体視には、無抵抗のキリスト教徒が多数殺害されたというダマスクス事件の衝撃を、レバノン山事件に絡めて欧州世論の喚起を狙う心理的要因が働いていると推測される。レバノン山の抗争は二〇年以上にわたり続いており、現地のキリスト教徒も武器を取って対立していることは、欧州人にとって周知の事実に属していた。これをシリアにおけるキリスト教徒全体の迫害という論理に変えるには、両事件の一体視が不可欠なのである。さらに、迫害の背後にオスマン帝国官憲が干与しているという理由付けにより、外部（この場合は仏国）の干渉を正当化するのである。

両事件の一体視は、史実の認識にも影響を与えている。レバノン山のキリスト教徒とドルーズ派の和睦が成立した日が、ダマスクスでの事件発生の前か後かは両事件の関係を捉える上で鍵になる。一八六〇年七月一二日、仏国外務大臣に面会した駐仏英国大使は、イスタンブルからの情報を根拠として「当月一〇日のドルーズ派とマロン派の和睦成立」を質したが、仏国外務大臣は「ベイルートからの当月一二日までの報告によれば、ドルーズ派とマロン派の間の敵対行為が中止されたとの、いかなる言及もなかった。もしこれが一〇日に成立したのであれば、一二日までにベイルートに知られていたであろう。[52]」と答えた。しかし、前出の通り和睦文書にはヒジュラ暦一二七六年ズー・アルヒッジャ月一七日（西暦一八六〇年七月六日）の日付があるとされており、これはアラビア語史料集および仏語外交文書集で確認可能である。英訳史料には日付はない。ダマスクスの騒乱は九日に始まっている。Fawaz［1993］は仏国外務大臣の回答を念頭に置いてか、和睦成立を七月一二日としている。[53]この日付に史料の裏付けはない。

ミーハーイール・ミシャーカは一体視説ほど単純な見方は採らず、ダマスクスの事件はレバノン山の諸事件と直接の関係はなく、独自の原因により発生したと説明している（詳細は第二章第四節参照）。別事件であるとの見解に立つ場合、それではダマスクスの事件はなぜ発生したのかという疑問に答える必要がある。ミーハーイール・ミシャーカは、ダマスクスの事件は別事件であるが、これもまた「政府」すなわち総督府の陰謀に基づくと理解している。その陰謀とは、キリスト教徒の根絶という粗雑な論法ではなく、ダマスクスに固有の問題、つまりダマスクスのキリスト教徒の増長に対する処罰であると説明している。具体的にはキリスト教徒に対する軍役の導入に際して、兵役免除のためのバダル課徴金の制度が設けられたが、この支払いをキリスト教徒が渋ったことを総督が反抗と捉えたとしている。ミーハーイール・ミシャーカは、陰謀であるとの自説を立証するため、総督府の個別の行動を列挙している。

ダマスクスのイスラーム教徒名望家層は、アブー・アッスウード・エフェンディーの記録に見られるように、レバノン山とダマスクスの状況を区別して認識していた（第五章第二節参照）。むしろキリスト教徒、イスラーム教徒を問わず、ダマスクスの住民であればレバノン山とダマスクスの状況を同一視する発想は有しがたいと考えるべきであろう。ただしアブー・アッスウード・エフェンディーは、ミーハーイール・ミシャーカと違ってダマスクスの事件を総督府やイスラーム教徒によって故意に引き起こされたとは見ていない。アブー・アッスウード・エフェンディーの理由付けは、背景にタンズィーマート改革時代のキリスト教徒の増長があり、これに反撥した一部のイスラーム教徒や略奪目当ての悪党が偶発的に引き起こしたというものである。イスラーム教徒名望家層は、基本的に騒擾を抑止する側についたと指摘する。同じく名望家層に属するウストワーニーは、レバノン山の混乱により多数のキリスト教徒やドルーズ派がダマスクス城内に流入するなど、街中を恐怖が支配したことにより、騒乱の抑圧が妨げられたと解釈している。キリスト教徒からは、ドルーズ派とイスラーム教徒は同一視される。しかしイスラーム教徒の眼からは、レバノン山のドルーズ派は安全を脅かす闖入者であった。

オスマン帝国駐劄英国大使は前出の外務大臣宛報告において、「イスラーム教徒の宗教家や上層階級は適切に行動したように思料され、キリスト教徒の生命を救い、少数の暴徒が最初に関与した騒乱を鎮圧するため最善の努力を行った。しかし市街で発生した火災に、郊外の遊牧民が惹きつけられた。彼らが街に侵入したことによって事件に新たな性格が与えられ、その時点以降当該地区の大半は無慈悲な略奪と殺人に晒された。[54]」と名望家層を擁護している。英『タイムズ』紙も、「ダマスクスに居住するムスリム住民は、最下層民を例外としてキリスト教徒の虐殺に加わらなかった。逆に、イスラームの様々な宗派の法学者、説教師、長老および現地の多くの名望家は、あらゆる機会を捉えてキリスト教徒の生命を救う活動を行った。[55]」と報じた。

(ロ) ダマスクスの警戒体制

当時オスマン帝国ルーメリ諸州（バルカン半島）は、一八五九年にワラキア、モルダヴィア両公国が同君連合を形成し、イタリアでは統一戦争が再開するなどの影響により、不安定化が懸念されていた。そのためシリアを管区とするアラビスタン軍からは、ルーメリに向けて大規模な兵員の移動が行われた。アラビスタン軍司令官を兼ねるアフマド・パシャは、中央政府に対し兵力の不足を訴え、若干の補充は実現したものの、シリアにおける政府軍は非常に手薄な状態にあった。中央政府は、アラビスタン軍の兵力不足を正規軍の増強ではなく、現地徴募によって補うよう指示した。イブラーヒーム・パシャの統治時代、シリアでの徴兵は強大な軍事力を背景に実施されていた。オスマン帝国がシリアの支配権を回復すると徴兵制は形骸化し、徴募に応じた者には素行不良者が多かった。レバノン山の騒乱が拡大して、一八六〇年六月にはダマスクスへの波及が心配されるようになると、アフマド・パシャは兵力不足を補うためにダマスクスのイスラーム教徒、クルド人、ドルーズ派から成る傭兵部隊を編成した。しかし彼らはダマスクスで騒乱が始まると統制を失い、先頭を切ってキリスト教徒地区への襲撃を開始した（第五章第二節参照）。

「あるトルコ人ムスリム」はダマスクスの事件の唯一の原因として、事件発生二〇日前、総督府がダマスクスの無頼の徒を防遏《あつ》隊要員に任命し、キリスト教徒地区の警固に充てたことを挙げている。これによりダマスクスの民衆は、反抗の準備が整ったと思い込んだと伝えている。ダマスクス州参事会会員などの名望家は、事件発生直後キリスト教徒地区に赴くことなく、むしろ騒乱を黙認したと示唆している。(56) 基本的に事件は偶発に発生したとの見方ではあるが、同時に名望家層とドルーズ派や遊牧民の通謀など、限定的な陰謀の存在を主張している。その証左として、騒乱発生直後、すべてのイスラーム教徒の住居に緑や白の旗が掲げられたと記している。

騒乱の抑圧に活用しうる勢力としては、他にアブド・アルカーディルとその配下が存在した。しかし歴代のダマスクス総督は、アブド・アルカーディルを警戒の眼で見ていた。アフマド・パシャは、一度はアブド・アルカーディルに武器を取って暴徒を鎮圧することを承認したが、直ちに撤回したと伝えられる。アフマド・パシャは州参事会の反対に遭って武力による鎮圧を断念せざるを得なかったが、特にアブド・アルカーディルに対しては混乱に乗じて叛乱を起こすことを懸念したのであろう。

（八）　犠牲祭に至る措置

ウストワーニーは、ダマスクスの住民が危険の切迫を感じるようになったのは、ヒジュラ暦一二七六年ズー・アルヒッジャ月（西暦一八六〇年六月二〇日より）に入ってからであるという（第五章第三節参照）。レバノン山から逃亡したキリスト教徒や、殺害されたシハーブ家アミールたちの家族がダマスクスに避難し、これを追うドルーズ派と共にダマスクスの路上にあふれるようになった。ダマスクスの城壁の外側には、略奪の機会を窺う遊牧民たちが集結し、天幕を張った。ダマスクスのキリスト教徒は、レバノン山から逃れてきた三、四〇〇〇人に上るキリスト教徒に食糧を与えるなどの援助を行い、総督府に対してはキリスト教徒地区への警備を依頼した。アフマド・パシャはこれに応じて、正規軍と傭兵の計一五〇〇人の兵隊をキリスト教徒地区周辺に配置した。六月二九日から四日間の犠牲祭が近付くと、キリスト教徒の不安はさらに高まった。一八五〇年アレッポで発生した騒乱は、犠牲祭と重なっていた。イスラーム教徒も恐怖に駆られるようになり、キリスト教徒とドルーズ派が犠牲祭の礼拝に集まった人々を殺戮するとの風説が流れた。総督府はドルーズ派に対し、犠牲祭の期間中ダマスクス市街に立ち入ってはならないと命じた。アブド・アルカーディルはドルーズ派領袖たちに手紙を送り、ダマスクスに入らないよう説得した。犠牲祭の当日には、総督府はキリスト教徒地区に増援の兵隊と大砲を送り、イスラーム教徒を保護するためとして市街の礼拝堂《モスク》に兵隊を配置し、ウマイヤ・モスクの入口に大砲を据えた。人々はこれを見てますます怯え、外出を避けた。犠牲祭は、大きな混乱なく過ぎた。アフマド・パシャは、すでにかなりの動揺を示していたとされる。犠牲祭までのアフマド・パシャの一連の行動を、騒乱の波及防止に努めたと評価するか、あるいは矯激なイスラーム教徒のキリスト教徒に対する憎悪をさらにかき立てたと解釈するかは、史料の性格によって異なっている。

(二)　騒乱の発端

犠牲祭の後、ダマスクスは一週間ほど小康状態を迎えた。七月七日と八日状況は落着きを見せ、キリスト教徒は安心した。総督府はキリスト教徒の書記たちに、週明けの出勤を命じた。九日月曜日の朝、キリスト教徒は安心して仕事に出かけた。アブド・アルカーディルは、それまで連日のようにダマスクスの名望家やドルーズ派指導者と連絡を取り、騒乱の防止に努めていたが、九日は彼がダマスクス郊外に所有する農園に出かけた。アブ

ド・アルカーディルの不在状態が、ドルーズ派などによって故意に作り出されたとの解釈は困難であろう。(57)

九日午後、突如騒乱が勃発した経緯については、多くの史料がほぼ一致した説明を行っている。ウストワーニーによれば、すでに七日の夕方にはイスラーム教徒の子供がキリスト教徒地区の路上に十字架の落書きをするのが散見されたというが、八日にはこの落書きは増えてきて、九日朝キリスト教徒が外出しようとすると、足の踏み場もないほどであった。キリスト教徒の代表が、アフマド・パシャに苦情を述べたと伝えられる。アフマド・パシャは鉄炮隊長アーキフ・アーガーに命じて、十字架を描いたとされる何人かの子供を捕まえた。アーキフ・アーガーは懲らしめのため、子供たちの足に鎖をつけて箒を持たせ、キリスト教徒地区を清掃させた。その様子を目撃したムスリム群衆が激昂して、キリスト教徒地区に対する襲撃を開始したのである。

騒乱発生直後、キリスト教徒地区を警固していた兵隊たちは、群衆を押し返そうとしていたことは各種史料に記録されている。しかし約一時間で警固を放棄し、あるいは逆に率先してキリスト教徒への襲撃に加わった状況に関しては、多様な説明がある。ミーハーイール・ミシャーカは、キリスト教徒地区の警固に当たっていたサーリフ・ザキー・ベイが兵を率いて群衆に発砲したが、総督府の指示で鎮圧行動を中止したと伝える。ウストワーニーは、当初兵隊は群衆に発砲し約一〇人が殺されたが、軍隊の将校が現れて群衆を押し返すことを止めさせたという。アブー・アッスウード・エフェンディーによれば、防遏隊長ムスタファー・ベイ・アルハワースィリーは一〇〇人の隊員を率いて事態の収拾に努めていたが、隊員の多くはならず者であり、略奪を望む悪党たちと一緒になってキリスト教徒地区を襲撃したという。「あるトルコ人ムスリム」は、ミーダーン地区の傭兵隊を率いていたサリーム・アーガー・アルマハーイニーは真っ先にキリスト教徒地区を襲撃したと主張する。ただしサリーム・アーガー・アルマハーイニーは後に態度を改め、ミーダーン地区のキリスト教徒を保護した。キリスト教徒地区の防御が突破された点について、総督府の意思が働いたと見るのか、暴徒に圧倒されたと見るのかが認識の分かれ目であろう。

（ホ）　騒乱の拡大

ダマスクスの騒乱は七月九日午後二時半頃始まり、一一日まで三日間にわたり続いた。『悲哀の書』によれば、襲撃に加わった者の数は五万人に及ぶ。この人数は、ダマスクスのイスラーム教徒だけではなく、レバノン山から流入したドルーズ派や略奪目当てに侵入した遊牧民、郊外の村落居住者などを含んでいる。最初暴徒は扉を手斧で破壊するなどしてキリスト教徒の住居や教会に次々と侵入し、財物の略奪を始めた。貴重品や家財道具はもちろんのこと、大理石の敷石や木製建具、鉄格子に至るまで剥ぎ取って略奪したという。キリスト教徒たちは暴徒の目的は略奪であると考え、建物の中や屋上に隠れていた。しかし、侵入者たちはキリスト教徒の家から財物をすっかり運び去ると、藁や家具の残骸を集めて建物に放火した。キリスト教徒地区の火災は騒乱開始直後に発生し、三日三晩燃え続けた。焼け跡の火種が消えるまでにはさらに二〇日かかったと伝えられる。キリスト教徒地区に隣接するイスラーム教徒、ユダヤ教徒の居住地区にも延焼の恐れがあったため、総督府に属する消火隊が出動したが、彼らはキリスト教徒地区の消火作業は拒んだとされる。ミーハーイール・ミシャーカは、消火隊の対応をもって総督府がキリスト教徒の襲撃を教唆した証拠の一つに数えている。ユダヤ教徒の居住地区は、略奪や放火の対象とはならなかった。いくつかの史料には、ユダヤ教徒が暴徒に冷水を与えるなどして歓心を買い、あるいは暴徒から略奪品を買い取ったり、ドルーズ派の扮装をして略奪に加わったりしていたとの記述がある。暴徒の行為は略奪・放火に留まらず、殺人・婦女暴行・誘拐・強制改宗に及んだ。矯激なイスラーム教徒には、キリスト教徒の殺害を主目的に行動する者があり、略奪に走りがちな群衆を叱咤して殺人に駆り立てる様子が描かれている。暴徒は手斧や棍棒の他、銃器や刃物を所持してキリスト教徒を襲撃し、時には燃えさかる麺麭《パン》焼き窯に生きたまま押し込むなど残忍な方法でキリスト教徒を殺害した。助命の条件として、強制的にイスラームに改宗させられたキリスト教徒もあった。改宗した直後に殺害された者もいた。また、騒乱終結後キリスト教に戻った者もあれば、イスラームに改宗したままの者もあった。

総督府に勤めていたキリスト教徒書記は助かり、市場などに仕事に出ていたキリスト教徒の多数はイスラーム教徒の友人に匿われて助かった。イスラーム教徒名望家は、そのある者はキリスト教徒救助に積極的に従事し、ある者は暴徒と共にキリスト教徒の殺害に加わった。一方、多数は騒乱の規模を見てなす術を知らず、難を恐れて自邸に籠っていた。アブド・アルカーディルは、各国領事や一般のキリスト教徒多数を自邸に匿った。イスラーム教徒名望家にも、自邸にキリスト教徒を匿った者は少なくなかった。名望家の重鎮、アブドッラー・アルハラビーについては評価が分かれている。アブー・アッスウード・エフェンディーは、彼が多数のキリスト教徒を匿ったと記している。ディミトリー・ダッバースのように、彼の家に隠れたことを記録するキリスト教徒もある。一方『悲哀の書』は、騒乱三日目の一一日、消火活動を名目にサーリヒーヤ地区のイスラーム教徒約五〇〇人を呼び寄せたアブドッラー・アルハラビーが、さらなる殺人行為を煽ったと非難している。『シリアの嘆息』は、サーリヒーヤ地区の住民、クルド人、遊牧民、ドルーズ派によって、一一日さらに多数のキリスト教徒が殺害されたと記録する。オスマン帝国官憲の中にも暴徒と共に残虐行為を働いた者もあれば、サーリフ・ザキー・ベイや城塞警固に当たったハーシム・アーガーのように、キリスト教徒の救助に努めた者もあった。キリスト教徒を捜して襲撃する者、キリスト教徒を保護しようとする者が街中を行き交い、イスラーム教徒同士の諍いが発生し、騒乱の三日間ダマスクスは恐怖に支配された。

難を逃れたキリスト教徒たちは、アブド・アルカーディルやイスラーム教徒名望家の自宅に匿われた。しかしこれらの場所はすぐに一杯になり、彼らはダマスクスの城塞に集められた。ハスバイヤーとラシャイヤーでは、城塞に避難したキリスト教徒はドルーズ派によって殺害されたため、ダマスクスのキリスト教徒は城塞に集められると知って恐れをなした。ダマスクスの城塞は、楕円形をなす城壁の北西の内側に位置し、東西約二三〇メートル、南北約一五〇メートルの矩形敷地に築かれている。その大半は露天の中庭であり、七月の強烈な陽光に晒されていた。城塞に収容された人数についてウストワーニーは約一万二〇〇〇人、『シリアの嘆息』は約一万四〇〇〇人に達したと伝える。城塞での生活条件は劣悪で、食糧は不足していた。事件処理のためダマスクスに派遣されたファード・パシャは、城塞のキリスト教徒を順次ベイルートに避難させた。『悲哀の書』によれば、最初にダマスクスからベイルートに移動したキリスト教徒の集団は五〇〇人から成っていた。以後四〇〇〇人からなる第二の集団と、三五〇〇人からなる第三の集団が出発した。(58)

（へ）　被害状況

ダマスクスの外国公館は象徴的な攻撃対象とされ、露国領事館は真っ先に襲撃された。ただし、英普両国の領事館はキリスト教徒地区から離れたところにあり、襲撃されなかった。マエイエフ露国副領事はたまたま仏国領事館にいて、ラヌス仏国領事事務代理（ベルギー副領事兼任）と共にアブド・アルカーディルの屋敷に避難した。スパルタリス希国副領事もアブド・アルカーディルの屋敷に避難した。フェフィンゲル墺国副領事は英国領事館に避難した。クンズィー蘭国副領事（現地人）は殺害されたと報じられたが、隣家の煙突に隠れた後、アブド・

アルカーディルの屋敷に避難した。ミーハーイール・ミシャーカ米国副領事は負傷したが、アブド・アルカーディルに保護された。

外国人宣教師・修道士のうち、フランシスコ会修道院の八人の修道士は、三名のマロン派修道士と共に惨殺された。アイルランド長老派教会のグラハム宣教師は、防遏隊長ムスタファー・ベイ・アルハワースィリーの家に避難したが、その場所から移動中に殺害された。アザリア修道院の仏修道士、愛徳姉妹会の仏修道女らは救出された。他の宣教師についても、アブド・アルカーディルらに保護された様子が記録されている。

事件当時ダマスクスには、レバノン山やダマスクス近郊の村から逃げてきたキリスト教徒多数が教会や路上に避難していた。彼らの多くは騒乱に際し犠牲になったと推測されるが、ダマスクスの住民にとって面識のない者がほとんどで、死傷者数の推計を困難にしている。ダマスクス住民のキリスト教徒は市街の地理に通じ、イスラーム教徒に知人がいたことから、避難先の確保が比較的容易であったと考えられる。オスマン帝国駐箚英国大使は前出の一八六〇年八月一日付報告において、ダマスクスにおける死者数に関し英国領事推定五〇〇〇人、仏国領事事務代理推定八〇〇〇人、ファアード・パシャに随行したハサン・ベイ（改宗アイルランド人オライリー大佐）推定五〇〇人との数字を挙げている(59)。『悲哀の書』は、ダマスクスのキリスト教徒総数を二万二〇〇〇人と推定した上で（レバノン山などからの流入数は含まない）、騒乱において人手にかかり死亡した者と行方不明者の合計を二五〇〇人、他に恐怖によって死亡した者を三〇〇〇人と推定している。また、アブド・アルカーディルはその書簡で死亡者数を三三〇〇人と伝えている(60)。英『タイムズ』紙は、各国領事の報告する死亡者数六―八〇〇〇人と共に、信頼すべき情報として死亡者数二〇〇〇人と報じている(61)。

『悲哀の書』によれば、キリスト教徒所有の全焼家屋は一二〇八棟、半焼家屋二六八棟を数え、この他にイスラーム教徒が所有し、キリスト教徒が居住していた家屋約三〇〇棟が焼失した。さらに主要な宗教施設や医療施設、二〇〇〇軒を超える店舗類が焼失した。これらを金額に換算すると全半焼した住宅の損害は七九五七万キルシュ相当、焼失した教会・修道院・学校の損害は一一一〇万キルシュ相当、焼失した店舗類の損害は四一〇万キルシュ相当、略奪品の損害は九九一五万キルシュ相当、総計一億九三九二万キルシュ（一九三万リラ）に上る。

註

（1） Wheeler. M. Thackston, Jr. (tr.), *Murder, Mayhem, Pillage, and Plunder: The History of Lebanon in the 18th and 19th Centuries by Mikhayil Mishaqa*, New York, 1988.

（2） ハーバード大学所蔵写本には、著者から一八七七年四月ベイルートにて寄贈との書き入れがある。MS Arab 8, Houghton Library, Harvard University.

（3） Johann Friedrich Scheltema, *The Lebanon in Turmoil: Syria and the Powers in 1860*, New Heaven, 1920.

（4） Iskandar b. Yaʻqūb Abkāriyūs, *Nawādir al-Zamān fī Waqāʼiʻ Jabal Lubnān*, London, 1987.

（5） [al-Khūrī Yūsuf Faraḥyān,] Nubdhah Mukhtaṣarah fī Fitan Sūriyā, ed. Louis Shaykhū, *al-Mashriq*, vol. 24 (1926), pp. 801-824; pp. 915-938.

（6） Un témoin oculaire [Sfer Abdallah,] *Souvenirs de Syrie: expédition française de 1860*, Paris, 1903.

（7） [al-Rāhib Mubārak,] Mā waqaʻa lī fī Ḥādithah Sanah 1860, *al-Masarrah* (Ḥarīṣā, Lebanon), vol. 4 (1913), pp. 535-543; pp. 581-586; pp. 622-625.

（8） Nuʻmān Qasāṭlī, *al-Rawḍah al-Ghannāʼfī Dimashq al-Fayḥāʼ*, Beirut, 1879.

（9） [Nuʻmān Qasāṭlī/Shāhīn Makāriyūs,] *Ḥasr al-Lithām ʻan Nakabāt al-Shām wa-fī-hi yaḥmilu Akhbār al-Ḥarb al-Maʻrūfah bi-Ḥawādith 1860 maʻa tamhīd waṣfai al-Bilād al-Jighrāfī wa-l-Siyāsī*, Cairo, 1895.

（10） Ahmed Cevdet Paşa, *Tezâkir*, 4 vols., Ankara, 1953-1991.

（11） Great Britain, House of Commons, Command Papers, Accounts and Papers, vol. LXIX (August 1860): *Dispatches from Her*

Majesty's Consuls in the Levant, respecting Past or Apprehended Disturbances in Syria, 1858 to 1860. Papers relating to the Disturbances in Syria, June 1860. Further Papers respecting Disturbances in Syria, 1860. Further Papers relating to the Disturbances in Syria, June 1860, London, 1860.

Great Britain, Both Houses of Parliament, Parliamentary Papers, *Correspondence relating to the Affairs of Syria 1860-61.* Part II, *Correspondence relating to the Affairs of Syria (in continuation of Correspondence presented to Parliament in April 1860),* London, 1861.

(12) Baptistin Poujoulat, *La vérité sur la Syrie et l'expédition française,* Paris, 1861.

(13) Richard Edwards, *La Syrie 1840-1862: histoire, politique, administration, population, religion et moeurs, événements de 1860 d'après des actes officiels et des documents authentiques,* Paris, 1862.

(14) Charles Henry Churchill, *The Druzes and the Maronites under the Turkish Rule from 1840 to 1860*, London, 1862.

(15) Matthaeus MacMahon, *Franciscan Martyrs of Damascus 1860: Beatified on October 10th, 1926 by His Holiness Pope Pius XI*, Dublin, 1927.

(16) A. Halûk Ülman, *1860-1861 Suriye Buhranı: Osmanlı Diplomasisinden Bir Örnek Olay*, Ankara, 1966.

(17) Moshe Ma'oz, *Ottoman Reform in Syria and Palestine 1840-1861: The Impact of the Tanzimat on Politics and Society*, Oxford, 1968.

(18) Kamal S. Salibi, The 1860 Upheaval in Damascus as Seen by al-Sayyid Muhammad Abu'l-Su'ud al-Hasibi, Notable and Later *Naqib al-Ashraf* of the City, William R. Polk & Richard L. Chambers (eds.), *Beginnings of Modernization in the Middle East: The Nineteenth Century*, Chicago, 1968, pp. 185-202.

(19) Elias N. Saad, *The Damascus Crisis of 1860 in the Light of Kitab al-Ahzan, an Unpublished Eye Witness Account*, M.A. thesis, American University of Beirut, 1974.

(20) Fritz Steppat, Some Arabic Manuscript Sources on the Syrian Crisis of 1860, Jacques Berque et Dominique Chevallier(eds.), *Les Arabes par leurs archives: XVIe-XXe siècles*, Paris, 1976, pp. 183-191.

(21) Philip S. Khoury, *Urban Notables and Arab Nationalism: The Politics of Damascus 1860-1920*, Cambridge, 1983.

(22) Linda Schatkowski Schilcher, *Families in Politics: Damascene Factions and Estates of the 18th and 19th Centuries*, Stuttgart, 1985.

(23) Leila Tarazi Fawaz, *An Occasion for War: Civil Conflict in Lebanon and Damascus in 1860*, Oxford, 1993.

(24) Caesar E. Farah, *The Politics of Interventionism in Ottoman Lebanon 1830-61*, London, 2000.

(25) Abdul-Karim Rafeq, New Light on the 1860 Riots in Ottoman Damascus, *Die Welt des Islams*, vol. 28, no. 1 (1988), pp. 412-430.

(26) John Clark, Mikhail Mishaqa and the Damascus Massacres of 1860, *Islamic Culture*, vol. 74, no. 2 (April 2000), pp. 1-36.

(27) Eugene L. Rogan, Sectarianism and Social Conflict in Damascus: The 1860 Events Reconsidered, *Arabica*, vol. 51, no. 4 (October 2004), pp. 493-511.

(28) Benjamin Braude and Bernard Lewis (eds.), *Christians and Jews in the Ottoman Empire: The Functioning of a Plural Society*, 2 vols., New York, 1982.

(29) Bruce Masters, *Christians and Jews in the Ottoman Arab World: The Roots of Sectarianism*, Cambridge, 2001.

(30) Dima de Clerck et al., *1860: histoires et mémoires d'un conflit*, Beyrouth, 2015.

(31) Mishāqah, Sharḥ Asbāb, pp. 174-176.

(32) Poujoulat, *La vérité*, pp. 415-417; Bellemare, *Abd-el-Kader*, pp. 428-436; Bulaybil(ed.), Tabrīr al-Naṣārā, pp. 634-635.

(33) Keçecizade Mehmet Fuat Paşa 一八一四―一八六八。外務卿、大宰相。Süreyya, *Sicill-i Osmanî*, vol. 2, pp. 539-540. なお、本文献の初版は一八九〇年、オスマン語で出版されているが、参照の便のため現代トルコ文字を用いて編集された新版で引用する。

(34) *The Daily Exchange* (Baltimore), 15 November 1860, p. 1. 本記事は *Boston Traveller* 紙シリア通信員の報告を転載したと付記する。

(35) [Jullien(ed.),] Les Massacres, pp. ii-iv.

(36) *The Times* (London), 17 September 1860, p. 7.

(37) Bulwer to Russell, Therapia, 1 August 1860, No. 72, *Correspondence*, p. 55.

(38) [Faraḥyān,] Nubdhah Mukhtaṣarah, pp. 812-814; Farah, *Interventionism*, p. 557.

(39) *The Times* (London), 17 September 1860, p. 7; Edwards, *La Syrie*, p. 137.

（40） *The Times* (London), 17 September 1860, p. 7.
（41） Brant to Bulwer, Damascus, 30 June 1860, Incl. in No. 6, *Further Papers, June 1860*, p. 9.
（42） Farah, *Interventionism*, p. 567.
（43） *Ibid*., p. 569.
（44） *Ibid*., p. 578.
（45） *Ibid*., p. 581.
（46） al-Khāzin(eds.), *al-Muḥarrarāt*, vol. 2, pp. 109-111. 一二七六年ズー・アルヒッジャ月一七日（一八六〇年七月六日）の和睦文書を掲載している。Treaty of Peace between the Christians and Druses, Incl. 4 in No. 28, *Further Papers, June 1860*, pp. 62-63; Testa (ed.), *Recueil des traités*, vol. 6, pp. 84-86.
（47） Dufferin to Russell, Beyrout, 19 December 1860, No. 223, *Correspondence*, p. 286.
（48） The Druse Chiefs to the European Consuls-General at Beyrout, 14 Zilhedjé 1276, Incl. 2 in No. 28, *Further Papers, June 1860*, pp. 59-60.
（49） Bulaybil(ed.), Tabrīr al-Naṣārā, pp. 631-644.
（50） Bishop Tobia to the Chief People of Deir-el-Kamar, 20 May 1860, Incl. 4 in No. 373, *Correspondence*, pp. 481-482.
（51） Farley, *Massacres*, pp. 120-143.
（52） Cowley to Russell, Paris, 22 July 1860, No. 18, *Correspondence*, p. 13.
（53） Fawaz, *An Occasion*, p. 193.
（54） Bulwer to Russell, Therapia, 1 August 1860, No. 72, *Correspondence*, pp. 54-55.
（55） *The Times* (London), 14 August 1860, p. 8.
（56） Letter from a Turkish Moslem in Damascus, Incl. 2 in No. 86, *Correspondence*, pp. 69-71.
（57） Fawaz, *An Occasion*, p. 89. は、アブド・アルカーディルがドルーズ派に誘引されたと示唆する。
（58） 英『タイムズ』紙によれば、二〇〇〇人から成る第二の集団が八月一五日ベイルートに到着したという。*The Times* (London), 31 August 1860, p. 7.

(59) Bulwer to Russell, Therapia, 1 August 1860, No. 72, *Correspondence*, p. 54.

(60) *The New York Times*, 20 August 1860, p. 8.

(61) *The Times* (London), 14 August 1860, p. 8.

第二章　身辺の備忘が史書になるまで
――ミーハーイール・ミシャーカ――

一　人物・史料・一族

ミーハーイール・ミシャーカ（Mīkhā'īl Mishāqah 一八〇〇―一八八八）はキリスト教徒の医師・著述家である。一八三四年にダマスクスに居を定めてから終生この地を中心に活動し、歴史・宗教・音楽理論をはじめ多彩な分野にわたる著作を残した。代々シリア地方の支配者に近い家庭に育ち、本人はダマスクスの米国副領事（一八五九―一八七〇）を務めるなど、一九世紀の動乱を間近に見聞する立場にあった。また一八四八年にプロテスタントに改宗し、父祖の宗派であるカトリックを厳しく批判した。

本章の基本史料として用いたのは、一八七三年にアラビア語で著された『親愛なる人々の提案に対する回答』（*al-Jawāb 'alā Iqtirāḥ al-Aḥbāb*）である。この書物（以下『回答』と略す）はミーハーイール・ミシャーカによる回想録であり、彼の一族に関する情報、自伝、シリアの歴史が混然と記されている。しかし一八世紀中葉から一〇〇年余りにわたりミーハーイール・ミシャーカの一族は地方政界の当事者であったため、様々な事件の詳細な記述は、単なる私的な回想の枠を超えた他に類を見ない価値を帯びている。

『回答』は現在まで完全な形では、写本としてのみ伝わっている。写本は複数知られているが、本書ではベイルート・アメリカン大学本を用いた。[1]

一九五五年にはアサド・ルストムらによって『回答』の一部が校訂出版されている。[2]この校訂本は、一八六〇年の事件に関する写本の約六〇ページ分の記述が省略されていることが特色である。校訂者は省略の理由を挙げていないが、刊行の影響を憚ることは明らかであり、事件の爪痕の深さを証する観点から興味深い事実である。

一九八八年にはサックストンによって『回答』の全文英訳が刊行された。[3]これはベイルート本を底本としている。

『回答』と並んでミーハーイール・ミシャーカの歴史記述とされている作品に、『シリアとレバノンの諸事件における実見録』(*Mashhad ʻIyān bi-Ḥawādith Sūriyah wa-Lubnān*)がある。この書物(以下『実見録』と略す)はマルハム・ハリール・アブドとアンドラーウス・ハンナー・シャハーシーリーによって編集され、一九〇八年にカイロで出版された。[4]『実見録』の方が『回答』より刊本の形で早く世に出、その後も版を重ねているため、ミーハーイール・ミシャーカの歴史家としての名声は、『実見録』の評価によって定まった感がある。しかし両者の史料価値には開きがあり、『実見録』は二名の編者による『回答』の翻案に過ぎないと見るべきである。

『実見録』の編者は、まず『回答』の各部分からミーハーイール・ミシャーカの父祖と本人の伝記に関する記事を拾い出して序文の中に要約し、次に『回答』の原文にない総論に相当する文章で本文を説き起こしている。この総論は『実見録』全一七〇章のうち一九章分を占め、編者によって明記されている通り『シリア諸災禍の真相』(*Ḥasr al-Lithām ʻan Nakabāt al-Shām*)[5]など先行文献に依拠して記述されている。[6]総論に続いて『回答』のシリアとレバノンの歴史に対応する記事が時系列順に展開されるが、これらも『実見録』編者の手によって潤色されている。『実見録』における構成上の改変と内容の潤色は、編者によって「私たちが本書を最初から最後まで執筆するという、著者の立場に自らを置いたことをお詫びしたい。それは著者の表現が不正確で、本書の文章が出版に適していないからである。私たちは諸事件〔の記録〕にレバノンの歴史概説を加えた。……」(7)「〔ミーハーイール・ミシャーカは〕文章が貧弱で表現は単調であり、その著述においては俗語に非常に傾いている」(8)と正当化されている。しかし『回答』の原文を読めば、このような弁解が当を得ていないことは明白である。『回答』には時代の制約による晦渋な箇所が散見されるものの、全体として明快な文章語で書かれており、忠実な校訂・註釈によって目撃者の手になる鮮明な記録が再現可能なのである。

それでは『実見録』編者が、なぜあえて翻案を行ったかという疑問が残る。これはつとに指摘されている通り、編者二名が現在のレバノンに相当する地域の出身であり、「レバノン」の政治的・歴史的特殊性を立証する意図の下、『回答』の中にその素材を求めようとしたと解される。(9)『実見録』編者が付加した総論は現在のレバノンに重なる地域の地勢・歴史の概観であり、全体の末尾を「レバノンの独立」(10)という章で締め括っているのがその反映である。しかし、『回答』の各ページに生起する諸事件はむしろ「歴史的シリア」、「大シリア」(Bilād al-Shām, Greater Syria) が一体として動いていた時代を描き出している。したがって『回答』の原文が存在する以上、『実見録』の史料的価値は見直しを免れない。本書においては、必要に応じ後者を参照するに留めている。

なお、ミーハーイール・ミシャーカに帰せられる歴史書として、「ダマスクスのミーハーイール」が記した『ダマスクス、シリア沿岸地方、〔レバノン〕山岳で発生した諸事件の歴史』(11)と題される写本がある。この写本は一七八二年から一八四一年までを取り扱っており、一八四三年に書かれたとの日付がある。『回答』に記録される諸事件と重なる内容も多く、ミーハーイール・ミシャーカの著作である可能性が高いが、『回答』の習作に相当するものであろう。本写本は校訂出版されている(12)。

ミーハーイール・ミシャーカは『回答』において、著者である自らを「ミーハーイール・ブン・ジルジス・ブン・イブラーヒーム・ブン・ジルジス・ブン・ユースフ・ブン・ユースフ・パトラーキー(13)」と名乗っている。高祖父ユースフ・パトラーキー（Yūsuf Batrākī）は一八世紀前半に活躍した人で、当時ヴェネツィアの支配下にあったコルフ島の出身であった。ユースフは船を所有してエジプトやシリアの沿岸を航海し、麻の繊維や亜麻布を買い付けては故郷に運んでいた。人々は麻屑（Mushāqah）にちなんでユースフを「ミシャーカの旦那」と呼んでいた。それが家族の名前の由来である(14)。ユースフは一八世紀初め頃、拠点をコルフ島からシリアのタラーブルスに移し、その近くの村の女性を娶った。やがて息子ジルジスが生まれた(15)。

ミーハーイールの曾祖父にあたるジルジスはタラーブルスの生活を嫌い、両親の遺産を売却して一七五二年、シリア沿岸地方の中心都市であったサイダに移住した。そしてサイダを拠点に葉煙草をエジプトに売る仕事を始めた(16)。

高祖父ユースフの代まで一族は正教会に属していたが、曾祖父ジルジスは東方典礼カトリックであるルーム・カトリック教会に改宗した。ジルジスがある娘に求婚したところ、娘の家族は「自分たちはカトリックになったので、正教会の者には嫁をやらぬ。」と答えた。そこでジルジスは、「カトリックとは何か、教えて下さい。」と頼んだ。彼らは一七〇八年にレバノン山中に創建されたムハッリス修道院にジルジスを連れて行った。彼は修道院に数日滞在したが、そこで参列した礼拝の儀式は彼の故郷の教会と同じギリシア語で執り行われ、修道士の装束や帽子は正教会のものと同じであった。するとジルジスは、「つまりカトリックとは、正教会のことですか。

なぜ貴方がたは、呼び名を変えたのですか。これは私の宗派と同じです。」と言った。そして、その時から自らをルーム・カトリックの宗派に属すると公言した。(17) ジルジスはムハッリス修道院との絆を深め、彼の商売の進展と共に修道院に建物の円蓋や欧州から取り寄せた大理石の柱を寄進し、さらには修道院に地所や家屋など多くの財産を寄託するまでになった。(18)

その後、さらに南の沿岸にあるスールの街の領主たちが、ジルジスにスールへの移住を勧めた。スールはビシャーラ地方に近く、葉煙草や穀物、木材の産出が豊かであった。ジルジスがスールに移った時、他にキリスト教徒はいなかったが、彼の移住が契機になってスールにルーム・カトリックの共同体が成立した。(19) ジルジスは当時スールにシーア派のモスクがなかったのを見て、私財を投じてモスクを建設した。サイダ総督は、ジルジスの善意を賞して黒貂の毛皮を与えた。(20)

ジルジスには、イブラーヒームとビシャーラという二人の息子があった。長男はミーハーイールの祖父、次男は後にエジプトのアレキサンドリアに移住した、ミシャーカの分家の祖である。(21)

イブラーヒームは成長して、アッカ出身の娘と結婚した。一七七五年には長男ジルジス、一七七九年には次男アントゥーン、一七八二年には三男アイユーブが生まれた。長男ジルジスがミーハーイールの父である。(22)

一八世紀後半はアフマド・アルジャッザール（Aḥmad al-Jazzār　一七三〇頃―一八〇四）がベイルートの領主、次いでサイダ総督の地位を獲得し、さらにはアッカ、スールを勢力下に収めてダマスクス総督を兼ねるなど、シリアの在来領主を打倒しながら独自の権力を確立していく時代に重なっていた。ジャッザールはビシャーラ地方とシャキーフ地方を支配下に加えると、この地の民情に明るいイブラーヒーム・ミシャーカに眼をつけ、施政と徴税を請け負わせることにした。ジャッザールはイブラーヒームを招致して徴税請負証文（sharṭnāmeh al-iltizām）

を与え、シーア派住民が多数を占めることに配慮して、あるムスリムを名目上の領主とした。実際はこの領主は、マールーン城塞に拠点を置いたイブラーヒームの差配に従うのだった。イブラーヒームはジャッザールと住民の双方と良好な関係を維持して善政を行った[23]。

ヒジュラ暦一二〇四年（西暦一七八八／八九年）、シハーブ家のアミール・バシール（二世 al-Amīr Bashīr al-Shihābī 一七六七―一八五〇）はジャッザールに面会するためアッカに向かい、その途次スールに立ち寄った。イブラーヒームはアミール・バシールを自邸に泊めて歓待した。これがミシャーカ一族とシハーブ家のアミールたちとの最初の縁である[24]。アミール・バシールは、ジャッザールによってレバノン山の領主に任命された。

イブラーヒームは、ジャッザールの財政を預かっていたキリスト教徒のサクルージ一族の友人であったが、サクルージ一族がジャッザールの勘気に触れて窮地に陥った時、彼らに助言の手紙を送った[25]。ジャッザールは、ついにサクルージ一族を皆殺しにしてしまった。イブラーヒームの手紙は、ジャッザールの知るところとなった。イブラーヒームはサクルージ一族誅殺の報せを聞くと熱病に倒れ、ビシャーラの地からスールの自邸に運ばれた。イブラーヒームを招致しようとしたジャッザールは、彼が重病であると報告を受け、イブラーヒームが回復すれば彼を、死亡すればその息子をアッカに連行するよう命じた。ほどなくイブラーヒームは四二歳で世を去った。ジャッザールの使者は、二十数歳になる長男ジルジスをアッカに連行した。父親を埋葬する猶予も与えられなかった[26]。

ジャッザールは、ジルジスがまだ若く謙虚な態度を示したのを見て、当初の要求額を三分の二に減免した。そして一八か月にわたり分割納付する条件で、父イブラーヒームと同様、ビシャーラ地方の徴税請負を命じた[27]。ジルジスは貢納を約束の期限までに終え、ジャッザールが満足するものと期待していた。しかしジャッザールは、逆にジルジスに対する讒言を納れて、彼を投獄してしまった。ジャッザールはジルジスとその家族の全財産を没収し、ジルジスを釈放した[28]。

ジルジスは父親が亡くなった直後にアンフーリー家の娘を娶っており、一族の零落に直面すると、商業に従事していた妻の兄弟を頼ってエジプトの地に赴いた。しかしエジプトにもジャッザールに内通する者が多いと知り、レバノン山に隠れることにした。ジルジスはベイルートを通ってデイル・アルカマルの街に落ち着き、「ジルジューラ」と名を変えて暮らした。故郷に残した家族にも居所を教えなかった[29]。デイル・アルカマルにいた二人のスール出身の人はジルジスを知っており、彼はその一人に金細工の仕事を習った[30]。

ジルジスには一七九四年に生まれたイブラーヒームという長男、すなわちミーハーイールの長兄があった。一七九六年にジルジスはデイル・アルカマルに家族を呼び寄せ、同年次男アンドラーウスが誕生した。ジルジスの弟アントゥーンはデイル・アルカマルには行かず、エジプトに移住することにした[31]。

アミール・バシールはたまたまスールを通りかかった時、かつて自分を歓待したイブラーヒーム・ミシャーカと長男ジルジスのことを想い出した。人々はジルジスがデイル・アルカマルで金細工職人として生活していると告げたので、アミール・バシールは彼を憐れんだ。アミール・バシールはジルジスを呼び、彼を自分の書記として傭うことにした[32]。やがてジルジスはアミール・バシールの財政を任され、出納長の役職に任命された[33]。

一七九九年、ナポレオン・ボナパルトが仏軍を率いてエジプトから進軍し、アッカを二か月間包囲した。アッカに立て籠もったジャッザールは、アミール・バシールが仏軍に弾薬を供給していると非難した。実際はそのようなことはなく、レバノン山の一部の住民が、自分たちの利益のために仏軍に酒を売っていたのであった。ジャッザールはアミール・バシールに怒りを示したので、アミール・バシールはジルジスを含むすべての家来を連れて、レバノン山を一時立ち退くことになった。ジルジスは、家族をラシュマーヤーという村に残した[34]。

一八〇〇年三月二〇日木曜日、すなわちヒジュラ暦一二一四年シャウワール月二三日、ラシュマーヤー村においてミーハーイール・ミシャーカは誕生した[35]。ミーハーイールには一八〇五年に生まれたジブラーイールという弟と、一八〇九年に生まれたルーファーイールという弟があった。他に五人の姉妹があり、全員で一〇名の兄弟姉妹であった[36]。

二　略伝・著作・主な活動

ミーハーイールの父ジルジスは、世の転変に際して自分に生計を立てる職のなかったことを想った。息子たちについても時代の移り変わりを案じて、彼らに読み書きを教えた後、仕事を覚えさせることにした。しかも一つの職を身につけさせるのに飽き足らず、一つの職を覚えさせると次の職を覚えさせたのであった。ミーハーイールはまず四種類の仕事を覚え、数年後他に二種類の仕事を学んだ。次に父ジルジスは、自分が権力者たちとの接触によって蒙った災厄を避けるため、息子たちが権力者から遠ざかることを望んだ。そして息子たちを親族の暮らすエジプトに送って商業を学ばせるよう決心した。長兄イブラーヒームは、一八歳になると結婚してエジプトに送られた。次兄アンドラーウスは一六歳で叔父アントゥーンのいるダミエッタに送られた[37]。

ミーハーイールは年少期をデイル・アルカマルで過ごしたが、この頃算数に興味を持っていた。当時デイル・アルカマルには足し算を知る人しかいなかったので、父が彼に掛け算と割り算を教えた。ミーハーイールは、ユダヤ教徒が日蝕と月蝕の計算を知っていると聞いて教えを請うた。彼らは実際には、欧州から手に入れた年鑑に日蝕と月蝕の日時が記されているのを隠していたのだった(38)。

一八一四年、ダミエッタに住む母方の叔父ブトロス・アンフーリーがデイル・アルカマルに来た。ナポレオンが多数の学者を連れて一七九九年エジプトに上陸した際、この叔父は商売が停滞したこともあって仏語を学び、仏国人学者たちと交流していた。ミーハーイールは彼から数学、天文学、地理学など当時の最新の知識を得ることができた(39)。

一八一七年、父はミーハーイールを兄と同様、叔父アントゥーンの下に送ることにした。ミーハーイールがダミエッタに到着すると、五年前から滞在している兄アンドラーウスが待っていた。ミーハーイールは兄と共に、叔父の店で簿記の仕事に従事した(40)。一八一八年のこと、仏国人ヴォルニーによるレバノン山やパルミラの旅行記(41)のアラビア語訳を読んだのがきっかけとなり、宗教について思い巡らすようになった。同じ年、音楽についての知識に熱中し、また弦楽器や吹奏楽器の演奏法を身につけた(42)。ミーハーイールはダミエッタに三年間滞在し、一八二〇年の初めデイル・アルカマルに帰った。そして彼がもっとも習熟していた絹織物の取引を始めた(43)。

一八二一年二月、アミール・バシールはサイダ総督アブドゥッラー・パシャの圧力によってレバノン山を離れ、ホーラーン地方に移動することになった。父ジルジスはアミール・バシールの命に従ってイブラーヒーム、アンドラーウス、ミーハーイールの三人の息子をダマスクスに避難させ、他の二人の息子をサイダに送った(44)。ミーハーイールはダマスクス滞在の機会に、ムハンマド・アルアッタールの下で天文学、数学、地理学、音楽を学んだ(45)。アミール・バシールはその後、アブドゥッラー・パシャによってレバノン山の領主の地位を回復した。ミーハーイールはデイル・アルカマルに戻って絹織物の商売に専念し、商機を見てはダマスクスに絹を運んでいた。当時彼は、代数に関心を抱いていた(46)。

その頃、ジョナス・キング（Jonas King 一七九二―一八六九）という米国人[47]がデイル・アルカマルに現れ、ミシャーカ家の向かいの商人の家に滞在した。キングは巧みにアラビア語を話し、ミシャーカの家族との交流を続けた。ミーハーイールは、プロテスタントの宣教師との出会いを綴っている。

「しかし皆は、彼のことを無宗教の英国人と思い込んで、容姿も良く若いのにと残念がり、また多数で彼を取り囲んで批判の矢を放ち、『貴方がた英国人は、なぜ無宗教なのですか。』と言っていた。彼は人々に、『それは間違いです。私たちはキリスト教徒です。』と答えていた。すると人々は彼を憐れまなくなった。彼は皆と非常に丁寧に交際した。そして私たちは彼と宵の一時を過ごす日々が多くなった。私の家族は、彼がカトリック教徒ではないため、地獄に行くことになると憐れんでいた。私は双方を腹の中で笑っていた。しかし私はこの人物の美点に惚れ込み、『彼は立派な理性を備えているのに、健全な判断力が拒絶するような宗教的たわ言を、どうして信じているのだろう。』と考えていたのだった。[48]」

ミーハーイールはハスバイヤーの領主アミール・サアド・アッディーン・シハーブの懇請により、彼の執事長に就任した。そして彼の信任を得て家族同様の扱いを受け、ホーラ郡の私領地やクネイトラ付近の村を与えられた。ミーハーイールはデイル・アルカマルでの絹織物取引をやめ、農地経営を仕事にした。[49]

一八二八年、ミーハーイールは四日熱[50]に冒された。治療薬キニーネはシリア諸州の医師に知られていなかったため、デイル・アルカマルの自宅に戻り、五か月後にようやく回復することができた。そこで彼は医学に取り組む決心をした。しかし医学校や医学書の印刷所はなく、医学を教える教師は十分存在しない中で、医学を修めることは至難の業であった。しかし彼は、「この学問を教えるために書かれた書物を読んで努力すれば、希望を叶えることはできるだろう。〔これらの書物は〕自分の読める言語で書かれている。自分の努力さえ絶やさなければ、内容を理解できない訳はないだろう。努力すれば達成できる。」とアラビア語で書かれた医学書を読み始めた。彼は、ペルシア語やギリシア語起源の術語、特に著者の間で用い方の違う単語を除き、医学書の内容を理解できるようになった(51)。

一八三二年、老齢により自邸に引退していた父ジルジスが死去した。父親のアミール・バシールの下での仕事は、次兄アンドラーウスに引き継がれた(52)。

エジプトにオスマン帝国から事実上自立した権力を樹立したムハンマド・アリーは、息子イブラーヒーム・パシャの率いる兵力によってシリア諸州を征服した。シリアは一八三二年から一八四〇年の間、ムハンマド・アリーの支配下に入り、シリア州の州政長官（Ḥukmdār）としてシャリーフ・パシャが任命された。

一八三四年初、ミーハーイールはダマスクスに居を定める決心をした。この街で彼は結婚し、居宅を買い求めた。ハスバイヤーの領主アミール・サアド・アッディーン・シハーブのためダマスクスの州政府や州参事会で弁じていた用務は、移住後も続けることにした(53)。

この頃、ムハンマド・アリーの侍医を務めていた仏国人クロット・ベイ(54)がダマスクスに長期間滞在し、ミーハーイールは彼から多くを学んだ。クロット・ベイはミーハーイールを臨床の現場に連れて行き、アラビア語に翻訳されエジプトで刊行された医学書をすべて彼に与えた。シリア州政府はミーハーイールをダマスクスの医師長に任命した。彼は「このような職に対する十分な能力のないまま」任命されたと述懐している(55)。

同じ時期、ミーハーイールは正教会のユースフ・アルハッダード司祭(56)の下でポルフュリオス（Πορφύριος

二三四頃—一三〇五頃）の論理学入門『エイサゴーゲー』（*Εἰσαγωγή*）を学んだ。続いて彼はマフムード・エフェンディー・アルハムザーウィーに『エイサゴーゲー』の註釈を学んだ。ミーハーイールはマフムード・エフェンディー・アルハムザーウィーを「学問と識見、円満で高潔な人格により高名であり、彼は今やダマスクスの大法官《ムフティー》である。彼は言葉通りシリア随一の人物である。」と評している。(57)

一八四〇年二月、ダマスクスでカプチン会のトゥーマー神父と従僕が行方不明になる事件が発生した。(58)シリア州政長官シャリーフ・パシャは真相解明のため軍医とダマスクスの医師を招集し、仏国と墺国の領事の臨席を求めて調査を行った。ミーハーイールは医師の一人として検屍に参加し、髭が残存する上顎骨などの遺骨、神父のものと考えられる黒帽子や衣類を記録に残している。(59)

一八四〇年、英国の介入によりイブラーヒーム・パシャの軍隊はシリアから撤退し、シリア諸州に対するオスマン帝国の支配が回復した。アミール・バシールはマルタ島に追放され、レバノン山に還ることはなかった。レバノン山ではドルーズ派とキリスト教徒の抗争が頻発した。一八四一年にはデイル・アルカマルがドルーズ派によって襲撃された。次兄アンドラーウスは殺害され、弟ルーファーイールは負傷し、デイル・アルカマルのミシャーカ家は略奪された。(60)

一八四五年、ミーハーイールはエジプトに八か月間滞在した。エジプト州政府の衛生総監・軍医准将に就任していたクロット・ベイの周旋でカスル・アルアイニー医学校の試問を受け、免状を授与された。ミーハーイールは医学校の優れた教官の下で外科手術の視察を行った。(61)

エジプトから帰った後、ミーハーイールは宗教について考えることが多くなった。

「私はヴォルテール、ルソーなどの人々が知っていることを、自分は知らないのだと考えていた。これらの哲学者は、いかにして自分たちの魂が永遠に消滅することを容認し、すべての宗教を拒絶したのだろうか。もし彼らが一つの宗教でもその正しさの証明を見出していれば、それに帰依していただろう。(62)」

「こうした時期、私は英国人教師キースが著し、マルタでアラビア語の翻訳が刊行された書物に巡りあった。それは『キリスト教の正しさについての明証(63)』と題されていた。……私はこれを少し読んでみると、自分の教会の学者たちが、諸問題について彼らの著作で論じているのとは異なる言葉で語られた、この偉大な教師の美徳と思考が解ってきた。……私の教会の指導者たちの教説や迷信のような見解は、キリスト教の教理には根拠がないどころか、聖職者が捏造したものだ。これには聖書に証拠がないばかりか、聖書がその多くに反対している。これは教会組織という愚昧な権力を強化し、人々の財産を収奪し、その影響力に隷属させるものに他ならない。そしてキリストの正しい教理は、神の書物が我々に説いていること以外の何物でもないという真理に、私は気付いたのだった。したがって私は自分の教会から遠ざかり、兄弟や親類の評判を棄てて、それよりも偽善の教説を拒否して神の言葉で満足するがゆえに、守旧的な人々から異端と呼ばれているダマスクスの少数の福音主義者の間で、心の安らぎを得る方が良いと考えた。(64)」

「私が自らの教会から去ったのは一八四八年のことであった。それは、私が聖書を何度も読み返し、プロテスタントの信条に対し守旧派の人々が反論した三冊の書物と、彼らにプロテスタントの人々が反論した多数の書物を読んで、プロテスタントの人々は自分たちの教説から些かも逸れることなく福音書の教理に従って進んでいくキリスト教徒であり、教皇の党派は福音書の教説からもっとも遠ざかっている宗派であると確認した後のことだった。(65)」

ミーハーイールはプロテスタント改宗後、主にカトリックと対決する多数の書物を著している。

一八四七年、ベイルートにおいて米国人宣教師たちの提唱で発足した「シリア科学芸術普及協会」（Jamaʿīyah Sūrīyah li-Iktisāb al-ʿUlūm wa-l-Funūn）には、ブトロス・アルブスターニー（Buṭrus al-Bustānī 一八一九―一八八三）やナースィーフ・アルヤーズィジー（Nāṣīf al-Yāzijī 一八〇〇―一八七一）らキリスト教徒文筆家が参加し、一八五二年まで活動が続けられた。ミーハーイールは、ダマスクス在住の寄稿会員としてこの協会に加わり、「運不運および邪視について」と題された論文を発表している[66]。

宗教的転機と重なる一八四〇年代にはダマスクスの英国領事館で通詞を務めるようになり、一八五九年には長男ナースィーフにこの職を譲って米国政府からダマスクスの副領事に任命された。

ミーハーイールには四男一女があった。長男ナースィーフ（一八三八年生）は、一八七〇年、父の引退に伴い米国ダマスクス副領事の仕事を引き継ぎ、一九一四年までこの職にあった[67]。次男サリーム（一八四四年生）は、一八七〇年より英国領事館通詞となった。三男イブラーヒーム（一八五〇―一九二三／二四）と四男イスカンダル（一八五七―一九二三／二四）は、医師となった。長女サルマは一八五四年に生まれている。ミーハーイールの一八七三年当時存命の兄弟については、ジブラーイールがザハレの判事、ルファーイールがレバノン山の司法委員会カトリック教徒委員を務めていた[68]。

ミーハーイール・ミシャーカは『回答』の中で、執筆時点（一八七三年）の自己の著作を列挙している。その時公刊されていた著作は八点であり、すべてが福音主義を擁護する宗教書である[69]。

（1）『福音書信仰案内』〔一八四九年〕

（２）『守旧派の謬言に対する福音主義者の反論』一八五二年
（３）『ホムスの正教会友人への返答　福音主義の正しさを説くと彼は納得してこれに帰依した』一八五二年
（４）『偽キリストの覆面を暴く』一八六〇年
（５）『イエズス会修道士たちの著述に対抗し教皇の謬言に反駁する福音主義の論証』〔一八六四年〕
（６）『マクシモス・マズルーム総主教より加えられた非難に対する弁明』一八五四年
（７）『ヴァチカン会議にプロテスタントの参加を呼びかける教皇ピウス九世の教書に対する反論』
（８）『人間の弱さについての論証　哲学者ヴォルテールの教説に従う友人への返答』〔一八五三年〕
次に未公刊の著作は五点であり、これらに加えて『回答』そのものが書かれている。五点のうち宗教書は二点、音楽理論が一点、数学・暦法に関する書物が二点である。（11）は後に校訂出版されている。(70)
（９）『マクシモス総主教評伝　芳しからざる人物がその地位に到達した奸計は彼の宗派の何人かの主教の話に基づいてアラビア語と仏語で出版され、虚構に満ち信憑性に乏しい自伝を著した本人に一部贈呈された』
（10）『福音主義派を批判して自派の教説を用いて語りかけた篤信者への反論』
（11）『あるシハーブ家のアミールからの慫慂に応え、シハーブ家に献呈するアラブ音楽の音階理論』
（12）『ミシャーカの贈物と命名された計数学詳論』
（13）『年月日の計算手引　一八七〇年を起点とした一〇〇年分の西暦、ユリウス暦、コプト暦、ヘブライ暦、イスラーム暦の月日対照表およびダマスクスの緯経度における日月蝕の発生日を付属する』
ミーハーイール・ミシャーカは広範な才能を示した人物である。その活動分野を示せば次の通りとなる。

（イ）　自然科学　ミーハーイールは、自然科学に年少期より強い関心を抱き続けた。自然科学の素養は、彼の合理主義、懐疑精神の基礎を提供している。天文・暦法に関しては著作（13）にまとめられ、数学については著作（12）がある。いずれの著作も写本の所在が確認されず、標題を通じて内容が推測されるに留まる。医学に関しては独学で研究を開始し、その後クロット・ベイの知遇を得て当時の高度な知識に接する機会があった。しかしミーハーイールは医学についての著作を自著一覧に掲げてはいない。むしろ医師として臨床の現場で活動した事実を史料に見出すことができる。

（ロ）　音楽　一八一七年から一八二〇年までのエジプト滞在中に関心を深め、楽器の演奏をよくしたのみならず、音楽理論の構築に寄与した。最大の功績とされるのは、アラブ音楽の音階理論の定式化である。ミーハーイールは一八二一年ダマスクスにおいて、ムハンマド・アルアッタールに師事し音楽を学んだ[71]。西洋音楽の一オクターブに相当する音階は、アラブ音楽において二四の等間隔の四分音に分割されている。ミーハーイールは楽弦を等分する師の分割方法の数学的誤りを訂正した上で、この二四平均律がアラブ音楽の伝統的奏法に適合していることを論証している[72]。

（ハ）　宗教　『回答』に掲げられた著作に限っても、一〇点を数える。そのすべては一八四八年にミーハーイールが改宗した後の作品で、八点は公刊されている。福音主義の弁護、他宗派、特にカトリックを論難する内容が多い。例えば、改宗直後に出版された著作（1）において、ミーハーイールはカトリック教会に対し、次の諸点は理性に反すると疑問を呈している。①司祭が信徒の罪の許しを独占する。②天使や聖者の執り成しにより願望が叶う。③聖像画への崇敬。④聖餐の麺麭を割いてキリスト処刑を模倣する。⑤聖餐の麺麭と葡萄酒がキリストの肉と血に化体する。ミーハーイールはこれらの疑問を宣教師ジョナス・キングに巡り逢った一八二一年にはすでに抱いており、アレキサンダー・キースの著作を読んで心眼が開かれたと記している。[73]

ミーハーイールが属していたルーム・カトリック教会のマクシモス・マズルーム総主教との対立は個人的確執に発展し、一八五五年の総主教没年まで続いた。マクシモス総主教はミーハーイールの改宗の報せを聞くと直ちに彼を呼び、翻意を促した。ミーハーイールは改宗の事情を説明した後に、聖像画や十字架への跪拝は十戒の禁ずる偶像崇拝ではないかと質した。総主教は、聖像画や十字架への崇敬はこれらの物体にではなく、それらが象徴する本体に向かうのであるから、両者を区別しなければならないと応えた。ミーハーイールは、キリストへの崇敬にこのような物体の介在は不要ではないかと反問した。総主教は、聖像画への崇敬は第七回公会議で義務づけられていると応じた。ミーハーイールは、エルサレムにおける使徒や長老の集会は、第七回公会議に優越するのではないかと反論した。総主教はミーハーイールに、疑問を書面に認めれば納得できるように回答しようと約した。[74] ミーハーイールは総主教に、キリスト教信仰の唯一の基礎は聖書に置かれなければならないという趣旨の書簡を送った。総主教はこれに対し、聖書は信仰の基礎であるが、唯一の基礎ではなく、神の使徒による慣習がこれに加わらねばならないと回答した。[75] 両者の論争はマクシモス総主教の生前に収斂することはなかった。後継者のアクリモンドゥス総主教の時代に、ミーハーイールとルーム・カトリック教会との関係はようやく改善に向かった。[76]

（二）　政治

ミーハーイールの一族はアフマド・アルジャッザール、アミール・バシールなど当時のシリアの支配者・領主層と直接のつながりを持ち、レバノン山のシーア派やドルーズ派の領主とも深く関わっていた。ミーハーイール本人はシハーブ家のアミール、エジプト統治時代のシリア州支配層、オスマン帝国のダマスクス総督、キリスト教・イスラーム双方の指導者層、列強のダマスクス領事との接点を有し、時にそれらの仲介者として活動していた。プロテスタントに改宗し、英国領事館の通詞として雇傭されて以降は英米との関係を深めているが、ダマスクスの各界名望家層との交流を維持しながら晩年に至っている。かつて属していたカトリック教会とは厳しい対立関係に陥ったが、このような多面的な活動が寄与して疎外感を味わうことは少なかったと推測される。

（ホ）歴史　今日伝わる歴史関係の著作は、本章冒頭に掲げている。その代表作である『回答』には、高祖父より本人までの一族の記録と当時の事件が交錯して著されている。地域的にはダマスクス、レバノン山、地中海沿岸を含む歴史的シリア一円が中心であり、時期的には一八世紀後半から一〇〇年間余りを対象とする。『実見録』編者が強調する史観とは異なり、「レバノン」を歴史的シリアとの対比で、特殊な統治単位として認識する姿勢は稀薄である。一族や本人の直接の見聞を詳細に記録している点が記述の特色であり、先行史料の利用はほとんど見られない。ミーハーイールは同時代の統治者が作成した文書を閲覧できる立場にあったが、それらの控えなどミーハーイールが保管していた記録類は一八六〇年の事件で一度すべてが失われた。したがって記憶に頼って執筆している部分も多いと推測され、全体が回想の体裁となっている。『回答』は一八七〇年の引退後書き始められ、一八七三年に完成している。諸事件を数十年の間隔をおいて観察することにより、一方で記憶に変形が生じている可能性はあるが、反面事象を羅列する文体ではなく、事件の原因・影響に考察が及ぶ結果となり、歴史書としての深みを増している。

三　ミーハーイール・ミシャーカが遭遇した一八六〇年事件

ミーハーイール・ミシャーカは、騒乱発生直前のダマスクスの状況を次のように記している。

当時収穫の季節であり、貧しい山村のキリスト教徒の多くは出稼ぎのため家族を連れてダマスクス郊外やホーラーン地方の村々に集まっていた。一八六〇年五月下旬よりレバノン山の情勢は急激に悪化し、ハスバイヤー、ラシャイヤー、ザハレ、デイル・アルカマルのキリスト教徒がドルーズ派やイスラーム教徒によって襲撃された。すると出稼ぎに来ていたキリスト教徒は、住んでいた村に戻る道が安全でなくなり恐怖に駆られ、ダマスクス周辺に留まっていた。ザハレが陥落すると、これらのキリスト教徒は絶望してダマスクスの街に女子供を連れて避難した。ハスバイヤーやラシャイヤーから逃れて来たキリスト教徒も同様であった。ダマスクスのキリスト教徒地区は貧しく見知らぬ人々で混雑し、食糧や寝泊まりする場所が不足する程であった。彼らは教会近くの路地に野宿していた。ダマスクスのキリスト教徒は麺麭を無償で与えるなど、これらの人々にできる限りの手を差し伸べた。(77)

ザハレ陥落の報が伝わると、ダマスクスのイスラーム教徒はオスマン帝国がロシア帝国を征服したかの如く歓喜し、市場を燈明で飾り付けた。しかし前述のマフムード・エフェンディー・アルハムザーウィーはこの行為に不満の意を示して、自邸周辺の店舗の照明を消すよう命じた。ダマスクスの各国領事は騒乱発生の防止策をとるよう総督アフマド・パシャに申し入れた。しかしアフマド・パシャは手を打たないどころか、もはや領事たちに面会の機会を与えないようになった。そこでオスマン語が巧みでトルコ人との対応に慣れているギリシアのヨルガキ副領事が各国を代表してアフマド・パシャと話したが、総督を説得することはできなかった[78]。ダマスクスのキリスト教徒の重立った人々は、総督府の書記であっても安全に道を歩いて仕事に向かうことができなくなった。彼らは自宅に留まったため、官衙の業務は停滞した。書記の多くはキリスト教徒だったからである。イスラーム教徒の無思慮な人々による騒ぎは日に日に激しくなり、ダマスクスに流入するドルーズ派の数は増加した。総督兼軍司令官のアフマド・パシャは、この状態に不満を示すことすらしなかった。独りアブド・アルカーディル・アルジャザーイリーは、騒乱を食い止めるため一日も休むことなく宗教指導者や街や村の顔役たちと会って、イスラームに反し災厄をもたらす騒乱の発生を防ぐよう警告を続けた[79]。

一八六〇年七月七日と八日はダマスクスの状況は落ち着き、キリスト教徒は安心した。総督府はキリスト教徒の書記たちに出勤を命じた。九日月曜日の朝、彼らは総督府に出勤し、自宅に留まっていたキリスト教徒も安心して市場に仕事に出かけた。午後総督府は、キリスト教徒に悪戯をした何人かのムスリムの子供たちを、懲らしめのため縛って市場を引き廻した。彼らがバーブ・アルバリードの市場に来るとイスラーム教徒たちは興奮して彼らの縛めを解き、キリスト教徒に対する襲撃を呼びかけた。市場にいたキリスト教徒のある者はイスラーム教徒の有力者の家に助けを求め、ある者は隊商宿に隠れた。街に騒乱が起きた時は隊商宿の扉は鎖され、暴徒はこれを襲ってはならぬとの慣行があった[80]。ダマスクスの街外れに近いバーブ・シャルキー地区に住んでいたキリスト教徒は、暴徒がやって来る前にシリア・カトリック教会の主教共々サイドナーヤー村に逃れた。そこには正教会の堅固な修道院があり、多数の屈強なキリスト教徒がいた。ダッアース・アーガー・アルジャイルーディーに率いられた大勢のイスラーム教徒が修道院を攻撃したが、キリスト教徒が頑強に抵抗したため撃退された[81]。ダマスクス郊外の村々でイスラーム教徒と雑居していたりたまたま居合わせたキリスト教徒は、改宗するか殺害されるかの選択を迫られた。恐怖のあまり改宗した者は割礼を施され、命を助けられた。改宗しなかった者は殺された。しかしダマスクスにおいては、改宗したキリスト教徒のすべてが助かった訳ではなかった。ある者は改宗した後に殺されてしまった[82]。

ミーハーイールは『回答』において、自らとその家族が遭遇した事件の模様を克明に書き残している。

「一八六〇年七月九日月曜日午後〔二時〕、私は昼寝していたところを起こされた。街のイスラーム教徒がキリスト教徒を襲撃していると言うのだった。その時私の従者は誰もおらず、成長した息子たちもいなかった。〔長男〕ナースィーフは英国領事館に勤務し、英国領事ブラント氏の下にいた。〔次男〕サリームは正教会総主教座の学校でトルコ語を習っていた。そこで私は様子を確かめるため自宅の門を出た。すると人々が競うように走っているのが眼に入り、私はそれによりイスラーム教徒がキリスト教徒を襲っていることが解った。私は家の扉を閉めて、〔自宅が兼ねている米国〕領事館の衛兵《カウワース》が到着するのを待っていた。すると街区の警固隊長の従者二人が、私の従者一人と共に私のところに来た。彼は警固隊長の屋敷がある地区のキリスト教徒であり、警固隊長が彼を私のもとへ送ったのだ。ほどなくムスリムの衛兵《カウワース》が現れた。私は〔衛兵《カウワース》を〕アミール・アブド・アルカーディル殿下のところに行かせ、自分を殿下のところまで送ってくれる人々を要請した。すると彼は一人で戻ってきて、『アミールは外出中でした。』と言った。その時〔アミールは郊外のアシュラフィーヤから〕帰ってきて、私のために六人の男を送ってくれていたのであるが、彼らは武装せず道は暴徒でひしめき合い、到着することができなかった。武器なしには護衛できないと、彼らは武装してから行こうと考えていたのである。私のところには武器があり、彼らが来ていれば私はそれを与えたのである。私が彼らを待っている間、暴徒の集団が私の家に襲いかかった。扉を開けることができなかったので、彼らは手斧で扉を打ち始め、しまいに扉を破って屋敷内の建物の外側や中庭に入ってきた。窓に鉄格子の入った居住用の棟々がそこに面しているのである。彼らはそこから建物の内側に向け何度も発砲し、建物の扉を壊し始めた。救助を求めたアミール・アブド・アルカーディル配下の人々は到着せず、危険が迫ってきたので、私は必要に際しての支えにと幾ばくかの〔金銀貨〕を持って家の裏口から外に出た。武器は暴徒を刺激するばかりであり、携行しないことにした。ムスリムの衛兵《カウワース》が剣を持って私に従った。私は九歳になる息子イブラーヒームと、六歳になるその妹〔サルマ〕を連れて行った。〔私は初めイスラーム教徒の隣家に隠れようと思ったが、一軒も受容れる家は見つからなかった。〕アミール・アブド・アルカーディルの家に通ずる道を目指していた時、暴徒の集団と鉢合わせた。彼らは凶器を持って私に襲いかかった。私は一摑みの金を相手に向かってばらまいた。すると彼らは争って拾い始め、私は地区の番所に通じる道の方へ退いて助かった。〔番所に〕私が着く前に、武装した第二の群衆に鉢合わせた。群衆が私に襲いかかったので、最初の集団のように金をばらまいて彼らの気をそらせ、後へ下がった。死が前にも後にも迫っていた。そこで私は、前述のアミールの家への道に抜けられるかも知れない、細い路地に入った。私はそこの男たちが、キリスト教徒地区や大通りでの奮闘に出かけて、いなくなっていることを願った。しかし私の臆測は裏切られ、男たちは武器を取るため手を休めて戻ってきたのである。彼らは私にそこで出くわした。〔私はそのうち八人を知っており、官辺に通報して六人が捕縛された。〕私には彼らからの逃げ道はなく、相手は私を略奪の上殺そうと取り囲んだ。私の息子と娘は『お父さんの代わりに、私たちを殺して下さい。』と叫んだ。するとこれら悪党の一人が、手斧で娘の頭を叩いた。血が流れ出した。別の一人は六尺の距離から私に向かって二度発砲したが、当たらなかった。私は額の右側を手斧で打たれて負傷し、〔右腕は剣による切創を負い、〕〔眼の上と〕右腕を棍棒で強打された。〔そのため私は右手に筆を持つことができなかった。左腕は、棍棒で一回打たれただけである。その他体の数か所に傷を負った。〕私の周囲に人が集まってきたため、もはや彼らは私以外の者を傷つけることを恐れて、発砲することができなくなった。そこで『私は公の用事があって、〔ムスタファー・ベイ・アルハワースィリー〕地区警固隊長のところに向かっていたのだ。しかし今起きている状況では、彼のところに着くことができない。彼のところまで私を送ってくれないか。』と言って彼らを欺こうとした。集まっていた男たちはこれに耳を傾け、『我々は、この者をベイのところに連れて行かねばならぬだろう。』と言った。彼らは私から残りの金銭と時計と被り物まで奪ってから私を送って行き、大群衆が私に従った。私たちが道を歩いている間、振り乱した髪に緑布を巻き、眼に隈のある一人の托鉢行者《ダルウィーシュ》[83]がついてきた。その手には先端に大鎌が取り付けられた長い棒を持っていた。彼は私の頸を掻き斬ろうと、私を囲んでいた群衆の上から手を伸ばした。なかなか彼の思い通りにならないうちに、私はバーブ・トゥーマーの十字路にある番所の近くまで辿り着いた。件の〔ベイは〕私を迎え、怪我に同情して私の手を取った。そして私の周囲から人を払い、彼の部下の一人〔で悪辣さで聞こえたファーリス・アルハラフ〕の家に入れた。……日没まであと三時間あった。そこで私は家族のことを考えた。皆はどうなったのだろうか。空腹になったら誰が食事を与えるのだろう。私の家が焼け残って、家族が暮らすことができるのかどうか分からなかった。彼らが眠るための敷物や掛布はあるのだろうか。何となれば家には私が外に出る前に、略奪者が侵入したからである。私と共にいた幼い子供たちは、すでに見失っていた。あの子たち、特に怪我をした娘に何が起きたか、私には分からなかった。……同じく家で別れた妻や幼い息子や妻の母や叔母に、何が起きたのかも。人に掠われてしまったのだろうか。あるいは彼女らを憐れむ善良なムスリムたちに見出されたのだろうか。私の成長した息子たちに一体何が起きたのだろう。まだ生き残っているだろうか。あるいは何をしているやら。このような思いで、私は自分の傷の痛みについて考えることができなかった。」(84)

ミーハーイールは、親切に見えた警固隊長が夜間密かに自分を殺すのではないかと疑いだし、匿われた家から外へ出ようと試みた。するとその家に七人の男が入って来て、「ミーハーイール・ミシャーカはどこだ。」と尋ねた。その一人が「おおい、降りてきなさい。自分は貴方の友人、ムハンマド・アッサウタリーだ。アミール・アブド・アルカーディルの配下と一緒に貴方を連れに来た。何も恐れることはない。」と叫んだ。彼らはミーハーイールにマグリブ人のような頭巾つきの衣を着せ、死体の転がる路地を通ってアミールの屋敷に連れて行った。(85)「[アミールの]屋敷は、彼自身や配下の人々が集めたキリスト教徒で大変混雑していた。それは[アミールが]八日間武器を置くことなく、床にもつかず、疲れを覚えれば家の門のところに置いた敷物の上で少し眠るのみだったからである。」(86)ムハンマド・アッサウタリーはこの混雑とミーハーイールの傷を見て、自分の家に彼を迎える許しをアミールに求めた。そして衛兵《カウワース》と共にミーハーイールの家族を捜しに行き、ナースィーフとサリームを除く家族を集めてきた。その晩ブラント領事がミーハーイールの見舞いに来て、ナースィーフは英国領事館にいて無事であったと告げた。サリームは三日間行方不明であったが、あるムスリムの家に隠れていることが分かった。(87)

ミーハーイールはムハンマド・アッサウタリーの家に一か月滞在し、傷の治療に専念した。新しい総督としてムアンマル・パシャが到着すると街は落ち着き、ミーハーイールはようやく身の回りの物を取り揃えることができた。ミーハーイールの邸宅はイスラーム教徒の住居に囲まれていたため焼失しなかったが、激しく略奪と破壊を蒙って住むことができなくなっていた。するとマフムード・エフェンディー・アルハムザーウィーが自分の屋敷の一部をミーハーイール一家に提供した。(88)

「ある出来事が災難に陥った私を慰めた。私が前述のエフェンディーの屋敷に逗留していた時のこと、シーア派の尊敬される重鎮法学者の一人、すなわちビシャーラ地方の大法官《ムフティー》サイイド・ムハンマド・アミーンがエフェンディーを訪れた。〔ムハンマド・アミーンは〕私に、『親愛なる友よ、貴方に何が起きたのかね。』と言った。私は彼に、『御覧の通りです。』と答えた。彼は、『ダマスクスの一部のイスラーム教徒の手によって、貴方がたの血は流され、女たちは掠われ、家は毀たれたのだな。他には何が。』と言った。私は彼に、『これで私たちには沢山ではないでしょうか。』と答えた。すると彼は、『理性ある者は、災難に陥った他人に同情しなければならぬ。私がイスラームの歴史を繙くと、息子たちが殺され、女たちが掠われ、神聖なるカアバ神殿が破壊されたのはダマスクスのイスラーム教徒〔であるウマイヤ朝の〕手によるものだ。ダマスクスの人々の仕業で災いを蒙ったムスリムたちに同情しなされ。』と言った。(89)」

ファード・パシャがダマスクスに到着すると、ミーハーイールの邸宅が修理されるまでの間、彼に一軒の家を与えた。(90)

四　事件の省察・再建・晩年

ミーハーイール・ミシャーカは『回答』において、この事件の事実関係のみならず、その原因について考察を加えている。ミーハーイールは次のような基本的な見解を有していた。（イ）ダマスクスの事件はレバノン山の諸事件と直接の関係はなく、独自の原因により発生した。[91]（ロ）事件は「政府」、すなわちダマスクス総督府の策謀により引き起こされた。[92] 彼の言説を辿ってみよう。

（イ）ダマスクスの事件は、キリスト教徒の無思慮な人々が理性ある人々の掣肘を受けずに振る舞うようになって発生した。オスマン帝国が各宗派の平等を謳い新制度を導入した時、無思慮なキリスト教徒は平等を誤解して少数派が多数派を尊重せず、身分の低い者が高い者を尊敬しなくても良いと考えた。それどころかキリスト教徒の下層の者がイスラーム教徒の上層の者と同格であると思い込んだ。そして平等とは、法制度上の権利に関する平等であるということを理解しなかった。尊敬に値する人々は、宗派が何であろうと相応しい尊敬が必要なのである。キリスト教徒がイスラーム教徒に接する場合はなおさらである。諸州の権力者・将相はすべてイスラーム教徒であり、シリアのキリスト教徒はいかなる側面においても弱小であることを知らなければならない。イスラーム教徒には十分な敬意を払い、権柄を執る人々の指図には絶対服従すべきである。[93]

キリスト教徒が政府の命令に逆らい、事件発生の原因になったとして、次の問題を挙げ説明している。政府はキリスト教徒に課せられていたジズヤ税を撤廃し、キリスト教徒はイスラーム教徒と平等であると宣言した。平等とは、キリスト教徒も軍隊に人員を提供することを意味する。それにより帝国は維持され、臣民の安寧が保たれるのである。政府はキリスト教徒が軍役を嫌い、代々気弱で軍隊に向かないことを承知していたため、軍役を免除した。その代りキリスト教徒には、一人当たり五〇リラのバダル課徴金を支払わせることにした。イスラーム教徒が軍役を免除される場合は、一〇〇リラ払わなければならない。するとダマスクスのキリスト教徒はバダル課徴金の支払いに不満で、イスラーム教徒と同様徴兵に応ずると主張した。政府はキリスト教徒の軍隊編入を嫌うであろうし、バダル課徴金を払う謂れもなかろう、もし政府がキリスト教徒の徴兵に踏切れば、その時はバダル課徴金を払おうと考えていたのである(94)。

ミーハーイールは、キリスト教徒がバダル課徴金の支払いを渋っていた時、当時の総督マフムード・ナディーム・パシャ(95)に陳情したことがあった。ミーハーイールは、キリスト教徒にも徴兵の籤を引かせるのが良いと述べた。金持ちや有為の人物に籤が当れば本人や教会がバダル課徴金を払うであろうし、キリスト教徒に一律バダル課徴金を課すことは、特に子供の多い貧民には酷であると説いた。総督は、「正しい意見であるが、我らは帝国政府が定めた制度を施行せねばならぬので、これに違背することはできないのだ。」と答えた(96)。

一八六〇年、総督府はバダル課徴金を過去に遡って徴収するとの強硬策に出た。貧しいキリスト教徒は、これを負担することができなかった。総督はキリスト教徒の代表を呼んで支払いに応ずるか、支払うまで獄につながれるか迫った。キリスト教徒側は弁解したが、総督は彼らを投獄するよう命じた。すると経済活動が滞り、キリスト教徒の貧民は収入が途絶えて騒ぎ出した。そして正教会の総主教座に押し入って善処を求めた。あいにくイルサウス総主教（Irūthāwus/Hierotheos 在位一八五〇―一八八五）は不在で、代理のアッカール主教ユースフはアラビア語を解さなかった。彼は貧民の騒ぎに想像を逞しくし、熟慮せずに総督府に書状を送り、キリスト教徒が反乱を起こして自分を殺そうとしていると訴えた。ダマスクスのイスラーム教徒は、このようなキリスト教徒の傲り高ぶった振舞いに不満を抱いていた。主教の書状は総督府にとってキリスト教徒の反逆を立証し、反逆者の撲滅を正当化する根拠となった。しかしダマスクスのイスラーム教徒もまた、新制度の導入に反抗して時の総督を殺害するなど好ましくない過去があった。[97] そこで総督府はイスラーム教徒をキリスト教徒にけしかけた上で、双方に仕返しをしようと考えたのである。[98]

（ロ）　事件が総督府の差し金で引き起こされたと判断する根拠を、次のように列挙している。

①騒乱が発生する前、総督アフマド・パシャはウマイヤ・モスクの入口に大砲を据えつけ、これはキリスト教徒の反乱からイスラーム教徒を守るためだと称してイスラーム教徒の怒りをかき立てた。[99] ②騒乱発生直前にアミール・アブド・アルカーディルは総督に面会し、イスラーム教徒である州参事会会員と共に会合が開かれた。アミールは、イスラーム法に照らして暴徒がキリスト教徒を襲撃することは許されず、暴徒が行動をやめなければ、総督府は彼らを鎮圧する宗教上の義務があると主張した。ダマスクスの大法官《ムフティー》ターヒル・エフェンディーはこれに異を唱えず、衆議一致した。アミールは総督と共に鎮圧に向かうため部下の武装を準備したが、後から総督によってアミールは制止された。そのためアミールは人命救助しか行うことができなかった。③総督は騒乱の防遏を試みようともしなかった。仮に彼一人であっても馬に乗って街を巡回し、暴徒の行動に不満の意を示していたならば、群衆は騒ぐのをやめたであろう。④騒乱の初日に上級大佐サーリフ・ザキー・ベイが兵を率いてキリスト教徒地区の警固に当り、暴徒に威嚇射撃を加えた。もし彼が鎮圧を続けていれば、騒乱は終結していただろう。総督府は直ちに彼に撤収を指示した。⑤総督府はキリスト教徒地区の入口各所に兵を配置し、武器を持たないイスラーム教徒が中に入ることを許さなかった。そして武装したイスラーム教徒がキリスト教徒を殺害することを容認した。⑥クルアーンにユダヤ教徒がイスラームにもっとも敵意を抱いていたとある通り、イスラー

ム教徒はすべての宗派の中でユダヤ教徒をもっとも嫌っている。イスラーム教徒はキリスト教徒に対し親近感を持っているのである。暴徒は略奪を欲していたというのに、ユダヤ教徒の住居は襲撃されなかった。それどころか暴徒はユダヤ教徒に略奪品を預け、ユダヤ教徒は暴徒に氷水を与えていた。これは総督府がユダヤ教徒に対する襲撃を認めていなかったことを意味する。⑦軍隊は、殺人と略奪が十分行われたと判断された時にターリウ・アルクッバ街区の藁葺き屋根めがけて大砲を撃ち、炎上させた。そしてキリスト教徒地区に燃え広がった。⑧あるユダヤ教徒が自宅に延焼していると訴えた際、総督府は喞筒《ポンプ》を持った兵隊の出動を命じた。ところがユダヤ教徒の家にはまだ燃え移らずキリスト教徒の家が燃えているのを発見したため、消火しようとしなかった。[100]⑨騒乱発生から八日目にムアンマル・パシャがダマスクス総督として着任し、治安回復を街中に布告すると、たちどころにすべての者がキリスト教徒に対する襲撃を停止した。これは暴徒が総督府の意向に従って行動していたことの証左である。[101]

ミーハーイールはファード・パシャによる事件処理、すなわちイスラーム教徒への処罰と特別税の徴収、キリスト教徒への補償について概略を記した後、次のように結論づけている。

「全体として、〔この事件によって〕損害を蒙ったのは政府とイスラーム教徒とキリスト教徒であった。しかし政府は臣民を屈従させ、歴代総督が徴税に苦労したダマスクス住民の残りの者からも思うがままに課税して埋め合わせを図った。ファード・パシャが真っ先に任務とした徴税は、実にたやすく実行された。徴税の実施に抵抗して政府を手こずらせていた名望家層は、その指導者を失っていた。そのためすべての者に対する〔政府の〕命令は服従をもって応えられるようになった。[102]」

ドルーズ派には死刑に処せられた者はおらず、徴税実施は一部に留まった。ユダヤ教徒はキリスト教徒からの略奪品を買い取り、キリスト教徒への補償に対し発給された権利証を割引きし、徴税されたイスラーム教徒に貸付けを行い、事件から経済的利益を得た。(103)

ミーハーイールの財産の補償は、米国副領事の地位に基づき外国人の補償と同じ手続に従って、ベイルートに設置された委員会で審査されることになった。

「ファード・パシャは私との面会を求め、この委員会の設置と私が請求審査のためにベイルートに赴くべきことを説明した。私は彼に、『私は恐怖の下にあった時も、ダマスクスを離れませんでした。閣下が今、私にこの地を離れるようお命じにならないよう願います。なぜなら私の被害を調査できる人はここにいるからです。』と答えた。彼は私に『差し支えない。貴方の側で請求審査を依頼したい人々を選んでもらえれば、自分の側も同様の人物を選任しよう。』と答えた。私は、『私から選ぶ必要はありません。私は閣下の側の人々が公正であると思いますので、その人々の審査に満足します。審理への出席も必要ありません。』と言った。(104)」

結局ミーハーイールは被害見積の書面を提出するだけで、委員会への出頭なしに補償を受けることができた。被害見積額のうち、その四分の一弱の金額が差し引かれた査定結果であった。(105)

米国ユニテリアン教会に属する宗教家ベローズ（Henry Whitney Bellows 一八一四―一八八二）は、一八六八年三月ダマスクスに旅行して晩年のミーハーイールを訪問している。

「我々の副領事であるミーハーイール・ミシャーカ博士は、コルフ島出身でダマスクスに長年居住しているが、私がシリアで面会した中でもっとも興味を惹かれた人物であった。彼は学者、洗練された紳士であり、宗教的・政治的自由に深い関心を有し、プロテスタンティズムの強力な友人、弁護者でその有能な著述家である。彼はシリアやダマスクスの過去や現代の歴史に通暁しているように思われ、地域のあらゆる重要問題についての権威として認められている。彼は虐殺事件の時、その住居は破壊され、身体は攻撃の対象とされたが、辛くも一命を取り留めた。彼は負傷したものの生き残り、彼の屋敷はトルコ政府によって再建された。彼は上質な建物に居住し、露天に大理石が敷かれた彼の美しい内庭の中心には、ダマスクスでもっとも見事な銀杯花の樹を植えている。それの高さは間違いなく二〇フィートあり、枝周りの直径は一五フィートは下らない。彼の息子は仏語と英語を流暢に話し、米国人旅行者たちが快適に過ごすための手助けに尽くしているようだ。彼の倦むことなき親身の配慮がなければ我々は途方に暮れたであろうし、我々は彼に到底感謝しきれない。父親は言動に非常なる人格的権威が備わっている反面、アラビア語しか話さない。彼はトルコ人のように長椅子に座り、我々はいつもの珈琲と砂糖菓子を食しなければ他の何事も満足に運ばなかった。彼の説明によれば、人々はトルコ政府を嫌っているが、彼はそれから解放される希望を今のところ全く有していない。彼はイブラーヒーム・パシャのシリア統治を生涯でもっともその地が繁栄した時代であったと回想し、仏国と英国の介入によって彼の短く輝かしい支配が終わると、すべては失われてしまったと考えている。

私には、あれら列強がこの優秀な民族と興味深い国に、少しでも役に立つことを行っているとは思われない。私は彼らが相互の嫉妬により、エジプトとシリアの両方で多大の害悪をすでに与え、現に与えつつあることを懼《おそ》れる。[106]」

ミーハーイールは一八七〇年中風を患って右半身が麻痺したため、ダマスクス米国副領事の職を長男ナースィーフに譲って引退した。彼はその後も自宅で著述活動を続け[107]、各界からの来訪者への応対に日を過ごした。ベイルートに生まれ、カイロにおいて草創期の言論界で活躍したジュルジー・ザイダーン（Jurjī Zaidān 一八六一―一九一四）は、雑誌『ヒラール』にミーハーイール・ミシャーカの略伝を掲載し、一八八三年ミーハーイールに面会した際の印象を書き残している。

「〔ミーハーイール・ミシャーカは〕威厳があり、白髪が際立っていた。頭には布を巻き、長衣を身につけていた。身長は高く、大柄であった。物柔らかな話し方で博識であった。ダマスクスのすべての人々と同様、来客を手厚く歓迎した。私は彼の著作のうち、まだ出版されていない作品を多数見せてもらった。それらの中には、『アラブ音楽の音階理論』、『計数学詳論』、『年月日の計算手引　一〇〇年分の西暦、ユリウス暦、コプト暦、ヘブライ暦、イスラーム暦の月日対照表およびダマスクスの緯経度における日月蝕の発生日を付属する』などがあった。彼の公刊されている著作の多くは宗教上の論争に関するものである。その中には、『人間の弱さについての論証　哲学者ヴォルテールの教説に従う友人への返答』などがある。彼は一八八八年七月六日シリアのダマスクスで亡くなった。活動と努力、人類への奉仕に費やした八九年〔ママ〕であった。[108]」

註

（1）Mīkhā'īl Mishāqah, *al-Jawāb 'alā Iqtirāḥ al-Aḥbāb*, 1873, Jafet Library, American University of Beirut, MS956.9: M39jaA: c.1, 191 fol. 21 lines. なお、オックスフォード大学にはベイルート本とページ数・行数が一致する次の写本の所蔵が知られる。Oxford, Middle East Centre, St. Antony's College, DS80. 87 M6, 191 fol. 21 lines.

（2）Asad Rustum and Ṣubḥī Abū Shaqrā (eds.), *Kitāb Muntakhabāt min al-Jawāb 'alā Iqtirāḥ al-Aḥbāb*, Beirut, 1955. 同書は自筆稿本とされる正教会アンティオキア総主教座所蔵本を底本としている。なおこの自筆稿本は現在行方不明となっている。

（3）Wheeler. M. Thackston, Jr. (tr.), *Murder, Mayhem, Pillage, and Plunder: The History of Lebanon in the 18th and 19th Centuries by Mikhayil Mishaqa*, New York, 1988.

（4）Malḥam Khalīl 'Abdū and Andrāwus Ḥannā Shakhāshīrī (eds.), *Mashhad 'Iyān bi-Ḥawādith Sūriyah wa-Lubnān*, Cairo, 1908.

（5）[Nu'mān Qasāṭlī/Shāhīn Makāriyūs,] *Ḥasr al-Lithām 'an Nakabāt al-Shām wa-fī-hi yaḥmilu Akhbār al-Ḥarb al-Ma'rūfah bi-Ḥawādith 1860 ma'a tamhīd waṣfai al-Bilād al-Jighrāfī wa-l-Siyāsī*, Cairo, 1895.

（6）'Abdū and Shakhāshīrī (eds.), *Mashhad 'Iyān*, p. 22.

（7）*Ibid.*, p. 3.

（8）*Ibid.*, p. 13.

（9）本趣旨を指摘する一例として下記参照。Zakkār (ed.), *Bilād al-Shām*, p. 11.

（10）'Abdū and Shakhāshīrī (eds.), *Mashhad 'Iyān*, pp. 194-199.

（11）[Mīkhā'īl Dimashqī,] *Tārīkh Ḥawādith jarat bi-l-Shām wa-Sawāḥil Barr al-Shām wa-l-Jabal,* 1843, MS British Library, Oriental Room, Add. 22673/2, 68 fol. 21 lines. この写本がミーハーイール・ミシャーカの著作である可能性については、すでにクリムスキーが指摘している。Крымский, *История*, p. 427. さらにミーハーイール・ミシャーカの著作と推定する根拠については下記参照。Zachs, Mīkhā'īl Mishāqa, 67-87.

（12）Luwīs Ma'lūf (ed.), *Tārīkh Ḥawādith al-Shām wa-Lubnān min Sanah 1197 ilā Sanah 1257 Hijrīyah (1782-1841 Masīḥīyah)*, Beirut, 1912; Aḥmad Ghassān Sabānū (ed.), *Tārīkh Ḥawādith al-Shām wa-Lubnān aw Tārīkh Mikhā'īl Dimashqī*, Damascus, 1982.

（13）MS Mishāqah, *al-Jawāb*, p. 16; Rustum and Abū Shaqrā (eds.), *Muntakhabāt*, p. 1.

(14) MS Mishāqah, *al-Jawāb*, p. 16; Rustum and Abū Shaqrā (eds.), *Muntakhabāt*, p. 1.

(15) MS Mishāqah, *al-Jawāb*, pp. 16-17; Rustum and Abū Shaqrā (eds.), *Muntakhabāt*, p. 1-2.

(16) MS Mishāqah, *al-Jawāb*, p. 17; Rustum and Abū Shaqrā (eds.), *Muntakhabāt*, p. 2.

(17) MS Mishāqah, *al-Jawāb*, p. 18; Rustum and Abū Shaqrā (eds.), *Muntakhabāt*, p. 2-3.

(18) MS Mishāqah, *al-Jawāb*, p. 18; Rustum and Abū Shaqrā (eds.), *Muntakhabāt*, p. 3.

(19) MS Mishāqah, *al-Jawāb*, p. 19; Rustum and Abū Shaqrā (eds.), *Muntakhabāt*, p. 3.

(20) MS Mishāqah, *al-Jawāb*, pp. 19-20; Rustum and Abū Shaqrā (eds.), *Muntakhabāt*, p. 3-4.

(21) MS Mishāqah, *al-Jawāb*, p. 20; Rustum and Abū Shaqrā (eds.), *Muntakhabāt*, p. 4.

(22) MS Mishāqah, *al-Jawāb*, pp. 20-21; Rustum and Abū Shaqrā (eds.), *Muntakhabāt*, p. 4. ベイルート本にはジルジス・ミシャーカの生年が一七六五年とあるが、前後の記事より一七七五年の誤記と推定した。祖父の名を孫につける風習があるため、ミーハーイールの曾祖父と父、祖父と長兄はそれぞれ同じ名前である。

(23) MS Mishāqah, *al-Jawāb*, p. 30; Rustum and Abū Shaqrā (eds.), *Muntakhabāt*, p. 10. なおイブラーヒームはこれにより、約三〇〇の村を八年間治めたとある。

(24) MS Mishāqah, *al-Jawāb*, p. 37; Rustum and Abū Shaqrā (eds.), *Muntakhabāt*, p. 14.

(25) MS Mishāqah, *al-Jawāb*, p. 48; Rustum and Abū Shaqrā (eds.), *Muntakhabāt*, p. 20.

(26) MS Mishāqah, *al-Jawāb*, p. 49; Rustum and Abū Shaqrā (eds.), *Muntakhabāt*, p. 21.

(27) MS Mishāqah, *al-Jawāb*, p. 50; Rustum and Abū Shaqrā (eds.), *Muntakhabāt*, p. 21.

(28) MS Mishāqah, *al-Jawāb*, pp. 51-55; Rustum and Abū Shaqrā (eds.), *Muntakhabāt*, p. 21-24.

(29) MS Mishāqah, *al-Jawāb*, p. 56; Rustum and Abū Shaqrā (eds.), *Muntakhabāt*, p. 24.

(30) MS Mishāqah, *al-Jawāb*, p. 57; Rustum and Abū Shaqrā (eds.), *Muntakhabāt*, p. 24.

(31) MS Mishāqah, *al-Jawāb*, pp. 61-62; Rustum and Abū Shaqrā (eds.), *Muntakhabāt*, p. 27.

(32) MS Mishāqah, *al-Jawāb*, pp. 62-63; Rustum and Abū Shaqrā (eds.), *Muntakhabāt*, p. 27-28.

(33) MS Mishāqah, *al-Jawāb*, p. 69; Rustum and Abū Shaqrā (eds.), *Muntakhabāt*, p. 30.

（34）MS Mishāqah, *al-Jawāb*, p. 69; Rustum and Abū Shaqrā (eds.), *Muntakhabāt*, p. 30.

（35）MS Mishāqah, *al-Jawāb*, p. 70; Rustum and Abū Shaqrā (eds.), *Muntakhabāt*, p. 31. なお ʻAbdū and Shakhāshīrī (eds.), *Mashhad ʻIyān*, p. 9 に一七九九年生とあるのは誤り。

（36）MS Mishāqah, *al-Jawāb*, p. 130; Rustum and Abū Shaqrā (eds.), *Muntakhabāt*, p. 60.

（37）MS Mishāqah, *al-Jawāb*, p. 130; Rustum and Abū Shaqrā (eds.), *Muntakhabāt*, p. 60-61.

（38）MS Mishāqah, *al-Jawāb*, pp. 130-131; Rustum and Abū Shaqrā (eds.), *Muntakhabāt*, p. 61.

（39）MS Mishāqah, *al-Jawāb*, pp. 133-136; Rustum and Abū Shaqrā (eds.), *Muntakhabāt*, p. 62-63.

（40）MS Mishāqah, *al-Jawāb*, p. 136; Rustum and Abū Shaqrā (eds.), *Muntakhabāt*, p. 63.

（41）Constantin François de Chassebœuf, comte de Volney (1757-1820), *Voyage en Syrie et en Égypte, pendant les années 1783, 1784 & 1785*, 2 vols., Paris, 1787.

（42）MS Mishāqah, *al-Jawāb*, p. 138; Rustum and Abū Shaqrā (eds.), *Muntakhabāt*, p. 65.

（43）MS Mishāqah, *al-Jawāb*, p. 145; Rustum and Abū Shaqrā (eds.), *Muntakhabāt*, p. 67.

（44）MS Mishāqah, *al-Jawāb*, pp. 155-156; Rustum and Abū Shaqrā (eds.), *Muntakhabāt*, p. 72-73.

（45）Muḥammad b. Ḥusayn al-ʻAṭṭār（ʻAṭṭār Zādeh 一七六四―一八二八）。MS Mishāqah, *al-Jawab*, p. 178; Rustum and Abū Shaqrā (eds.), *Muntakhabāt*, p. 83.

（46）MS Mishāqah, *al-Jawāb*, p. 192; Rustum and Abū Shaqrā (eds.), *Muntakhabāt*, p. 90.

（47）ジョナス・キングは米国の会衆派教会の宣教師で一八二三―二五年、シリアで東洋語の研究と宣教に従事した。一時帰国後、活動の場をギリシアに移した。Haines, F. E. H., Mrs, *Jonas King, Missionary to Syria and Greece*, New York, 1879. キングは一八二五年、アラビア語で『シリアの友人たちへの別れの手紙』を著し、カトリックを痛烈に批判した。彼にアラビア語とシリア語を教えていたマロン派のアスアド・アッシドヤーク（Asʻad al-Shidyāq 一七九八―一八三〇）は、この手紙への関与とプロテスタント改宗を疑われ、修道院に幽閉中に死亡した。[Buṭrus al-Bustānī,] *Qiṣṣah Asʻad al-Shidyāq*, Beirut, 1860; Isaac Bird, *The Martyr of Lebanon*, Boston, [1864]; Ussama Makdisi, *Artillery of Heaven: American Missionaries and the Failed Conversion of the Middle East*, New York, 2008. アスアドの弟は、アラブ文芸復興運動の一翼を担ったアフマド・アッシドヤーク（Aḥmad Fāris

al-Shidyāq 一八〇四―一八八七）である。彼はマロン派からプロテスタント、さらにはイスラームに改宗した。
(48) MS Mishāqah, *al-Jawāb*, p. 204; Rustum and Abū Shaqrā (eds.), *Muntakhabāt*, p. 96.
(49) MS Mishāqah, *al-Jawāb*, p. 221; Rustum and Abū Shaqrā (eds.), *Muntakhabāt*, p. 104.
(50) 四日周期で発熱するマラリアの一種。
(51) MS Mishāqah, *al-Jawāb*, pp. 222-223; Rustum and Abū Shaqrā (eds.), *Muntakhabāt*, pp. 104-105.
(52) MS Mishāqah, *al-Jawāb*, p. 248; Rustum and Abū Shaqrā (eds.), *Muntakhabāt*, p. 118.
(53) MS Mishāqah, *al-Jawāb*, p. 255; Rustum and Abū Shaqrā (eds.), *Muntakhabāt*, p. 122.
(54) Antoine Barthelemy Clot（一七九三―一八六八）一八二五年から一八四九年までエジプトの支配者ムハンマド・アリーに仕え、一八二七年に開設された医学校初代校長（医学校は一八三七年にカイロのカスル・アルアイニー地区に移転してカイロ大学医学部の前身となる）や保健行政の責任者に任命されるなど、医学の近代化に貢献した。
(55) MS Mishāqah, *al-Jawāb*, p. 273; Rustum and Abū Shaqrā (eds.), *Muntakhabāt*, p. 131.
(56) 本書第三章で取り上げるユースフ・アッディマシュキーのこと。
(57) MS Mishāqah, *al-Jawāb*, p. 274; Rustum and Abū Shaqrā (eds.), *Muntakhabāt*, p. 132.
(58) いわゆる「ダマスクス事件」の発端である。シリア州政府の捜索の結果、トゥーマー神父と従僕はユダヤ教徒によって殺害されたとされ、仏国領事はフランス語、アラビア語で事件の顚末を公表してユダヤ教徒を非難した。ユダヤ教徒側は犯行を否定し、英国のユダヤ教徒銀行家モーゼス・ハイム・モンテフィオーレ（Moses Haim Montefiore 一七八四―一八八五）は政界の支持を背景にムハンマド・アリーより被疑者の釈放命令を取り付けるなど、国際問題に発展した。『悲哀の書』に本事件への言及がある（本書五三〇頁）。
(59) MS Mishāqah, *al-Jawāb*, p. 279; Rustum and Abū Shaqrā (eds.), *Muntakhabāt*, p. 135.
(60) MS Mishāqah, *al-Jawāb*, pp. 320-323.
(61) *Ibid.*, pp. 328-329.
(62) *Ibid.*, p. 329.
(63) Alexander Keith (1791-1880), *Evidence of the Truth of the Christian Religion, derived from the Literal Fulfilment of Prophecy;*

particularly as illustrated by the History of the Jews, and by the Discoveries of Recent Travellers, Edinburgh, 1828. 本書のアラビア語訳は、アラビア語による出版を目的として、一八二二年、マルタに創設された米国宣教印刷所（American Mission Press）から出版された。この印刷所は一八三四年にベイルートに移転し、ミーハーイール・ミシャーカの著作の多くを出版している。*Illustrated Catalogue and Price List of Publications of the American Mission Press, Beirut, Syria*, Beirut, 1896. 参照。

（64）MS Mishāqah, *al-Jawāb*, pp. 330-331.

（65）*Ibid.*, p. 331.

（66）Buṭrus al-Bustānī, *Aʻmāl al-Jamaʻīyah al-Sūrīyah*, Beirut, 1852. ミーハーイール・ミシャーカの論文 Fī al-Saʻd wa-l-Naḥs wa-l-ʻAyn は、同書の五〇—五八頁に掲載されている。

（67）ミーハーイール・ミシャーカ一家の法的地位、すなわちオスマン帝国臣民か外国籍か、あるいは外国政府による保護権の対象者かという問題はミーハーイールの存命中から繰り返し提起された。ミーハーイール本人に関しては、一八五九年の米国副領事任命の時点で英国政府・オスマン帝国政府共に彼の英国籍を承認している。長男ナースィーフも第一次大戦まで、英国による被保護権ないしは英国籍を要求し続けていた。Keskinkiliç and Ceylan, Protected Subjects, pp.175-194.

（68）MS Mishāqah, *al-Jawāb*, pp. 381-382.

（69）原題は以下の通り。なお刊本に基づき『回答』に記載された標題・刊行年を補正したものは、これを［　］に示した。なお、刊本の標題にない部分は（　）に示す。

（１）*al-Risālah [al-Mawsūmah] bi-l-Dalīl ilā Ṭāʻah al-Injīl*, Beirut, [1849].

（２）*[Kitāb] Ajwibah al-Injīlīyīn [ʻalā] Abāṭīl al-Taqlīdīyīn*, Beirut, 1852.

（３）*Jawāb li-Ṣadīq min Ṭāyifah al-Rūm bi-Ḥimṣ li-iqnāʻi-hi bi-Ṣaḥḥah al-Madhhab al-Injīlī wa-qad iqtanaʻa wa-tamassaka bi-hi*, 1852.

（４）*Kashf al-Niqāb ʻan Wajh al-Masīḥ al-Kadhdhāb*, 1860.

（５）*al-Barāhīn al-Injīlīyah ḍidd al-Abāṭīl al-Bābāwīyah raddan ʻalā Taʼālīf al-Rahbān al-Yasūʻīyīn*, [1864].

（６）*Tabriʼah al-Mathūm min-mā qadhafa-hu bi-hi al-Baṭriyark Maksīmūs Maẓlūm*, Beirut, 1854.

（７）*Raddan ʻalā Manshūr al-Bābā Biyūs al-Tāsiʻ bi-Daʻwā-hu al-Burūtistānt li-l-Istinād min Majmaʻi-hi al-Fātīkānī.*

（8） *al-Risālah [al-Mawsūmah] bi-l-Burhān ʻalā Ḍuʻf al-Insān (jawāban li-Ṣadīq tābiʻ Taʻālīm al-Faylasūf Vūltīr)*, Beirut, [1853]. 本著作には英訳がある。［Thomas Laurie(tr.),］Meshakah on Scepticism, *Bibliotheca Sacra*, vol. 15, no. 60 (Oct. 1858), pp. 693-726.

（70）（9） *Risālah fī Tarjamah al-Baṭriyark Maksīmūs wa-Iḥtiyālāti-hi ʻalā al-Wuṣūl li-mā ittaṣala ilay-hi baʻada an kāna min Qawm Khāmilī al-Dhikr wa ursilat la-hu Ṣūrat-hā li-anna-hu kāna ashhara li-nafsi-hi Tarjamah Mamlūʼah iqfāran wa-qalla-mā yūjad fī-hā Ṣidqan wa-Nasb-hā li-baʻḍ Asāqifah kursī-hi wa-Nashr-hā bi-l-Lughatayn al-ʻArabīyah wa-l-Faransāwīyah*.

（10） *Risālah Radd ʻalā Ibn al-Ḥamawīyah fī-mā kāna yukhāṭib-nī bi-hi bi-Talqīn Jamāʻati-hi la-hu taʻnan fī al-Madhhab al-Injīlī*.

（11） *al-Risālah al-Shihābīyah fī Qawāʻid Alḥān al-Mūsīqā al-ʻArabīyah bi-Istidʻāʼ Aḥad Umarāʼ al-Shihābīyīn*. 刊本は下記の他、複数存在する。Louis Ronzevalle (ed.), *al-Risālah al-Shihābīyah fī al-Ṣināʻah al-Mūsīqīyah*, Beirut, 1899. ミーハーイール・ミシャーカの友人であった米国人宣教師エリ・スミス（Eli Smith 一八〇一―一八五七）が英訳している。Eli Smith (tr.), A Treatise on Arab Music, Chiefly from a Work by Michail Meschakah of Damascus, *Journal of the American Oriental Society*, vol.1, no. 3, (1847), pp.173-217.

（12） *Muṭauwil fī ʻIlm al-Ḥisāb sammaytu-hu al-Tuḥfah al-Mishāqīyah*.

（13） *Kitāb al-Muʻīn ʻalā Ḥisāb al-Ayyām wa-l-Ashhur wa-l-Sinīn wa-Mudhayyil bi-Jawādil li-Muddah Miʼah Sanah taḥtawī Muṭābaqah Ayyām al-Shuhūr al-Gharbīyah wa-l-Rūmīyah wa-l-Qibṭīyah wa-l-ʻIbrānīyah wa-l-Islāmīyah wa-Mawāqiʻ Kasūfāt al-Shams wa-l-Qamar li-Ṭūl Dimashq wa-ʻArḍi-hā min al-Darajāt Bidāyat-hu Sanah 1870*.

（71） MS Mishāqah, *al-Jawāb*, p. 178; Rustum and Abū Shaqrā (eds.), *Muntakhabāt*, p. 83. アッタールには、『音楽家の技芸をめぐる思索音階上の楽弦の響き』（*Rannah al-Awtār fī Jadāwil al-Afkār fī Fann al-Mūsīqār*）という著作が知られている。

（72） Maalouf, Mīkhāʼīl Mishāqā, pp. 835-840. 同論文で指摘されている通り、アラブ音楽において二四平均律自体はミーハーイール・ミシャーカの発案ではなく、当時すでに議論されていた。

（73） Mishāqah, *Tāʻah al-Injīl*, pp.3-9.

（74） *Ibid.*, pp.13-18. ミーハーイールとマクシモス総主教との間で行われた聖像画や十字架への崇敬を巡る論争は、八―九世紀の聖像画論争を彷彿とさせる。若林『聖像画論争』第二章参照。

（75） Mishāqah, *Tāʻah al-Injīl*, pp.19-26.

(76) MS Mishāqah, *al-Jawāb*, p. 333.

(77) *Ibid.*, pp. 348-350. ダマスクスにおける虐殺事件の被害者はダマスクスのキリスト教徒住民に限られず、外部から流入したキリスト教徒がかなりの割合を占めることを示唆する記事である。

(78) *Ibid.*, p. 349.

(79) *Ibid.*, pp. 350-351.

(80) *Ibid.*, p. 351.

(81) *Ibid.*, pp. 355-356.

(82) *Ibid.*, pp. 358-359.

(83) 米国宣教団のポールディング医師は、ダルウィーシュに関する次の所見を残している。「ダルウィーシュ、あるいはイスラームの宗教的行者たちの多くは狂人である。しかし私は彼らが決して狂乱状態に陥ったことはないと信じている。彼らはどこへでも気儘に出歩くことを許されているが、道端のキリスト教徒の少年たちに投石するか、たまたま近くに来た西洋人を呪う以外大した迷惑をかけることは滅多にない。」Paulding, Diseases, p. 91.

(84) MS Mishāqah, *al-Jawāb*, pp. 359-362. ミーハーイールが一八六〇年八月（二三日付）にアラビア語で書き、長老派の宣教師スマイリー・ロブソン（Smylie Robson 一八一六―一八八四）が英訳した事件の報告は下記文献の付録として掲載されている。これは『回答』の当該記述とほぼ一致するが、『回答』に含まれない情報を引用文中の〔　〕に補足した。Porter, *The Giant Cities*, pp. 359-364. 地区警固隊長であったムスタファー・ベイ・アルハワースィリーは多数のキリスト教徒の殺害に関与した廉《かど》で絞首刑に処せられた。『悲哀の書』五五八―五五九頁参照。またミーハーイールを襲撃した者のうち、捕縛された六人も処刑されている。

(85) MS Mishāqah, *al-Jawāb*, pp. 363-364.

(86) *Ibid.*, pp. 364.

(87) *Ibid.*, pp. 364-366.

(88) *Ibid.*, pp. 366-367.

(89) *Ibid.*, p. 367. カアバ神殿はイブン・アッズバイルの乱を鎮圧したウマイヤ朝の軍隊により六八三年、六九二年の二度激しく破壊された。
(90) *Ibid.*, p. 367.
(91) *Ibid.*, p. 343.
(92) *Ibid.*, p. 356.
(93) *Ibid.*, pp. 343-344.
(94) *Ibid.*, p. 344.
(95) Mahmud Nadim Paşa（一八一八頃―一八八三）ダマスクス総督（一八五五―五六）、大宰相（一八七一―七二、一八七五―七六）Süreyya, *Sicill-i Osmanî*, vol. 3, p. 921.
(96) MS Mishāqah, *al-Jawāb*, p. 345.
(97) 一八三一年、ダマスクス総督セリム・パシャが商業施設にサルヤーン税を課そうとしたところ、イスラーム教徒が騒乱を起こし総督を殺害した。『悲哀の書』六〇八頁に記事が見える。
(98) MS Mishāqah, *al-Jawāb*, pp. 345-348. なお、キリスト教徒に対するバダル（バダリーヤ）課徴金導入問題に関しては、『シリアの嘆息』四四〇―四四一頁参照。
(99) MS Mishāqah, *al-Jawāb*, p. 348.
(100) 総督府の消防隊がユダヤ教徒の家屋のみを消火し、キリスト教徒の家屋の消火を拒否したことについては、『悲哀の書』五一一―五一二頁に記録がある。
(101) MS Mishāqah, *al-Jawāb*, pp. 356-358. 各項目の順番は時系列順に改めた。
(102) *Ibid.*, pp. 376-377.
(103) *Ibid.*, p. 369.
(104) *Ibid.*, p. 376.
(105) *Ibid.*, p. 376.
(106) Bellows, *The Old World*, vol. 2, pp. 374-375.
(107) ミーハーイールは両手で文字を書く特技を持ったイスラーム教徒名望家アリー・アーガー・ハズィーナ＝カーティビーに

会って、左手に筆を持つことを覚えたのである。MS Mishāqah, *al-Jawāb*, p. 232.

(108)　Zaydān, Mīkhā'īl Mishāqah, pp. 193-196.

第三章　ある司祭の殉教
――ユースフ・アッディマシュキー――

一　人物・史料・略伝

ユースフ・アッディマシュキー（Yūsuf al-Dimashqī 一七九三―一八六〇）は、正教会アンティオキア総主教座の司祭である。存命中はユースフ・ムハンナー・アルハッダード（Yūsuf Muhannā al-Ḥaddād）司祭の名で知られていた。「ユースフ・アッディマシュキー」（ダマスクスのユースフ）とは、一九九三年、彼が正教会の聖者に列せられた際に諡られた呼び名である。

一七二四年以降、正教会アンティオキア総主教座では、東ローマ帝国の末裔であるギリシア語を話すキリスト教徒が、教会指導層を占める状態が続いていた。ユースフ・ムハンナー・アルハッダードらシリア出身のキリスト教徒は、妻帯を認められる一方、主教職に選ばれない在俗司祭の地位に留められた。ユースフ司祭は、総主教座学校の発展を通じてダマスクスのキリスト教徒の啓蒙に努めた。また、正教会の信徒をカトリックやプロテスタントに改宗させる試みに対し、神学面から対抗した。一八六〇年の事件においてユースフ司祭は殺害されたが、彼の弟子の中から総主教座内のアラブ復興運動に携わる人々が輩出した。これは、一八九九年のアラブ人総主教の再選出に結実した。

ユースフ司祭に関する史料のほとんどは、一八六〇年に滅失している。現在彼の業績を伝える史料の中心を構成しているのは、ディミトリー・シャハーダ・アッサッバーグ（Dīmitrī Shaḥādah al-Ṣabbāgh 一九〇二年没）が保管し、後に総主教座に寄贈した文書群である。ディミトリーはユースフ司祭の弟子の一人であり、一八四六年から一八九〇年まで仕事のためイスタンブルに居住していた。ユースフ司祭からディミトリーに宛てられた、一八四七年から一八五九年までの日付がある自筆書簡が総主教座文書館に現存している。これらの書簡は、ユースフ司祭の思想を直接伝える数少ない手かがりである。

またユースフ司祭の甥で、弟子でもあったユースフ・ブン・イブラーヒーム・ムハンナー・アルハッダード（Yūsuf b. Ibrāhīm Muhannā al-Ḥaddād）はカイロにおいて、東方暦一八八四年五月一日（グレゴリオ暦一三日）の日付のあるユースフ司祭の略伝を著している。この略伝は、『記憶さるべき殉教者ユースフ・ムハンナー・〔アル〕ハッダード司祭の生涯記』（Tārīkh Ḥayāt al-Maṭlūb al-Dhikr al-Shahīd al-Khūrī Yūsuf Muhannā Ḥaddād）と題されている（以下『生涯記』と略す）。略伝の筆者はその記述の素材について、「一部はこの殉教者本人や彼の兄である亡父が、誕生からその後まで生涯のあらましを口頭で語った記憶を私が聞いたものであり、一部は下に名を記した私が彼の弟子として、学校や家などその生活の場において、あの事件の朝まで昼夜を分かたず多くの時間、彼に従っていた折の知見である。(1)」と明示している。

現在、総主教座文書 DAM278（旧番号 264）として所蔵される『生涯記』原本には、縦二七センチメートル、横二一・五センチメートルの料紙二枚の両面にユースフ司祭の年少期・活動・殉教の模様が記されている。(2) この略伝は原著者からディミトリーに送付された。本紙余白にディミトリーによって、より具体的な内容を教えて欲しいと原著者宛に返信したが回答がなかったと書入れされている。『生涯記』には、別種の料紙一枚の両面に箇条書きされた要旨が付属する。要旨の筆者および日付は不明であるが、『生涯記』本文より時代が下るものと見られ、読んだ人が作成した控えと推測される。上記書簡・『生涯記』のすべては未公刊である。

刊本の形で伝わるユースフ司祭本人の著作はさらに限定される。一八五九年にエルサレム総主教キリロス二世（Κύριλλος/Cyril 在位一八四五—一八七二）の指示によりワフバトゥッラー・サッルーフ（一八三九—一九一三。後述するユースフ司祭の高弟スピリドゥン・サッルーフの子）がアラビア語で出版した『聖霊発出論訓蒙』[3]（*Kitāb Tanwīr al-Mushtāq*）には、正教会とカトリック教会の教義の相違を巡ってユースフ司祭が著した、聖霊の発出に関する論考が収められている。またユースフ司祭によってアラビア語に翻訳ないしは訳文が校閲された書物のうち、自筆書簡に言及のあるストゥルザ著『宗門対比双説』（*al-Muqābalah al-Mudāʻafah*）、モスクワ府主教フィラレート著『正教要理』（*al-Kātīshīsis*）とヨアンネス・クリュソストモス著『ヨハネ福音書註解』（*Tafsīr Injīl al-Qiddīs Yūḥannā al-Bashīr al-Thāwlūghūs*）は印行に付され、散逸を免れたことが確認されている。

ユースフ司祭没後の出版物における彼の生涯に関する言及は、ヌウマーン・カサートリーの著『宏闊たるダマスクスの豊潤なる園林』（*al-Rawḍah al-Ghannāʼ fī Dimashq al-Fayḥāʼ*）が早い例である。

「〔ユースフ・アルハッダード司祭は、〕一七八〇〔ママ〕年頃に生まれた。篤信高潔で学問を好み、多くのイスラーム教徒の学者からアラビア語を習得し、ギリシア語・ヘブライ語を学んでこれらを身につけた。また、論理学に秀でていた。ダマスクスの総主教座学校で教育に従事して多くの人々に貢献した。非常な名声を博したため、各地から弟子が彼の下に集まっていた。彼は〔総主教座の大聖堂である〕マルヤミーヤ教会の説教壇から多年にわたり的確な説教を行う、有能な説教師であった。彼は休みなく翻訳、読書、著述を行い、翻訳や何か有意義なことの著述なくして過ごす日は一日もないと言われた程である。神学において高名であった。結婚して男女多くの子供を授かった。彼は一八六〇年の事件で殺害され、彼の著作はこの事件で文字通り散佚し、残ったものは非常に稀にしかない。(4)」

一九一〇年、イーサー・イスカンダル・アルマアルーフは、アンティオキア総主教座機関誌『ニアマ』〔恩寵〕に『ユースフ・ムハンナー・アルハッダード司祭』という評伝（以下『ユースフ司祭』と略す）を掲載した。(5)『ユースフ司祭』は総主教座所蔵史料に加え、スピリドゥン・サッルーフの回想録〔佚書〕やユースフ司祭の家族や弟子たちによる証言に基づいて書かれており、貴重な情報を提供している。『生涯記』によるユースフ司祭の生い立ちは次の通りである。

「讃えるべき故ユースフ・ムハンナー・〔アル〕ハッダード司祭は、ダマスクスの出身で正教会に属している。彼は東方暦一七九三年五月、敬虔なキリスト教徒の両親から生まれた。両親は彼が成長すると学校に入れ、ただアラビア語の簡単な読解を学ばせた。(6)その頃、彼らの暮らしは非常に貧しかったため、彼が読むことに著しく未熟なのに学校をやめさせ、生活を助けるよう絹の機織場に入れなければならなかった。彼はおよそ一四歳になると、二五、六歳の若年ですでに亡くなっていた長兄で、アラビア語の知識を持っていた故ムーサーの残した文法の本を娯楽のために読み始めた。讃えるべき〔ユースフ〕は、読んだことを理解できなかったため大いに悲しみ、一人考えて言った。『これを書いて、何もないところにこの本を作った人は一体自分と同じ人間だったのだろうか。それならばなぜ自分はこれを書けないどころか、その意味を理解することすらできないのだろう。神がお望みになるなら、自分はそれを理解しなければなるまい。』そして彼は真剣にアラビア語学の学習と読書に取りかかった。そこでまず、しばらくの間、シャイフ・ムハンマド・アルアッタールについて統辞論の基礎を学び始めた。(7) すると師への各種謝礼や書物その他の代金が、その頃貧しかった彼には負担となった。特にキリスト教徒がイスラーム教徒にアラビア語を習うのは非常に難しいことであった。そのため故人はその頃非常な困難に直面し、結局基礎の一部を少しだけ習得することで満足した。そして誰一人助ける者も全くないまま、更なる努力をもって自分で読書する〔ことだけを〕自らの師とした。昼夜を問わずわずかな機会をも逃すことはなかった。至高なる神の助力により、彼は道を阻むあらゆる障碍にもかかわらずアラビア語学を習得することができた。特に両親は、当時医者が上述の亡兄ムーサーは読書を好んで耽溺した余り、体を壊して亡くなったとの考えを植え付けたため、讃えるべき〔ユースフ〕を心配して彼に計画を放棄させようと、あらゆることに反対して妨げたのだった。しかし彼はこれらすべての反対を全く気にしないばかりか、読書への渇望が増大して、アラビア語だけに満足せず、ギリシア語もまた周辺の知識と共に学ぶ目標を抱くに至った。両親は、彼に反対して妨げようとしても読書を措こうとしないのを見て、彼が結婚すればそのような余裕はなくなるだろうと考えた。そこで一九の歳に彼を結婚させた。これもまた目標に向かう意欲を抑えることはなく、彼は教師なしに一人で神学をもまた学ぼうと努力し、当時の言語学、数学、宗教学に秀でることになった。(8) 彼は、正教会その他のキリスト教信徒の間で大いなる名声を博した。それにより正教会の信徒と聖職者は、当時彼がまだ若年で教会法にある年齢に達していないのに、彼を司祭に推薦した。しかし信徒の期待を考慮してアンティオキア総主教セラフィム（Sīrāfīm/Seraphim

在位一八一三―一八二三）猊下により彼は司祭に叙任されたのである。[9]」

『ユースフ司祭』によって補足すれば、彼の先祖は古くからキリスト教に帰依したガッサーン族であった。彼らはシリアのホーラーン地方に住んでいたが、一部はオスマン帝国のシリア征服に伴い各地に移住した。鍛冶の職業を家族の名の由来とするハッダード家は、ザハレ近郊からレバノン山やベイルートに居住範囲を広げていった。[10] ユースフ司祭の父はその一人で、名をジルジス・ブン・ムーサー・ブン・ムハンナー・アルハッダードといった。父ジルジスは一八世紀末にベイルートからダマスクスに移住して、当時盛んであった織物業に従事していた。そしてダマスクスで結婚し、ムーサー、イブラーヒーム、ユースフと名付けられた三人の息子が生まれた。長兄ムーサーは『生涯記』にある通り夭折したが、次兄イブラーヒームの子孫は一八六〇年の事件の後、ベイルートやカイロで暮らした。[11]

ユースフ司祭は一八一二年、ミトリー・アルカルシェの娘マルヤムと結婚した。[12] ユースフ司祭には八人の息子と一人の娘があった。息子はそれぞれジュルジー、アブドゥ、ハリール、ニコラ、ファドルッラー、ムハンナー、コンスタンティン、ザカリヤと名付けられ、娘はエリザベートと名付けられた。[13]

一八一七年、ユースフ・ムハンナー・アルハッダードはセラフィム総主教により輔祭に選ばれ、その一週間後には司祭に叙任された。その時彼は「輔祭としての奉仕が十分ではありません。」と言っていた。ユースフ司祭の妻には一般の女性と同じ服装が特に許された。[14]

『生涯記』は、司祭としてのユースフ・ムハンナー・アルハッダードの活躍について続けている。

「それから彼を学校の教師として迎えた。〔学校は〕当時イスラーム教徒の間における法学者の私塾に似たものだった。その頃教師は、一つの部屋でアラビア語とギリシア語の初歩を教えていた。故人は迎えられると学校を改革しようと考え、この問題について総主教や信徒と相談を始めた。そこでまず、〔学校に〕執事を置くことに努力し、毎週教師への謝礼として全生徒に課せられていた『サブティーヤ』〔土曜礼金〕を廃止した。教師は、『マーヒーヤ』(15)という月給を執事から受け取ることにした。そしてアラビア語とギリシア語の教室を、それぞれ個別の場所に分けた。そして彼は統辞論、語形論、算術などアラビア語学と数学の各科目と習字に加え、学校全体の監理を専門に担当した。彼が着手したこの改革は、一つ一つ順番にその当時として可能なことを実現するものだった(16)。」

『ユースフ司祭』は、彼が一八三六年、総主教座学校における教育に着手したと伝える。それまで彼の自宅で学習していた弟子たちの多くは、学校に編入された。この学校ではアラビア語、ギリシア語に加え、トルコ語とイタリア語の初歩、神学と算術が教えられた。ヤンニー・パパドプロス（後出）がギリシア語教育を補佐した。一八四七年、ユースフ司祭はこの学校に高度な神学と聖歌朗誦を教える部門を開設し、一一名の学生を受け入れた(17)。

アンティオキア総主教座は、露国で寄附を募るため一八五〇年当時の総主教座概況を作成した。この概況にユースフ司祭と総主教座学校についての記述がある。

「ダマスクスの教区司祭ユースフ神父は、大勢の家族がある地元出身者で、敬虔にして篤信、謙虚で私心なく、辛抱強い人である。彼は今や二五〔ママ〕年間司祭を務めている。メトディオス総主教（Mīthūdiyūs/Methodios 在位一八二三―一八五〇）がダマスクスの人々のため学校を開設した時、キリスト教徒の家を回り、彼らの子弟を学校に入れるよう勧めることによって、献身的に支えたのは彼であった。彼自身もアラビア語文法、聖書読解、論理学および修辞学を、何人かの選抜された青年に教育している。彼は学校の仕事に集中しているため、教区から醵金を受ける機会を失っており、働いている息子たちに助けられている。学校と司牧の仕事に加え、ユースフ神父は我々の教義問答集を、ギリシア語からアラビア語に翻訳した。[18]」

「ダマスクスの学校は、露国皇帝からアンティオキア総主教座への寄進、……エルサレム総主教や露国私人からの拠出を集めた資金を用い、メトディオス総主教によって総主教座に設立された。それは二部門から構成されている。初級部門では、年少の子供たちが三人のアラブ人教師によって旧式の方法で……読み書きを教わっている。文法部門では、アラビア語、トルコ語、ギリシア語が教えられている。最後の科目は、その知識がダマスクスでは何の役にも立たないため、気の進まない僅かな数の者が学んでいる。ユースフ司祭は、二、三の青年に論理学と修辞学の基礎を教えている。彼の説明によれば、この学校の良き指導者になるかも知れない数人の学生が存在する。そこには、教育を受けている少年は合わせて三〇〇人いる。教師たちの俸給は、一部がキリスト教徒の醵金、一部が総主教座から賄われている。[19]」

『ユースフ司祭』は、スピリドゥン・サッルーフの回想録を引用して、その教育の模様を記録している。ユースフ司祭は宗教学と世俗の学問の両方に通じていたが、特に論理学に秀でていた。

「〔ユースフ司祭は〕こう言って、アラビア語文法を知らない者にも〔論理学を〕懸命に教えていた。『論理学や理性に立脚するすべての学問は、言葉やその構成、文法やその適用とは関係がない。知性は文法の知識がなくとも、論理やあらゆる理性的知識の獲得に到達するのである。そして論理学によって、知性はこれより下位のすべての学問の習得に至り、これより上位の学問の入門に導かれることが可能となるのである。つまり〔論理学は諸学問の〕規範なのである。[20]』」

「『そして我々は、彼について論理学の勉強を続けたのであるが、周知の通りこの学問は、その前に準備として、多くの学問を学んで習得しておかなければならないという難しさのために、非常に骨の折れるものであった。我々学生仲間は大いに苦労して何も得るところがなく、何人かは全く勉強を止めてしまい、何人かは続けたものの少ししか会得できなかった。私〔スピリドゥン・サッルーフ〕は苦労しながらも、格別の意欲と情熱を持ってその学習を継続した。なぜなら私の知識への関心や学問への志向以上に、私はこの有徳なる神父から神々しい慈愛を受け、もっとも多く彼の下に出向いて、できうる限り彼を見習おうとするほどになったからである。私は彼の説教や味わい深い言葉から、大いなる励ましを受けていた。彼は私に、年老いた父親に奉仕するよう勧めいざない、私がそうする決心をしたことや勉学への志向を褒めて下さった。そして私を善行と人格の陶冶に導いた。そこで私は彼の説教に従い、高潔な人格に学ぼうとした。同様に非常に敬虔な私の父親の温厚な人柄や人徳ある振舞いを何とかして見習おうとした。[21]』」

『生涯記』が伝えるユースフ司祭の改革は、学校の問題に留まらなかった。

「これと同時に、教会においてキリスト教徒に対し、宗教や世俗の様々なことを順次説示教育し始めた。そして、ダマスクスのキリスト教徒が泥《なず》んで生活に悪影響を及ぼしていた悪習すべてを止めさせた。私たち〔の教会〕を去った人々の多くが、彼の教説によって正教会に復帰するほどであった。[22] アンティオキア総主教メトディオス猊下はこの情熱と際立った賢明さを見て、彼をアンティオキア総主教座の『オイコノモス』〔すなわち監事〕に任命した。[23]」

『ユースフ司祭』は、彼が心の単純な人々や学問ある人々に対し、それぞれどのように説得を試みたかを示す逸話を挙げている。

「〔ユースフ司祭が〕朴訥（単純）な人々を納得させた、一つの逸話がある。ある時、その何人かが教会を棄てたので、メトディオス総主教は〔ユースフ司祭に、〕彼らを引き戻すよう命じた。そこで彼はその人々のところに来て、彼らに対してその行動を咎める気のない様子を示した。そして彼らに対し、ただいくつかの聖像画を手に取ってみるように勧めた。これによって彼らは自分たちの非を悟り、〔ユースフ司祭の〕言葉に恥じ入り、教会に戻って後悔しながら彼らの宗教的義務を果たすようになった。また〔ユースフ司祭が〕他の学問ある人々を説得した驚くべき方法の一つに、このようなものがある。かつて、ダマスクスのキリスト教徒の学識ある医師が、寡婦の病気になった一人息子の治療に呼ばれた。すると〔その医師は〕『古ぼけた聖ユリアノスの聖像画〔の御利益を〕息子さんが戴けば、治るでしょう。』と言って、彼女が聖ユリアノスの聖像画を、息子の頭上にかざすよう意見した。婦人は〔医師の〕言葉に疑念を抱き、〔ユースフ司祭に〕

その話をした。そこで彼は、医師が来る約束の時に現れた。すると医師は、病人の母に語った言葉を繰り返した。司祭は答えた。『木は石よりも強いでしょうか。木匠や絵師は、神の指より巧みでしょうか。』すると医師は、神の指で文字が刻まれた二枚の石版をモーセが怒って投げつけて毀したという司祭の意図に気付き、自らの考えが堕落していると観念して黙り込んだ。(24)」

ユースフ司祭の評判を聞いたエルサレム総主教は彼を招こうとしたが、ユースフ司祭はダマスクスを離れようとしなかった。『生涯記』は続ける。

「エルサレム総主教キリロス猊下は、エルサレムの街にムサッラバ神学校を開設した時(25)、この高名な哲学者を自分のところに招きたいと考えた。そして〔ユースフ司祭に〕その旨書き送ったが、故人は自分の街を離れることを肯んじなかった。その総主教は彼の辞退を受け容れず、何度も何度も彼に要請し、加えて彼が家族と住むに十分な家屋をあてがい、彼が必要とするものを全部であれ一部であれ、何にでも十分なだけの収入を正教会修道院から常にいつまでも無限定に調達し、それ以外に彼にはまたオスマン帝国正貨二五リラの俸給を毎月彼の手に月給として与え、更には司祭装束の全費用を別枠で支給することを望んだ。すると彼は故郷への愛着からこれらすべてを固辞し、ダマスクスで彼が受け取る収入は、このエルサレム総主教から提示されたものに比べ、一部にも満たない少額であっても満足していた。そして彼は、『私はダマスクスにおけるキリストの葡萄畑に種を播き、実りを見たいと待っていますので、郷里を離れる訳には参りません。私は多くの財産を望んでいるのではなく、人の生活に入り用なだけの収入で私には十分なのです。』と言った。

その総主教は、彼をエルサレムに赴かせようと説得することを断念すると、彼の弟子の中から有能な者を教師として推薦するよう依頼した。そこで故人は〔エルサレム総主教のために〕弟子の一人であるスピリドゥン・サッルーフ・アッディマシュキー司祭を派遣した。[26]その後で〔ユースフ司祭は〕ヘブライ語を学ぶことを思い立ち、学び始めると自分の仕事を中断せずにこれを習得した。[27]」

『生涯記』は、ユースフ司祭の他宗派との論争を記録している。一九世紀にはプロテスタント教会が組織的に宣教師を送り込み、正教会やカトリック諸教会の信徒を改宗させようと働きかけていた。ユースフ司祭は、このような試みから正教会を守ろうと努力した。

「そしてその後、折しもプロテスタントの宣教師たちが欺瞞と奸計、詭弁家の追従をもって、ハスバイヤーとラシャイヤーおよびそれら周辺のキリスト教会を困惑させていた。ついに彼らはその地域の正教会信徒の少数を除いた全員を虜にして、プロテスタントの宗派に入れてしまった。[28]このことが讃えるべき〔ユースフ司祭の〕耳に届くと、彼は〔改宗者たちに〕説得と警告の手紙を送り始めたが、人掠いの狼たちが〔改宗者たちに〕猛毒を注ぎ続けるので、目的を果たせなかった。ついに〔ユースフ司祭は、〕神に導かれた熱情に動かされ、自ら〔ハスバイヤーに〕赴き、その地に数か月間滞在して、倦むことなく説示と教育に取り組んだ。ついに神の恵みによって敵に〔打ち勝ち、〕彼らの口を封じてキリストの羊たちをすべて真実の道に引き戻し、キリストの恩寵によって喜びに満ちてダマスクスに帰った。[29]」

「それからその後、あれらとは異なる巧言狡猾でさらに悪質なプロテスタントの強敵がダマスクスに現れた。

彼らの集団のうち、一人の名は『グラヤム』といった。彼らには主教のような役職の者や何人かの聖職者があった(30)。そしてキリストの民に、猛毒を注ぐ教説を広め始めた。しかし幸いなる〔ユースフ司祭は、〕常に覚醒してキリストの羊たちの番をしていた。彼の教育説示と魅力に満ちた黄金のような言葉によって、この敵対者たちの意図を挫いて失望させた。そこでとうとう彼らは一計を案じ、部外者を介して彼に神学哲学論争を挑もうとした。すると故人は言葉を付け加えられたり削られたりしないために、仲介人に答えを与えようとはせず、彼らに『質問したいと望む者は、紙に質問を書いて署名しなさい。私も同じようにして答えましょう。そうすれば、お互いの書いたものがそれぞれ相手に保管されるでしょう。』と言った。すると彼らはその方法に従おうとしなかった。彼らは姿を現さずに、何日間も多くの質問を続けていた。故人の方は、必要な時に備えてすべての質問を手許に控えていた。質問していた敵対者たちは彼が答えないのを見て彼を侮り、自分たちの先のすべての質問が彼の手許に控えられているのを知らずに、彼と論争しようとやって来た。それは聖なる大斎の最初の金曜のことだった。そこで讃えるべき〔ユースフ司祭は、〕ここぞとばかりに腕捲りして、彼らのこれまでの質問や新しい質問のすべてに答え始めた。ついに〔ユースフ司祭は〕彼らを完全にやり込め、しまいに彼らに無理矢理正統信仰の正しさを認めさせるまで、手を緩めなかった。彼らが退散しようとすると、〔ユースフ司祭は〕彼らに次の日曜日、つまり斎日の最初の日曜に教会を訪れるよう希望した。彼らは同意してその日に現れた。当日故人が行った説教は信仰に関するものであったが、それは正に輝かしい神学の教えであり、疑いなくその語り手はヨアンネス・クリュソストモス（Ἰωάννης ὁ Χρυσόστομος 三四九頃—四〇七）の再来だった。ついに皆はその滔々たる神学表現に魅了されてしまった。その時以来あの敵対者たちは、悪事を働かなくなった。それからは〔ユースフ司祭の〕親友となって、真の友人として彼の家を訪ねるようになった。もし尋ねたいことがあれば、〔ユースフ司祭に〕最大の敬意を表し、論争するのではなく教えを請う姿勢で質問するのだった。彼に何かについて質問する人は、キリスト教徒であろうとそれ以外であろうと、彼の簡にして要を得た表現による当を得た立派な回答に、皆満足するのだった[31]。」

『生涯記』には、ユースフ司祭とカトリック教会の関わりについての記録がある。

「それからその後、〔ルーム・〕カトリック教会が東方暦から西方暦への切替えを原因として分裂し、その信徒は東方暦派と西方暦派に二分された[32]。するとこの熱意ある〔ユースフ司祭は、〕その時、機会を捉えて、東方暦派の人々の心に真理の種子を播き始めた。彼は全力を挙げて約三年間、常に倦まず弛まず昼夜を分かたず説示警告に傾注した。その結果、キリストの東方暦で一八六〇年六月二七日にダマスクスの事件が起きるまでの間に、〔東方暦派の〕大多数からなる集団が〔正教会に〕復帰した[33]。」

「〔ダマスクスの〕事件と讃えるべき〔ユースフ司祭の〕殉教の後、前述の東方暦派の大半は西方暦派に回帰してしまった。それは、〔ルーム・カトリック教会の〕聖職者たちの努力によるものだった。正統信仰を得た〔東方暦派〕のうち、正教会に残った人々は僅かであった。私が思うに、もしあの殉教者が生存していたならば、彼ら全員は正教会に留まっていただろう。そしてそれ以外の人々をも〔正教会に〕復帰させたことだろう[34]。」

二　書簡集より見た活動

ダマスクスの正教会アンティオキア総主教座文書館には、ユースフ・ムハンナー・アルハッダード司祭からイスタンブル在住のディミトリー・シャハーダに宛てられた自筆書簡が一括保管されている。[35]もっとも古い書簡の日付は一八四七年七月五日（グレゴリオ暦一七日）、もっとも新しい書簡は一八五九年一月二五日（グレゴリオ暦二月六日）である。一八四〇年代後半の日付がある書簡は七通、一八五〇年代前半の書簡は七通、一八五〇年代後半の書簡は一二通である。これらの書簡はいずれも一枚の料紙に認められ、折って封緘の上、表面に宛名が記されている。ユースフ司祭がイスタンブルへの旅行者に託したと推定され、本文に携行者の名が言及されている例がある。ディミトリーは書簡受領日を記録しており、ダマスクスからイスタンブルまで五〜五六日、平均二八日で到着している。前便が届かなかったり、返信が二通一度に届いたりした様子が本文に記されているものもある。一八四八年六月一〇日付（グレゴリオ暦二二日）から一八五二年四月二九日付（グレゴリオ暦五月一一日）までの書簡約四年分は欠けている。これ以外の期間についても、必ずしも網羅的に保存されているわけではない。

書簡本文中の注目すべき記述を拾い出し、項目別に再構成すると次の通りとなる（日付はすべて東方暦）。

（イ）　総主教座学校について

学校に関する記述は一八四〇年代後半の書簡に多数見られる。草創期の生徒数や内訳、教科書に関する記録は貴重である。教育内容をコンスタンティノープルの総主教座学校を参考にしながら充実させ、弟子たちが順調に育ちつつある様子が窺える。一方で学校の制度的改善を巡っては、必ずしもユースフ司祭の希望通りに進んでいない実態が浮かび上がってくる。

「去る〔一八四七年〕六月初めより、総主教猊下は学校〔神学課程〕の生徒たち一一名を揃えられました。うち二名は司祭、三名は輔祭、残りは聖職者になる準備をする一般信徒です。最初は『アージュッルーミーヤ』（*al-Ājurrūmiyah*）[36]と『正教要理』[37]〔を学びます。〕」（一八四七年七月五日）

「〔コンスタンティノープルの総主教座〕学校の教育に関し、一日何を何科目、授業時間、生徒の数、教育に用いる神学書、それらは古典かあるいは最近の著作か、日曜毎に教会堂で説教はあるか、儀式はいつ執り行われるか、他の時間に行われるのか、私たちに代わり尋ねて下さいますか。」（一八四七年一〇月四日）

「学校は神様の御蔭で順調です。」（一八四八年三月一五日）

「もし貴方が官立学校に行ったり、価値あるアラビア語の本が出版されているのを見つけたり、学問的に役立つことを何か知ったりしたら、私にこれらを教えて下さい。」（一八四八年六月一〇日）

「学校については神様の御蔭で弟子たちに進歩が見られます。そして多くの弟子が月給を貰わずに学校で〔働き〕続けています。月給を貰う者は以前の通りです。私たちはかつて弟子たちがすべての仕事から解放され、学校についてのみ取り組むに適した改制がなされるものと承知していました。」（一八五二年七月二八日）

「私たちの仲間は時々学校の制度について話し合い、善用の途を尋ねたりしますが、少し後で考えが変わり信念を持った定見がありません。」（一八五七年七月一〇日）

（ロ）　出版について

ユースフ司祭の主要な活動舞台は、教会における説教、学校における教育、そして出版であった。一八四〇年代後半から一八五〇年代前半には、正教会関係のアラビア語出版物に関する模索が続いている。並行して新たにアラビア語で出版すべき書物の探求が行われた。ユースフ司祭は、アラビア語による出版を書下ろしの著作ではなく、ギリシア語から翻訳された書物によって進める途を選択した。アンティオキア総主教座は当時、ギリシア語を母語とする者が高位聖職者を占めており、彼らの疑念を招かぬためであった。当時、正教会の書物をアラビア語で印刷できる場所は、イスタンブルにあったことが書簡から知られる。エルサレム総主教キリロス二世はアラビア語での出版に熱心であった。しかし、アラビア語の印刷所はダマスクスにはなく、出版には困難が伴った。(38)一八五〇年代後半になるとユースフ司祭の翻訳活動は実を結んでくるが、実際の出版への道は遠かった。遅々として進まない事業に、ユースフ司祭の焦りが見て取れる。

「イブン・ファルハートによるフィールーザーバーディーの簡約版辞書(39)は印刷に付され、小冊子の束の形で印刷ができました。これは母音記号がついて美しい文字で良い紙に〔刷られています。〕人々が言うには、未製本一冊の価は四〇〇キルシュです。」（一八四八年五月二六日）

「貴地で私たちや総主教猊下が見たもの以外に、出版されたアラビア語の書物があると聞いたら私たちにお知らせ下さい。エルサレム総主教猊下がイスタンブルで出版を意図された教会関係の書物は、直接受領されましたか。どこの印刷所で印刷しようとしているのでしょうか。」（一八五二年四月二九日）

「仏語からギリシア語に訳され、教皇の教会やプロテスタント教会への簡潔な反論を収めた何冊かの書物は、全部アラビア語に翻訳する価値がありますか。それともプロテスタント集団についての一部で〔十分でしょうか。〕」（一八五二年七月二八日）
「教皇の教会、プロテスタント教会の両者を正教会と対照する内容の冊子[40]は、貴地のミィディヤ主教マカリオス猊下によってアラビア語に訳されました。〔主教は〕それをダマスクスに送って、私が校正するよう望んでいます。この時点でまだ届いていないので、私たちは冊子をまだ見ていません。……」（一八五三年三月二七日）
「この〔ミィディヤ〕府主教が訳したと貴方が言及している冊子は、貴方の兄弟アントゥーン氏の手によって届きました。私はそれを、少しずつ書き写しています。それには誤りが多く正確な部分が少ないため、満足のいく写しはできていません。」（一八五三年九月一二日）
「石版刷については、かつてその費用を私たちが賄えるか調べましたが、私たちの能力を超えることが解りました。」（一八五五年一月二九日）
「『信仰の巌』という書物を貴方は手に入れたいとしていますが……もし運良く入手したら私たちにこの書物の目次を送って下さい。そうすれば、これがいかなる問題を扱っているか解ります。」（同上）
「『質疑と応答の書』、そして『信仰の巌』の二つの序文とその目次を記した帳面は、私たちの許に届きました。……二つの序文をアラビア語に訳して、私のアラビア語原稿を貴方に送って欲しいとの要望は承知しました。帳面が私の手許に届くと、直ちに貴方の希望に従って翻訳を始めました。……そして翻訳を終え、……貴方のために一部を書き写しました。」（一八五五年六月六日）
「私は二年間、ヨアンネス・クリュソストモスによる『ヨハネ福音書註解』[41]を書き写したいと望んでいます。」

（一八五七年五月四日）
「私は今、『ヨハネ福音書註解』の書写を終えました。照合もしなければなりません。」（一八五七年七月一〇日）
「私は当初〔正教会、カトリック教会、プロテスタント教会を対比する〕冊子が印刷されると理解していましたが、しかし私たちの兄弟である故スピール〔スピリドゥン・サッルーフ〕司祭の逝去によって、遅れはしまいか心配です。」（一八五八年六月四日）
「貴方のところに集まった〔正教会、カトリック教会、プロテスタント教会を対比する〕冊子は貴方から〔エルサレム総主教座〕駐在教会の長に渡され、彼は印刷を約したことが解りました。」（一八五八年七月二九日）

（八）　プロテスタント教会について

プロテスタント教会による宣教活動は、書簡が残るすべての時代を通じユースフ司祭の主要な関心事の一つであった。まずアラビア語による印刷術が一般化する以前は、聖書の入手ですら困難であった様子が記録されている。一八四七年頃には米国人宣教師エリ・スミスが聖書のアラビア語新訳に着手し（一八六〇年に新約聖書の訳が完結）、ベイルートに設置された近代的印刷所において出版された。これと共に宣教師たちは、プロテスタント弘布の印刷物を配布し始めた。正教会のアンティオキア総主教は、直ちに自宗派に対する危険を察知し、プロテスタント教会への対策を取っている。しかし正教会信徒の中からプロテスタントへの改宗者が現れ、ユースフ司祭は懸命に説得を試みている。ユースフ司祭の教え子の一人でもあった、ミーハーイール・ミシャーカに関する言及もある。正教会が出版活動において、プロテスタントに圧倒されていく状況が判る。宣教師たちは、さらにプロテスタントの学校を開設して浸透を図っていく。

「以前私にアラビア語聖書が入用と言われましたが、私には送ることが困難につき、貴方を煩わせなければなりません。貴方あるいは他の人のところに、貸してくれるか売ってくれる本はありますか。私たちは代金が欲しい人には支払います。米国人たちが新旧約聖書の〔アラビア語〕新訳と出版に努力していると、貴方にお伝えします。この善行と引換えに、〔三語不明〕宗派の小冊子を印刷して配布しています。総主教猊下はそれが判ったので、教会できっぱりとそれらについて受容れを拒否し、何か持っている人は提出するよう指導されました。そこで人々は、それらを提出しました。〔総主教は〕教会で公に〔米国人たちの〕手法や甘言、堕落した側面について語られて止みません。」（一八四八年二月一四日）

「教会の敵対者たちは懸命に教会に反抗しようとしていますが、主が教会に代って彼らに対抗されています。今月七日、教会で彼らの文書や小冊子に対する警告が出されました。なぜならこの瞬間にも、彼らはそれらを無差別に子供たちに配布するようになったからです。羞恥心さえなければ、恐らく彼らは往来にそれらを撒き散らすでしょう。過去の警告の後、改めて出されたこの警告はそれらの所持を厳しく禁止し、聖書だけを例外として焼却を〔定めています。〕そしてその通り実行され、それらは焼却されました。」（一八四八年三月一五日）

「プロテスタントは、数人以上の人々の心を捉えて活発に動いています。……もし総主教猊下が教会でこの問題について話すことを許されなかったら、害毒は大なるものだったでしょう。……」（一八五二年四月二九

日）

「貴方の従兄弟、ジブラーンについてお知らせします。彼はベイルートから帰った後、神聖なる教会に反抗することを公然と語るようになりました。……」（一八五二年七月二八日）

「貴方の従兄弟ジブラーンについて、貴方が彼のために彼の兄弟に宛てて数々の忠告を書き送ったと、私たちは承知しています。私は〔ジブラーンに、〕彼のこの転落の原因について貴方宛に手紙を書くよう依頼しました。彼はこのことについて、貴方に手紙を書くことを肯んじませんでした。」（一八五三年三月二七日）

「ミシャーカ氏は、〔ルーム・カトリック教会〕マクシモス〔総主教〕と〔カトリック〕教会を非難する書物を書き続けています。彼は仮に私たちの教会にも闘いを挑もうとしたとしても、私たちの教会と〔カトリック〕教会を一括りの名で扱い、私たちの教会を公然と名指ししなかったのです。しかし今や彼はマクシモス総主教を攻撃する最近の著作において、私たちの教会の名を特に示して、いくつかの虚偽の事柄を公言しています。私には、彼がなぜそのようなことをしたか解りません。……彼の仲間は用意が整っていて、彼の著作が送られると、すぐさま遅滞なく印刷を開始して頒布します。しかし私たちといえば、教会で主の御助力を何度も求めるよりないのです。……」（同上）

「プロテスタントによる〔私たちの〕教会への戦いについてですが、あれらはその意図を妨げる他の心配事はなく、この活動に集中し安心して行動する人々なのです。巨大な機械式の印刷機を持ち込んで、これは非常に効率的だと言っています。今や彼らはダマスクスにおける学校の成功に関心を持っており、それは生徒に必要なすべてのことを賄うのです。」（一八五三年九月一二日）

「プロテスタントは約一年程、学校を放置していましたが、今やその改良を始めました。」（一八五七年七月

一〇日）

「また、タラーブルス〔トリポリ〕(42)のプロテスタントが学校を開設し、娘たちに読本、地理、算数、手芸のような女性に必要な事柄を教えようとしています。」（一八五八年六月四日）

「〔総主教座〕学校の生徒であったイブラーヒーム・クッルシュは、……〔プロテスタントに改宗した〕貴方の従兄弟ジブラーンの弟子となりました。悪の病根が、彼の村にまで及んだのです。私が彼を説得しようとした手紙に、彼は返事をしませんでした。しかし最近用事でダマスクスに現れたので私は彼と会い、彼が疑念を抱いている事柄、特に彼にとって最大の疑念となっている、聖餐の秘蹟について多くのことを語り合いました。私は彼に自由に話をさせ、二度も三度も彼が納得するまで非常に丁寧に彼に話しかけました。そのような状態で彼は立ち去りました。」（一八五八年一〇月二六日）

（二）　カトリック教会について

カトリック側からの働きかけによってルーム・カトリック教会が一七四二年に分離し、アンティオキア総主教座は大きな痛手を蒙ったが、ダマスクスにおける正教会とカトリック諸教会の関係は、一八五〇年代前半まで相対的に安定していた。むしろ、プロテスタント教会の布教に対し、正教会とカトリック教会の利害は共通していた。しかしユースフ司祭はカトリック諸教会が学校や修道院、病院の建設を通じて着々と宗勢の拡大を図っている動きを見逃していない。一八五七年、ルーム・カトリック教会のアクリモンドゥス総主教が自宗派内で従来の東方暦を西方暦に切り替えると、事態は一変した。ルーム・カトリック教会の一部信徒が離脱し、正教会に接近した。ユースフ司祭は説教や出版を通じて、正教会とカトリック教会には、暦法のみならず教義に根本的な違いがあることを指摘し、東方暦派信徒の回帰を促した。

「……イエズス会も〔プロテスタント教会と〕同様の学校を運営しようとしていて、これに加え彼らの修道院の隣に新しい建物を建て始めました。彼らは女子修道院を作ろうとしていると言われています。マクシモス〔総主教〕は彼らの教会の隣に病院を建てることに関心を持っています。……」（一八五三年九月一二日）

「当地の〔ルーム・〕カトリック教会信徒は、自分たちがかつて盲従していたが、今や覚醒したと自覚してきました。しかし彼らはまだローマ〔教会〕の考え方に拘っています。」（一八五七年七月一〇日）

「貴方が言及した〔東方暦派の〕集団は、その代表が内々に語った言葉が示すように、多分私たちが望む通りローマ教会により改竄された教義を拒絶し、正しい信仰告白を公にするでしょう。彼らは、『私たちは眼が見えていなかったが開眼し、学び始めています。』と言っています。そして彼らの司祭の一人は、教父たちが聖なる信条への〔ローマ教会による〕付加を立証し、これを非難した多くの証言をギリシア語と比較するため、私たちのところへ持ってきました。……彼らが持参したのは二つや三つの証言ではなく、一〇〇近い数の証言なのです。あるものは彼らの目的に合致し、あるものは彼らの見解に沿うものとして選ばれています。これだけの数の証言は、多くの教父の様々な著作のいろいろな章にあるものは見つかり、あるものは見つからないのです。……私は誤りや改竄されたものも見つけました。」（一八五七年八月七日）

「〔ルーム・カトリック教会の〕東方暦派の兄弟たちは、正教会に全面的に接近してきました。彼らはフローレンス会議とローマ教会の支配権を完全に拒否し、聖なる信条を付加文なしに唱えるようになりました。特に熱心な人々は、全き熱意を持って正教を護持するために努力を怠りません。そして多くの人々が、自らの

過去の過ちを認めました。」（一八五八年六月四日）

「機会を逸し熱が冷めてしまう前に、〔正教会、カトリック教会、プロテスタント教会を対比する〕この冊子の出版は、どうしても必要なのです。〔ルーム・カトリックの〕東方暦派のうちダマスクス以外にいる人々は、一二日しかない計算の違い以外の他のことは何も知らないからです。〔正教会とカトリック教会の〕本質的違いについては、読んだことがないのです。だからこそこの冊子の出版は必要なのです。」（一八五八年七月二九日）

三　事件と殉教

ユースフ司祭はキリスト教の他宗派のみならず、イスラームとも対峙している。『生涯記』にはあるイスラーム教徒との論争が、殉教の伏線として記録されている。

「ある日のこと〔ユースフ司祭が〕午後自宅にいると、ムスタファー・ベイ・イブン・ナースィーフ・パシャ・アルアズム(46)という名のダマスクス住民の一人が彼を訪ねてきた。〔ムスタファー・ベイは〕アラビア語学において傑出しており、論理学にも秀でていた。まずは互いに歓待の言葉を交わした。それから〔アラビア〕語学について攻究し合い、論理学の話へと移った。これについては双方この学問に非常なる実力があったため、長い時間を要した。それからこの人は、故人のところへしばしば訪れるようになり、次第に宗教について議論を始めるようになった。まず〔ムスタファー・ベイはユースフ司祭に、〕預言者ヨナに関する聖書の〔物語〕について質問した。『ヨナが大魚の腹に三日三晩留まった如く、人の子は地中に留まっていた。すなわち人の子イエスは聖書の解釈によれば、福音書が伝えるように金曜日の昼、日の出から九時間経って亡くなり、日没前に墓に埋葬された。そして日曜日の夜復活した。それでは三日三晩というのはどういうことなのでしょうか。これより、新旧約の伝える聖書はすべて誤っていることは明らかでしょう。』すると故人は直ちにこの問いに簡潔な表現で回答し、質問者を納得させた。それから別の話題に移り、このようにして質問から質問へと長時間続けられた。この質問者の意図は聖書を貶め、ムハンマドが世の中を導くため神から遣わされた使者であり、すべての預言者やキリストより偉大であるということを立証しようとするものであった。故人はまずイスラーム教徒の立場に配慮してそれへの回答を避けていた。するとムスタファー・ベイは回答しないのに満足せず、このように言ってそうするよう強いた。『なぜ貴方は、貴方の主からの授かり物の値打ちを隠そうとするのですか。主は貴方に卑下するよう命じられたのですか。もしかすると私は貴方に説得されて、キリストの信仰を受け容れるかも知れません。貴方が私の質問に答えないので、二つのことが想像されます。つまり、聖書が本当に改変されているのか、あるいは貴方は私に真理の知識を与えたくないと望んでいるかです。』すると故人は答えた。『聖書は正しいという真理の証明は、日の出から四時間過ぎた昼の太陽より明らかです。貴方のすべてのご質問について納得させることは、至高なる神の御助力によりもっともたやすいことです。私が回答を差し控えているのは、私たちの間に怒りや不満が起きないようにするためだけのことです。もし私が全く意のままにお答えすれば、貴方様は反論できなくなって、外面に現れずとも私が原因で内心の痛みを感じられるでしょう。』するとベイ殿は答えた。『私は貴方の家を訪ねて、何度も繰返し貴方にそのことをお願いしているのですよ。私はいろいろな宗教の知識を探求したいと思っており、自分が正しい道に従っていないのであれば、おそらく考えが改まるでしょう。私は今、偉大なる神、キリスト様、そしてすべての預言者や使徒に誓って、貴方が全く随意に語られても何ら害悪を恐れることがないでしょう〔と申します。〕』そこで讃えるべき〔ユースフ司祭は〕全く率直に彼に回答し、一つ一つの質問や反論に解を与えて〔ムスタファー・ベイが〕聞くことも話すこともできない聾唖者のようになるまで、とことんやり込めてしまった。故人はもはやためらいなく、〔ムスタファー・ベイに〕的確な論証をあるものはクルアーンに対し、あるものは他に対し示して、ついに最後は無理矢理彼は聖書の正しさやキリストの正統信仰の真理を認めなければならなくなった。そしてまた彼に〔数語伏字〕を証明し、彼のすべての反論を反駁してしまった。そこで彼は言い返そうとしても回答への反論の余地がなくなって説き伏せられ、直ちに退散した。しかし彼には悪しき霊が取り憑いた。そして、なお故人のところに何度も訪れ続けた。しまいに彼は来なくなったが、心中悪意を抱き続けていた。(47)」

『生涯記』は、ユースフ司祭の殉教の模様を以下のように伝えている。

「故人はダマスクスの聖職者の習わしに従って、自宅に聖体〔つまりキリストの肉と血〔である聖餐式に用いた麺麭〕〕を持っていた。それは誰か長患いの人が夜中や昼間に〔危篤となって〕聖体を戴く必要が起きないとも限らず、聖職者が直ちに滞りなく義務を果たすよう用意しなければならなかったからである。幸いなる〔ユースフ司祭は〕事件が勃発して敵対者たちがキリスト教徒を襲撃したのを見ると、その聖体が地に落ちたり不信仰者の手に渡ったりすることを恐れて、すぐに懐中に収めた。そして家から出て屋根伝いにある場所から別の場所へと〔マルヤミーヤ〕教会まで到達した。そこで多数のキリスト教徒群衆と共に、その夜を過した。〔ユースフ司祭は人々に、〕主キリストが殉教者に用意する冠を受けるため、肉体を滅ぼす者を恐れず信仰に力を尽くすよう激励した。その月の二八日火曜日〔グレゴリオ暦七月一〇日〕の午前中、敵対者たちが神の館を襲撃し、略奪、殺人、放火を始める時までそのようにしていた。何人かは死を迎え、キリストへの愛のため殉教した。何人かは路地や往来に逃げ出した。讃えるべき〔ユースフ司祭は、〕逃げていく人々の群にいた。彼は、ある姿に身をやつしていた。そしてシャハム・ミナレット[48]と呼ばれる場所の方へ進んでいたところ、あの呪うべき前述のムスタファー・ベイに出くわした。〔ユースフ司祭は〕外見を判らなくしていたのに、〔ムスタファー・ベイは〕居合わせた人々に言った。『これぞキリスト教徒の頭目だ。奴を殺せば、キリスト教徒を皆殺しにするも同然だ。』すると故人は最期が近付いたと悟ると、直ぐにあの聖体を懐から取り出した。そして〔容器から〕御本体を出して口に入れ、呑み込んだ。その瞬間彼に向って手斧が木でも伐るように振り下ろされた[49]。かくして彼はキリストの手に魂を委ね、主が彼の栄光のために用意された殉教の冠を戴いた。それから〔敵対者たちは〕彼の足を縛り、彼を蔑むために路地や街区の地面を引き摺り回した[50]。これがこの尊い殉教者の最期であった。実にダマスクスのキリスト教徒にとって、あるいはシリア全土のキリスト教徒と私は言うが、この偉大な碩学を失ったのは測り知れぬ損失であった[51]。」

本書第四章で取り上げるアルビーリー父子の長男イブラーヒーム（一八五〇―一九一九）がニューヨークの正教会機関誌『カリマ』（*al-Kalimah* 御言葉）に一九一三年、アラビア語で寄稿した回想録に、ユースフ司祭についての記事が残っている[52]。父ユースフ・アワド・アルビーリー（一八二〇―一八九四）は、ユースフ司祭の弟子であり、またダマスクスの総主教座学校で一八六〇年の事件までユースフ司祭と共に教育に従事していた。

イブラーヒーム・アルビーリーは、ユースフ司祭の嫁による目撃談として彼の凄惨な最期を伝えている。

「〔ユースフ司祭の〕嫁、アブドゥと呼ばれる息子の一人の妻は、自宅から外に送り出す時に彼を女物の被衣《かずき》（合羽）で蔽った。そして彼に従って家々の屋上を伝い、ある屋根から別の屋根へと跳び移って、ターリウ・アルフィッダ街区まで到達した。その場所で彼の顎髭と伸ばした頭髪から変装した男、のみならずキリスト教徒の司祭であると人々に判明した。この嫁は終始気丈に勇気を持って彼の側に立ち、彼らに憐れみを乞い、老齢に免じて彼を見逃すよう泣きながら頼んだ。そして彼をいたわり同情して下さいと、彼らの足元に身を投げ出した。ところが彼らは彼女の哀願、叫び、悲鳴をも聞き入れず、ますます手荒く凶暴になり、彼女の試みは報われなかった。彼女がユースフ司祭のこうした苦痛の後の死の模様を語ったのである。[53]」

「彼らは〔ユースフ司祭の〕衣服を剝ぎ取り、鼻を削ぎ、それから右手の指を切断して彼を苦しめた後、じわじわと殺害した。彼は懐にあった聖体をその指で掴んでいたのだったが、中の御本体を呑み込むまでそれを離さなかった。彼が跪いて祈りを捧げるのを加害者たちは眺め、彼を嘲り、彼の宗教や十字架を呪い、イスラームへの改宗を持ちかけた。そして左手の指をもまた一本ずつ切断したが、断固として彼は改宗しなかった。[54]」「〔ユースフ司祭は〕夥しい出血のため力尽きる時に叫んだ。『貴方の手に、ああ我が救い主よ、私の魂を委ねます。』そのようにして彼の清らかな魂は、創造主である偉大なる神の御許へと昇ったのである。[55]」

『生涯記』筆者は、この事件で失われたのは彼の生命に留まらなかったと続けている。

「……〔ユースフ司祭の、〕最後にはどの位の量になったか私たちには分からない蔵書や偉大な著作も〔損失であった。〕その一部は彼の手でギリシア語に基づいて書き写し、自分で校正したものだった。しかし私たちが良く知っているのは、殉教の二〇年以上前に〔ユースフ司祭が〕最初の家から、購入した次の家に転居した時、当時運んだ彼の蔵書がおよそ一八二七冊か二八二七冊（一〇〇〇か二〇〇〇か記憶が薄れた）に上ったことである。その後二〇年以上の期間に新たに増えたものは、いかばかりだろう。特に彼は生涯最期の時まで、書物の蒐集と読書に常に並ならぬ情熱を傾けていたのである。これは何人も認めるところである。〔書物より、〕彼にとって楽しみをもたらすものはなかった。同じく彼の人生にわたって順次〔書き残された、〕教会や集会で人々の前で読み上げられた説教や講述の〔草稿、〕それから私たちの教会以外の部外者たちと彼との間で交わされた教義論争〔の記録〕のすべては未定稿、すなわちそれらの全部は製本されない状態で、彼が集めていたものだった。しかし私たちは、それを本にすると何冊になるか見当がつかなかった。これらすべては前述の事件で失われてしまった。(56)」

「さらに彼の貢献の中には、大冊の『正教要理』（すなわちキリスト教の教本）、『教会時禱書』の詳細版と簡約版、『雅歌』や『使徒書簡』その他など、ギリシア語原典から翻訳された多くの宗教書の改訂がある。エルサレムで翻訳に従事していた人は、翻訳の校閲とアラビア語文法に則した文章の訂正のため彼に原稿を送っていた。(57)」

『ユースフ司祭』は、彼の遺作とされる書物を列挙している[58]。

（イ）写本　ユースフ司祭が書き写したとの奥付が残る作品

（1）ブトロス・アットゥーラーディー訳『弁論五書』（*Khamsah Kutub al-Faṣāḥah*）ユースフ司祭による一八一三年三月二九日の日付と署名がある。

（2）大バシレイオス著『天地創造註解』（*Tafsīr Ayyām al-Khalīqah al-Sittah wa-mā Khuliqa fī-hā mundh al-Qadīm*）一八三九年一一月一七日付。

（3）ナジアンゾスのグレゴリオス著『論考三十章』（*Thalāthūn Maymaran li-l-Qiddīs Ghurīghūriyus Usquf Nazīyanz*）一八四二年二月六日付。

（ロ）翻訳・校閲　ユースフ司祭が翻訳した作品および他の訳者による作品の校閲

（1）フィラレート著『正教要理』（前出）

（2）『時禱書』（*al-Sawāʿī*）、『小讃詞』（*al-Qundāq, Κοντάκιον*）、『使徒書簡』（*al-Rasāʾil*）ユースフ司祭は、ギリシア語とアラビア語訳を比較・校訂した。一八四四年、ベイルートで出版された。

（3）『教皇ピウス九世が東方教会信徒に宛てた書簡に対する主教会議の返書』（*al-Risālah al-Sinūdusīyah jawāban ʿalā Risālah Qadāsah al-Bābā Bīyūs al-Tāsiʿ allatī wajaha-hā ilā al-Sharqīyīn*）ユースフ司祭が、ヤンニー・パパドプロスの協力でアラビア語訳し、一八四九年、ベイルートで出版された。

（4）シャブリー・アイユーブ著『キリスト教教会法と天文学的見解の峻別』（*Tanzīh al-Sharīʿah al-Masīḥīyah*

ʿan al-Ārāʾ al-Falakīyah）東方暦派のルーム・カトリック信徒によって、一八五七年、ダマスクスで書かれた原稿を、ユースフ司祭が整序して末尾にアラブの著名な自然科学者について加筆した。一八五八年、エルサレムにて出版。

（5）ワフバトッラー・サッルーフ編『聖霊発出論訓蒙』（前出）

（6）ストゥルザ著『宗門対比双説』（同上）

（7）『明証の書』（*Kitāb al-Barāhīn al-Jalīyah*）本書の編纂にユースフ司祭が関わったとされる。一八五七年末に成立し、一八六〇年、エルサレムで出版された。

（8）アガピオス・サリーバー訳『懐疑論者と信仰者の対話』（*al-Muḥādathāt fī-mā bayna al-Fāḥiṣ wa-l-Muʾmin*）ユースフ司祭の弟子アガピオス・サリーバーが露国滞在中の一八六〇年にアラビア語訳し、ユースフ司祭による校閲を経て同年、ペテルブルグで出版された。

（9）『雅歌』（*al-Mazāmīr*）ユースフ司祭はヤンニー・パパドプロスの助けによって七十人訳聖書とアラビア語訳を比較・校訂した。一八六四年にユーハンナー・アッドゥーマニーによって出版された。

（10）ヨハンネス・クリュソストモス著『ヨハネ福音書註解』（前出）

（11）コウマス・コンスタンティノス著『青少年啓蒙のための名文選』（*Nukhbah al-Albāb li-Tanwīr al-Fityān wa-l-Shabāb*）ヤンニー・パパドプロスによる訳文をユースフ司祭が一八五六年に書写した原稿が、ベイルートで一八六七年、出版された。

（12）ミハーイル・ブライク著『アンティオキア総主教列伝』（*Tārīkh Baṭārikah Anṭākīyah*）ブライク司祭によるアラビア語の原著をヤンニー・パパドプロスの協力によってギリシア語訳しようと試みたが、散佚したとみられる。

四　一粒の麦もし死なば

イーサー・イスカンダル・アルマアルーフは、評伝『ユースフ司祭』の末尾に弟子たちの名を挙げている。ユースフ司祭の薫陶を受けた人物は、正教会信徒に限られない。マアルーフは弟子たちを主教職に昇った人々、司祭に叙された人々、俗人に分類して記録している。(59)

(イ)主　教

(1)イルサウス総主教(Irūthāwus/Hierotheos)ギリシア語を母語とする聖職者であるが、一八四〇年から一八四二年まで司祭としてアンティオキア総主教座内で聖墳墓兄弟会の財産管理を行っていた時、ユースフ司祭にアラビア語を習っていた。一八五〇年にアンティオキア総主教に選ばれ、一八八五年に没した。

(2)メレティオス・アッドゥーマニー総主教(Milātiyūs al-Dūmānī)一八三二年、ダマスクスに生まれ、一八六五年、ラタキア府主教に任じられた。一八九九年、アンティオキア総主教となった。一七二四年以降、初めてのアラブ系総主教であった。一九〇六年没。

(3)ゲラシモス・タッラード府主教(Jirāsīmūs Ṭarrād)ベイルート出身でスール兼サイダ府主教になった。一八六七年没。

(4)ゲラシモス・ファラフ府主教(Jirāsīmūs Faraḥ)ダマスクス出身でアダナ兼タルソス府主教となり、次いでスール兼サイダ府主教になった。一八七二年没。
(5) ゲルマノス・ザイユート府主教 (Jirmānūs Zayyūt) ダマスクス出身で、一八六二年、ハマ府主教になった。一八八六年没。
(6) メトディオス・サリーバー府主教 (Mitūdiyūs Ṣalībā) 一八一三年、レバノン山に生まれ、一八五四年、セレウキア（ザハレ、サイドナーヤーおよびマアルーラ）府主教になった。一八八八年没。
(7) ソフロニオス・アンナッジャール府主教 (Ṣufrūniyūs al-Najjār) ダマスクスに一七九八年頃生まれ、一八五九年、トリポリ（シリアのタラーブルス）府主教となった。一八八九年没。
(8) アガピオス・サリーバー府主教 (Āghābiyūs Ṣalībā) ハスバイヤー出身で、一八七一年頃、エデッサ府主教となった。一八九三年没。
(9) ゲラシモス・ヤーリド府主教 (Jirāsīmūs Yārid) ラシャイヤー出身で、一八八九年、セレウキア府主教となった。一八九九年没。
(10) ガフライール・シャーティーラー府主教 (Ghafra'īl Shātīlā) 一八二五年、ダマスクス生。一八六一年、掌院に任じられ、一八七〇年まで露国におけるアンティオキア総主教座駐在教会代表を務めた。同年、ベイルート兼レバノン山府主教となった。一九〇一年没。「ダマスクスに三星あり。使徒パウロ、ダマスクスの聖ヨハネ、ユースフ・ムハンナー・アルハッダード司祭これなり。」という言葉を残した。
(11) コンスタンティン・アッタルズィー府主教 (Qusṭanṭīn al-Ṭarzī) ダマスクス出身で、一九〇二年、エルズルム府主教となった。一九〇二年没。
(12) ミーサーイール・アスタブリヤーン府主教 (Mīṣā'īl Astabriyān) 一八二八年、ラタキアに生まれ、一八六七年、スール兼サイダ府主教となった。一九〇六年没。

(13) アタナシオス・アブー・シャアル府主教（Athanāsiyūs Abū Shaʻar）ダマスクス出身で、一八九三年頃、エデッサ府主教となった。一九〇八年没。

（ロ）司　祭

高弟の一人であるスピリドゥン・サッルーフ司祭を筆頭に、エフティミオス・アルオフェイシュ掌院（Afṭīmiyūs al-ʻUfaysh 一八六二年没）、アタナシオス・カスィール掌院（Athanāsiyūs Qaṣīr 一八六三年頃没、バラマンド神学校を開設）、ゲラシモス・アルマアルーフ掌院（Jirāsīmūs al-Maʻalūf 一八七二年没）、ユースフ・アルアクル長輔祭（Yūsuf al-ʻAql 一八七五年没）、ニコラ・ダーヒル監事（Niqūlā Ḍāhir 一八八二年没）、ハナニヤ・イルヤーン掌院（Ḥanāniyā Ilyān 一九〇〇年没）、クリストフォロス・ジャッバーラ掌院（Khurisṭūfūrus Jabbāra 一九〇二年没、露国におけるアンティオキア総主教座駐在教会代表）、ユーハンナー・アッドゥーマニー監事（Yūḥannā al-Dūmānī 一九〇四年没、一八五五年にダマスクスで印刷所を開設）、ニフォン・シャハーダ司祭（Nīfūn Shaḥādah 一九〇六年、ブエノス・アイレスにて没）、イスビル・アルバーシャー司祭（Isbir al-Bāshā 一九一〇年当時、ベイルート府主教代理）の計一一名が列挙されている。

（ハ）俗　人

キプロス出身の司祭の子であるヤンニー・パパドプロス（Yannī Bābādūbūlus）はユースフ司祭の下でアラビア語を学び、ユースフ司祭が書物をアラビア語訳する際、補助を務めた。ミーハーイール・ミシャーカ医師（本書第二章参照）はユースフ司祭に論理学を習った。メレティオス・アッドゥーマニー総主教の兄弟であるニコラ・アッドゥーマニー（Niqūlā al-Dūmānī 一八九二年没）とユースフ・アッドゥーマニー（Yūsuf al-Dūmānī 一八九七年没）もユースフ司祭の弟子であった。後者は音楽に秀で、アンティオキア総主教座の聖歌隊長となった。他にマアルーフは、ユースフ・アワド・アルビーリー医師（本書第四章参照）、ディミトリー・ニコラ・シャハーダ・アッサッバーグ（一九〇二年没、本章冒頭にある通り、ユースフ司祭に関する史料を後世に伝えた）、ミハーイル・ニコラ・クレイラ（Mikhāyil Niqūlā Kulaylah 一九〇七年没、ダマスクスの総主教座学校執事）、ムーサー・エフェンディー・ハンナー・フレイジ（Mūsā Afendī Ḥannā Frayj『悲哀の書』に名の見えるハンナー（ユーハンナー）・フレイジの子。仏国政府より侯爵の称号を与えられた）ら計一五名の人物を記録している。

一八四九年、アンティオキア総主教メトディオスが世を去った時、彼は出身地ナクソス島の住民のために一万四〇〇〇リラを寄進した。これはアンティオキア総主教座において集められた財産から支出された。この行為はユースフ司祭の心に大きな影響を与え、以来彼はメトディオスの後任に地元出身の総主教が選出されるよう希望した。メトディオスの後任にはやはりギリシア語を母語とするイルサウスが総主教に選出され、ユースフ司祭の願いは叶わなかったが、これによりアラブ人総主教擁立に向けて最初の布石が打たれた。一八六〇年の事件の後、ユースフ司祭の弟子たちは主教の地位に就いていた。ベイルート兼レバノン山府主教ガフライール・シャーティーラー、セレウキア府主教ゲラシモス・ヤーリド、ラタキア府主教メレティオス・アッドゥーマニーを中心とした努力により、一八九九年に一七五年ぶりのアラブ人総主教が選出された。一九〇六年にメレティオス・アッドゥーマニー総主教が没すると、ガフライール・シャーティーラー府主教の弟子であったグレゴリオス・アルハッダード四世が総主教に選出され、アンティオキア総主教座のアラブ化は盤石になった(60)。これはアラブ復興運動の最初の成果と評価されている。

ユースフ司祭の子供たちのうち、一八六〇年当時、ダマスクスに住んでいた人々は事件の後、皆ベイルートに避難し、そのほとんどはさらにカイロなどに移住した。

ユースフ司祭の長男ジュルジーは、弟ファドルッラーと共にアレキサンドリアでダマスクスの産物を商い、大きな店を構えるに至った。ジュルジーには五人の息子があった。彼は一八八〇年頃、六〇歳を超えて亡くなった。彼の子孫はカイロで暮らしている。次男アブドゥには四人の息子があった。アブドゥの長男イブラーヒームは篤信な文筆家で、ギリシア語、英仏語に通じていたが、一九〇二年にベイルートで没した。三男ハリールには、二人の息子があった。ハリールはベイルートで一八八八年、没した。四男ニコラは夭折した。五男ファドルッラーは一八四七年、勉学のためイスタンブルに旅立ったが、健康を害して学問を断念し、アレキサンドリアに移った。その地で兄ジュルジーと商業に従事していた。その後、彼は両眼を患い、治療のためにベイルートに転地したものの、一八五六年に没した。ユースフ司祭の妻マルヤムは、ファドルッラーを喪った悲しみにより、一八五七年、世を去った。六男ムハンナーは一八四八年、コレラによりサイドナーヤー修道院で亡くなった。七男コンスタンティンには四人の息子があった。彼はベイルートで一九〇九年没した。八男ザカリヤは一九〇三年、カイロで没した。ユースフ司祭の娘エリザベートはファーリス・アブドッラー・アブー・ハルカに嫁ぎ、その子孫の数は一九一〇年当時、五〇人を超えていた。ユースフ司祭の子孫は評伝『ユースフ司祭』が書かれた時点で総勢五〇〇人に達し、それぞれユースフ司祭の遺志を継いで繁栄していた(61)。

『ユースフ司祭』は、スピリドゥン・サッルーフの回想録を引用して彼の人となりを次のように伝えている。

「〔スピリドゥン・サッルーフは、〕文字通りこのように述べた。『我らの師、この有徳なる神父ユースフ・アルハッダード司祭は、非常に高潔な人物で振舞いは丁重、思考は純粋で物静かであり、宗教学や世俗の学問に通暁し、ギリシア語の書物もある程度読んでいた。彼の時代のアラブ人正教会信徒でその学識に比肩しうるのは、ジルジー・イルヤーン〔ユースフ司祭の学友〕しかいなかった。……ユースフ司祭に関しては、その学識によって年少年長の学生のため学校の教師に任命されただけでなく、教会全体の教師、つまりダマスクスの教会堂における説教師にも指名されたのである。[62]』」

さらにユースフ司祭の弟子の証言に基づいて描写している。

「故人は謹厳な容貌で額は際立ち、濃いが白くなった顎髭を程良く伸ばしていた。中肉中背、眼は知性に輝き白皙であった。彼の弟子の一人である、何度もその名に言及したガフライール府主教猊下から私〔マアルーフ〕は繰返し聞いているように、『〔ユースフ司祭は〕ロシアのキエフ〔ママ〕府主教フィラレート猊下に瓜二つ』なのである。また彼の比類なき資質としては、疲れや飽きを知らぬ程の仕事に対する強い意欲、記憶の良さ、能筆、善良な心性、憐れみ深く細やかな同情心、温順、謙虚、そして妻や何人かの子供を喪うような不幸に際しても、大いなる慈悲心をもって彼を憐れみたもう創造主の意志に完全に従って災厄を受け容れるような、苦難への忍耐力がある。[63]」

註

（1）総主教座文書 DAM278, fol. 2v.

（2）*Maḥfūẓāt Baṭriyarkīyah Anṭākīyah*, vol. 1.

（3）Wahbah Allāh Ṣarrūf (ed.), *Kitāb Tanwīr al-Mushtāq li-Mabḥath al-Inbithāq, wa-huwa yashtamilu ʻalā Sitt Nubadh*, Jerusalem, 1859. ユースフ司祭の論考は同書第一章（二一—九六頁）所収。

（4）Qasāṭlī, *al-Rawḍah al-Ghannāʼ*, p. 150.

（5）ʻĪsā Iskandar al-Maʻlūf, al-Khūrī Yūsuf Muhannā al-Ḥaddād, *al-Niʻmah: Majallah al-Baṭriyarkīyah al-Anṭākīyah al-Urthūduksīyah* (Damascus), vol. 2, no. 1 (Jun. 1910), pp. 15-25; vol. 2, no.2 (Jul. 1910), pp. 75-87.『ニアマ』は一九〇九—一四年に刊行後休刊となり、一九五九—六七年に復刊したが再度休刊している。第一期の編著には歴史・文学を研究したイーサー・イスカンダル・アルマアルーフ（ʻĪsā Iskandar al-Maʻlūf 一八六九—一九五六）が当たっていた。

（6）『ユースフ司祭』によれば、彼はアラビア文法とギリシア語の初歩をスピリドゥン・サッルーフの父、ジルジス・ブン・サッルーフ（セラフィム）・ブン・イルヤーン・アルハマウィーから教わった。al-Maʻlūf, al-Khūrī Yūsuf, vol. 2, no. 1, pp. 16-17.

（7）ユースフ司祭はムハンマド・アルアッタールにアラビア文法や論理学を、ジルジス・シャハーダ・アッサッバーグに宗教と歴史を習った。al-Maʻlūf, al-Khūrī Yūsuf, vol. 2, no. 1, p. 18. ムハンマド・アルアッタールはミーハーイール・ミシャーカの師でもあった。第二章註45参照。

（8）『ユースフ司祭』によれば、彼は聖書をほとんど諳んじており、『雅歌』を一句一句暗誦していた。al-Maʻlūf, al-Khūrī Yūsuf, vol. 2, no. 1, p. 19.

（9）総主教座文書 DAM278, fol. 1r.

（10）al-Maʻlūf, al-Khūrī Yūsuf, vol. 2, no. 1, pp. 15-16.

（11）*Ibid.*, vol. 2, no. 1, p. 16.

（12）*Ibid.*, vol. 2, no. 1, p. 18-19.
（13）*Ibid.*, vol. 2, no. 2, p. 86.
（14）*Ibid.*, vol. 2, no. 1, p. 19.
（15）「サブティーヤ」はアラビア語の sabt（土曜）、「マーヒーヤ」はペルシア語の māh（月）に由来する。
（16）総主教座文書 DAM278, fol. 1r.
（17）al-Maʻalūf, al-Khūrī Yūsuf, vol. 2, no. 1, pp. 19-22.
（18）Neale, *The Holy Eastern Church*, vol. 5, p. 224.
（19）*Ibid.*, vol. 5, p. 225.
（20）al-Maʻalūf, al-Khūrī Yūsuf, vol. 2, no. 1, p. 23.
（21）*Ibid.*, vol. 2, no. 2, pp. 77-78.
（22）『生涯記』付属の要旨には、「説示・教育によってユースフ司祭は『東方の星』（Kawkab al-Sharq）と呼ばれるに至った。」とある。総主教座文書 DAM278, fol. 3r. ユースフ司祭は一八四五年、マルヤミーヤ教会の隣にあった聖ニコラオス教会の復興を思い立ち、これを成し遂げた。この教会は一八六〇年、焼失した後、マルヤミーヤ教会の敷地に吸収された。また彼は一八四八年、ダマスクスにコレラが蔓延した際、病人の看護や死者の埋葬、遺族の世話などに尽力した。その最中に六男ムハンナーを喪っている。al-Maʻalūf, al-Khūrī Yūsuf, vol. 2, no. 1, p. 21; vol. 2, no. 1, p. 24.
（23）総主教座文書 DAM278, fol. 1r.
（24）al-Maʻalūf, al-Khūrī Yūsuf, vol. 2, no. 1, pp. 22-23. イスラエルの民が金の仔牛を崇めたのを見て、モーセが二枚の証の石板を投げつけた話は、出エジプト記三二章一九節参照。
（25）『ユースフ司祭』によれば、一八四九年のことである。al-Maʻalūf, al-Khūrī Yūsuf, vol. 2, no. 1, p. 21.
（26）Sbiridūn/Spiridon Ṣarrūf（一八〇三—一八五八）ギリシア語の典礼書多数をアラビア語に翻訳した他、天地創造から紀元後一世紀までの歴史を題材とした教義問答集『簡約宗教史入門』（*Mukhtaṣar Tārīkh Kanāyisī Sharīf Taʻlīmī*, Jerusalem, 1855.）、『簡約正教要理』（*Mukhtaṣar Taʻlīm Masīḥī Mustaqīm al-Raʼy*, Jerusalem, 1860(2nd ed.); 1888(4th ed.)）を著した。Huart, *Littérature arabe*, p. 414; Крымский, *История*, p. 417.

（27）　総主教座文書DAM278, fol. 1r. -1v.

（28）　いわゆる「ハスバイヤー事件」への言及である。ダマスクス州の一部であるハスバイヤー郡の住民は主にドルーズ派と正教会に属していた。ボストンに本拠を置く米国対外宣教委員会（The American Board of Commissioners for Foreign Missions）は一八三〇年代よりレバノン山南部での宣教活動を強化していたが、困難に直面していた。宣教師たちはハスバイヤーに拠点を設けようとしたものの、一度は追放された。ミーハーイール・ミシャーカの友人である米国人宣教師エリ・スミスは、宣教の失敗を懸念していた。その時、ハスバイヤーのキリスト教徒指導者シャーヒーン・ジブラーイールが貢納の減免を要求して立ち上がった。一八四四年、エリ・スミスはダマスクスの英国領事リチャード・ウッドの支持を背景に、これらキリスト教徒がプロテスタントに改宗することを条件に貢納の減免を実現させると約束した。その結果ハスバイヤーの正教会信徒の約八〇家族がプロテスタントに改宗した。ダマスクス総督アリー・パシャはこの宣教活動を不当と判断して、ハスバイヤー領主サアド・アッディーン・シハーブに原状回復を命じた。同年七月、ザハレの正教会信徒が説得のためハスバイヤーに乗り込み、緊張が高まった。正教会のアンティオキア総主教メトディオスも現地入りした。米国人宣教師たち、および彼らと密接な関係にあったブトロス・アルブスターニーは、英米普各国の領事たちの支持を得て、「プロテスタント教会への迫害」に抵抗を示した。ミーハーイール・ミシャーカは一八四四年当時、公然とはプロテスタントに改宗していなかったが、ダマスクス英国領事の通詞として一方でサアド・アッディーンとの仲介を務め、一方で宣教師と熱意を共有し、ウッド領事をしてアリー・パシャ、サアド・アッディーン、メトディオス総主教の罷免を要求せしめた。正教会側も譲らず、露国領事の支持を得てザハレの信徒を動員し、またユースフ司祭ら聖職者が改宗者の説得に当たった。カトリック諸教会と仏・墺国領事はプロテスタントの動きに冷淡であった。一〇月、ブトロス・アルブスターニーは迫害を逃れるためハスバイヤーのプロテスタント信徒を連れてベイルートに移動した。メトディオス総主教も同日、ベイルートに入り、改宗者との面会を要求するなど騒動が続いた。Anderson, *History of the Missions*, vol. 1, pp. 264-278; Farah, Protestantism and Politics, pp. 322-329; Farah, *Politics of Interventionism*, pp. 297-301.

（29）　総主教座文書DAM278, fol. 1v.『ユースフ司祭』によれば、彼は一八四五年に二度ハスバイヤー、ラシャイヤー付近に赴いたとされるが、一八四四年の記憶違いであろう。al-Maʻalūf, al-Khūrī Yūsuf, vol. 2, no. 1, pp. 21-22.

（30）　ダマスクスにおけるプロテスタントの宣教活動はスコットランド教会のウィルソン（John Wilson）、アイルランド長老派教会のグラハム（William Graham ただし一八六〇年に殺害された同名の人物とは別人）の両名により一八四三年に開始された。

一八四四年にはアイルランド長老派教会のロブソン（Smylie Robson）が加わり、スコットランド教会は撤退した。さらに米国改革長老教会の二名の宣教師が合流し、一八五五年までに六名の宣教団となって学校を開設するなどの活動を行った。Porter, *Five Years*, vol. 1, pp. 146-147.

（31）総主教座文書 DAM278, fol. 1v. ダマスクスの英国領事リチャード・ウッド（在任一八四一—五五）は、ユースフ司祭を尊敬して、アラビア語や文学について彼の意見を求めていた。なおウッド領事本人はカトリック教徒であったが、プロテスタント宣教団の利益のため活動していた。また、マルタ島を拠点とする米国宣教団はファーリス・アッシドヤーク（本書第二章註47参照）がアラビア語訳した『雅歌』の原稿をヘブライ語との比較・校閲のためユースフ司祭に送っていた。一八四八年、ファーリス・アッシドヤークが英国に渡り、ケンブリッジ大学のサミュエル・リー（Samuel Lee 一七八三—一八五二）と共に聖書の新訳に従事した時、彼はアラビア語訳稿をユースフ司祭に見せていた。al-Maʻalūf, al-Khūrī Yūsuf, vol. 2, no. 1, pp. 23-24; vol. 2, no. 2, p. 79.

（32）『生涯記』要旨は、東方暦派の主要人物として「〔ヨアニコス（ハビーブ）・〕マサーミーリー、〔ユーハンナー・〕フレイジ、シャブリー・アイユーブ、ナッカーダ等」を挙げている。総主教座文書 DAM278, fol. 3r. また『聖霊発出論訓蒙』によれば、東方暦派の主要人物はユーハンナー・フレイジ、シャブリー・アイユーブ、ジルジス・アンフーリー、ムーサー・バフリー、サルキース・デッバーネ、ブトロス・ジャーヒルらである。Ṣarrūf (ed.), *Tanwīr al-Mushtāq*, p. 10. これらの人物の名の多くは『悲哀の書』に見られる。

（33）総主教座文書 DAM278, fol. 2r.

（34）総主教座文書 DAM278, fol. 2v.

（35）これらは一九八八年当時、文書館長であったジュジーフ・ザイトゥーン博士によって標題が付された紙袋に納められている。袋の表書きには個別の書簡に与えられた記号が書かれており、それによると書簡の数は二八通である。うち一通の存在は確認できなかった。残り二七通のうち、二六通はユースフ司祭からディミトリー・シャハーダ宛の私信である。他の一通はユースフ司祭の筆蹟であるが、「御参集の主の御許における親愛なる兄弟の皆様」に宛てられ、本文の様式も異なっている。上記に加え、ディミトリー・シャハーダの筆蹟になる一通の書簡（草稿）が同封されている。

（36）『アージュッルーミーヤ』はベルベル系マグリブ人、イブン・アージュッルーム（Ibn Ājurrūm 一二七三—一三二三）によるアラビア語文法書である。韻文で要点が示され、初学者が記憶すべき書物とされた。イスラーム世界のみならず欧州にも早くから伝わり、多数の版がある。John James Stewart Perowne (ed.), *al-Adjrumieh: Arabic Text with the Vowels and an English Translation*, Cambridge, 1852.

(37)『正教要理』(*Христианский катехизис православной кафолической восточной греко-российской церкви*, СПб., 1823) モスクワ府主教フィラレート (Филарет; Василий Михайлович Дроздов 在位一八二一—一八六七) によって著された問答形式による神学書。ユースフ司祭は一八四三年、ギリシア語版 (訳者 Ανδρέας Κορομηλάς 一八一一—一八五八) からアラビア語に翻訳した。[Fīlāriṭūs,] *Kitāb Katishisis, ay, Taʿlīm Masīḥī Muntashir* [*ʿalā Raʾy al-Kanīsah al-Kullīyah al-Jāmiʿah al-Urthūdhuksīyah al-Sharqīyah,*] [Moscow,] 1852. このアラビア語訳は一八四五年、ベイルートで出版され、モスクワで一八五二年、一八五九年 (第四版) と版を重ねて正教会のアラブ信徒の教育に用いられた。Безобразов (ed.), *Материалы*, vol. 1, p. 187; Крымский, *История*, pp. 417-418; Graf, *Geschichte*, vol. 3, p.167.

(38) ダマスクスにおけるアラビア語印刷については、一八五五年に正教会信徒ユーハンナー・アッドゥーマニーにより開設されたハナフィーヤ印刷所がもっとも早いとされる。ベイルートではすでに一八世紀中葉、正教会によって聖ゲオルギオス印刷所が設置されていた。Ḥilmī, al-Ṭibāʿah, p. 230.

(39) マロン教会アレッポ府主教ファルハート (Jirmānūs (Jibrāʾīl) b. Farḥāt 在位一七二五—一七三二) は一七一八年、フィールーザーバーディー (al-Fīrūzābādī 一三二六—一四一四) の『大辞海』(*al-Qāmūs al-Muḥīṭ*) を要約した『明解アラビア語用法』(*Iḥkām Bāb al-Iʿrāb ʿan Lughah al-Aʿrāb*) を著し、これは一八四九年、マルセイユで出版された。Patel, *The Arab Nahḍah*, pp. 43-53.

(40) モルダヴィア出身の文筆家ストゥルザ (Alexandre Stourdza/Александр Скарлатович Стурдза 一七九一—一八五四) は、正教会の立場から同教会をカトリック教会、プロテスタント教会とそれぞれ対比して仏語で『宗門対比双説』(*Le double Parallèle*) を著し、一八四九年の日付がある書簡と共に友人に贈った。Poltoratzky, Bibliothèque russe-française, p. 97. これは一八五一年、スタヴロポリ大主教コンスタティノス (Κωνσταντίνος Τυπάλδος-Ιακωβάτος 一七九五—一八六七) によりギリシア語訳の上、出版された。*Διπλούν παράλληλον: ή, Η Εκκλησία απέναντι του Πάπα και της κατά τον ις' αιώνα μεταρρυθμίσεως*, Constantinople, 1851. ギリシア語版から重訳されたアラビア語訳をユースフ司祭は校閲したのである。これはワフバトゥラー・

サッルーフによってエルサレムで出版された。*al-Muqābalah al-Muḍāʻafah wa-hiya Risālah Mushtamilah ʻalā Muqābalatayin; Muqābalah al-Kanīsah al-Sharqīyah maʻa al-Bābāwīyah wa-Muqābalat-hā maʻa Muḥaddathāt al-Jīl al-Sādis ʻashr*, Jerusalem, 1860.

(41) Yūsuf Muhannā al-Ḥaddād (ed.), *Tafsīr Injīl al-Qiddīs Yūḥannā al-Bashīr al-Thāwlūghīs li-l-Qiddīs Yūḥannā al-Dhahabī al-Fam, akhraja-hu min al-Lughah al-Yūnānīyah ilā al-Lughah al-ʻArabiyah ʻAbd Allāh b. al-Faḍl al-Anṭākī wa-huwa thamāniyah wa-thamānūn Maqālah wa-yatlū kull Maqālah ʻĪẓah*, Beirut, 1863-67. ユースフ司祭が校閲した原稿は焼失を免れ、一八六〇年の事件の後、ベイルートに拠点を移したユーハンナー・アッドゥーマニーによって一八六七年、刊行された。本文六〇〇ページを超える大冊である。この書物の末尾四ページにわたって記載された醵金者・頒布先一覧は、一八六七年当時の正教会を中心とする主要なキリスト教徒の地域別名簿の観がある。特にダマスクスからの移住者にはDimashqīとの註記がある。

(42) ベイルート北方約八五キロメートルの町。

(43) 第一回・第二回公会議で定められた「ニケア・コンスタンティノープル信条」における「聖霊は父〔なる神〕から発出する」というくだりに、ローマ教会が「子〔なるキリスト〕からも」(Filioque) という語を付加したことを指す。これは東西両教会の教義の最大の相違点として議論された。

(44) 『聖霊発出論訓蒙』によれば、ルーム・カトリック教会アレキサンドリア総主教座のオイコノモス〔監事〕を務めるユーハンナー・ハビーブ司祭が、例証をギリシア語と照合するためユースフ司祭のところへ持参した。Ṣarrūf (ed.), *Tanwīr al-Mushtāq*, p. 15.

(45) 東ローマ帝国に滅亡の危機が迫った一四三八—三九年、東西両教会の合同を目的としてフェラおよびフローレンスで開催された会議。東ローマ帝国側からは皇帝ヨアンネス八世、コンスタンティノープル総主教らが出席した。西欧からの援軍を得るためには教会合同を容認する他にないとの東ローマ皇帝の決断により、教義面の差異やローマ教皇の支配権に関するカトリック側の主張に従ったが、エフェソス主教マルコスが決議への署名を拒否するなど反発が激しく、結局正教会側は会議の決定を拒否している。カトリック側はフェララ・フローレンス会議を公会議と認定した上で、東方諸教会との合同条件の先例とした。

(46) ダマスクス総督を輩出した名門アズム家の一員。ムスタファー・ベイの名は『悲哀の書』に見え、ハスバイヤーのキリスト教徒殺害への関与などの記載がある。一八六〇年の事件の後、捕らえられ、銃殺刑に処せられた。

(47) 総主教座文書 DAM278, fol. 1v. -2r.

(48) シャハム・ミナレット（Mi'dhanah al-Shaḥam）はウマイヤ・モスクの南方、「真直ぐな道」沿いにある。また、このミナレット（尖塔）周囲の街区の名でもある。

(49) 『生涯記』要旨には、「彼らは顔面と胸を手斧で打ち、背中を銃で撃った。」とある。総主教座文書 DAM278, fol. 3r. また、『悲哀の書』はユースフ司祭を殺害した者を「サイイド・マフムード・アッリカーブとその息子」と名指ししている（本書五五九頁）。

(50) 『生涯記』要旨には、「彼らは〔ユースフ司祭の〕足を縄で縛って〔マルヤミーヤ〕教会の街区まで引き摺り、教会堂に投げ込んだ。」とある。総主教座文書 DAM278, fol. 3r.

(51) 総主教座文書 DAM278, fol. 2r. -2v.

(52) Ibrāhīm 'Arbīlī, al-Ḥādithah aw hiya Madhbaḥah Sanah 1860 fī Dimashq al-Shām, *al-Kalimah* (New York), vol. 9 (1913), no. 3, pp. 151-161; no. 4, pp. 219-228; no. 5, pp. 296-301; no. 6, pp. 352-365; no. 7, pp. 406-419.

(53) 'Arbīlī, al-Ḥādithah, vol. 9, no. 6, p. 364.

(54) *Ibid*., vol. 9, no. 6, pp. 363-364.

(55) *Ibid*., vol. 9, no. 6, p. 364.

(56) 総主教座文書 DAM278, fol. 2v.

(57) 総主教座文書 DAM278, fol. 2v.

(58) al-Ma'alūf, al-Khūri Yūsuf, vol. 2, no. 2, pp. 79-82.

(59) *Ibid*., vol. 2, no. 2, pp. 83-86.

(60) *Ibid*., vol. 2, no. 1, pp. 24-25.

(61) *Ibid*., vol. 2, no. 1, p. 19; vol. 2, no. 2, pp. 86-87.

(62) *Ibid*., vol. 2, no. 2, p. 77.

(63) *Ibid*., vol. 2, no. 1, p. 25.

第四章　故郷を棄てて故郷を憶う

——アルビーリー父子——

一　人物・史料・事件まで

アルビーリー父子の父ユースフ・アワド・アルビーリー（Yūsuf ʻAwaḍ ʻArbīlī 一八二〇―一八九四）は正教会の信徒であり、ユースフ・ムハンナー・アルハッダード司祭の下で学んだ後、アンティオキア総主教座学校の教師となった。一八六〇年の事件を契機にダマスクスからベイルートに移住し、教育に従事するかたわら医学に志した。一八七八年、妻と六人の息子、一人の姪を率いて米国に移住し、当時よりシリアから移住した最初の家族として知られた。六人の息子たちは医師になるなど、それぞれ米国で活躍した。長男イブラーヒームと四男ナジーブは一八九二年、米国最初のアラビア語新聞『カウカブ・アミーリカー』（*Kawkab Amīrikā* 米国明星）を創刊した。またイブラーヒームは一八九五年に「シリア正教慈善協会」の初代会長に就任し、北米における正教会信徒共同体の基礎を築いた。

アルビーリー父子に関する詳細かつ信頼に値する記録としては、一九〇四年、四男ナジーブが没した時に『カウカブ・アミーリカー』から一冊に合本の上、出版された二点の書物が存在する。一点は『ナジーブ氏哀悼の言霊』(*Ṣadā al-Nahīb fī Rithā’ al-Najīb*)、もう一点は『アルビーリー家物故者追善実話集』(*al-Aqwāl al-Ḥaqīqīyah fī Rithā’ Fuqadā’ al-‘Ā’ilah al-‘Arbīlīyah*) と題され、『カウカブ・アミーリカー』紙の経営権をイブラーヒームから一九〇四年に買収したサイード・ユースフ・シュケイル（一八六八—一九三五）という人物によって監修されている。(1)

アルビーリー父子が目撃した一八六〇年の事件については、一九一三年、イブラーヒームがニューヨークの正教会機関誌『カリマ』(*al-Kalimah* 御言葉) に回想録を寄稿している。(2) この回想録は「一八六〇年シリアのダマスクスにおける事件、あるいは虐殺」(al-Ḥādithah aw hiya Madhbaḥah Sanah 1860 fī Dimashq al-Shām 以下「一八六〇年ダマスクス事件」と略す）と名付けられている。事件当時イブラーヒームは一〇歳であったが、本人が目撃した出来事について鮮明に記憶していた。「一八六〇年ダマスクス事件」には筆者直接の見聞に加え、後に父ユースフ他から聞き取った証言や、事件発生に関するミーハーイール・ミシャーカの『回答』に依拠する言説が、必ずしも引用源を明示せずに混在しているため、史料としての取扱いには留意が必要である。(3)

イブラーヒームは同じく一九一三年、「一八六〇年ダマスクス事件」の続編となる回想録を『カリマ』に寄せている。本編は「教師ユースフ・アルビーリー博士およびその六人の子供ら家族によるアメリカ合衆国への移住について」(Fī Muhājarah al-Duktūr wa-l-Ustādh Yūsuf ‘Arbīlī ma‘a ‘Ā’ilati-hi al-Sittah ilā al-Wilāyāt al-Muttaḥidah al-Amrīkīyah 以下「ユースフ・アルビーリー一家の移住」と略す）と題されている。(4)「ユースフ・アルビーリー一家の移住」には、ユースフ・アルビーリー本人の書簡一点が引用されている。この書簡以外に彼の手になる文章はこれまで知られていない。

一八七八年、アルビーリー父子が米国に移住してからは、終始好奇の眼にさらされていたと推測され、米国各地の新聞に少なからぬ記事が残されている。その中には彼らの肉声を記録する記事もあり、米国移住後の一家の消息や思考を知る上での材料を提供している。

一九一一年、ニューヨークの『サーヴェイ』誌に「合衆国のシリア人」（Syrians in the United States）という論説が連載された[5]。同年はイブラーヒーム存命中であるが、米国におけるシリア移民が一世代を経て、約七万人の共同体に成長している様子を描写している。この論説においてアルビーリー父子は、シリアからの最初期の移民家族として紹介されている。

「〔シリアから最初に移住した人々の〕嚆矢として、ジョセフ〔ユースフ〕・アルビーリー教授が妻と六人の息子、彼の姪と共に一八七八年に到着した。この家族はシリアで一定の地位を有していた。アルビーリー教授は故国でいくつかの学校の校長を務めてきて、学者としての彼の名声は彼の地で記憶に留められている。彼は当時の米国人宣教師のほとんどにアラビア語を教え、アラビア語版聖書の翻訳改訂作業に協力してきた。この国においては、この家族は卓越した地位を占めている。息子のうち二人は西洋世界で初めてのアラビア語新聞『カウカブ・アミーリカー』（米国之星）を創設し、この二人の息子の兄の方は、長い間首都ワシントンにて評判の医師である。三人目の兄弟はクリーヴランド大統領の下で在エルサレム領事であった。もう一人〔ママ〕は、移民局に長く勤めている[6]。」

ユースフ・アルビーリーの父親はアワド・ハンナー・アルカールーシュ（ʻAwaḍ Ḥannā al-Qālūsh）という名で、ダマスクス北東約一五キロメートルにあるアルビール村出身であった。彼には六人の息子があり、ユースフはその長男だった。文盲であったアワドは四男の教育のため、簡単な読み書きを知っている老人を招いた。しかし一五歳に達していたユースフは村での仕事を手伝わなければならず、聴講を禁じられた。ユースフは何度も懇願して参加を許されたが、すぐに村の教師が驚く程の進歩を示した。教師はユースフの父親に、さらなる勉学のためユースフをダマスクスに行かせるよう勧めた。そこでユースフは総主教座学校に入り、ユースフ・ムハンナー・アルハッダード司祭の教えを受けることになった。ユースフはアルビール村からダマスクスまで毎日通っていた。彼の熱意はイルサウス総主教の眼に留まり、ダマスクスの人々の間で有名になった。彼は出身の村にちなんで「アルビーリー」と呼ばれるようになり、以来「カールーシュ」に代わって彼の家族の苗字となったのである。[7]

ユースフはあらゆる知識を得ようと、寸暇を惜しまなかった。そしてモスクやイスラーム法学者、彼らの教育の場をしばしば訪れ、説法、宗教や文法学の講義を聴こうとした。彼の立入りが許されない時には扉の後ろに立って、何時間も飽くことなくその隙間に耳を押しつけていた。ユースフは知識を身につけようとする人々が稀な時代に、このようにして語形論、統辞論、音韻論、修辞学や論理学を学んだ。[8]

当時アラビア文法学は、クルアーンの言語の基礎をなすものとしてイスラーム教徒に限って教えられており、キリスト教徒で敢えてこれを学ぼうとする者は少数であった。そこでユースフは危険を冒して布を頭に巻いてイスラーム教徒の姿に変装し、ダマスクスで有名なシャイフ・サリーム・アルアッタール[9]と共にウマイヤ・モスクの法学者たちに混じり、アラビア文法学その他の彼の講筵に出席していた。このような努力を長期間続けていたが、イスラーム教徒たちの誰一人ユースフがキリスト教徒であると気付かなかった。[10]

ユースフ・アワド・アルビーリーは、ユースフ・ムハンナー・アルハッダード司祭に正教会の教義や教会法などの宗教学を習った。そして教会信徒と総主教によって総主教座学校の執事兼教師に選ばれ、ユースフ司祭を補佐することになった(11)。総主教座学校にはシリア各地より約一〇〇名の学生が集まり、うち約二〇人は聖職者になる準備として高度なアラビア文法学や神学を学ぶなど、繁栄していた(12)。

ダマスクスに米国や英国の宣教師が入ってきた時、ユースフは正教会信徒として最初に彼らと親しく交際した。宣教師たちにアラビア語を教え、語学の面から彼らに協力する者として選任された。その頃読み書きができたのはキリスト教徒のせいぜい二割であり、教える能力のある人が見つからなかったのである。ユースフは英米の宣教師のほとんどにアラビア語を教え、一方で総主教座学校に年々導入されていった各種の高度な学問を学んだ(13)。ユースフの尽力により総主教座学校には地理学や、計数学、代数学、幾何学など数学の各分野、そして哲学が教えられるようになり、日曜日には聖書が講じられるようになった。ユースフはこの当時医学に関心を深めたが、大学で学ぶ途は存在しなかったので、ミーハーイール・ミシャーカ医師や米国宣教団のポールディング医師などの先達に教えを乞う他なかった(14)。

プロテスタントの宣教師たちは、ダマスクスに入ってきた当初正教会に論争を挑んでいたが、ユースフ・ムハンナー・アルハッダード司祭の学識を認めてからは彼を尊敬するようになった。また彼の弟子ユースフが宣教師たちと交流したこともあって、両教会の間には相互に訪問するような友好関係が生まれた(15)。

二　アルビーリー父子の見た「事件」

アルビーリー一家の長男イブラーヒームは「一八六〇年ダマスクス事件」の中で、「ユースフ・アルビーリー医師とその子供ら一家が一八六〇年、ダマスクスにおける虐殺と彼を殺そうとした矯激なるイスラーム法学者たちの追跡から助かった話」という一節を設けて、約半世紀前に遡る出来事を記録している。イブラーヒームは次のような前置きと共に、重い口を開いている。

「一八六〇年の虐殺事件は、シリアからの移住に大きな影響を与えた。私は小さな子供であったが、未だにこの虐殺を憶えている。その事件に居合わせたすべての人物が、未だに私の眼前で〔事件を〕演じ続けているのだ。それ故シリアの住民の多くは、事件の記憶に怯えている。彼らの一人一人には、時が拭い去ることのできない長く多岐にわたる物語が脳裏に焼き付いており、生きている限りそれらが繰返し出現するのである。将来の世代の人々がこれを読めば驚くであろう。……」(16)

ダマスクスの事件に先立ってハスバイヤー、ラシャイヤー、デイル・アルカマルその他のキリスト教徒が襲撃され、生き残った者はダマスクスに逃れてきた。正教会信徒は父ユースフ・アルビーリーを避難者、負傷者を助けるための世話人に選び、同時にダマスクスのキリスト教徒が集めた救恤物資の差配人に任じた(17)。ダマスクスのキリスト教徒に対してもイスラーム教徒の敵対的な言動が激しさを増し、キリスト教徒はあえて外出しないようになった。英米のプロテスタント宣教師たちやその他の欧州人は、脅威を感じて総督府に保護を求め、その一部はダマスクスから退去した。ユースフの愛弟子の一人であったジルジー・ムルコスという少年は、一人息子であったことから、立ち去る欧州人がユースフの仲介で、彼を一緒に脱出させた。ムルコスはベイルートを経てイスタンブルに逃れ、そこから露国に渡った。彼の地で生涯の多くを過ごしたのである(18)。

米国人宣教師の一人でユースフと懇意であったフレイザー博士[19]は、ダマスクスを去る時に彼を呼び、自分が居住していたターリウ・アルフィッダ街区近くのユダヤ教徒街区の路地にある貸家に、不在の間住むよう告げた。そして〔博士はユースフに、〕その家で見つけていた三つの隠し部屋を、密かに教えた。あたかもその家は、危険に備えてあらかじめ隠れ場所を用意して建てられたかの如くであった。ユースフはアラブ遊牧民の服装に着替えて、頭にかぶった布を輪で押さえ、腰には刀、手には斧、さらに帯には火打石はじめ旧式の武器一式を携え、蜂起した勇ましい遊牧民であるかのような出で立ちとなった。それから隠し部屋の一つに隠れた。その部屋は家の二階〔三階に相当〕にあって、内壁の床から一五ないし二〇尺の高さに隠れ場所への入口が開き、壁の内部に長さ約一〇尺、幅二尺の空間があった。第二の隠し部屋は家の応接間がある一階〔二階〕の小部屋で、内壁に食器棚があり、その後ろに入口が隠されていた[20]。

イブラーヒームは事件当日の様子を次のように伝えている。

「一八六〇年七月九日月曜日の朝九時頃、私たちが朝餉（朝食）を摂っていた時に、ナフレという名の父方の叔父の一人が入って来て、大声で私たちに呼ばわった。『逃げろ、逃げろ。街に暴動が起きている。イスラーム教徒、イスラーム教徒がキリスト教徒を殺している。逃げろ、逃げろ。アルビール村のキリスト教徒の多数が殺された。自分は命は助かった。貴方がたも逃げなくては……』叔父が私たちのところを去った後、彼がどこに行ったかもう分からなかった。この報せは稲妻のように私たちに降りかかった。何とその時、私たちの心臓は早鐘を打ち、膝が震えたことだろう。それから私たちはどう行動しなければならないか、どこへ逃げるか、誰に匿ってもらわなければならないかもはや分からなくなり、途方に暮れた。そして銃声や群衆のひしめく音、反抗の気勢を上げて街を練り歩き、不信仰者キリスト教徒の殺害を宣言して、敵意を煽るような『さあ殺っちまえ……さあ殺っちまえ。』という歌や掛け声を上げていた、イスラーム教徒の叛徒たちの叫び声が聞こえてきた時、両親は壁の中に隠れ場所のある部屋に向かって走った。そして父は隠し部屋への梯子を昇り、主の思し召しに従って命が助かるよう中に入った。父はその時絶えず至高なる〔神〕への祈りや懇願を続け、〔神が〕自分、家族・子供たちやキリスト教徒の生命を、あれら野蛮な人々の害悪から救い給うよう祈っていた。しかし運悪く、母は父が隠れていた部屋から梯子を片付けることを忘れてしまった。その後で母は長男である私に、イスラーム教徒の女の子の服を着せた。なぜなら、イスラーム教徒は九歳以上の長男を殺しているとの噂があったからである。同様に私の幼い二人の弟、ハリールとファドルッラーにも服を着せ、先述の応接間の隠し部屋に私たちを隠れさせた。それから私たちが持っていた貴重品すべてを略奪から守るため、そこに集めた。

その恐ろしい日の朝一〇時頃〔ママ〕(21)、イスラーム教徒の集団が住居を襲撃した。彼らは、屋敷の扉を手斧や鉞《まさかり》で破壊して侵入してきた。彼らの眼には悪意が漲り、心は怒りと報復に燃えていた。そして彼らは、『不信仰者ども、お前たちはどこにいる。やい、呪われた先祖〔の子孫〕め、やい、火にくべられた父親〔の子供〕め、……今日こそお前たちの最期だぞ。……』と叫んでいた。彼らは略奪を働き、呪詛の言葉を浴びせ、侵入したすべての住居を、その家財を略奪した後で放火した。彼らは父が隠れている母屋に登っていくと、そこが財物ではなく、書物で埋めつくされているのを発見した。すると彼らはますます憎悪を募らせ、猛り狂って言った。『こいつは本屋だ。』何人かが言った。『いや、こいつは不信仰者キリスト教徒の学者、イスラームの教えの敵だ。』『全くもって奴を殺すは苦しからず、奴の死罪は免れぬ。』『奴がどこにいるか、見つかったら良いが。』『俺たちも溜飲が下がるというもの、こんな不信仰の本がいくらあっても、俺たちに何の役に立つ。……』父は、彼らが話していたすべての言葉を聞いていた。読者よ、その時の父の状態がどうだったか想像してみられたい。……そして〔父は〕その壁の中に隠れていた間中、ユダヤ教徒がイスラーム教徒の叛徒たちに対し、どのように振る舞っていたかを見ていた。それは、父が隠れていたバフリー家の屋敷は〔ユダヤ教徒〕街区の入口にあって、その壁は彼らの家に接していたからである。〔ユダヤ教徒は〕イスラーム教徒を焚きつけ興奮させ、彼らに冷やした飲物を与え、彼らの勝利を祈り、彼らの機嫌を取っていた。〔ユダヤ教徒の〕女たちは着飾って、自分たちの生命と存在を守り彼らを満足させるため、いくら金が掛かろうが彼らのすべての要求に応じていた。〔イスラーム教徒はユダヤ教徒に、〕特筆すべき損害を与えなかった。

神が狭い隠れ場所を隠し通し給うよう、父が熱心に捧げた懇願と祈りは、運良く聞き届けられた。父の師である讃えるべきユースフ・ムハンナー・アルハッダード司祭を殺害したと同様に、父を殺そうと懸命に捜していた敵意ある人々から、救われたのであった。

一方戸棚の後ろに隠れていた私たち三人の子供は、運の悪いことに彼らに見つけられてしまった。彼らは壁を手斧や鉞で破って、あたかも獰猛な狼のように、私たちのところに入って来た。何という瞬間だったろう。私たちが目撃した恐ろしい形相と凄まじい脅威を想い出すと、長い間震えが止まらないのである。……私たちには死が目前に迫っていた。イスラーム教徒のそれぞれは、私たちが見かけるたびに『親父はどこだ。』『男どもはどこだ。』『金をどこに隠した。』と尋ねた。その一人は私に迫ってきた。私は長男で、一番年上なのである。男は、私を怖がらせるように言った。『こらお嬢ちゃん、お前の親父が金をどこに置いたか言わないと、この小刀の切先を心臓に突き立てて、お前を殺すぞ。そうなるとお前はすぐにここで、むごたらしい死を迎えるのだ。……』

私は、咄嗟に彼の両足の下に身を投げ出すようにして彼に哀願し、その両手に接吻して命乞いしながら弁解を始めた。『父はここにいません。今どこにいるか私は知りません。私たちはお金を持っていません。貴方がたがここ、この部屋で目の前に見ているものが、私たちの持っているすべてです。』すると男は言った。『よし。それなら俺について来い。』そして私を虜にしようと、手を掴んだ。私の二人の弟もまた、男が私を放すよう、泣きながら哀願していた。私は、男がどうしても私を誘拐しようとしているのを見て、言った。『私は女の子ではありません。弟たちも違います。私たちは男の子ですが、母が心配して、このような服を着せたのです。』男が私に、父がどこにいるか執拗に言わせようとしている時、別の男が私たちのところへ割り込んできた。この男は、私が思うに七五歳位の老人で、略奪した食器一式（欧州製のナイフ、スプーン、フォーク）を持っていた。この人は、私の方を見て言った。『怖がるな、お嬢ちゃん。怖がらなくていい。お父さんがどこか、私に教えるだけでいいのだ。どこにお金を隠した。私があんた方を守ってやろう。』そして若い男の方を向いて彼を叱りつけ、私たちが老人の庇護の下に入ったので、私たちに手を出さぬよう言いつけた。こうして私たちは助かり、隠れ場所から出て、母が他の多くの女たちと一緒に集まっていた屋敷の円蓋露台《イーワーン》に行った。その場所で彼女らは恐怖に震え、特に目撃した略奪や殺人、放火についてあれこれ思い巡らしていた。……そしてこれら野蛮な人々は、彼女らに絶え間なく襲いかかり、夫たちはどこか、財物をどこに置いたか、教えないと殺害すると脅していた。

夕方になって闇が私たちを包んでくると、私たちがいた家屋の多くの方向から火の手が上がっているのが見えた。そこで私たちはそこから逃れ、別の避難場所を求めて彷徨った。私たちは、父がまだ母屋の壁の中の隠れ場所に閉じ籠もっているのを忘れていた。母は後で父のことに気付き、直ちに家へ引き返した。そして私は母に従った。混乱はある程度静まっており、略奪者たちは自分たちの家に戻ることに気を取られていた。その頃、ある者は早く荷物をまとめて駄獣に乗せようと、ある者は自分の背に担ごうと忙しかった。このため彼らは、私たちに関心を持たなかった。母は母屋を登っていって、父を呼んだ。『ねえアブー・イブラーヒーム、ねえアブー・イブラーヒーム(22)。私の夫は？　私はマルヤム、貴方の妻です。貴方の息子、イブラーヒームが一緒です。私に返事して下さい。ここは誰もいないから、恐れないで。貴方、まだ生きているの。』すると父は母の声に気付いて安心し、答えた。『ああ、ああ、ここにいて息が詰まるところだった。そう、私はまだ生きている。しかし何ということだ、もしこの場から出なければ、炎に巻かれて死んでしまう。自分の周りが火事になっているのが見えるが、どうしたものだ。ユダヤ教徒の何人かが私に気付いて、多分イスラーム教徒に、私が隠れていると教えたのだろう。彼らの家に面している窓から私を見たからだ。彼らは昼頃、私がいる場所を手で指していたから、きっとそうだ。別の場所に移るのを、お前たち手伝ってくれ。』その時〔父は〕マフムード・アルホダリーという名の〔イスラーム教徒の〕友人がいて、繰返し何度も彼から果物を買っており、マフムードは子供たちや家人、親戚の治療のため、〔父を〕招いていたことを想い出した。この人はキリスト教徒地区近く、私たちがいたバフリーの家から約四分の一哩《マイル》の、ユダヤ教徒街区に住んでいた。そこで私は母と、彼に会うため家に行き、彼に友人である父の伝言として懇願し、彼に父がのっぴきならぬ危険に晒されて非常に困っており、私たちを救助して侠気や高貴なところを示す、今がまたとない機会であると彼を説いた。私たちは、父を彼の家へ連れてくることを認めるよう、繰返し懇願した。彼は熟慮と躊躇の後、とうとう恐る恐る肯《うべな》った。[23]」

「夜も更け騒ぎが静まってきた頃、私は母と家に戻り、父を隠れ場所から降ろして、遊牧民の頭巾と留め輪や衣服の一部を脱がせた。母は〔父に〕イスラーム教徒の女のような被衣《かずき》（合羽）を被せ、誰にも男であると分からないようにしたが、〔男物の〕靴を脱がせるのを忘れていた。……[24]」

「私たちが母屋から降りようとしていた時、阿剌吉《アラク》酒を大量に飲んで泥酔し、建物の梯子（階段）の土台の上に凭れかかっていた、一人のトルコ人将校に出くわした。彼は私たちを見ると立ちはだかり、剣を抜いて母に斬りつけようとした。〔母は〕父を助けて手を引き、妹が眼の悪い姉を導いているように見せかけていた。その時、私たちには彼から助かる途はなかった。そこで父は頭から被り物を投げ捨てて彼に掴みかかり、剣を取り上げ、彼を近くの部屋に押し込めて扉を閉め、私たちがどこに向かうか見えないようにした。このようにして私たちは、彼を置いてきた。彼は自分の言葉であるトルコ語で呼ばわり、悪態をつき、呪い、くだを巻きながら、父が変装した不信仰者キリスト教徒の男であると告げ、大声で〔父は〕女ではないと叫んでいた。私たちはこのような状態で、彼を残した。そして私たちが道の半ばに達した時、駄獣に荷物を積んでいた何人かが父に気付き、女物の着物で身を隠した金持ちのキリスト教徒が、大金を持って逃げようとしていると〔思い込んだ。〕騒音が激しく暗かったため、彼らはその一人の言葉を気に留めず、私たちもしばらくの間〔分からなかった。〕一方で私たちは、マフムードの家にさらに近づいていた。その時、私たちはそのうち四人が遠くから私たちの方へ走って来て、私たちを引き留めて四方から取り囲もうとしているのを見た。すると父はすぐに、持っていた貨幣を何枚か投げた。彼らは石畳に響く音を聞き、それらを競って拾おうとした。このこと、特に彼らが持っていた行燈で、あたりを照らそうと懸命になったこともあり、彼らの私たちに対する注意は大いに逸らされた。こうして私たちには、逃げてマフムードの家に入るための十分な余裕が与えられた。[25]」

ユースフ一家は、マフムードに匿われて夜半まで過ごした。しかしマフムードには追剝ぎを働いていた凶悪な甥があり、彼のところに出入りしていた。ユースフは心配になって、助かる方法を必死に考えているうちに、ダマスクスに留まっていた英国人宣教師〔スマイリー・ロブソン〕[26]がイスラーム教徒地区である、カイマリーヤ地区に住んでいることを思い出した。ロブソンの住居の主はアリー・アーガー[27]の未亡人で、イスラーム教徒から尊敬されており、長年ユースフの友人であった。ロブソンは、ユースフの周旋でアリー・アーガーの未亡人から一軒の家を借りて、匿われていたのである。ユースフはマフムードに、カイマリーヤ地区に連れて行くよう頼んだ。マフムードは、距離が遠く暴徒が屯する市場を何か所も通らなければならないと、ユースフを案じ渋っていた。ユースフはマフムードの家に妻子を残し、自分はカイマリーヤ地区に移動した方が良いと、重ねて頼んだ。そこでマフムードは、ユースフをカイマリーヤ地区に住む兄弟の家に連れて行くこととし、アリー・アルアルウーシュという名の屈強な甥に送らせることにした。ユースフは、再び遊牧民の姿に扮することを思いついた。長男イブラーヒームは、イスラーム教徒の女の子の服を着せられてユースフに従い、妻と二人の子供はマフムードの家に残ることになった。夜一一時頃の出来事だった[28]。

「……かくして私は、娘の着物を着て父とアリーに従い、幼い弟ハリールとファドルッラー、そして母を後に残すことになった。私は父に寄り添い、アリーもまた総身に武装して、約一〇〇碼《ヤード》かそれ以上の後ろから私たちについてくることになった。私たちがイスラーム教徒地区に到達すると、市場や茶館がイスラーム教徒の名望家から細民までの群衆、その何千人という叛徒らでごった返しているのが見えてきた。彼らは、口々にキリスト教徒地区で自分たちに起きたことを話し合っており、何人かは自分たちが遭遇し敢行したこと、略奪その他を数え上げていた。驚くべき、また哀しむべき会話に私たちの心は震え、恐怖におののいた。しかし父は、その時、力を振り絞って臆病なところを見せないようにし、彼らに挨拶を送っていた。すると彼らは挨拶を返してきた。このようにして私たちは危険な場所をやり過ごし、英国人宣教師〔スマイリー・ロブソン〕博士の家がある街区まで辿り着いた。その時、私たちが後ろを振り向くと、悪辣なアリー・アルルウーシュはもう見えなかった。私の頭には、彼が私たちを裏切って何人かと謀り事をめぐらし、私たちを殺そうと示し合わせているとの考えが直ちによぎった。すると父は当惑した様子で立ち止まって彼を待ち、私に戻って彼を急がせるよう頼んだ。しかし至高にして讃えるべき神は私に霊感を与えられ、私の舌を動かされた。私は言った。『お父さん、彼がいないうちに、今すぐ行ってしまいましょう。私たちは道を知っています。急ぎましょう。あの男は、間違いなく私たちの秘密を話してしまったでしょうから。今に彼がやってくるか、それとも私たちを殺そうとする者を寄越すでしょう。そうしたら、私たちや彼はどういうことになります。私たちはもう、ロブソンさんの家近くに来ているではないですか。』そこで私たちはその屋敷に直接通じる門の方へ走り、〔扉を〕叩いた。私たちのために開けてくれる者は誰もいなかったので、私たちは急いでハズィーナ＝カーティビー未亡人専用馬の厩に通じる門を潜った。そこは彼女の召使いの一人で、ファラジと呼ばれる奴隷が番をしていた。私たちは厩から中に入れば、その後でロブソン博士の家に、別の方向から入ることができると思っていた。この未亡人はロブソン夫妻の生命を守るため、他所の人、近所の人や彼女の友人が、〔ロブソン博士は〕ダマスクスから立ち去ったと思い込み、街区の人々が誰一人彼に気付くことのないよう、彼が占用していた屋敷の扉を完全に鎖していた。イスラーム教徒の間では、すべての英国人は政府の友人であり、イスタンブルの命令によって彼らは保護され、〔政府の〕費用でダマスクスから移動させられたため、誰もそこには残っていないと噂されていた。そこで私たちは、戸板の小窓、つまり扉の中にある小さな出入口（潜り戸）から入ろうとした。私たちは直ちに、召使いの奴隷ファラジに出会った。すると彼は私たちを叱り飛ばそうと、叫んで言った。『おい旦那、えい、旦那さん。イスラーム教徒のこの家に何の用だ。あんたは間違っているよ。ここはアリー・アーガー・ハズィーナ＝カーティビー、パシャの後家様のお住まいだ。おい旦那、ここからすぐ出なさい。そうしないと後悔するよ。……』すると父は彼に呼びかけ、彼をなだめて言った。『ああファラジ、ファラジさん。私は、貴方の女主人と英国人ロブソン殿の友だちです。貴方は私をよく知っているでしょう、ファラジさん。私は教師のユースフ・アルビーリー、貴方がたの友だちです。これは、女の子の服を着た息子のイブラーヒーム。ファラジさん、私たちは殺されそうになって逃げているのです。人々が私たちを追いかけて殺そうとしている。ここで私に構わないで、声を上げないで下さい。彼らが私たちに気付いてしまう。お願いだ、ファラジさん。……』(29)

召使いはもう少しで信用するところだったが、暗がりで手を伸ばし、ユースフが持っていた武器に気付くと、再び疑い始めた。それから灯りを点してユースフの顔を覗き、ユースフ親子であると知って、厩の中へ通した。まもなくアリーと仲間が所持品を奪おうと、ユースフ親子を追いかけてきたことが分かった。ユースフは、ロブソン夫妻が暮らす部屋に案内された。ロブソンは武装した遊牧民が突然入ってきて驚愕したが、ユースフが名乗

り出てようやく安心した。ロブソンは家の中に一週間閉籠もっていて、外の様子が分からなかった。(30)

「私たちが話をしていると、だしぬけにミーハーイール・ミシャーカの息子サリームが、恐怖に駆られた様子で入ってきた。彼の頭の傷から血が流れていた。学校から彷徨い歩いていたミトリー・アンナッジャールの二人の子供を、あるイスラーム教徒が改宗させるために捕えた。〔サリームは〕二人の子供を助けようとして、手斧で殴られたのだった。もう少しで致命傷となるところだった。泣いて助けを求めていた二人〔の子供〕を〔サリームが〕発見して、一緒に連れてきた。私たちは二人〔の子供〕の恐怖を鎮め、サリーム・ミシャーカの傷を手当てした。(31)」

ユースフ・アルビーリーはロブソンの家に辿り着く途中、師であるユースフ司祭の殺害を直接知ることになった。(32)

「……〔ユースフ司祭の〕遺骸はその夜、つまり〔九日〕月曜日の夜通しターリウ・アルフィッダ街区近くに打ち捨てられていた。その夜その場所を通り過ぎた時、私たちはあれら慈悲心を欠いた兇悪な者どもが〔ユースフ司祭の〕両足を縄で縛り、その後ダマスクスの街路を引き摺っていくのを目撃した。この見るだに身震いし心が縮み上がるような有り様は、岩のような心にも血潮をたぎらせ、血涙を流させることだろう。あの凄まじい光景を見て、私たちは身がすくみ心は恐怖にとらわれた。すると父は敬愛する師匠、それどころか父親〔のように敬うユースフ司祭を悼んで、〕突然泣き出した。〔詩人〕ハンサーのように〔父はユースフ司祭を〕悼んで泣いたが、泣いたとて何にもならなかった。……そして私たちが歩いていると、悪党の一人が声高に叫んでいるのが聞こえた。彼は言っていた。『おい皆、俺は知っているが、こいつはキリスト教徒の親玉だ。奴にはいつもついて歩いている仲間がいて、奴はそいつを大いに気に入っているのだ。奴はイスラームを誹っているという噂だ。俺はこの二人が、何度も正教会の総主教座に入っていくのを見た。二人は学校で教えているのだ。俺は奴の相棒が、そいつと仲の良い俺たちの旦那衆について歩くのを見た。ある者はそいつがイスラームに改宗したと言い、ある者は英国人に匿われて一緒に逃げたと言っている。そいつの名はアルビーリーだ。イスラームの敵だ。』この言葉は私たちの耳にはっきりと届いたが、私たちは人々について急いでいたので、私たちが誰だか一人も分からなかった。……私たちに明らかになったのは、イスラーム教徒の矯激な何人かがユースフ・アルハッダード司祭、その弟子であるアルビーリー、ミーハーイール・ミシャーカ医師を追跡するため、特に人を送っていたということである。もしアミール・アブド・アルカーディル・アルジャザーイリーが気に留めて〔ミシャーカ医師や〕父を捜すことがなかったら、その二人も他の人々と同様に殺害されて事件の殉教者になっていただろう。[33]」

ユースフ親子は三日間、ロブソンの家でアリー・アーガー未亡人に匿われて過ごした。アリー・アルアルウーシュは、マフムード・アルホダリーの家に戻ってきた。彼はユースフの妻の問いに対し、ユースフ親子を見失ったと答えた。ユースフの妻は悲嘆の涙にかきくれた。ユースフ夫妻は七日間、互いの消息が分からなかった。その間ユースフの妻は、夫と長男を捜し歩いたが、とうとうロブソンのことに思い至り、彼の家を訪れた。[34]

「ミシャーカ氏、英国領事、そして父とミシャーカ氏の友人であるアミール・アブド・アルカーディル・アルジャザーイリーが私たちのことを知って、彼らは私たちのところに兵隊とアミールの部下であるマグリブ人を送り、私たちをハズィーナ＝カーティビーの屋敷から〔英国〕領事館に移動させた。そこには多くの英国人とミシャーカ氏、それからこの領事館に避難していたキリスト教徒たちと共に、他の欧州諸国人も多数いた。総督府は〔英国領事館を〕他と違って保護し、約一〇〇人の正規兵を配置して英国領事邸を取り巻いていた。そこへ他国の領事たちの多くもまた、避難してきていた。[35]」

ユースフ一家は英国領事館に約一か月滞在した。その間ユースフはキリスト教徒の犠牲者の名前や殺害の様子を記録して報告する掛に選ばれ、生存者がその眼で見て語ったことを記録していた。その後ユースフ一家は他のキリスト教徒と共にダマスクスを後にして、ベイルートに向かった。[36]

三　ベイルート、そして米国へ

ユースフはベイルートに移住し、一八年を主に教育に従事してこの地で過ごした。その間四男ナジーブ、五男ハビーブ、長女ファリーダ、六男ナスィームが誕生した。

ユースフは、ベイルートに避難したダマスクスのキリスト教徒の子弟を教育するため学校を開設し、校長に就任した。この学校には、正教会のみならず各宗派から二五〇人以上の生徒が集まった。[37] その後ユースフはベイルートの正教会学校、スーク・アルガルブ[38]の正教会学校の校長に選ばれた。これらの学校でユースフはアラビア語文法学を教えていた。ユースフが教育した生徒の中から、後に正教会のアンティオキア総主教となったグレゴリオス・アルハッダードなど有為の人物が輩出した(39)。

ユースフとプロテスタント宣教師との良好な関係は、ベイルートにおいても続いていた。ユースフはナースィーフ・アルヤーズィジーの後を承けて、シリア・プロテスタント学院（The Syian Protestant College ベイルート・アメリカン大学の前身）におけるアラビア語学とアラブ文学の教師に就任した。シリア・プロテスタント学院はダニエル・ブリス（Daniel Bliss 一八二三―一九一六）、ウィリアム・トムソン（William McClure Thomson 一八〇六―一八九四）ら米国人宣教師の発案によりシリアにおける高等教育を目指した教育機関で、一八六六年ベイルートに開設された。この学院には教養部と医学部が設けられ、当初はアラビア語を用いて授業が行われた。時を経て教育内容の高度化に向け英語による授業に切り替える提案がなされ、教師の間にも賛否が分かれた。これは一方で、学術用語のアラビア語訳を通じてアラブ復興運動を刺激する契機にもなった。教師の一人であった医師コルネリウス・ヴァンダイク（Cornelius Van Alen Van Dyck 一八一八―一八九五）は、アラビア語による教育の継続を主張した。ユースフはヴァンダイクと親交を深め、後者がエリ・スミスから受け継いで取り組んだアラビア語聖書の新訳などの著述に協力した(40)。

ユースフは、ブトロス・アルブスターニーが一八六三年に開設した郷朋学校（al-Madrasah al-Waṭanīyah）にもアラビア語の講師として招かれた(41)。ユースフの医学に対する憧憬は消えることはなかったが、教育の仕事と大家族の世話に追われる生活であった。長男イブラーヒームと三男ファドルッラーは、ユースフが開設したダマスクスからの移住者のための学校で学び、シリア・プロテスタント学院でそれぞれ医学を修めて医師となった。

ユースフ一家のベイルートでの生活は決して安泰ではなく、過ぎ去った事件の悪夢と不安な現状からの逃避を常に考えていた。長男イブラーヒームは、さらなる移住を決意するに至った家族の心理を描写している。

「私たちがベイルートの街に約一八年滞在した間中、一八六〇年の事件は私たちの前にちらついていた。そのため私たちはシリアから別の国に移住して、そこを自分たちの新たな郷土とし、生命、財産、名誉が安んじて保たれることを絶えず切望していた。亡父は生活に満足せず、心配するような出来事が起きた時には特に、この国から旅立とうと言い続けていた。これは自然なことであるが、諺に首を絞められた者は縄を引き摺った跡にも怯えるという通り、家族の長男である著者〔イブラーヒーム〕が最年長となる六人の息子たちは、いつかもう一度虐殺事件が繰り返されて、私たちが一八六〇年に遭ったような目にシリアで遭うことになれば、その時私たちは殺されることになるだろうとよく話し合っていた。これは五二年過ぎた今に至ってもまだ繰り返されるような、この国のキリスト教徒の会話なのである。シリアの状態、そこにおける恐怖や生活状況というものはあの頃と同じで、年月が経ってもどうなるか見通しが立たないのである。毎日〔シリア〕について〔凶〕報があり、常時事件が起きているからである。〔シリアの〕人々が分裂し、その心が憎悪に満ち憤怒に燃えている限り、〔シリアの〕状況は同様に続くであろう。イスラーム教徒はキリスト教徒を倒そうとして同じ宗教の人々と結託して陰謀を巡らせており、〔イスラーム教徒とキリスト教徒が〕一つの天の下に一つの郷土に暮らしているにもかかわらず、盲目的に凝り固まった偏狭さのためにキリスト教徒を嫌い、互いに愛そうとはしないのである。……人々よ、いつまで連帯することなく分裂しているのだろうか。東洋の民よ、オスマン帝国の人々よ、改革はどこにいったのだろうか。……十分だ、十分だ。私は貴方がたに日々の試練や事件について告げたではないか。貴方がたが年月を過ごしている間、貴方がたは互いにせめぎ合い、敵対し合い、格闘し、殺し合ってきたのだ。なぜ貴方がたは連帯しようとせず、互いを引き裂き合おうとしているのだろうか。……〔一八〕六〇年の事件の後、私たちは一八年間滞在し、シリアにおける改革を待っていた。それを見ることがなかったので、私たちは移住に関心を寄せて考えるようになってきた。これは私たち全員の意に適うものではなかった。なぜなら、同胞や友人知己のいる郷土から離れることは、困難だったからである。[42]……」

ユースフ一家が具体的に移住を計画し始めたのは、一八七七年頃であった。[43]当初は正教会との宗教的な紐帯から、露国への移住を考えていた。ユースフはベイルートの露国領事に面会し移住の希望を伝えたが、領事は意外にもこの申し出を斥けてしまった。[44]

そこでユースフは、懇意にしていた米国人宣教師コルネリウス・ヴァンダイクやヘンリー・ジェサップに、米国移住の希望を打ち明けた。彼らは一様に驚きを示し、それぞれユースフに再考を促した。しかしユースフの決心は固く、ジェサップの助言に従ってアラビア語の書簡を作成し、英訳を付して七通を米国に送ることにした。[45]本書簡原文はイブラーヒームの「ユースフ・アルビーリー一家の移住」に引用されている。ユースフの思考や一家の状況を伝える好個の史料であり、全文を訳出する。

「何某様へ

現在ベイルートの街に住んでいます両親と六人の息子、一人の娘からなるダマスクス（シリア）の家族が、アメリカ合衆国のいずれかの州に移住を望んでいます。その地を故郷として、主が与え給う能力と健康に従い商人、内外科医あるいは農業耕作者の職業を身につけ従事することが可能であれば、彼らの仕事と努力によって生計を立てる用意があります。彼らは、発展し住民の多い地方への居住を希望しています。そして彼らの出身国の気候に近い場所を優先しますが、子供たちの進歩のため学校がなければならないと考えます。

総領である長男イブラーヒームは二八歳で、ベイルートのシリア・プロテスタント学院にて、内外科医の法に則った正式の免状を取得した医師です。彼はベイルートの街で五年間にわたりその職業に成功を収めており、地方政府によって伝染病調査団に二度任命されて参加しました。彼はアラビア語、仏語、ギリシア語と多少のラテン語、イタリア語、トルコ語を知っています。彼はイスタンブルに行って、オスマン帝国政府が帝国医学院において任命した首席試験官の前で試験を受けた、最初の学生でした。そして、オスマン帝国全土で内外科医として働くことを許可する免状を取得しました。その時、教育大臣ジェヴデト・パシャの推薦で、その頃皇子でスルターンではなかった、アブドゥルハミード・スルターン陛下に面会しました。その医師〔イブラーヒーム〕は、前述のジェヴデト・パシャの侍立のもと御前に起立しました。〔アブドゥルハミード皇子は〕彼にシリア・プロテスタント学院について多くの質問をし、非常な嫌悪と不快感を〔その学院に対し〕示しました。それ故この学院は何年もの間、政府から承認されないでいましたが、ついに方針を緩めて、ベイルートにおいて政府の指示と同意の下でその学生の試験を行うため、毎年派遣される試験官を任命するようになりました。これに関し〔学生たちが〕イスタンブルに行くための労苦や費用、旅行の困難は大きかったのです。医師〔イブラーヒーム〕は非常な苦労の後に、帝国政府の免状を取得しました。なぜなら、〔帝国医学院の〕医師たちもベイルートの学院に強い偏見と反感を示したからです。彼に対して〔医師たちは、〕教育が不十分であることを立証して〔ベイルートの学院を〕貶めようと、難しい問題を出していたのです。その後彼はベイルートに帰り、現在に至るまで医業に従事し続けています。

次男ハリールは二五歳で、彼の職業は仕立屋と靴職人です。彼はアラビア語、仏語と現代ギリシア語を知っています。

三男ファドルッラーは二三歳で同様に内外科医であり、ベイルートの同じ学院で医学の免状を受け、また各教育科目にわたる学士免状を持っています。彼はアラビア語、トルコ語、仏語、ギリシア語、ラテン語を知っています。

四男ナジーブは一五歳で、未だ学院の学生です。彼は仏語、英語、アラビア語、トルコ語、ラテン語を学んでいます。

五男ハビーブは一二歳で、アラビア語と仏語を学んでいます。

六男ナスィームは九歳で、アラビア語と仏語の初歩を学んでいます。

七番目は娘のファリーダで、アラビア語と英語の初歩を学んでいます。

……父親あるいは世帯主はユースフ・アワド・アルビーリーで、この文章の筆者です。年齢は五五歳で、母親の年齢は四五歳です。

私（父）は多年にわたり、シリアの最上の学校でアラビア語とその文法およびあらゆる関連分野を教育してきました。米国人宣教師コルネリウス・ヴァンダイク博士が聖書を翻訳し、これにアラビア語統辞論と文体論に則った訓点を付した際に協力しました。エレミア書、〔エレミアの〕哀歌、エゼキエル書、ダニエル書、ホセア書、ヨエル書、アモス書、オバデア書、ヨナ書、ミカ書、ナホム書、ハバクク書、ゼファニヤ書、ハガイ書、ゼカリヤ書、マラキ書のアラビア語を補訂しました。私は長年にわたり、シリアのダマスクスにおけるギリシア正教会の高等教育機関で教鞭を執り、自分の多くの知識を伝授しました。私はまた、シリアにおける英米の宣教師のほとんどを教えました。私は彼らより多くの益を受け、聖書の解釈の知識を身につけました。その中には宣教師で優れた神学者である聖職者スマイリー・ロブソン博士や、グラハム氏、ポーター氏、ハーディン氏、バーネット氏、ランシン氏、フレイザー氏、クロフォード氏、ポールディング医師がいます。私は一八六〇年の矯激なるイスラーム教徒による虐殺から、困難の末逃れることができました。彼らは私を自分たちの会合に呼んで、私は何度も彼らと宗教上の議論を交わしていたのです。しかし神の御加護により、私は彼らによる禍から命が救われました。そして私は逃れて、悲惨な事件に居合わせた他の人々と同様に、その後ベイルートの街に到着しました。その地に私は留まって教育の仕事に従事し、子供たちを育て私にできる限りのことを教え始めました。私たちは現在に至るまで、常に恐怖に取り巻かれています。

私には故郷であるシリアのダマスクスへの帰還は難しく、トルコ帝国での居住を甚だ嫌悪しており、子供たちの成功と進歩を願って、衷心より彼らを幸福で安全な国であるアメリカ合衆国に連れて行きたいと希望致します。貴方様が私を故国シリアの気候に近い場所へ、呪わしい宗教的偏狭と政治的抑圧の支配する不幸なこの国から離れて、彼らが残りの人生を安全に安寧に過ごすことのできる、文明と進歩の栄える場所へと案内して下さいますようお願いします。貴方様が、大洋の向こうから手を差し伸べているこの家族の叫びに耳を傾け、とりわけ東洋の果てより貴方様を呼んでいる見知らぬ人々に対しては、キリストの愛と関心をもって私たちに有益な意見と助言を下さるでありましょうと、私は貴方様に主イエス・キリストの名に誓って申します。貴方様にここまで書きました目的は、私たちは物心両面の進歩を求めて、平安な地で貴方がたと一緒に居住するためにやって来ますと、私たちについて知って頂くことなのです。私たちすべてが安らかに暮らせる仕事に恵まれるまでの間、自分たちの助けになると思われます約一万英磅《ポンド》を用意して、持参することができます。この金額以外に私たちには、オスマン帝国国庫債券としてトルコ政府への貸付金その他が得られる見通しです。

私たちの一つしかない望み、ここでの私たちの行動と歩みに最大の支えとなっている強い希望というものは、私たちがどこにあろうと疑いなく私たちや貴方がたを休むことなく見守られ、私たちを溢れる慈悲をもって眺められる、私たちが唯一の庇護と活力の拠と頼む神聖なる主への全幅の信頼に他ならないのです。

平安あれかし。

ベイルートにて一八七七年七月一日記す。

筆者　ユースフ・アワド・アルビーリーとその子供たち[46]」

七通送った手紙に対し、五通の返事が届いた。それぞれ希望を与える内容であった[47]。

ユースフ一家にとって、米国への移住を決意させたもう一つの出来事があった。娘ファリーダがジフテリアに罹り、一八七八年の一月、七歳で亡くなったのである。妻マリアムの悲嘆を紛らわせるため、一家は新大陸に活路を求めることにした[48]。

ユースフ一家、すなわちユースフと妻マルヤム、六人の息子、そして姪のアミリヤ（Amīliyā/Jamelie 一八六三頃―一九四三）は、一八七八年に開催されたパリ博覧会の観覧を目的として旅券を取得した[49]。ユースフは旅行の手筈が整うと、ブトロス・アルブスターニーら親しい友人に渡米の真意を告げた。友人たちは驚きを隠さず、少なからぬ者が移住を思いとどまらせようとした。ブトロス・アルブスターニーは英語を解しないユースフへの餞《はなむけ》として、Bread, Water の二語を教えて別れを惜しんだ。一八七八年七月一九日、ユースフ一家はベイルートを出航した。多数の友人が一家を見送った。彼らを乗せた汽船はヤッファ、アレキサンドリアを経由してリバプールに到着した。さらに彼らは大西洋横断航路の船に乗り換えて、八月一四日ニューヨークに上陸した。ニューヨークでは市長の歓待を受け、地元紙が「シリアのコロンブス」と報ずるなど、一家は到着直後から米国市民の関心を集めた。(50)

ユースフ一家はニューヨークの厳しい冬を避けるため、テネシー州マリーヴィルに移動した。ユースフの書簡に返事を送った一人、マリーヴィル学院のクローフォード教授を頼ったのである。(51) マリーヴィルに到着すると、かつてホムスで宣教していたウィルソン博士の娘が、片言のアラビア語で一家を迎え、見覚えたアラブ料理でもてなしたので、彼らは大いに驚いた。(52) ユースフと長男イブラーヒームは、マリーヴィルからさらに適当な生活の場を求めてテキサス州へ旅行した。イブラーヒームはテキサス州オースティンに留まって医院を開業した。(53) 一八八〇年六月九日、ユースフの妻マルヤムが日射病で急逝し、マリーヴィルの墓地に葬られた。(54)

一八八〇年七月二二日付『セントルイス・グローブ・デモクラット』紙は、「ダマスクスからの医師」と題し、家族の住むマリーヴィルに戻る途上、セントルイスに立ち寄った長男イブラーヒームについて報じている。

「シリアからの宗教的避難者との対談

キリスト教徒家族とトルコの迫害、西洋におけるシリア人共同体設立の可能性、東洋と米国の習慣の比較。

『シリア、ダマスクスのご出身ですか。』

『左様です。Ａ・Ｊ・Ａ・アルビーリー医師と申します。』呼びかけられた人物は、記者に自己紹介しながら、東洋的優美さをもってお辞儀をした。

『いつご到着ですか。』

『今朝です。』とその医師は答えた。

『貴方は、二年前にニューヨークに到着したシリア人家族の縁者ですか。』

『そのものです。その一団は私の父母と五人の弟、私が長男ですが、そして妹《〔ママ〕》から成っております。皆は今、亡くなった母を除いてテネシーに住んでいます。』医師は一番後の情報を伝えながら、被っていた赤いターバン《〔ママ〕》を取ってしばし物思いに耽って頭を垂れた。それから続けた。『家族はテネシー州マリーヴィルにいます。私は一八か月の間、テキサスで開業していました。私の弟もテネシーの開業医です。』

『貴方がたがこの国にやってきた経緯を、話して頂けますか。』

『そうですね、お分かりの通り、私たちはキリスト教徒です。父はギリシア教会の神学博士であると同時に、医学博士です。そして私たちは、トルコ人たちの手によって大規模な迫害を被りました。』

『ということは、貴方がたは〔キリスト教に〕改宗していたのですか。』

『いえ、家族はこれまで常に、つまり私たちの持っている何らかの記録に遡る限り、キリスト教徒です。キリスト教徒である私たちの祖先は、トルコ人による征服より前からいたのです。父はここに来る以前、米国からの宣教師たちにシリアの言葉を教えることに長年従事していました。彼は、トルコ政府から不興を買って敵視されたのです。私たちは一八六〇年のキリスト教徒虐殺の際、ダマスクスにいました。その時私はわずか一〇歳でした。しかし父は野獣のように狩りたてられたにもかかわらず、うまく逃げることができました。

血に飢えたトルコ人たちは、他に何度も彼の命を狙いました。しかし有難いことに神の摂理によって彼は護られ、髪の毛一本たりとも傷つけられませんでした。イスラーム教徒による迫害は、しまいにあまりにも大規模になったので、父は私たちの祖国を離れる決意をしました。そして彼は米国人宣教師たちと相談して、米国に移住することに決めました。パリ博覧会が開かれていた一八七八年の夏、博覧会訪問を目的として一家全員の旅券が交付されました。〔一家は〕出発し、しかしパリには二《ママ》、三日しか滞在しないで米国に来て、九月《ママ》にニューヨークに上陸しました。〔一家は〕その都市で一月過ごしましたが、気候が彼らにとってあまりにも厳しくなるだろうとの結論で、テネシー州東部のマリーヴィルに行き、落ち着きました。この国にこれまで移住した最初のシリア人家族は、このようにしてやって来て、星条旗の保護の下に居を定めたのです。』

『ダマスクスを去って移住することは、難しくなかったのですか。あるいは、トルコ人たちは、キリスト教徒がいなくなることに満足しているのですか。』

『スルターンとダマスクスのトルコ人パシャ〔総督〕は、シリアの人々の移住を非常なる不快感をもって見ています。移住者たちは非常に多くの障碍を乗り越えなければならないので、本当に出国する者はほとんどいません。それで私たちは、たまたま米国における唯一のシリア人なのです。旅券〔発行〕は保留とされ、この文書なくして何人もそこを離れることは許されないため、好ましくないというより、事実上禁止になっています。当該国籍の他の家族がこれまでこの国に来ていないというのは、それが理由です。

私たちの友人はここへ来て、米国にシリア人共同体を作りたいと非常に熱心に願っていますが、そのような手段はその当時実際的ではなかったのです。しかし私たちはこの国を調べて、できれば適した土地を見つけたいと約束しています。』

『貴方はこの目的を、すでにどこまで果たしましたか。ミズーリ州はご存じの通り、移民を勧誘する努力を行っています。』

『そうですね、難しいのは、すべての面から適した地域を発見することです。大きな障碍は気候です。私が訪ねた土地は、〔気候が〕変わりやすく一定していません。気候がいつも安定しているダマスクスとは、際立った相違点です。それでも私たちは、適地を発見するかも知れません。一八七八年、私たちはテキサスに行きましたが、当初暮らすのに苦労しました。私たちは、英語をあまり上手に話せなかったからです。今、私はご覧の通り、〔話すことが〕できます。それから私たちはテキサス州オースティンに行き、私はそこにしばらく留まって、その国が私に適しているか見ることに決めました。父はさらに、その州の異なる地域を訪問し続けました。しかし彼に適した〔土地を〕全く見つけられず、テネシーの家に帰ってそれ以来居住しています。私は過去一八か月オースティンで医者として仕事をしていましたが、母の死により突然家に呼び戻され、カンザス・シティを経由して、そこに二、三日滞在してから来る途中で、申した通り昨日セントルイスに到着したのです。』

米国の印象

『一般的に、この国のどういうところが気に入りましたか。』

『私が訪問したところは、すべて素晴らしいです、気候の点を除いては。セントルイスは、一言で素晴らしい。もし、お天気がいつもこうでありましたならば。』

『テキサスは、貴方の気に入りましたか。』

『非常に。人々は私にとても親切で、多くのことで私を助けてくれました。私は多分、そこに戻るでしょう。私は、カンザス・シティにも大いに感銘を受けています。私は職業上の同胞その他の人々との親睦のため、様々な義理を果たさなければなりませんでした。私は、この地のすべての医療機関を訪問して医師たちと会う時間が持てたらと思いますが、二、三日のうちに家に帰らなければなりません。』

『貴方は、どの医学校を出たのですか。』

『ああ、私は通常の、あるいは貴方がたがここで言われるような、旧式の学校です。私はいくつか免状を持っています。一つはニューヨーク州によって設立許可され、それゆえ米国の機関であるベイルートのシリア・プロテスタント学院から授与されました。その免状を受けた後、私は自分の職業に従事できる前に、コンスタンティノープルの帝国医学院においてスルターンの医師長による、非常に厳しい試験を受けなければなりませんでした。それ以外の医学校は、政府によって認められていなかったからです。』彼は帝国医学院により免状を授与され、双方の文書はその真正性を示す印章で飾られている。

正統信仰

その後、医師が交代して質問した。

『貴方は、宗教に基づいて編集しているのですか。』

『それほどではありません。何故。』

『私がテキサスで毎日グローブ・デモクラット紙を読んでいると、なぜ多くの宗教的な事項が、これまで取り上げられているのかと思ったからです。それが偉大なる宗教的日刊紙と呼ばれる理由でしょうか。』

『そうです。そして、全面的に正統な立場を取っています。』

『私は気付いています。私自身正統な信仰を持っています。私の父はギリシア教会の聖職に属していて、ギリシア教会のアンティオキア総主教と非常に親密です。ええ、その通り。私たちは正教会信徒です。私は多くの聖職者や博士たちからの手紙を持っています。』そして医師は、そのいくつかを見せてくれた。

『英国国教会、つまり米国のプロテスタント司教座と、ギリシア教会を連帯させる議論はなかったのでしょうか。』

『私はその方向に向けて、若干の努力が行われたと信じています。両者の違いはほとんどありません。実際、私たちはほとんどの福音主義団体と協調しており、私は長老派教会から、いくつかの非常に好意的な所見を受け取っています。』

『監督派教会と協調するギリシア教会は、ニューヨークにありませんか。』

『私は、両者は合意すると信じています。しかし父の方が私より、こういうことについてもっと上手に貴方に語ることができたでしょう。彼の六〇年の人生の大半は、その方面に費やされているからです。』

次に医師は、アラビア語について少し説明するよう懇請を受け、聴衆の大きな興味を惹くようにそれを行った。彼は右から左へという東洋的な書き方の方が、左から右の英語の方法より、適切かつ便利であると信じていると付言した。アラビア語のアルファベットは二九あるが、母音は三つだけであり、同数の〈母音符号」がある。医師は同様に習熟しているギリシア語とこれを比較し、違いを指摘した。彼が描写するシリアの人々は非常に興味深く、もし彼が見本であるとすると、彼らは背が高く威厳のある優れたタイプの人類である。彼は浅黒というよりオリーブ色の濃い肌色で、非常に黒い髪をしている。シリアでは赤い髪は珍しい。

オスマン帝国

彼の見積りではダマスクスの人口は一五万人、その四分の三はイスラーム教徒で、約二万五〇〇〇人がキリスト教徒、残りがユダヤ教徒である。後者は主に金融業者や周旋業者である。キリスト教徒は一般に裕福ではなく、ほとんどは機織やダマスク織生産に従事している。トルコ人の多くは豊かな暮らしをしている。トルコ人とキリスト教徒、あるいはユダヤ教徒とキリスト教徒の通婚はない。オスマン帝国政府は非常に開明的な人物であるパシャ、あるいは総督によって代表されているが、トルコ人を除く民衆は政府を支持せず、独立を切望している。医師が考えるところのトルコの将来は、大国がそうしたいと選択するものに他ならない。トルコ人はキリスト教文明にとっての障碍であり、遅かれ早かれ除去されねばならないだろう。領土を奪うことを妨げているのは諸大国の嫉みだけであり、おそらく最終的に彼らは、これへの保護権を獲得するであろう。多分大英帝国か仏国が最終的にダマスクスを取るだろう。彼の同国人の風俗習慣にさらに言及して、医師は時折トルコ人の間における長期の宗教的断食について話した。……」(55)

一八八一年六月二一日付『ニューヨーク・トリビューン』紙は「米国のシリア人」と題してユースフ一家の動

静を伝えている。

「ユースフ・アルビーリー一家の経験

シリアのダマスクスより一八七八年八月、妻と六人の息子を率いてこの国にやってきたユースフ・アルビーリーは、最近テネシー州より息子ナジーブと共にこの都市に到着した。父は約六〇歳であり、彼の民族の多くの特徴を保持している。彼は未だに自分の祖国の服装に執着している。昨日彼が着ていたのは、紫に黄の縞が入った絹のシャツ、腰には派手な帯、足首をボタンで留めただぶだぶのズボン、そしてタルブーシュと呼ばれる円錐形の赤布の帽子であった。ナジーブと彼の兄弟は、赤布の帽子だけを被り続けている。父も息子たちも濃いオリーブ色の肌、黒い瞳、そして黒く縮れた髪と顎髭をしている。非常にハンサムなナジーブはまだ一九歳であると語ったが、三〇歳には見える。アルビーリー一家は、これまでにこの国に移住した唯一のシリア人家族として著名である。

ユースフはこの地へ到着以来の彼の経験を語ること、この国に対する彼の印象を述べることに非常に満足しているようだ。彼は英語で流暢に話すことができないので、その言語を完璧に操るようになった彼の息子を通じて話さなければならない。彼は昨日トリビューン紙の記者との会話において、米国市民になりたいと自分の意思を宣言した後、暖かい気候を理由として、その家族をテネシー州のマリーヴィルに連れてきたと語った。彼の長男アブラハム〔イブラーヒーム〕は、その後テキサス州オースティンに移り、そこで医師として仕事をしている。薬屋である彼の次男ハリールもオースティンにいる。一家の他の人々は皆マリーヴィルにいる。ファドルッラーは内科医であり、ナジーブはマリーヴィル学院の学生であると同時に仏語の教師である。他の年少の二人の〔兄弟〕ハビーブとナスィーム、順に一五歳と一三歳は学校に行っている。最後の二人について、ユースフは彼らに高等教育を受けさせるため非常に腐心していると述べた。ナジーブは学院における彼の仕事に加え、シリアで暮らす人々の習慣についてしばしば講演を行っている。

『その通りです。』とアルビーリーは続けた。『世界でほとんど最古の都市であるダマスクスから、世界で最新かつもっとも活動的なこの文明への変化は、非常に大きなものでした。しかし私は失望しておりません。私は言論と行動の自由および私の子供たちの教育上の利点を望んでいたため、私の親族や友人を後に残してきました。私はここに来て退嬰的文明と専制的政府の欠点から逃れ、私が求めていたものすべてを見出しました。私の友人たちは私のことに非常に驚いていました。これは一つの実験でしたが、成功であると証されました。貴方は私に、なぜ私の同郷人たちがもっと来ないのかとお尋ねですが、それには二つの事情があります。一つはトルコ政府がその国からの移住に反対していることで、奨励しないだけではなく、妨げる措置を執っているのです。もう一つは人々の間に、貴方がたの偉大な諸制度についての正しい認識が広まっていないからです。

私はここの人々が特に気に入りました。彼らは丁重でその振舞いには賛同できますし、私たちがどこに行こうと非常に親切に扱ってくれます。貴方がたの公立学校や高等学校もまた、私に強い印象を与えました。貴方がたの政治制度、特に二つの政党の権力闘争を研究することは、私たちに大きな楽しみを与えてくれます。民主党？　いや、違います。共和党〔支持〕です。』……」(56)

米国においてユースフは、長年の夢であった医学を正式に修める機会に恵まれた。彼は三男ファドルッラーらとジョージア州アトランタに移り、さらに五男ハビーブ、六男ナスィームを連れてインディアナ州リッチモンドに転居して、クウェーカー教徒が設立したアーラム学院に息子たちと入学した(57)。彼はアーラム学院で英語を身につけ(58)、次にハビーブ、ナスィームと共にアトランタに戻ると、一八八九年、サザン医学院で歯科医師の免状を得た。さらにユースフは医学、神学および法学の免状を取得したという(59)。

ユースフは息子たちと共に、米国人にシリアを紹介する活動を行っている。一八九一年および一八九三年の新聞には、慈善事業の一環としてアルビーリー父子が聖書時代のパレスティナやムハンマドの時代のアラブ、あるいは遊牧民の風習を再現した寸劇など、「東洋の演芸」を披露するとの広告が掲載されている(60)。

ユースフは亡くなる年の二月、ニューヨークにおいてオスマン帝国スルターン、アブドゥルハミードの五〇歳の誕生祝賀会を開催した(61)。この祝賀行事におけるユースフの言葉に、彼の人生を凝縮した感慨が込められている。地元の新聞が祝賀会の模様を記録している。

「アブドゥルハミードの誕生日

〔昨日は〕ジョージ・ワシントンの〔誕生〕日であるのは言うまでもないが、トルコのスルターン陛下の五〇歳の誕生日でもあった。ニューヨーク在の陛下の臣民たちは、祝日の慶賀を分かち与えるべきだと言って、昨夜アブドゥルハミードの記念日を祝うために集会した。アルビーリー兄弟のパール・ストリート四五番地の邸宅で、彼らは歓びに満ち興味深い行事を楽しんだ。

この兄弟は、この大陸でアラビア語で印刷されている唯一の新聞『カウカブ・アミーリカー』の所有者である。彼らの尊敬すべき父であり、シリアはベイルートに所在するギリシア教会総主教座学院の元校長ジョセフ〔ユースフ〕・アルビーリー教授は、米国に家族を連れて来た最初のシリア人である。彼の息子、〔ナジーブ・〕アルビーリーは『カウカブ・アミーリカー』紙の経営者兼編集人であり、クリーヴランド大統領の第一期政権下でエルサレム領事であった。

アルビーリー一家は、この行事をしばらく前から計画していた。彼らはワシントンのトルコ使節、いくつかの米国の都市の〔トルコ〕領事、そしてニューヨーク、ボストン、フィラデルフィアの有力商人たちを招いた。トルコ公使は直前に欠席を打電したが、他の招待者はほとんど全員出席した。……[62]「……これら招待者には、ワシントンのトルコ公使マヴロイェニ・ベイ、ニューヨーク、フィラデルフィア、シカゴ、ボルティモア、ボストンのトルコ領事たちが含まれていた。これは、当国でこれまで行われたこの種の行事として最初のものであった。……アルビーリー教授はアラビア語による式辞の中で、他の事柄に加えて述べた。『国王であれ大統領であれ、アブドゥルハミード皇帝陛下より自国民の利益のために勤勉に仕事をする支配者は、未だかつていなかったでしょう。〔陛下は〕自らの帝国の財政、法制度、経済の状況を改善するため、一日一四時間以上働かれています。[63]』」「〔アルビーリー教授は〕語った。『米国人は今日、ジョージ・ワシントンの名を親愛の情をもって讃えております。同様にオスマン帝国臣民は、トルコ帝国のジョージ・ワシントンであるアブドゥルハミードの真価と功績に対し、親愛の情をもって賞讃の意を表しているのです。アブドゥルハミードの恩恵溢れる治世は、自国民に比類なき進歩と繁栄の時代をもたらしました。』アルビーリー教授は東方問題に触れて発言した。『トルコ帝国の市民たちは、自分たちのスルターンの統治下で完全に満足しております。欧州列強は、常にオスマン帝国には不和不満があるかの如く喧伝することに熱心でありますが、かの帝国と臣民たちを、自分たちだけが望むようにさせておくのが宜しかろうと思います。[64]』」
「……次の祝電が発出された。『コンスタンティノープル、イェルディズ宮殿のスラヤ・パシャ閣下へ。アブドゥルハミード皇帝陛下に、ニューヨークの『カウカブ・アミーリカー』紙主催で参集したオスマン帝国臣民多数から、〝スルターン万歳〟〔Padisha-him chok yashah〕という大洋を越えての祝賀と祈願の声をお伝え下さい。[65]』」

苦難を経て新大陸に自由を見出したユースフ一家であったが、望郷の想いは止むことがなかった。そして祖国の同胞の幸福は列強の干渉によってではなく、彼らの自発的な進歩によって掴む他ないとの境地に達したのであった。

ユースフ・アルビーリーは一八九四年八月一二日、ロス・アンジェルスの自宅で永眠した。彼は看取った医師たちに対し、自分が患っていた腎臓病の解明のため献体を申し出ていた。そしてユースフは三男ファドルッラーの側に葬られた。[66]

四　息子たちの活動

（１）　イブラーヒーム（Ibrāhīm　一八五〇―一九一九）[67]

ユースフ・アルビーリーの長男として、一八五〇年、ダマスクスに生まれた。一八六〇年、家族と共にベイルートに移住し、父ユースフが校長を務めるダマスクス避難民の学校、ベイルートの正教会学校に学んだ。次いでシリア・プロテスタント学院で医学を修め、一八七三年に卒業した。一八七四年にはイスタンブルにおいて、オスマン帝国の医師免状を取得した。(68) 一八七八年、米国に移住し、テキサス州やカリフォルニア州などで開業医として活動した。

一八九二年、ニューヨークに居を移し、同年四月一五日、四男ナジーブと共に新大陸初のアラビア語紙『カウカブ・アミーリカー』を創刊した。(69) 同紙は当初週刊であり、一八九八年より日刊紙となった。(70)

レバノン山出身で米国に移住し、後に長老派教会の神学者となったリフバーニー（Abraham Mitrie Rihbany 一八六九―一九四四）は、ナジーブの勧誘に応じて創刊直後の『カウカブ・アミーリカー』で編集者として勤務した。リフバーニーの回想録に、草創期の『カウカブ・アミーリカー』が描かれている。

「私たちの新聞社の陣容は、社主であるダマスクス出身のナジーブ・アルビーリー、発行人であるアルメニア人のハビーブ・パトレキアン、植字工でベイルート出身のユースフ・ハッジ、そして私から成っていた。私たちの報道事業は、非常に幸先良く開始された。その発足式は本部において多くのシリア人と、概ね記者である二、三の米国人によって祝われた。……私たちの事務所は、明らかに元来は小世帯を想定した小型共同住宅に入居していた。それは、三部屋と『簡易台所』から構成されていた。社主と発行人は主事務室に寝泊まりし、……植字工は彼の活字箱の間に、アルビーリー氏の兄〔ハリール〕は『簡易台所』に、そして私は自分の『編集室』に寝泊まりしていた。……内科医である社主の別の兄〔イブラーヒーム〕は、しばしば彼の『特別患者』を診察するため私の部屋に連れて来て、私に『どうか別の部屋に数分行っていてくれませんか。』と頼むのだった。…私は新聞に載せるすべての記事を編集する他に会計帳簿をつけ、購読者名簿の管理をし、大半の商用書簡に対応し、広告の募集を行い、記者の仕事をし、新聞を折って郵送の準備をすることまで手伝っていた。(71)」

リフバーニーは『カウカブ・アミーリカー』の編集方針に疑問を抱き、一八九三年末に退社している。

「……私は、同郷のシリア人がより高邁な精神を受け容れ、自由な米国の習慣を採り入れるよう、『カウカブ』における私の主張を新たにしなければならないと、これまで以上に強い確信に動かされていた。しかし私のもっとも自信のある予想に反して、社主は私の方針を不賛成の態度で見ていた。彼は、シリア人に米国文明の道に従うよう私がラッパを吹けば、必ずやトルコ当局の疑念を惹起すると主張した。彼は、『カウカブ』はスルターンに忠実であることになっている、他でもない、購読者の大半はトルコの住民ではないかと言った。もしアブドゥルハミードが、何らかの理由で彼の帝国内でこの新聞の流通を禁止したら、我々のすべての事業はお仕舞いだ。発行人もまた、私たちの紙面でトルコにいかなる敵意を示すことにも抗議した。その主な理由たるや、彼の兄弟がトルコのある州で公職に就いているからであり、(72)〔その兄弟は〕私たちの側でわずかな忠誠心の欠如を示すことがあれば、彼は職どころか市民としての自由を犠牲にしなければならないと、私たちの事務所に書き送ってきたことがあった。これは私にとってひどい失望であった。……社主と発行人の間に深刻な意見の相違が生じ、これはある晩彼らの殴合いに発展した。不和が私たちの事務所を支配し、私はニューヨークの外に、新しい沃野を求めなければならないとの結論に至った。……(73)」

同じくレバノン山出身のナジーブ・ディヤーブ（Nageeb Diab 一八七〇—一九三六）は米国移住（一八九三年）後、『カウカブ・アミーリカー』の記者・編集主幹を務め、一八九九年、独立して『ミルアート・アルガルブ』（*Mir'āt al-Gharb* 西洋の鏡）を創刊した。ディヤーブに帰せられる回想録に言及がある。

「……私は三年間、店員を続け、その後あるシリアの新聞の記者となった。私は自分が受けた教育によって、大志を抱く資格があると思ったからである。最初私の新聞は、親トルコであった。しかし最近のアルメニアでの残虐行為が始まった時、私たちは事態がどうしても弁護できないと分かり、トルコ政府、特にスルターンへの激しい非難に駆り立てられた。実際、〔スルターンには〕非常に多くの厳しい攻撃を加えたのである。これらの新聞のいくつかを私たちは何とか秘密裡にトルコ、特にシリアに流通させた。すぐに私は、自分が監視されていると分かった。一八九七年、私はシリアを再訪したいと願い、その新聞社を辞して汽船の切符を確保した。しかし私は行かなかった。なぜなら私には、ここのトルコ領事がベイルートに電信を送ったと判ったからである。『D〔ディヤーブ〕はニューヨークを発つところだ。彼を逮捕せよ。』私はその新聞社の仕事に戻ったが、一年後ワシントン・ストリートに私たちの本拠地となる自分自身の出版社を起ち上げた。」(74)

一八九六年の時点で、『カウカブ・アミーリカー』はなお当初の編集方針を崩していないとの記録がある。

「〔イブラーヒーム・〕アルビーリー医師の編集する……この新聞は、スルターンの命により彼の帝国での頒布を許可された唯一のものである。その編集方針は保守的であり、キリスト教世界の進歩に与してはいるが、トルコ政府に対する敵対的姿勢は示していない。[75]」

しかし一八九八年には、「〔『カウカブ・アミーリカー』は〕この国において青年トルコ党を代表し、一貫してアルメニアでの無法行為に対してトルコ政府を攻撃してきた。これがもっとも甚だしかった当時、同紙は前代未聞のスルターンに対する一連の公開書簡を発表し、彼にそのような犯罪を許すことによって、彼自身やその帝国が晒される危険について忠告したのだった。……」との評価も残している。[76]

イブラーヒームは一八九五年、ニューヨークにおいて組織された「シリア正教慈善協会」（Syrian Orthodox Benevolent Society）の初代会長に就任し、同年カザンの神学校でアラビア語を教えていたルファーイール・ハワーウィーニィー掌院（Rufāʾīl Hawāwīnī 一八六〇—一九一五）を招聘するなど、北米におけるシリア人正教会信徒共同体の基礎を築いた。ハワーウィーニィー掌院は一九〇四年、ブルックリン主教に任命され、アラビア語を話す正教会信徒の北米における拠点を形成した。[77] 一九〇四年、イブラーヒームは、四男ナジーブの病没を契機に『カウカブ・アミーリカー』の経営から退いた。なお同紙は一九〇九年に廃刊となっている。一九〇七年イブラーヒームは家族を連れてシリアに帰り、約二年間ベイルートで過ごした。[78] 彼は一九一三年、本章で紹介した回想録「一八六〇年ダマスクス事件」および「ユースフ・アルビーリー一家の移住」を公刊したほか、英語教本『西洋における英語教育事始』（*al-Bākūrah al-Gharbīyah fī Taʿlīm al-Lughah al-Inkilīzīyah*）などの著作を残した。一九一九年、首都ワシントンで没した。[79]

（2） ハリール（Khalīl 一八五二―一八九九）

次男ハリールは、一八五二年、ダマスクスに生まれた。七歳の頃、兄弟と共に父親が教鞭を執るダマスクスの正教会学校に入り、アラビア語文法、ギリシア語、算数、地理を学び、また折々仏語を学んだ。一八六〇年の事件を経てベイルートに移住した。ベイルートとスーク・アルガルブの正教会学校で兄弟と同様、父ユースフの下で学んだ[80]。ハリールは職人の道を選び[81]、米国では独学で英語を習得した[82]。その後、長男イブラーヒームに従ってテキサス州、カリフォルニア州で薬屋として働き、薬学の知識を身につけた。一八九二年、イブラーヒームと共にニューヨークに転居した。『カウカブ・アミーリカー』紙の創刊に際し、ハリールは誠実にその事業に協力した[83]。彼は一八九三年頃から健康を害し、イブラーヒームやその同僚の治療を受けたが一進一退の病状に陥り、一八九九年、他界した[84]。

（3） ファドルッラー（Faḍl Allāh 一八五四―一八九〇）

三男ファドルッラーは、一八五四年、ダマスクスに生まれた。ダマスクスの正教会学校で読み書きを習った後、一八六〇年にベイルートに避難した。ベイルートでは父ユースフにアラビア語文法の手ほどきを受けた。間もなくダマスクスからの避難民が独自の学校を設立してユースフが校長に就任すると、二〇〇名を超える生徒が集まった。ファドルッラーはその学校でアラビア語文法の各分野、仏語、ギリシア語、初歩のトルコ語、算数、地理を学んだ。次に彼はベイルートのシリア・プロテスタント学院で四年間中等教育を受け、さらに同学院の医学部に進んだ。ファドルッラーは優秀な学生としてダニエル・ブリス学院長の知遇を受けた。彼は解剖学を得意とし、人体の名称を一〇〇連を超える韻文に詠み込んで同僚の記憶の便に供した。医学部卒業後米国に移住するまでの間、長男イブラーヒームと共にベイルートで開業していた。米国ではテネシー州マリーヴィルで外科医として名声を馳せ、地元医師会の会長に二回選出された。共に移住した従妹のアミリヤと一八八三年結婚してジョージア州アトランタに転居し、その地でも医師として活躍した。しかし肺結核に感染し、イブラーヒームの勧めにより、当時父ユースフと三人の兄弟が暮らしていたロス・アンジェルス郊外に転地療養したが、一八九〇年家族に看取られて没した(85)。

(4) ナジーブ (Najib 一八六二―一九〇四)

四男ナジーブはアルビーリー一家がダマスクスから避難した後、一八六二年にベイルートで生まれた。彼は五歳にならないうちに聡明な性質を現し始め、人前で物怖じせずすらすらと話をして、聞き手を愉しませていた。当時のアンティオキア総主教は父ユースフを訪問した時、ナジーブに会って話を聞いてみたいと所望した。そこでナジーブは大勢の人々の前で総主教に向かい、よどみなくその見聞を話した。総主教はユースフに、ナジーブは今に偉大な人物になるだろうと予言した(86)。

七歳になると父はナジーブを学校に入れて読み書きを習わせたが、教師が驚く程優秀であった。一〇歳に達すると、父は彼にイエズス会の学校で仏語を習わせた。ナジーブは直ちに仏語を身につけ、二年もたたずに驚くべき流暢さで話すようになった。その後ナジーブは父が校長を務める正教会学校に入学し、アラビア語文法の各分野を学んだ(87)。

一八七八年に米国に移住すると、ナジーブはマリーヴィル学院に学んだ。彼は短期間で英語に習熟し、一方で仏語を他の生徒たちに教える役目を与えられた。彼の優秀さは学院長の認めるところとなり、卒業式に際しては総代として感動的な演説を行った[88]。

ナジーブは、日曜学校での講話や政治集会での演説を依頼されるようになった。また、故郷の風習や歴史を紹介する講演を行った。名声が高まるにつれて彼は各州に招かれたが、その間にも多くの外国語を身につけるなど学業を怠ることはなかった[89]。

一八八五年一〇月、ナジーブはクリーヴランド大統領によって、エルサレム領事に任命された。彼はエルサレムの米国人居留民のみならず、イスラーム教徒を含むアラブ住民から歓迎された。しかしオスマン帝国政府はナジーブを未だ帝国臣民とみなしており、これを理由にエルサレム領事としての接受を忌避したため、翌一八八六年、彼の任命は撤回を余儀なくされた[90]。ナジーブは米国帰国後、新聞に多くの記事を寄稿して好評を博し、クリーヴランド大統領と面会した[91]。

一八八八年、ナジーブは、ニューヨーク大学法科学院に入学した[92]。一八九〇年、連邦移民局がエリス島に埠頭審査所の設置を決定すると、ナジーブは通訳官兼審査官に採用され[93]、一八九四年にはエリス島の審査長官に任命された[94]。

ナジーブは前出の通りイブラーヒームと共に『カウカブ・アミーリカー』紙を創刊したほか、ニューヨークにおいて「シリア協会」を組織しその会長に選ばれた[95]。

一九〇〇年一〇月、ナジーブは執務中に倒れ[96]、イブラーヒームの治療によって数か月後にはほぼ回復した。そのためナジーブは連邦移民局の職を辞して弁護士として活動したが、政府は辞任後も彼に移民問題につき諮問した。イタリア移民を鉱山労働者として受け入れるべきか否かという難問が、彼によって解決した[97]。ナジーブは一九〇四年一月、再び脳卒中の発作を起こし、一月二九日、帰らぬ人となった[98]。

（5）　ハビーブ　（Ḥabīb　一八六五―一八九六）

五男ハビーブは一八六五年、ベイルートに生まれた。米国移住後短期間マリーヴィルのフレンズ学院で英語を習い、数年間、他の学校に学んだ。一八八五年インディアナ州リッチモンドのアーラム学院に入学した。一八八八年には三男ファドルッラーが開業していたジョージア州アトランタに移り、サザン医学院で医学および歯科医学を修めた。ハビーブは修了に際して優秀な成績を収め、数々の表彰を受けた。ハビーブはアトランタで歯科医を開業したが、次いでカリフォルニア州に移って一八九三年、新たな免状を取得した。[99]

一八九五年、彼は気管支カタルを患い、医師たちの勧めに従って気候の良いエジプトのヘルワーンに転地した。六男ナスィームもハビーブと共にエジプトに赴き、土地の人々の希望を容れて兄弟で歯科医院を開業した。ハビーブは、エジプトからさらに一家の故郷シリアを訪れることを望んだが、病状が悪化し、希望が叶わぬまま一八九六年、世を去った。[100]

（6）　ナスィーム（Nasīm　一八六八―一九一九）

六男ナスィームは、一八六八年、スーク・アルガルブに生まれた。家族に従って米国に移住し、一八八六年から一八八八年まで五男ハビーブと共にアーラム学院に学んだ。[101] カリフォルニア大学で歯科医学を修めた後、一八九五年、ハビーブとエジプトに行って歯科医師として働いた。[102] ナスィームは、ハビーブ没後もカイロで歯科医師を続けていた。[103] 一九一九年撮影のカイロの写真に、「N・アルビーリー医師　米国人歯科医」との看板が見える。[104] 一九一九年一〇月一一日に病没し、カイロに葬られた。

ユースフ・アルビーリーは日頃、「理性あり人間性に愛着を持つ者は、生きている間も死んでからも、精神、肉体を問わず仕事を通じて可能な限り善行に努め、皆と友好平安に交際し、礼儀、戒律、天命、来世を約して課される宗教的義務を守り、神を心から敬愛して崇拝し、いずこにあろうとその掟に従い、幼少より篤信の念をもって信義誠実に生きなければならない。これが最良最善である。」と言っていた。[105] 六人の息子たちはその教えに従って、新大陸に生涯を送ったのである。

註

（1） Sa'īd Yūsuf Shuqayr (ed.), *Ṣadā al-Nahīb fī Rithā' al-Najīb*, bound with (as issued): *al-Aqwāl al-Ḥaqīqīyah fī Rithā' Fuqadā' al-'Ā'ilah al-'Arbīlīyah*, New York, 1904.『ナジーブ氏哀悼の言霊』および『アルビーリー家物故者追善実話集』にある一家の伝記は、次の論文に紹介されている。'Īsa Fattūḥ, al-Usrah al-'Arbīlīyah wa-Ma'āthir-hā al-'Ilmīyah wa-l-Adabīyah, *Dirāsāt fī Tārīkh al-Adab al-Ḥadīth*, Damascus, 2003, pp. 5-20.

（2） 本書第三章註52参照。『カリマ』は、イブラーヒームが北米在住のシリア出身正教会信徒のために招聘したルファーイール・ハワーウィーニィー主教によって一九〇五年、創刊された。創刊より一九五七年まではアラビア語により出版され、以後英語版となって現在に至っている。

（3） 例えば、事件発生の背景として、イブラーヒームはダマスクスのキリスト教徒によるバダル課徴金の滞納からダマスクスのキリスト教徒貧民の騒擾に至る経緯を挙げているが（'Arbīlī, al-Ḥādithah, vol. 9, no. 3, pp. 156-160）、これはミーハーイール・ミシャーカの『回答』（MS Mishāqah, *al-Jawāb*, pp. 345-348）からの引用である。

（4） Ibrāhīm 'Arbīlī, Fī Muhājarah al-Duktūr wa-l-Ustādh Yūsuf 'Arbīlī ma'a 'Ā'ilati-hi al-Sittah ilā al-Wilāyāt al-Muttaḥidah al-Amrīkīyah, *al-Kalimah* (New York), vol. 9 (1913), no. 8, pp. 488-497; no. 9, pp. 542-552; no. 11, pp. 659-673; no. 12, pp. 730-744.

（5） Louis Seymour Houghton, Syrians in the United States, *The Survey* (New York, The Charity Organization Society), vol. 26, no. 14 (July 1, 1911), pp. 481-495; no. 19 (August 5, 1911), pp. 647-665; no. 23 (September 2, 1911), pp. 786-803; vol. 27, no. 1 (October 7,

1911), pp. 957-968. なお、同誌（vol. 26, no. 14, p. 484）にはアルビーリー一家の集合写真（Professor Joseph Arbeely, His Six Sons and Niece, Pioneer Syrian Immigrants）が転載されている。付箋にはアラビア語で「ここに私と子供たちは自由を享受した一八七八年」と書かれている。ただしこの写真は、テネシー州ノックスヴィルで一八八四年頃撮影されたと伝えられる。写真出典（Naff Collection, Smithsonian Institution Archives）については下記参照。Naff, *Becoming American*, p. 160.

（6）Houghton, Syrians, vol. 26, no. 14, p. 483.

（7）Shuqayr (ed.), *al-Aqwāl al-Ḥaqīqīyah*, pp. 3-4. アルビール村は ʻArbīn と記載されることもあるが、ʻArbīl の訛である。なおユースフは、同村のミトリー・アッデイラーニーの娘マルヤム（一八三二―一八八〇）と結婚している。*Ibid*., p. 52.

（8）*Ibid*., pp. 4-5.

（9）シャイフ・サリーム・アルアッタール（Salīm b. Yāsīn b. Ḥāmid al-ʻAṭṭār 一八一七―一八八九）は、ダマスクス州参事会会員を務めた名望家。ミシャーカは『回答』においてシャイフ・サリーム・アルアッタールに言及し、彼が一八六〇年の事件に際し多数のキリスト教徒を自宅に匿ったと記録している。MS Mishāqah, *al-Jawāb*, pp. 353-354.

（10）ʻArbīlī, al-Ḥādithah, vol. 9, no. 6, p. 360.

（11）ミシャーカの証言によると、ユースフが総主教座学校の教師となったのは一八五五年頃のことである。ʻArbīlī, Muhājarah, vol. 9, no. 9, p. 548.

（12）ʻArbīlī, al-Ḥādithah, vol. 9, no. 6, p. 362.

（13）*Ibid*., vol. 9, no. 6, p. 360.

（14）Shuqayr (ed.), *al-Aqwāl al-Ḥaqīqīyah*, pp. 6-7. ポールディング（Joseph Gardner Paulding 一八一三―一八七五）は米国改革長老教会から派遣された医師。Porter, *Five Years*, vol. 1, p. 146.

（15）ʻArbīlī, al-Ḥādithah, vol. 9, no. 6, p. 362.

（16）*Ibid*., vol. 9, no. 3, pp. 154-155.

（17）*Ibid*., vol. 9, no. 3, pp. 155-156.

（18）*Ibid*., vol. 9, no. 3, p. 160. ジルジー・ムルコス（Jirjī Ibrāhīm Murqus/Георгий Аврамович Муркос 一八四六―一九一一）は、ペテルブルグ神学校およびペテルブルグ大学に学び、一八七二年、モスクワのラザレフ東洋語研究所のアラビア文献学教授に就任した。主著（訳註）に『アンティオキア総主教マカリオスの旅行記』（Павел Алеппский, *Путешествие Антиохийского Патриарха Макария в Россию в половине XVII века, описанное его сыном архидиаконом Павлом Алеппским*, Мокcва, 1896-1900）がある。アンティオキア総主教座およびエルサレム総主教座内部でのギリシア系高位聖職者とアラブ信徒との対立に際しては、後者を支持する論陣を張り、ロシア帝国政府・正教会に影響を与えた。また、ルファーイール・ハワーウィーニィー学院ら、ロシア滞在中の同郷人の後ろ盾となった。一九〇六年にシリアに帰り、一九一一年サイドナーヤーで没した。Крымский, *История*, pp. 306-307; Kirillina, Arab Scholars, vol. 2, pp. 173-175.

（19）フレイザー牧師（James Adair Frazier 一八一九―一八六三）は米国長老派教会の宣教師。一八五〇―五三年、一八五四―六〇年、一八六二―六三年の三回シリアに渡航し、ダマスクスで病没した。Scouller, *Manual*, p. 293.

（20）ʻArbīlī, al-Ḥādithah, vol. 9, no. 3, p. 161.

（21）多くの史料は、ダマスクスのキリスト教徒地区に対する襲撃が七月九日午後に始まったと伝える。

（22）長男の名に、「アブー」（何某の父）という語を冠して敬意を帯びた呼びかけとするのである。長男はイブラーヒームであるため、父ユースフを「アブー・イブラーヒーム」と呼んでいる。

（23）ʻArbīlī, al-Ḥādithah, vol. 9, no. 4, pp. 219-223.

（24）*Ibid.*, vol. 9, no. 4, p. 224.

（25）*Ibid.*, vol. 9, no. 4, pp. 225-226.

（26）原文には「ロビンソン」とあるが、長老派の宣教師スマイリー・ロブソン（Smylie Robson 一八一六―一八八四）を指している。ミーハーイール・ミシャーカは「……アリー・アーガー・ハズィーナ＝カーティビーの娘がその家の離れに英国宣教師ロブソン氏を住まわせていた。……」と伝える。MS Mishāqah, *al-Jawāb*, p. 366.

（27）アリー・アーガー・ハズィーナ＝カーティビー（ʻAlī Āghā Khazīna-Kātibī 一七六七頃―一八三九）は、ダマスクスの名望家の一人。エジプト総督に任じられたナスーフ・パシャ（ムハンマド・アリーによるシリア支配時代のダマスクス州政長官）に嫁いでいた。アリー・アーガーの娘はシャリーフ・パシャ・アルアズム（一八〇八／〇九没）の娘ハディージャと結婚した。ムハンマド・アリー支配の末期、オスマン帝国からダマスクス総督に任命されたとの嫌疑を受け、処刑された。ミーハーイール・ミシャーカは、「アリー・アーガー・ハズィーナ＝カーティビーは、ダマスクスのアーガーたちの指導者かつ賢人の一人であり、矯激なところは微塵もなかった。キリスト教徒は、人徳あり万人に親切な彼を大いに頼りにしていた。」と記している。MS Mishāqah, *al-Jawāb*, p. 232. アリー・アーガーの孫のうち、イブラーヒーム・ベイ、ムスタファー・ベイ、アブド・アッラフマーン・ベイの三人は、キリスト教徒虐殺に加担したとして処刑された。Schatkowski Schilcher, *Families in Politics*, p. 142.

（28）ʻArbīlī, al-Ḥādithah, vol. 9, no. 4, pp. 226-228.

（29）*Ibid.*, vol. 9, no. 5, pp. 296-298.

（30）*Ibid.*, vol. 9, no. 5, pp. 298-299.

（31）*Ibid.*, vol. 9, no. 5, p. 299.

（32）第三章に引用するユースフ司祭の『生涯記』は、彼の殺害を一八六〇年七月一〇日午前と特定している。イブラーヒーム・アルビーリーの「一八六〇年ダマスクス事件」によれば、七月九日深夜（あるいは一〇日未明）の時点でユースフ司祭はすでに殺害されていることになる。

（33）ʻArbīlī, al-Ḥādithah, vol. 9, no. 6, p. 365.

（34）*Ibid.*, vol. 9, no. 6, pp. 355-357.

（35）*Ibid.*, vol. 9, no. 6, p. 358.

（36）*Ibid.*, vol. 9, no. 4, p. 224; vol. 9, no. 6, p. 359.

（37）*Ibid.*, vol. 9, no. 7, p. 410.

（38）ベイルート南東約一〇キロメートル、レバノン山中にある町。

（39）ʻArbīlī, al-Ḥādithah, vol. 9, no. 7, p. 410.

（40）*Ibid.*, vol. 9, no. 7, pp. 408-410; Shuqayr (ed.), *al-Aqwāl al-Ḥaqīqīyah*, p. 6.

（41）ʻArbīlī, al-Ḥādithah, vol. 9, no. 7, p. 410.

（42）*Ibid.*, no. 7, pp. 406-408.

（43）ユースフは一八七四年春に息子たちを欧州で教育する希望を抱いて、イルサウス総主教らの紹介状を得ている。ʻArbīlī, Muhājarah, vol. 9, no. 9, pp. 545-546; pp. 549-551.

（44）*Ibid.*, vol. 9, no. 8, pp. 488-489.

（45） *Ibid.*, vol. 9, no. 8, pp. 490-492.
（46） *Ibid.*, vol. 9, no. 8, pp. 492-496.
（47） *Ibid.*, vol. 9, no. 8, p. 496.
（48） Shuqayr (ed.), *al-Aqwāl al-Ḥaqīqīyah*, p. 52.
（49） ʻArbīlī, Muhājarah, vol. 9, no. 11, p. 659.
（50） *Ibid.*, vol. 9, no. 11, pp. 659-665.
（51） ベイルートで活動していた米国人宣教師ジェサップ（Henry Harris Jessup 一八三二―一九一〇）が、ユースフにマリーヴィル学院のクローフォード教授（Gideon Stebbins White Crawford 一八四九―一八九一）を紹介した経緯については、下記の書物に記録がある。Carolyn L. Blair et al., *By Faith Endowed*, pp. 86-87.
（52） ʻArbīlī, Muhājarah, vol. 9, no. 11, pp. 666-668. 一八八〇年の国勢調査に彼らの名が見える。職業欄には、「アルビーリー、ジョセフ〔ユースフ〕　大学教授兼内科医、メアリー〔マルヤム〕　家事、アブラハム〔イブラーヒーム〕　内科医、コリール〔ハリール〕　靴製造、フォドロッラー〔ファドルッラー〕　内科医、ナジーブ　大学学生、ハビーブ　大学学生、ナスィーム　〔空欄〕、アミリヤ　家事」とある。United States Census 1880, Joseph Arbeely, Maryville, Blount, Tennessee, United States.
（53） ʻArbīlī, Muhājarah, vol. 9, no. 12, pp. 730-736.
（54） *Ibid.*, vol. 9, no. 11, p. 669; Shuqayr (ed.), *al-Aqwāl al-Ḥaqīqīyah*, p. 54.
（55） *The St. Louis Globe-Democrat*, 22 July 1880, p. 7.
（56） *The New-York Tribune*, 21 June 1881, p. 5.
（57） ʻArbīlī, Muhājarah, vol. 9, no. 12, pp. 737-738.
（58） ユースフは一八八三年、アーラム学院における三年目の英語教程を修了したとの記録がある。*Catalogue, Earlham College, Richmond, Indiana, for the Year Ending 6th Month 26th, 1883*, Richmond, 1883, p. 26.
（59） ʻArbīlī, Muhājarah, vol. 9, no. 12, p. 742; Shuqayr (ed.), *al-Aqwāl al-Ḥaqīqīyah*, p. 7; *The Dental Office and Laboratory*, vol. 3, no. 3 (May 1889), p. 94.
（60） *The Morning Call* (San Francisco), 18 January 1891, p.16; *The Herald* (Los Angeles), 9 July 1893, p.10.

(61) *Kawkab Amīrikā*, 23 February 1894, p. 1.
(62) *The Sun* (New York), 23 February 1894, p. 3.
(63) *The New-York Tribune*, 23 February 1894, p. 3.
(64) *The Sun* (New York), 23 February 1894, p. 3.
(65) *The New-York Tribune*, 23 February 1894, p. 3.
(66) Shuqayr (ed.), *al-Aqwāl al-Haqīqīyah*, pp. 7-9. ユースフ・アルビーリーの検認遺言書は次の通り保管されている。Los Angeles Probate, Current Series: Case Nomber 744 (19 September 1894): Arbeely, Joseph A., Los Angeles Area Court Records, The Huntington Library.
(67) アルビーリー一家の生没年を記録する史料は数種類存在するが、若干の異同がみられる。ユースフおよび妻マルヤムの生没年に関しては、『アルビーリー家物故者追善実話集』の記載が一八八〇年国勢調査の年齢と合致し、これを採用した。子供たちの生年については、「ユースフ・アルビーリー一家の移住」に引用されたアガピオス・サリーバー府主教による洗礼記録写し（ʻArbīlī, Muhājarah, vol. 9, no. 9, pp. 549-550.）が、誤記とみられる四男を除き正確であると判断される。洗礼記録の生年とユースフ書簡に記載された年齢は、長男を除き合致する。国勢調査記載の年齢は、四男〜六男が実際より一歳年上に申告されているとみられる。
(68) Fattūh, al-Usrah al-ʻArbīlīyah, p. 10; *Biographical Encyclopedia of the United States*, *Chicago* & New York, 1901, p. 198. なおイブラーヒームの経歴については、「一八七二年シリア・プロテスタント学院医学部卒、一八七八年コンスタンティノープル帝国医学院卒」との記録も存在する。Directory of Diceased American Physicians 1804-1929, Arbeely, Abraham Joseph.
(69) 『ニューヨーク・タイムズ』によれば、『カウカブ・アミーリカー』紙発足当時ナジーブは「社主兼編集長」、イブラーヒームは「編集主幹」とある。またナジーブは同記事において、「ニューヨーク市における購読者は約七〇〇〇人」になると述べている。*The New York Times*, 13 April 1892, p. 8. 一八九四年当時、『カウカブ・アミーリカー』は「トルコのスルターンの宮殿に届けられる唯一の米国発行定期刊行物である。……スルターンのために特別な一部が羊皮紙に印刷され、それから精巧な金箔細工が施される。ペルシアのシャー、アフガニスタンのアミールも購読者である。」と伝えられている。*The Fort Worth Gazette* (Texas), 12 Aug 1894, part 2, p. 11. 一八九八年当時、米国内での発行部数は一万部、中南米・西インド諸島では五〇〇〇部であった。*The New York Times*, 8 July 1898, p. 3.

（70）『カウカブ・アミーリカー』は一八九八年までに週二回、週三回の発行を経て日刊紙となった。*The New York Times* ,13 April 1892, p. 8; 8 July 1898, p. 3.

（71）Rihbany, *A Far Journey*, pp. 231-234. この記述によれば『カウカブ・アミーリカー』の実質的経営者はナジーブであり、イブラーヒームの関与は名目的であったようである。

（72）発行人の兄弟であるオハニス・パトレキアンは、当時レバノン山の電信局長を務めていた。Goldthwaite, Kawkab America, pp. 461-462.

（73）Rihbany, *A Far Journey*, pp. 239-241.『カウカブ・アミーリカー』がオスマン帝国に忠実な編集方針を採ったのは、同書が挙げている収入面などの理由によるとされる。一方、例えばマロン派のラシード・アッダフダーフは、パリでオスマン帝国政府やシリアのムスリム臣民を厳しく批判する雑誌を発行した。アルビーリー一家は、ダフダーフの論調が結果的にシリアの同郷人、特にキリスト教徒に災厄をもたらしたと認識し、オスマン帝国政府への批判を控えたと推測される。『シリアの嘆息』（本書四四四頁）参照。なお、『カウカブ・アミーリカー』は米国内のシリア人共同体への情報提供と、オスマン帝国内のアラブ系市民の啓発という両機能を担っていたことが分かる。

（74）Anon., Young Syrian, p. 1011. 同誌編集後記には、「我々が四月三〇日号で掲載した『あるシリア人青年の物語』という匿名記事は、主にこの都市の『ミルアート・アルガルブ（西洋の鏡）』紙社主兼編集人ナジーブ・M・ディヤーブ氏との面談から得られた情報に基づいている。」とあるが、同時に他のシリア人の話を加えて編集していることを明らかにしている。*Ibid.*, p. 1166. ディヤーブはその後の言論活動を理由に、一九〇二年三月ベイルート総督ラシード・ベイにより死刑宣告を受けたと伝える。*Ibid.*, pp. 1011-1012.

（75）*The Evening Star* (Washington, D.C.), 8 February 1896, p. 3.

（76）*The New York Times*, 8 July 1898, p. 3.

（77）Stokoe and Kishkovsky, *Orthodox Christians*, p. 45. ハワーウィーニー掌院は一八九五年の北米赴任の時点でロシア正教会の管轄下で活動していたが、一八九九年、正教会アンティオキア総主教座にアラブ系総主教が誕生すると、後者との関係を強化していった。

（78）Diary of Mary Arbeely November 1908 - September 1909. メアリー（Mary Arbeely 一八八六―一九七一）はイブラーヒームの娘で、ベイルート滞在中の日記が残っている。HM83424, The Huntington Library, San Marino, CA.

（79）Directory of Diceased American Physicians 1804-1929, Arbeely, Abraham Joseph.

（80）Shuqayr (ed.), *al-Aqwāl al-Ḥaqīqīyah*, pp. 82-83.

（81）米国人宣教師ジェサップ発マリーヴィル学院クローフォード教授宛紹介状に添付されたユースフ・アルビーリーの書簡において、ハリールは「仕立屋兼靴職人」と説明されている。Blair et al., *By Faith Endowed*, p. 86. また前出一八八〇年の国勢調査においてはハリールの職業を「靴製造」と記載している。

（82）Shuqayr (ed.), *al-Aqwāl al-Ḥaqīqīyah*, pp. 83-84.

（83）*Ibid*., p. 84.

（84）*Ibid*., pp. 84-86.

（85）*Ibid*., pp. 55-63. ここには、ファドルッラーの臨終の日の家族との会話が克明に記録されている。イブラーヒームには医学的観点から、父ユースフには宗教的観点から臨死体験を伝えている。

（86）Shuqayr (ed.), *Ṣadā al-Nahīb*, p. 9.

（87）*Ibid*., pp. 9-10.

（88）*Ibid*., p. 10.

（89）*Ibid*., pp. 10-11.

（90）Kark, *American Consuls*, pp. 326-327; Spafford-Vester, *Our Jerusalem*, p. 149.

（91）Shuqayr (ed.), *Ṣadā al-Nahīb*, p. 11.

（92）Blair et al., *By Faith Endowed*, p. 87.

（93）Moreno, *Images of America*, p. 14. 一八九二年の新聞でナジーブは「一五か国語を話し、」「エリス島で毎週四〇〇〇人の通訳を行っている。」と紹介されている。*The Morning Call* (San Francisco), 24 June 1892, p. 7.

（94）Blair et al., *By Faith Endowed*, p. 87.

（95）Shuqayr (ed.), *Ṣadā al-Nahīb*, p. 13; *The Evening Star* (Washington, D.C.), 8 February 1904, p. 11.

（96） *The New York Times*, 29 October 1900, p. 2.

（97） Shuqayr (ed.), *Ṣadā al-Naḥīb*, pp. 11-12. なお同書には「ダイヤモンド鉱山」とあるが、「黒ダイヤ」すなわち炭鉱である。

（98） *Ibid*., p. 6.

（99） Shuqayr (ed.), *al-Aqwāl al-Ḥaqīqīyah*, pp. 68-69; *Ninth and Tenth Annual Reports of the Board of Dental Examiners of the State of California*, Sacramento, 1894, p. 12.

（100） Shuqayr (ed.), *al-Aqwāl al-Ḥaqīqīyah*, p. 70.

（101） *The Earlham College Bulletin*, vol. 13, no. 5 (August 1916), p. 13.

（102） Fattūḥ, al-Usrah al-ʻArbīlīyah, p. 12.

（103） 一九〇四年当時、ナスィームはカイロの「カーミル通り七番地」（東洋有数の高級ホテルであった Shepheard's Hotel 付近）に診療所を開いていた。Steffano G. Poffandi, *Indicateur égyptien administratif et commercial*, Alexandrie, 1904, p. 138.

（104） 上記註の「カーミル通り」で撮影。Australian War Memorial Collection, G01867, March 1919.

（105） Shuqayr (ed.), *al-Aqwāl al-Ḥaqīqīyah*, pp. 8-9.

第五章　イスラーム教徒名望家の見た事件
――ムハンマド・アブー・アッスウード・アルハスィービー――

一　人物・史料・系譜

ムハンマド・アブー・アッスウード・アルハスィービー（Muḥammad Abū al-Suʻūd al-Ḥasībī 一八二四／二五―一九一四）はダマスクスのイスラーム教徒名望家層の一員であり、アブー・アッスウード・エフェンディーと通称される。一八六〇年の事件直後、約一年間官憲によって拘束されていたが、釈放後ダマスクスの公的活動に復帰した。この頃、目撃した事件に関する記録を残している。一八七四年には市参事会（Majlis al-Baladīyah）会員に就任し、一八九八年から一九〇八年までダマスクスにおける預言者門裔総代（Naqīb al-Ashrāf）[1]に任命されて祭政両面の重鎮となった。一九一四年、ダマスクスにて没した。

アブー・アッスウード・エフェンディーの著した記録（著者は標題を付していないが、便宜上『一八六〇年事件始末』の名で引用する）には、その手稿本が存在している。ダマスクスのザーヒリーヤ図書館旧蔵写本 MS 4668(4)がこれであり、縦一九センチメートル、横一四センチメートル六四葉の料紙両面に、それぞれ約一三行にわたって『一八六〇年事件始末』を含む記録が筆記されている。[2]『一八六〇年事件始末』はこの写本の二五葉を占め、他は一八七九年まで日付の下る雑多な出来事の記録とヒジュラ暦一一世紀に没したダマスクス名望家の列伝である。筆蹟・文体共に他者の閲覧を意識したものではなく、筆者の手控えとして書かれた色彩が濃厚であり、随所にダマスクスの口語表現が混在している。本写本はカマール・アッサリービー（サリービー）により『一八六〇年事件始末』を中心とする主要部分が校訂出版された。[3] サリービーは一九六八年、『一八六〇年事件始末』の要旨を英語で紹介している。[4]

『一八六〇年事件始末』は一九八二年、スヘイル・ザッカールによって抜萃・転載されているが、[5] 編者が認める通り、サリービーの校訂本を下敷にして原文の晦渋な部分を理解しやすい表現で書き改めたものである。

サリービー、ザッカール両者は、『一八六〇年事件始末』手稿本の筆蹟・文法・文体上の乱れを理由に、著者アブー・アッスウード・エフェンディーの教養に疑問を挟んでいる。[6] しかし、彼の家系は後述の通り、代々イスラーム諸学を修めていたこと、本人も著名な法学者アブドッラー・ブン・サイード・アルハラビー（一八〇八―一八七〇）を「我らの師」（Shaykh-nā）と呼んで師事していた形跡があること、[7] ヒジュラ暦一二八四年（西暦一八六七／六八年）にウマル・ブン・ターハ・アルアッタールの講筵に連なってジュルジャーニー著『助辞百選』（*al-ʿAwāmil al-Miʾah*）を読み始めたと記録していること、[8] 後年要職に任命されたこと、蔵書家として知られたことなどから、[9] この手稿本はあくまで備忘の用として作成されたもので、その体裁をもって書き手の教養を即断する必要はないものと考えられる。

一八六〇年の事件に対するイスラーム教徒の反応を複眼的に捉えるために、他の名望家の手になる記録を可能な限り参照した。事件への見方を端的に示す史料としては、マフムード・アルハムザーウィー（Maḥmūd al-Ḥamzāwī 一八二〇／二一―一八八七）による『一八六〇年ダマスクスのキリスト教徒虐殺事件に関する法的見解』（以下『法的見解』と略す）がある。ハムザーウィーは、事件に際してキリスト教徒の保護に奔走したことが『悲哀の書』など各種史料から知られている。また同人は、一八六八年にダマスクスの大法官《ムフティー》に就任している。現在マルティン・ルター大学ハレ・ヴィッテンベルク校は、縦二九・五センチメートル、横二〇センチメートルの料紙一枚の形態を有する原史料を所蔵している[10]。その表面にハムザーウィーの『法的見解』がアラビア語で記載され、裏面に旧蔵者の米国人宣教師コルネリウス・ヴァンダイク（Cornelius Van Alen Van Dyck 一八一八—一八九五）の署名がある。『法的見解』は一八六〇年一〇月六日付英『タイムズ』紙に、「ある有力なイスラーム教徒」の意見として、その英訳が掲載されている[11]。

　これらに加えて事件を目撃したイスラーム教徒による史料として、ムハンマド・サイード・アルウストワーニー（Muḥammad Saʻīd al-Usṭuwānī 一八二二—一八八八）の手になる『一九世紀中葉ダマスクス椿事目睹録』（*Mashāhid wa-Aḥdāth Dimashqīyah fī Muntaṣaf al-Qarn al-Tāsiʻ ʻAshar 1840-1861* 以下『椿事目睹録』と略す[12]）、アブド・アッラッザーク・アルビータール（ʻAbd al-Razzāq al-Bīṭār 一八三七／三八—一九一七）が著した『ヒジュラ暦一三世紀貴顕列伝』（*Ḥilyah al-Bashar fī Tārīkh al-Qarn al-Thālith ʻAshar* 以下『貴顕列伝』と略す）が残され、両者はそれぞれ校訂出版されている。

　さらに、やや時代は下るが、ダマスクスのイスラーム教徒名望家に属するムハンマド・アディーブ・アルフスニー（Muḥammad Adīb al-Ḥuṣnī 一八七四—一九四〇）著『ダマスクス歴史選集』（*Muntakhabāt al-Tawārīkh li-Dimashq* 以下『歴史選集』と略す[13]）、同じくムハンマド・ジャミール・アッシャッティー（Muḥammad Jamīl al-Shaṭṭī 一八八二—一九五九）著『ヒジュラ暦一三世紀および一四世紀前半のダマスクス名士列伝』（*Rawḍ al-Bashar fī Aʻyān Dimashq fī al-Qarn al-Thālith ʻAshar wa-Niṣf al-Qarn al-Rābiʻ ʻAshar AH 1201-1350*[14]）を基本文献として用いた。

アブー・アッスウード・エフェンディーは『一八六〇年事件始末』の冒頭、「サイイド・ムハンマド・アブー・アッスウード・アルハスィービー・アルフサイニー」と名乗りを上げている。[15]「サイイド」とは預言者ムハンマドの子孫の名に冠される称号であり、「フサイニー」とは第四代カリフ・アリーの次男フサイン（Ḥusayn 六二六—六八〇）を祖とする家柄であることを示している。しかし、ハスィービー家の系譜が預言者に遡るとの主張に対して史料は確証を与えておらず、むしろ彼らの先祖に関する列伝集の記述は、この主張が比較的新しいことを示唆している。[16]

ハスィービー家の先祖として史料に現れるのは一七〜一八世紀の人、アブドッラー・ブン・アスカル・アルアッタール（ʻAbd Allāh b. ʻAskar al-ʻAṭṭār）である。彼はダマスクスの北東約八五キロメートルにあるカーラ（Qārah）村の出身であり、ダマスクスに移住したとの記録がある。[17]

アブドッラー・ブン・アスカルの孫であるムハンマド・ブン・ウバイド・ブン・アブドッラー・アルアッタールはヒジュラ暦一一三〇年（西暦一七一七／一八年）、ダマスクスに生まれた。彼はアブドッラー・ブン・ザイヌッディーン・アルバスラーウィーらに師事して敬虔な文筆家として名を馳せ、その詩句が伝えられている。[18]ヒジュラ暦一一五七年ラビーウ・アルアウワル月（西暦一七四四年）ダマスクスにて没した。[19]

ムハンマド・アルアッタールの子、アリー・エフェンディーはヒジュラ暦一一五五年（西暦一七四二／四三年）に生まれた。彼はダマスクスのいくつかの法廷で副法官（nāʼib）の職にあり、文書に「アリー・ハスィービー」として知られ署名していた。「ハスィーブ」とは高貴な出自を意味する。そのため彼の家族は「ハスィーブ」として知られるようになった[20]。彼はまた、ダマスクス総督を輩出した名門アズム家に娘二人を嫁がせている[21]。アリー・エフェンディーはヒジュラ暦一二四二年（西暦一八二六／二七年）に没し、その墓標には彼が預言者の末裔であると謳った詩が彫られている[22]。

アリー・エフェンディーの子でアブー・アッスウード・エフェンディーの父であるアフマド・エフェンディーは、ヒジュラ暦一二〇六年（西暦一七九一／九二年）にダマスクスに生まれた。彼はダマスクスの法学者たちについて学んだ後、公職を歴任し、ダマスクス州参事会会員に任じられた[23]。彼はオスマン帝国政府によってダマスクス近郊のいくつかの村の徴税権を委ねられ、財を成した[24]。またダマスクス地区北西部のウカイバ地区から、現在もその子孫が居住しているカナワート地区に邸宅を移した[25]。アフマド・エフェンディーもまた、娘二人（アブー・アッスウード・エフェンディーの姉）をアズム家に嫁がせている[26]。キリスト教徒虐殺事件の発生に伴い州参事会は一八六〇年八月七日、解散を命じられ、同日アフマド・エフェンディーは拘束された[27]。同年一〇月、彼はアブドッラー・アルハラビー、ハナフィー学派の大法官《ムフティー》ターヒル・エフェンディーらと共にキプロス島のファマグスタに流刑となり、その地に一年弱留まった後イズミールに移された[28]。一八六六年、彼らはダマスクスへの帰還が許された。ヒジュラ暦一二九三年（西暦一八七六年）、彼は巡礼のためヒジャーズ地方に赴いたが、その途次メディーナ北方約四〇〇キロメートルのマダーインで客死した[29]。

アブー・アッスウード・エフェンディーの一八六〇年以前の経歴については、ほとんど知られていない。しかし彼は当時の名望家層の青年と同様、アブドッラー・アルハラビーら著名な法学者たちに師事してアラビア語文法学やイスラーム諸学を学んだであろうことが『一八六〇年事件始末』の断片的な記述から推測される[30]。

アブー・アッスウード・エフェンディーは、他の多くのイスラーム教徒名望家と共に、一八六〇年の事件発生直後、官憲によって拘束された。『一八六〇年事件始末』によれば、ファード・パシャの滞在する軍司令部に彼が呼出しを受けて拘束されたのは八月五日である。(31) 彼は未決のまま一八六一年七月二一日まで拘束されていた。(32)

アブー・アッスウード・エフェンディーはハナフィー学派の大法官《ムフティー》ムハンマド・アルマニーニー(一八九八年没)の娘と結婚し、後年それぞれ預言者門裔総代に就任した長男アリー、次男アフマド・ナスィーブら三男三女に恵まれた。(33)

『一八六〇年事件始末』によれば、アブー・アッスウード・エフェンディーは一八六〇年代の終りに再び公職に就いている。一八六九年六月に選出されたダマスクス市参事会において、彼は書記として名を連ねている。(34) 一八七四年、一八八〇~八三年、一八九一~九三年には市参事会会員として彼の記録がある。(35) また一八七七~七八年および一八八八/八九年には農業委員会委員としてその名があり、(36) 一八八九年には農業会議所会頭、(37) 一八九〇~一九〇一年には農商会議所副会頭の職にあった。(38)

一八九八年、アブー・アッスウード・エフェンディーは、ダマスクスにおける預言者門裔総代に選出された。(39) その後、彼はイスタンブルに赴いてエディルネ名誉法官の地位を授けられ、第二等メジーディーヤ勲章を受けた。(40) 一八九八~一九〇一年には預言者門裔総代の資格で州参事会会員に就任している。(41)

アブー・アッスウード・エフェンディーの人となりについて同時代の名望家であるビータールは、「ダマスクスの名望家重鎮、権門勢家の一人である。稀覯書の蒐集に熱意があり、応対は丁寧で親近感を持て、客人を歓待し、来訪者を非常に親切にした。……」(42) と伝える。またフスニーは、「威厳と貫禄、円満な人格と重厚さを備えており、法学者たちの間で高い地位を占め、諸公から全き尊敬を受けていた。彼は他人が滅多に持っていないような写本や貴重な古遺物の蒐集に情熱を有していた。(43)」と評している。

アブー・アッスウード・エフェンディーの蔵書については、「……ダマスクスの名望家であるアブー・アッスウード・エフェンディーは、カナワート地区の私有地において、彼の書庫を読書家や学者たちの便に供している。そこには我々が思うに二〇〇〇冊を下らない珍貴で重要な写本や刊本がある。彼は蔵書の管理費用を賄うためにある建物を寄託している。[44]」「サイイド・アブー・アッスウード・アルハスィービーは、陶磁器、高価な武具、美麗な織物など珍しい宝物の蒐集に情熱を有しており、彼の邸宅はそれらで飾られていた。そして書物を集めることには特に熱心で、一〇〇〇巻を超える写本だけから構成される書庫を作った。彼は墨蹟が麗しく装飾が優れた善本の獲得を好み、学術的な特色で傑出するものより優先していた。なぜなら彼は美術や考古に傾倒していたからである。この貴重な遺産は、子息であるダマスクスの預言者門裔総代サイイド・アフマド・アルハスィービー、それから彼らの相続人に引き継がれた。[45]」との記録がある。しかし彼の蔵書はその後散逸してしまった。[46]

二　事件の背景と顚末

『一八六〇年事件始末』の記録に従い、アブー・アッスウード・エフェンディーの事件に対する認識を（1）背景・原因、（2）当日の事象、（3）処罰の状況に大別して再構成してみたい。

『一八六〇年事件始末』では、一章を設けて「ダマスクスの事件の原因」を説明している。[47] ここで原因として挙げられている事項は、①諸宗派の置かれた社会的状況とその変化、②直近の事変であるレバノン山の騒乱の推移、③ダマスクスでの事件の直接の発端となった出来事に分類される。

第一に、社会的状況とその変化を記述するにあたって、アブー・アッスウード・エフェンディーは、「……サイダ、ベイルート、アッカの周辺のレバノン山においては、古来キリスト教徒とドルーズ派の間に多くの不祥事が発生しては、後に和解していた。一方、ダマスクスのキリスト教徒はジズヤ税とハラージ税を払わなければならず、帝国政府が彼らからジズヤ税とハラージ税の支払いを免除するまでそのようにしていた。[48]」と説き起こしている。簡潔な表現ながら、キリスト教徒であってもダマスクスとレバノン山では状況が異なっていることを指摘している。ダマスクスのキリスト教徒は典型的な被保護民の地位に服していたのに対し、レバノン山のキリスト教徒は武装して、少なくともドルーズ派とは対等に抗争するだけの実力を備えていたのである。しかしオスマン帝国の改革が進行するにつれ、旧来の社会構造は変化を迫られる。

「西洋人がシリア州に入ってくるようになると、彼らはキリスト教徒の頭に『タンズィーマート改革によって、イスラーム教徒とキリスト教徒は至高なる神の被造物として皆一緒になったのであるから、何故キリスト教徒はイスラーム教徒と同じ服装をしてはならないのか。』など、あれこれと吹き込んだ。その結果キリスト教徒がイスラーム教徒と揉め事になると、イスラーム教徒の言う以上のことを、キリスト教徒は言い返すようになった。そして政府に訴えが持ち込まれると、〔政府は〕キリスト教徒の肩を持つのであった。何となればキリスト教徒に属する者には皆、ある外国、多くの場合仏国であるが、その庇護を受けている親族の一員がいて、イスラーム教徒への要求を有する者は皆、外国の庇護下にある人間に物事を委ねるからだった。また、もしあるキリスト教徒がイスラーム教徒の誰であろうと争いになれば、〔キリスト教徒は〕『俺は某国の臣民だ。』と言うが、実際はそうではなく、彼の親戚か友人の一人が〔外国の〕庇護民なのである。

もし〔キリスト教徒が〕有罪であると立証されると領事は衛兵《カウワース》を牢獄に遣わして、衛兵《カウワース》は〔そのキリスト教徒を〕領事館で拘禁するとて連れ帰るが、実際は虚構なのだった。もしイスラーム教徒の方に非があれば、キリスト教徒は名誉を回復するよう要求し、法廷で確定したよりも長く、もし法に従って一〇日間投獄されるのであれば、二〇日間投獄させる。〔これは、〕我々がお互いを敬愛していないからであった。……」(49)

と伝えている。またアブー・アッスウード・エフェンディーは、ザハレのキリスト教徒の振舞いがイスラーム教徒を憤激させたと述べる。

「……それから、ザハレは以前存在しなかったのに、キリスト教徒が州一円から集まり住んで住民が増えたことで知られているが、彼らはイスラーム教徒その他すべての宗派に狼藉を働くようになった。ついには、もしイスラーム教徒が駄獣に乗ってザハレに入ろうとするのを見つけると、無理矢理彼を乗物から降ろし、降りなければ駄獣の背から地面に引き倒して彼の預言者を罵った。彼らの最たる狼藉は、自分たちの犬に預言者や教友の名前をつけ、あまつさえその名がウマルとかアリーその他と知っているイスラーム教徒の一人が通りかかると何度も呼びかけ、相手が振り向くと彼に『あんたを呼んでるんじゃない。俺たちは犬に声をかけているんだ。』と言った。……」(50)

アブー・アッスウード・エフェンディーは続ける。

「……〔ザハレのキリスト教徒は〕西洋人と組んで、西洋人が彼らに資金を与え、小麦、大麦などあらゆる穀物の在庫や、獣脂、羊毛、綿花、そして西洋人が必要とする物すべてを買い付けて西洋の国、大概の場合は仏国に輸送していた。彼らはこのようなことを常習とし、つまりは人々に害を与えるようなあらゆる仕業に手を染めていた。同様にこれらの人々は売買に従事する中、羊を求めてバグダード州や、羊を産するすべての州に行くようになった。そのため彼らが羊の商売に手を出してから羊はダマスクス州で不足し、値が上がるようになった(51)。」

これらの記述は、タンズィーマート改革の時代に西洋人の進出が契機となり、一部のキリスト教徒が法的・経済的・倫理的側面から逸脱して社会に亀裂をもたらしたとのアブー・アッスウード・エフェンディーの見解を示している。

第二に、レバノン山の騒乱の契機についてアブー・アッスウード・エフェンディーは、あるドルーズ派の男が仏国人の使嗾によって殺されたこと、次に一八六〇年五〜六月に二人のキリスト教徒が殺され、ラシャイヤー郡長であったアミール・アリー・アッシハービーがドルーズ派を厳しく取り調べたこと、その後二人のドルーズ派の男が殺されたことなど、キリスト教徒とドルーズ派の抗争が再び激化の兆しを見せたことを伝えている(52)。これに対し、ダマスクス総督アフマド・パシャは、ザハレに「ムハンマド・エフェンディー・ハムジー」(おそらくマフムード・アルハムザーウィーのこと)やクルド人のラスール・アーガーらを派遣して仲裁を図ったが、ドルーズ派は和解を受諾したにもかかわらず、キリスト教徒側は受諾しなかった。その時イスマーイール・アルアトラシュら大勢のホーラーン地方のドルーズ派とラジャー地方の遊牧民が現れて、ハスバイヤーやラシャイヤーのキリスト教徒を襲撃したと記している(53)。
ハスバイヤーとラシャイヤーのキリスト教徒が、両地の領主であったシハーブ家のアミールたち共々虐殺された経緯について、アブー・アッスウード・エフェンディーは次のように伝える。

「〔ドルーズ派の〕シャイフ、カンジ・アルイマードが現れて、アミールたちにアフマド・パシャの命に従ってダマスクスに行くよう要求し、『再び抗争が発生しないよう、武器を置きなさい。』と言った。そこで軍隊はアミールたちやキリスト教徒の武器を受け取り、城塞の門を開いた。その時ドルーズ派は城塞を襲って故アミール・サアド・アッディーン、彼の婿である故アミール・ジュフジーフや他の四人のアミール、約一五〇〇人のキリスト教徒を殺害し、彼らの財産を略奪して家屋に放火した(54)。……」
「その間ラシャイヤーは〔ドルーズ派によって〕包囲されていたが、ハスバイヤーで起きたことがドルーズ派の敗北としてラシャイヤーに伝わった。そこで軍隊はハスバイヤーで引渡しを受けたのと同様に、ラシャイヤーのアミールたちとキリスト教徒から〔武器の〕引渡しを受けた。その結果ラシャイヤーのアミールたちのうち、無事だったのはアミール・アリーとアミール・ムハンマドだけで、一三人のアミールたちと約一〇〇〇人のキリスト教徒が殺された(55)。」

ハスバイヤーとラシャイヤーのアミールたちの家族は、着の身着のままでダマスクスに避難してきた。アブー・アッスウード・エフェンディーの父アフマド・エフェンディーは、彼らに家屋を二三日間提供した。アブド・アルカーディル・アルマグリビー〔アルジャザーイリー〕は、彼らが必需品を賄うために四〇〇〇キルシュを届けた[56]。

イスマーイール・アルアトラシュに率いられたドルーズ派は、遊牧民やクルド人、ダマスクスの住民や近郊の農民と共にザハレに向かった。ザハレのキリスト教徒は他所からの援軍を含めて二万人を超えた。戦いの当初、キリスト教徒側がドルーズ派を撃退したが、それから三時間もたたないうちに総崩れとなってザハレの住民その他、三〇〇〇人が殺された。ドルーズ派は余勢を駆ってデイル・アルカマルに向かい、その地で四〇〇〇人以上を殺害した上で略奪・放火を働いた[57]。

かくしてレバノン山におけるキリスト教徒とドルーズ派の均衡は、大きく崩れた。ダマスクスにはハスバイヤー、ラシャイヤー、ザハレ、デイル・アルカマルや付近の村々から逃亡した多数のキリスト教徒と、彼らを追うドルーズ派が流入する事態となり、ダマスクス市街周辺には略奪の機会を期待して遊牧民や農民が集結した。『一八六〇年事件始末』によれば、ダマスクスでの事件が発生した七月九日には、ダマスクスの住民ではないドルーズ派が一〇〇〇人以上市街に入っていた[58]。

アブー・アッスウード・エフェンディーは、騒乱の背景にあるキリスト教徒の増長には不快の念を隠さなかったが[59]、レバノン山の混乱を喜ぶ訳にはいかなかった。実際、父アフマド・エフェンディーの徴税農地があるワーディー・アルアジャム地区では、アフマド・エフェンディーの財産である三〇〇頭の羊が奪われるなどの被害があった[60]。

ダマスクス市街に入ったドルーズ派は練り歩いて群衆や悪党たち、一部の商人を焚きつけ、「俺たちは自分の務めを果たしたぞ。あんた方は自分の務めを果たしなされ。」と呼びかけた。ザハレ包囲の報せがダマスクスに伝わると、イスラーム教徒たちはギリシア独立戦争の中心となったモレア地方を攻略しているかのように興奮し、ザハレが陥落すると（六月一八日）、たまたまラマダーン月の末であったが、人々はもはや翌日が断食明けの祝日と決まったかのように街中を飾り付けた。父アフマド・エフェンディーは、カナワート地区が燈明で飾られているのを見ると人をやって消させ、地区長を叱って殴りつけた[61]。

第三に、ダマスクスでの事件の直接の引き金となった出来事について、『一八六〇年事件始末』の記述はキリスト教徒側の証言とほぼ一致している。

「……ズー・アルヒッジャ月一七日〔ママ〕の日曜日〔西暦一八六〇年七月八日〕、不穏な様相は影を潜め、キリスト教徒たちはいつものように家を出て市場に向かった。ところが至る所に子供たちが地面や壁に十字架を書いており、ズー・アルヒッジャ月一八日〔ママ〕の月曜日〔西暦一八六〇年七月九日〕午後には地面に沢山の十字架が出現した。日の出より七時間経った頃[62]、バーブ・アルバリード地区で何人かの子供が十字架を書いているのが見つかって捕まり、総督府に連れて来られた。ハンナー・フレイジとアントゥーン・アッシャーム〔アッシャーミー〕が、当時ダマスクスの軍司令官でもあった総督アフマド・パシャのところに来ていて、彼にこのことについて訴え、涙を流していた。すると件の子供たちが連れられて来たので、〔総督は子供たちを〕鎖で繋いで引き廻し街中を掃除させるよう、それだけ命じた。そこで子供たちを連れて行って街中を引き廻し、バーブ・アルバリードの騒乱の火付け役として有名になったアブド・アルカリーム・アッサンマーンの店のところまで来た。その時、子供たちは親類のそばで叫び声を上げ、『イスラームはお終いだ。修道院を掃除するため、僕たちをキリスト教徒地区へ連れて行こうとしている。』と言った。すると人々は立ち上がって子供と一緒にいた警固兵を殴り、子供たちを救い出した。……」[63]

ダマスクスで騒乱が勃発した時、アブー・アッスウード・エフェンディーはバーブ・アルジャービヤ近くのスーク・アルアルワーム〔ローマ人市場〕にいたが、カナワート地区の自宅に引き返した。すると一家の執事を務めていたアブー・バーシール・アントゥーン・アルバーシャーというキリスト教徒が彼を認めて、自分の子供や家族を救うよう哀願した。そこでアブー・アッスウード・エフェンディーは武器を執って家を出、キリスト教徒地区のある「真直ぐな道」(al-Ṣuqāq al-Nāfidh) の端まで来た。そこには群衆が集まっており、軍隊が小銃を用いてキリスト教徒地区に入れないよう、押し返していた。アブー・アッスウード・エフェンディーはマルヤミーヤ教会近くの「四叉路」(al-Arbaʿ Mafāriq) まで戻ったが、そこでも大佐アリー・ベイが人々を押し返していた。アブー・アッスウード・エフェンディーはカナワート地区に帰った。『一八六〇年事件始末』で彼は、「証人である至高なるアッラーにかけて、私はもはや出掛けなかったし、キリスト教徒の家どころかキリスト教徒地区に入っていない。私はキリスト教徒、イスラーム教徒の誰一人傷つけてはいない。……」と強調している(64)。

悪党たちがキリスト教徒地区で殺人・略奪・放火を恣にする一方、「名望家の人々」(ahl al-ʿird) は、キリスト教徒の救出に乗り出した。

「……同様にサイイド・アブド・アルカーディル・アルマグリビーはキリスト教徒を自宅に連れて来て、それから政府の城塞に移送することを始めた。無事だったキリスト教徒は皆、まず我らの師シャイフ・アブドッラー・アルハラビー・ザーデの邸宅に連れて来られた。そこには毎日約一〇〇〇人位がいて、その一部は城塞に、一部はイスラーム教徒の家に連れて行かれた。アブドッラー・ベイ・ナースィーフ・パシャはキリスト教徒の救助と城塞への移送を開始し、常に彼の屋敷には五〇〇人以上の男女がいた。毎日この人は、護衛の人々の集団と共に馬に乗ってキリスト教徒を助けていた。[65]」

アブー・アッスウード・エフェンディーは、ハサン・ベイ、イブラーヒーム・ベイなど名望家の中にも群衆と共にキリスト教徒襲撃に加わった者がいることを認めている。[66]

レバノン山の騒乱に対応して、総督アフマド・パシャが正規軍を補強するためダマスクスの住民より編成した部隊は、多くが統制を失って予想外の行動に走ったことが記録されている。ムスタファー・ベイ・アルハワースィリー[67]は、一〇〇人から成る「防遏隊」(al-Ḍabṭīyah) を率いていたが、隊員の多くはならず者であった。防遏隊には、奔放な行動で悪名高い、不正規兵バシボズクの後継組織である「警邏隊」(al-Sayyārah) が編入されていた。[68]ムスタファー・ベイ・アルハワースィリーはダマスクスでの事件勃発後、初日の日没から五時間後までは事態の収拾に努めていた。やがて街の悪党たちと抜き差しならぬ対立に陥って本人は殺されそうになり、彼の部隊は悪党たちと一緒になって凶行を働いた。ムスタファー・ベイ・アルハワースィリーの家には多くのキリスト教徒が逃げてきて、彼はこれらのキリスト教徒を城塞に送っていた。しかし一部は彼の配下によって、城塞に行く途中で殺されたという。[69]クルド人ムハンマド・サイード・ベイは、サーリヒーヤ地区に居住するクルド人と一部のドルーズ派から成る「援兵隊」(al-ʿAwnī) を率いていた。この部隊は他のクルド人と共に先頭を切ってキリスト教徒地区に入り、略奪・殺人・婦女暴行を行った。[70]サリーム・アーガー・アルマハーイニーはミーダーン地区の住民から成る一隊を率いていた。事件発生当初、ミーダーンのイスラーム教徒は真っ先にキリスト教徒地区を襲撃した。[71]しかしサリーム・アーガー・アルマハーイニーは、父サーリフ・アーガー・アルマハーイニーと共にミーダーン地区のキリスト教徒を保護する態度を取り、ドルーズ派との武力衝突にも屈せず最後まで彼らを守り抜いた。

事件発生から四日目の七月一二日、総督アフマド・パシャは州参事会を招集した。

「……会議が開催されると、大佐アリー・ベイが立ち上がって言った。『もしドルーズ派が城塞を攻撃したら、我々はキリスト教徒をどうしたら良いのだ。我々には、防禦するだけの力はない。』すると父上〔アフマド・エフェンディー〕が立ち上がって言った。『これは、我々の沽券に関わる問題だ。アッラーにかけて、私は仲間と一緒にシリア州から綺麗さっぱり立ち去ることにしよう。さもなくば、地獄行きだ。』その時、この言葉に賛同してアブドッラー・アズム・ザーデが起立した。すると彼らがまだ立ち上がり終わらないうちに、アリー・ベイや他の将校が立って彼らを座らせて言った。『言葉の上で、そうだろうと言ったまでのことだ。』〔アリー・ベイたちが〕言いたかったのは、もしあの時五〇人ものドルーズ派が来て城塞にいる人々を引き渡したら、彼らを殺すだろうということだった。[72]」

一方、総督アフマド・パシャ配下の将校にも、キリスト教徒を保護する者が存在したとの記録がある。城塞の警固に当たっていたハーシム・アーガーは、「柔やかな表情で人々を親切に扱い、彼らの気持ちを和ませていた。……彼の年齢は七、八〇歳、……この人は元々ハンガリーのキリスト教徒であった。[73]」と伝える。筆者不詳の別史料によれば、ハーシム・アーガーはアブド・アルカーディルと何度も会って無辜の民の保護に協力し、「キリスト教徒が城塞にいる限り、悪意を持って近づく者には誰でも発砲する。」と言ったという。[74]

数日後アフマド・パシャはイスタンブルに召還され、新総督ムアンマル・パシャがダマスクスに到着した。

「〔ムアンマル・パシャは〕それから勅書《フェルマーン》を読み上げたが、その場は嘲笑と悪戯が支配していた。……」[75]

ダマスクスとレバノン山の混乱を収拾するために派遣されたファード・パシャは、ベイルートに到着するとダマスクスの名望家全員に宛てた書簡を送り、彼らがキリスト教徒を保護したことへ感謝を表明した。[76]

七月二九日、ファード・パシャはアラビスタン軍の新司令官アブド・アルハリーム・パシャと共に、ダマスクスに入城した。[77] 八月二日、ファード・パシャは州参事会を招集し、犯罪に関する証言を集めた。[78] 翌三日、ダマスクス街域の門は軍隊によって封鎖され、住民はキリスト教徒から略奪した財産を提出するよう命じられた。事件当日に武器所持を目撃された者や、殺人、略奪、婦女の拐取などについて証言された者は捕らえられ、マルジェの修道場《タキーヤ》に収容された。[79]

前出の通り、アブー・アッスウード・エフェンディーは八月五日に拘束された。その模様を彼は次のように記述している。

「〔ヒジュラ暦〕一二七七年ムハッラム月一七《〔ママ〕》日の日曜日、私は我らの偉大なる支配者、ファード・パシャに呼び出された。彼は軍司令部のある総督府の四阿《あずまや》にいた。私は、副官の軍人と七人の兵隊と共に彼のところに向かった。私はそのパシャの方を向くと、西側の露台の入口に彼が立っているのが眼に入ったので、右手で額に触れる仕草で挨拶を送った。それから私は、立っている〔ファード・パシャの〕前に立ち止まった。彼の前には一人の部下がいて、〔ファード・パシャの〕上着の釦《ボタン》を留めているところだった。彼は半時間程しげしげと眺めてから副官に、『客人をハーリド・パシャのところに連れて行きなさい。』と言った。私は彼に挨拶を送り、総督府に向かった。ファード・パシャは窓から私を見ていて、振り向くと一人の部下を送って副官に、『ハーリド・パシャには彼を相応しい場所に入れるよう、言いなさい。』と伝言した。日の出から八時間経った昼時のことだった。私たちは、ハーリド・パシャのところに向かった。彼は総督府のバーブ・アルハワー〔正面玄関「慈愛門」〕の上にある露台にいて、私たちは彼の部屋に通された。私と一緒にいた副官は、彼に〔ファード・パシャの〕指示通り報告し、〔ハーリド・〕パシャは副官を帰らせた。私はハーリド・パシャと総督府の階上から下へ降り、約半時間程ずっと彼が総督府の中を歩き回るのに従った。しまいに彼は大尉の部屋に行って、部屋を空けるよう命じた。すると直ちにその部屋は明け渡された。〔ハーリド・パシャは、〕『貴方は、ここに客でいなさい。』と言って私を中に入れて座らせ、私のために寝床など必要な物を持って来させた。……(80)」

二日後の八月七日には、父アフマド・エフェンディーとアズム家のアブドッラー・ベイ・ナースィーフ・パシャが出頭して拘束された。さらにはアブドッラー・アルハラビー、大法官《ムフティー》ウマル・エフェンディー・アルガッズィー、アブドッラー・ベイ・アルアズム、同人の息子アリー・ベイ、ムハンマド・ベイ・アルアズメ、預言者門裔総代アフマド・エフェンディー・アルアジュラーニー、大法官《ムフティー》ターヒル・エフェンディー、サーリフ・アーガー・アルマハーイニー、マフムード・エフェンディー・アルハムザーウィー、防遏隊長ムスタファー・ベイ・アルハワースィリー、援兵隊長ムハンマド・サイード・ベイなど、名望家のほとんどを含む約一三〇〇人のダマスクスのイスラーム教徒が拘束された(81)。これらの人々は総督府、兵営、修道場《タキーヤ》などに分けて収容され(82)、修道場《タキーヤ》に設置された特別法廷（Majlis fawqa al-ʿĀdah）で裁かれた[83]。裁判の結果罪人は第一級、第二級、第三級に区別され、それぞれの集団ごとに拘禁された。一方、マフムード・エフェンディー・アルハムザーウィー、サーリフ・アーガー・アルマハーイニー、アフマド・エフェンディー・アルアジュラーニー、アブドッラー・ベイ・アルアズムは五日後に釈放された[84]。

八月二〇日未明、罪人たちの死刑が執行された。日没から六時間後[85]のこと、アブー・アッスウード・エフェンディーは総督府の一室に数名の仲間と共に拘禁されていたが、たまたま一人起きていた彼は、次のような光景を眼のあたりにした。

「……その時、総督府の扉がこのような時間に開くことは通常ないのに、開けられた。誰もが熟睡している時間であったが、私はまだ目が覚めていたので、私たちがいた部屋の戸の方へ立っていった。見張りはその戸のところに座っていた。すると六五人〔六一人〕の人々が鎖に繋がれ、政府の兵隊とエジプト人ハーリド・パシャや軍の将校たちに伴われて入ってきた。〔ハーリド・パシャたちは罪人を〕倉庫の戸の前まで連れて来て、そこに座らせた。これらの人々は誰一人、一言も話そうとしなかった。それから〔兵隊たちは〕鎖を解き始めた。私は悲しい気持ちで〔様子を見ていた。〕一人の鎖を解くや否や、その両手を縛っていた。〔罪人たちの間から〕嗚咽が上がった。〔将校たちは罪人に、〕『〔礼拝前の〕清めを希望する者は、始めるように。言い残すことがある者は、言い残すように。体を洗う者は、洗うように。』と言った。……[86]」

アブー・アッスウード・エフェンディーはこれらの罪人の中に、ムスタファー・ベイ・アルハワースィリーとその甥、ハサン・ベイ・ナースィーフ・パシャ、サイイド・マフムード・アッリカービーとその息子、ファーリス・アーガー・アルハルブーニーなど、顔見知りの人々がいたことを記録している。そして、「これらの人々の多くは罪もないのに一纏めに殺された。」(87)と綴っている。アブー・アッスウード・エフェンディーが目撃した罪人たちの集団は、総督府から市街各所に分散されて明け方に絞首刑に処された。

その日の日の出から四時間が経つ少し前、(88)総督府で拘禁されていたムスタファー・ベイ・ナースィーフ・パシャに勾引状が示され修道場《タキーヤ》に連行された。日の出から八時間になる少し前、シャムディーン・アーガーの息子で、アブー・アッスウード・エフェンディーと同室で拘束されていたイスマーイール・アーガーが兵隊に連れて行かれた。アブー・アッスウード・エフェンディーは仲間の従者に、イスマーイール・アーガーがどこへ連れて行かれるか、ついて行って見てくるよう言った。(89)

「……〔従者は、〕半時間も経たないうちに、私たちの前に死人のような様子で現れて言った。『〔イスマーイール・アーガーを、〕マルジェに連れて行きました。修道場《タキーヤ》の人たちも皆連れて来られていて、並ばされて鉄砲で撃たれました。イスマーイール・アーガーも一緒でした。』(90)……」

アブー・アッスウード・エフェンディーは、シャイフ・ムハンマド・カタナー、サイイド・ハサン・アルバフナスィー、ムスタファー・ベイ・ナースィーフ・パシャとその兄イブラーヒーム・ベイ、カナワート地区長ラーシドなどの名を列挙し、この時銃殺された人々は全部で一一人であったと伝えている。(91)

ダマスクスのイスラーム教徒は恐慌を来して、店を開けて商売する者は誰もいなくなった。「キリスト教徒はイスラーム教徒を訴えるようになり、出くわした人を誰でも捕えて訴えた。ついには、あるキリスト教徒がヒジャーズにいた人を訴えて彼と共に特別法廷に向かったが、その人は巡礼に行っていたと証明されたということまであった。[92]」

八月二四日、ファード・パシャは被害を受けたキリスト教徒に住居を提供するため、一部地域のイスラーム教徒に家屋を明け渡すよう命令した。そして、カイマリーヤ地区、カナワート地区、バーブ・トゥーマー地区、サマーケ地区、シャーグール地区、一部のバーブ・ムサッラー地区のイスラーム教徒に対し、家を失ったキリスト教徒全員を収容するに足る家屋の接収を行った[93]。

アブー・アッスウード・エフェンディーは、自らの屋敷があるカナワート地区の家屋接収の模様を次のように記している。

「……突然警固隊と将校たちがカナワート地区の家屋明渡しを要求し、彼らが何のために家屋を必要としているか誰も知らなかった。人々はカナワートに仏国人〔部隊〕が駐屯しようとしているためと言い、軍隊のためと言い、ある人々はキリスト教徒のためと言っていた。その日カナワート地区は、あたかもキリスト教徒地区が略奪を受けた日のようになった。本人や親類の家以外に家を有していない人は、路地や礼拝堂《モスク》に荷物を置いた。五万個以上の陶磁器が毀れてしまい、日用品が破損したり盗難に遭うなどした。……一〇軒位の家屋は接収を免れた。家が残った人のほとんどは二軒家を持っていて、一軒が接収され、一軒が残ったのだった。カナワート地区の家屋では足りなかったので、カイマリーヤ地区、シャハム・ミナレット地区、シャーグール地区からも家屋を接収し、その後城塞その他にいたキリスト教徒をこれらの家屋に分散し、その住居の一つ一つに何家族かずつを移動させた。[94]」

九月二日、アブー・アッスウード・エフェンディーら総督府に拘束されていた人々はハーリド・パシャに呼び集められ、別々の場所に移された。

「……〔ハーリド・パシャは私の方に向かって、〕『貴方は、バルタジーヤの屋敷に行きなさい。あそこには良い場所がある。』と言った。私は彼に挨拶の仕草をしたが、胸中喜ばしいとは思わなかった。……[95]」

バルタジーヤの屋敷にはシャイフ・アブドッラー・アルハラビーらが拘束されていたが、アブー・アッスウード・エフェンディーに次いで、父アフマド・エフェンディーらイスラーム教徒名望家の多数がこの場所に集められた。[96]

一〇月二〇日、イスラーム教徒名望家の重立った人たちはダマスクスを追放され、ベイルートに護送された。[97]『一八六〇年事件始末』によれば、キプロス島のファマグスタに流刑となったのはシャイフ・アブドッラー・アルハラビーとその息子ムハンマド・サーリフ、ウマル・エフェンディー・アルガッズィー、ターヒル・エフェンディー、ムハンマド・ベイ・アルアズメ、アブドッラー・ベイ・ナースィーフ・パシャ、アフマド・エフェンディー・アルハスィービーであった。そのうちウマル・エフェンディー・アルガッズィーとムハンマド・ベイ・アルアズメはファマグスタで死亡し、他の人々は一八六一年八月にイズミールに移された。ロードス島に流刑となったのはアブドッラー・ベイ・アルアズム、アリー・ベイ・アルアズム、アフマド・エフェンディー・アルアジュラーニー、アブド・アルカーディル・ベイ・アルアズム、アブド・アルハーディー・エフェンディー・アルウマリーであった[98]。アフマド・エフェンディー・アルアジュラーニーはロードス島で死亡した[99]。

アブー・アッスウード・エフェンディーは一一月、ダマスクスの別の場所に移され、オスマン帝国の様々な地方の出身である三〇〇人の一般囚人と共に監禁された[100]。彼は流刑は免れたものの、一八六一年の七月二一日に至り、ようやく釈放された[101]。

アブー・アッスウード・エフェンディーの出獄と前後して、ファード・パシャはキリスト教徒地区の損害を補償するため、ダマスクス州のイスラーム教徒に総額九万キースの特別税を課し、ダマスクス街域の住民には二万五〇〇〇キースの税額が割り当てられた[102]。アブー・アッスウード・エフェンディーによれば、ダマスクス街域への特別税はさらに一般特別税と個別特別税に分類された。前者は家屋や店舗などの不動産に従来課されていた税額の一年分を徴収するものであり、後者はダマスクスの八地区ごとに新規に設置された委員会の委員、すなわちイスラーム教徒名望家たちに対し、事件に関し罪に問われたかなど個別の事情を斟酌して賦課するものであった。キリスト教徒および事件の収拾に功績のあった者からは一般特別税および個別特別税は免除された[103]。キリスト教徒の保護に功績のあったアブド・アルカーディル・アルジャザーイリーと彼の配下は、免除の対象とされた。アブド・アルカーディルは、配下のマグリブ人であるとの証明を望むイスラーム教徒には委細を問わず一筆を与えたので、一時その証明を得た者は五〇〇〇人に上ったという[104]。ダマスクス四周の村落にも同様の特別税が課され、これは耕作者や店舗に課されている十分の一税の三年分を振り替えるものであった[105]。これらの特別税は、ダマスクス街域や農村部のイスラーム教徒にとって大きな負担となった。

三　名望家たちの証言

ここでは、アブー・アッスウード・エフェンディーと同時代の名望家三名を選び、一八六〇年事件に対する彼らの認識を探ることとしたい。

（イ）　マフムード・アルハムザーウィー

ハムザーウィー家（イブン・ハムザ、ハムザザーデとも呼ばれる）は一〇世紀にハッラーンからダマスクスに移住したと伝えられ、代々ハナフィー学派法学者の家系として知られた。マフムードの曾祖父ヤフヤー、大叔父ハムザ、父ナスィーブはそれぞれ預言者門裔総代に選ばれ、祖父フサインはウマイヤ・モスクの管理者を務めていた。父ナスィーブは、シリアがオスマン帝国の版図に復した直後に設置されたダマスクス州参事会の会員に選出され、世を去るまでその職にあった。ナスィーブの長男サリームは法学者の道を選ばず、実業に従事していた。サリームはまた、一八五五年にダマスクスに来住したアブド・アルカーディル・アルジャザーイリーの親密な友人であった(106)。

マフムード・アルハムザーウィーはナスィーブの次男として、一八二〇／二一年、ダマスクスに生まれた。幼少の頃は父の膝下でクルアーンと書を学び、長ずるとダマスクスの著名な学者たちにアラビア語文法やイスラーム諸学を習った。洋式の学問を学ぶ機会にも恵まれた。アラビア語やオスマン語による著述によって彼の名声が高まると、一八四四／四五年には副法官に任じられた。イスタンブルに遊学した後ダマスクスに帰り、父ナスィーブの没後、一八四九／五〇年にはダマスクス州参事会会員に選出された。さらに彼は総督府の不動産登記所長官などの職に任命され、州政府と名望家層を結ぶ役割を果たした。一八六〇年の事件において、マフムード・アルハムザーウィーはキリスト教徒の保護に尽力した。仏国皇帝ナポレオン三世は彼に勲章を授けようとしたが、彼が辞退したため、代わりに金象嵌で装飾された二連式銃を贈った。一八六八年、マフムード・アルハムザーウィーはダマスクスの大法官《ムフティー》に任命され、一八八七年に没するまでこの職に留まった。オスマン帝国政府は彼にイスタンブル名誉法官の地位を授けた。彼は能書家として知られ、米粒にクルアーンの「開扉の章」を書くことができた。また彼は射撃の名手であり、最晩年まで狩猟を好んでいた[107]。

　マフムード・アルハムザーウィーは前出の通り、一八六〇年の事件に対する意見を『法的見解』という文書に著している。『法的見解』の冒頭には「シャイフ・アルハムザーウィーの説法」という標題がある。また同文書の裏面には旧蔵者コルネリウス・ヴァンダイクによって、「ダマスクスにて読み上げられた」との註記がある。本文は料紙片面の分量であり、全文を訳出する。

「不正を斥け、公正をもって聞こゆるアッラーに讃えあれ。万人を賤しき水より創り給いし故、その従僕共を等しなみに扱われ給うぞ。その御前には何人にても敬神の他に美徳なし、拠となる聖法《シャリーア》を創り給いて遵法をば礎と定め給うぞ。万人をその業と共に喚び出して聖法《シャリーア》の秤にかけるがよし。もし肯《うべな》わるれば嘉せらるべく、もし斥けらるればその者、明らかなる咎人なるぞ。世の人々を憐れみ給いて遣わされし我らが首長、ムハンマドに祝福と平安あれ。至高なる主の御言葉を伝え給いて曰く、『おお我が従僕共、我は自ら不正を禁じ汝らにこの掟を課したるぞ、然らば互に不正なすべからず[108]。』その御言葉はもっとも信ずべきなり。さて皆の衆、アッラーを懼れよ、不正なる性質はこの世においてそれを帯びる者を罪人や嫌われ者となし、来世において劫罰を下されると知らねばならぬ。不正の最たる輩とは、ムスリムであれ被保護民であれ避難民であれ、その血を流す者ではないか。不正の最たる輩とは、ムスリムの女であれ被保護民の女であれ避難民の女であれ、これを拐取する者ではないか。不正の最たる輩とは、ムスリムであれ被保護民であれ避難民であれ、その財産を奪う者ではないか。不正の最たる輩とは、ムスリムであれ被保護民であれ避難民であれ、その家を毀つ者ではないか。人倫の長が我らを警告喚起して伝え給うた通り、被保護民と避難民はムスリムと共存する人々として、すべての権利において我々と同じ地位にある。つまり、〔預言者は〕――アッラーが祝福と平安を与えられんことを――被保護民に関して『彼らは我らが有するものを有しており、我らにしてはならぬことを彼らにしてはならぬ。[109]』と語られた。これは安んじて信ずべき言葉である。それではこれらの行為を正当化した者は、何に基づいて正当化したのだろうか。殺人、拐取、略奪を許した者は、何に基づいて許したのだろうか。クルアーンの後に啓示された聖典に従ってか、はたまたアドナーンの息子の筆頭〔ムハンマド〕の後に遣わされた預言者の言葉に従ってであろうか。『もし汝らが正しいならば証拠を挙げよと言ってみよ。[110]』『何故汝らは黙っているのか。[111]』汝らは眠っているのか、それとも夢から醒めたのだろうか。否、『悪魔が彼らに取り憑いて[112]』彼らの行動を枉《ま》げているのである。アッラーにかけて、この醜悪な行為は宗教の根幹の一つを破壊するものに他ならず、その行為者は全くもって〔アッラーによって〕統一された民から逸脱している。そして、その行為者に対する懲罰を否定する者すべては、その判断たるやあれら残忍な叛逆者たちの判断と変わるところはないのである。アッラーの従僕たちよ、無関心の眠りより醒め、アッラーの掟と汝らの支配者の命令に従順でなければならぬ。アッラーにかけて、聖法《シャリーア》の禁に反して被保護民を

酷く扱った者すべては、この世においては刑場に引致され、来世にはもっとも厳しい罰に直面しなければならぬ。」(113)

『法的見解』は、伝統的イスラーム法学の理論に則って著されていることが特色であり、タンズィーマート改革の時代に導入されたイスラーム教徒と非イスラーム教徒の平等という原則は援用されていない。これは、マフムード・アルハムザーウィーの思想の限界と捉えるよりは、『法的見解』が非難の対象とする矯激なイスラーム教徒を論破するために、こうした論法を選択したと解すべきであろう。

(ロ)　ムハンマド・サイード・アルウストワーニー

ウストワーニー家の祖先はナーブルス近くのジャンマーイール（ジャンマーイーン）という街に住んでいたが、第一回十字軍の後、最初にダマスクスに避難したハンバル学派法学者たちの一員としてヒジュラ暦五五一年（西暦一一五六年）移住し、ダマスクスのサーリヒーヤ地区に居を構えたと伝えられる。一七世紀にはオスマン帝国の公式学派であったハナフィー学派に籍を改めた。

ムハンマド・サイード・アルウストワーニーは、ヒジュラ暦一二三八年ラビーウ・アルアウワル月二九日（西暦一八二二年一二月一三日）ダマスクスに生まれた。彼はムハンマド・サイード・アルハラビー（一七七四―一八四八）、その子アブドッラー・アルハラビー（一八〇八―一八七〇）、アブド・アッラフマーン・アルクズバリー（一七七〇―一八四六）、ハーミド・アルアッタール（一七七〇―一八四八）、アブド・アッラフマーン・アッティービー（一七七〇―一八四八）ら当時のダマスクスの代表的な法学者たちに師事した。一八四〇年にウマイヤ・モスクの説教師になり、次いでダマスクス州の筆頭裁判所であるバーブ裁判所の副法官に任命された。一八六一年にはダマスクス州訟務委員会（Majlis al-Daʻāwī）委員長、キリスト教徒の被害を補償するための焼失物件調査委員会（Majlis al-Maḥrūqāt）委員長、さらには同年再編されたダマスクス州参事会会員に任命された。一八六七年にはタラーブルス法官、一八六九年にはダマスクスの首席法官に任命された。ダマスクスの首席法官には、それまで中央政府から派遣されるトルコ人が就任するのが例であった[114]。しかし彼は外国人の農地所有問題でシリア総督ムハンマド・ラーシド・パシャと対立し、一八七三年、抗議の意をもって首席法官の職を辞した。彼は、ヌーリー施療院の裏手にあるスライマーニーヤ街区の自邸において後進の指導に専念する生活に入り、ヒジュラ暦一三〇五年シャアバーン月一九日（西暦一八八八年四月三〇日）没した[115]。

ムハンマド・サイード・アルウストワーニーの『椿事目睹録』をアブー・アッスウード・エフェンディーの『一八六〇年事件始末』と比較すると、前者は日時を明示し事件の推移に沿って書き継いでいく体裁であるのに対し、後者は著者が事件発生後約一年間拘束されていた事情があり、ある時点で記憶を再構成の上、事件の分析を加えて成立したことが明らかである。そのため、『椿事目睹録』の時系列的記載はより正確であると推認できる一方、個別事象を事件の全体像の中にいかに位置づけるかは読者に委ねられている側面がある。

ムハンマド・サイード・アルウストワーニーは、一八六〇年事件の伏線として、改革勅令がダマスクスのイスラーム教徒に与えた衝撃を記録している。

「ヒジュラ暦一二七二年ラジャブ月五日〔西暦一八五六年三月一二日〕火曜日、ダマスクス州参事会において、〔総督〕マフムード・パシャ、〔アラビスタン軍司令官〕イッザト・パシャ、サリーム・パシャ、ルシュディー・エフェンディーその他参事会会員および法学者として〔ハサン・〕アルビータール、〔アブドッラー・〕アルハラビー、〔サリーム・〕アルアッタールの臨席の下、平等・自由その他、曇りなき聖法《シャリーア》とは相容れぬ内容の、キリスト教徒に関する包括的指令たる勅書《フェルマーン》が読み上げられた。勅書《フェルマーン》には〔スルターン〕宸筆の署名があった。すべてのイスラーム教徒は、沈鬱な気分に陥った。我らは至高なる〔アッラーに、〕宗教を興隆させイスラーム教徒に勝利を与えられるよう願うものである。至高至大なるアッラーを措いて、何の力も何の強さも存在しないのである。[116]」

『椿事目睹録』によれば、一八六〇年の事件発生に向けてダマスクスの様相が一変したのは、ヒジュラ暦一二七六年ズー・アルヒッジャ月に入ってからである。レバノン山の騒乱が拡大し、逃亡するキリスト教徒とこれを追うドルーズ派が急激にダマスクスに流入したことが原因とされる。この変化に恐怖を感じたのはダマスクスのキリスト教徒のみならず、イスラーム教徒も同様であったことが本史料に現れている。

「それから、ズー・アルヒッジャ月の初め頃より、ダマスクスのキリスト教徒の間に恐怖が広がり始めた。外から彼らのところへやって来る人々が増え、道や彼らの地区の家々があふれる程になった。ズー・アルヒッジャ月六日〔西暦一八六〇年六月二五日〕までに、彼らは軍司令官〔アフマド・パシャ〕にキリスト教徒地区を兵隊で警固するよう要請した。〔軍司令官は、キリスト教徒のところに〕正規軍と地元民の傭兵から成る約一五〇〇人の兵隊を派遣した。〔兵隊たちはキリスト教徒〕地区の周辺を警固した。大祭〔一八六〇年六月二九日の犠牲祭〕の日の朝から、恐怖を煽る風説が広まった。同様にイスラーム教徒も恐れをなした。

広まった話では、祭日の昼に何事か起きれば、キリスト教徒とドルーズ派が礼拝堂《モスク》にいるイスラーム教徒たちを襲撃するだろうとされた。そこで大衆の多くは、この祭日を警戒した。そして懸念された日には、キリスト教徒地区の増援のため大砲や兵隊が送られた。市街やその周辺にはドルーズ派や遊牧民が増加して、〔イスラーム教徒の〕人々やキリスト教徒は心配した。(117)」

これまで見てきた通り、キリスト教徒の眼からドルーズ派や遊牧民はイスラーム教徒の群衆と共に彼らを襲撃する存在として描かれていた。イスラーム教徒の眼からもまた、ダマスクスの外から出現したドルーズ派や遊牧民、さらにはレバノン山から流入してきたキリスト教徒は脅威として認識されていた点は特筆に値する。

犠牲祭を頂点とする危機は、総督府の措置によってひとまず回避された。

「軍司令官は州参事会を招集し、市街全体に安全が確保されているとの布告を行うこと、そして何人たりとも武器を携行してはならず、祭日の間ドルーズ派は武装している者もしていない者も誰一人〔市街に〕残留してはならないことが決定された。すると〔ドルーズ派は〕ダマスクスから退去して、郊外に三々五々集団を作った。……祭日の後、市街は概ね沈静化した。祭日の間、ダマスクスの軍司令官兼総督であるアフマド・パシャは、祭日の礼拝に参加する人々を保護するため、多くの礼拝堂《モスク》に兵隊を派遣することまで行っていた。祭日どころか恐慌の日となり、人々はこれに怯えて、キリスト教徒やドルーズ派がイスラーム教徒を襲撃するのではと憶測した。祭日の朝には、ウマイヤ・モスクで約二列分の人々しか礼拝しなかった。ほとんどの人々は、恐れて祭日に礼拝しなかった。墓参りに行く婦人は、僅かを除いていなかった。こうした状態は、名望家たちにとっても大衆にとっても困難なものであった。[118]」

犠牲祭はこうして過ぎたが、ダマスクスの騒乱の直接の引き金となった出来事が直ちに発生した。

「ズー・アルヒッジャ月一八日〔西暦一八六〇年七月七日〕土曜日の夕方、この時点では〔キリスト教徒〕地区は兵隊が警固していて、キリスト教徒が彼らに対し多額の金を与えていたにもかかわらず、何人かの子供が地面に石灰片で十字架の形を描き始めた。ズー・アルヒッジャ月一九日の日曜日、子供たちによるこの行為は増えてきた。月曜日、私はキリスト教徒地区にいたところ、これらの十字架をマルヤミーヤ教会のそばにも発見した。これはキリスト教徒に深刻に受け止められ、聞くところによると〔キリスト教徒の〕ハンナー・フレイジ、アントゥーン・アッシャーミー、ミトリー・シャルフーブが軍司令官のところに行って、これについて苦情を述べた。そして〔軍司令官を〕誤った考えや行動に導いた結果、彼は鉄炮隊長を派遣して、地面に十字架のある店先にいた何人かの群衆をつかまえ、彼らがそのようなことをしていたと主張する、二人の子供を総督府に連行して拘束した。一時間の後、多くの人々が〔子供たちを〕もらい下げに行ったが、引き取ることはできなかった。それから何人かが出てきたが、二人の子供に鉄の鎖をつけて中尉のイブン・ハビーブ・アフマドと共に、キリスト教徒地区を掃き清めるとて送り出されたのであった。[119]」

この光景に憤激した群衆が子供たちを救い出し、店舗を閉めて騒乱が発生した様子は他の史料と符合している。群衆はキリスト教徒地区の襲撃を試みたが、地区を警固していた軍隊は当初騒乱を鎮圧しようとした。『椿事目賭録』は軍隊の行動に突然生じた異変を指摘している。

「……〔ドルーズ派、遊牧民など雑多な群衆は、キリスト教徒〕地区の周辺まで到達した。兵隊は彼らを制止した。騒乱に火がついた。人々が至るところから兵隊たちの方へ集まってきて、襲撃を試みた。すると兵隊はイスラーム教徒に向かって発砲し、その時約一〇人のイスラーム教徒が殺された。人々が言うには、何人かは兵隊による発砲、何人かはキリスト教徒の家からの発砲によるそうだ。そのため人々は兵隊と衝突することを恐れ、躊躇した。ドルーズ派その他は完全武装して戻ってきた。

この時軍隊の将校の一人が現れ、『邪魔するな』(Karsma)と大声で叫び始めた。すると兵隊は、人々の通り道を空けた。そして人々は傭兵と一緒になってキリスト教徒の家を襲撃した。正規軍は武装した者を〔キリスト教徒地区の〕中に入れ、武器を持たない者を制止するようになった。……」(120)

騒乱は三日間続いた。ムハンマド・サイード・アルウストワーニーは、その間の本人の行動について記している。

「……私のような人間は、恐怖のため家の外に出ることができなかった。そして夜になって私たちは地区の様子を窺っていた。あらゆる地区〔の住民は〕、それぞれ同様にしていた。ドルーズ派の蛮行や、地元住民同士のいざこざを恐れていた。金曜日〔一八六〇年七月一三日〕、信仰の足りない〔私は〕恐怖のため金曜礼拝を行わなかった。水曜、木曜も〔礼拝できなかった。〕ウマイヤ・モスクその他の礼拝堂《モスク》は閉鎖され、恐怖が皆を支配していた。[121]」

続いて騒乱が収束する模様を描写している。

「〔新任の〕ダマスクス総督ムアンマル・パシャが出発したとの逓信が届き、騒乱は概ね鎮まった。水曜日〔一八六〇年七月一一日〕より、すべてのキリスト教徒は城塞に集められた。人々は彼らのためにあらゆる喜捨を集めるようになった。国庫は〔キリスト教徒〕全員のために麺麭を配給した。彼らの食物は麺麭、胡瓜、林檎であった。城塞には約一万二〇〇〇人が集まっていた。土曜日〔七月一四日〕、何件かの麺麭焼き窯、乾酪商その他が店を開けた。日曜日〔七月一五日〕、総督がマルジュに到着したことが判った。月曜日〔七月一六日〕、バーブ・アルバリード地区その他の地区の何人かの人々は店を開けた。その日の午後、総督はサーリヒーヤ地区に現れて大シャイフ〔イブン・アルアラビー廟[122]〕を参詣し、ダマスクス市街に入った。[123]」

七月二九日には、フアード・パシャが新任のアラビスタン軍司令官アブド・アルハリーム・パシャと共にダマスクスに入った。八月二日、フアード・パシャはダマスクスの名望家を集めて演説し、処罰を行う方針を明らかにした。そして、殺人や略奪に関与した者の名を書くよう要求した。[124] 八月七日、州参事会は解散を命じられ、一部の会員は拘束された。[125] ムハンマド・サイード・アルウストワーニーは、フアード・パシャの命によって関係者の処罰など、事件の処理が行われる様子を事実関係のみ克明に記録している。その内容はアブー・アッスウード・エフェンディーの『一八六〇年事件始末』の記述に概ね対応している。

（八）　アブド・アッラッザーク・アルビータール

アブド・アッラッザーク・アルビータールは、ヒジュラ暦一二五三年（西暦一八三七／三八年）ダマスクスのミーダーン地区に生まれた。読み書きを覚えた後クルアーンを暗唱し、その朗誦をアフマド・アルヒルワーニー（Aḥmad al-Ḥilwānī 一八一三―一八八九／九〇）に習った。父ハサン・アルビータール、長兄ムハンマド、次兄アブド・アルガニーに従ってイスラーム諸学を修めた。長兄はダマスクスの大法官《ムフティー》マフムード・アルハムザーウィーの補佐官を務めていた。アブド・アッラッザーク・アルビータールはまた、ムハンマド・アッタンターウィー（Muḥammad al-Ṭanṭāwī 一八二五／二六―一八八八／八九）よりアラビア語文法学やイスラーム法学のみならず、暦学、天文学、算術を学んだ。さらにアブド・アルカーディル・アルジャザーイリーの講筵に連なって、イブン・アルアラビー著『メッカ啓示』など神秘主義の書物を読んだ。彼はアブド・アルカーディル・アルジャザーイリーの信頼を受け、アブド・アルカーディルの子息たちの教育を任されるに至った。

アブド・アッラッザーク・アルビータールは三度メッカ巡礼を行い、またヒジュラ暦一三二四年（西暦一九〇六／〇七年）にはイスタンブルに赴いた。イスタンブルではシリアにおける法官などの公職に就くよう勧めがあったが、彼はあらゆる申し出を謝絶した。そしてダマスクスのミーダーン地区にあるカリーム・アッディーン・モスクや自邸で講義を行う生活を選んだ。彼は当時の宗教界が旧習墨守に陥りがちな傾向を批判し、時代に適応したイスラーム解釈を主張したため、イスラーム改革運動の担い手と目されている。一方、彼は政治との関わりを避けていた。

アブド・アッラッザーク・アルビータールの著作は数十点あると伝えられ、その多くは文学や宗教に関するものである。主著は『貴顕列伝』であり、彼が青年期から晩年に至る間、同時代の名望家の伝記を収集して書き継いだ大作である。

アブド・アッラッザーク・アルビータールはヒジュラ暦一三三五年ラビーウ・アルアウワル月一〇日（西暦一九一七年一月四日）にダマスクスにて没した。[126]

アブド・アッラッザーク・アルビータールは『貴顕列伝』において、一八六〇年の事件をアフマド・パシャの伝記の中で採り上げている。[127] その内容には『一八六〇年事件始末』および『椿事目睹録』に重なる部分が多く見られる。時系列を明確にし、事実関係の記述を優先する点では『椿事目睹録』の文体に近づいている。従ってほとんどの文章は三人称を用い、論評をあまり交えずに書かれている。しかし筆者の居住するミーダーン地区での出来事については、例外的に一人称により筆者の意見・感情が直截に記載され、本史料の特色をなしている。

ダマスクスの騒乱が始まった直後の状況について、次のように記されている。

「〔悪党たちがドルーズ派と一緒になって〕単独で、あるいは徒党を組んで放火、殺人、略奪を開始した。私は直ちに説諭文を書き、ミーダーン地区のカリーム・アッディーン・モスクで、これらの行為は禁じられているとの説法を行った。『〔これらの行為を〕行う者は処罰に直面する。〔キリスト教徒は〕丁寧に扱わなければならず、彼らへの攻撃は直ちに止めなければならない。彼らは我らが有するものを有しており、我らにしてはならぬことを彼らにしてはならぬ。[128] 彼らに危害を加える者は、不名誉と懲罰をもって報いられる。』するとミーダーンの人々は流血を止め、悪党たちから保護するため男女の〔キリスト教徒を〕力の及ぶ限り連れてくるようになった。[129]」

「……ミーダーン地区に連れて来たキリスト教徒が集まってくると、家々は満杯になった。私たちは彼らの間を歩き回ってその無事を喜び、安全であり安心するようにと彼らの心を和らげることを始めた。私たちが彼らを見ると、彼らは涙を流すばかりで何も見えないようであった。心は打ち震え、希望はかすかになり、気が滅入っている様子であった。この女は『私の子供はどこに。』と言い、この女は『肝を潰しました。』と言い、この女は『私の財産は。』と言い、この女は『私はどうしたら良いのでしょう。』と言った。男たちは茫然自失となっている者もあり、酔ってもいないのに正気を失っている人々に見えた。彼らから尊厳や美貌は消えていた。運命により困難と苦痛に陥っていた。私たちは、落涙や悲嘆を押さえることができなかった。私たちが眼のあたりにしたものによって気を失い、卒倒するところであった。何と甚だしき災い、何と大いなる不幸なのだろう。憐憫の情を持つ者の血涙を絞らせ、彼らのために視力を失わんばかりだった。それからミーダーン地区の大勢の者と私たちは、生存者を捜して保護しよう、抹殺を図る者の手から救助しようと出かけたが、剣の刃を受けて裁きのついた者しか見出せなかった。(130)……」

四　名望家たちによる事件への反応

ヒジュラ暦一二八二年ズー・アルカアダ月（西暦一八六六年三／四月）、キプロス島のファマグスタを経てイズミールに追放されていたシャイフ・アブドッラー・アルハラビー、ターヒル・エフェンディー、アブー・アッスウード・エフェンディーの父アフマド・エフェンディーがダマスクスに帰還した。一行がベイルートを出発したとの報せに、ダマスクスの人々はイスラーム教徒のみならず、キリスト教徒、ユダヤ教徒を含む約七〇〇〇人が郊外に向かって彼らを出迎えた。(131)

一八六〇年の事件はキリスト教徒、イスラーム教徒両者に深い傷を残したが、アブー・アッスウード・エフェンディーにとっては、父アフマド・エフェンディーの帰還をもって事件に一つの区切りを見出したことであろう。

イスラーム教徒名望家の事件の渦中における行動は、個別にかなり異なっている。アブド・アルカーディル・アルジャザーイリー、サーリフ・アーガー・アルマハーイニー、マフムード・アルハムザーウィーらは積極的にキリスト教徒を救助する活動に従事した。他の名望家は、群衆と一緒になってキリスト教徒への襲撃に手を染めた者と、傍観した者に分かれた。この態度の差はファアード・パシャによる処罰の際、量刑の違いに反映された。名望家層に属するフスニーは、『歴史選集』において次のように概括している。

「この不幸な事件において、ファアード・パシャが行った糾明の結果として、略奪、殺人への加担といった犯罪行為に、明確な証拠によって関与したことが立証された人々の多くには死刑判決が下され、顔役や法学者を含む名望家の一部に対しては、群衆の悪辣な行動を防止する上で過失があったとの理由で、ダマスクスからの追放が決定された(132)。」

ただし名望家たちの反応は、処断の結果をもって明確に分類可能とは限らない。例えば『悲哀の書』は、アブド・アルカーディル・アルジャザーイリーやサーリフ・アーガー・アルマハーイニーの配下が騒乱勃発直後略奪に加わったが、間もなく態度を改めたと記録している(133)。『一八六〇年事件始末』においては、防遏隊長ムスタファー・ベイ・アルハワースィリーは事件の当初治安維持を試みたものの、配下の暴走を押さえることができず、結果的に本人も処刑された様子が描かれている(134)。また、シャイフ・アブドッラー・アルハラビーやアフマド・エフェンディー・アルハスィービーに関しては、『一八六〇年事件始末』が騒乱の抑止やキリスト教徒保護の試みを伝える一方、キリスト教徒側の史料である『悲哀の書』においては前者を事件の主要な煽動者として指摘し、後者を匿われたキリスト教徒の追出しを図ったと批判しており、評価が大きく分かれている[135]。

事件発生の原因が那辺に存したかについては、フスニーは断定を避けつつ説いている。

「レバノンの歴史家や一部のダマスクスの歴史家は、この大いなる災難となった事件を分析し、そのあらゆる出来事を解説して原因の説明に紙幅を費やしている。理由付けにおいて彼らの結論は分かれており、ある者は政府やその要人の責任を問い、ある者は名望家の責任であるとし、ある者は外国のせいにし、ある者は群衆が原因ではあるが、真実はこの国の幸福を望まない野心ある者に彼らは操られていたのだと述べた。これについて私が明確にする必要はなく、〔事件について〕私が言えることの限度は、これは進歩への最大の障害で没落の最大の要因となった、この郷土の災厄の一つということである。要するにこれは、歴史に類例のない事件なのである[136]。」

事件が名望家の意図に適うものではなかったと、明確に否定するキリスト教徒もあった。アブカリオス『レバノン山の事件における稀有な出来事』は次のように記す。

「……我々の申すところ、シリアのダマスクスで発生したあの事件は、名誉と安寧を重んずるイスラーム法学者たちの意図に沿ったものではなかった。なぜなら、一部の人が想像するのとは違って、イスラーム法はこれらの仕業を容認していないからである。これらは、明示黙示の戒律に違背した群衆によってもたらされたに過ぎない。[137]」

追放されていた名望家はダマスクスに帰還したが、オスマン帝国の制度改革によってかつての影響力は衰えていった。一八六四年の州政法（Teşkil-i Vilâyet Nizamnâmesi）の適用により、ダマスクス州はサイダ州を併せてシリア州となった。[138] 一八六七年の州政法により地方政府の組織が整備される過程で、中央政府の州に対する支配が強化された。社会統合の機能はイスラーム教徒名望家層から、彼らを地方官として取り込んだ州行政組織に移行し、州行政組織にはイスラーム教徒のみならず、非イスラーム教徒も制度的に組み込まれた。[139]

一方ハスィービー家は、二〇世紀までダマスクスにおける名望家の地位を維持していた。アブー・アッスウード・エフェンディーの長男アリー（一九二二／二三没）は、オスマン帝国によるシリア支配が終焉を迎えた一九一八年、預言者門裔総代に選出された。シリアの新たな支配者となったハーシム家は、ダマスクス名望家の出身でオスマン帝国軍人でもあったアリー・リダー・パシャ・アッリカービーを総督に任命した。アリー・リダー・パシャの息子はアリー・アルハスィービーの娘を妻に迎えていた。[140] 次男アフマド・ナスィーブ（一八七三―一九三八）はアリー・リダー・パシャの妹を妻としていた。彼は同時期、ダマスクス市長に任命されていたが、長男アリー没後、預言者門裔総代に選ばれた。[141]

註

（１）　アシュラーフとは預言者ムハンマドの末裔集団で、被り物に緑の布を用いることが許される。ナキーブ・アルアシュラーフは、ある地域におけるその集団の長に与えられる称号。

（2） Muḥammad Abū al-Su'ūd al-Ḥasībī, MS 4668 (4), Ẓāhirīyah Library (Dār al-Kutub al-Ẓāhirīyah)．ただしザーヒリーヤ図書館所蔵の写本は、現在ダマスクスのアサド図書館写本部に移管されている。

（3） Kamāl Sulaymān al-Ṣalībī (ed.), Lamḥāt min Tārīkh Dimashq fī 'Ahd al-Tanẓīmāt: Kunnāsh Muḥammad Abū al-Su'ūd al-Ḥasībī, *al-Abḥāth*, vol. 21 (1968), pp. 57-78; pp. 117-153; vol. 22 (1969), pp. 51-69.

（4） Kamal S. Salibi, The 1860 Upheaval in Damascus as Seen by al-Sayyid Muhammad Abu'l-Su'ud al-Hasibi, Notable and Later *Naqib al-Ashraf* of the City, William R. Polk & Richard L. Chambers (eds.), *Beginnings of Modernization in the Middle East: The Nineteenth Century*, Chicago, 1968, pp. 185-202.

（5） Zakkār (ed.), *Bilād al-Shām*, pp. 281-316.

（6） Salibi, The 1860 Upheaval, p. 187; Zakkār (ed.), *Bilād al-Shām*, p. 14.

（7） MS al-Ḥasībī, 10r.; al-Ṣalībī (ed.), Lamḥāt, vol. 21, p. 129.

（8） MS al-Ḥasībī, 2r. ; al-Ṣalībī (ed.), Lamḥāt, vol. 21, p. 64. ウマル・ブン・ターハ・アルアッタール（'Umar b. Ṭāha al-'Aṭṭār 一八二六―一八九〇）はシャーフィイー学派の法学者で神秘主義思想家。ジュルジャーニー（Abū Bakr 'Abd al-Qāhir b. 'Abd al-Raḥmān b. Muḥammad al-Jurjānī 一〇〇九／一〇―一〇七八頃）はペルシアのゴルガーン（ジュルジャーン）出身の文法学者。あるいはサリービーが註釈するように、イスタンブル等で教鞭を執った文法学者ビルギリー（Zayn al-Dīn Muḥammad b. Pīr 'Alī al-Birgilī /al-Birkawī 一五二二―一五七三）著『助辞新論』（*al-'Awāmil al-Jadīdah*）を指している可能性もある。

（9） al-Bīṭār, *Ḥilyah al-Bashar*, vol.1, p. 100; al-Ḥuṣnī, *Muntakhabāt*, vol. 2, p. 829.

（10） Shaykh al-Ḥamzāwī, *Fatwa Concerning the Fall of the Christians in Damascus in 1860*, Bibliothek der Deutschen Morgenländischen Gesellschaft (Martin-Luther-Universität Halle-Wittenberg), Arab. Hs. 47 (B288).

（11） *The Times* (London), 6 October 1860, p. 10.『タイムズ』紙が掲載した「ある有力なイスラーム教徒」の意見は下記の書物の付録として転載されているが、同書の著者が述べる通り十分な注意が払われたとはいえない。Scheltema, *The Lebanon*, p. 27; pp. 200-201.

（12） Muḥammad Sa'īd al-Usṭuwānī, *Mashāhid wa-Aḥdāth Dimashqīyah fī Muntaṣaf al-Qarn al-Tāsi' 'Ashar AH 1256-1277 (1840-1861)*,

[Damascus], 1994.

（13）フスニーはアブー・アッスウード・エフェンディーの後任として一九〇八年から一九一八年まで預言者門裔総代を務めている。al-Ḥuṣnī, *Muntakhabāt*, vol. 2, p. 829.

（14）Muḥammad Jamīl al-Shaṭṭī, *Rawḍ al-Bashar fī A'yān Dimashq fī al-Qarn al-Thālith 'Ashar wa-Niṣf al-Qarn al-Rābi' 'Ashar AH 1201-1350*, Damascus, 1946. ただし本書では一九九四年版（ダマスクス刊）により引用する。

（15）MS al-Ḥasībī, 4v. ; al-Ṣalībī (ed.), Lamḥāt, vol. 21, p. 75; Salibi, The 1860 Upheaval, p. 186.

（16）フスニーはマフムード・アルハムザーウィーの著作を引用し、「〔ハスィービー家は〕ダマスクスにおいては新参の人々である。」と伝えている。al-Ḥuṣnī, *Muntakhabāt*, vol. 2, p. 829. またサリービーは、アブー・アッスウード・エフェンディーの祖父、アリー・エフェンディーによって一族の系譜が預言者に遡ると強調され始めたと推測している。Salibi, The 1860 Upheaval, p. 186.

（17）al-Murādī, *Silk al-Durar*, vol. 4, p. 62. サリービーはアブドッラー・ブン・アスカルが薬種商（アッタール）として成功したに相違ないと論じている。Salibi, The 1860 Upheaval, p. 185.

（18）アブドッラー・ブン・ザイヌッディーン・アルバスラーウィー（'Abd Allāh b. Zayn al-Dīn al-Baṣrāwī 一六八五／八六—一七五六／五七）はシャーフィイー学派の法学者・歴史家。イスタンブルに生まれ、ダマスクスで活動した。al-Murādī, *Silk al-Durar*, vol. 3, pp. 86-87.

（19）*Ibid.*, vol. 4, pp. 61-62. ビータールはムハンマド・アルアッタールがヒジュラ暦一一三〇年頃生まれ、ガザの法官を務め、ヒジュラ暦一二〇九年（西暦一七九四／九五年）にイスタンブルで没したと記している。al-Bīṭār, *Ḥilyah al-Bashar*, vol. 3, pp. 1375-1381. サリービーはムハンマド・アルアッタールの没年についてはムラーディーの記述がより具体的で信憑性が高いとする。Salibi, The 1860 Upheaval, pp. 185-186, n. 1.

（20）al-Bīṭār, *Ḥilyah al-Bashar*, vol. 2, p. 1093; al-Shaṭṭī, *Rawḍ al-Bashar*, p. 206.

（21）Schatkowski Schilcher, *Families in Politics*, pp. 209-210.

（22）al-Bīṭār, *Ḥilyah al-Bashar*, vol. 2, p. 1093; al-Shaṭṭī, *Rawḍ al-Bashar*, p. 206.

（23）一八四〇年の勅令によって設置された州総督の諮問機関で、正式名称は「ダマスクス高等諮問会議」（Majlis Shūrā al-Shām al-ʻĀlī)。一二名の会員と一名の書記から構成され、全員イスラーム教徒であった。一九世紀中葉の会員として記録があるのは下記の通り（カッコ内は判明している在任期間）。フサイン・エフェンディー・アルムラーディー（一八四〇—五〇）、アブド・アルムフシン・アルアジュラーニー（一八四〇—四七）、ナスィーブ・ブン・フサイン・エフェンディー・アルハムザーウィー（一八四〇—四九）、マフムード・エフェンディー・アルハムザーウィー（前出ナスィーブの子、一八四九／五〇年就任）、ウマル・エフェンディー・アルガッズィー（一八四〇—六〇）、アブー・アッスウード・エフェンディー・アルガッズィー（一八四六年退任）、ムハンマド・ブン・ウスマーン・エフェンディー・アルジャービー（一八四四年就任）、アフマド・エフェンディー・アルハスィービー（アブー・アッスウード・エフェンディーの父、一八六〇年退任）、アフマド・ブン・スライマーン・エフェンディー・アルマーリキー、ハリール・ベイ・アルアズム、ムハンマド・ベイ・アルアズメ（一八六〇年退任）、サーリフ・アーガー・アルマハーイニー、ムスタファー・チェレビー、ムヒーユッディーン・エフェンディー（書記）。Thompson, Ottoman Political Reform, pp. 457-462.

（24） al-Bīṭār, *Ḥilyah al-Bashar*, vol. 1, p. 242.

（25） フスニーによれば、放棄された土地を有力者に委ねて徴税を請け負わせることが当時のオスマン帝国の慣習であり、アフマド・エフェンディーはこれにより徴税権を委ねられたとある。al-Ḥuṣnī, *Muntakhabāt*, vol. 2, p. 828. 一八四五年の史料によれば、ダマスクス近郊五地区（ジャバル・アルカラムーン、ムルジュ・ワ・ル・グータ、ワーディー・アルアジャム、ワーディー・バラダ、イクリーム・アルバッラーン）のうち前者三地区においてアフマド・エフェンディーは元請徴税人であり、他二地区にも徴税農地を設定していた。これら全五地区の徴税総額一万四二八〇キルシュのうち、アフマド・エフェンディーの持分割合は一三・四一パーセントであった。Ghazzal, *L'économie politique*, pp. 81-88.

（26） al-Ḥuṣnī, *Muntakhabāt*, vol. 2, p. 829.

（27） Schatkowski Schilcher, *Families in Politics*, pp. 209-210.

（28） al-Ustuwānī, *Mashāhid wa-Aḥdāth*, p. 180.

（29） al-Bīṭār, *Ḥilyah al-Bashar*, vol. 1, pp. 242-243; MS al-Ḥasībī, 17r. -18v.; 26r. -26v.; al-Ṣalībī (ed.), Lamḥāt, vol. 21, pp. 147-148; vol. 22, p. 64.

（30） 上記註6および7参照。

（31）　MS al-Ḥasībī, 12r.; al-Ṣalībī (ed.), Lamḥāt, vol. 21, p. 134; Salibi, The 1860 Upheaval, p. 187. なお、『一八六〇年事件始末』にある彼の拘束の日付は「ムハッラム月一七日の日曜日」（ただしムハッラム月一七日は西暦八月三日金曜日に対応）とあるが、前後関係から推測して日付に記憶違いがあると解した。

（32）　MS al-Ḥasībī, 19v.; al-Ṣalībī (ed.), Lamḥāt, vol. 21, p. 152; Salibi, The 1860 Upheaval, p. 187.

（33）　Schatkowski Schilcher, *Families in Politics*, pp. 210-211. 同書に掲げられたハスィービー家の系図によれば、アブー・アッスウード・エフェンディーはアブー・アルハワーの娘とも結婚している。

（34）　MS al-Ḥasībī, 3r.; al-Ṣalībī (ed.), Lamḥāt, vol. 21, pp. 68-69.

（35）　*Salname-i Vilayet-i Suriye*, 6th ed., Damascus, 1291(1874), p. 49; *Salname-i Vilayet-i Suriye*, 12th ed., Damascus, 1297 (1880), p. 125; *Salname-i Vilayet-i Suriye*, 13th ed., Damascus, 1298 (1881), p. 122; *Salname-i Vilayet-i Suriye*, 14th ed., Damascus, 1299 (1882), p. 144; *Salname-i Vilayet-i Suriye*, 15th ed., Damascus, 1300 (1883), p. 136; *Salname-i Vilayet-i Suriye*, 23rd ed., Damascus, 1307/08 (1891), p. 66; *Salname-i Vilayet-i Suriye*, 24th ed., Damascus, 1309/10 (1892), p. 127; *Salname-i Vilayet-i Suriye*, 25th ed., Damascus, 1310/11 (1893), p. 137.

（36）　*Salname-i Vilayet-i Suriye*, 9th ed., Damascus, 1294 (1877), p. 69; *Salname-i Vilayet-i Suriye*, 10th ed., Damascus, 1295 (1878), p. 60; *Salname-i Vilayet-i Suriye*, 20th ed., Damascus, 1304/05 (1888/89), p. 67.

（37）　*Salname-i Vilayet-i Suriye*, 21st ed., Damascus, 1305/06 (1889), p. 64.

（38）　*Salname-i Vilayet-i Suriye*, 22nd ed., Damascus, 1306/07 (1890), p. 65; *Salname-i Vilayet-i Suriye*, 23rd ed., Damascus, 1307/08 (1891), p. 66; *Salname-i Vilayet-i Suriye*, 24th ed., Damascus, 1309/10 (1892), p. 124; *Salname-i Vilayet-i Suriye*, 25th ed., Damascus, 1310/11 (1893), p. 134; *Salname-i Vilayet-i Suriye*, 27th ed., Damascus, 1312/13 (1895), p. 107; *Salname-i Vilayet-i Suriye*, 28th ed., Damascus, 1313/14 (1896), p. 91; *Salname-i Vilayet-i Suriye*, 29th ed., Damascus, 1315 (1897/98), p. 120; *Salname-i Vilayet-i Suriye*, 30th ed., Damascus, 1316 (1898/99), p. 124; *Salname-i Vilayet-i Suriye*, 31st ed., Damascus, 1317 (1899/1900), p. 124; *Salname-i Vilayet-i Suriye*, 32nd ed., Damascus, 1318 (1900/1901), p. 123; Khoury, *Urban Notables*, p. 33.

（39）　ビータールによれば、アブー・アッスウード・エフェンディーを預言者門裔総代に推戴する上申書を起草したのは彼の舅にあたる大法官《ムフティー》ムハンマド・アルマニーニーであり、これにダマスクスの名望家たちが署名したといわれる。al-Bīṭār, *Ḥilyah al-Bashar*, vol. 1, p. 100.

（40） al-Ḥuṣnī, *Muntakhabāt*, vol. 2, p. 829; Schatkowski Schilcher, *Families in Politics*, p. 211. エディルネは、首都および聖地を別格とするオスマン帝国五大邑（al-bilād al-khamsah）、すなわちエディルネ、ブルサ、ダマスクス、カイロ、フィリベ（ブルガリアのフィリポポリス）に位置づけられる。「エディルネ名誉法官」などへの任命は、オスマン帝国政府による法学者の格付けとして制度化されていた。

（41） *Salname-i Vilayet-i Suriye*, 30th ed., Damascus, 1316 (1898/99), p. 97; *Salname-i Vilayet-i Suriye*, 31st ed., Damascus, 1317 (1899/1900), p. 97; *Salname-i Vilayet-i Suriye*, 32nd ed., Damascus, 1318 (1900/1901), p. 95.

（42） al-Bīṭār, *Ḥilyah al-Bashar*, vol. 1, p. 100.

（43） al-Ḥuṣnī, *Muntakhabāt*, vol. 2, p. 829.

（44） al-Muḥsinūn li-l-Shām wa-li-Miṣr, *al-Muqtabas*, vol. 5, no. 7 (Aug. 1910), p. 484.

（45） Ṭarrāzī, *Khazā'in al-Kutub al-'Arabīyah*, vol. 1, p.278.

（46） Kurd 'Alī, *Khiṭaṭ al-Shām*, vol. 6, p. 204.

（47） MS al-Ḥasībī, 6r. -10v.; al-Ṣalībī (ed.), Lamḥāt, vol. 21, pp. 117-129.

（48） MS al-Ḥasībī, 6r.; al-Ṣalībī (ed.), Lamḥāt, vol. 21, p. 117. ジズヤ税は、被保護民に課される人頭税である。これに対しハラージ税は土地に課される税であるが、その理解は学派によって分かれている。ハラージ税を土地に着目して、ムスリムによる征服地に対する地租と解する場合と、所有者に着目して被保護民の所有する土地への地租と解する場合がある。後者の立場からジズヤ税とハラージ税を一体視し、さらにジズヤ税を「人頭ハラージ税」（baş kharâj）と解するにおよび、両者は混同されて用いられるようになった。 Tabātabā'ī, *Kharāj*, p. 87.

（49） MS al-Ḥasībī, 6r.; al-Ṣalībī (ed.), Lamḥāt, vol. 21, pp. 117-118; Salibi, The 1860 Upheaval, p. 190.

（50） MS al-Ḥasībī, 6r.; al-Ṣalībī (ed.), Lamḥāt, vol. 21, p. 118; Salibi, The 1860 Upheaval, p. 191.

（51） MS al-Ḥasībī, 7r.; al-Ṣalībī (ed.), Lamḥāt, vol. 21, pp. 118-119; Salibi, The 1860 Upheaval, p. 191.

（52） MS al-Ḥasībī, 7r.; al-Ṣalībī (ed.), Lamḥāt, vol. 21, p. 119.

（53） MS al-Ḥasībī, 7r.-7v.; al-Ṣalībī (ed.), Lamḥāt, vol. 21, pp. 119-120.

(54) MS al-Ḥasībī, 7v.; al-Ṣalībī (ed.), Lamḥāt, vol. 21, p. 120.

(55) MS al-Ḥasībī, 7v.; al-Ṣalībī (ed.), Lamḥāt, vol. 21, p. 121.

(56) MS al-Ḥasībī, 7v.-8r.; al-Ṣalībī (ed.), Lamḥāt, vol. 21, p. 121.

(57) MS al-Ḥasībī, 8r.-8v.; al-Ṣalībī (ed.), Lamḥāt, vol. 21, pp. 122-123.

(58) MS al-Ḥasībī, 9r.; al-Ṣalībī (ed.), Lamḥāt, vol. 21, p. 127.

(59) アブー・アッスウード・エフェンディーは、「これ〔ザハレの被害〕は彼らの狼藉に見合ったもので、過酷ではない。」と評している。MS al-Ḥasībī, 8r.; al-Ṣalībī (ed.), Lamḥāt, vol. 21, p. 123.

(60) MS al-Ḥasībī, 8v.; al-Ṣalībī (ed.), Lamḥāt, vol. 21, p. 124.

(61) MS al-Ḥasībī, 8v.-9r.; al-Ṣalībī (ed.), Lamḥāt, vol. 21, p. 125.

(62) 日の出から昼の時間を計る「アラビア時間」である。al-Ṣalībī (ed.), Lamḥāt, vol. 21, p. 130, n. 2 参照。アラビア時間と西洋時間の対照表は *Salname-i Vilayet-i Suriye*, 8th ed., Damascus, 1293 (1876), p. 15. にある。七月九日の「アラビア時間七時」は正午頃に相当する。

(63) MS al-Ḥasībī, 9r.-9v.; al-Ṣalībī (ed.), Lamḥāt, vol. 21, p. 126.

(64) MS al-Ḥasībī, 9v.-10r.; al-Ṣalībī (ed.), Lamḥāt, vol. 21, pp. 127-128.

(65) MS al-Ḥasībī, 10r.; al-Ṣalībī (ed.), Lamḥāt, vol. 21, p. 129; Salibi, The 1860 Upheaval, p. 196. キリスト教徒による史料は、アブドッラー・アルハラビーを非難するものが多い。『悲哀の書』には、アブドッラー・アルハラビーが消火のために呼んだサーリヒーヤ地区の住民がキリスト教徒へのさらなる加害に及んだとある。本書五一五頁。しかし、ディミトリー・ダッバース (Dīmitrī b. Yūsuf b. Jirjis b. Dabbās 一八三七—一九一二) は、その回想録においてアブドッラー・アルハラビーの屋敷に隠れていたと記録する。Massūḥ, Aḥdāth 1860, pp. 306-307.

(66) MS al-Ḥasībī, 10r.; al-Ṣalībī (ed.), Lamḥāt, vol. 21, p. 129. ハサン・ベイ、イブラーヒーム・ベイはアズム家に属する。両名とも事件の後捕えられ、処刑された。

(67) ムスタファー・ベイ・アルハワースィリーはオスマン帝国の退役少佐であり、英国領事ウッドの庇護により「ベイ」の称号を受け、またクリミア戦争に際しては駄獣の調達に協力し利益を得た。『悲哀の書』本書五五八—五五九頁 ; *The Times* (London),

3 September 1860, p. 8. 一八六〇年の事件に先立ち総督アフマド・パシャによって防遏隊隊長に任命された。MS al-Ḥasībī, 5v.; al-Ṣalībī (ed.), Lamḥāt, vol. 21, p. 77; Salibi, The 1860 Upheaval, p. 189. 宣教師スマイリー・ロブソン（本書第四章一六一頁参照）が記した事件に関する覚書によれば、「〔七月八日の晩〕ムスタファー・ベイ・アルハワースィリーは、キリスト教徒の重立った何人かを訪問して彼らを『もはや恐れなければならない理由は何もなく、貴方がたは戸を開け放して眠ることができる。』と説得し、彼らの完全なる安全を保証していた。」Memorandum, Incl. in No. 146, *Correspondence*, p. 142. ミーハーイール・ミシャーカは騒擾の発生を知って、まずムスタファー・ベイ・アルハワースィリーの保護を得ようと試みたのである。（本書第二章八五頁参照）

（68） MS al-Ḥasībī, 5r.; al-Ṣalībī (ed.), Lamḥāt, vol. 21, p. 78; Salibi, The 1860 Upheaval, p. 189.

（69） MS al-Ḥasībī, 10r.-10v.; al-Ṣalībī (ed.), Lamḥāt, vol. 21, pp. 129-130; Salibi, The 1860 Upheaval, p. 195.

（70） MS al-Ḥasībī, 10v.; al-Ṣalībī (ed.), Lamḥāt, vol. 21, p. 130; Salibi, The 1860 Upheaval, p. 196.

（71） MS al-Ḥasībī, 10v.; al-Ṣalībī (ed.), Lamḥāt, vol. 21, p. 130; Salibi, The 1860 Upheaval, p. 195.

（72） MS al-Ḥasībī, 11v.; al-Ṣalībī (ed.), Lamḥāt, vol. 21, pp. 132-133; Salibi, The 1860 Upheaval, p. 196.

（73） Massūh, Aḥdāth 1860, pp. 304-305.

（74） [Qasāṭlī/Makāriyūs,] *Ḥasr al-Lithām*, p. 235.

（75） MS al-Ḥasībī, 11v.; al-Ṣalībī (ed.), Lamḥāt, vol. 21, p. 133; Salibi, The 1860 Upheaval, p. 197.

（76） MS al-Ḥasībī, 11r.; al-Ṣalībī (ed.), Lamḥāt, vol. 21, p. 133.

（77） 『一八六〇年事件始末』にファード・パシャの到着は「月曜日」（七月三〇日）とあるが、ウストワーニー、ビータールの記録に従う。MS al-Ḥasībī, 11v.; al-Ṣalībī (ed.), Lamḥāt, vol. 21, p. 134; al-Usṭuwānī, *Mashāhid wa-Aḥdāth*, p. 178; al-Bīṭār, *Hilyah al-Bashar*, vol. 1, p. 267.

（78） 『一八六〇年事件始末』は州参事会の招集をファード・パシャのダマスクス到着翌日と記しているが、ウストワーニー、ビータールの記録により修正する。MS al-Ḥasībī, 12r.; al-Ṣalībī (ed.), Lamḥāt, vol. 21, p. 134; al-Usṭuwānī, *Mashāhid wa-Aḥdāth*, p. 178; al-Bīṭār, *Hilyah al-Bashar*, vol. 1, p. 267.

（79） ダマスクス街域西側のバラダ川沿いに、一六世紀中葉スライマーン一世の命によって建築家ミーマール・シナンが建設したモスク、修道場等の集合宗教施設。

（80）MS al-Ḥasībī, 12r.; al-Ṣalībī (ed.), Lamḥāt, vol. 21, pp. 134-135.

（81）MS al-Ḥasībī, 13r.-13v.; al-Ṣalībī (ed.), Lamḥāt, vol. 21, pp. 137-138; Salibi, The 1860 Upheaval, p. 198.

（82）MS al-Ḥasībī, 13v.; al-Ṣalībī (ed.), Lamḥāt, vol. 21, p. 139.

（83）MS al-Ḥasībī, 13r.; al-Ṣalībī (ed.), Lamḥāt, vol. 21, p. 137.

（84）MS al-Ḥasībī, 13v.; al-Ṣalībī (ed.), Lamḥāt, vol. 21, p. 139.

（85）八月二〇日の「アラビア時間六時」は深夜〇時四〇分頃に相当する。

（86）MS al-Ḥasībī, 13v.-14r.; al-Ṣalībī (ed.), Lamḥāt, vol. 21, pp. 139-140; Salibi, The 1860 Upheaval, pp. 198-199.

（87）MS al-Ḥasībī, 14v.; al-Ṣalībī (ed.), Lamḥāt, vol. 21, p. 140.

（88）八月二〇日の「アラビア時間四時前」は朝九時二〇分頃に相当する。

（89）MS al-Ḥasībī, 14v.-15r.; al-Ṣalībī (ed.), Lamḥāt, vol. 21, p. 141.

（90）MS al-Ḥasībī, 15r.; al-Ṣalībī (ed.), Lamḥāt, vol. 21, p. 141.

（91）MS al-Ḥasībī, 15r.-15v.; al-Ṣalībī (ed.), Lamḥāt, vol. 21, pp. 141-142; Salibi, The 1860 Upheaval, pp. 199-200. ファード・パシャが大宰相アーリー・パシャに宛てた八月二〇日付の報告によれば、この日処刑した罪人の総計は一六七《ママ》人で絞首刑五七《ママ》人、銃殺刑一一〇人であった。また、労役刑および禁固刑を科す罪人を、二一日ベイルートに護送すると記している。Fuad to Aali, Damas, le 20 Aout 1860, No. 98, *Correspondence*, pp. 81-82. アブドルカリーム・ラーフィクは、ダマスクスの法廷文書に残る遺産分割記録（qassām registers）から処刑された八名の記述を抽出し、遺産や債権者の分析を通じてキリスト教徒襲撃者たちの経済社会的背景を議論している。この論文で取り上げられた八名のうち五名は『一八六〇年事件始末』にその名が言及される。Rafeq, New Light, pp. 412-430.

（92）MS al-Ḥasībī, 15v.; al-Ṣalībī (ed.), Lamḥāt, vol. 21, p. 142.

（93）al-Bīṭār, *Ḥilyah al-Bashar*, vol. 1, p. 269.

（94）MS al-Ḥasībī, 16r.-16v.; al-Ṣalībī (ed.), Lamḥāt, vol. 21, pp. 143-144; Salibi, The 1860 Upheaval, p. 200. アブー・アッスウード・エフェンディーはカナワート地区に二軒の家を持っていたため、一軒は接収を免れた。al-Ustuwānī, *Mashāhid wa-Aḥdāth*, p. 182.

(95) MS al-Ḥasībī, 16v.; al-Ṣalībī (ed.), Lamḥāt, vol. 21, p. 144.

(96) MS al-Ḥasībī, 17r.-17v.; al-Ṣalībī (ed.), Lamḥāt, vol. 21, pp. 145-146.

(97) 追放の日付は、ファード・パシャ発フレイザー少佐（Alexander John Fraser 事件発生直後、オスマン帝国軍との連絡のためダマスクスに派遣された英陸軍軍人）宛書簡に従う。同書簡には、「……特別法廷は、〔逮捕された名望家たちが〕法に従って極刑に処せられるべき十分な証拠を発見すべく努力したが、……そのような証拠はまだ得られていないため、私はその一部の者を監獄に終身または一定期間投獄するか、もしくは一時的に追放する判決を下した。……」と処分の理由が記され、追放された名望家の名簿が添付されている。これによれば終身刑に処せられたのはシャイフ・アブドッラー・アルハラビーでその家族はダマスクスを所払い、一五年以下の禁固刑はアブドッラー・ベイ・ナースィーフ・パシャ、アフマド・エフェンディー・アルハスィービー、ムハンマド・ベイ・アルアズメ、一〇年以下の禁固刑はターヒル・エフェンディーとウマル・エフェンディー・アルガッズィー、三年以下の追放はアブドッラー・ベイ・アルアズム、その息子アリー・ベイ、アフマド・エフェンディー・アルアジュラーニー、アブド・アルハーディー・エフェンディー・アルウマリーであった。同書簡にはこれらの名望家をベイルートに護送した後、キプロス島に追放するとある。実際は流刑に処せられた者は上記に限定されず、またロードス島に追放された者もあった。Fuad to Fraser, Damas, le 20 Octobre 1860, Incl. 1 in No. 173, *Correspondence*, pp. 187-188. 一方『一八六〇年事件始末』は、追放の日を「ラビーウ・アッサーニー月六日《〔ママ〕》、月曜日（西暦一八六〇年一〇月二二日）」と記録している。MS al-Ḥasībī, 18r.; al-Ṣalībī (ed.), Lamḥāt, vol. 21, p. 148.

(98) MS al-Ḥasībī, 18r.; al-Ṣalībī (ed.), Lamḥāt, vol. 21, p. 148.

(99) al-Bīṭār, *Hilyah al-Bashar*, vol. 1, p. 275.

(100) MS al-Ḥasībī, 18v.; al-Ṣalībī (ed.), Lamḥāt, vol. 21, p. 149; Salibi, The 1860 Upheaval, pp. 187-188.

(101) MS al-Ḥasībī, 19v.; al-Ṣalībī (ed.), Lamḥāt, vol. 21, p. 152.

(102) ビータールによれば、特別税の具体的負担額を定めたファード・パシャの布告は一八六一年五月三〇日発出された。al-Bīṭār, *Hilyah al-Bashar*, vol. 1, pp. 275-278.『悲哀の書』は特別税の地域別賦課額を記録している。本書五九四―五九五頁。

(103) al-Bīṭār, *Hilyah al-Bashar*, vol.1, p. 277.『悲哀の書』によれば、ダマスクス街域に課された二万五〇〇〇キースの特別税は一万六五〇〇キースの一般特別税と八五〇〇キースの個別特別税に分けられた。本書五九六頁。

(104) MS al-Ḥasībī, 20v.; al-Ṣalībī (ed.), Lamḥāt, vol. 22, p. 51. ウストワーニーによれば、アブド・アルカーディルは一八六一年六月一七日頃までに、約一四〇〇人の細民に対し自らの配下であるとの証文を発給したが、特別税徴収官フルシード・エフェンディーはその証文を顧慮せず、持参人を投獄したという。al-Usṭuwānī, *Mashāhid wa-Aḥdāth*, p. 222.

(105) MS al-Ḥasībī, 20v.; al-Ṣalībī (ed.), Lamḥāt, vol. 22, pp. 51-52.

(106) Schatkowski Schilcher, *Families in Politics*, pp. 197-198.

(107) al-Ḥuṣnī, *Muntakhabāt*, vol. 2, pp. 768-770; Schatkowski Schilcher, *Families in Politics*, pp. 198-199.

(108) Muslim, *Ṣaḥīḥ*, vol. 8, p. 17.

(109) アブー・ダーウド編『預言者言行録』などに典拠が求められるが、「彼ら」とは被保護民ではなく改宗者を指すなど解釈に議論の多い言葉である。Abū Dāwud, *Sunan*, vol. 2, p. 450.

(110) クルアーン二章一一一節。

(111) クルアーン三七章九二節。

(112) クルアーン五八章一九節。

(113) MS al-Ḥamzāwī, 1r.; *The Times* (London), 6 October 1860, p. 10.

(114) al-Usṭuwānī, *Mashāhid wa-Aḥdāth*, pp. 49-50.

(115) *Ibid.*, p. 50.

(116) *Ibid.*, p. 162.

(117) *Ibid.*, p. 172.

(118) *Ibid.*, pp. 172-173.

(119) *Ibid.*, p. 173.

(120) *Ibid.*, p. 174.

(121) *Ibid.*, p. 175.

(122) Muḥīy al-Dīn Abū ʻAbd Allāh Muḥammad b. ʻAlī b. al-ʻArabī al-Ḥātimī al-Ṭāʼī 一一六五—一二四〇。アンダルシアのムルシア生まれ。マグリブ、エジプト、ヒジャーズ、アナトリアの遍歴を経てダマスクスに移住し、その地で没する。『メッカ啓示』等の著作によりスーフィズム思想に大きな影響を残した。また、彼に帰せられる『ウスマーンの国のヌウマーンの樹』（*al-Shajarah al-Nuʻmānīyah fī al-Dawlah al-ʻUthmānīyah*）がオスマン朝の隆盛を予言したと信じられ、オスマン帝国の官民により特別の尊崇を受けた。

(123) al-Usṭuwānī, *Mashāhid wa-Aḥdāth*, pp. 175-176.

(124) *Ibid.*, p. 178.

(125) *Ibid.*, p. 180.

(126) al-Bīṭār, Tarjamah, pp. 317-324.

(127) al-Bīṭār, *Ḥilyah al-Bashar*, vol.1, pp. 260-280.

(128) マフムード・アルハムザーウィーの『法的見解』にも主要な論拠として引用されるハディースである。

(129) al-Bīṭār, *Ḥilyah al-Bashar*, vol. 1, p. 263.

(130) *Ibid.*, vol.1, p. 264.

(131) MS al-Ḥasībī, 26r. -26v.; al-Ṣalībī (ed.), Lamḥāt, vol. 22, p. 64.

(132) al-Ḥuṣnī, *Muntakhabāt*, vol. 1, p. 267.

(133) 本書五〇三頁および五二一頁。

(134) MS al-Ḥasībī, 10r. -10v.; al-Ṣalībī (ed.), Lamḥāt, vol. 21, pp. 129-130; Salibi, The 1860 Upheaval, p. 195.

(135) 本書五一五頁および五六一頁。

(136) al-Ḥuṣnī, *Muntakhabāt*, vol. 1, p. 266.

(137) Abkāriyūs, *Nawādir al-Zamān*, p. 253.

(138) ʻAwaḍ, *al-Idārah al-ʻUthmānīyah*, pp. 66-71.

(139) アブー・アッスウード・エフェンディーは、州政府改革を経て各種委員会のそれぞれにキリスト教徒二名、ユダヤ教徒一名、ドルーズ派一名が選ばれるようになったと記している。MS al-Ḥasībī, 25r.; al-Ṣalībī (ed.), Lamḥāt, vol. 22, p. 62.

(140) al-Ḥuṣnī, *Muntakhabāt*, vol. 2, p. 829; al-Ḥāfiẓ and Abāẓah, *Tārīkh ʻUlamāʼ Dimashq*, vol. 3, p. 94; Schatkowski Schilcher, *Families in Politics*, pp. 210-211.

（141）　al-Ḥuṣnī, *Muntakhabāt*, vol. 2, p. 829; al-Ḥāfiẓ and Abāẓah, *Tārīkh ʿUlamāʾ Dimashq*, vol. 3, p. 141; Schatkowski Schilcher, *Families in Politics*, p. 211.

第六章　キリスト教徒を救ったムスリム
――アブド・アルカーディル・アルジャザーイリー――

一　人物・史料・アミール推戴

アブド・アルカーディル・アルジャザーイリー（ʻAbd al-Qādir al-Jazāʼirī 一八〇七―一八八三）はムアスカル（Muʻaskar/Mascara）のアミールとしてアルジェリアにおけるアラブおよびベルベル人の指導者となり、同地域の支配を企図した仏軍と一八三二年から一五年にわたり闘った。一八四七年、彼は仏軍と和睦して一族と共にフランス本国に移送された。一八五五年、最終的な流謫地に定められたダマスクスに居を構え、一八六〇年の事件に際しては各国領事や外国居留民、現地キリスト教徒の保護に全力を挙げた。その後、彼は政治から距離を置き、ダマスクスにおいて宗教的省察と教育に従事する生活を送った。一八八三年、ダマスクス近郊のドゥンマルにて没した。

アブド・アルカーディルはアルジェリアにおける独立運動の祖と尊崇され、伝記や研究書は現在に至るまで、枚挙に暇のない点数が公刊されている。その中で一次史料の価値を有する文献は、①アブド・アルカーディルの自筆書簡および著書、②アブド・アルカーディルと面識のある外国人による報告および評伝、③アブド・アルカーディルの親族・友人による記録および著書に大別される。

アブド・アルカーディルの書簡は比較的多数現存し、一部は公刊されているが、未だ収集整理の途上にある。これらの書簡には外国語訳文のみが伝わり、アラビア語原文の所在が不明であるものも多い。しかし本人の手になる書簡は、その人物像を解明する上で不可欠の材料を提供している。

アブド・アルカーディルに帰せられる著作は、数点知られている。これらの文献について、アブド・アルカーディルの曾孫で彼の研究家であるバディーア・アルジャザーイリー女史は厳しい批判の眼を向けている。バディーア女史によれば、アブド・アルカーディルの真作と断定できる作品は書簡や詩集を除き、『諸隊の旗幟とムハンマド戦捷軍の精華』（*Wishāḥ al-Katā'ib wa-Zaynah al-Jaysh al-Muḥammadī al-Ghālib* 以下『諸隊の旗幟』と略す）[1]と『謬見背教をもってイスラーム教を難ずる者の舌を断つ鋭利な鋏』（*al-Miqrāḍ al-Ḥādd li-Qaṭ' Lisān Muntaqiṣ Dīn al-Islām bi-l-Bāṭil wa-l-Ilḥād* 以下『鋭利な鋏』と略す）[2]の二点に限定されるという。バディーア女史は、アブド・アルカーディルが一八五五年、仏アジア協会に提出したとされる論文『識者への覚書と粗忽者への注意書』（*Dhikrā al-'Āqil wa-Tanbīh al-Ghāfil* 以下『識者への覚書』と略す）[3]の真正性に疑義を呈し、[4]ダマスクス時代に著したとされる『訓導における諸階梯の書』（*Kitāb al-Mawāqif fī al-Wa'ẓ wa-l-Irshād* 以下『諸階梯の書』と略す）[5]は、彼の周辺の法学者や神秘主義思想家たちが彼の見解を編集して仮託した作品に過ぎないと断じている。[6]またアブド・アルカーディルが一八四九年、獄中で著したとされ、一九七〇年に写本の存在が広く知られた『回顧録』（*Mudhakkirāt al-Amīr 'Abd al-Qādir*）[7]に至っては、偽作であると主張している。[8]

アブド・アルカーディルと同時代の外交官・外国軍人による報告には、興味深い情報が多数含まれている。主要な報告は英仏の外交文書として保管され、一部は公刊されている。一八六〇年事件におけるアブド・アルカーディルの功績を契機として、一八六〇年代以降、英語・仏語による彼の評伝が多数出版された。代表的な作品として、アレキサンドル・ベルマール（Alexandre Bellemare 一八一八―一八八五）による『アブド・アルカーディル　その政治的軍事的人生』[9] およびチャールズ・ヘンリー・チャーチル大佐（Charles Henry Churchill 一八〇七―一八六九）による『アルジェリアのアラブの元スルターン・アブド・アルカーディル伝』[10] がある。

ベルマールは一八三七～三九年、東洋言語学校に学んだ後、一八四二年に法学の学位を取得し、一八四三～六〇年には仏陸軍省アルジェリア局に通訳書記官として勤務した。一八五二年一〇月から一一月にかけて、パリに滞在していたアブド・アルカーディルの通訳を務めた[11]。彼は一八六二年、七回にわたり『時事彙報』（*Revue contemporaine*）にアブド・アルカーディルの伝記を寄稿し、翌年これを編集公刊した[12]。ベルマールによる評伝は一八六〇年までの期間を記録しているが、ダマスクス移住後のアブド・アルカーディルの活動についての記載は、ラヌス仏国領事事務代理の報告など間接情報に基づいている。

チャーチル大佐は、初代マールバラ公ジョン・チャーチルの弟を祖とする家族に生まれた。彼は軍人の道を選び、ポルトガルでの軍役（一八二七―一八二八）、第一次カルリスタ戦争（一八三三―一八四〇）従軍等の軍歴を経て、一八四〇年には英シリア遠征軍に参加した。一八四〇年一二月、ベイルートに上陸したチャーチル大佐は、一八四一年、軍務を退いて短期間ダマスクスの副領事を務め、同年シリア人女性と再婚した。彼は一八四一年から一八六九年に没するまで、ベイルートから約一五キロメートル東に位置するレバノン山中のブフーワーラー村（Bḥūwārā/Bhouara）に居住した[13]。一八五三年、イスタンブルに旅行したチャーチル大佐は、ブルサにアブド・アルカーディルを訪ねた。一八五五年末にブルサからダマスクスに流謫の地を転じたアブド・アルカーディルは、レバノン山でチャーチル大佐と再会した。これらを機縁として、チャーチル大佐はアブド・アルカーディルの伝記を著すことを約した。一八五九年の冬から翌年春にかけて、彼はダマスクスに滞在して五か月の間毎日一時間、アブド・アルカーディルより回想を聴取することになった。一八六〇年の事件が発生した時点において、チャーチル大佐はダマスクスをすでに去っていたので、事件に関する記述は目撃者の証言に基づくと記されている。また、彼はアブド・アルカーディルの口述を書物に編集する際、ベルマールによる評伝を参照したと明示している。[14]これらの作品は、アブド・アルカーディルの思想や行動の貴重な記録である反面、引用されるアブド・アルカーディルの発言には明らかに外国への配慮が反映している。また発言を引用する伝記筆者には、その政治的立場が影響している事実は疑いなく、史料の扱いに留意が必要である。

アブド・アルカーディルの親族・友人がアラビア語で著した作品としては、彼の長男ムハンマド・パシャ（一八四〇—一九一三）が一九〇三年に出版した『アミール・アブド・アルカーディルの事蹟とアルジェリア事情の探訪者への進物』（*Tuḥfah al-Zā'ir fī Ma'āthir al-Amīr 'Abd al-Qādir wa-Akhbār al-Jazā'ir* 以下『探訪者への進物』と略す）[15] およびダマスクスの名望家で、アブド・アルカーディルの子弟の教育を委ねられたアブド・アッラッザーク・アルビータールの『貴顕列伝』[16] に収められた記事が著名である。

『探訪者への進物』はアブド・アルカーディルの死と各界からの弔辞をもって結ばれており、一八八三年から出版年である一九〇三年の間に執筆されている。初稿はアブド・アルカーディルの没年から数年の間に成立したとみられるが、この原稿についてムハンマド・パシャの親族の間で疑問の声が上がり、著者が不在の間に密かに持ち去られて行方不明になった。初稿が盗難に遭った後ムハンマド・パシャは残された史料を再度編集し、初稿とほとんど同じ新稿を書き上げた。[17] バディーア女史によれば、『探訪者への進物』におけるアブド・アルカーディルの事蹟に関し、彼の仏軍に対する聖戦の終結を、降伏と理解される表現を用いたことへの親族の反撥が最大の理由であり、初稿は焼却されたという。[18] また、アブド・アルカーディルの長男であったムハンマド・パシャは、父が没した直後から他の兄弟と相続を巡って軋轢が生じたことも事態を悪化させた。ムハンマド・パシャは『探訪者への進物』において、アブド・アルカーディルが没した翌日、遺児たちや親族が会議を開いてムハンマド・パシャを一門の棟梁に選出し、服従を誓ったと記している。[19] しかし、ムハンマド・パシャが父の全遺産に手をつけたことに対して、他の兄弟は権利保全の訴訟を起こした。[20]『探訪者への進物』がアブド・アルカーディルの没年から二〇年を経て、アレキサンドリアで出版された背景にはこのような経緯が存在している。

アブド・アルカーディルの祖先はマグリブ地方のイドリース朝君主、さらには預言者ムハンマドに遡ると伝えられる。[21] アブド・アルカーディルの曾祖父アフマド・アルムフタールは、オラン（Wahrān/Oran）を占領したスペイン人と戦って一七九七年、戦死した。[22] 祖父ムスタファーは、ギリース（Ghirīs）地方の法学者として有名であった。[23]

アブド・アルカーディルは一八〇七年九月、オラン近くのカイタナ（al-Qayṭanah）農場で、[24] カーディリーヤ教団の長老でもあった父ムヒーユッディーン（Muḥīy al-Dīn 一七七六／七七―一八三三）の次男として生まれた。[25] 兄ムハンマド・アッサイード（Muḥammad al-Saʿīd 一八〇三頃―一八六一／六二）、弟ムスタファー（Muṣṭafā 一八〇九年頃生）、フサイン（Ḥusayn）、アフマド（Aḥmad 一八三三／三四―一九〇二）の四名の兄弟の名が知られている。また、ザフラ（Zahrah）、サイーダ（Saʿīdah）、アーイシャ（ʿĀʾishah）という三人の姉妹の名が伝わっている。[26] アブド・アルカーディルは五歳で読み書きを覚え、一二歳になると父の下でイスラーム法学を学び始めた。一四歳で彼はクルアーンを暗唱した。[27] 一八二〇／二一年にはオランに移り、古今の歴史のみならずプラトン、ピタゴラス、アリストテレスの著作や天文学、地理学を学んだ(28)。彼は武芸においても才能を示し、特に乗馬では誰にも引けを取らなかった(29)。

一八二五年、アブド・アルカーディルは父に従ってメッカ巡礼を行った。その途上カイロを訪れ、エジプト総督ムハンマド・アリーの歓待を受けた。帰路ダマスクス、バグダードに立ち寄り、ダマスクスではハーリド・アンナクシュバンディー(Khālid al-Naqshbandī 一七七九/八〇—一八二七)によりナクシュバンディー教団の神秘主義に接し、バグダードではマフムード・アルギーラーニー(Maḥmūd al-Gīlānī 一八四二/四三没)によりカーディリーヤ教団の神秘主義を学んだ。彼は再びメッカ、メディーナを訪れ、一八二八年、アルジェリアに戻った(30)。

当時、アルジェリアはオスマン帝国の名の下、デイ(Dayı/Dāy)の称号を持つ土着化したオスマン軍人が実権を掌握し、各都市にベイと呼ばれる配下の軍人を任命して支配していた。一七九三〜九八年、ナポレオン軍の糧食としてアルジェリア産小麦がアルジェリアのユダヤ教徒商人二家族を通じて調達され、八〇〇万フランに及ぶその代金が未払いになっていた。これら商人に対する債権者の地位を承継していたフサイン・デイ(al-Dāy Ḥusayn 一七六五—一八三八)は債務返済を要求したが、商人たちは仏国からの小麦代金が支払われない限り弁済できないと抗弁していた。そこでフサイン・デイは仏国王に小麦代金の支払いを求める書簡を送ったものの、満足な回答は得られなかった。さらに仏国領事ピエール・デュヴァル(Pierre Deval 一七五八—一八二九)の甥である副領事は、アルジェリアにある仏人経営の工場に大砲を据えて要塞化した。フサイン・デイは一八二七年四月、デュヴァル領事を招致して談判に及んだ。領事の言辞に激昂したフサイン・デイは、手にしていた払子で相手を三度打った。仏国政府はフサイン・デイに陳謝を求めたが、オスマン帝国と英国の後ろ盾を当てにしたデイは、これを拒絶した。そこで仏海軍は、アルジェリアの諸港を封鎖した。しかし封鎖の実効は挙がらず、一八二九年には仏軍艦が陸から砲撃された。その間、仏宮廷においては、アルジェリアに対する遠征軍の派遣、あるいは仏国と良好な関係にあったエジプト総督ムハンマド・アリーによる占領統治が議論されていた。一八三〇年三月に至り、仏国王シャルル一〇世はアルジェリアの征服を宣言した。同年七月、ブルモン将軍（Louis-Auguste-Victor, Count de Ghaisnes de Bourmont 一七七三―一八四六）に率いられた仏軍はアルジェに砲撃を加えた後、アルジェから約二〇キロメートル西のシディー・ファラジに上陸した。将軍は直ちにアルジェリア諸州は仏領であると宣言し、城塞や市街に仏国旗を掲揚した。フサイン・デイは退去させられ、仏国王の公布する法令が施行された。フサイン・デイの一億フランと見積もられた私財は没収され、その半分は仏本国に運ばれる途上、将校たちに横領された。仏軍はアルジェの街を拡充し、海岸の諸都市を支配下に置いた。(31)

アルジェリアの名望家や諸氏族は当初、仏軍の上陸をフサイン・デイに対する一過性の懲罰と受け取っていた。しかし仏軍による占拠が恒常化するのを見て集会を開き、仏軍に対抗するためマラケシュのスルターン、アブド・アッラフマーンに臣従して抵抗を継続することに決した。仏軍はアブド・アッラフマーンに使者を送り、アルジェリアから撤兵しなければ攻撃すると警告した。そのためマラケシュのスルターンはアルジェリアから手を引いた。(32)アルジェリア諸州のアラブ・ベルベル人はアブド・アルカーディルの父ムヒーユッディーンを彼らの指導者、アミールに推戴しようとした。しかしムヒーユッディーンは、若く文武に秀でたアブド・アルカーディルにアミールの座を譲ると提案した。(33)一八三二年一一月、アブド・アルカーディルはムアスカルの街に入った。一一月二七日、ムアスカルの近郊ギリース平原に一万人の騎士が集結し、ダルダーラの大樹の下で父ムヒーユッディーンを先頭にアブド・アルカーディルに対し臣従の誓いを行った。父はアブド・アルカーディルに「信徒の長、ナースィルッディーン」の称号を贈った。(34)

二　アルジェリアにおける聖戦

アブド・アルカーディルはアミールの地位に就くとムアスカルを本拠地に定め、徴税・宗教財産管理・渉外などの要職に側近を任命し、法学者からなる顧問会議や官署の設置といった国家組織の整備を行った[35]。また彼は志願兵の集合体を、組織化された軍隊に改編しようと試みた。軍隊は新たに歩兵・騎兵・砲兵の三兵種に区別され、歩兵と騎兵には一〇〇〇人ごとに勇敢な者が隊長に任命された。『諸隊の旗幟』は、アブド・アルカーディルが率いる軍隊の編成と規律を定めた書物である[36]。その内容は序文、二四か条の軍規および結語から成る。序文において三兵種の別を立て、率いる人数に応じた指揮官の任命やその被服を定めている。軍服の装飾に用いられる字句は、イスラームの信仰告白など伝統的な価値観を象徴するものである。また、軍隊の訓練や勲章・貨幣の製造、度量衡への言及がある[37]。二四か条の軍規は、指揮官の兵種・階級に応じた俸給や物資の出納に関する詳細で、野戦病院や軍医についても規定している[38]。結語には、軍刑法に対応する内容が含まれる。指揮官は定期的に兵士の装備類を査察し、違反があれば禁固などの刑を科す。さらに職務上の不正、抗命、逃亡などにはより重い刑罰を定めている。一方で功績ある者への勲章および恩賞授与についての規定もあり、ヒジュラ暦一二四九年ジャマーダー・アルアウワル月（西暦一八三三年一〇月）の奥付をもって締めくくられている[39]。

アブド・アルカーディルと仏軍の関係は、ブジョー将軍（Thomas-Robert Bugeaud, marquis de la Piconnerie, duc d'Isly 一七八四―一八四九）のアルジェリア総督任命（一八四〇年一二月）をもって劃される。一八三〇年から一八四〇年までの一〇年間は仏軍によって限定占領策（occupation restreinte）、一八四〇年から一八四七年までは完全征服策（conquête totale）が採られた。[40] 限定占領策とは、仏側が主に沿岸の諸都市からなる地域に支配を限定し、その他の内陸地域はアブド・アルカーディルに委ねる政策である。仏遠征軍がアルジェに上陸してから数年間、仏軍は食糧や弾薬の補給をも、占領地域内外の現地住民に依存する状態であった。[41] 初期のアルジェリア派遣軍が投入可能な兵力は約一万人、[42] これに対してアブド・アルカーディルが一八三三年五月に動員した兵力は騎兵約八〇〇〇人、歩兵約一〇〇〇人であった。[43]

一八三三年四月、オランに派遣されたデミシェル将軍（Louis Alexis Desmichels 一七七九―一八四五）は、七月、オラン東方の沿岸の街アルズー、マザグラーン、ムスタガーニムを攻略した。アブド・アルカーディルは、同月オラン西方のトレムセンを支配下に置いていた。アブド・アルカーディルは八月、ムスタガーニムを包囲し、オランに退却したデミシェルに迫った。しかし彼は仏援軍の反撃にさらされ、ムアスカルに戻った。同年秋よりアブド・アルカーディルとデミシェルは停戦を模索して接触を開始し、一八三四年二月、両者の間で和平協定が結ばれた。[44]

この和平協定は仏語・アラビア語を併記した六か条からなる簡潔な文書であるが、限定占領策を制度的に現実化する効果を有した。前文においてアブド・アルカーディルは一方当事者として「信徒の長」の地位をオラン派遣仏軍司令官から承認された。本文においては停戦と両者の共存が謳われ、アブド・アルカーディル側はオラン、ムスタガーニム、アルズーの三都市、仏側はムアスカルにそれぞれ代理人を配置することになった。アラブの宗教と慣行の尊重、捕虜交換、交易の自由、内陸部における欧州商人の旅券携行義務などが規定された。[45] この協定は仏本国の事前承認を得て結ばれたものではなかったが、その効力を追認された。仏政府はアルジェリア統治の意思を確固として表明すべく、デルロン伯（Jean-Baptiste Drouet, Comte d'Erlon 一七六五―一八四四）を一八三四年七月、初代アルジェリア総督に任命した。アブド・アルカーディルにとっては聖戦を標榜する以上、アルジェリアにおける仏軍の恒久的存在を承認する立場にはなく、現実的選択としての合意であった。

デミシェルの結んだ協定は仏商人には不評であり、総督デルロン伯は協定の破棄とデミシェルの更迭に向けて動いた(46)。デミシェルの後任として一八三五年、オランに着任したトレゼル将軍(Camille Alphonse Trézel 一七八〇―一八六〇)は、五〇〇〇人の歩兵、一騎兵連隊、四門の山砲を率いてアブド・アルカーディル討伐の軍を起こした。しかしトレゼルは同年六月、マクタア湿原の戦いで八〇〇人近い死傷者をもたらす大敗を喫し、デルロン伯と共に本国に召還された(47)。

一八三五年八月、クローゼル元帥(Bertrand Clauzel 一七七二―一八四二)が新総督として着任した(48)。クローゼルはマクタア湿原の戦いの雪辱を期して、自ら一万二〇〇〇人の軍を率いてオランに向かった(49)。アブド・アルカーディルは八〇〇〇人の騎兵、二〇〇〇人の歩兵、四門の大砲によって仏軍を迎え撃ったが、撃破された。同年一二月、クローゼルはムアスカルを占領した。しかし仏軍にはムアスカルを保持する余力はなく、街に放火し二日後には退却した。火災は直ちに消し止められ、仏軍が撤退した翌日アブド・アルカーディルはムアスカルに姿を現した(50)。しかし彼は拠点を安全な場所に移す必要を感じ、より内陸のターグデントを経済の中心に選んで造幣所や糧食弾薬の保管庫を設置した。政治軍事の中心は特定の地に置かず、状況に応じ随時移動する体制を整えた(51)。アブド・アルカーディルは一八三五年末から翌年にかけてタンジールの英米領事に密使を派遣したが、両国からの支援を取り付けることはできなかった(52)。

一八三六年一月、クローゼルはトレムセンを攻略してこれを占領した。比較的内陸に位置するトレムセンを沿岸に連絡するためタフナ川の河口が拠点に選定された。同年六月、ブジョー将軍が本国からの援軍三個連隊を伴って河口に上陸した。トレムセンに補給を行って帰路についた仏軍に対し、アブド・アルカーディルはシッカーク河畔で戦いを挑んだが敗北した。[53]

一方、クローゼルは、アルジェリア東部の中心地コンスタンティーヌの攻略を企図した。一八二六年、フサイン・デイにコンスタンティーヌのベイに任命されたアフマド・ベイ（Aḥmad Bey 一七八四頃―一八五一）は、フサイン・デイの追放後も自立性を強めながら支配を続けていた。[54] 一八三六年一一月、クローゼルは八千数百人の仏軍を率いてコンスタンティーヌに進軍したが、悪天候の中アフマド・ベイに撃退され約一〇〇〇人の兵卒を失った。[55] クローゼルは召還され、一八三七年二月、ダムレモン将軍（Charles-Marie Denys de Damrémont 一七八二―一八三七）が新総督に任命された。

仏軍はコンスタンティーヌ包囲に失敗した結果、兵力と物資の欠乏に陥った。そこで限定占領策を立て直すため、オランに駐留するブジョーがアブド・アルカーディルとの関係安定化に向けた交渉を行った。一八三七年五月、アブド・アルカーディルとブジョーは合意に達し、両者はタフナ協定に署名した。[56]

タフナ協定は、仏語およびアラビア語で記載された一五か条からなる文書である。[57] デミシェルとの和平協定を踏襲し、一部を修正する性格を有している。仏語本文とアラビア語本文の間には、重要な点を含め異同が見られる。仏語版第一条においてアブド・アルカーディルは「アフリカにおけるフランスの主権を承認する。」（reconnaît la souveraineté de la France en Afrique）と規定されているのに対し、アラビア語版では「アフリカにおけるフランス王国の支配を認識する。」（yaʿrifu hukm sulṭanah Faransā fī Ifrīqiyah）と表現されている。[58] 第二条ではオラン、アルジェを中心とする仏支配地域が具体的に画定された。この条項においても、アルジェを中心とする仏支配地域の東限を仏語では「ハドラ川およびその彼方まで」（jusqu'à l'Oued-Khadra et au delà）とハドラ川以東も含まれる如く曖昧に表現しているのに対し、アラビア語では「ハドラ川およびその先〔他の名で呼ばれる下流〕まで」（li-ḥadd Wādī Khaḍrah ilā quddām）と記述している。第三条では、前条で定められた仏支配地域を除くアルジェリアがアブド・アルカーディルの支配に服すると規定された。これにより、アブド・アルカーディルはアルジェリアの約三分の二を支配することが承認された。仏支配地域に居住するムスリムは、信教の自由を享受すると共にアブド・アルカーディルの支配から除外された。その他アブド・アルカーディルから仏軍に対する一定量の穀物の贈与、アブド・アルカーディルによる仏国からの武器類の購入、交易の自由、犯罪人の引渡しや相互間の代理人の配置が規定された(59)。

ダムレモン総督はタフナ協定の締結をみて、次にアフマド・ベイへの報復を決意した。一八三七年一〇月、ダムレモンは歩兵一万三〇〇〇、騎兵六〇〇〇、大砲六〇門を率いてコンスタンティーヌを包囲した。仏軍が市街への突入を試みる中、アフマド・ベイの激しい抵抗を受けてダムレモンと参謀総長ペルゴーは戦死した。一方、アフマド・ベイは脱出を余儀なくされ、コンスタンティーヌは陥落した(60)。

アブド・アルカーディルは、タフナ協定によって生じた小康状態を利用して、支配地域の掌握に努めた。彼は支配地域を八の州（muqāṭaʻah）に分け、各州の長として側近を代官（khalīfah）に任命した。各代官の下に数人のアーガーと呼ばれる在地有力者代表を任命し、アーガーの下にカーイドと呼ばれる各氏族の代表を任命した。軍役と徴税の実務はアーガーとカーイドが担っていた(61)。アブド・アルカーディルは、未だアミールの権威を承認しない勢力に対して軍事的圧力を行使した。一八三七年後半に彼はティータリー地方に軍を進め、翌年夏、対立するティージャーニー教団の本拠地アイン・マーディーを包囲した(62)。一方アブド・アルカーディルは一八三八年、ミールード・ブン・アッラーシをパリに派遣し、ルイ・フィリップ国王の宮廷における自らの代理人とした(63)。

一八三八年からの二年間に、アブド・アルカーディルは軍備・産業の急速な近代化を推し進めた。トレムセンではスペイン人技師の指導により大砲を鋳造し、ミリヤーナでは仏人冶金学者が鉄、銅、硫黄の鉱山を開いて小銃や弾薬を製造した。アブド・アルカーディルは八〇〇〇人の歩兵、二〇〇〇人の騎兵、二四〇人の砲兵と二〇門の大砲を常備軍として整え、これを等分して各州の代官に指揮させた。常備軍の兵士はすべて英仏製の小銃を装備していた。これに加え、アブド・アルカーディルが氏族組織を通じて動員する不正規兵は六万人に上った。(64)

総督に任命されたヴァレ将軍（Sylvain-Charles Valée 一七七三―一八四六）は、コンスタンティーヌを確保するためにアルジェからの連絡路が必要と考えた。アルジェから約四〇キロメートル東のハドラ川は、仏支配地域の東限として不十分と判断された。アブド・アルカーディルは、タフナ協定を機にアルジェ以東にも権威を拡大しつつあった。ヴァレはアブド・アルカーディルに、アルジェ東方の境界改定を提案したが実現しなかった。(65)一八三九年一〇月、ヴァレと皇太子オルレアン公は、タフナ協定に基づく「ハドラ川およびその彼方まで」の支配権を象徴的に行使するため、「鉄の門」と呼ばれたビーバーン峠を五〇〇〇人の兵と共に公然と越えた。これはアブド・アルカーディルにとって容認できる行動ではなく、同年一一月、彼は仏軍に対し交戦状態の再開を宣言した。アブド・アルカーディルの軍はアルジェ郊外に迫る勢いであった。(66)

コンスタンティーヌ占領以降、アブド・アルカーディルと仏軍の共存は困難と認識されつつあり、限定占領策の見直しが議論されていた。もはやアブド・アルカーディルの勢力を根絶しない限り、仏国のアルジェリア経営が烏有に帰す恐れがあった。(67)タフナ協定締結後、帰国していたブジョー将軍が一八四〇年一二月、総督に任命され、翌年二月、再びアルジェリアに到着した。一八三一年に一万八〇〇〇人であったアルジェリア派遣軍は一八四一年、七万八〇〇〇人に増大し、うち七〇〇〇人はイスラーム教徒の現地人であった。一八四七年にアルジェリアの仏軍総兵力は一〇万人を超えていた。また、欧州人入植者は一八四〇年末に二万八〇〇〇人に達した。(68)ブジョー総督の就任をもって限定占領策は事実上放棄され、仏軍が圧倒的な兵力を投入してアブド・アルカーディルに殲滅戦を挑む完全征服策の時代に移った。一八四一年以降の戦闘では、奪取した都市の徹底した破壊や非戦闘員に対する攻撃、あるいはこれらへの報復に際し呵責ない暴力が伴った。(69)

一八四一年には、その後の帰趨を決定する重要な戦闘が行われた。同年五月以降、ムアスカル、ターグデントなどアブド・アルカーディルの主要な拠点が次々と失われた。一〇月にはアブド・アルカーディルの故郷カイタナ農場が攻撃を受け、建物は破壊され穀物は略奪された。(70) 一八四二年一月、ブジョーはトレムセンを再占領した。アブド・アルカーディルは自らの家族や戦士たちの子女ら二万人以上の人々と重要な財産を幕舎に移し、荒野にスマーラ（sumālah/zumālah）と呼ばれた大規模な居住地を仮設していた。(71) 仏軍は必死にスマーラの行方を追ったが、容易に捕捉されることはなかった。一八四三年五月、国王の五男オマール公（Henri d'Orléans, duc d'Aumale 一八二二―一八九七）は六〇〇人の騎兵を率いてスマーラを追跡し、ついにその所在を突き止めた。オマール公の急襲によって五〇〇人の守備兵は四散し、スマーラは蹂躙された。アブド・アルカーディルの家族は、辛うじて落ちのびた。しかし三〇〇〇人が仏軍の捕虜となり、軍用金や宝石、アブド・アルカーディルが長年蒐集した蔵書、多数の家畜など夥しい財物は略奪された。(72)

一八四三年七月、アブド・アルカーディルはモロッコ国境へ退却した。同年一一月、アブド・アルカーディルが勇猛な戦士としてもっとも信頼していたミリヤーナ州代官、ムハンマド・ブン・アッラール（Muḥammad b. ʻAllāl 一八一四頃―一八四三）が仏軍によって殺害された。(73) マラケシュのスルターン、アブド・アッラフマーンとモロッコの民衆はアブド・アルカーディルに同情的であった。ブジョーは、アブド・アッラフマーンが陰に陽にアブド・アルカーディルを支援することへ警告を発した。一八四四年八月、国王の三男ジョアンヴィル公（François-Ferdinand-Philippe-Louis-Marie d'Orléans, Prince de Joinville 一八一八―一九〇〇）に率いられた仏艦隊はタンジールとモガドゥールを砲撃し、陸上ではイスリー河の戦いでブジョー率いる仏軍がアブド・アッラフマーンの息子ムハンマドの軍を撃破した。同年九月、仏軍とアブド・アッラフマーンの間でタンジール条約が結ばれ、モロッコへのアブド・アルカーディルの立入りや彼への支援は禁じられた。(74)

一八四五年三月、アルジェとオランの中間に位置するダフラ丘陵（al-Ẓahrah/Dahra）でムハンマド・ブン・アブドッラー（Muḥammad b. ʻAbd Allāh 一八二〇頃―一八九五頃）が兵を起こした。彼は、ダルカーウィー教団の流れを汲む神秘主義者で奇蹟を起こすと信じられ、アブー・マアザ（Abū Maʻzah 山羊の父）の名で知られた。(75)アブー・マアザは同年五月の戦闘で撃退されたが、「アブー・マアザ」やその兄弟を名乗る追随者が次々と出現し、仏軍を悩ませた。(76)アブー・マアザはアブド・アルカーディルの権威を否定して独自に行動し、仏軍への抵抗を続ける住民はいずれに従うべきか迷った。(77)アブド・アルカーディルは、混乱に乗じて状況の打開を図った。同年九月、アブド・アルカーディルは、シディー・イブラーヒームで五〇〇人余りからなる仏軍大隊を破った。この戦いの当日、「アブー・マアザ」を称する指導者の一人が仏軍に処刑され、時を同じくしてムハンマド・ブン・アブドッラーが再び姿を現し仏軍を攻撃した。(78)アブド・アルカーディルは、その直後にアイン・ティムーシャントで約二〇〇人の仏軍部隊を降伏させた。アブド・アルカーディルの軍隊は急速に勢力を回復し、同年一〇月には六〇〇〇人の騎兵と共にターグデントに進軍した。

帰国していたブジョーは援軍と共にアルジェリアに戻り、一二万人の兵力を率いてアブド・アルカーディルとアブー・マアザの追討にかかった。(79)一八四六年に入ると仏軍は、アブド・アルカーディルの反撃にもかかわらず、彼をモロッコ国境に追い詰めていった。アルジェの南東方面で抵抗を続けていたジバール州代官アフマド・ブン・サーリム（Aḥmad b. Sālim 一八〇〇頃―一八五六／五七）は、一八四七年二月、仏軍に投降しダマスクスに隠退した。同年四月、アブー・マアザはサン・タルノー大佐（Armand Jacques Leroy de Saint-Arnaud 一七九八―一八五四 後に陸軍大臣）に降伏し、フランスに護送された。(80) 一方、同年六月、ブジョーは本国政府の意向に反して実施したカビリー地方の掃討作戦が咎められ、辞任した。(81) アブド・アルカーディルは、同年七月にはモロッコのリーフ地方に拠点を移していた。アブド・アッラフマーンはアブド・アルカーディルにモロッコからの退去を求め、両者の武力衝突に発展した。同年一二月、アブド・アッラフマーンの二人の息子は五万人の兵を率いてアブド・アルカーディルを包囲しようとしていた。アブド・アルカーディルは一二〇〇人の騎兵と八〇〇人の歩兵でモロッコ軍の先陣を迎え撃ち、これを撃破した。しかしモロッコ軍の主力に押され、アブド・アルカーディルはアルジェリアとの境を流れる河を越えなければならなかった。(82) 彼は最後まで残った側近を集め、戦士たちの家族を連れたまま戦い続けるか、家族を捨てて砂漠に転戦するか、投降するか問うた。一同、万策尽きたことを認めた。アブド・アルカーディルは直ちに仏軍への手紙を書こうとしたが、豪雨のため文字は流れ、印章のみ押した紙を二名の使者に渡して停戦条件を口述した。一二月二一日の夜、オラン派遣軍司令官ラモリシエール将軍（Christophe Léon Louis Juchault de Lamoricière 一八〇六―一八六五）は、アブド・アルカーディルがアルジェリアに戻ったことを察知し、彼を捕捉するため小部隊を率いて進軍した。ラモリシエールは、間もなくアブド・アルカーディルの使者に遭遇した。彼は大いに喜び、アブド・アルカーディルの条件をすべて受け容れると答えたが、やはり豪雨によって手紙を書くことができず、佩刀を使者に渡してその旨を伝えさせた。雨は止み、アブド・アルカーディルはラモリシエールに改めて手紙を送った。ラモリシエールは返書を与える暇を惜しんでアブド・アルカーディィルの幕舎に赴き、アブド・アルカーディィルとその家族はアッカあるいはアレキサンドリアに移動するとの約束を書面に記した。(83)

一八四七年一二月二三日、アブド・アルカーディィル一行は二年前に仏軍を打ち破ったシディー・イブラーヒームで仏部隊の出迎えを受けた。その日夕刻、アブド・アルカーディィルは新総督オマール公の本営に到着した。アブド・アルカーディィルは、「私が最後に乗ったこの馬を、私からの御礼の徴に殿下に差し上げましょう。御嘉納されんことを願います。」と言った。オマール公は、「これから貴方がたを保護するフランスの名において、過去を水に流す徴として受け取りましょう。」と答えた。(84)アブド・アルカーディィルと一族郎党を乗せた船は二五日、ツーロン軍港に向けて出航した。

三　流謫と一八六〇年事件

アブド・アルカーディィルの一行は、彼の母、三人の妻、三人の息子、二人の従兄弟やこれらの従者など、九七名に上った。彼らが投降の際に持参した荷物、馬匹、天幕等の家財すべては乗船に先立ち仏軍に売却され、その値はわずか六千数百フランであった。(85)アブド・アルカーディィルはラモリシエールの確約とオマール公の保証を信用し、フランスに到着したと知らされても数日の滞在と思っていた。ところがツーロンに上陸した一行は、一八四八年を迎えると二手に分けられ、ラマルグ（Lamalgue）要塞とマルブスケ（Malbousquet）要塞に収容された。ムハンマド・アッサイード、ムスタファー、フサインらアブド・アルカーディィルの兄弟は、仏軍によって同様にツーロンに移送された。(86)アブド・アルカーディィルは、アッカにせよアレキサンドリアにせよ、受入れにはオスマン帝国政府やエジプト総督府との調整が必要であると説得された。実際は同年一月から二月にかけて貴族院と代議院でアブド・アルカーディルの処遇が議論され、紛糾していた。その間アブド・アルカーディルに対しては、アッカあるいはアレキサンドリアに出国するとの要求を放棄すれば、相当な待遇を用意するとの提案がなされたが、彼は首肯しなかった。二月二八日、ラマルグ要塞にあったアブド・アルカーディルは、革命勃発と王政崩壊の報せを受けた[87]。一行の不安は悲嘆に変わっていた。同年四月、一行全員はスペイン国境に近いポー（Pau）の城塞に移送された。政府は、英国がアブド・アルカーディルの逃亡を画策しているとの情報に基づき城塞の窓に鉄格子を入れ、日夜見張りを置いた[88]。ポーの城塞には、アブド・アルカーディルへの面会を求めて少なからぬ人々が訪れた。同年七月、ラモリシエールは革命政府によって陸軍大臣に任命された。アブド・アルカーディルはラモリシエールに書簡を送り、約束の実現を求めた。ラモリシエールからの返書は届かなかった。アブド・アルカーディルは、ロワール渓谷に面したアンボワーズ（Amboise）城に移された。同時にアブド・アルカーディルは、ラモリシエール陸軍大臣の命によって許可なき通信や来客との面会を禁じられた[89]。著書『鋭利な鋏』は、アンボワーズ城において成立したと伝えられる[90]。ブジョーはアブド・アルカーディルに書簡を送り、仏国を新たな故郷にするよう勧めたが、彼の心を動かすことはできなかった。

一八五一年一二月、ルイ・ナポレオンはクーデターによって全権を掌握した。一八五二年一〇月、ルイ・ナポレオンはアンボワーズ城を訪問してアブド・アルカーディルの釈放とブルサへの移動を伝えた[91]。同年一〇月末、アブド・アルカーディルはパリに赴き、ルイ・ナポレオンの歓待を受けた。その際、彼は、ルイ・ナポレオンの信頼に反するいかなる行動をも取らないとの誓約書を渡した[92]。アンボワーズ城に戻ったアブド・アルカーディルは、同年一一月に実施されたルイ・ナポレオンを皇帝に推戴する国民投票に参加した。二〇年前の同じ日、アブド・アルカーディルはアミールに推戴されたのであった。彼は同年一二月、再びパリに赴いてナポレオン三世の戴冠式に出席した。皇帝は彼に、「御覧なさい、貴方の票が私に幸運をもたらしました。」と言った。彼は、「陛下、私の票は無力ですが、私の心を伝えてくれます。」と応じた[93]。皇帝はアブド・アルカーディルに毎年一〇万フランを供与する勅令を発した[94]。

一八五二年一二月二一日、アブド・アルカーディル一行はマルセイユから汽船で出国した。途中、シチリア島に上陸し、イスタンブルに到着したのは翌一八五三年一月七日のことであった[95]。一行は一〇日間滞在し、スルターン・アブド・アルマジード拝謁や大宰相との面会を済ませ、ブルサに向かった[96]。アブド・アルカーディルのオスマン帝国における存在は、直ちに列強の関心や疑念を惹起した。当時英国のオスマン帝国駐箚臨時代理大使を務めていたローズ大佐は、同年一月一一〔ママ〕日付の本国政府への報告において、次のように伝えている。

「〔オスマン帝国外務卿〕フアード・エフェンディーと〔オスマン帝国駐箚仏国大使〕ド・ラヴァレット氏の間で、オスマン帝国政府がアルジェリアに対する主権を放棄していないとの主張に端を発する議論が発生した。……アブド・アルカーディルは、自分が仏国臣民であり、仮にそのように解されないのであれば仏国に戻ると宣言したと云われる。……彼はスルターンの侍従の一人に対し、また彼とアラビア語で会話した本官に対し、自分は一〇万人の仏国人を殺したと豪語した。……アブド・アルカーディルは、今月一六日にブルサに行った[97]。」

ここには、相手によって異なる態様を示すアブド・アルカーディルの政治的言辞の特色がすでに現れており、列強やオスマン帝国政府の疑念は深まっていくのである。

ブルサに到着した一行は、この街がトレムセンに似ていると喜び、エジプトやヒジャーズなどに落ちのびていたアルジェリアの民は次第にブルサに集まってきた。[98] 一八五五年二月、ブルサで大地震が発生した。同年四月にも大きな余震が発生し、ブルサは壊滅的な被害を受けた。アブド・アルカーディルはパリに赴き、流謫地の変更を願い出た。ナポレオン三世は、彼の希望を容れてダマスクスへの移動の途を開いた。折しもクリミア戦争におけるセバストーポリ陥落の報せが届き、アブド・アルカーディルはナポレオン三世に随行して大聖堂での祝祭に参列した。[99] また彼はパリで開催されていた博覧会を視察し、その機会に論文『識者への覚書』を仏アジア協会に提出したとされる。アブド・アルカーディルはイスタンブルに行き、大宰相府よりダマスクスへの移動許可を得た。アブド・アルカーディルと約一五〇名から成る一行は、一八五五年一一月にベイルートで盛大な歓迎を受けた。そして同年一二月二日にはダマスクスに到着した。

ダマスクスでは総督マフムード・ナディーム・パシャ、アラビスタン軍司令官イッザト・パシャはじめ総督府の高官や街の名望家たちによって、サラーフッディーン以来と形容される盛大な出迎えを受けた。[100] アブド・アルカーディル一行は、出迎えの人々と共にイブン・アルアラビーの廟に参詣した。そして彼は宿泊地として軍司令官イッザト・パシャの邸宅に案内されたが、これはたまたまイブン・アルアラビーがダマスクスに遷ってから世を去るまで居住していた屋敷であった。[101] 英国領事ウッドの報告によれば、「彼〔イッザト・パシャ〕は本官に、アミール〔・アブド・アルカーディル〕が有名なムスリムの聖者であるシャイフ・ムヒーユッディーン〔・イブン・アルアラビー〕の子孫であると装っていることへの懸念を表明した。」という。[102] アブド・アルカーディルがダマスクスに移住してから日の浅い一二月二九日、英国のベイルート総領事ムーアは総督マフムード・ナディーム・パシャと面会し、次の記録を残している。

「一、パシャはアブド・アルカーディルが個人的に仏国の影響下にあるか、あるいは仏国人に傾倒しており、彼がこの国に住んでいることは、彼を篤く尊崇しているアラブ族や彼らの指導者たちと密接に交流する多くの機会を彼に与えるであろうし、彼は彼らの考えを変えたり修正したりして、彼らをたやすく意のままに動かすことができるだろうと述べた。

二、彼がダマスクスに居を構えているという状況だけで、十分であろう。何となればその都市はこのような人々の中心地であるからだ。

三、仮に彼が個人的にそのような影響下になかったとしても、仏国人はこの指導者があれほど長く仏国人と戦って、あれほど多くの困難を彼らにもたらしたのに、なお彼らは彼を敬意をもって寛大に扱っていると、このような手段で知らしめているのであるから、仏国人は重要な目的を実現しつつある。これだけでも、他の人々の心を掴むには十分である。

四、彼がこのような場所にこのような状況で居住していることだけでも、端的には彼がダマスクスに到着して直ちに公館を住居として要求し、与えられたことと類似の効果を発生させるのに十分である。この状況が効果を発生させるのである。

五、マフムード・パシャは最後に、彼、つまりマフムード・パシャはアブド・アルカーディルがコンスタンティノープルに来た時、かの地にいたと語った。〔大宰相府〕諮問会議で、彼の居住地について議論された。その時、最善策は彼が首都に住むことであるとの合意が成った。しかし仏国はこの決定に反対し、彼をどこか他の地に送るよう要求した。諮問会議のもっとも影響力のある者ではないある構成員は、アブド・アルカーディルがルーメリ諸州のどこかに居住することには反対しないが、アラビスタン諸州のどこかに居住することは、決して許可されるべきではないとの意見を述べた。この意見には異論が出ず、承認された。それから仏国との同意によって彼はブルサに居住すべしとの合意が成立した。政府はこの用途にその地の一軒の家屋を提供し、それを修繕して適当な状態にするよう提案した。しかし彼はその家屋が荒廃した状態であったにもかかわらず、修繕整備を行わずにそこに住んだ。これより、彼のブルサ居住は一時的に過ぎなかったと推測されるのである。(103)」

仏国も、アブド・アルカーディルに対する警戒を緩めてはいなかった。シリア出身の商人の子としてマルセイユに生まれたブーラード（Georges-Charles Nicolas Bullad 一八二七―一八九一）は、ラマルグ要塞、ポー城塞、アンボワーズ城でのアラビア語通訳勤務を経てブルサにおけるアブド・アルカーディル一行の通訳としても短期間派遣されていたが、一八五五年、仏軍の特命により、アブド・アルカーディルの通訳官としてダマスクスに派遣された。ダマスクスでは、アブド・アルカーディルの動向を監視して、外務省および陸軍省に報告する任務を与えられた。しかしブーラードは、一八五七年にアブド・アルカーディルの信頼を失ったと判断され、ダマスクスの仏国領事がその任務を引き継いだ。(104)

一方、アブド・アルカーディルは、ダマスクスに落ち着くと宗教活動に専心する姿勢を示した。一八五五年、イスタンブルに滞在していたアブド・アルカーディルは、ダマスクスから来たユースフ・アルマグリビー（Yūsuf b. Badr al-Dīn al-Maghribī 一八六二／六三没）と出逢った。マグリビーは、ウマイヤ・モスク近くのアシュラフィーヤ言行録《ハディース》学館（Dār al-Ḥadīth al-Ashrafīyah）の名で知られる建物の一部を、あるギリシア人が葡萄酒蔵に転用しており、これを差し止めるスルターンの勅書《フェルマーン》を得たが、州総督が放置していると苦情を述べた。ダマスクスに還ったアブド・アルカーディルは、翌年一月、この建物の権利を買い取ってモスクと学院《マドラサ》に改装し、宗教信託財産としてマグリビーの管理に委ねた。[105] 同年、彼は長男ムハンマド・パシャを伴ってエルサレムを訪れた。[106] ヒジュラ暦一二七三年ラマダーン月（西暦一八五七年四／五月）、アブド・アルカーディルはジャクマキーヤ学院《マドラサ》で『クルアーン学大全』と『アブド・アルアズィーズ・アッダッバーグ師金言集』を講じた。[107] また彼は言行録《ハディース》学館でブハーリーの『正伝集』を講じ、ヒジュラ暦一二七四年シャウワール月（西暦一八五八年六月）にこれを読了した。[108] さらにヒジュラ暦一二七五年ラマダーン月（西暦一八五九年四／五月）、ウマイヤ・モスクに参籠して『治癒の書』、ブハーリーとムスリムの『正伝集』を講じた。[109] アブド・アルカーディルの学者としての名声は瞬く間に高まり、ダマスクスの名望家においてもマフムード・アルハムザーウィーやアブド・アッラッザーク・アルビータールを始めとする友人や、彼を師と仰ぐ人々から成る集団が形成された。

チャーチル大佐は、当時のアブド・アルカーディルの日常生活を次のように記録している。

「彼は夜明け二時間前に起床し、日の出まで礼拝や宗教的瞑想を行い、礼拝堂《モスク》に赴く。そこでの集団礼拝に三〇分費やした後帰宅し、慌ただしく食事を摂ると書斎で午まで研鑽に努める。礼拝喚掛人《ムアッジン》の報せによって彼は再び礼拝堂《モスク》に喚び出され、そこには彼の弟子たちがすでに集まって彼の到着を待っている。彼は着座すると議論のために採用した書物を開き朗読するが、彼が研鑽に努力し探究に困難な歳月を送った多彩豊富な学殖の発露である解説を求められ、絶えず中断される。講義は三時間続く。午後の礼拝が終わるとアブド・

アルカーディルは帰宅し、彼の子供たち、つまり八人〔当時〕の息子たちの間で一時間過ごし、彼らの勉学の成果を点検する。それから彼は夕食を摂る。日没時に彼はまた礼拝堂《モスク》に在り、弟子たちを一時間半指導する。彼の教師としての一日の務めは、これで終わる。まだ二時間ある自分の時間を彼は書斎で過ごす。それから彼は就寝する。(110)」

ボヘミア出身ユダヤ教徒の文筆家・医師であったフランクル（Ludwig August Frankl 一八一〇―一八九四）は一八五七年五月、ダマスクスを訪れ、墺国領事の紹介でアブド・アルカーディルに面会した。彼はその著『エルサレムへ！』で面会の模様を次のように伝える。

「墺国領事フェフィンゲル氏は、ブルサが地震に見舞われて以来ダマスクスに居住しているアブド・アルカーディルに、親切にも私を紹介してくれていた。アミールは五月一五日正午、私を迎えることを承諾していた。私は約束の時間に、領事の通詞と共に彼を待つようにした。私たちは、領事の武装して銀象嵌の長い杖を持つ従者に案内された。私たちは多くの曲り道が続く、何百もの細く狭く汚い小路を通過し、外観はダマスクスの他のすべての家屋に類似した見栄えのしない様子の家に到着して、小さな汚い中庭に入った。後方に壁で囲まれたある種の洞窟があり、アミールはそこに他の三人の男と太陽の熱を避けるように座っていた。後者は白いターバンと白い薄手の毛織外套を身につけていたが、アミールは同様の緑色の〔ターバン〕と首回りに金色の縞が入った白い衣を着ていた。

私たちが近付くと彼は立ち上がり、私たちが彼について来るよう合図した。彼は裸足のまま私たちの前の狭い木の階段を登り、登りながらも洞窟の中にいた男たちと話し続けていた。私たちは階段を通って何も塗っていない白木の扉を抜け、荒れた中庭を見下ろす一つだけの窓から採光する小部屋に入った。黄と赤の縞模様の毛織物で覆われた長椅子二つと、花瓶のような形の大きな銅製の炭桶がその部屋の家具すべてを構成しており、それらは拒むが如き極貧の印象を与えていた。

アブド・アルカーディルは自ら長椅子に足を組んで座り、彼の左側に私を手招きした。通詞は私たちの向かい側に陣取った。

アミールは仏語を流暢に話すが、アラビア語を用いた。それは彼が、より多くの余裕を持って私に応対したいからだと聞かされていた。会話が非常に長引いてくると、通訳を通じての話し方はそれほど煩わしくないのである。それはムスリムにとって平静を乱すものではない。彼は客の表情から自分の発言の効果を観察する時間が得られ、重要な外交談判の席であれば特に、自分の考えを整頓して衡量することができるし、最後に、直接言わない言葉は感情を害することがより少なく、もし意外な好ましくない効果を与えれば、通訳の側の誤解であると、いつでも手軽に用いられる口実により簡単に撤回することが可能なのである。さらに通訳は、ある種の機械のように見なされて全く邪魔にならない。話し手たちは彼ではなくお互いを見て、それぞれは自分の翻訳された言葉をあたかも理解したかのように傾聴するのである。

一人の召使いが、黙ったまま彼の額と口と胸に触れる動作で私に挨拶した後、大きな茶碗に似た形の銀の碗に入った檸檬汁を私に手渡した。しかし、珈琲や長煙管はなかった。

私が飲み終えた後、アミールは私に話しかけた。

『有益な御旅行でしたか？　御体調は宜しいですか？』

私はこれらの質問に肯定的に回答し、アミールの健康について尋ねた。

『私はまずまず、貴方が訪問して下さった喜びで、調子はより良くなりました。』

『殿下の名声は、戦士としてばかりか弁論家、人々を鼓舞する雄弁家としても世界に轟いています。それで、私は殿下のところに参りました。』

『最近結ばれた〔パリ〕媾和条約の主要な条項が何か、私に教えて下さらぬか？』

私は彼に、新聞で知っていたすべてのことを伝えた。

『それでは何故、露国は未だ強力で、脅威であり続けるのですか。すでに明らかにされている媾和条約の諸条項は、何でしょうか？』

『それらは神と、起草者だけが知るところです。』

『平和は永続きするでしょうか？　この問題について、御国で盛んな議論は如何なるものでしょうか？』

『すべての媾和条約は、ご存じの通り永続的な媾和と呼ばれますが、西洋ではその表現に私たちは微笑を浮かべます。スルターンは、彼の同盟諸国が彼に命じたことを実行すると約束した一方で、彼の自由意思で行動する外観には拘りました。惰弱不活発で早々と老成した貴公子に、鉄の意志を持って自発的に行動しなければならない任務が実行できると私たちは信じていません。それに、もし彼が仮にイスラームの教説や彼の臣民に定着した信念に敵対的な方策を導入しようと試みたとしても、反乱の勃発を恐れなければならない道理です。これが、コンスタンティノープルで広まっていた意見です。』

『然らば西洋列強は、トルコを啓蒙する目的で奪取し、病人が死人になるまで占領することが可能でしょう。仏国は喜んで占領するでしょうに。』

それまで完璧な平静を保っていたアミールは、これらの言葉と共に感情の籠ったかすれ声で一笑した。

……

……私たちの会話は別の話題に移り、そこで私は実に喜劇的な立場に置かれた。

『貴方は、アラブでしばしばそうあるように、詩人のみならず医師でもあります。私の歯が一本欠けて、根が痛みます。これを治療して下さらぬか？』

私は笑いを抑えるのに若干困難を感じたが、アミールに歯を見せてくれるよう告げた。……左上の門歯が欠け、歯根が空洞になっていた。私は彼に、歯に詰め物をするよう助言した。

『して下さい、先生《エフェンディー》。』

私は彼に、必要な道具を持っていない上、西洋では内科医が歯の施術を行うのは通例でなく、自分にはそのような経験がないが、外気を遮断するよう歯に蠟を詰めることはできるので、私がプロシア領事館で会ったアラブの内科医に、歯の詰め方は教えましょうと説明した。

『私の治療に役立つと考えることは、何でもして下さい。私は非常に苦しんでいます。』

私は召使いに少量の蠟を持って来させ、それで空洞を充填した。腫れ上がった周りの歯肉はすぐに出血した。アブド・アルカーディルに血を流させたと豪語できる人間は、私を措いて世界にほとんどいないだろう。

……」[11]

ダマスクスにおけるアブド・アルカーディルは、俗事を超越した宗教家として振る舞う傍ら、新興名望家の経済的基盤となる不動産の集積に苦心していた。その原資は仏国政府からの年金では不十分であり、貧困を装って寄附を求める書簡も残っている。仏陸軍省アルジェリア局長ドマ将軍（Melchior Joseph Eugène Daumas 一八〇三―一八七二）は、ムアスカル領事時代からアブド・アルカーディルの友人であった。アブド・アルカーディルは、ドマ将軍宛ヒジュラ暦一二七三年ラビーウ・アッサーニー月一日（西暦一八五六年一一月三〇日）付の書簡で次のように訴えた。

「……至高なるアッラーは私に一〇人の子供を恵まれ、私の死後彼らが生計を立てていく術を私は案じなければなりません。死はあらゆる未来のうち、もっとも早く訪れるものです。子供たちは幼く、アッラー以外に彼らを憐れむ者はありません。当地に樹林や耕地を含む農園があり、私はその購入を望みましたが、代価を有しておりません。何人かの信頼する人々が私に言うには、エジプトのサイード・パシャが名望家や法学者と共に慈善事業を行っており、私たちと共に慈善事業を企図されているということです。そこで私は彼に手紙を送って農園の代金を依頼しようと願いました。……」(112)

オスマン帝国政府は、ブルサでアブド・アルカーディルに与えた家屋の代償として、彼に一〇〇〇キースを支払っていた。彼はダマスクスのアマーラ地区にあるナキーブ小路（Zuqāq al-Naqīb）とバラダ川にはさまれた場所に三棟の隣接した住宅を購入し、一棟を建て替え二棟を修繕の上、ヒジュラ暦一二七四年（西暦一八五七／五八年）に転居した。(113) さらに城壁の外に広がるアマーラ・アルバッラーニーヤ地区などに次々と七棟の住宅を購入し、来客の宿泊などに用いた。またダマスクス近郊のグータ地方にあるデイル・バフダル農場という豊かな果樹園、アシュラフィーヤ・サフナーヤー村やカルハタ―村の地所、「十一臼」（Ṭāḥūn al-Iḥdā ʻAsharīyah）の名で知られる水車小屋、アマーラ地区のサアブ隊商宿《ハーン》などを取得し、ドゥンマル村の渓谷沿いの地所には避暑用の邸宅を建設した(114)。

アブド・アルカーディルと一八六〇年事件との関わりについては、多数の史料が彼によるキリスト教徒の救助を中心に紙幅を割いている。一八六〇年五月以降、レバノン山における宗派抗争が急激に悪化し、ダマスクスへの波及が懸念されるようになった。その背景としてムハンマド・パシャは、エジプト総督ムハンマド・アリーのシリア支配時代、イブラーヒーム・パシャが反抗するドルーズ派から武器を取り上げてマロン派に与え、ドルーズ派に対抗させたことや、イブラーヒーム・パシャを行政部門で支えたキリスト教徒のハンナー・ベイ・アルバフリーがダマスクスのイスラーム教徒の恨みを買っていたことを指摘している(115)。さらにオスマン帝国のシリア支配が回復した後も、「改革勅令」(Hatt-ı Hümayun) に至るキリスト教徒の法的地位改善が、イスラーム教徒の反撥を高めていたのである。抗争の拡大に伴い、アブド・アルカーディルがドルーズ派の指導者たちに自制するよう説得した書簡が伝わっている。

「レバノン山およびホーラーン地方の平地・山地のドルーズ派シャイフたちへ
我等は殿原のため、永遠の幸福と末永き繁栄の祈願を絶やすことなし。
殿原に対する我等が友誼、神の全下僕に対する我等が厚誼を殿原は知れり。我等が殿原に与うる言葉を傾聴し、我等の説諭を受容感得されたし。トルコ政府および全有司はレバノン山のキリスト教徒と殿原の積年の怨恨を了知し、殿原と彼等の間で今日惹起されつつある戦役に鑑みては、トルコ政府は殿原をその全面的な責に任ぜずとは殿原の憶測なるべし。政府は殿原の弁明を認諾することあらん。然るに未だ嘗て殿原が怨恨を抱かざる住民の疆界に侵寇をなさば、かくなる行為が殿原と政府の間に深刻なる懸隔を生起せしむる要因となるは、我等の懼るるところなり。殿原、ひいては殿原の全同郷人の福利幸福のため、我等がいかほどの懸念を有するかを殿原は知れり。賢者は行動に移る前にその推移を計測すべし。殿原が騎士のある者は、すでにダマスクス辺縁地域を掠取しつつあり。かくなる進展は良識賢慮に聞こえる一門に相応しからず。我等は再言す、殿原の福利を我等はもっとも懸念し、殿原の名声に関わるすべてにつき我等は寒心に堪えず。

アブド・アルカーディル・ブン・ムヒーユッディーン　一八六〇年五月」(116)

アブド・アルカーディルは、再三にわたって総督アフマド・パシャを訪問し、宗派抗争のダマスクスへの波及を警告した。総督は、事態の緊迫は流言に過ぎないと耳を貸さなかった。しかし度重なるアブド・アルカーディルの警告を受けて、後者の配下に少量の武器を配付することに同意したが、如何なる場合に武器を使用するか指示を与えなかった(117)。アブド・アルカーディルは同年六月、ラヌス仏国領事事務代理に対し配下のアルジェリア人（史料によっては「マグリブ人」と表現される）一〇〇〇人を武装させるための資金融通を要求した。ラヌスはこれを独断で承認し、仏国政府に追認された(118)。アブド・アルカーディルは次に、総督の許可を得てダマスクス郊外に屯していたドルーズ派の指導者たちに会い、ダマスクスの騒乱を教唆しないよう忠告した。彼らはアブド・アルカーディルの忠告を受け容れて、ダマスクスの安寧を乱さないと約束した(119)。一八六〇年六月二九日の犠牲祭は、キリスト教徒にもイスラーム教徒にも騒乱の勃発がもっとも恐れられた日であった。ダマスクスの名望家ウストワーニーは、前出の通り、祭日の四日間ドルーズ派のダマスクス滞在を禁止するなど、総督府の一連の措置によって危機はとりあえず回避されたと伝えている。(120)一方でアブド・アルカーディルは、事件から約一年経過後、英国のベイルート総領事ムーアに対し、慣習に反してドルーズ派が犠牲祭の時、ダマスクス市街に入って来なかったのは、自分がドルーズ派の指導者を説得したからであると主張している。(121)

犠牲祭が過ぎ、ダマスクスは小康状態を迎えた。アブド・アルカーディルは七月九日、農園を保有するアシュラフィーヤ・サフナーヤー村に出かけて留守であった。彼は騒乱の発生を知って直ちにダマスクスに戻り、キリスト教徒の救助に当たった。それまでの間、アルジェリア人の中には群衆や正規兵に混じって略奪などを働いた者があったという。(122)オスマン帝国軍増援部隊の急派によってダマスクスの治安が回復するまでの約一週間、アブド・アルカーディルはキリスト教徒の保護に中心的な役割を果たした。その活動は多岐にわたるが、①配下を派遣して各国領事やミーハーイール・ミシャーカ、ユースフ・アルビーリーらキリスト教徒を、アマーラ地区ナキーブ小路の私邸などに連れてきて匿う、②総督アフマド・パシャに叛徒の武力鎮圧を申し出るが却下される、③ダマスクスの名望家や、ドルーズ派の指導者に事態収拾を働きかける、④私邸がキリスト教徒で混雑すると、一般のキリスト教徒を総督府の管理下にある城塞に移動させる、⑤城塞に避難したキリスト教徒のベイルートへの脱出を支援する、などが記録されている。バディーア女史は彼女の祖母ザイナブからの伝承として、祖母の父親であるアブド・アルカーディルは、アマーラ地区にある屋敷の門の潜り戸の内側に礼拝用の敷物を敷き、鞍を乗せた愛馬と武器を傍らにして、騒乱の期間を通じ起居していたと記している。(123)

事件発生前後の総督府や指導的な名望家のアブド・アルカーディルへの態度は、極めて冷淡であった。歴代総督は、外国政府と密接な関係を維持し、アラブ住民の尊敬を集めるアブド・アルカーディルを警戒していた。加えてアフマド・パシャは、叛徒への実力行使が騒乱の激化をもたらすことを恐れていた。一方、マフムード・アルハムザーウィーら一部名望家は、積極的にキリスト教徒の救助に携わった。アブド・アルカーディルはムーア総領事に対し、「騒乱が発生した日、名望家たちは総督と共に州参事会に参集して、煙管をふかしていた。一報が彼らに届いた時、あたかもかなり以前に過ぎ去った事件の報せであるかのように、彼らは動じなかった。(124)」と語っている。ミーハーイール・ミシャーカは、「〔騒乱が勃発した〕その日の夕刻、アミール・アブド・アルカーディルは総督のところに行き、イスラーム教徒の州参事会員たちと会合を持った。彼らは事件について議論した。アミール・アブド・アルカーディルは、それがイスラーム法において許されぬことであり、叛徒がその行動を止めないのであれば、宗教的判断に従い彼らと戦わなければならないと陳述した。大法官《ムフティー》ターヒル・エフェンディーは集まった人々の中にいたが、彼にも戦闘義務を否定する余地はなく、その通り衆議一決した。アミール・アブド・アルカーディルは、配下の人々を武装させ、総督と共に起ち上がって叛徒と戦うべく戻った。彼が配下の人々に準備させていると、総督から文書により〔戦闘を〕禁ずるとの報せが届いた。そこで彼には可能な限りの人命救助を行うことしかできなくなった。(125)」と伝えている。

七月一一日、アブド・アルカーディルはドルーズ派が城塞に集められたキリスト教徒を殺戮するため、市街に近付いているとの報せを受けた。彼は直ちに馬に乗って城外に出向き、アシュラフィーヤ・サフナーヤー村でドルーズ派の指導者たちと面会した。そして彼らを説得して、城塞への攻撃を中止させた。(126)

事件に対するアブド・アルカーディルの認識は、本人がレバノン山南方にあるクライヤ(Krey/Qurayyah)村の絹織物業者たちに宛てたという、ヒジュラ暦一二七〇年(一二七六年の誤記)ズー・アルヒッジャ月二七日(西暦一八六〇年七月一六日)付書簡に要約されている。

「親愛なる尊敬すべき友人たちよ。私は貴方がたに会うことを切望し、アッラーが貴方がたを護り給うよう祈っています。ダマスクスのキリスト教徒に何が起こったかを問う、七月一三日付貴翰を私は受領しました。貴方がたに回答をお伝えします。七月九日月曜日午後二時頃、キリスト教徒を侮辱したイスラーム教徒若干名の処罰を契機として、騒擾が発生しました。これらイスラーム教徒たちは逆上し、総身に武装してキリスト教徒地区に駆けつけ、一斉に殺人、放火、略奪にかかりました。トルコ人兵士たちは騒乱を鎮圧する振りをして〔キリスト教徒を〕助けに来ましたが、叛徒と一緒になって彼らと共に殺人、略奪に従事しました。少数のイスラーム教徒長老たちは、その仕業を止めさせようと試みました。しかしトルコ人将校たちは治安回復を望まないばかりか、逆に自分たちの兵隊を哀れなキリスト教徒たちにけしかけ、兵隊はあらゆる宗派に属する略奪者たちの大群に助けられていました。事態が余りに絶望的なのを見て、私は間髪を入れずこれらの不幸なキリスト教徒たちを私の保護下に置くようにしました。私は自分のアルジェリア人〔の配下〕を連れて奮闘し、私たちは男女子供の生命を救って彼らを家に連れ帰ることができました。この状態は月曜日、火曜日と続き、その間叛徒たちはキリスト教徒に対する殺人、放火、陵辱を止めず、総督は〔キリスト教徒たちに〕何の支援もしませんでした。私は仏国領《〔ママ〕》事ラヌス氏その他の仏国人のところへ人を遣り、彼らを暴徒の怒りから護りました。水曜日、二人のイスラーム教徒が殺されて発見されたという事実に反する口実の下、騒擾が再燃しました。ダマスクスには総督がいたのに、あたかもいなかったのと同じ有り様でした。私と致しましては、キリスト教徒を襲った災厄を遺憾に思います。彼らの家が建っていた場所を判別することはできなくなりました。彼らの住居すべては灰燼に帰したのです。殺害された者の数は未だ分かりませんが、三三〇〇人と見積もられています。私が集めたすべての欧州人やキリスト教徒は、私の家で安全な状態にあります。私は彼らに必要な物すべてを与え、神が不幸なキリスト教徒をこれら矯激な人々から護られるよう祈っています。アブド・アルカーディル・ブン・ムヒーユッディーン[127]」

事件の原因に関するアブド・アルカーディルの見解は、一貫して「当局が叛乱を望んでこれを助長したのである。[128]」というもので、総督府や名望家層を繰返し非難している。特に総督アフマド・パシャが計画的にキリスト教徒への迫害を行ったとの見方は、ラヌス仏国領事事務代理やミーハーイール・ミシャーカの意見と軌を一にしており、この事件に対する認識に今日まで影響を残している。

アブド・アルカーディルがナポレオン三世に宛てたヒジュラ暦一二七七年ラビーウ・アルアウワル月一三日（西暦一八六〇年九月二八日）付書簡には、彼がキリスト教徒を保護する行動に至った動機が記されている。

「……茲許《ここもと》は、ムハンマドの法が義務付け、人類の本性によって確信したこと以外は行いませんでした。そしてこれらの醜行を働いた者は、イスラームを名ばかりも奉じておらず、善行と罪障の区別がつかないのです。……もし陛下なかりせば、私がダマスクスにあって暗黒の不正を幾許なりとも押しやることはなかったでしょう。故に何人かの人々に私に、『至高なるアッラーは、この事件が起きる前にスルターン・ナポレオン三世に教えられたのだ。それで彼は不正なる者たちからの守護者、暗黒の抑止者として貴方をダマスクスに備え置いたのだ。』と申したのです。……[129]」

この書簡は勲章授与に対する礼状であり、ナポレオン三世に対する讃辞に飾られてはいるが、アブド・アルカーディルが自らの行動を宗教と人道に根拠付け、騒乱加担者の宗教的正当性を否定している点は明確である。

一八六〇年八月一六日、ボーフォール陸軍中将（Charles-Marie-Napoléon de Beaufort d'Hautpoul 一八〇四―一八九〇）に率いられた仏軍はベイルートに上陸した。その直後、パリにおいては『アブド・アルカーディル　アラビアの皇帝』（*Abd el-Kader empereur d'Arabie*）と題された匿名筆者による印刷物が回覧された。この小冊子は、災難をもたらしたオスマン帝国のアラブ地域支配を非難し、アラブの選択に従った政府を樹立すべしと主張していた。九月二二日、仏陸軍省はボーフォール中将に訓令を発し、アブド・アルカーディルに政権を担う用意があるか、ベイルートの列国代表団がこれを支持する可能性があるか、調査を命じた。ボーフォール中将はこれを受けてアブド・アルカーディルと極秘裏に接触することとし、一〇月二三日が会談日に設定された。しかし、アブド・アルカーディルは病気を理由に現れなかった。ボーフォール中将は陸軍省に対し、「遺憾ながらアブド・アルカーディルには面会できなかった。彼は如何なる権力をも望まず、トルコ政府の隠然たる敵意や諸都市のムスリムの反感の前に、自らの立場が損なわれることを恐れていると伝えられた。」と報告している。[130]

これに対し、ムハンマド・パシャは、アブド・アルカーディルとボーフォール中将の接触を認める記録を残している。ボーフォール中将はサーリヒーヤ地区からダマスクス市街中心部を砲撃することを決意して、アブド・アルカーディルに警告を発した。アブド・アルカーディルはアシュラフィーヤ・サフナーヤー村経由で密かにザハレ近くのカッブ・イリヤース村に行ってボーフォール中将と面会し、談判の末砲撃を止めさせたという。[131]

同年一二月、アブド・アルカーディルは、仏人記者から次のように直接問いかけられた。

「アミール、仏国の新聞紙上、貴方の名前はシリアの支配者として言及されていました。この噂は貴方に伝わっていましたか。」

アブド・アルカーディルは答えた。

「左様、そしてこれは、もし私が誤っていなければ、トルコが私に不快感を示す主な理由の一つなのです。しかし、トルコを安心させてあげましょう。私の政治的経歴は終わりました。私に望むものはありません。私はもはやこの世の栄耀栄華を求めていないのです。私は今や至高なる神への祈りのうちに、地上を去るに先立って到来すべき平安のうちに、家庭生活の甘美な愉悦のうちに生きることを望んでいるのです。(132)」

キリスト教徒の保護に努めたアブド・アルカーディルに対し、欧州列強とオスマン帝国は彼に勲章を与えて謝意を表した。仏国はレジオンドヌール大十字章、露国は白鷲大十字章、普国は黒鷲大十字章、希国は救世主大十字章、オスマン帝国は第一等メジーディーヤ勲章を彼に授与し、英国は金象嵌を施した二連銃、米国は同様の装飾を施した一対の拳銃を贈った。(133) 欧州の朝野は、アブド・アルカーディルに対する賞讃で満たされた。

四　求道者としての晩年と子孫

一八六〇年事件により期せずして政治の舞台に引き戻され、列強の角逐に再び巻き込まれる観のあったアブド・アルカーディルであるが、事件後は従前の静かな生活に還ろうとしていた。一八六一年、彼はホムスにある教友ハーリド・ブン・アルワリード（Khālid b. al-Walīd 五八五―六四二）の廟とウマイヤ朝第八代カリフ、ウマル・ブン・アブド・アルアズィーズ（ʻUmar b. ʻAbd al-ʻAzīz 六八二―七二〇）が没したシメオン修道院を参詣するため、ホムスとハマを訪れた。続いて同年六月、バアルベクの遺跡を訪れている時に、スルターン・アブド・アルマジード崩御の報に接した。(134)

一八六二年一二月、巡礼のためダマスクスを発ったアブド・アルカーディルは、アレキサンドリアを経てカイロに向かい、その地でエジプト副王サイード・パシャの歓待を受けた。彼は翌年、ジェッダに到着し、メッカ、メディーナ、ターイフに合わせて一年半滞在した。メッカではムハンマド・アルファースィー（Muḥammad b. Muḥammad b. Masʻūd al-Fāsī 一八七二／七三年没）に従ってシャーズィリー教団の神秘主義を修め、一八六四年六月、帰路につき、アレキサンドリアを経てダマスクスに帰った。(135)

一八六五年四月、アブド・アルカーディルはイスタンブルに赴いてスルターン・アブド・アルアズィーズを拝謁し、第一等オスマーニーヤ勲章を授与された。彼はオスマン帝国政府に対し、一八六〇年事件の処断によりキプロス島やロードス島に流刑になっていたダマスクスの名望家たちの帰還を陳情した。これにより政府は翌年春、シャイフ・アブドッラー・アルハラビー、ターヒル・エフェンディー、アフマド・エフェンディーらの帰郷を認めたという。(136)アブド・アルカーディルはイスタンブルに二か月滞在した後、パリに渡航した。パリでは朝野の歓迎を受け、ナポレオン三世はアブド・アルカーディルに対する年金を一五万フランに増額した。(137)一八六五年八月、アブド・アルカーディルはロンドンに四日間滞在し、パリに戻った。そして、かつて幽閉されていたアンボワーズ城を訪れた後、同年九月にダマスクスに帰った。(138)一八六七年四月、アブド・アルカーディルはパリ万国博覧会に招待され、これが最後の欧州旅行となった。一八六九年一一月には、スエズ運河の竣工式がエジプト副王イスマーイール・パシャにより盛大に挙行された。アブド・アルカーディルは欧州の貴顕と並んでこれに参列した。[139] 一八六〇年事件から約一〇年間、アブド・アルカーディルは世界的名士として人々の注目を集めた。しかし、一八七〇年普仏戦争で捕虜となったナポレオン三世の失脚を契機に、彼は欧州社交界から遠ざかった。欧州ではアブド・アルカーディルの重病説や死亡説が流れ、一八七三年一一月には新聞に彼の訃報が掲載された。[140]

一方、アブド・アルカーディルはヒジュラ暦一二八八年（西暦一八七一／七二年）、コンヤに保管されているイブン・アルアラビーの『メッカ啓示』自筆稿本を参照するため、二名の法学者を派遣した。翌年、彼は校訂された写本を基に、『メッカ啓示』を二回講じた。また彼は、シリア諸州のマウラウィー教団の長老であるダルウィーシュ・サブリー・エフェンディー（al-Darwīsh Ṣabrī Afandī 一八九七／九八年没）に従って、マウラウィー教団の神秘主義の導きを受けた。[141]

アブド・アルカーディルは、アルジェリアで仏軍と対決していた時期、すでにキリスト教徒と宗教について対話する機会があった。アブド・アルカーディルとの捕虜交換交渉を任されたアルジェ司教総代理スーシェ神父は、一八四一年六月、ギリース平原で彼を捜しあて、司教の書簡を手渡した。スーシェ神父は、アブド・アルカーディルと三位一体などについて議論したと記録している。[142] 一八四七年、ブーギャド神父は北アフリカのムスリムをキリスト教に改宗させるための書物を著し、これはアブド・アルカーディルに贈呈された。[143] 他にも、幽閉中のアブド・アルカーディルを訪問してキリスト教に改宗させようと試みた聖職者があったという。[144]

こうしたキリスト教徒側の働きかけに対し、彼は『鋭利な鋏』を著して反論を行った。『鋭利な鋏』は、その論争的な標題とは対照的に本文は整然とした体系を成している。人間の最高の特性を理性に見出し、理性による知覚を五感による知覚の上位に位置付ける。そして、理性による知識を科学の如き現世の知識と、宗教の如き来世の知識に大別する。さらに天、地、人についてそれぞれ説き、アリストテレス、ガレノスらに従い人間は世界の縮図であるという。また、啓示について考察を加え、各宗教を比較した上で、先行宗教を包摂するイスラームがもっとも優れていると結論づける(145)。

『識者への覚書』も、理性を基礎とする共通の思想に立脚しており、ギリシア哲学に遡るイスラーム思弁神学の系譜に属する作品である。理性の重視をもって、アブド・アルカーディルが啓蒙思想に感化されたと解する必要はなかろう。一八六〇年事件の直後、彼は自らの行動の動機は「ムハンマドの法」と「人類の本性」であると説明した。こうした理性や人道に対する彼の認識が、他宗教の信徒との連帯を裏付けていたと考えられる(146)。

一方このような認識はアブド・アルカーディルに特殊のものではなく、ダマスクスのムスリム名望家の少なからぬ人々は、イスラーム内在の倫理として、同種の感情を抱いていたのである。仏国の牢獄で矯正されたアブド・アルカーディルが、人道主義に目覚めてキリスト教徒を救ったとの見方は、皮相的に過ぎるであろう。

一八七〇年代以降のアブド・アルカーディルは、イブン・アルアラビー学派の神秘主義に傾倒していった。彼は若年の頃から様々な神秘主義教団の導きを受けたが、ダマスクスはイブン・アルアラビーの墓廟が残る所縁の地であり、なかんずくイブン・アルアラビーの壮大な宗教観にもっとも共鳴したと推測される。

『諸階梯の書』には、

「それ〔諸宗教の分立〕は、〔神の〕顕現に直面した人や彼の心構えが違ったために、顕現が様々になったということに過ぎず、すべての相違した様相にあっても至高なる者の顕現は同一であり、太古から永劫に至るまで変化していない。……仮に〔神の〕言葉がこれと違って理解されたとしても、それは表現が良くなかったからに過ぎない。したがって、この世における不信仰というものはすべて相対的である。」[147]

「至高なる者は、イスラーム教徒、キリスト教徒、ユダヤ教徒、マニ教徒や多神教徒その他の宗教のあらゆる宗派の者が考えて語っている通りにあると、汝の意識に上ってそれを信じているならば、〔至高なる者が〕これと違ったとしても、そういうことなのである。……何となれば〔神の〕民であらゆる面から〔神を〕崇めている者は一人もなく、〔神の〕民であらゆる面から〔神に〕背いている者は一人もなく、〔神の〕民であらゆる面から〔神を〕識っている者は一人もなく、〔神の〕民であらゆる面から〔神を〕識らない者は一人もいないからである。……[148]」

との言説がある。

これは、イブン・アルアラビーの『メッカ啓示』にある、

「すべての宗教は光である。これらの光の中で、ムハンマド――彼にアッラーの祝福と平安あれ――の宗教は、星々の光の中における太陽の光のようなものである。太陽が顕れれば星々は姿を隠し、その光は太陽の光に包摂される。それらが隠れることは、あたかもムハンマド――彼にアッラーの祝福と平安あれ――の宗教によって諸宗教が修正されるようなものであり、星々の光が実際に存在している如く、諸宗教そのものは存在しているのである。これにより、我々の普遍宗教においては、すべての預言者、すべての宗教を真理であると信じなければならないのである。よって、それらは無知なる人々が憶測するように修正により無効になったとみなされることはなく、すべての道はムハンマド――彼にアッラーの祝福と平安あれ――の道に通

じているとみなされるのである。[149]」（第三三九章）

という思想を継受している。

アブド・アルカーディルのイブン・アルアラビー学派神秘主義への沈潜は、聖戦指導者、あるいは合理主義者からの転向と評されることがある。しかし、聖戦において彼は征服者への抵抗を宗教的義務とみなしたのであり、平和裡に対話を求める異教徒への寛容精神と矛盾するものではない。また、イスラーム思弁神学から神秘主義への接近は、スンナ派の代表的学者の一人であるガザーリーなどの例にみられるように、むしろイスラームの思想家にとって伝統に即した進展であった。

アブド・アルカーディルは、晩年においても政治から無縁ではなかった。

アイルランド出身のオライリー大佐（Eugene O'Reilly 一八二六―一八七四）は、改宗してハサン・ベイの名でオスマン帝国軍人となった。ハサン・ベイはファード・パシャに従いダマスクスに派遣され、ホーラーン地方の治安維持を担っていた。一八六二年、彼はアブド・アルカーディルを君主に推戴する叛乱計画を練り、これは未遂に終わった。[150] ハサン・ベイは一八六三年にイスタンブルに召還されたが、一八六八年、二人の南北戦争復員軍人と共に密かにシリアに戻り、八〇人ほどの遊牧民を率いて蜂起した。ハサン・ベイの集団は直ちに鎮圧され、首謀者たちは逮捕された。[151] これらの事件は、アブド・アルカーディルの関知するところではなかった。

アルジェリアでは、仏国支配に対する不満が山積していた。アブド・アルカーディルの次男ムヒーユッディーン・パシャ（一八四三―一九一八）は、普仏戦争の最中第二帝政が倒れたことを知ると、一八七〇年一一月、ダマスクスを発ってアルジェリアに潜入し、蜂起を呼び掛ける書簡を送った。一八七一年一月にはパリが陥落した。

これに呼応するように同年春、カビリー地方で大規模な叛乱が発生した。アブド・アルカーディルは、ダマスクスの仏国領事からの抗議で次男の行動を知った。彼は直ちに数通の書簡を送り、ムヒーユッディーン・パシャの行為に自分が関与していないこと、アルジェリアの民が叛乱に加わらないことを訴え、次男をシリアに呼び戻した。(152)

一八七〇年代後半、オスマン帝国は深刻な危機に見舞われた。一八七五年、帝国財政の破綻が宣言され、翌一八七六年には二人のスルターンが相次いで廃位された。一八七七年四月、露政府はオスマン帝国に宣戦を布告し、翌年一月の停戦時には、露軍がイスタンブル郊外のサン・ステファノに達していた。露土戦争の末期、シリア諸州のアラブ名望家はオスマン帝国の崩壊を予感した。こうした中、名望家の一人アフマド・アッスルフ(Aḥmad al-Ṣulḥ 一八九三年没)は、ベイルートでシリア諸州代表の秘密会合を開催し、一八七八年に入り二回目の会合をダマスクスで開いた。(153) 約三〇名が参加したこの会合において、スルフはアブド・アルカーディルをシリア諸州の王に推戴する提案を行い、合意された。翌日、スルフはドゥンマルの邸宅にアブド・アルカーディルを訪ね、決定を伝達した。アブド・アルカーディルは、熟慮するとのみ応えた。彼と名望家側が協議を重ねた結果、オスマン帝国のスルターンとは、そのカリフの地位に基づき関係を継続すること、アブド・アルカーディルの即位にはシリア諸州の民による臣従の誓いを必要とすることなどが同意された。アブド・アルカーディルは独立の地ならしのため、シリア諸州に居住する六〇〇〇人のアルジェリア人訪問を名目として、実際に各地を歴訪したという。しかし、こうした動きを察知した総督府は、スルフとアブド・アルカーディルの接触を禁止した。さらに英独など列強の介入によって一八七八年七月にベルリン条約が結ばれ、オスマン帝国の解体が回避されると、シリア王国の構想は潰えてしまった。(154)

アブド・アルカーディルは一八八三年五月、病を発し、薬石の効なく同月二五日、ドゥンマルの邸宅で没した。そして、サーリヒーヤ地区にあるイブン・アルアラビーの墓の隣に葬られた。[155]

アブド・アルカーディルは、一六名の子供に恵まれた。息子たちはムハンマド・パシャ、ムヒーユッディーン・パシャ、ハーシミー（一八四七頃―一九〇〇）、イブラーヒーム（一八四八年頃生）、アフマド（一八四九頃―一九一二）、アブドッラー・パシャ（一八五六年頃生）、アリー・パシャ（一八五七頃―一九一八）、ウマル（一八六四頃―一九一六）、アブド・アルマーリク（一八六八頃―一九二四）、アブド・アッラッザーク（一八七〇頃―一八九六）の一〇名、娘たちはアミーナ（一八四四年頃生）、ザイナブ（一八五八頃―一九四五）、ウンム・カルツーム（一八六〇年頃生）、ルカイヤ（一八六三年頃生）、サキーナ（一八七〇年頃生）、ザフラ（一八七二年頃生）の六名である。[156]

アブド・アルカーディルの死後間もなく、彼の息子たちは長男ムハンマド・パシャに従う者と、これを拒否する者に分かれて争った。その背景には相続問題に加え、オスマン帝国への忠誠を維持する長男と、仏国への帰属を指向する兄弟の間の考えの違いがあった。[157]

（1）長男ムハンマド・パシャは、スルターン・アブドゥルハミードによって重用され、オスマン帝国軍の中将（Ferik）に任じられた。また、オスマン帝国議会の議員に選ばれた。[158]

（2）次男ムヒーユッディーン・パシャは、一八七一年、カビリー地方の叛乱に参加して負傷し、父の命令に従いベイルートに帰った。アブド・アルカーディル没後、仏国政府はムヒーユッディーン・パシャが自国の保護下に入ることを条件に年金を与えようとしたが、これを拒否した。スルターン・アブドゥルハミードにより管区司令官（Amīr al-Umarā'）、中将、一八八九／九〇年には軍事監察委員会委員に任命された。イスタンブルで没した。(159)

（3）三男ハーシミーはアブド・アルカーディル没後仏国に接近し、一八九二年にアルジェリアに帰った。しかし仏当局は、彼に対する警戒を緩めなかった。アルジェの南東に位置するブー・サアダで没した。(160)

（4）五男アフマドも仏国への接近に傾いたが、ムヒーユッディーン・パシャの説得により、オスマン帝国への忠誠心を取り戻したという。(161)

（5）六男アブドッラー・パシャはオスマン帝国の国籍を離脱したため、一九〇九年、当局により拘束された。一九一一年釈放され、ダマスクスに戻った。(162)

（6）七男アリー・パシャは、スルターン支持者であった。一八九六年、クネイトラ郡郡長に就任した。一九一一年から翌年にかけてリビアに滞在し、伊軍と戦った。一九一三年、ダマスクスにおいてオスマン帝国議会議員に選出され、副議長の職にあった。イスタンブルで没した。(163)アリー・パシャの息子ムハンマド・サイードとアブド・アルカーディルの兄弟は、一九一八年、オスマン帝国のダマスクス撤退に伴い、市参事会の決定によってそれぞれ暫定政府の長とダマスクス防衛部隊司令官に任命された。しかし、ハーシム家と共にダマスクスに進駐した英軍によってムハンマド・サイードは解任され、アブド・アルカーディル司令官は混乱の中で殺害された。

（7）八男ウマルはアラブ民族主義に与してオスマン帝国支配に対決する政治姿勢を取り、一九一六年、ジャマール・パシャによりダマスクスで処刑された。この時、彼の父アブド・アルカーディルの墓は発《あば》かれ、見せしめにされた。(164)

（8）九男アブド・アルマーリクは、スルターンによってオスマン帝国軍中佐に任命された。彼は仏軍との戦闘を望んで密かにモロッコに渡り、マラケシュのスルターンは彼に陸軍次官の職を提供した。マラケシュの新たなスルターンは、アブド・アルマーリクを一時拘束したが、後に釈放した。一九一四年、彼はモロッコで仏軍と戦った。しかし一九二四年、彼は何者かの銃弾により暗殺された[165]。

アブド・アルカーディルは存命中、オスマン帝国、仏国などの列強、アラブ名望家という諸勢力の間で、巧みに均衡を保っていた。しかし、息子たちはいずれも彼の政治的遺産の全側面を一身に受け継ぐことができず、その一部を選択してそれぞれ独自の道を歩んだのであった。

註

（1）[ʻAbd al-Qādir al-Jazāʼirī,] *Poésies d'Abd-el-Kader: ses règlements militaires* (*Shiʻr al-Shaykh al-Ḥājj ʻAbd al-Qādir wa-l-Ḥukm al-Sharʻī li-l-ʻAskar al-Muḥammadī*), Paris & Alger, 1848; Anatole Fernand Henry Patorni(ed. & tr.), L'Émir el-Hadj ʻAbd-el-Qāder: Règlements militaires avec appendice - texte et traduction nouvelle accompagnée de notes, *Bulletin de correspondance africaine: antiquités libyques, puniques, grecques et romaines*, Alger, 5è année(1886), pp. 5-61. アブド・アルカーディルの長男ムハンマド・パシャの著書『探訪者への進物』（後出）二二〇―二三二頁に全文が引用されている。

（2）ʻAbd al-Qādir al-Jazāʼirī, *al-Miqrāḍ al-Ḥādd li-Qaṭʻ Lisān Muntaqiṣ Dīn al-Islām bi-l-Bāṭil wa-l-Ilḥād*, Algiers, 1989.

（3）ʻAbd al-Qādir al-Jazāʼirī, *Dhikrā al-ʻĀqil* [*wa-*]*Tanbīh al-Ghāfil*, [Beirut, 1900.]

（4）Badīʻah al-Ḥasanī al-Jazāʼirī, *Dirāsah li-Kitāb Tuḥfah al-Zāʼir wa-Maʻāthir al-Amīr ʻAbd al-Qādir*, Damascus, 2009, p. 171.『識者への覚書』のアラビア語原文は残されていない。現在伝わるアラビア語版は、アジア協会が公刊した仏語訳より復元された重訳である。al-ʻAlāwī, *al-Amīr al-Jazāʼirī*, p. 30. ただし一八五八年に出版された仏語訳には、アラビア語からの翻訳を承認するアブド・アルカーディルのヒジュラ暦一二七四年ラビーウ・アルアウワル月末（西暦一八五七年一一月）付書簡の影印が掲載されており、原本は彼の著作であることを推定させる。ʻAbd al-Qādir al-Jazāʼirī, *Le livre d'Abd-el-Kader intitulé: Rappel à l'intelligent, avis à l'indifférent: considérations philosophiques, religieuses, historiques, etc., par l'émir Abd-el-Kader: Traduites avec l'autorisation de l'auteur, sur le ms original de la Bibliothèque impériale, par Gustave Dugat, Membre de la Société asiatique, avec une lettre de l'émir, une introduction et des notes du traducteur*, Paris, 1858.

（5） (ʻAbd al-Qādir al-Jazāʼirī,) *Kitāb al-Mawāqif fī al-Waʻẓ wa-l-Irshād*, 3 vols., [Cairo, A.H. 1328-29 (1909/10-1910/11).] ただし、本書では通用のベイルート版（2 vols., 2004）により引用する。

（6） Badīʻah al-Jazāʼirī, *Dirāsah*, p. 109. バディーア女史の見解に対しては、『諸階梯の書』を校訂したアブド・アルバーキー・ミフタープによる反論がある。Miftāḥ, al-Radd, pp. 193-201.

（7） (ʻAbd al-Qādir al-Jazāʼirī,) *Mudhakkirāt al-Amīr ʻAbd al-Qādir: Sīrah Dhātīyah Kataba-hā fī al-Sijn Sanah 1849 Tunshar li-Awwal Marrah*, Alger, 1983; (ʻAbd al-Qādir al-Jazāʼirī,) *L'Emir Abdelkader: autobiographie : ecrite en prison (France) en 1849 et publiée pour la première fois*, Paris, 1995.

（8） Badīʻah al-Ḥasanī al-Jazāʼirī, *al-Mudhakkirāt al-Mazʻūmah: Taḥqīq wa-Dirāsah*, Damascus, 2010.『回顧録』の真偽についても議論が続いている。この作品の写本は行方不明となり、一九八三年に作成された写本の影印複写に基づいて校訂出版された。写本をかつて実見した『回顧録』序文筆者は、本写本がムアスカル州代官ムスタファー・アッタハーミー（Muṣṭafā al-Tahāmī 一七九六頃―一八六六頃）に関連づけられていたと記録している。(al-Jazāʼirī,) *Mudhakkirāt*, p. 9; al-ʻAlāwī, *al-Amīr al-Jazāʼirī*, p. 35.

（9） Alexandre Bellemare, *Abd-el-Kader - sa vie politique et militaire*, Paris, 1863.

（10） Charles Henry Churchill, *The Life of Abdel Kader, Ex-Sultan of the Arabs of Algeria: Written from His Own Dictation, and Compiled from Other Authentic Sources*, London, 1867.

（11） Messaoudi, *Les arabisants*, pp. 50-51.

（12） Alexandre Bellemare, Abd-el-Kader - sa vie politique et militaire 1832-1860, *Revue Contemporaine*, vol. 63 (1862), pp. 5-41; pp. 325-360; pp. 523-555; pp. 660-696; vol. 64 (1862), pp. 73-101; pp. 249-269; pp. 406-431.

（13） Norman N. Lewis, Churchill of Lebanon, *Journal of the Royal Central Asian Society*, vol. 40 (1953), iss. 3-4, pp. 217-223.

（14） Churchill, *Abdel Kader*, pp. viii-xi.

(15) Muḥammad b. ʻAbd al-Qādir al-Jazāʼirī, *Tuḥfah al-Zāʼir fī Maʼāthir al-Amīr ʻAbd al-Qādir wa-Akhbār al-Jazāʼir*, 2 vols., Alexandria, 1903.
(16) al-Bīṭār, *Ḥilyah al-Bashar*, vol. 2, pp. 883-915.
(17) Muḥammad b. ʻAbd al-Qādir, *Tuḥfah al-Zāʼir*, vol. 1, p. 7.
(18) Badīʻah al-Jazāʼirī, *Dirāsah*, pp. 27-29.『探訪者への進物』刊本では、「フランスへの投降」(al-taslīm ilā al-Faransīs)とある。Muḥammad b. ʻAbd al-Qādir, *Tuḥfah al-Zāʼir*, vol. 1, p. 324.
(19) *Ibid.*, vol. 2, pp. 248-249.
(20) Badīʻah al-Jazāʼirī, *Dirāsah*, p. 16.
(21) al-Bīṭār, *Ḥilyah al-Bashar*, vol. 2, p. 884.
(22) Badīʻah al-Jazāʼirī, *Wa-mā baddalū Tabdīlan*, p. 15.
(23) *Ibid.*, p. 18.
(24) カイタナ農場は一七八九/九〇年、アブド・アルカーディルの曾祖父アフマド・アルムフタールがオランとムアスカルの間に開墾した農場で、一族の私有地であった。バディーア女史は他の史料が伝えるような村落としての規模ではなかったと記している。Badīʻah al-Jazāʼirī, *Dirāsah*, p. 158.
(25) アブド・アルカーディルの生年は史料によって異同がある。『探訪者への進物』には西暦一八〇七年生との記述に加え、ヒジュラ暦一二二二年ラジャブ月二三日(西暦一八〇七年九月二六日)生と明記があり、ビータールはこれに従う。シャッティーもヒジュラ暦一二二二年ラジャブ月生と伝える。Muḥammad b. ʻAbd al-Qādir, *Tuḥfah al-Zāʼir*, vol. 2, p. 161; vol. 2, p. 304; al-Bīṭār, *Ḥilyah al-Bashar*, vol. 2, p. 887; al-Shaṭṭī, *Rawḍ al-Bashar*, p. 179. チャーチル大佐は一八〇七年五月、四男として生まれたと記録している。Churchill, *Abdel Kader*, p. 1. 一方、ベルマールはヒジュラ暦一二二三年(西暦一八〇八年)に生まれたと記載する。Bellemare, *Abd-el-Kader*, p. 10. アブド・アルカーディルの生年についての考証は、次を参照。Bouyerdene, *Abd el-Kader*, pp. 231-232.
(26) al-ʻAlāwī, *al-Amīr al-Jazāʼirī*, p. 281.
(27) Churchill, *Abdel Kader*, p. 2.

（28） al-Shaṭṭī, *Rawḍ al-Bashar*, p. 179; Churchill, *Abdel Kader*, p. 13.

（29） Churchill, *Abdel Kader*, p. 2.

（30） al-Shaṭṭī, *Rawḍ al-Bashar*, p. 179; Zaydān, ʻAbd al-Qādir, p. 162.

（31） Plantet (ed.), *Correspondance*, vol. 2, pp. 554-570; Muḥammad b. ʻAbd al-Qādir, *Tuḥfah al-Zāʼir*, vol. 1, p. 84; Churchill, *Abdel Kader*, pp. 14-15; Abun-Nasr, *A History of the Maghrib*, pp. 249-251.

（32） Churchill, *Abdel Kader*, pp. 20-21; Zaiydān, ʻAbd al-Qādir, pp. 162-163.

（33） ムヒーユッディーンは一八三二年四月二七日、仏軍に対する聖戦を宣告していた。al-Ṣulḥ, *Suṭur min al-Risālah*, p. 46. 名望家たちはムヒーユッディーンが指導者になるよう強請し、最後は剣を突きつけたという。Churchill, *Abdel Kader*, pp. 23-24. アミールの地位はまずアブド・アルカーディルの兄ムハンマド・アッサイードに譲られようとしたが、彼も就任を辞退した。al-Ḥuṣnī, *Muntakhabāt*, vol. 2, p. 696.

（34） al-Bīṭār, *Ḥilyah al-Bashar*, vol. 2, pp. 888-889; Muḥammad b. ʻAbd al-Qādir, *Tuḥfah al-Zāʼir*, vol. 1, p. 96. チャーチル大佐はアブド・アルカーディルのアミール推戴を一一月二二日と記録している。Churchill, *Abdel Kader*, pp. 24-26.

（35） Muḥammad b. ʻAbd al-Qādir, *Tuḥfah al-Zāʼir*, vol. 1, pp. 103-104.

（36） *Ibid*., vol. 1, p. 120. ムハンマド・パシャによれば、『諸隊の旗幟』はアブド・アルカーディルの発した命令を何人かの軍事書記が編集した作品であるとされる。

（37） [al-Jazāʼirī,] *Poésies*, pp. 1-18; Patorni(ed. & tr.), ʻAbd-el-Qāder, pp. 14-19; Muḥammad b. ʻAbd al-Qādir, *Tuḥfah al-Zāʼir*, vol. 1, pp. 121-125.

（38） [al-Jazāʼirī,] *Poésies*, pp. 18-34; Patorni(ed. & tr.), ʻAbd-el-Qāder, pp. 19-24; Muḥammad b. ʻAbd al-Qādir, *Tuḥfah al-Zāʼir*, vol. 1, pp. 125-130.

（39） [al-Jazāʼirī,] *Poésies*, pp. 37-43; Patorni(ed. & tr.), ʻAbd-el-Qāder, pp. 24-26; Muḥammad b. ʻAbd al-Qādir, *Tuḥfah al-Zāʼir*, vol. 1, pp. 130-132.

（40） Abun-Nasr, *A History of the Maghrib*, pp. 252-253; Brower, *A Desert Named Peace*, p. 34.

（41） Churchill, *Abdel Kader*, p. 46.

（42） *Ibid.*, p. 44.

（43） *Ibid.*, p. 31.

（44） Desmichels, *Oran*, pp. 5-124; Churchill, *Abdel Kader*, pp. 33-52.

（45） Desmichels, *Oran*, pp. 124-126; Muhammad b. ʻAbd al-Qādir, *Tuḥfah al-Zāʾir*, vol. 1, p. 141. この協定が結ばれる前日、アブド・アルカーディルの代理としてオランで交渉していたミールード・ブン・アッラーシは、二通の文書すなわちアブド・アルカーディルが作成した和平協定案とデミシェルの協定案を持参し、あらかじめアブド・アルカーディルが署名捺印していたデミシェル案（これにデミシェルが署名して協定正文となった）を渡す条件として、アブド・アルカーディルの案文にはデミシェルが署名捺印するよう要求した。デミシェルは決裂を恐れて署名に応じたが、後者の文書は本国政府にも報告しなかった。秘密合意となった当文書には、アルズーの港をアブド・アルカーディルの管理下に置き、物資の出入を原則アルズー港に限定するとの条項が存在した。アブド・アルカーディルはこれを楯にとって貿易を独占した。Churchill, *Abdel Kader*, pp. 50-54.

（46） デルロン伯は、デミシェルがアブド・アルカーディルと結んだ秘密合意の存在を知り驚愕した。*Ibid.*, p. 65.

（47） Muḥammad b. ʻAbd al-Qādir, *Tuḥfah al-Zāʾir*, vol. 1, pp. 151-153; Bellemare, *Abd-el-Kader*, pp. 106-115; Churchill, *Abdel Kader*, pp. 75-78.

（48） クローゼル将軍は一八三〇～三一年、ブルモン将軍の後任としてアルジェリア派遣軍司令官を務めたが、オランとコンスタンティーヌの支配権をテュニスのベイの親族に与える方針が本国の同意を得られず召還された。彼は帰国後元帥に昇進した。Clauzel, *Observations*, pp. 19-23; pp. 41-47; Churchill, *Abdel Kader*, p. 44; Abun-Nasr, *A History of the Maghrib*, p. 185.

（49） Churchill, *Abdel Kader*, p. 79.

（50） *Ibid.*, pp. 79-82.

（51） チャーチル大佐は、アブド・アルカーディルが廃墟であったターグデントに一八三六年五月、拠点建設を開始した模様を詳細に伝えている。これはアブド・アルカーディルの回想に加え、捕虜としてターグデントを訪れた仏軍兵士の証言に基づいている。Alby, *Les prisonniers*, vol. 1, pp. 174-179; Churchill, *Abdel Kader*, pp. 124-127; Abun-Nasr, *A History of the Maghrib*, p. 257.

（52） Danziger, Abd Al-Qadir's first overtures, pp. 45-63.

（53） Churchill, *Abdel Kader*, p. 88.

(54) Temimi, *Le Beylik de Constantine*, p. 60; Abun-Nasr, *A History of the Maghrib*, p. 255.

(55) [Pierre Alexandre Jean Mollière,] *Journal de l'expédition et de la retraite de Constantine en 1836, par un officier de l'armée*, Paris, 1837; Bertrand Clauzel, *Explications du Maréchal Clauzel*, Paris, 1837; Abun-Nasr, *A History of the Maghrib*, p. 256.

(56) Churchill, *Abdel Kader*, pp. 90-101. ブジョー将軍はタフナ協定に署名の後、アブド・アルカーディルと会見した。ブジョー将軍が外務大臣に宛てた一八三七年六月二日付書簡に詳細な報告がある。d'Ideville(ed.), *Le Maréchal Bugeaud,* vol. 2, pp. 71-80.

(57) *Ibid.*, vol. 2, pp. 69-71. 仏国政府はアラビア語版タフナ協定の公表を憚り、一九五一年までアラビア語正文は紛失したと主張していた。実際はアラビア語版数点が知られている。Ageron, *Histoire de l'Algérie*, p. 13. 下記の史料集には、仏国立図書館所蔵（Rés. LK8/1319）アラビア語タフナ協定の影印版が掲載されている。Zūzū, *Nuṣūṣ wa-Wathā'iq*, pp. 85-90. ムハンマド・パシャもタフナ協定を引用している。これは、外国語版から後に翻訳された協定本文を参照したと推測される。Muḥammad b. ʻAbd al-Qādir, *Tuḥfah al-Zā'ir*, vol. 1, pp. 177-178.

(58) d'Ideville(ed.), *Le Maréchal Bugeaud,* vol. 2, p. 69; Zūzū, *Nuṣūṣ wa-Wathā'iq*, p. 88.

(59) タフナ協定には、一八三九年、ヴァレ総督によって暴露された秘密合意が存在した。これによると仏軍からアブド・アルカーディルに対する小銃三〇〇〇丁の引渡しなどの見返りに、アブド・アルカーディルはブジョー個人に銀一〇万ブジュ（約一八万フラン）を支払うとされた。d'Ideville(ed.), *Le Maréchal Bugeaud,* vol. 2, pp. 92-109.

(60) [Valentin Devoisins,] *Recueil de documents sur l'expédition et la prise de Constantine par les Français, en 1837, pour servir à l'Histoire de cette campagne*, Paris, 1838; Muḥammad b. ʻAbd al-Qādir, *Tuḥfah al-Zā'ir*, vol. 1, pp. 193-195.

(61) d'Ideville(ed.), *Le Maréchal Bugeaud,* vol. 2, p. 84, n. 1; Abun-Nasr, *A History of the Maghrib*, p. 257.

(62) Abun-Nasr, *A History of the Maghrib*, p. 257.

(63) Churchill, *Abdel Kader*, p. 160; .Abun-Nasr, *A History of the Maghrib*, p. 258.

(64) Churchill, *Abdel Kader*, pp. 127-138.

(65) Muḥammad b. ʻAbd al-Qādir, *Tuḥfah al-Zā'ir*, vol. 1, p. 220. タフナ協定の文言「ハドラ川およびその彼方まで」を巡る論争について言及がある。

(66) Abun-Nasr, *A History of the Maghrib*, p. 258.

(67) André-Daniel Savary, *Algérie: nouveau projet d'occupation restreinte*, Paris, 1840.
(68) d'Ideville(ed.), *Le Maréchal Bugeaud*, vol. 2, p. 260.
(69) 仏軍により「ラズィア」(razzia/ghaziyah) と呼ばれる戦法が導入され、攻撃した都市から徹底的に略奪を行った上で、敵の継戦能力を絶つために建物や耕地への放火、非戦闘員の殺傷・連行を実施した。Gallois, *A History of Violence*, pp. 100-121.
(70) カイタナ農場には約三〇棟からなる宗教複合施設が建てられ、アブド・アルカーディルの兄ムハンマド・アッサイードが襲撃の前夜まで滞在していた。d'Ideville(ed.), *Le Maréchal Bugeaud*, vol. 2, pp. 318-319.
(71) Colonel Scott, *A Journal of a Residence in the Esmailla of Abd-el-Kader: and of Travels in Morocco and Algiers*, London, 1842; Churchill, *Abdel Kader*, p. 204.
(72) *Ibid.*, p. 127; pp. 220-225; Yacono, Les prisonniers, pp. 415-434. ブジョーは一八四三年七月、元帥に昇進した。d'Ideville(ed.), *Le Maréchal Bugeaud*, vol. 2, p. 431.
(73) *Ibid.*, vol. 2, pp. 450-453.
(74) Churchill, *Abdel Kader*, pp. 231-237.
(75) *Ibid.*, p. 242; Charles Richard, *Étude sur l'insurrection du Dhara 1845-1846*, Alger, 1846.
(76) d'Ideville(ed.), *Le Maréchal Bugeaud*, vol. 3, pp. 71-77.
(77) ムハンマド・パシャは、アブー・マアザが一時アブド・アルカーディルの指揮下にあったが、一八四七年、再び離脱したと伝える。Muḥammad b. ʻAbd al-Qādir, *Tuḥfah al-Zāʾir*, vol. 1, pp. 313-314.
(78) d'Ideville(ed.), *Le Maréchal Bugeaud*, vol. 3, p. 73.
(79) Churchill, *Abdel Kader*, p. 243.
(80) Saint-Arnaud, *Lettres*, vol. 2, pp. 142-147. アブー・マアザはパリに移送後、シャンゼリゼ通りの邸宅に軟禁され一万五〇〇〇フランの年金を受けた。一八四八年二月、彼はパリから逃亡したが拘束され、アム城塞に幽閉された。ルイ・ナポレオンによる釈放の後、一八五四年にフランスを去ってクリミア戦争におけるオスマン帝国軍の不正規兵部隊を率いた。一八五五年、オスマン帝国軍の大佐に任じられた。d'Ideville(ed.), *Le Maréchal Bugeaud*, vol. 3, pp. 151-152. ムハンマド・パシャによれば、アブー・マアザはクリミア戦争終結後、バグダードやグルジアのバトゥミを転々とし、ヒジュラ暦一二九五年(西暦一八七八/七九年)

ダマスクスに出現してアブド・アルカーディルの許に数か月逗留した。さらにベイルートから北アフリカのトリポリに移動して聖戦を呼びかけたが、甲斐なくしてバトゥミに戻った。Muḥammad b. ʻAbd al-Qādir, *Tuḥfah al-Zāʾir*, vol. 1, p. 314.

（81） d'Ideville(ed.), *Le Maréchal Bugeaud*, vol. 3, pp. 156-167.

（82） Churchill, *Abdel Kader*, pp. 255-262.

（83） *Ibid*., pp. 263-268. この時にアブド・アルカーディルとラモリシエールが交換した書面は、下記に引用されている。Rousset, *La conquête*, vol. 2, pp. 174-177.

（84） Grieu, *Le duc d'Aumale*, p. 174.

（85） ベルマールは「信じがたいであろうが」との前置きと共に、アブド・アルカーディルの抗議にかかわらず、家財の代金は現金ではなく帳簿上の口座で管理され、アブド・アルカーディルの要求に基づいて仏軍が許可した金額がその都度支給されたと記録する。Bellemare, *Abd-el-Kader*, p. 322. チャーチルは同様の記事に加え、同行したラモリシエールはアブド・アルカーディルに四〇〇〇フラン贈呈したと伝える。Churchill, *Abdel Kader*, p. 270.

（86） Muḥammad b. ʻAbd al-Qādir, *Tuḥfah al-Zāʾir*, vol. 2, pp. 11-12.

（87） Churchill, *Abdel Kader*, pp. 272-273.

（88） *Ibid*., pp. 278-279.

（89） *Ibid*., pp. 285-286.

（90） Muḥammad b. ʻAbd al-Qādir, *Tuḥfah al-Zāʾir*, vol. 2, p. 27.

（91） Churchill, *Abdel Kader*, pp. 290-291. ルイ・ナポレオンは、アブド・アルカーディルや家族からの感謝の言葉と共にアルジェリアの伝統料理「クスクス」による饗応を受け、アンボワーズ城を後にしたという。

（92） *Ibid*., pp. 292-294.

（93） *Ibid*., p. 298.

（94） Bellemare, *Abd-el-Kader*, p. 409. アブド・アルカーディルに対する年金については異なる金額が伝えられるが、ムハンマド・パシャによれば二〇フラン金貨五〇〇〇枚相当、すなわち一〇万フランである。一八六五年、アブド・アルカーディルがパリを訪問した際、加増されて一五万フランとなった。[al-Jazāʾirī,] *Dīwān al-Shāʿir*, pp. 26-27; al-ʻAlāwī, *al-Amīr al-Jazāʾirī*, pp. 20-21.

(95) Churchill, *Abdel Kader*, pp. 298-299.
(96) Muḥammad b. ʻAbd al-Qādir, *Tuḥfah al-Zāʼir*, vol. 2, pp. 50-53.
(97) F. O. 78/928, Colonel Rose to Lord John Russell, 11 January 1853.（Temimi, Héritage politique, pp. 65-66）
(98) Muḥammad b. ʻAbd al-Qādir, *Tuḥfah al-Zāʼir*, vol. 2, pp. 54-56.
(99) Churchill, *Abdel Kader*, pp. 303-304.
(100) Muḥammad b. ʻAbd al-Qādir, *Tuḥfah al-Zāʼir*, vol. 2, p. 66; Churchill, *Abdel Kader*, p. 305.
(101) Muḥammad b. ʻAbd al-Qādir, *Tuḥfah al-Zāʼir*, vol. 2, p. 66.
(102) F. O. 78/1118, Richard Wood to Earl of Clarendon, 8 December 1855.（Temimi, Héritage politique, p. 70）
(103) F. O. 78/1116, Consul Moore to Earl of Clarendon, 29 December 1855.（Temimi, Héritage politique, pp. 71-72）
(104) Messaoudi, *Les arabisants*, pp. 88-89; Temimi, Lettres inedites, p. 11.
(105) Muḥammad b. ʻAbd al-Qādir, *Tuḥfah al-Zāʼir*, vol. 2, pp. 75-82; al-Bīṭār, *Ḥilyah al-Bashar*, vol. 3, pp. 1602-1608.
(106) Muḥammad b. ʻAbd al-Qādir, *Tuḥfah al-Zāʼir*, vol. 2, pp. 67-75.
(107) al-Shaṭṭī, *Rawḍ al-Bashar*, p. 180. ジャクマキーヤ学院はマムルーク朝の建築でウマイヤ・モスクの真北に位置する。『クルアーン学大全』（*al-Itqān fī ʻUlūm al-Qurʼān*）は、スユーティー（Jalāl al-Dīn al-Suyūṭī 一四四五―一五〇五）によるクルアーンの諸学を包括的に提示した著作。『アブド・アルアズィーズ・アッダッバーグ師金言集』（*al-Dhahab al-Ibrīz min Kalām Sayyidī ʻAbd al-ʻAzīz al-Dabbāgh*）は、ラマティー（Aḥmad b. al-Mubārak al-Lamaṭī 一六七九―一七四三）が神秘主義者ダッバーグ（ʻAbd al-ʻAzīz al-Dabbāgh 一七二〇年没）の言説を編集した書物。
(108) al-Bīṭār, *Ḥilyah al-Bashar*, vol. 2, p. 897.
(109) al-Shaṭṭī, *Rawḍ al-Bashar*, p. 180.『撰ばれし者の奇瑞の教示による治癒の書』（*al-Shifāʼ bi-Taʻrīf Ḥuqūq al-Muṣṭafā*）は、カーディー・イヤード（al-Qāḍī ʻIyāḍ b. Mūsā 一〇八三―一一四九）による預言者ムハンマドの事蹟を詳細に記した書物。『正伝集』（*al-Ṣaḥīḥ*）は、伝承学者ブハーリー（Abū ʻAbd Allāh Muḥammad b. Ismāʻīl al-Bukhārī 八一〇―八七〇）が著したハディース集であり、ムスリム（Abū al-Ḥusayn Muslim b. al-Ḥajjāj 八一七頃―八七五）が著した同名の書物と並んで高い権威が認められ、『両正伝集』と総称された。

(110) Churchill, *Abdel Kader*, pp. 324-325.

(111) Frankl, *Nach Jerusalem!*, vol. 1, pp. 357-363.

(112) Archives de la Chambre de Commerce de Marseille, L. XI. 21, Cahier no. 6.(Temimi, Lettres inedites, pp. 18-19)

(113) Muḥammad b. ʻAbd al-Qādir, *Tuḥfah al-Zāʼir*, vol. 2, p. 82. 一キース＝五〇〇キルシュ＝五リラ、一リラ＝純金六・六一四六七グラム。

(114) *Ibid.*, vol. 2, pp. 85-86. アブド・アルカーディルが没した時に彼が所有していた動産価額は、法廷記録によれば五三万三二三六・五キルシュであった。ダマスクス歴史文書館 Sijill 811, No. 106（al-ʻAlāwī, *al-Amīr al-Jazāʼirī*, pp. 192-194 所収）不動産については、一八八五年六月に売却された「十一臼」に限っても、その土地・付属構造物・用益権・植栽の総額は五〇万二一六四キルシュに達している。Sijill 801, No. 85（*ibid.*, pp. 166-168 所収）

(115) Muḥammad b. ʻAbd al-Qādir, *Tuḥfah al-Zāʼir*, vol. 2, pp. 91-92.

(116) Churchill, *Abdel Kader*, pp. 312-313.

(117) *Ibid.*, p. 313.

(118) Archives du Ministere des Affaires Etrangeres, Correspondance politique de l'origine à 1871, Turquie, Correspondance des consuls. Damas. vol. 6, Lanusse-Thouvenel, 19 June 1860; Fawaz, Amīr ʻAbd al-Qādir, pp. 263-72.

(119) Muḥammad b. ʻAbd al-Qādir, *Tuḥfah al-Zāʼir*, vol. 2, p. 93.

(120) 本書第五章二三二頁参照。

(121) F. O. 78/1586, Moore to Lord John Russel, 8 August 1861.（Temimi, Héritage politique, pp. 87-90）

(122) 『悲哀の書』本書五〇三頁。

(123) Badīʻah al-Jazāʼirī, *Dirāsah*, p. 30.

(124) F. O. 78/1586, Moore to Lord John Russell, 8 August 1861.

(125) MS Mishāqah, *al-Jawāb*, p. 353. アブド・アルカーディルは英国のブラント領事に対し、「〔アブド・アルカーディルは〕武器の使用許可を三度求めたが効果がなく、一度軍司令官〔アフマド・パシャ〕から口頭でそれを得たが、帰宅すると文書で撤回された」と証言した。ブラント領事の報告によれば、マスケット銃により武装したアブド・アルカーディルの配下は一二〇〇人存在した。F. O. 78/1520, Brant to Lord John Russell, 24 July 1860.

(126) Churchill, *Abdel Kader*, p. 316.

(127) 本書簡は英訳と仏訳が残っている。*The New York Times*, 20 August 1860, p. 8; Poujoulat, *La vérité*, pp. 527-528. ただし仏訳ではキリスト教徒の犠牲者数を「三〇〇〇人」と記載している。ベイルート南東に位置するクライヤ村には仏資本による絹織物工場があった。本書間は仏国人の安否を話題にしている点からみて、おそらく同村在住の仏国人に対する返簡であろう。

(128) F. O. 78/1586, Moore to Lord John Russell, 8 August 1861.

(129) Archives du Ministere des Affaires Etrangeres, Correspondance politique de l'origine à 1871, Turquie, Correspondance des consuls. Damas. vol. 6, [Lettre de remerciement d'Abd el-Kader pour avoir reçu la Légion d'honneur. août 1860.] (Temimi, Lettres inedites, p. 21. 原文アラビア語)

(130) Ageron, Abd el-Kader, pp. 20-24.

(131) Muḥammad b. 'Abd al-Qādir, *Tuḥfah al-Zā'ir*, vol. 2, p. 95. 仏軍史料によれば、一八六一年一月、遠征軍のセレス少佐はダマスクスを訪問し、アブド・アルカーディルと面会している。セレス少佐は、アブド・アルカーディルが仏側に対し、危急の際にはカッブ・イリヤース村に駐留する仏部隊をダマスクスのキリスト教徒保護のため派遣するよう主張したと報告している。Ageron, Abd el-Kader, p. 25.

(132) Poujoulat, *La vérité*, pp. 443-444. アブド・アルカーディルは、一八六一年八月、ムーア総領事に対してもシリアで政権を担う意思はないと断言している。F. O. 78/1586, Moore to Lord John Russell, 8 August 1861.

(133) Churchill, *Abdel Kader*, p. 320.

(134) Muḥammad b. 'Abd al-Qādir, *Tuḥfah al-Zā'ir*, vol. 2, pp. 116-119.

(135) *Ibid.*, vol. 2, p. 145; Churchill, *Abdel Kader*, p. 328.

(136) Muḥammad b. 'Abd al-Qādir, *Tuḥfah al-Zā'ir*, vol. 2, p. 154.

(137) *Ibid.*, vol. 2, pp. 157-159; al-Shaṭṭī, *Rawḍ al-Bashar*, p. 180.

(138) Muḥammad b. 'Abd al-Qādir, *Tuḥfah al-Zā'ir*, vol. 2, pp. 158-159.

(139) *Ibid.*, vol. 2, pp. 185-186.

(140) *The Times* (London), 12 November 1873, p. 10.

(141) al-Shaṭṭī, *Rawḍ al-Bashar*, p. 180; al-Ḥuṣnī, *Muntakhabāt*, vol. 2, p. 741. 『メッカ啓示』は、イブン・アルアラビーの神秘主義思想を伝える主要著作の一つ。

(142) Suchet, *Lettres édifiantes*, pp. 405-407.

(143) François Bourgade, *Soirée de Carthage, ou Dialogues entre un prêtre catholique, un muphti et un cadi*, Paris, 1847.

(144) Bellemare, *Abd-el-Kader*, pp. 452-453. アブド・アルカーディルの娘の一人がキリスト教に改宗したとの憶測があるが、これは彼の娘の改宗場面を織り込んだセジュールの戯曲の影響であろう。なお、作品では娘の名は「アーイシャ」とされている。Séjour, *Les massacres*, p. 106.

(145) ʻAbd al-Qādir, *al-Miqrāḍ al-Ḥādd*.

(146) アブド・アルカーディルのフリーメイソンへの加盟は、彼の博愛思想の延長にあり、ムスリム評者にとっては彼が陥った誤謬とみなされている。フリーメイソンからの接触は、一八六〇年一一月パリのアンリ四世ロッジからアブド・アルカーディルに対し、一八六〇年事件に関する感謝状と共に宝飾品が贈呈されたことに始まる。彼は一八六一年一月に礼状を送り、同年七月にはアンリ四世ロッジから加盟候補者としての質問状が発出された。一八六四年六月一八日、アレキサンドリアにおいてアブド・アルカーディルはピラミッド・ロッジに加盟を認められた。Churchill, *Abdel Kader*, p. 328. アンリ四世ロッジ幹部との質疑応答は公刊され、翌年八月アブド・アルカーディルは、パリにおいてロッジの公式加盟式典に参加した。Loge Henri IV, *Tenue Solennelle du 1er septembre 1864: Initiation de l'Émir Abd-El-Kader*, Paris, 1865. 関連文書の影印版は、下記参照。Aouli et al., *Abd el-Kader*, pp. 561-583.

(147) (al-Jazāʼirī,) *Kitāb al-Mawāqif*, vol. 1, p. 445.

(148) *Ibid.*, vol. 2, p. 21.

(149) Ibn al-ʻArabī, *Futūḥāt al-Makkīyah*, vol. 3, p. 153. イブン・アルアラビーのこの見解は、ワッハーブ派などからはイスラームを普遍宗教（al-Sharʻ al-ʻĀmm）に置き換え、イスラームによる先行宗教の改廃（al-naskh）を形骸化するとの理由で激しく排斥された。

(150) Woerner-Powell, *Another Road to Damascus*, p. 156.

(151) Johnson, *The Life of a Citizen*, pp. 176-178. ジョンソンは米国のベイルート領事（一八五八―六七年）、シリア総領事（一八六七―七〇年）を務めた。

(152) Rinn, *Histoire de l'insurrection*, pp. 107-111.

(153) al-Ṣulḥ, *Suṭūr min al-Risālah*, pp. 92-93.

(154) *Ibid.*, pp. 98-126.

(155) Muḥammad b. ʻAbd al-Qādir, *Tuḥfah al-Zāʼir*, vol. 2, pp. 246-247. ただし日付は曜日に従い修正した。

(156) アブド・アルカーディルの子供たちの生年については、一八八四年三月に仏代議院に提出された報告書記載の年齢を参照した。Annexe No 2722, Séance du 22 Mars 1884, *Annales du Sénat et de la Chambre des députés, Documents parlementaires. 2e partie, Chambre des députés*, Paris, 1884, t. 11, pp. 532-533.

(157) Muḥammad b. ʻAbd al-Qādir, *Tuḥfah al-Zāʼir*, vol. 2, p. 249.

(158) al-ʻAlāwī, *al-Amīr al-Jazāʼirī*, p. 259.

(159) *Ibid.*, pp. 259-260.

(160) *Ibid.*, p. 263.

(161) *Ibid.*, p. 264.

(162) *Ibid.*, p. 266.

(163) *Ibid.*, pp. 261-263.

(164) *Ibid.*, pp. 123-124; p. 265.

(165) *Ibid.*, pp. 264-265.

第七章　処刑されたダマスクス総督
――アフマド・パシャ――

一　人物・史料・洋行

アフマド・パシャ（Ahmed Paşa/Aḥmad Bāshā 一八〇八頃―一八六〇）は、オスマン帝国の軍人である。マフムード二世の命によって、一八三四年、設立された西洋式の軍学校（Mekteb-i Harbiye）に第一期生として入校した。一八三五年、欧州に派遣され、ウィーンの工兵学校に七年間留学した。帰国後、累進して中将に任じられると共に、一八四八年、軍学校の第七代学校長に就任した。軍学校長を長期間務めたため、「校長」（Nâẓır）の通称で呼ばれた。一八五三年、クリミア戦争が始まると、総司令官オマル・パシャ（Ömer Lütfi Paşa 一八〇六―一八七一）の参謀長に任命されてオスマン帝国ルーメリ軍を率いた。ダニューブ戦線では一八五四年、チャタナ（Çatana/Cetate）の戦いで露軍を破るなど軍功を挙げ、同年将相（vezir）に昇進し、翌一八五五年、クリミア派遣軍司令官に任命された。戦争終結後、サロニケ州、ルーメリ州の総督を歴任し、一八五七年、アラビスタン軍（第五軍）司令官に任じられた。一八五九年にはダマスクス総督を兼ねたが、一八六〇年七月の騒乱に際する責任を問われ、銃殺刑に処せられた。

アフマド・パシャに関する史料は、軍学校、クリミア戦争、ダマスクス総督の時代に対応する文献に分散している。各時代を縦覧する個人経歴は、オスマン帝国の官員録や官制研究に見出される。(1) これら以外、アフマド・パシャの伝記は局限されており、僅かにエスアド少佐の『軍学校史鑑』(*Mir'ât-ı Mekteb-i Harbiye*)(2) やビータールの『貴顕列伝』(3) に彼の名が立項されるのみである。しかも『軍学校史鑑』におけるアフマド・パシャの項目は、学校長の列伝中一一行が割かれた次の簡潔な記事に過ぎない。

「第七代学校長――大将アフマド・パシャ
アフマド・パシャは〔ヒジュラ暦〕一二五三《〔ママ〕》年軍学校学生であった時、何人かの同僚と共に勉学のため欧州に派遣された。帰国後、学校の教官職に留まる間、少将の階級まで累進した。〔ヒジュラ暦〕一二六四年ラビーウ・アルアーヒル月〔西暦一八四八年三／四月〕、彼は中将という高い階級に昇進すると共に、軍学校の学校長に補職された。〔ヒジュラ暦〕一二六九年〔西暦一八五二／五三年〕退任し、ダニューブ軍団司令官に任命された。その後いくつかの重職にあり、最後にダマスクス総督に任命された時、〔ヒジュラ暦〕一二七九《〔ママ〕》年頃発生したダマスクスの事件を鎮圧する間に世を去った。そしてムヒーユッディーン・〔イブン・アル〕アラビー大師に非常に近い場所に埋葬された。(4)」

また、二〇ページをアフマド・パシャの項目に充てる『貴顕列伝』では、そのほとんどは一八六〇年事件そのものの記述である。したがってアフマド・パシャの人物像や、一八六〇年事件における彼の行動とその背景の探究は、これまで顧みられていなかった史料の再構成を通じて試みざるを得ない。しかしそれは、史料の不足を意味するものではない。軍学校や洋行については『軍学校史鑑』の他、欧州の新聞記事に補完的記録が残されている。クリミア戦争従軍時の史料はさらに増加し、戦史や回想録、新聞記事にアフマド・パシャの人柄を伝える記録が散見される。ダマスクス総督時代のアフマド・パシャをめぐる史料は、もっとも多く残されている。しかしダマスクス時代の史料群は、もっとも取扱いの難しい側面がある。なぜなら、一八六〇年事件の責任を負って処刑されたアフマド・パシャの言動に理解を示す記録者は稀で、多数は被害への情念や政治的動機に筆を動かされているように見えるからである。アフマド・パシャ本人の筆になる弁明は、公刊されていない[5]。特に焦点となるのは、事件が総督府ないしはアフマド・パシャ本人によって意図的に引き起こされたか、少なくとも黙認によって発生したのではないかという問題である。事件当事者のうち、ダマスクスのキリスト教徒やアブド・アルカーディルは事件が人為的に発生したとの解釈を鮮明にしている。

事件発生直後からの列強の反応は、オスマン帝国の失政、なかんずくアフマド・パシャの責任を厳しく問うものであった。仏国はダマスクスのキリスト教徒やアブド・アルカーディルの見解に同調し、キリスト教徒と外国人の保護を名目にシリア州に兵を送った。英国の立場には異なるところがあった。オスマン帝国と英国の友好関係、むしろオスマン帝国のためにシリアを奪い返したのは英国であるとの認識の下、一八六〇年事件において英国領事館は暴徒から襲撃されなかったし、英国領事は事件の最中アフマド・パシャに面会してその見解を徴していた。現在に至るまで、研究書も含めアフマド・パシャの行動を否定的に描写する文献が圧倒的な中で、英国人による記録は先入観を修正する端緒を提供している。しかし英本国政府は、仏国のシリア介入の意図を断つためオスマン帝国による事件の厳正な処断を陰に陽に要求し、アフマド・パシャの処刑をもってその幕引きを図ったのである。このような状況から、アフマド・パシャの人物像の解明は、彼に批判的な著者による記録の見直しと共に行わなければならない。

アフマド・パシャの出身や幼少期を伝える史料は、ほとんど現存しない。アフマド・パシャについて伝える文献においても、彼の生年は不詳とされている。ただし、例外的な史料は存在する。仏人記者のアフマド・パシャに関する記述に、生年への言及がある。

「……一八四七〔ママ〕年からアラビスタン軍の将軍およびダマスクスの行政を司る総督であったアフマド・パシャは、……一八〇八年、コンスタンティノープルの大変貧しい家庭に生まれた。彼は子供の頃、幼年学校に入れられたが、そこでの彼の才気煥発振りは際立っていた。欧州文明に対する熱望を抱いていたスルターン・マフムードは、若いアフマドを勉学のためロンドン、ウィーン、あるいはパリに派遣する数名のトルコ人少年に加えた。アフマドが勉強を開始したのはパリ〔ママ〕であり、ウィーンに非常に長く滞在して修了した。彼は仏語と独語を流暢に話した。彼は秀麗、端正で背が高く、感服に値する物腰であった。これほど長い間、西洋文明の源流で育まれた魂に、もっとも熱狂的なイスラム過激思想が芽生えるとは、誰が考えることができただろうか[6]。」

『軍学校史鑑』には、「ウスキュダルの軍曹アフマド・ベイ――（シリアで没したアフマド・パシャ）[7]」との記載（後出）がある。ウスキュダルはイスタンブルから見て、ボスポラス海峡の対岸に位置する街である。これらの史料から、アフマド・パシャの出身や生年が推定されるのである。

スルターン・マフムード二世は、反抗的なイェニチェリ軍団を一八二六年、武力で解体した。同年「ムハンマド常勝軍」（Âsâkir-i Mansûre-i Muhammediye）と命名された常備軍を編成し、西洋式訓練と中央集権化を通じた軍の近代化に着手した。軍の近代化に先行し、短期間で強大化したエジプト総督ムハンマド・アリーを意識した改革であった。軍学校は、こうした背景の下、開設された。マフムード二世は常備軍の編成と同時に、宮廷で伝統的な訓練を施していた近侍の青年たちから、一〇〇人の歩兵と五〇人の騎兵を選抜して直轄部隊（Enderun-u Hümâyun Ağavâtı Ocağı）を創設し、近代化を担う士官を養成しようとした。しかし一八二八〜二九年の露土戦争における直轄部隊の働きは捗々《はかばか》しくなかったため、一八三〇年、マフムード二世は部隊を解散して常備軍に編入した。一八三一年には、士官の昇任に筆記試験が課され、また少将（Mirliva）以上の将官はスルターンが親任するようになった。同年、スルターンは、アフマド・ファウズィー・パシャ（Ahmed Fevzi Paşa 一八四三年没）に一九〜二一歳の兵士約一〇〇人から成る初年部隊（Sıbyân Bölükleri）の編成を命じた。この部隊には英才教育が施され、軍学校の前身となった。オスマン帝国の軍事教育組織には、すでに一七三四年創設の工部廠（Handesehane）が存在したが、マフムード二世の時代までには帝立陸軍工兵廠（Mühendishane-i Berrî-i Hümâyun）と帝立海軍工兵廠（Mühendishane-i Bahrî-i Hümâyun）に分けられ整備されていた。また、一八二七年には軍医学校（Tıbhane）が発足した。これらは技術伝習を目的とする組織で、士官を養成する組織ではなかった。軍近代化を模索するため、サン・シールの仏士官学校に学んだ少将ナムク・パシャ[8]が一八三四年、ロンドンとパリに派遣された。パリではメゾン元帥（Nicolas-Joseph Maison 一七七一—一八四〇）がナムク・パシャに対し、士官学校設置の必要性を説いた。イスタンブルに戻ったナムク・パシャは、スルターンに士官学校開設を進言した。マフムード二世は一八三四年、アフマド・ファウズィー・パシャに軍学校開設を、ナムク・パシャにその教育課程制定を命じた。しかし、軍内部での影響力低下を懸念した元帥（Serasker）ヒュスレウ・パシャ（Mehmed Hüsrev Paşa 一七六九―一八五五）が開設に難色を示したため、既存の兵舎を改修した校舎で発足し、学生は便宜上スルターン直属の近衛軍（Hâssa）に在籍した。軍学校が正式に発足したのは、一八三五年七月であった(9)。

『軍学校史鑑』は、創設時に在籍した学生名簿の抜萃を掲載している。士官級の学生は次の九名である。

〔1〕少佐セリム・エフェンディー――（砲兵工廠参与であった〔ヒジュラ暦〕一三〇五年〔西暦一八八七／八八年〕に没した中将セリム・パシャである(10)）

〔2〕少佐心得マフムード・エフェンディ――（故人）

〔3〕大尉メフメド・エフェンディー――（元大宰相、故クブルスル・メフメド・パシャである(11)。彼は〔ヒジュラ暦〕一二八八年〔西暦一八七一／七二年〕に没した……）

〔4〕中尉アブディー・エフェンディー――（チュルパンル・アブデュルケリーム・ナーディル・パシャである(12)。〔ヒジュラ暦〕一三〇二年〔西暦一八八四／八五年〕に没した）

〔5〕大尉カーシムパシャル・アリー・エフェンディー――（故人）

〔6〕大尉アリー・エフェンディー――（最後に少将となり、帝立軍幼年学校校長に就任した故カラ・アリー・パシャである）

〔7〕大尉ムスタファー・アー――（第四近衛部隊中佐の時に没したカルパクル・ムスタファー・アーである）

〔8〕中尉イブラーヒーム・エフェンディー――（中将、故イブラーヒーム・パシャである）

〔9〕中尉アーリフ・アー――（故人）[13]」

下士官級の学生としては、次の九人を例示する。

「〔1〕コジャ・ムスタファー・パシャの軍曹アフマド・エフェンディー――（〔軍事〕諮問会議砲兵委員会委員の時没した上級大佐アフマド・ベイである）

〔2〕チェンゲルキョイの軍曹アフマド・ファーイク・エフェンディー――（中将で退役したアフマド・ファーイク・パシャである）

〔3〕サロニケの軍曹ハリール・エフェンディー――（上級大佐に任じられている時に没した）

〔4〕軍曹オマル・ファウズィー・エフェンディー――（大将、故オマル・ファウズィー・パシャである）[14]

〔5〕軍曹アブドゥラー・エフェンディー――（内務予備役大佐、故アブドゥラー・ベイである）

〔6〕ゼイレクの軍曹イブラーヒーム・エフェンディー――（中佐の時に世を去った）

〔7〕ブルサの軍曹ハサン・エフェンディー――（第五軍主計将校の後、元帥府勤務の時に没した）

〔8〕軍曹ラーミズ・エフェンディー――（中将、故ラーミズ・パシャ）

〔9〕ウスキュダルの軍曹アフマド・ベイ――（シリアで没したアフマド・パシャ）

その他。[15]」

これらの学生は、軍学校の学級を構成すると同時に、全体で近衛軍の一部隊と扱われていた。彼らを始めとする軍学校卒業生は「学校上り」（mektepli）の軍人と俗称され、有力者の子弟や奴隷出身で、実戦によって叩き上げた「部隊上り」（alaylı）の軍人と対比された。タンズィマート改革の時代を通じ、軍学校卒業生は旧来の制度で徴募された「部隊上り」軍人に代わってオスマン帝国軍の中枢を担うようになった。

ナムク・パシャが制定した一八三五年当時の教育課程が記録されている。軍学校は初等教育に対応する第一課程と、高等教育に対応する第二課程に分かれている。第一課程は、さらに八級に分かれる。初級においては、生徒は砂の上に文字や数字を書いて記憶する。オスマン語の字母を一通り覚えると、二文字の綴りを学ぶ。優秀な生徒は級長（Sınıfbaşı）に指名され、教師と共に繰返し生徒に教える。二級と三級においては、同様に三文字綴りの語を砂の上に書き、その読み書きを学ぶ。さらに進むと、『常套章句』（*Âmme Cüzü*）[16]等の教材を与えられる。四級と五級では、『日用知識』（*İlm-i Hâl*）、『イスラーム教義集』（*Surût-ı İslamiyye*）、『宗教信条』（*Akâid-i Dîniyye*）[17]等の教材を用い、生徒は石版に書き写して学ぶ。六級では、『軍事法規集』[18]（*Askerî Kanûnnâme*）や『軍事教本』（*Askerî Talimnâme*）を学ぶ。七級になると、『詞華集』（*Tuhfe*）や『名文選』（*Nuhbe*）[19]、アラビア語の語形論（Sarf）、統辞論（Nahiv）、算術、幾何、ルクア体書法、図画等を学ぶ。八級はこれらの仕上げを行い、生徒の中から一〇〇人を選抜して第二課程に進学させる。第二課程においては、数学、工学、地理学、生物学、物理学、化学、地図製法、アラビア語、ペルシア語、仏語が講じられ、これらに加えて砲術、小銃射撃、馬術、行軍、水練等の実技が教育される。[20]

マフムード二世は軍学校を開設すると、少壮軍人を欧州に留学させた。ヒジュラ暦一二五一年（西暦一八三五／三六年）には、中尉アブディー・エフェンディー（チュルパンル・アブデュルケリーム・ナーディル・パシャ）、中尉イブラーヒーム・エフェンディー（イブラーヒーム・パシャ）、ウスキュダルの軍曹アフマド・ベイ（アフマド・

パシャ）、リュステム・エフェンディー（リュステム・パシャ[21]）をウィーンに、大尉メフメド・エフェンディー（クブルスル・メフメド・パシャ）をベルリンに、テウフィーク・エフェンディー（テウフィーク・パシャ[22]）をパリに、エミーン・ベイ（エミーン・パシャ[23]）、少佐セリム・エフェンディー（セリム・パシャ）をロンドンに派遣した[24]。さらにヒジュラ暦一二五二年（西暦一八三六／三七年）に四名がウィーンに派遣され[25]、ヒジュラ暦一二五四年（西暦一八三八／三九年）には七名がウィーンに、三名がベルリンに派遣された[26]。

ウィーンにアフマド・パシャら最初の四名を派遣するに際しては、墺国からハウスラブ砲兵少佐（Franz Ritter von Hauslab 一七九八―一八八三）が招聘された。ハウスラブは一八二七～三〇年、イスタンブルの墺国大使館に勤務し、一八三四年にはカール大公の三人の息子の教育を委ねられていた。一八三五年、マフムード二世はハウスラブを引見し、賞讃の言葉と共に宝石で飾られた小箱を与え、ウィーンに留学する軍人たちの指導を依頼したという。ハウスラブはイスタンブルに短期間滞在の後、留学生を連れて帰国した[27]。

しかし、アフマド・パシャはハウスラブ一行とは別行動を取っていた。英国の『宮廷週報』は、「アルミー〔アズミー〕・ベイ、アフマド・エフェンディーおよびアーカート氏は、日曜日〔一八三五年一月一八日〕コンスタンティノープルから〔ロンドン〕市に到着した[28]。」と伝える。アズミー・ベイ（Azmi Bey）はナムク・パシャの腹心で、英国視察後の一八三六年、上級大佐に昇進すると共に第二代軍学校長に就任し、一八三七年まで在任した。アーカート（David Urquhart 一八〇五―一八七七）はトルコ通の外交官であり、スルターンの依頼によりアズミー・ベイとアフマド・パシャをロンドンに連れてきたのである。同日付の『宮廷週報』は、彼らの来訪目的を報じている。

「オスマン帝国の貴紳であり、コンスタンティノープルから到着したばかりのアルミー〔アズミー〕・ベイとアフマド・エフェンディーは、スルターンが若手将校の教育改良を目指して軍学校を設立するため、必要な情報を得る使命を彼から与えられていると理解されており、その目的のため彼らはウーリッジ〔工廠〕、サンドハースト〔士官学校〕、アディスコム〔東印度会社軍学校〕などを訪問予定である。彼らは二人ともトルコ軍で高い階級を有し、イングランドに来る途中独国と仏国の一部を旅行した。[29]」

アーカートは、外務大臣ウェリントン公にアズミー・ベイを「〔スルターンの〕警護隊大佐」、アフマド・エフェンディーを「少尉」と紹介する書状を送り、一八三五年一月二八日、二人を公に面会させている。[30] さらにアズミー・ベイとアフマド・エフェンディーは、一八三五年三月、国王ウィリアム四世を拝謁した。[31] 二人は同年六月ウインザー城に招かれ、国王と会食した。その翌日、彼らは王室の馬車に乗ってヴァージニア・ウォーターを訪問した。[32] 同年八月、彼らは再度国王を拝謁し、辞去の挨拶を行った。[33] 一方、同年九月三〇日付の『ウィーン新聞』は、「〔駐英〕トルコ帝国大使館書記官ハーリス・エフェンディー、トルコ帝国大佐アズミー・ベイ、トルコ帝国少尉アフマド・エフェンディー」がパリから、二七日、ウィーンに到着したと報じている。[34]

軍学校には、欧州から「ランカスター方式」教育が導入された。ランカスター方式は助教法とも呼ばれ、産業革命期に教育を普及させる必要から、英国のランカスター（Joseph Lancaster 一七七八―一八三八）などが提唱した教育方式である。生徒の中から優秀な者を助教に選び、助教に他の生徒を教えさせて効果増大を図った。ナムク・パシャ制定の教育課程では、「級長」による指導にその萌芽がみられる。アズミー・ベイが軍学校長に就任すると、ランカスター方式は本格的に運用された。[35] 当時軍学校には約三〇〇人の学生が在校しており、その半数を占める第一課程の学生はランカスター方式によって学んでいた[36]。

アフマド・パシャらウィーンに留学したオスマン軍人は、帝国工兵学校（Kaiserlich-konigliche Ingenieurakademie）に入校し、ハウスラブの指導下に入った[37]。彼らは学科においても、砲術などの実技においても優秀な成績を収め、独仏両言語に習熟した[38]。

二　軍学校長・クリミア戦争

アフマド・パシャはウィーンで七年間学び[39]、一八四二年頃、帰国した。『軍学校史鑑』の略伝によれば、帰国後、軍学校の教官として、少将の階級に到達するまで勤務していた。その間、一八四五年には軍学校第一課程が独立し、軍幼年学校が発足した[40]。第四代軍学校校長エミーン・パシャ在任中（一八四二―四六）、アフマド・パシャは参謀本部の少将に昇進すると共に軍学校副校長に任命され、さらに軍事諮問委員会（Dâr-ı Şûrâ-yı Askerî）委員に任命された[41]。軍事諮問委員会は一八三六年、設置され、軍政・軍令両面を統括する枢要機関であった。一八四七年当時、委員長から書記までの委員一四名のうち、軍学校関係者は前学校長（委員長エミーン・パシャ）、学校長（リファアト・パシャ）、副学校長（アフマド・パシャ）、軍幼年学校校長（イブラーヒーム・パシャ）の四名の他、後に第六代学校長となる参謀総長チュルパンル・アブデュルケリーム・ナーディル・パシャが委員に任命されていた[42]。

一八四七年には、組織改正に対応した軍学校内規が制定された。本内規では、学校長、副学校長に加え、物理、化学、数学、建築、測量、砲術、馬術、仏語などの教官一四名、歩兵、騎兵、砲兵の実技教官一〇名、監理部、医官、音楽教師、装備係などの将校・職員の職制が定められている。そして、これら職種別の職務権限が詳細に解説されている。(43) アフマド・パシャが副学校長として、内規の起草に関与したことに疑いの余地はない。

第六代学校長チュルパンル・アブデュルケリーム・ナーディル・パシャ（在任一八四七・一〇—一八四八・二）は、イラク兼ヒジャーズ軍司令官に転出した。そしてヒジュラ暦一二六四年ラビーウ・アルアーヒル月（西暦一八四八年三／四月）アフマド・パシャが中将に昇進し、第七代軍学校長に昇格した。アフマド・パシャが軍学校長を務めた五年余りの期間には、外国人教官の招聘と、これに対応した教育課程の整備が行われた。

スルターン・アブデュルメジド一世は、一八五〇年、仏国大統領ルイ・ナポレオンと普国国王フリードリヒ・ヴィルヘルム四世に親書を送り、軍学校に教官を派遣するよう要請した。これに応じて仏国は大尉二人と中尉一人を、普国は大尉一人を派遣した。外国人教官は通訳を介して教育を行ったが、意思疎通が十分でなかったため、外国人教官にまずオスマン語を教える方便が採られた。一年半のオスマン語教育の後、彼らは歩兵戦術、騎兵戦術、砲兵戦術、軍規、兵要地誌、測量、建築、築城などを講ずることができた。(44)

一八五一年の教育課程改正により、軍学校は四年制とされた。この制度は一八六六年まで続いた。一年次の学生は、代数、幾何、製図、物理、仏語、歩兵個人教練などを学ぶ。二年次では、築城術、機械工学、測量、化学、仏語、歩兵集団教練などを学ぶ。三年次では、行軍教練、用兵、軍規、地図製法、仏語、剣術、馬術などを学ぶ。四年次では、作戦、仏語、歩兵部隊教練、砲術、剣術、馬術などを学ぶ。これらに加え、アラビア語、ペルシア語、宗教、修身が課された。(45) また、一八四八／四九年には獣医課程（一年次・二年次）が設立され、一八四九／五〇年には参謀課程（四年次・五年次）を設立して、四年次に進学した学生のうち大尉に昇進した五人を参謀課程四年次に編入した。これらの結果、一八五〇／五一年時点で軍学校に所属している学生の総数は一〇一人となった。[46]

エルサレムなどキリスト教聖地の管理権やキリスト教徒のオスマン帝国臣民に対する列強の保護権を巡る論争は、一八五三年に入ると激しさを増した。露土間の戦争は不可避の情勢であり、英仏がオスマン帝国に加勢する構図が生じた。一八五三年一〇月四日、オスマン帝国は露国に宣戦を布告した。宣戦布告文書は同日、オスマン帝国の官報に掲載されると共に、英仏墺普四か国の大使館に通牒された。

オスマン帝国ルーメリ軍（第二軍）の司令官は、オマル・パシャであった。彼は一八〇六年、墺領クロアチアのセルビア正教会信徒の家庭に生まれた。墺軍の兵士となったが、オスマン帝国領のボスニアに逃亡し、イスラームに改宗した。一八三四年、イスタンブルに移り、オスマン帝国の軍人社会に親しむ中で元帥ヒュスレヴ・パシャの知遇を得た。オマルは流麗な筆蹟で知られ、[47]セルビア語、オスマン語、アラビア語、独伊仏語に通じていたため、[48]ヒュスレヴ・パシャの紹介により軍学校の書記教師に雇われた。マフムード二世が一八三五年、軍学校を視察した際、オマルは推挙されてアブデュルメジド皇太子の侍読に任命の上、大尉の階級を与えられた。[49]一八三九年、アブデュルメジドがスルターンに即位すると、オマルは大佐に昇進した。一八四〇―四一年にはシリアの叛乱鎮定に派遣され、一八四二年にレバノン山駐屯部隊司令官兼知事に任命されてドルーズ派を抑圧するなど軍事的才能を現した。さらにアルバニア（一八四三）、クルディスタン（一八四六）、ワラキア（一八四八）における叛乱を鎮圧した。これらの戦役は、タンズィーマート改革に反抗する在地郷紳勢力を軍事力で屈服させる性格を有した。一八四九年、彼は将相に昇進してルーメリ軍司令官に就任し、一八五〇～五一年にボスニア、一八五二年にモンテネグロの叛乱を鎮定した。[50]

露土間の緊張が高まった一八五三年秋、オマル・パシャはダニューブ河西岸のヴィディン（Vidin）を中心に二万の正規軍と五〇〇〇の不正規軍を配備し、対岸のワラキア公国に進駐した一万余の露軍と対峙した。アフマド・パシャは軍学校長の任務を解かれ、オマル・パシャの「側近、友人、雑務係」[51]としてルーメリ軍参謀長（Erkan-ı Harbiye Reisi）に任命された。

ルーメリ軍にはもう一人、中将イスマイル・パシャ（Çerkes İsmail Paşa 一八〇五―一八六二）が参謀長の職にあった。イスマイル・パシャはチェルケス系で、イッザト・メフメド・パシャの奴隷から軍人の道を進んだ。一八三八年には少将となり、アレッポ北東のニジブ（Nizib/Nisib）の部隊を率いていた。当時イブラーヒーム・パシャの支配は北シリアに及んでおり、ニジブはこれに対する防衛線を形成していた。その後、イスマイル・パシャは中将に昇進し、臨戦態勢を敷くルーメリ軍の参謀長に就任したのである。イスマイル・パシャは一八五四年、将相の階級に達した[52]。

アフマド・パシャとイスマイル・パシャは、それぞれ典型的な「学校上り」と「部隊上り」の将軍であった。英外交官ペイトンは、両者に面会した印象を記している。

「後者〔アフマド・パシャ〕は、標準的な教育を受けた軍事技術者で、七年間、ウィーンの学校に通ってその技能を教えられた。その結果、彼は独語を流暢かつ正確に話した。容貌に関しては、彼は長身で恰幅が良く、肥満気味であり、鷲鼻で普通の顔立ちであった[53]。」

「イスマイル・パシャは、……トルコ軍でもっとも傑出した将校の一人である。……彼は四五歳に見え、日焼けした顔で、片眼の色が僅かに淡かった。……オマル・パシャの戦略的大局観や欧州仕込みの技量は欠いていたが、天賦の才には恵まれており、勇猛果敢であるだけでなく、一定範囲の軍略においては極めて巧妙であった。」[54]

イスマイル・パシャは従来、ヴィディン駐屯軍司令官であったが、オマル・パシャおよびアフマド・パシャの指揮下に置かれた。[55]オマル・パシャはイスマイル・パシャを疎んじていたといわれ、アフマド・パシャとイスマイル・パシャの折り合いも良くなかった。[56]

一八五三年一〇月二七日、イスマイル・パシャは一二個大隊を率いてダニューブ河を渡り、対岸の街カラファト（Kalafat/Calafat）を翌日までに確保した。さらに翌日、オマル・パシャとアフマド・パシャはカラファトに入った。アフマド・パシャは数人の墺国・ポーランド出身の技術者と共にカラファトの要塞化を開始した。[57]オマル・パシャは、アフマド・パシャをカラファトの守備に残してダニューブ河南岸を東に進み、カラファト東方約三〇〇キロメートルに位置するオルタニチェ（Oltaniçe/Oltenitza）を目指して、三〇〇〇人の兵と共に再び渡河した。一一月四日、オマル・パシャ率いる部隊は七〇〇〇人の露軍に襲撃された。しかしオマル・パシャはこれを撃退し、露軍に死傷者一二〇〇人の損害を与えた。彼は露軍が強力な増援を送ったと知ると、一〇日後にオルタニチェから撤退しカラファトに戻った。これはクリミア戦争における最初の激突であり、オマル・パシャにとっても、列強の軍隊との初めての交戦であった。これに勝利したことにより、オスマン帝国のみならず、欧州においても彼の名声が高まった。[58]

クリミア半島のセバストーポリを根拠地とする露黒海艦隊は、同年一一月三〇日、シノプ（Sinop/Sinope）の海戦でオスマン帝国海軍を撃破し、黒海の制海権を奪った。オマル・パシャは、一八五三年末までにカラファトへ二万五〇〇〇人の正規軍と一万人の不正規軍を集結させた。露軍はクラヨヴァを拠点に、二万三〇〇〇人の兵力を配した。ペイトンはこの頃、カラファトを訪れている。

『どんなことを教えてくれますか、アフマド・パシャ。』と私〔ペイトン〕は言った。アフマド・パシャは金剛石が嵌められた煙管を置き、擦り合わせた手をしばし建築中の煉瓦の上方に挙げながら、『特に変わったことは、まだありません。露軍はこの大変寒い気候の中、クラヨヴァを出て我々を訪問する気はないように見えます。彼らがここに来る時までに、我々は彼らに対する準備が出来ているよう望みます。だがコサック兵が雀蜂の如く我々の周りに群がるので、我々自身のためではなく、この辺りの困窮した村人たちのために、連中が我々の手が届くところまで敢えて来ないよう、我々のバシボズク部隊は目を離せません。ワラキアでスルターンの臣民が、スルターンの部隊に必要な糧秣を供給する準備をしなくてはならないのは、驚くべきことではありません。露軍が、彼ら自身の部隊の駐屯する範囲の村々を立入禁止にする必要があるのは、私には全く当然に思えますが、しかし彼らがこの辺の村々の老人たちを人質に取ったのは、実に非道い。露国が保護するワラキアの、全く良い見本です。』と言った。『アフマド・パシャ、私は貴方が建設中の要塞を視察する許可を貰いに来たのです。現下の情勢ではこの問題は微妙でしょうし、貴方は私に貴方の意のまま、可能か否かをお伝え下さい。私は軍の仕来りに多少経験がありますので、貴方が真っ向から拒絶しても、全く気を悪くしたり致しません。』……アフマド・パシャは笑いながら、『はいはい、私は貴方が露探でないとよく分かっていますから、貴方にすべてをお見せしましょう。貴方に必要な説明をする、賢い若者をつけましょう。貴方は良い馬に乗って、素晴らしい冬の日を散策で過ごされるでしょう。……』と言った。……そ

してアフマド・パシャはウィーンやその近郊で過ごした七年間に戻り、私に欧州の思い出のいくつかを話した。……」(59)

一八五四年一月四日、アフマド・パシャの宿舎を訪れた画家ギー（Constantin Guys 一八〇二―一八九二）は、次のように描写している。

「……客人用の木製の長椅子、部屋の隅には木製の箪笥が一つ、そして小さな本棚があり、私は『砲兵操典』（*Manuel d'Artillerie*）と『土仏辞書』（*Dictionnaire Turc-Français*）を見出すことができた。仏語で Savon ponce（軽石石鹸）と書かれた商標紙の貼られた小箱が手渡され、中には紙巻煙草が入っていた。それから会話がアフマド・パシャの話す欧州語である独語で始まった。少し儀礼的なやり取りがあった後、塹壕を視察する許可が与えられ、面談は終了した。(60)」

一八五四年一月五日、露一個旅団がカラファトの北東約一五キロメートルの村チャタナを占領した。カラファトにあったオマル・パシャは、同日夜、チャタナ占領の報せを受けると、直ちにヴィディン州総督サーミー・パシャ、カラファト駐屯軍司令官アフマド・パシャ、ヴィディン・カラファト間の中洲に陣地を築いていたイスマイル・パシャ、ヴィディン駐屯軍司令官ハリーム・パシャらを集めて軍議を開き、早朝の攻撃を決定した。六日未明、イスマイル・パシャ率いる一〇〇〇人の正規軍から成る一隊が、五〇艘の舟艇でヴィディンを出発してダニューブ河を遡上した。チャタナ攻略戦の指揮官に任命されたアフマド・パシャは、その一時間後、三個歩兵大隊、不正規騎兵二〇〇〇騎、各六門の野砲を備えた三個野戦砲兵中隊と共に、河川敷を経由してチャタナに向かった。オマル・パシャは、その後方を援軍を率いて前進した。六日は露暦聖誕祭に当たっていた。チャタナの露軍は、村を縦貫する三キロメートル程の道の両端を遮断して宿営中であった。イスマイル・パシャの軍勢は、上陸するや否やチャタナを攻撃した。アフマド・パシャは計算通り、イスマイル・パシャとほぼ同時に到着し、チャタナを挟撃した。奇襲を受けた露軍は、数時間激しく抵抗した。家屋一軒一軒を奪い合う激しい戦闘になったが、正午過ぎには露軍は壊滅状態で北東方向に退却した。露軍の死傷者は三〇〇〇人、オスマン帝国軍の死傷者は一〇〇〇人であった。イスマイル・パシャも左腕を負傷した。七日から九日まで、クラヨヴァからの援軍を得た露軍が、攻守所を変えてチャタナのオスマン帝国軍を攻撃した。しかしオスマン帝国軍はチャタナを死守し、四日間にわたる戦闘は終わった。(61)

チャタナの勝利は、イスタンブルの宮廷にも大きな歓びをもたらした。オマル・パシャは一八五四年二月、軍総司令官（Serdâr-ı Ekrem）に任命された。アフマド・パシャとイスマイル・パシャは、第二等メジーディーヤ勲章を授与された。(62)しかし当時ルーメリ軍参謀であったヒュセイン・アヴニー・パシャ（Hüseyin Avni Paşa 一八二一―一八七六）は、チャタナの戦闘中応援を要求したイスマイル・パシャに、アフマド・パシャは耳を貸さなかったと批判している。(63)

一八五四年一月から二月にかけて、露土間で小規模な戦闘が続いた。オマル・パシャは、カラファトの防御をアフマド・パシャに委ね、ヴィディンでルーメリ軍の指揮を執っていた。露軍は徐々にカラファトに圧力を集中し、二月半ばにはカラファトを包囲するように布陣した。戦線は膠着し、出撃に慎重なアフマド・パシャに対する駐屯軍の不満が高まった。オマル・パシャはこれを知ると、カラファト駐屯軍司令官をハリーム・パシャに交代させ、アフマド・パシャを砲兵と工兵の司令官に留めた。[64] ダニューブ戦線におけるアフマド・パシャの武功の陰で、彼の膽力への不評が広がった。一八六〇年事件の直後、オスマン帝国政府上層部の反応を本国に報告した英国大使は、「トルコ人としては尋常でない、臆病者との欠点をもってその男〔アフマド・パシャ〕は常に知られていたと信ずるに足る、あらゆる理由があるように見受けられる。[65]」と記した。

アナトリア方面への海上補給路を断たれたオスマン帝国軍の崩壊を防ぐため、英仏は一八五四年三月対露宣戦を布告し、艦隊を黒海に派遣した。露軍は四月一九日にカラファトを目指して総攻撃を加えたが、却って二万人の死傷者を出し、五月にはカラファトの攻略を断念した。しかしオスマン帝国側も、駐屯軍の三分の一にあたる一万二〇〇〇人を失う被害を蒙った。[66] オマル・パシャは四月、大将に昇進したイスマイル・パシャを六〇〇〇人の兵力と共にヴィディンにおけるルーメリ軍司令官代行とし、自らは露軍を追って東方に進軍した。[67] 露軍は六月、シリストリア要塞の包囲を一方的に解くなど、退却を開始した。墺国は和戦両面の構えを見せ、露軍のワラキア・モルダヴィア両公国からの撤退を迫った。これに応じて八月、露軍が撤兵すると、墺軍は中立化を名目とした部隊を両公国に送った。同年一二月、墺国は実質的に英仏側についたが、対露宣戦は行わず、攻撃にも参加しなかった。

英仏軍は、黒海西岸のヴァルナに集結していた。ダニューブ戦線が沈静化したのをみた英仏は、セバストーポリを攻略する作戦を立て、一八五四年九月一四日、セバストーポリの北方約六〇キロメートルに位置するクリミア半島の港町エウパトリア（Gözleve/Eupatoria）に上陸した。オマル・パシャは、同年末、一万六〇〇〇人の軍と共にヴァルナから英艦でエウパトリアに移動した。一八五五年二月までに、エウパトリアのオスマン帝国軍は三万五〇〇〇人に達した。二月一七日、約二万人の露軍がエウパトリアを攻撃したが、オマル・パシャ率いるオスマン帝国軍に撃退された。英仏およびオスマン帝国軍は、セバストーポリへの砲撃を繰り返しながら包囲網を狭めていった。しかし六月、露軍は、アナトリア戦線におけるオスマン帝国の拠点カルスを攻撃していた。七月、オマル・パシャは、カルス救援のため自軍をクリミア半島から転戦させると英仏に通告した。セバストーポリの陥落が迫った九月六日、オマル・パシャはアナトリアに向けて去った。翌七日、アフマド・パシャは英艦グラディエーターでエウパトリアに到着し、歓迎を受けた。[68] アフマド・パシャは着任に伴い、オスマン帝国のクリミア派遣軍司令官に任命された。[69] オマル・パシャの転出で一個師団に減少したエウパトリアのオスマン帝国軍は、その後の増援により、エジプト総督からの援軍一二個大隊を含む二四個大隊、数個の不正規騎兵大隊、三個騎兵連隊、五個野戦砲兵中隊から成る総勢二万人の兵力に回復した。[70] 九月九日、露軍はセバストーポリから退却した。エウパトリアに集結した英仏およびオスマン帝国軍は、九月一九日に到着した仏軍のダロンヴィル少将(Armand-Octave-Marie d'Allonville 一八〇九―一八六七)の指揮下に入った。ダロンヴィルはアルジェリア征服戦争に従軍し、アブド・アルカーディルの幕舎スマーラへの攻撃やイスリー河の戦いに参加した。彼はアルジェリアで習得した殲滅戦法「ラズィア」をクリミアで用い、九月下旬にはエウパトリア付近の小邑を襲撃した。この戦いにはアフマド・パシャも加わり、二個騎兵連隊、六個エジプト軍大隊を率いて仏軍の後方に布陣したが、交戦には至らなかった。[71] エウパトリアでは、その後特筆すべき戦いは発生しなかった。アフマド・パシャは、クリミア戦争終結までエウパトリアに留まった。セバストーポリ陥落以降、本国政府のクリミア派遣軍への関心は低下した。アフマド・パシャが率いる軍隊は軍資金が滞り、飢餓に苛まれた。[72] 一二月、クリミア派遣軍から八〇〇〇名のエジプト部隊が引き抜かれ、アナトリア戦線に投入された。この用兵についてアフマド・パシャに質したある英軍将校は、次のように報告している。

「私がこの冷酷で危険な措置についてエウパトリアのアフマド・パシャに話をすると、彼は私に、自分はこの時期に部隊を移動することを承認せず、〔部隊は〕四、五か月前に移動すべきであったか、ここに春まで留めるべきであったと言った。パシャは仏語と独語を話す実務家であり、辞去するにあたり愛惜敬慕を覚えるような数少ないトルコ人の一人である。彼は私に、仏国人は自分に全く何の情報も与えず、戦争の動向について自分が知っていることはすべて英国人から聞いており、コンスタンティノープルから自分は極稀にしか書翰を受領していないと述べた。……」(73)

三　騒乱と原因――陰謀か偶発か

クリミア戦争が終わり、一八五六年五月、アフマド・パシャはサロニケ州総督に任命された。フランクフルトの仏語紙は、「帝国政府は、……欧州で名高い人物をサロニケの民政および軍政の総督に任命した。……それはアフマド大将、カラファトの英雄であり、最近ではエウパトリアにおけるオスマン帝国軍の司令官として、ダロンヴィル将軍と共同でその地の指揮を執っていた。彼は少しの間しかその地位を占めていないのに、すでにマケドニアの民衆は彼の賢明で堅実な統治と好ましい個人的資質により、彼の名を讃えることを覚えた。」と歓迎している。(74) 一八五七年五月、彼はルーメリ州総督に転任した。同年九／一〇月、アフマド・パシャは、ルーメリ州総督の職をチュルパンル・アブデュルケリーム・ナーディル・パシャに譲った。(75) サロニケ州とルーメリ州での治績は、在任期間が短く、詳らかではない。州総督の頻繁な交代は、その当時、珍しくなかった。

一八五七年九／一〇月、アフマド・パシャはダマスクスに本営を置くアラビスタン軍（第五軍）司令官に任命された。[76] ミーハーイール・ミシャーカは、「軍司令官アフマド・パシャのすべての人々に対する対応は非常に良かった」と記録している。[77]『悲哀の書』は、アフマド・パシャの当初の行動を「……彼はダマスクス州全体に平和と安寧をもたらしていたのである。彼は街で不正や蛮行を働いた多くの悪党を捕え、諸州は安定し、街道は安全になり、皆が喜ぶような活動が続けられた。」と賞讃する。[78] 一八五八年一二月、アフマド・パシャはミーダーン地区で発生した無頼の徒の小競り合いに介入し、多数を捕えて約四〇人をアッカに、約六〇人をキプロス島に追放した。この処置について英国領事は、「軍司令官は、街の不穏分子を完全な統制下に置くため、多大なる活力を示している。」と報告している。[79]

一八五九年三月にアラビスタン軍司令官アフマド・パシャは、ダマスクス総督を兼任した。[80] これについて英『タイムズ』紙は次のように論評する。

「アラビスタン軍司令官アフマド・パシャは、ダマスクス総督、すなわちアレッポ州の管轄を除くシリアの民政総督に指名された。これは、いくつかの良い効果を生むかも知れない改革である。……行政権と兵権の分離はトルコの新制度の要であるが、……これを適用するにはまだ時期尚早である場合もあり、シリアはそれに属する。この地方一帯には、相互に確執を続け、あらゆる支配を受け容れない好戦的で無秩序な様々の民族が居住している。エジプトのムハンマド・アリーの鉄腕が退いて以来、シリアはほとんど永続的な無秩序状態にある。……あらゆる些事をイスタンブルに上申しなければならない総督の下で、タンズィーマート改革が定める二重統治が機能しうるのは、そのような状態においてではなかった。それどころか、これは住民自身に曲解され、忌避されていた。彼らはイブラーヒーム・パシャの野蛮な残虐行為を未だ記憶しているのに、彼の時代を黄金時代であると語っている。したがって、その州のすべての行政権と兵権を一人の人間の手に委ねるトルコ政府の決定は、良いものである。それほど天稟に恵まれていないアフマド・パシャではあるが、以前の職務にあっても政府の権威を回復し、あらゆる災厄の首謀者であるダマスクスのアーガーたちを抑圧する多くのことを行ってきた。これらは何世紀も前にシリアに住み着いたトルコ人、なかんずくイェニチェリ軍団の末裔であって、常に政府に対するもっとも恐るべき敵対者である。人々に対するある種の支配権を享有し、自立しており、総督を城塞に監禁するなど、人数が少ない割にはしばしば彼らにとっても恐るべき存在であり、導入されんとするいかなる改革にも対抗して、群衆の矯激な感情を煽ってきた。これらアーガーの首領たちは、あらゆる騒乱の中心地であるミーダーンと呼ばれる地区に蝟集していた。このアフマド・パシャは、ダマスクスから彼らを追放して、そこの住人を浄化した。同じく彼が樹立した大砂漠の遊牧民アラブとの関係も、長い間の状態より遙かに満足すべきものである。もしアフマド・パシャが、これまで有してきた小さな力をかくも手際よく用いることに成功してきたのであれば、同様に彼が新たな地位においてさらに良いことを行うと期待され得るだろう。(81)」

しかしアフマド・パシャは、ダマスクス総督を兼任すると、間もなくいくつかの難問に直面することになった。第一に、シリアを管轄するアラビスタン軍の兵力削減である。イブラーヒーム・パシャの時代、シリアに展開する正規兵・不正規兵の総計は四万人を数えた。(82)オスマン帝国は、ルーメリ諸州やカフカス地方を前線として列強と対峙しており、アラビスタン軍の兵員はこれら前線を防禦する部隊に転用される傾向にあった。クリミア戦争に際し、アラビスタン軍からの兵力転用に拍車がかかった。中央政府はアラビスタン軍の兵力を補充するため、アラビスタン軍司令官やダマスクス総督に対し、徴兵の徹底を指示していた。これはダマスクスの住民の反抗を招きかねなかった。一八五七年当時、ダマスクス総督であったイッザト・アフマド・パシャは、徴兵目標の達成と市内治安の改善のため、徒食無頼の若者を捕えて兵士とする提案を行い、中央政府に承認された。しかしこの方策は、さらなる苛政を招く原因と化した。(83)

欧州情勢の変化と汎スラヴ主義の浸透により、ルーメリ諸州はさらなる不安定化が懸念されていた。一八五九年、オスマン帝国を宗主国とするワラキア・モルダヴィア両公国の公（Hospodar）にクーザ（Alexandru Ioan Cuza 一八二〇―一八七三）が選出されて同君連合を形成し、独立が現実に近付きつつあった。欧州では、イタリア半島の統一を進めるサルディニア王国と墺国との間で戦争が始まった。これらはルーメリ諸州の民族主義を刺激しかねず、不測の事態に対応する必要があった。一八六〇年に入ると、オスマン帝国政府はアラビスタン軍から さらに大規模な兵力を引き抜いて、ルーメリ軍に再配置する決定を行った。一八四三年のアラビスタン軍の計画兵力は二万人を超えていたが、一八六〇年にはシリア諸州に配備される兵力は七〇〇〇人足らずに減少していた。(84) 騒乱発生直前には、ダマスクス州とサイダ州の正規軍は合計四〇〇〇人にまで削減され、ダマスクスに駐屯していた兵力は正規兵一五〇〇人、不正規兵一五〇〇人と推定されていた。(85)

一八六〇年六月、英国領事ブラントは、「……［ダマスクス］州の兵力は治安維持に辛うじて足りると考えられていたのに、数か月前、大宰相府の指令によってその大半が引き揚げられた。軍司令官［アフマド・パシャ］は、これは彼の抗議に拘わらず行われたと明言した。閣下は本官に対し、そのような不十分な手段では公共安寧の要請に応えられないと感じた結果、彼の召還を奏請したと語った。」と報告している。(86) 大宰相府の指令はアフマド・パシャの度重なる諫奏によって修正され、未だ出発していない部隊をアラビスタン軍に留めることが承認された[87]。アフマド・パシャは一八六〇年六月中旬、レバノン山の騒乱がダマスクスに波及することを危惧して、正規軍を補充する傭兵部隊を編成した[88]。退役少佐ムスタファー・ベイ・アルハワースィリーを隊長とする一〇〇人規模の防遏隊は、隊員の多くがならず者であった[89]。また、クルド人ムハンマド・サイード・ベイが率いる援兵隊はサーリヒーヤ地区のクルド人と一部のドルーズ派から成り、サリーム・アーガー・アルマハーイニーが率いるミーダーン地区の住民から成る傭兵隊と同様、統制困難な集団であった[90]。一方、アフマド・パシャの退任奏請に応じて、六月スルターンはナムク・パシャをアラビスタン軍司令官に任命した。ダマスクス総督については言及がなく、誰がその職務を行うのか明らかではなかった[91]。ナムク・パシャは軍学校開設に貢献した軍人であり、一八四五年のレバノン山騒乱を収拾するため、アラビスタン軍司令官に任命された経歴があった。しかしダマスクスの騒乱は、ナムク・パシャの到着を待たず発生した。

アフマド・パシャが対応を迫られた第二の問題は、タンズィーマート改革の中で導入された新制度の実施、特に増税など負担増を伴う改革の実現であった。アフマド・パシャは総督を兼任すると、一八五八年、土地法および同年のタプ制度法（Tapu Nizamnâmesi）に基づき導入された、タプと呼ばれる土地登記制度をシリアにおいて施行した。これを手始めに家畜数の登録や酒類醸造の管理など増徴につながる制度の導入を図ったが、住民の不満を引き起こした[92]。

特に困難を伴ったのは、キリスト教徒臣民に対する軍役の導入と徴兵回避希望者からのバダル課徴金（bedel-i askeri）徴収であった。これは、ミーハーイール・ミシャーカが当時の総督マフムード・ナディーム・パシャに陳情を行った前出の経緯から明らかな通り、改革勅令発布以前に遡る懸案であった[93]。すなわち、一八五五年五月、タンズィーマート改革の一環として非イスラーム教徒に対する人頭税が廃止されると共に、彼らにも軍役が課せられることになった。その際、徴兵回避を希望する者は、バダル課徴金を支払う必要が生じた。バダル課徴金の額は、イスラーム教徒が一〇〇リラであったのに対し、非イスラーム教徒は五〇リラであった。ダマスクスのキリスト教徒は、総督府が臆病なキリスト教徒の徴兵に実際には期待していないことを見越して、バダル課徴金を支払わず兵役に応ずると抗弁していたのである。一八五九年五月、英国のベイルート総領事ムーアは、サイダ州総督がキリスト教徒に対して、五〇リラのバダル課徴金を四年分の未払額と共に支払うよう要求したと報告している。(94) 同時期ダマスクス総督に対しても、バダル課徴金の徴収を徹底するよう中央政府の指令が届いていたと推測される。

この問題に関して、ディミトリー・ダッバースはキリスト教徒の側から見た解釈を書き残している。

「……〔クリミア戦争終結の〕いろいろな条件の中に、キリスト教徒に軍役を課すことがあった。政府はこれらの条件を骨抜きにしようとし、帝国諸州にバダル課徴金を徴収する布告を発した。諸州は、ダマスクス州が納めるなら納めようと答えた。そこで〔政府は、〕直ちに軍司令官アフマド・パシャをダマスクス州に派遣し、バダル課徴金を要求させた。すると各宗派は、正教会がまず納めない限りは支払いに応じようとしなかった。この宗派は公平な軍役には応じるが、金銭の支払いは拒否した。露国は、この要求に関して対露戦争の条項に基づきバダル課徴金ではなく、人員を差し出すよう彼らにけしかけていた。その宗派は計略に乗り、露国は彼らが勝利を収めるだろうと考えた。するとアフマド・パシャは要求を一〇万キルシュ〔一〇〇〇リラ〕から一万キルシュ〔一〇〇リラ〕に引き下げたが、その宗派は聞き入れず、『我々は軍役しか受け容れない。』と言っていた。……軍司令官は怒りに満ち、正教会信徒四〇人と聖職者二人を投獄した。

……夜になって、〔軍司令官は〕彼らのところに行き、彼らに甘言を用いてなだめ、縛めを解いた。しかし故ニコラ・サッルーフは彼に、『私はこの鎖を、露国の力によらなければ解くことはありませぬ。』と言った。するとアフマド・パシャは激怒して、彼に悪感情を抱いた。そして正教会総主教座に書状を送り、信徒に説教するよう促した。[95]」

ダッバースの回想は、史実から乖離する部分もあるが、バダル課徴金の問題が総督府とキリスト教徒の軋轢を生じさせた様子を伝えている。

バダル課徴金の支払いを拒否するキリスト教徒の拘束が長期化すると、経済活動にも影響が及んだ。キリスト教徒の貧民は収入が途絶えて騒ぎ出し、正教会総主教座に押し入って善処を求めた。イスラーム教徒の眼からは、このようなキリスト教徒の行動が増長と捉えられ、社会の不安定化が進行した。[96]

アフマド・パシャを襲った第三の問題は、レバノン山における騒乱の勃発であった。一八六〇年六月、騒乱が拡大すると、アフマド・パシャはホーラーン地方で小麦の収穫を警備していた部隊にハスバイヤーへ向うよう命じた。ホーラーンの部隊を率いるムスタファー・パシャは、もし部隊をレバノン山に移動させれば、収穫中の農民は遊牧民による略奪を恐れて作業を止め、逃亡するであろうと報告した。ダマスクスの住民は、ホーラーン地方の小麦に依存していた。そのためアフマド・パシャはハスバイヤーへの部隊派遣を断念し、ホーラーンからは小銃大隊のみを引き揚げてダマスクスの警戒に充てた。ハスバイヤーとラシャイヤーの警固は、現地に駐屯する小規模の部隊に委ねられた。[97] ハスバイヤーとラシャイヤーの城塞には、ドルーズ派との戦いに敗れたキリスト教徒が避難していた。英国領事ブラントはアフマド・パシャに、護衛部隊を送ってハスバイヤーとラシャイヤーのキリスト教徒をダマスクスに連れてくるよう再三懇請した。しかし兵力不足に強い不安を抱いていたアフマド・パシャは、護衛部隊の派遣を約束するばかりで、実行することはなかった。またアフマド・パシャは、バアルベクの小規模な駐屯部隊に騎兵の増援を送ると約束したが、これも実行されなかった。結局ハスバイヤーとラシャイヤーのキリスト教徒は、ドルーズ派によって虐殺された。アフマド・パシャは「時すでに遅かりし」と弁明するのみであった(98)。

一八六〇年六月に入ると、ダマスクスのキリスト教徒は矯激なイスラーム教徒からの敵対的な言動の対象となり、不安の極に陥った。これに対してアフマド・パシャは、キリスト教徒地区の警固兵を増強し、ダマスクスにおける武器弾薬の売買と城外のいかなる勢力への引渡しを禁じた(99)。しかしダマスクスへの危険が迫るにつれ、アフマド・パシャは明確な判断を示さなくなっていった。英国領事ブラントは、次のように報告している。

「……兵力は乏しく、〔アフマド・〕パシャは部隊と〔ダマスクスの〕住民、そして自分自身に対するすべての確信を失ってしまったように見えた。閣下は常に州参事会に諮問していたが、決定した行動は何もなかった。……(100)」

「……閣下はある時は街の人々に、自分は彼らの安全を保証するから危険はないと請け負い、その後、直ちに言葉を変え、群衆がキリスト教徒を襲撃する、あるいはドルーズ派が大胆にも街を攻撃するとの考えに賛同しているようであった。彼の行動には全く一貫性が見られず、何か明確な行動計画に基づいている様子ではなかった。こうした優柔不断な態度はイスラーム教徒、軍隊、キリスト教徒を一様に落胆させ、閣下がキリスト教徒たちの破滅を望み、街の安全を心配していないと信じるに至った者もあった。……(101)」

「……士官や兵卒は、報告や外見に基づけば不誠実、残忍、臆病で残酷であると思われてきたが、軍司令官は彼らの態度を見逃す傾向が大いにあるように見えた。[102]」

「シリアで徴募された兵卒は、ハスバイヤーとラシャイヤーの行動で明白になったように、信頼を置くことはできなかった。まさにこれらの兵員が、犠牲祭においてキリスト教徒地区を警固し、騒乱を抑止する目的に選抜されていた。これは確かに疑わしく見える。しかし本官は、軍司令官が彼らを恐れ、総督府から彼らを遠ざけ従順な兵員を残し、彼の頭をそれだけが占めていたと思われる、自己保身を図ったというのが真の理由であったと信じている。[103]」

各国領事は、繰返しアフマド・パシャに安全確保を申し入れた。アフマド・パシャは初め心配はないと言い、次には兵力不足を口にし、それから混乱した様子と共に巨大な危険への警戒心を露わにした。[104]しまいに彼は、領事団に面会の機会を与えなくなった。[105]

キリスト教各宗派の指導者たちは連名で、アフマド・パシャに安全確保の請願を行った。これに対する彼の返書が記録されている。

「ダマスクス　ズー・アルヒッジャ月九日〔西暦一八六〇年六月二八日〕

吾人は、汝らがレバノン山諸事件を描述すると共に、安全の欠如と悪意ある輩の言辞に対する二七共同体信徒の懸念を伝え、吾人が然るべき行動を執るよう要請する書簡を受領した。帝国臣民および翼下に居住するすべての者には、いつ如何なる状況にあろうとも常に聖慮によって安寧と福利が保証される旨、吾人は遅滞なく汝らに伝達するものである。帝国政府全有司はかくの如く行動し、公共の安寧と平穏の確保のため、あらゆる必要な手段を執ることとは、万人に明瞭にして何人たりとも否むべからざることである。今次、事変の発端より、正に本旨に則っていかなる抗争をも回避防遏する諸手段が実施された結果、当該地方なかんずく帝国政府直轄都市たるダマスクスは平静に保たれている。すでに実施済の諸措置は、良好なる秩序を維持し混乱を防止するに余りあるものである。よって吾人は、汝ら共同体信徒が疑念および恐怖を抱き続けることを容認できない。吾人は汝らに事案状況を摘示すると共に、汝らの共同体が全き平穏のうちに生活できるよう、上記を彼らに周知するよう望むものである。　総督アフマド・パシャ(106)」

一八六〇年六月二九日に始まる犠牲祭が近付くと、キリスト教徒、イスラーム教徒を問わずダマスクスの住民は恐怖に駆られ、様々な風説が流れるようになった。前述の通り、ウストワーニーは、アフマド・パシャが正規軍と傭兵から成る約一五〇〇人の兵隊にキリスト教徒地区を警固させ、さらに祭日の当日には増援の兵隊と大砲を送ったと伝えている。アフマド・パシャは州参事会を招集し、①安全確保の布告を行うこと、②何人たりとも武器を携行してはならぬこと、③祭日の間、ドルーズ派はダマスクス市街から退去することが決定された(107)。祭日の初日で金曜でもあった二九日には、礼拝堂《モスク》に集まるイスラーム教徒をキリスト教徒とドルーズ派が襲撃するという噂が流れた。ミーハーイール・ミシャーカによれば、アフマド・パシャはウマイヤ・モスクの入口に大砲を据えたという(108)。また、「シリア騒乱略述」は「……ダマスクス総督アフマド・パシャは犠牲祭の日、大礼拝堂《モスク》〔ウマイヤ・モスク〕に礼拝に行かず、……行かぬどころか兵隊を送って大礼拝堂《モスク》を取り囲んだ。……」と伝える(109)。英国領事ブラントは、「……犠牲祭は本日始まった。……しかしこれまでのところ、全くの静けさに包まれている。〔アフマド・〕パシャが採った予防措置によって、平穏のうちに終わるであろうことに疑いはない。」と報告している。祭日の四日間は、何事もなく過ぎた。[110]

六月末には、ラシャイヤー、ハスバイヤー、ホムス、ハマ、ホーラーン地方から引き揚げてきた部隊が少しずつダマスクスに戻ってきた。アフマド・パシャは自信を取り戻したかのように見えた。[111] レバノン山の騒乱は決着を見、イスマーイール・アルアトラシュに率いられたドルーズ派はホーラーン地方へ帰り始めた。[112] 英国のベイルート総領事ムーアは、部隊の増強とナムク・パシャのアラビスタン軍司令官任命の報せを受け、警戒継続が必要との見通しを示した。[113] 七月六日、レバノン山のキリスト教徒とドルーズ派は和睦に合意した。

ダマスクスにおける騒乱の直接の引き金となり、事態を急変させたキリスト教徒地区の路上への落書きとこれへの対処については、アフマド・パシャはどのような認識を持っていたのであろうか。仏国朝野は、この出来事をアフマド・パシャが騒乱を発生させるために作為したと認識した。[114]『悲哀の書』は、落書きをした子供を鎖につけてキリスト教徒地区を清掃させたのは甚だ愚かな行為であり、これを命じた鉄炮隊長アーキフ・アーガーは酩酊していたのではないかと推測している。[115]

七月一七日まで、八日間ダマスクスの城塞に避難していたあるキリスト教徒は、同月一九日付の書簡で次のように報告する。

「下層階級に属する二人の若いムスリムがキリスト教徒を侮辱し、地面に散りばめられた十字架の上を無理に歩かせようとした。露国〔副〕領事は通詞〔ハリール・シャハーダ〕を総督府に送り、宗教に対するこうした侮辱への懲罰を要求した。総督は、そのような罰を与えるには時期が良くないと主張して反対の意を示したと、私は確信する。しかし、正式の指示を受けていた通詞は固執した。そして、犯人たちの足に鎖をつけてキリスト教徒地区を掃き清めることが決定された。……(116)」

「……キリスト教徒地区の真中にあった露国領事館は、真っ先に襲撃された。二人のムスリムを見せしめに処罰するようせき立てた通詞は、殺害された。……(117)」

アレッポ駐在英国領事スキーン（James Henry Skene 一八一二—一八八六）に帰せられる『トルコマン族および遊牧民と逍遙せるシリア砂漠』（*Rambles in the Deserts of Syria and Among the Turkomans and Bedaweens* 以下『シリア砂漠』と略す）には、アフマド・パシャに関するいくつかの特異な記事が含まれている。同書は次のように伝える。

「〔落書きをした〕これらムスリムの若者たちは個人的に知られており、通詞として露国領事館に所属していたあるキリスト教徒住民によって、まだアフマド・パシャであった総督の下へ訴えられた。パシャは彼らを捕まえさせたが、どのような罰を与えるべきか通詞に相談するほど意志が弱かったので、彼らに鎖をつけてキリスト教徒地区の路地を掃き清めさせるという、その人物の提案を不幸にも採用した。(118)」

騒乱発生直後にアフマド・パシャに面会した英国領事ブラントは、次のように伝える。

「私はアフマド・パシャに、ムスリムの少年たちを鎖につけてキリスト教徒地区の路上を清掃させた時、騒動を抑止する予防措置が執られるべきではなかったかと申し向けた。彼は、そんなことは無益だったろう、謀議が整っていたのであれば、この口実が見出されなかったとしても、他の何かがその目的に使われたはずだと答えた。その時、私は彼に、彼がその活動と情報を自慢していた諜者網は何をしていたのか、彼は陰謀の報告を受けなかったのかと訊いた。これに対して彼は答えなかった。しかし彼は、時に陰謀が存在したかのように、別の時にはそのような陰謀はなかったかのように装った。本官は、組織的陰謀が形成されたとの明確な証拠を未だ見出していない。……」(119)

また『シリア砂漠』は騒乱によるキリスト教徒の犠牲者数を一二八〇人と記載すると共に、アフマド・パシャの採った騒乱発生直後の措置について次のように伝える。

「アフマド・パシャは騒乱が発生した時、二人の大佐が率いるある程度の部隊を街へ派遣した。彼らはすぐに、暴力に訴えなければ治安を維持できないとして、彼に指示を求めた。彼は書面によって、群衆に発砲するよう命じた。正規兵を率いていた一人の大佐は彼の命令に従い、災厄が防止できたはずであったことをかくも証明しているが、暴徒を蹴散らした。もう一人の不正規兵を率いていた大佐は、あるムスリム長老から預言者と彼らの公式宗教の名によって、彼らに加わり汚らわしい異教徒の存在を聖なる都市ダマスクスより消し去るよう厳命され、説得されてしまった。……アフマド・パシャはその間、州参事会の招集の他になすべき良策を思いつかなかった。剣を執って全部隊と共に街へ出て、破壊の激流をせき止め、あるいは敢行の途中に斃れて義務を完遂しようとするのではなく、できることは何もなかったとの陳述書面に参事会の全成員から署名を得て、彼は満足していた。……」[120]

前出のキリスト教徒による七月一九日付の書簡には、アフマド・パシャにより同情的な記録が見られる。

「……総督はその時、何をしていたのであろうか。彼は第一報に接するや否や、州参事会を招集してその意見を徴した。彼は暴徒に対する発砲の開始が必要であるとの意見を表明し、彼の参謀長に対してこの趣旨の書面による命令を送りさえした。参事会は反対の意見で、それに沿った決議書を届けた。参謀長である大佐、アリー・ベイはパシャの命令書を受領すると、それには従わず、彼のところに来て、反対した。アフマド・パシャは言った。『皆が私に反対するならば、好きなようにするが良い。私は手を引こう。』そして彼は城塞〔ママ〕に退いて、できる限り多くのキリスト教徒を救出して、自分のところに連れてくるようにとの命令だけ出した。彼は自分が頼りにできる大隊のみに囲まれて、流血を止めることができないならば、少なくとも殺害を免れた者は城塞で助けることを願った。……パシャは、ギリシア正教会総主教座を警固するため部隊を送っていた。しかし、彼らはなぎ倒されてしまった。そこに避難していた人々が殺戮された後、略奪され、放火された。御存知の通り、ギリシア教会と総主教座には、何世紀にもわたり蓄えられた夥しい財宝が蔵されていた。……」[121]

騒乱拡大に伴うアフマド・パシャの行動について、英国領事ブラントは報告している。

「……〔アフマド・〕パシャは、総督の資質を全く備えていないことを証明してしまい、どこにも姿を現さなかった。……パシャは城塞《〔ママ〕》にいて、州参事会と評議していた。……皆は、彼にもう少し活力と機敏さがあれば、放火や略奪を抑えることができたのにと言っている。……[122]」

「行政権と兵権を一手に掌握し、そして機能不全に陥った様相を示しているアフマド・パシャの行動には、深刻な疑問が残されている。しかしながら、大将という高位を有し、クリミア戦争に高位の司令官として従軍した軍人が、恐怖に圧倒されて閣下のように行動するということはほとんど想像を絶する。これは少なくとも、ある人々が強く主張する、事件全体が彼自身の仕組んだ陰謀であるとの意見にもっともらしさを与えている。……パシャはなぜ総督府の塀の外に全く姿を現さなかったのか、なぜ閣下の部隊の大半は、彼を守るために温存されたのか、彼を訪ねて説明してもらわなければなるまい。……[123]」

同領事は、七月一一日付の報告で続ける。

「……本官は、兵卒に伴われて総督府を訪れた。本官は中庭に歩兵や騎兵があふれ、何門かの大砲が置かれているのを見出した。閣下は、非常に落胆しているように見えた。本官は彼を励まそうと試み、『過ぎたことを議論したり、嘆いたりしても仕方ありません。今や問題は、災難の拡大を防ぐことです。』と意見した。……本官は、ドルーズ派は一切市街への立入りを許されるべきではないと提言した。閣下は、ドルーズ派の長老たちは州参事会に出席して、彼らの仲間は全員直ちに退去することを約束したと答えた。次に本官は、近郊の村落から来たすべての闖入者は自分たちの家に帰るよう、過去については問わずとも、さらなる違法行為は看過しないと、伝令を遣って喚ばわらせるのが宜しいでしょうと言った。閣下は、今の提案は州参事会ですでに決定されたと述べた。……」[124]

ウストワーニーは、「前総督の大将はこの恐るべき出来事すべての間、自分の場所から動かなかった。総督の姿を見かけたか尋ねても、答えはなかった。しかし私が確かな話として聞いたところでは、彼は軍隊に護衛されながら、街の人々への恐怖を顕わにして施療院に行ったという。……」[125]と記録している。

英『タイムズ』紙は、「……〔ムスリムの子供を捕らえてキリスト教徒地区を清掃させたことは、〕ムスリム住民の憤慨を引き起こす可能性があったため、これが誘発しかねないいかなる暴動をも押さえ込むもっとも強力な手段が執れるよう準備していなければ、軍司令官は実行すべきではなかった。アフマド・パシャが混乱防止を真摯に望んでいたと私〔記者〕は固く信じている。彼の頭上を暴風が襲った時、彼は全くの無能さを示したことに疑いの余地はない。[126]」と論じ、またアフマド・パシャが適切な行動を執らなかった理由については、「……虐殺防止のため、あれこれの措置を執らなかったのはなぜか、という軍法会議における尋問に対し、〔アフマド・パシャは、〕約二〇《〔ママ〕》年前街の住民が〔ダマスクス総督〕セリム・パシャを八つ裂きにした様子を覚えていたので、彼らを刺激することを恐れていたと答えた。実際、セリム・パシャの運命は彼の心に留まり、彼を完膚なきまでに脅かし続けていたようである。[127]」と分析している。

四　処断と実像

オスマン帝国政府は、ダマスクスの騒乱の報告を受けると直ちに政府全権（fevkalâde memûr ve murahhas）を任命し、現地に派遣することを決定した。内命を受けたのは、すでにアラビスタン軍司令官に任命されていたナムク・パシャであった。しかし英仏政府は、彼がヒジャーズ州総督であった一八五八年、ジェッダの騒乱が発生し、英仏領事らが殺害された事件の決着がついていないとして、彼の任命に反対した。そこで、オスマン帝国政府は、外務卿フアード・パシャを全権に任命した。アラビスタン軍司令官には新たにアブデュルハリム・パシャ（Abdülḥalim Paşa 一八一八―一八八六）を任命し、ファード・パシャと共にシリアに派遣した。[128]

一八六〇年七月一六日、召還の命を受けたアフマド・パシャはダマスクスを発ってベイルートに向かった。アフマド・パシャの一行には、城塞に避難したキリスト教徒のうち、約五〇〇〇人の男女が従った。これは、ダマスクスからベイルートに移動したキリスト教徒の最初の集団であった。[129]後任の総督ムアンマル・パシャ（Muammer Mehmed Paşa 一八一二―一八七五）は、同日夕刻、ダマスクスに着任した。[130]ファード・パシャはイスタンブルから海路でベイルートに同月一七日、到着した。[131]ファード・パシャはアフマド・パシャの弁明を聴いた後、アフマド・パシャおよび彼と共にベイルートに現れたハスバイヤー駐屯部隊長オスマン・ベイとラシャイヤー駐屯部隊長ムハンマド・アリー・アーを拘束した。[132]サイダ州総督フルシード・パシャは、同月二五日、拘束された。[133]ファード・パシャは、アフマド・パシャを同月二七日までにイスタンブルへ送還した。[134]

イスタンブルに到着したアフマド・パシャは、スルターンの命により大将の階級を褫奪された。英『タイムズ』紙は、その模様を伝えている。

「アフマド・パシャは、アラビスタン軍司令官兼ダマスクス州総督であった。裁判のためにベイルートに送り返される前、彼はスルターンの命に従って元帥府大広場で公に降格された。軍隊と官吏の大集団が降格の儀式を見届けるために広場に集結し、このような行事に通例の屈辱的な入念さをもって執り行われた。勅令が大音声で読み上げられると、降格された将軍から土耳古帽《タルブーシュ》の真鍮製釦、肩章、帯剣が手荒く取り上げられ、参集者に対し彼のすべての階級と栄典の剝奪が宣言された。それから彼は監獄へ歩かされ、軍隊は兵舎に引き揚げた。スルターンの厳粛な要式行為によって、大将の名簿は八四人に減少した。……」[135]

イスタンブルにはアフマド・パシャとフルシード・パシャが送還されていたが、ド・ラヴァレット・オスマン帝国駐箚仏国大使らは、両名を首都ではなく現地で裁くよう主張していた。[136] アフマド・パシャは政府の命によってイスタンブルからシリアに戻されることになり、八月八日、ベイルートに到着した。[137] ウストワーニーは、アフマド・パシャがヒジュラ暦ムハッラム月二七日〔西暦一八六〇年八月一四日〕ベイルートを出発して、ダマスクスに向かったと記録している。[138] そして彼は同月一五日夜、ダマスクスに到着し、その日のうちにファード・パシャが主宰する軍法会議に出廷させられた。[139]

アフマド・パシャの裁判は非公開で行われ、八月二〇日、結審した。[140] 英『タイムズ』紙は、審理について次のように伝えている。

「……アフマド・アーガー〔降格後の呼称〕は職務懈怠という軍律違反で起訴され、有罪判決を受け、刑に処せられたのである。彼は軍法会議で裁かれた。その罪とは、彼の君主に対するものであった。……立証のためのあらゆる手段は調っていたにも拘わらず、職務懈怠によるものを除いて、アフマド・アーガーが虐殺を幇助あるいは教唆したと立証できそうな〔証拠は〕何も提出されなかった。……仏国領事館は、キリスト教徒を虐殺するための陰謀が巡らされたと断言しているが、……仏国の代表者たちは、スルターンの全権が陰謀家たちを発見するのに役立つことは何もしなかった。彼らは、陰謀が存在すると彼らに教えたムスリムの名を示すことすらしなかった。したがって、アフマド・アーガーについて立証することができた唯一の罪は、彼の君主に対する職務懈怠であり、それによって彼は死刑に処せられたのである。(141)」

チャーチル大佐は、軍法会議でアフマド・パシャの職務懈怠を証言したのは、キリスト教徒地区の警固に当たっていた上級大佐サーリフ・ザキー・ベイであったと伝える。サーリフ・ザキー・ベイは、「〔アフマド・パシャの〕甚だしい職務懈怠、彼の臆心と無能による虐殺の惹起を非難した。(142)」

軍法会議については、佚名筆者による『シリアの回想　一八六〇年仏軍遠征』に、符合する記録が残されている。

「……アフマド・パシャの尋問の件に戻ると、秘密のままである彼の審理記録の探究には疑いなく興味があった。判決理由には、彼が死刑を宣告されたのは軍人としての義務を怠ったこと、叛乱に際し勇気を欠いたこと、鎮圧を試みようとさえしなかったことだけが書かれていた。換言すれば、フアード・パシャは彼が臆病だと断罪したのであり、彼に他の罪は何も見出されなかったと述べたのである。我々は、軍法会議に出席していた高官たちのうち、親しい何人かに多くの質問をした。彼らの答えは、常に全権の説明に合致していた。それによると、アフマド・パシャは州の困難な状況と、彼の配下にある薄給であまりに少人数の部隊では治安維持が不可能なことを一度ならず中央政府に指摘したが、中央政府は彼の上申に回答しなかったため、その時点で彼は二度辞任を申し出たことが尋問により明らかになった。騒乱が勃発するとアフマド・パシャは茫然自失となり、ダマスクスの民衆蜂起によって八つ裂きにされた彼の前任者の一人と同じ運命に陥ると想像した。彼は州参事会に、暴徒に攻撃を加えることについての意見を諮問した。州参事会は、総督府が下手をすると全住民を敵に回すことになりかねず、全住民が当局の権威を否定して公然たる叛乱に突入する危険と比べれば、一部の人々の犠牲はやむを得ないと考えられると議論して、彼を説得した。アフマド・パシャは、彼の部隊が信頼できないという点では、彼の側近よりはるかに容易に確信を抱いたのであろう。……」(143)

英国陸軍の連絡将校フレイザー少佐はファアード・パシャと面会し、「……〔ファアード・パシャは、〕繰返し力説されているような何らかの陰謀の存在を解明することに最大の熱意を傾けているが、これまでのところ彼の努力は実を結んでいない。元パシャのアフマドは、そのような陰謀については何一つ知らないと否定している。……」(144)と報告している。

下士官・兵卒・一般人の犯罪は特別法廷で裁かれ、八月二〇日、死刑が執行された。一方、軍法会議によるアフマド・パシャと将校に対する刑の宣告は持ち越された(145)。ファアード・パシャの沈黙について、様々な憶測が流れた。ダマスクスの茶館政談では、アフマド・パシャが処刑されれば、再び騒乱が起こると予告する者もあった。[146]

英『タイムズ』紙は、ある人物の証言を掲載している。

「〔アフマド・パシャは〕牢獄にあった時に、彼を以前知っていた人の訪問を受けた。その人は、元大将が小部屋の汚い敷物の上で子供のように泣き、自分の運命を嘆いているところを見た。彼は、自分が欧州の領事たちの嫌悪の犠牲者だと思っているらしく、彼らの気に障るようなことは何一つしなかったと抗議し、彼らが何故自分を『迫害』しなければならないのか、理解できなかった。彼が何故このような考えを抱くに至ったのか、想像することは困難であった。欧州の領事たちは、アフマド・アーガーの裁判と処罰にほとんど無関係だったからである。……」[147]

シリア問題処理のため設置された列国委員会の英代表ダファリン卿は、九月二日、ベイルートに到着すると、直ちにダマスクスに向った。同月七日、ダファリン卿とファード・パシャはダマスクスの英国領事館で会談した。ファード・パシャはダファリン卿に犯罪人処罰の詳細を説明した上で、「……ハスバイヤーの部隊長だったオスマン・ベイ、ラシャイヤーの中佐ムハンマド・アリー、キリスト教徒地区の部隊を率いていたアリー・ベイは死刑を宣告され、おそらく近々執行されるであろうと懇切にも伝えた。アフマド・パシャの運命について、閣下〔ファード・パシャ〕は未だ決断していないように見受けられたが、彼の名前に言及する際には、前総督が騒乱に先立って採ったいくつかの措置について賞讃に近いような口調で話すほど慎重であった。」[148]ダファリン卿はファード・パシャに、本国政府の指示に基づいて述べる訳ではないと前置きし、伝達内容も彼の報告には明確にされていないが、アフマド・パシャに対する処断を急ぐよう、ファード・パシャの決断を促したと推測される。英外相は、アフマド・パシャやフルシード・パシャを厳罰に処さなければ、オスマン帝国政府上層部に累が及ぶと警告していた。(149)列国委員会が正式に発足すれば、ファード・パシャの判断はその影響を受けることは必至であった。したがって、七日の会談でアフマド・パシャに対する処断は実質的に決定されたとみて差し支えないだろう。

ファード・パシャは同日、軍法会議を招集してアフマド・パシャに対する量刑を審理した。(150)英『タイムズ』紙は、その様子を報じている。

「……ファード・パシャは、証拠が揃うと普国人ゲッセル将軍（ママ）を含む様々な部隊の様々な階級の士官四〇人を招集し、宣告すべき判決を付議した。閣下はまず彼らに、公正で真実に即した判決を行うとのムスリムに通例の宣誓を行わせた。次に彼は証拠の記録を彼らに提示する前に、事案の性質と彼らの責務を説明した。このような種類の最上級の軍法会議における審理の結論は、死刑の評決であった。軍法会議のある成員は、元大将のような地位にあった者には、死刑より厳しく屈辱的な刑罰であるとして、重労役を伴う終身刑を主張した。しかしもう一人の成員が、君主大権により慈悲を賜り、汚名を蒙った軍に復籍するやも知れぬと意見したため、重労役を主張した者は死刑に賛成した。……(151)」

七日の軍法会議により、アフマド・パシャ、アリー・ベイ、オスマン・ベイ、ムハンマド・アリー・アーの四名に対する銃殺刑が確定した。(152)銃殺刑は八日午後三時頃、総督府の隣に位置する騎兵兵舎の中庭で執行された。処刑は非公開であったが、『タイムズ』紙の記者は立会いを希望して、直前に許可された。しかし総督府に

いる。政府部内にもズィヤー・パシャのように、アフマド・パシャへの同情を示す者はあったのであろう。

アフマド・パシャは、一切の階級と栄典を剝奪された上で死刑に処せられた。ただしその処刑後、軍法会議で一人の成員が予言した如く、名誉回復が図られた痕跡がある。『シリア州年鑑』はその年の暦や官員録を掲載する公的な出版物であるが、ヒジュラ暦一二八九年（西暦一八七二／七三年）の第四版に歴代シリア州（旧制度のダマスクス州を含む）総督の名簿を掲載し、アフマド・パシャの名には「殉教者」の語を冠すると共に「パシャ」の称号を付している。[165] この扱いは、基本的にその後の版の『シリア州年鑑』に継承された。

ダマスクスの名望家であるビータールの『貴顕列伝』は、彼の伝記を立項するに際し、次のような讃辞で始めている。

「将相の重鎮にして総督兼大将、優れた方策と配意で輝く者、満月が夜に照らす如く人々に顕れ、最高の敬神と篤信の道を歩み、その在世には洗練された言動と純粋かつ実直な信仰、純真な心情、高潔な思考をもって円満になお余りあった。彼は〔ヒジュラ暦〕一二七五年《〔ママ〕》、ダマスクスに入った。彼はダマスクス州の総督であり、軍隊の大将であった。彼には立派な経歴と賞讃すべき資質があった。彼はフダイリーヤ地区に住むシャイフ・〔ムハンマド・〕アルマフディー・アルマグリビー〔・アッザワーウィー〕[166]に従って、ハルワティーヤ教団〔の神秘主義〕を修めた。そして練達の人々の道を歩み、預言者の言行の根本と細則を守った。……[167]」

ビータールはさらに、シャイフ・アルマフディー・アルマグリビーの伝記の中で、アフマド・パシャに言及する。

「……特異性で知られるキリスト教徒の事件が発生すると、政府は件の総督に過失があり、懈怠により叛乱が生じ、防止に努めなかったとして、彼を銃殺するよう命じた。政府は、叛乱の炎を彼の処刑によってしか鎮めることができなかったのである。……そして彼は不公正な扱いの末、殉教者として没し、ダマスクスのサーリヒーヤ地区にあるバヌー・ザキー墓地において、聖者ムヒーユッディーン〔・イブン・アルアラビー〕師の側に葬られた。有名な話であるが、本伝の主人公〔シャイフ・アルマフディー・アルマグリビー〕は彼によく言っていた。『おい、アフマド。そなたは殉教者として死ぬぞよ。』彼ら〔政府〕が彼を殺そうとした時、水を与えようとした。彼は拒否して、『私は断食しています。天国に行くまで渇きを潤しませぬ。』と言った。……」[168]

註

（1）Süreyya, *Sicill-i Osmanî*, vol. 1, pp. 216-217; Kuneralp, *Osmanlı Erkân*, p. 59.

（2）Esat, *Mir'ât*, pp. 141-142.

（3）al-Bīṭār, *Ḥilyah al-Bashar*, vol. 1, pp. 260-280.

（4）Esat, *Mir'ât*, pp. 141-142.

（5）事件発生直前、アフマド・パシャが中央政府に兵力増強を訴えたヒジュラ暦一二七六年ズー・アルヒッジャ月七日付〔西暦一八六〇年六月二六日〕文書等は要旨が知られている。Gökbilgin, Cebel-i Lübnan Meselesi, p. 688.

（6）Poujoulat, *La vérité*, p. 413; [Jullien(ed.),] Les Massacres, p. i.

（7）Esat, *Mir'ât*, p. 14.

（8）Nâmık Mehmed Paşa 一八〇四—一八九二 Süreyya, *Sicill-i Osmanî*, vol. 4, p. 1227.

（9）Levy, The Officer Corps, pp. 27-33; Yaramiş, Mekteb-i Harbiye'nin Kuruluşu, pp. 183-191; Kuleli Askeri Lisesi, *Kuleli Askeri Lisesi*, pp. 27-28; Eser, Mekteb-i Harbiye Örneği, pp. 102-107; Türkmen, Mekteb-i Harbiye-i Şahane, pp. 133-146.

（10）Selim Paşa 一八一三／一四—一八八七／八八 Süreyya, *Sicill-i Osmanî*, vol. 5, p. 1492.

（11）Kıbrıslı Mehmed Emin Paşa 一八一三／一四—一八七一 Süreyya, *Sicill-i Osmanî*, vol. 4, pp. 1037-1038.

（12）Abdülkerim Nadir Paşa 一八〇七—一八八四。元帥。Süreyya, *Sicill-i Osmanî*, vol. 1, pp. 124-125. 一八五〇年のアレッポの騒乱に際しては、アラビスタン軍アレッポ駐屯部隊司令官として鎮圧に功績があった。アラビア語史料では「カリーム・パシャ」の名で知られる。一八五六年にはアラビスタン軍司令官に任じられた。Masters, *Christians and Jews*, p. 160; Farah, *Interventionism*, p. 500.

（13）Esat, *Mir'ât*, pp. 12-13.

（14）Ömer Fevzi Paşa 一八一八—一八七八。警察長官、シリア総督。Süreyya, *Sicill-i Osmanî*, vol. 4, p. 1321.

（15）Esat, *Mir'ât*, pp. 13-14.

（16）クルアーンの第七八章から末尾までの短い章を集めた書物。読み書きや習字の手本として用いた。Somel, *Public Education*, p. 254.

（17）『日用知識』、『イスラーム教義集』、『宗教信条』は、イスラームの教義を初心者向けに解説した教科書。

（18）オスマン語の単語を韻文で解説した辞書。著名な作として、ハーリス・エフェンディーの『言葉の鍵』（*Miftah-ı Lisan*）がある。

（19）ヴェフビーによるアラビア語とペルシア語の文法書。Sümbülzade Vehbi, *Nuhbe-i Âmâl*

（20）Esat, *Mir'ât*, pp. 14-15; p. 17; Yaramiş, Mekteb-i Harbiye'nin Kuruluşu, pp. 191-192; Eser, Mekteb-i Harbiye Örneği, pp. 108-109; Türkmen, Mekteb-i Harbiye-i Şahane, pp. 146-147.

（21）Rüstem Paşa 一八五九／六〇年没。中将、アフマド・ファウズィー・パシャの奴隷で後に婿になった。Süreyya, *Sicill-i Osmanî*, vol. 5, p. 1403.

（22）Ressam Tevfik Paşa 一八六五／六六没。参謀総長、スルターンの小姓から軍人に転じた。Süreyya, *Sicill-i Osmanî*, vol. 5, p.

1633.

（23） Emin Mehmed Paşa 一八五一年没。第四代軍学校長、第五軍司令官。Süreyya, *Sicill-i Osmanî*, vol. 2, p. 478.

（24） Esat, *Mir'ât*, pp. 19-20; Türkmen, Mekteb-i Harbiye-i Şahane, p. 145.

（25） Esat, *Mir'ât*, pp. 20-21.

（26） *Ibid*., p. 24.

（27） *Ibid*., p. 20; Šedivý, The Diplomatic Background, pp. 155-157.

（28） *The Court Journal: Gazette of the the Fashionable World*, no. 300 (24 January 1835), p. 53.

（29） *The Court Journal*, 24 January 1835, p. 54.

（30） Olney et al. (eds.), *Wellington II*, p. 402. 英国紙によれば、アズミー・ベイは元外相の息子と紹介されている。ウェリントン公はアズミー・ベイらを鄭重にもてなし、陰鬱な季節のロンドン訪問は残念と述べたが、これに対し一名は「イングランドに到着して以来私たちは毎日新しい光を見ていますので、周囲の暗さは気になりません。」と答えたという。*The Times* (London), 10 February 1835, p. 2; *The Observer* (London), 9 February 1835, p. 2.

（31） *The Court Journal*, 7 March 1835, p. 152; *The Times* (London), 5 March 1835, p. 5.

（32） *The Observer* (London) 14 June 1835, p. 2.

（33） *The Court Journal*, 29 August 1835, p. 553; *The Times* (London), 27 August 1835, p. 3.

（34） *Wiener Zeitung*, 30 September 1835, p. 4. その後一行は、一〇月二日に墺領ハンガリーの首邑ペシュトに到着した。*Honműívész* (Pest), no. 81, (8 October 1835), p. 649. 同記事にはアズミー・ベイ、アフマド・エフェンディーらが仏語に堪能なこと、アズミー・ベイが帰国後、軍学校長に就任する内命を受けていることが伝えられている。アフマド・エフェンディーは、少なくともペシュトまではアズミー・ベイに同行したのであろう。

（35） アフマド・ファウズィー・パシャとアズミー・ベイは、イスタンブルのギリシア人学校の調査などを通じてランカスター方式に早くから関心を示していた。Goodell, Lancasterian Schools, pp. 53-54; Aksu, Lancaster Öğretim Sistemi, pp. 50-59; Eser, Mekteb-i Harbiye Örneği, pp. 100-102.

（36） Pardoe, *The City of the Sultan*, vol. 1, p. 198.

(37) Šedivý, The Diplomatic Background, p. 155. 墺国の史料には、アフマド・パシャと同時に派遣されたチュルパンル・アブデュルケリーム・ナーディル・パシャとリュステム・パシャの名前が見える。Friedrich Gatti, *Geschichte der K. und K. Technischen Militär-Akademie*, 2 vols, Wien, 1901-1905, vol. 1 (*Geschichte der K.K. Ingenieur- und K.K. Genie-Akademie 1717-1869*, 1901), p. 546.

(38) Šedivý, The Diplomatic Background, p. 156.

(39) Paton, *The Bulgarian*, p. 34.

(40) Esat, *Mir'ât*, pp. 39-40; Kuleli Askeri Lisesi, *Kuleli Askeri Lisesi*, pp. 31-35.

(41) Esat, *Mir'ât*, p. 42.

(42) *Salnâme-i Devlet-i Aliyye-i Osmaniyye*, 1st ed., Istanbul, 1263(1847), [p. 34.]

(43) *Mekteb-i Cedid-i Harbiye-yi Şahane'nin Idare-yi Dahiliyesine Dair Kanunname*, Istanbul, 1263(1847).

(44) Esat, *Mir'ât*, pp. 43-45; Türkmen, Mekteb-i Harbiye-i Şahane, p. 158.

(45) Esat, *Mir'ât*, pp. 59-60; Türkmen, Mekteb-i Harbiye-i Şahane, p. 159.

(46) Esat, *Mir'ât*, pp. 58-59; Türkmen, Mekteb-i Harbiye-i Şahane, p. 159.

(47) Bessé and Morris, *The Turkish Empire*, p. 24.

(48) Banjalučanin, Omer-Paša, p. 38.

(49) Bessé and Morris, *The Turkish Empire*, p. 24; Koller, Omer Pasha Latas, pp. 257-258.

(50) Süreyya, *Sicill-i Osmanî*, vol. 4, pp. 1322-1323; Bessé and Morris, *The Turkish Empire*, pp. 25-26; Koller, Omer Pasha Latas, p. 258.

(51) Herbert, *The Chronicles*, pp. 88-89.

(52) Süreyya, *Sicill-i Osmanî*, vol. 3, pp. 830-831; Kuneralp, *Osmanlı Erkân*, p. 85.

(53) Paton, *The Bulgarian*, p. 34.

(54) *Ibid*., pp. 38-39.

(55) Herbert, *The Chronicles*, pp. 88-89.

(56) Badem, *The Ottoman Crimean War*, p. 103.

(57) Herbert, *The Chronicles*, pp. 88-89.

(58) *Ibid.*, pp. 89-91.

(59) Paton, *The Bulgarian*, pp. 34-35.

(60) *The Illustrated London News*, 28 January 1854 (vol. 24, no. 665), p. 73. ギーの描いたアフマド・パシャの肖像画が同紙に掲載されている（本書口絵⑶参照）。 Achmet Pacha Ferik, Commander at Kalafat, *The Illustrated London News*, 11 February, 1854 (vol. 24, no. 668), p. 125.

(61) Herbert, *The Chronicles*, pp. 92-96. 同書の著者はチャタナの戦史に齟齬や誇張が多いのを見て、一八七七年、ヴィディンに赴き、多数の古老から戦闘の詳細を聴取して記録した。

(62) *The Times* (London), 10 February 1854, p. 9.

(63) Cevdet Paşa, *Tezâkir*, vol. 2, p.111.

(64) Herbert, *The Chronicles*, pp. 96-98; *The Times* (London), 3 May 1854, p. 10.

(65) Bulwer to Russell, Therapia, 1 August 1860, No. 72, *Correspondence*, p. 54.

(66) Herbert, *The Chronicles*, pp. 98-99.

(67) *The Times* (London), 3 May 1854, p. 10.

(68) Dodd, *Russian War*, p. 435.

(69) Süreyya, *Sicill-i Osmanî*, vol. 1, p. 217.

(70) O'Ryan, *Memorias*, vol. 3, p. 21.

(71) *Ibid.*, vol. 3, p. 24.

(72) Nolan, *War Against Russia*, vol. 2, p. 582.

(73) *The Times* (London), 17 January 1856, p. 7.

(74) *Allgemeine Zeitung München*, 1 September 1856, p. 3934. *Journal de Francfort* からの転載記事。

(75) Süreyya, *Sicill-i Osmanî*, vol. 1, p. 124.

(76) *Ibid.*, vol. 1, p. 217. 誤植をオスマン語原本（一八九〇年）にて補正した。この時期ダマスクス総督とアラビスタン軍司令官は短期間で交代し、文献によっては人物の混同も見られる。一八五七年二月から一二月までダマスクス総督の地位にあったイッザト・アフマド・パシャは、アリー・リダー・パシャの女婿で文官である。*Ibid.*, vol. 3, p. 844; al-Usṭuwānī, *Mashāhid wa-Aḥdāth*, p. 163.

（77）MS Mishāqah, *al-Jawāb*, p. 334.

（78）本書六〇七頁。Maʻoz, *Ottoman Reform*, pp. 233-4.

（79）Brant to Bulwer, Damascus, 26 January 1859, Incl. 3 in No. 82, *Dispatches*, p. 65; al-Usṭuwānī, *Mashāhid wa-Aḥdāth*, p. 177.

（80）Süreyya, *Sicill-i Osmanî*, vol. 1, p. 217.「〔ヒジュラ暦〕一二七六年」とあるのは「一二七五年」の誤りか。ウストワーニーは、ダマスクス総督ハリール・カーミル・パシャが解任され、アラビスタン軍司令官アフマド・パシャが総督を兼任する報せが届いたのは、ヒジュラ暦一二七五年ラマダーン月（西暦一八五九年四月）であると伝える。al-Usṭuwānī, *Mashāhid wa-Aḥdāth*, p. 167.

（81）*The Times* (London), 12 April 1859, p. 10. 記事は三月三〇日付。

（82）Report on the state of the Pashalic of Damascus, Incl. in No. 26, *Dispatches*, p. 22.

（83）*Ibid.*, p. 24.

（84）Maʻoz, *Ottoman Reform*, p. 52.

（85）Moore to Russell, Beyrout, 6 August 1860, No. 88, *Correspondence*, p. 75.

（86）Brant to Bulwer, Damascus, 30 June 1860, Incl. in No. 6, *Further Papers, June 1860*, p. 9.

（87）Moore to Russell, Beyrout, 24 May 1860, No. 1, *Disturbances*, p. 1.

（88）Letter from a Turkish Moslem in Damascus, Incl. 2 in No. 86, *Correspondence*, pp. 69-70.

（89）MS al-Ḥasībī, 5r.; al-Ṣalībī (ed.), Lāmḥat, vol. 21, p. 78; Salibi, The 1860 Upheaval, p. 189.

（90）MS al-Ḥasībī, 10v.; al-Ṣalībī (ed.), Lāmḥat, vol. 21, p. 130; Salibi, The 1860 Upheaval, pp. 195-196.

（91）Brant to Bulwer, Damascus, 26 June 1860, Incl. in No. 5, *Further Papers, June 1860*, p. 8.

（92）al-Usṭuwānī, *Mashāhid wa-Aḥdāth*, pp. 168.

（93）MS Mishāqah, *al-Jawāb*, p. 345.

（94）Brant to Bulwer, Beyrout, 14 March 1859, Incl. in No. 85, *Dispatches*, p. 67.

（95） Massūḥ, Aḥdāth 1860, pp. 307-308.
（96） MS Mishāqah, *al-Jawāb*, pp. 345-348.
（97） Brant to Bulwer, Damascus, 30 June 1860, Incl. in No. 6, *Further Papers, June 1860*, p. 9.
（98） Brant to Russell, Damascus, 18 June 1860, No. 13, *Disturbances, June 1860*, p. 24.
（99） Brant to Russell, Damascus, 4 June 1860, No. 6, *Disturbances, June 1860*, p. 15.
（100） Brant to Bulwer, Damascus, 30 June 1860, Incl. in No. 6, *Further Papers, June 1860*, p. 10.
（101） Brant to Russell, Damascus, 18 June 1860, No. 13, *Disturbances, June 1860*, p. 24.
（102） Brant to Bulwer, Damascus, 26 June 1860, Incl. in No. 5, *Further Papers, June 1860*, p. 8.
（103） Brant to Bulwer, Damascus, 30 August 1860, Incl. in No. 138, *Correspondence*, p. 131.
（104） Churchill, *The Druzes and the Maronites*, p. 208.
（105） MS Mishāqah, *al-Jawāb*, p. 349.
（106） Poujoulat, *La vérité*, p.418; Edwards, *La Syrie*, p. 170.
（107） al-Usṭuwānī, *Mashāhid wa-Aḥdāth*, pp. 172-173.
（108） MS Mishāqah, *al-Jawāb*, p. 348.
（109） [Faraḥyān,] Nubdhah Mukhtaṣarah, p. 916.
（110） Brant to Russell, Damascus, 28 June 1860, No. 5, *Further Papers, June 1860*, p. 7.
（111） Brant to Bulwer, Damascus, 30 June 1860, Incl. in No. 6, *Further Papers, June 1860*, p. 11.
（112） Moore to Bulwer, Beyrout, 30 June 1860, Imcl. 3 in No. 13, *Further Papers, June 1860*, p. 21.
（113） Moore to Russell, Beyrout, 5 July 1860, No. 13, *Further Papers, June 1860*, p. 20.
（114） Bellemare, *Abd-el-Kader*, p. 435.
（115） 本書四九九頁参照。
（116） Edwards, *La Syrie*, p. 175.
（117） *Ibid.*, p. 176.

(118) [Skene,] *Rambles*, pp. 247-248.
(119) Brant to Bulwer, Damascus, 30 August 1860, Incl. in No. 138, *Correspondence*, p. 131.
(120) [Skene,] *Rambles*, pp. 249-250.
(121) Edwards, *La Syrie*, pp. 176-177.
(122) Brant to Moore, Damascus, 10 July 1860, Incl. 3 in No. 20, *Further Papers, June 1860*, p. 36.
(123) Brant to Russell, Damascus, 16 July 1860, No. 23, *Further Papers, June 1860*, p. 47.
(124) Brant to Bulwer, Damascus, 11 July 1860, Incl. 3 in No. 23, *Further Papers, June 1860*, p. 48.
(125) al-Usṭuwānī, *Mashāhid wa-Aḥdāth*, p. 176.
(126) *The Times* (London), 14 August 1860, p. 8.
(127) *The Times* (London), 2 October 1860, p. 9. これに対しラヌス仏国領事事務代理は、アフマド・パシャは一八三一年、群衆に監禁されて殺害されたダマスクス総督セリム・パシャの女婿であり、ダマスクスの民に復讐心を抱いていたとの説を流していた。ブラント英国領事はこの説を捏造であると否定し、アフマド・パシャにはセリム・パシャという名の義父は存在せず、彼の妻が何年も前に死亡して以降、再婚せず、彼の家族は母と二人の息子だけであると反論している。Fawaz, *An Occasion*, p. 145. 前出の通り、一八五七年、ダマスクス総督を務めたイッザト・アフマド・パシャはダマスクス総督アリー・リダー・パシャの女婿であり、混同したのであろう。
(128) Fawaz, *An Occasion*, pp. 103-104.
(129) al-Usṭuwānī, *Mashāhid wa-Aḥdāth*, p. 176.
(130) Brant to Russell, Damascus, 16 July 1860, No. 24, *Further Papers, June 1860*, p. 50; *The Times* (London), 6 August 1860, p. 6.
(131) Moore to Russell, Beyrout, 18 July 1860, No. 27, *Further Papers, June 1860*, p. 57; *The Times* (London), 14 August 1860, p. 8.
(132) Fawaz, *An Occasion*, p. 148.
(133) Churchill, *The Druzes and the Maronites*, p. 230.
(134) *The Times* (London), 17 August 1860, p. 10.
(135) *The Times* (London), 18 August 1860, p. 10.

(136) *The Times* (London), 16 August 1860, p. 8.
(137) Moore to Russell, Beyrout, 10 August 1860, No. 92, *Correspondence*, p. 78.
(138) al-Usṭuwānī, *Mashāhid wa-Aḥdāth*, p. 181.
(139) Brant to Bulwer, Damascus, 16 August 1860, Incl. 1 in No. 118, *Correspondence*, p. 101.
(140) Fraser to Russell, Damascus, 20 August 1860, No. 97, *Correspondence*, p. 81.
(141) *The Times* (London), 2 October 1860, p. 9.
(142) Churchill, *The Druzes and the Maronites*, p. 231.
(143) Un témoin oculaire, *Souvenirs de Syrie*, pp. 242-243.
(144) Fraser to Russell, Damascus, 23 August 1860, No. 109, *Correspondence*, p. 96.
(145) Fuad Pasha to Aali Pasha, Damas, le 20 Aout 1860, No. 98, *Correspondence*, pp. 81-82.
(146) *The Times* (London), 21 September 1860, p. 8.
(147) *The Times* (London), 2 October 1860, p. 9.
(148) Dufferin to Bulwer, Damascus, 8 September 1860, Incl. 1 in No. 131, *Correspondence*, p. 122.
(149) Russell to Bulwer, Foreign Office, 15 September 1860, No. 124, *Correspondence*, p. 115.
(150) Memorandum, Damas, le 8 Septembre 1860, Incl. 2 in No. 131, *Correspondence*, pp. 123-125.
(151) *The Times* (London), 2 October 1860, p. 9.「ゲッセル将軍」は、普国から招聘された砲兵教官ディラーヴァル・ベイ（Dilavar Bey）ことゲスレル大佐（Hermann Geßler）である。
(152) Memorandum, Damas, le 8 Septembre 1860, Incl. 2 in No. 131, *Correspondence*, pp. 123-125.
(153) *The Times* (London), 2 October 1860, p. 9.
(154) *The Times* (London), 2 October 1860, p. 9.
(155) [Skene,] *Rambles*, pp. 256-257.
(156) *The Times* (London), 2 October 1860, p. 9.
(157) İnal, *Sadriâzamlar*, vol. 1, p. 162.

(158) al-Usṭuwānī, *Mashāhid wa-Aḥdāth*, p. 195. アフマド・パシャは、その遺言により、イブン・アルアラビー廟近くに葬られ、ダマスクスの名望家による葬儀が盛大に行われたという。İnal, *Sadrıâzamlar*, vol. 1, p. 163.

(159) [Skene,] *Rambles*, p. 252.

(160) The Sultan to Her Majesty the Queen, Palais de Dolma-Badjé, le 16 Juillet 1860, Incl. in No. 34, *Correspondence*, p. 22; The Sultan to the Emperor of the French, Palais de Dolma-Badjé, le 16 Juillet 1860, Incl. in No. 12, *Correspondence*, p. 10.

(161) Gibb, *Ottoman Poetry*, vol. 5, pp. 57-61.

(162) [Ziyâ Paşa,] *Zafernâme Şerhi*, [Istanbul, ca. 1870.]

(163) *Ibid.*, p. 48; Gibb, *Ottoman Poetry*, vol. 5, pp. 101-103; vol. 6, pp. 373-374.

(164) [Ziyâ Paşa,] *Zafernâme Şerhi*, pp. 49-51; Gibb, *Ottoman Poetry*, vol. 5, pp. 101-103.

(165) *Salname-i Vilayet-i Suriye*, 4th ed., Damascus, 1289 (1872), p. 52.

(166) Muḥammad al-Mahdī al-Maghribī al-Zawāwī al-Mālikī 一七八五／八六—一八六一／六二。仏軍のアルジェリア占領に伴い、一八四七年、ダマスクスに移住し、ハルワティーヤ教団の長老となった。al-Bīṭār, *Ḥilyah al-Bashar*, vol. 3, pp. 1326-1327.

(167) *Ibid.*, vol. 1, p. 260.

(168) *Ibid.*, vol. 3, p. 1326.

第八章　事件のその後と終わらぬ問題

一　ダマスクスにおける事件処断

ファード・パシャはシリア問題処理のための政府全権に任命され、騒乱の鎮定・犯罪者の処罰・被害の回復に当たると同時に、政府を代表して列強の代表と善後策を協議した。被害回復など民政分野は、シリア事件処理独立特別委員会の名で業務が遂行された。

（イ）　騒乱の鎮定

オスマン帝国政府は、ダマスクスで騒乱が発生したとの報告を受けると、直ちにシリアに部隊を派遣した。七月一一日朝には三艘の軍艦に分乗した三〇〇〇人の軍隊がベイルートに到着した(1)。そのうちの一八〇〇人はハーリド・パシャに率いられ、一三日夕方、ダマスクスに向けて出発した。ダマスクス州の新総督に任命されたムアンマル・パシャは、一四日にベイルートを発ち、翌日、ダマスクス郊外に宿営して、一六日午後にダマスクス市街に到着した(2)。

新総督が向かっているという報せがダマスクスにもたらされ、騒乱はひとりでに下火になった。一二日には騒乱がムスリムの居住地域に波及することを恐れた住民によって、他の街区の者の出入りが妨げられた。一四日には市街のいくつかの店舗が、営業を再開した。ムアンマル・パシャはダマスクスに到着後、慣例に従い名望家たちを集めて勅書《フェルマーン》を読み上げたが、嘲笑をもって迎えられた。新総督にとって、ダマスクスの名望家や現地で徴募された部隊は信頼できる存在ではなかった。ハーリド・パシャの率いる部隊だけでは不十分であり、総督府の威令が徹底しない状況が続いた。ファード・パシャがアラビスタン軍司令官アブデュルハリム・パシャと共に、初めてダマスクスに入ったのは二九日のことであった。八月初旬には総勢七〇〇〇人の軍隊がダマスクスに集結した。[3]

(ロ) 被害者の救済

総督府は一八六〇年七月一一日よりキリスト教徒をダマスクスの城塞に集め、その人数は一万二〇〇〇～四〇〇〇人に達した。総督府は彼らに麺麹と堅麺麹を配給し、イスラーム教徒住民もキリスト教徒のため喜捨を集めたという。城塞のキリスト教徒には、その他、胡瓜や林檎が与えられた。[4] 麺麹と堅麺麹は有償であり、総督府はこれらを買うためにキリスト教徒の大人には日額五〇パラ、子供には二五パラを支給した。[5] また若干の衣類や、それぞれ三〇～四〇人が収容可能な天幕を提供した。

ダマスクスからベイルートに避難したキリスト教徒のために政府は家を借り、キリスト教徒各人に一二日ごとに二〇キルシュ支給した。ハスバイヤー、ラシャイヤーおよびデイル・アルカマルのキリスト教徒にも同額が支給された。八月二四日、政府は一部のイスラーム教徒を家から立ち退かせ、ダマスクスの城塞に残留するキリスト教徒八〇〇〇人を入居させた。政府はダマスクス、ベイルート、タラーブルスに救恤委員会を組織して救恤金の支給を行った。九月中旬にはベイルートの救恤委員会から救恤金の支給を受けるキリスト教徒避難民の数は一万二三三三人、加えてサイダに約三〇〇〇人が記録された（6）。外国からの義捐金や衣類・薬品などの物資が届き始め、これらは宗派共同体を通じて分配された。また、医師を派遣する国もあった。一〇月下旬、ファード・パシャはベイルートに避難したキリスト教徒をダマスクスに帰らせる方針を示した。一八六一年五月の布告により、ダマスクスにおけるキリスト教徒の救恤金は日額五〇パラから八五パラに増額された。対象者はダマスクス城壁内のキリスト教徒住民に限定され、被害を受けなかったミーダーン地区のキリスト教徒は除外された。農村部のキリスト教徒に対する救恤金は打ち切られ、代わりに小麦と大麦の種子が与えられた。焼失不動産と略奪品の補償金が確定し、権利証書が交付されると救恤金の支給は打ち切られた。これら救恤金や食糧・衣類の総額はおよそ九万七〇〇〇キース（四八五〇万キルシュ）に上った。

（八）　略奪品の回収

一八六〇年八月三日、住民はキリスト教徒から略奪した財物を提出するよう命じられた。政府は全地区のそれぞれに二名の責任者と二名の役人を置いて、略奪品を回収した。略奪品を持参した者を拘束し、住民の証言に従い重罪を犯した疑いのある者を牢獄に送った。略奪品の提出が処罰につながることが判ると、略奪者は品物を破壊したり投棄したりした。発見されてヤルブガー・モスクなどに保管された品物は、馬匹の荷に換算して六〜七〇〇〇頭分、総額六〇〇〇キース（三〇〇万キルシュ）に上り、すべてキリスト教徒に返還された。これは算定された略奪品価額の三パーセントに過ぎなかった。略奪品の大半は、奪われた直後にダマスクスの外へ運ばれて四散した。一部のキリスト教徒は市中で自分の所有物が発見されると、政府に通報して回収していた。回収された略奪品は、価額を記録した上で適宜キリスト教徒に返還された。彼らは生活のために受領した品を売却したことから、回収前の略奪品と区別がつかなくなってしまった。

(二) 関係者の処罰

(1) 処罰の概略

一八六〇年八月二日、フアード・パシャは州参事会を招集して犯罪者を処罰する方針を表明した。フアード・パシャは、誰にも着席を許さずに告げた。「この事件によって、貴方がたは三つのことを行った。貴方がたは宗教法に違反した。貴方がたは帝国公法を踏みにじった。貴方がたはスルターンと大臣たちを解決策が見つからない窮地に追い込んだ。さて、貴方がた一人一人には、私に犯罪者、つまり事件の首謀者、指導者、実行者の名簿を提出してもらおう。そのような名簿を提出しない者は誰でも、虐殺事件の首謀者とみなされる。解散。(7)」翌三日、二個大隊の増援到着と共に、ダマスクスの城門は軍隊によって封鎖された。城内の各所には屯所が設けられて兵隊が常駐し、往来を部隊が巡回した。同日、フアード・パシャは被疑者の逮捕を開始し、初日だけでその数は四二八人に上った。(8)二週間で約三〇〇〇人を逮捕すると、被疑者の捜索は終了した。(9)ダマスクスには審問法廷、特別法廷という二つの法廷が設置され、フアード・パシャの属僚であるフルシード・エフェンディーが前者、ムハンマド・ルシュディー・エフェンディーが後者の長官に任じられた。

審問法廷は事実認定を担当し、拘束した被疑者や証人の供述によって犯罪事実を認定した。略奪に関しては多くの証言が集められたが、殺人の立証は困難を極めた。英国陸軍の連絡将校フレイザー少佐はフアード・パシャに、欧州の関心は迅速な処罰に集中しており、煩瑣な通常の司法手続ではなく、軍法会議の如き簡潔な手続が必要とされると助言した。そこで略奪が認定された者については、同時に殺人の罪を犯したものとみなすとの特別の判断が導入された[10]。事実認定が終わった者は審問法廷から特別法廷に移送され、刑の宣告が行われた。犯罪の実行行為が立証できなかった者についても、ダマスクスからの追放等の処置が執られた。八月一九日深夜より、殺人の罪により死刑が宣告された民間人五六人の絞首刑が市内各所で開始された。フレイザー少佐は、被害者数に比して殺人の罪が立証された者の数は過小であると評価している。翌二〇日午後一時頃には、武器を持って騒擾・略奪に加わった不正規兵・不正規騎兵の一一一人が非公開で銃殺された。欠席裁判で死刑を宣告された者は、拘束されると刑が執行された。ファード・パシャによれば、処刑された者のうち一八名は名望家層に属していた。

同月二三日付文書をもって、ファード・パシャの秘書官から各国領事に処罰の内容が正式に通告された。これによれば、殺人罪で死刑を宣告され、絞首刑に処せられた者は五六人、武器を持って騒擾・略奪に加わり、銃殺された不正規兵・不正規騎兵は一一一人、武器を持って騒擾に加わり、終身刑を宣告されてイスタンブルの監獄に送られた者は一三九人、武器を持たずに略奪に加わり、追放された者は一四五人、ダマスクスにおける有期の重労役を課された者は一八六人、欠席裁判で死刑を宣告された者は八三人、合計七二〇人であった[11]。これらに加え、ダマスクスの住民から二〇〇〇人の徴兵を行い、イスタンブルに移送することが決定された。一八六〇年一一月一〇日、ファード・パシャは特別法廷を閉廷し、処罰の終了を宣言した[12]。

一八六一年春、ファード・パシャはキリスト教徒への補償に必要な経費を賄うため、ダマスクス街域に二万五〇〇〇キース、ダマスクス周辺諸州に六万五〇〇〇キース、合計九万キースの特別税を課した。ダマスクス街域に課された二万五〇〇〇キースの特別税は、一万六五〇〇キースの一般特別税と八五〇〇キースの個別特別税に分けられた。前者は家屋や店舗などの不動産に課されていた税額の一年分を徴収するものである。後者はダマスクスの名望家たちに対し、事件に関する罪など個別の事情を斟酌して賦課するものであり、罰金の性格を有した。キリスト教徒および事件の収拾に功績のあった者からは、一般特別税および個別特別税は免除された(13)。

(2) ダマスクス名望家

一八六〇年七月一七日、ファード・パシャはベイルートに到着すると、ダマスクスの名望家全員に宛てた書簡を送って、彼らがキリスト教徒を保護したことへ感謝を表明した(14)。八月二日、ファード・パシャはダマスクスにおいて州参事会を招集の上、事件への名望家の対応を厳しく弾劾した。ファード・パシャの名望家に対する態度の豹変は、ダマスクスへの円滑な入城が実現して、十分な兵力が確保されたことを受けたものと推測される。同月七日、州参事会は解散を命じられ、名望家の拘束が開始された。名望家層は網羅的に拘束の対象とされ、嫌疑なしと判断された者のみ、五日後に釈放された。残りの者は一般の住民と同様、審問法廷で犯罪行為への関与が取り調べられ、特別法廷で刑が宣告された。名望家については、犯罪の実行行為が立証されない場合でも、民衆の行動を抑止する立場にありながらこれを怠ったという理由で、追放等の処分が行われた。当時の指導的法学者シャイフ・アブドッラー・アルハラビーは追放の上終身刑、州参事会会員アブドッラー・ベイ・ナースィーフ・パシャ、同アフマド・エフェンディー・アルハスィービー、同ムハンマド・ベイ・アルアズメは追放の上一五年以下の禁固刑、ハナフィー学派大法官《ムフティー》ターヒル・エフェンディー、シャーフィイー学派大法官《ムフティー》ウマル・エフェンディー・アルガッズィーは追放の上一〇年以下の禁固刑、州参事会会員アブドッラー・ベイ・アルアズム、その息子でアフマド・パシャの副官アリー・ベイ、預言者門裔総代アフマド・エフェンディー・アルアジュラーニー、州参事会会員アブド・アルハーディー・エフェンディー・アルウマリーは三年間の追放に処せられた(15)。一〇月二〇日、彼らはベイルートに向け出発し、キプロス島やロードス島の流刑地に護送された。一八六六年三／四月には終身刑を宣告されたシャイフ・アブドッラー・アルハラビー他は赦され、順次ダマスクスに帰還した。ダマスクス住民の指導的立場にあった名望家は一斉に排除され、数年間影響力を失った。

（３）総督府・アラビスタン軍責任者　ファード・パシャは、一八六〇年九月八日付覚書をもって列強に軍法会議の決定を通告した。降級の上銃殺刑を宣告されたのは、元大将アフマド・アー、当時キリスト教徒地区部隊長であった中佐アリー・ベイ、ハスバイヤー部隊長であった中佐オスマン・ベイ、ラシャイヤーの部隊長であったムハンマド・アリー・アーの四名である。ハスバイヤー副部隊長であったムハンマド・アリー・アーは降級の上終身刑を宣告された。デイル・アルカマルの部隊長であった中佐アブド・アッサラーム・ベイ、バイト・アッディーンの部隊長であった中佐（アリー・アー）、デイル・アルカマルの副部隊長であったハーフィズ・アーの三名に対しても降級の上銃殺刑が宣告されたが、ベイルートにおける別件審理の必要上、執行は延期された(16)。一方、上級大佐サーリフ・ザキー・ベイはキリスト教徒の保護に努めたとして処罰されず、また首席法官トゥルナクチザーデ・ズィーヴェル・ベイ、出納長ジャーズィム・エフェンディーら総督府高官は、罪に問われなかった(17)。

（４）ユダヤ教徒　ダマスクスのキリスト教徒は、約三〇人のユダヤ教徒が殺人や略奪に加担したとして審問法廷に通報した。その結果、一五人のユダヤ教徒が逮捕され、一人は獄死した。ダマスクスのユダヤ教徒代表は、九月二三日付覚書を英国の富裕なユダヤ教徒で社会活動家モーゼス・モンテフィオーレ（Moses Montefiore 一七八四―一八八五）に送って救援を求めた。モンテフィオーレはこの覚書に自らの書簡を添えて英国政府へ嘆願を行い、書簡は外務大臣の指示と共にダマスクスの英国領事に届けられた。英国領事はファアード・パシャにユダヤ教徒被疑者の釈放を求めた結果、一一月、一四人の被疑者たちは一人を除き釈放された。オスマン帝国駐箚英大使は大宰相アーリー・パシャに、ダマスクスにおけるキリスト教徒の讒言に基づいたユダヤ教徒の迫害を止めさせるよう申し入れた。これにより、殺人の罪に問われていた一人のユダヤ教徒は再審の末、翌年六月、釈放された。(18)

ダマスクス街域に課された二万五〇〇〇キースの特別税は、イスラーム教徒のみならずユダヤ教徒もその対象としていた。一八六一年六月、ダマスクスのキリスト教徒は再びモンテフィオーレに書簡を送り、特別税が免除されるよう訴えた。同年八月、この問題は列国委員会に提示されたが、ファアード・パシャはユダヤ教徒から特別税を免除する権限を有しないと答えた。九月、ファアード・パシャはユダヤ教徒代表に対し、一般特別税五二〇キースおよび個別特別税四八〇キースを免除して事件への責任を不問にする代わりに、ユダヤ教徒共同体が自発的に醵金を行うよう提案した。これに対してユダヤ教徒側は三〇〇キースの支払いを約し、特別税問題は決着した。(19)

（ホ）　被害額の積算

一八六一年四月、ファアード・パシャはイスラーム教徒の商工業者一四人を招集し、秘密裡にキリスト教徒の損害額を積算させた。街の全住民の名が書かれた戸口台帳を根拠に、個別のキリスト教徒の経済状況を外形的に推定し、積算する方法が採られた。これは、通常の司法手続に則った被害額の算定には膨大な時間を必要とし、かえって被害者の困難を引き延ばしかねないとの理由によるものであった。彼らは被害額を推定した名簿をファア－

ド・パシャに提出した。政府はこれに基づいて、キリスト教徒の各世帯に対する通告書と名付けられた文書を作成した。通告書には焼失物件と被害額、補償額が記載された。通告書を交付されたキリスト教徒のうち、補償額が適正と考える者は一割ほどであった。結局少数の者は通告書に同意し、他の者はそれぞれが所属する宗派を通じて不同意の嘆願を行った。

同年一〇月、ファード・パシャはキリスト教徒に対する補償手続を決定し、列国委員会の同意を取り付けて公表した。これに基づき政府任命委員一一名、キリスト教各宗派委員一一名の計二二名から成る調査委員会が設置された。調査委員会には焼失不動産と略奪品を査定する小委員会が設けられた。キリスト教徒の被害者は、最初に通告書の補償額に対する同意不同意の意思表示を求められた。不同意の場合、上記調査委員会において個別の被害額査定を受ける機会が与えられた。殺害された者の遺族に対する補償額も、別途査定された。一八六三年一二月、全請求の提出が締め切られた。これら査定作業を経て決定された金額を含めた補償総額は、二二二万七〇〇〇キース（一億一三五〇万キルシュ）であった。

（へ）　被害補償

キリスト教徒は、調査委員会に各人の陳述書を提出して、査定を受けることが求められた。ダマスクス、ディル・アルカマル、ザハレのキリスト教徒は焼失不動産と略奪品両方の請求が認められたが、ベカア郷区やダマスクス周辺村落のキリスト教徒は、ダマスクスに保管していた品物を例外として、焼失不動産に対する請求のみ認められた。査定金額確定に伴い、調査委員会から査定書が交付された。これを請求者が特別委員会に提出すると、金額の四分の一が現金、四分の一が木材などの現物で支給され、残額相当が権利証として交付された。再建に見切りをつけた者は、権利証を売却した。欧州商人やユダヤ教徒は、権利証を額面の六～八割で買い取っていた。この権利証に対する支払額は後に政府が一律二割減額し、実勢価格は額面の半額にまで下落した。さらに政府は権利証を利附国庫債券と交換する決定を行ったため、権利証を売却しなかったキリスト教徒の状況は改善された。

二　レバノン山の事件処理

（イ）　列国委員会

一八六〇年九月、英仏露墺普各国とオスマン帝国はベイルートに代表を派遣し、列国委員会を構成してレバノン山とダマスクスの事件の処理と善後策を講じることになった。オスマン帝国の代表は外務卿フアード・パシャとその代理アブロ・エフェンディー（Sahak Abro 一八二五―一九〇〇）、英代表はダファリン卿（Frederick Temple Hamilton-Temple-Blackwood, fifth Baron Dufferin and Clandeboye, first Marquis of Dufferin and Ava 一八二六―一九〇二）と一八六一年五月交代したフレイザー大佐（Alexander John Fraser 一八二一―一八六六）、仏代表はベクラール（Philippe Léon Béclard 一八二〇―一八六四）、露代表はノヴィコフ（Евгений Петрович Новиков 一八二六―一九〇三）、墺代表はヴェクベッカー（Peter Ritter von Weckbecker 一八〇八―一八七一）、普代表はレーフース（Guido von Rehfues 一八一八―一八九四）であった。公式会合は一八六〇年一〇月から一八六二年五月までベイルートで五〇回開催された。英外務大臣ラッセル卿は、一八六〇年七月にダファリン卿を代表に任命するにあたり、「政府は領土獲得、排他的影響力、独占的商業利益は一切追求していない。また、これらが列強に獲得されてはならない。」と訓示した。[20]

（１）犯罪者の処断　ファアード・パシャは犯罪者を、①オスマン帝国の軍人・官吏、②ダマスクスのムスリム、③レバノン山のドルーズ派に分類した。英外務大臣はすでに九月、オスマン帝国の軍人・官吏の処断について、「もしこれらの者が厳罰に処せられなければ、大宰相アーリー・パシャ、レシード・パシャ、ファアード・パシャについてはさて置くとして、欧州世論は間違いなくコンスタンティノープルの高官が事前にこれらの虐殺を教唆し、事後に犯人を匿っていると結論するだろう。[21]」とオスマン帝国に対して圧力を加えていた。列国委員会が発足した時点で、ダマスクスのムスリムは一八六〇年八月、厳罰に処せられ、アフマド・パシャらダマスクス州総督府の責任者は九月八日に処刑されていた。

九月一二日、ベイルートにおいて前サイダ州総督フルシード・パシャを裁くための特別法廷が設置された。ファアード・パシャはドルーズ派指導者に出頭を求め、同月二一日、サイード・ベイ・ジュンブラート、アミール・ムハンマド・ラスラーンら一四人を拘束した。ドルーズ派住民は一五〇〇人が逮捕され、彼らを裁く特別法廷は、レバノン山のムフターラにも設置された。

列国委員会では、フルシード・パシャらレバノン山を管轄した軍人・官吏と、レバノン山のドルーズ派の処罰が議論された。フルシード・パシャは、オスマン帝国と列強五か国の合意に基づきレバノン山の内政に介入しないよう指示を受けている中で、騒乱鎮圧に最大限努めたと弁明した。しかし墺国以外の各国代表は、フルシード・パシャは死刑に相当すると考えていた。また仏露代表はドルーズ派の悪質性を強調し、その多数を処刑するよう主張した。マロン派はファアード・パシャに、ドルーズ派四五〇〇人の処刑を陳情したという。英代表はマロン派とドルーズ派の宗派抗争と、ハスバイヤーやラシャイヤーにおける虐殺行為は区別する必要があるとして、多数のドルーズ派指導者について無罪を主張した。

特別法廷は一二月、フルシード・パシャ、ベイルート駐屯部隊長であったターヒル・パシャ、ベイルート駐屯部隊の大佐ヌーリー・ベイを終身刑、サイダ州総督府執事長であったアリー・ヴァスヒー、同出納長であったアフマド・サーリフを公職追放の上禁固刑に処した。また、サイード・ベイ・ジュンブラートら一一人のドルーズ派指導者には死刑、逃亡中のドルーズ派三二人にも死刑判決が下された。ムフターラで裁判にかけられたドルーズ派のうち五七人は追放の上禁固刑となり、二一〇人は釈放された。ドルーズ派に対する死刑判決は、ダマスクスのムスリムとは対照的に、結局執行されなかった。フアード・パシャは執行の意向を示したが、時期を巡って列強の意見がまとまらなかった。一八六一年三月、約四〇〇人のドルーズ派がクレタ島や北アフリカのトリポリに追放された。フルシード・パシャはその後、復権を果たし、一八七二年、キュタヒヤ州総督に任じられた(22)。

（2）レバノン山の新たな統治制度　カトリック諸国の支持の下、マロン派はレバノン山全体を領域とする政権を樹立し、可能な限りシハーブ家をその統治者として復帰させるよう主張した。英国など非カトリック国は、レバノン山を準独立地域とするが、オスマン帝国の主権下に残すべきであると議論した。オスマン帝国は、レバノン山がエジプト州のように実質的に独立に向かうことは容認できなかった。列国委員会で議論が繰り返され、一八六一年五月末にはイスタンブルでの大使級会議で妥協が図られた。仏国大使はシハーブ家復帰の主張には拘らず、カトリック信徒かつ非マロン派のオスマン帝国臣民を知事とする提案を受け容れた。同年六月九日に至り、「組織規定および議定書」（Règlement et protocole relatifs à la réorganisation du Mont-Liban）が採択された。

これによってレバノン山はサイダ州の一部に留まるが、列強が治安維持を保障する特別県とされ、オスマン帝国の「キリスト教徒」臣民から任命される知事（Mutaṣarrif）がこれを統治することになった。知事の宗派に関する規定は、表面上マロン派や正教会信徒の任命が排除されないとして、仏露の体面を保つ方便であった。一八六一年七月、初代知事に任命されたアルメニア・カトリック信徒ダウード・パシャが着任した。ダウード・パシャは、ダニューブ河航行欧州委員会のオスマン帝国代表や電信局総裁などを歴任した行政官であった(23)。彼はアラビア語は解さなかったが、かえって知事の中立性が高まり、宗派間の均衡に寄与した。知事の任期は当初三年とされ、一八六四年の規定改正により五年に延長された。政庁はバイト・アッディーンに置かれ、知事の下には間接選挙で選ばれる一二名の県参事会が設置された。その構成員は、マロン派四名、ドルーズ派三名、正教会二名、ルーム・カトリックとスンナ派、シーア派は各一名と宗派別に固定された。全県は六行政区に分けられ、それぞれに区会が設置された。知事は住民一五〇〇人から成る警察力を保有し、必要の際はオスマン帝国軍の導入を要請した。レバノン山の統治体制は、第一次大戦まで維持された。

（3）　キリスト教徒の補償・救済　列国委員会は、被害を受けたキリスト教徒への補償や、ベイルートに逃れたキリスト教徒の救済を議論した。ファード・パシャは補償の対象を、①スルターンのキリスト教徒臣民、②シリアの外国人居留者、③キリスト教宗教施設、の三者に限定することを提案し、列国委員会に了承された。

ダマスクス駐在仏国領事は一八六〇年一一月、ダマスクスの補償総額を三〇万キース（一億五〇〇〇万キルシュ）と試算する報告を列国委員会に提出した。仏国領事の案では、上記金額のうち六万八〇〇〇キース（三四〇〇万キルシュ）をダマスクス街域に、一七万キース（八五〇〇万キルシュ）をダマスクス周辺諸州に賦課し、六万二〇〇〇キース（三一〇〇万キルシュ）をオスマン帝国政府が負担することとされた(24)。列国委員会では、ドルーズ派に懲罰的課税を行う案も議論されたが、英代表はこれに難色を示した。ファード・パシャは一八六一年三月の列国委員会において、国庫の状況に鑑み一五万キース（七五〇〇万キルシュ）を三年間で補償するとの考えを表明した。一方、ファード・パシャは、前出の通り九万キース（四五〇〇万キルシュ）の特別税をダマスクス街域およびダマスクス周辺諸州に課し、同年五月、被害額の独自の見積りを行った。しかし、この見積りにはキリスト教徒の同意が得られなかった。犯罪者処罰とレバノン山の統治体制が決着すると、列国委員会の議論は約一年間にわたり補償問題に集中した。ファード・パシャは補償総額についての議論とは別に、列国委員会の同意を得て、同年一〇月より被害の個別査定を開始した。被害額査定と支給の開始に伴い、補償額はダマスクスのキリスト教徒と列国委員会が妥当と考える水準に近付いていった。

ベイルートに避難したキリスト教徒に対する救済には、オスマン帝国政府が支給する救恤金と外国からの義捐金・支援物資が充てられた。ファード・パシャはキリスト教徒を極力ダマスクスに帰らせる方針を示し、一八六一年五月にはダマスクス城壁内のキリスト教徒を除き、救恤金の支給を打ち切った。

(ロ)　仏遠征軍

列強の反応は、すでにダマスクスの騒乱発生以前に始まっていた。レバノン山におけるキリスト教徒敗走の報を受け、一八六〇年七月五日、ソヴネル仏外務大臣は駐仏英国大使と会談した。ソヴネルの提案は、艦隊にシリアの沿岸を警戒させ、欧州五か国から成る委員会を設置してレバノン山統治体制の見直しをさせようというものであった。英国大使は、英本国は事件を非難し、オスマン帝国政府がレバノン山のキリスト教徒を保護するよう要求するであろうが、ドルーズ派はマロン派からかなりの挑発を受けていたのではないかと反論した(25)。仏外務大臣は翌日、英露墺普各国駐在大使に電信を送り、仏提案へ各国の支持を取り付けるよう訓令した。英仏艦隊はベイルートに向けて出港した。

ダマスクスでの事件発生を受け、一八日、英政府は閣議を開催した。そして事件に対する行動は、欧州五か国とオスマン帝国が参加する会議で決定すべしとの条件を付した。また仏国が派遣するであろう陸上部隊には参加しない一方、オスマン帝国内のカトリック教徒保護において仏国と競合する墺国については、遠征軍への参加を容認するとの方針を定めた。仏政府は二〇日の閣議により、遠征軍の派遣を決定した。翌日、仏外務大臣は、欧州諸国軍によるシリア問題介入を議題とした会議をパリで開催するため、五か国およびオスマン帝国に招請状を送った。英国大使は二二日、訓令に基づいて仏外務大臣と面会し、マロン派とドルーズ派の和睦が成立したのであるから、もはや出兵は不要ではないかと申し入れた。仏国政府は、本件出兵は一万人規模を想定し、その全体を仏軍が占めることになり、目的はあくまで人道であって東方問題を再燃させるものではなく、事態を放置すればシリアの各都市に虐殺が拡大すると主張した。英国政府は、一八四〇年に英国がシリアに介入した際、英露墺普およびオスマン帝国の間で取り交わした文書を仏側に提示し、同文書にある「列強は領土獲得、排他的影響力、独占的商業利益は一切追求しない。」との原則が今回も踏襲されなければならないと伝えた。

二五日、英国政府は再度閣議を開催し、欧州世論の沸騰を考慮してシリアへの介入を容認する方針を決定した。ただし列強とオスマン帝国の合意の枠組みは崩さないこと、派兵期限は六か月との条件を付した。英国以外の欧州各国は仏提案に前向きであり、二六日には早速パリで会議が始まった。列国委員会の設置は同意された。八月三日、七か条から成る議定書に署名が行われて暫定効力が与えられ、九月五日、同内容の正式協定が各国代表によって署名された。この合意によって、一万二〇〇〇人から成る欧州部隊が六か月間を限り、シリアの治安回復を目的として派遣されることになった。仏国は兵員の半数を提供し、必要があれば欧州諸国とオスマン帝国の同意により、人数を増加できるとされた。これにより、欧州遠征軍の実態は上限六〇〇〇人の仏軍部隊となった。英国政府は、必要ある場合は英普両国が各三〇〇〇人の兵を送る用意があると内報したが、これはむしろ仏軍の増派を封じる効果をもたらした。「列強は領土獲得、排他的影響力、独占的商業利益は一切追求しない。」との原則は、附属議定書に盛り込まれた。

仏政府は、ボーフォール陸軍中将をシリア派遣軍司令官に任命した。ボーフォール中将は東洋事情に通じた軍人として知られ、一八三〇年、アルジェリア遠征軍に参加し、イブラーヒーム・パシャの参謀長であった仏国人スライマーン・パシャの副官を一八三四～三七年務めていた。

ボーフォール中将は八月一六日、約一五〇〇人の部隊と共にベイルートに上陸した。日ならずして後続部隊も到着した。彼は協定によって、ファード・パシャとの調整が義務づけられていた。ファード・パシャはオスマン帝国軍の将兵を前に演説を行い、遠征軍を客人として礼遇するよう訓示した(26)。九月に入るとボーフォール中将はベイルートでの宿営生活に飽き足らず、避難中のキリスト教徒を連れてレバノン山に進軍し、彼らの生活を再建することを思い立った。ファード・パシャは、宿営地はマロン派の居住地区内に選択すべきであり、遠征軍の行動計画が策定される前は、ドルーズ派やムスリムなど現地住民との偶発的衝突を避けなければならないと回答した。ファード・パシャは、仏軍の独自行動はホーラーン地方のドルーズ派や遊牧民アラブを巻き込んだ新たな大乱を誘発しかねないとして、常に警戒感を示した。ボーフォール中将は、無辜のキリスト教徒を保護するために仏軍が派遣され、ドルーズ派は処罰されるか討伐されなければならないと信じており、その目的に沿ったレバノン山の統治体制を確立する義務があると考えていた。彼の眼からはファード・パシャを始めとするオスマン帝国当局は、あらゆる目的に不徹底であるばかりか、陰に陽にその妨害を図る存在であった。両者の立場には大きな懸隔があった。一〇月、ベイルートにおいて列国委員会が発足すると、ボーフォール中将は背後から仏代表に対して強硬な主張を指図し続けた。同時期、ボーフォール中将は仏陸軍省の指示に基づいてアブド・アルカーディルとの接触を模索し、彼がシリアの政権を担う用意があるかを探ろうとした。しかしアブド・アルカーディルは、彼が指定した日には現れなかった。ボーフォール中将はデイル・アルカマル、カッブ・イリヤース、ザハレ、キスラワーンなどを巡回したが、軍事行動が必要とされる場面には遭遇しなかった。また彼が企図するダマスクスへの行軍は、最後まで謝絶された。

仏国政府は欧州諸国軍の派遣を無期限に延長する案を提示したが、英国とオスマン帝国に反対された。再調整の結果、派兵協定は一八六一年六月五日まで三か月間、延長された。ボーフォール中将は武力に訴える機会を与えられず、レバノン山の体制構築も思うに任せず、日々ファアード・パシャとドルーズ派に対する不満を募らせるばかりであった。レバノン山の組織規定はイスタンブルで各国の妥協が図られ、採択された。仏軍の存在を根拠づける大義名分は消え、派兵協定は再延長されなかった。仏軍は六月七日に撤収を完了し、ボーフォール中将は一〇日にベイルートを発った。キリスト教徒たちが追い縋るのを見て、彼は「仏国の行動を今に見るが宜しい。」と言い残したと伝えられる。

三　アンティオキア総主教座における「アラブの復興」

一七二四年のアンティオキア総主教座分裂を契機として、総主教にはそれまでのアラブ系聖職者に代わってギリシア系聖職者が就いた。首都においては、コンスタンティノープル総主教が「正教会ミッレト」の長として、オスマン帝国との交渉窓口を独占する慣行が確立していた。エルサレム総主教座には一五三四年、ギリシア系修道士から成る聖墳墓兄弟会が設立され、旧東ローマ帝国領のギリシア系聖職者と聖地を強固に結びつけた。エルサレム総主教座では、総主教は名誉職と化して一八四七年まで首都に居住し、パレスティナの高位聖職者は聖墳墓兄弟会によって独占されていた。アンティオキア総主教座では、オスマン帝国支配下でアラブ系総主教および高位聖職者の指導が維持されたが、一七二四年以降、総主教を始めとして高位聖職者の地位が聖墳墓兄弟会出身者に奪われ、一九世紀半ばにはアラブ信徒は在俗司祭までの聖職に留められるようになった。さらにアンティオキア総主教座はエルサレム総主教座に比べて財政基盤に乏しく、またコンスタンティノープル総主教との紐帯が一八世紀まで強固でなかった事情もあり、一九世紀半ばにはコンスタンティノープル総主教はエルサレム総主教座、なかんずく聖墳墓兄弟会を通じてアンティオキア総主教座を支配するようになった。

イブラーヒーム・パシャのシリア統治時代を経て、一八四〇年代後半に入るとパレスティナ・シリアの聖地を舞台としたカトリック・プロテスタント両派の宣教がさらに活発になってきた。これらの活動は、布教のみならず学校や病院の建設を伴い、教育・医療を通じてアラブ信徒への影響力を拡大し、改宗者を獲得していた。アンティオキア総主教座はエルサレム総主教座に比べ信徒数は多い反面、巡礼者や遠隔地の修道院などからの収入は少なかった。そのためアンティオキア総主教座は信徒を援助する余裕に乏しく、外来の宣教団による物質的支援は効果的であった。ギリシア系高位聖職者によってアラブ信徒が抑圧されているという意識も改宗者の増加につながった。類似の状況にあったブルガリア教会では、コンスタンティノープル総主教座の支配に抵抗して、多数のブルガル人信徒がカトリックの教義を受容しようとした。

カトリック・プロテスタント両派の進出に危機感を抱いたアンティオキア総主教メトディオスは、一八三六年、総主教座に学校を開設してアラブ信徒の教育にあたった。総主教座学校ではユースフ・アルハッダード司祭や、その弟子ユースフ・アルビーリーが教師に任じられ、アラビア語による教育を行った。さらに一八四七年、総主教座学校に神学を講ずる部門が開設され、一一人の学生を受け入れた。これらの学生は聖職者の道を進み、すでにイルサウス総主教によって一〇人近くのアラブ系聖職者が主教に任命されていた。これは、一九世紀後半のアンティオキア総主教座をギリシア系とアラブ系の対立として捉える視点からは見落とされがちな事実である。正教会は一八七二年、民族主義に基づいて独立を主張したブルガリア教会を破門した。アンティオキア総主教座においても、アラブ系聖職者の主教への登用は、単にアラブ信徒の不満を吸収する目的に留まらず、民族の違いを超越する正教の教義から必要とされた。しかしアラブ信徒は、教会によって掲げられた普遍主義の背後にギリシア民族主義を見て取り、ギリシア系高位聖職者はアラブ信徒の運動を、寛容に対する裏切りと断罪した。一九世紀後半、アンティオキア総主教座のアラブ信徒は、教育によって社会・経済面で活動の場を拡大し、同時にアラブとしての覚醒を始めた。

一方、一七二四年に正教会から分離して教皇に帰順したルーム・カトリック教会では、一八五七年、アクリモンドゥス総主教が従来の東方暦を西方暦に切り替えようとしたため、信徒の間で大規模な内紛が発生した。ルーム・カトリック教会のサイダ、ベイルート、ザハレ、バアルベクの四府主教は西方暦の導入を拒絶した。一八五八年、アクリモンドゥス総主教は退位を申し出たが、ローマ教皇に申し出を斥けられた[27]。ユースフ司祭ら正教会側からの努力も加わり、ルーム・カトリック教会信徒の中には暦法に留まらず、カトリックの教義の様々な点に疑問を抱く者が現れた。その結果、少なからぬ人々が集団で正教会への復帰を希望するに至った。一八五九年、西方暦を拒否するルーム・カトリック教会信徒は、シリアのユーハンナー（ユーワーニキユース）・ハビーブ・アルマサーミーリー司祭、エジプトのガブライール・ジャッバーラ司祭をイスタンブルに派遣した。首都で開催された正教会総主教の会議において、シリア・エジプトの東方暦派の正教会復帰が承認された。東方暦派の四府主教は、同年、ザハレ近郊のアイン・アッズークで宗教会議を開き、ルーム・カトリック教会の新たな総主教選出を求めた[28]。しかし、一八六〇年事件の発生によって、シリアのキリスト教徒は甚大な被害を蒙り、正教会の教育活動は壊滅的な打撃を受けた。ユースフ司祭は殺害され、総主教座学校は灰燼に帰した。ユースフ・アルビーリーはベイルートに逃れて再び教育に従事したが、やがて希望を失い、米国に移住した。ルーム・カトリック教会の暦法問題は、事件の衝撃で忘却された。東方暦派の四府主教は、仏国領事の説得で西方暦の導入を承認した。一度、正教会への復帰を表明した聖職者や信徒たちは、一八六五年までにはその意向を撤回してしまった[29]。

事件後、アンティオキア総主教座の高位聖職者とアラブ信徒の間では、教会に対する被害の補償金を巡ってさらなる軋轢が生じた。元々総主教座の財産に関しては、高位聖職者による使途管理について不満が絶えなかった。高位聖職者は、アンティオキア総主教座の財産の多くは自分たちの努力により、露国やエルサレム総主教座からの支援で形成されたと考えていた。メトディオス総主教は、露国からの寄進を得てアンティオキア総主教座の教会を荘厳具で飾った。一八六〇年事件の補償金についても、イルサウス総主教が自らイスタンブルに二度足を運んで、オスマン帝国政府に陳情を行った[30]。アラブ信徒は、自分たちの醵金が総主教座のために還元されず、高位聖職者が放漫に支出していると考えていた。メトディオス総主教は一八四九年、世を去る時、ワラキア・モルダヴィア両公国や露国からの寄進で蓄えた一万四〇〇〇リラ（一四〇万キルシュ）を故郷ナクソス島の住民のため寄託した[31]。一八六〇年事件における正教会の補償金は四万五〇〇〇リラ（四五〇万キルシュ）に達し、イルサウス総主教はその一部でマルヤミーヤ教会を再建した[32]。一八七四年、アラブ信徒は、イルサウス総主教に補償金の残額を総主教座に返還するよう請求した。同年、彼らは本件をシリア総督ハーラト・パシャに訴えたため、総督は大法官《ムフティー》マフムード・アルハムザーウィーに審理を命じた[33]。イルサウス総主教は多額の資金をアテネの銀行に預け、没後、故郷の住民のために使うよう、言い残したという[34]。

露国は一七七四年のキュチュク・カイナルジャ条約第八条で、エルサレム等聖地への自国臣民の巡礼の権利をオスマン帝国に承認させていた。一七八三年のクリミア・ハーン国併合により、露国はバルカン半島と黒海の両方面からコンスタンティノープルの奪取を狙う態勢を築き、さらにはエルサレムを目標とする聖地への進出が現実味を帯びてきた。ところが一九世紀前半には、露国にとって状況を複雑化させる二つの要因が発生した。

第一の要因は、ギリシア民族主義の高揚である。オスマン帝国に服属した東ローマ帝国臣民の末裔は、正教を帰属意識の核にした共同体を形成し、「正教会ミッレト」という制度的裏付けを与えられた。一八世紀、欧州から流入した啓蒙思想の影響で、歴史や言語に立脚する「ギリシア人」（Ἕλληνες）という概念が民族主義を形成し、正教を核にした帰属意識を変容させていった。東ローマ帝国時代には、「ギリシア人」の概念には単にギリシア語の話者だけではなく、異教の信奉者という否定的意味が含まれていた。これが一八世紀以降、コンスタンティノープルのファナル地区を本拠地とする東ローマ帝国の末裔たちの意識において、肯定的な概念に転化した。ギリシアが列強の支援により独立を果たすと、「ギリシア人」は実体を伴う概念となった。反面、オスマン帝国の版図に留まるギリシア語話者にとって、「ギリシア人」との呼称は自らを異邦人とみなす響きを伴った。さらに独立したギリシアが古代ギリシア、ひいては東ローマ帝国の版図回復を念頭に膨張政策を追求し、「大ギリシア構想」（Μεγάλη Ιδέα）を打ち出すと、オスマン帝国内の「ギリシア人」は、異邦人どころか反逆者と扱われないように振る舞う必要に迫られた。オスマン帝国では依然「正教会ミッレト」の帰属意識は存続し、これは同宗派である露国に親和性をもたらした概念であった。これにギリシア民族主義が割り込むことによって、露国は疎外されかねなかった。また「正教会ミッレト」の内部においても、ギリシア民族主義は「非ギリシア人」正教会信徒、すなわちスラヴ系信徒やアラブ信徒の存在を浮彫りにした。

第二の要因は、パレスティナ・シリアの聖地におけるカトリックやプロテスタントとの競争激化である。一九世紀前半までは、露国はオスマン帝国への軍事的圧力を背景に、聖地への進出を比較的有利に進めていた。イブラーヒーム・パシャのシリア統治は一時的に条件を変えたが、これが終わると露国政府は、巡礼者のための施設をエルサレムに建設する計画を一八四一年、承認した。次いで露国政府はエルサレム総主教座に対し、アラブ信徒の教育のために学校と印刷所を設立する資金を提供した。一八四〇年代の露国の活動は、エルサレム総主教座と協調して行われていた。一八四七年、ロシア正教会は、ポルフィリィー・ウスペンスキー（Порфирий Успенский 一八〇四―一八八五）を初代のエルサレム常駐聖職者に任命した。ウスペンスキーは聖地に到着すると直ちに聖墳墓兄弟会と衝突を始め、ギリシア系聖職者の対露警戒心を高めた。列強間の聖地問題は、クリミア戦争につながった。クリミア戦争での敗北は、露国に挫折感を与えただけでなく、聖地を含む東方政策全般を見直す機会になった。宗教を梃子としたオスマン帝国への影響力拡大が思い通りに進まなくなったところから、露国はオスマン帝国内の少数民族の独立を手助けし、オスマン帝国の枠外に分離してから新独立国を影響下に置く政策を追求するようになった。このようにして、一九世紀後半の露国政府の東方政策には、宗教と並んで民族主義の操作が重要性を加えた。

ウスペンスキーのエルサレム派遣は、一八五四年をもって終わった。しかしウスペンスキーは、エルサレム総主教座やアンティオキア総主教座におけるアラブ信徒の存在を本国に認識させた。クリミア戦争後、露国はアラブ信徒との直接の関係を強化するようになった。一八五七年、キリル・ナウモフ（Кирилл Наумов 一八二三―一八六六）が第二代のエルサレム常駐聖職者に任命された。ナウモフは主教職にあったため、ギリシア系聖職者は、教会法の地理管轄を侵す任命行為として反対した。ナウモフの活動を通じて、聖墳墓兄弟会は露国に対するさらなる敵愾心を抱くようになった。一九世紀後半、正教会のギリシア系高位聖職者は、アラブ地域とバルカン半島で露国と信徒に対する影響力を競い合う関係に入った。一八六五年、第四代エルサレム常駐聖職者にアントニン・カプスティン（Антонин Капустин 一八一七―一八九四）が任命され、その頃には露国人巡礼者が増加した。カプスティンは聖書にゆかりのある場所に土地を次々と取得する一方、アラブ住民への慈善活動を重視し、聖地における露国の存在を定着させた。一八八二年には皇帝の弟コンスタンティン大公の賛同を得て、「露正教パレスティナ協会」（Императорское православное палестинское общество）が発足した。一八九五年、アンティオキア総主教スピリドンは、同協会にアラブ信徒のための学校建設を要請した。協会はこれに応えて、四年間に二四の学校をシリアに開設することによって、アンティオキア総主教座での活動を開始した。一九〇〇年には協会はシリア・パレスティナに六八の学校を運営し、一万人の生徒に教育を行っていた。

アンティオキア総主教座の「アラブの復興」に大きな影響を与えたのは、ブルガリア教会の独立である。オスマン帝国統治下において、ブルガリア教会はコンスタンティノープル総主教の管轄に服した。一八世紀にはギリシア系聖職者がブルガリア教会の上層部を独占する状態が恒常化し、一七六七年にはコンスタンティノープル総主教座の一府主教区と化して、ブルガリア教会は解体された。教会での典礼は、ギリシア語で行われるようになった。これに不満を抱いたブルガル人は、一八六〇年、大挙してローマ教皇に恭順を誓い、翌一八六一年には帰一教会を形成した。脅威を感じた露国はコンスタンティノープル総主教に、ブルガリア正教会の独立を認めさせようと説得したが、効果はなかった。次に露国はスルターンに圧力を加え、一八七〇年、ブルガリアの正教信徒を独自のミッレトと承認する勅書《フェルマーン》を発出させた。帰一教会のソコルスキー大主教はキエフに連行され、正教に再度改宗させられた。(35) コンスタンティノープル総主教はブルガリア教会の独立をあくまで承認せず、一八七二年、コンスタンティノープルで宗教会議を開催し、ブルガリア教会信徒を正教会からの離反および「族閥主義」(φυλετισμός/philetism) という新種の異端に認定して破門した。この会議では、「族閥主義」を「特定の民族の全構成員を受け容れ、全異邦人を排除して、その民族自身の指導者によって排他的に支配される特別の民族教会を結成すること」と定義した上で、「我らは、キリストの教会の内部における、聖書の教えや我らの祝福された教父たちの神聖な法に反する民族差別、民族的確執、憎悪、離反である族閥主義を放棄し、非難し、弾劾する。」と宣言している。(36) この宗教会議の決定には、コンスタンティノープル総主教をはじめギリシア系の各総主教が署名した。エルサレム総主教キリロス二世は会議に出席していたが、総主教座における露国の影響力に配慮して、署名せずにエルサレムに帰った。キリロス二世の行動に憤慨した聖墳墓兄弟会は、彼の廃位を決議した。シリア・パレスティナのアラブ信徒は、キリロス二世の廃位に強く反撥した。エルサレムではアラブ信徒が聖墳墓兄弟会の修道士たちを数日、修道院に監禁し、ベイルートではアラブ系の聖職者が会議を開いて、ブルガリア教会の破門に熱心であったアンティオキア総主教イルサウスを弾劾した。(37) こうしてアラブ地域の正教会においても、ギリシア系高位聖職者とアラブ信徒の亀裂が民族の差異という軸に沿って鮮明になった。

イルサウス総主教の没後、一八八五年にゲラシモス総主教が後を継いだ。ゲラシモス総主教は一八九一年、エルサレム総主教に就任するためアンティオキアの職を辞した。同年の選挙でキプロス島出身のスピリドンが選出された。スピリドン総主教の選出に際しては、アラブ系主教からの選出も公然と主張されたが、オスマン帝国政府は現状維持を支持し、体制変更に慎重なアラブ信徒の一部もスピリドンについた(38)。しかしスピリドン総主教の選出は、次の総主教選出の伏線となった。スピリドン総主教の選出に先立って、アラブ系のザハレ府主教ゲラシモスは、シリア総督アースィム・パシャと次のような会話を行っていた。

「……総督は府主教に言った。『近く選挙が行われるそうだが。』〔府主教は、〕『左様です。』と答えた。総督は、『選挙にはいくつかの困難が伴うと思うが。』と言った。府主教は、『さりながら、政府の御指導で乗り越えられましょう。』と応じた。総督は言った。『乗り越えられるだろう。旧習が維持される限り、疑いはない。この職に外からの者が選ばれる慣習が続いているのだから、今この原則から逸脱する必要はなかろう。』すると府主教は答えた。『正教会の信徒に、他所者も身内もありませぬ。皆兄弟で等しなみの権利を持っております(39)。』」

アンティオキア総主教座にあっては、ギリシア系総主教の歴史はスピリドンをもって終わり、一八九九年にはアラブ系主教メレティオス・アッドゥーマニーが総主教に選出された。その経緯についてはアラブ側の史料のみならず、ギリシア側の史料も伝えている。コンスタンティノス・ミリアンソプロス（Κωνσταντίνος Μυριανθόπουλος 一八七四―一九六二）は、アンティオキア総主教座の秘書として、スピリドン総主教に仕えていた。ミリアンソプロスは当時の日誌を残している(40)。

一八九三年、スピリドン総主教は、私財一万リラをアラブ信徒の教育に投じただけでなく、一八九五年には露正教パレスティナ協会に学校開設を要請した。露国の関心はそれまでパレスティナの聖地に集中していたが、これによりシリアへの門戸が開かれた。ギリシア系聖職者は、スピリドン総主教を露国寄りとみなした。アンティオキア総主教座内では総主教に対する不満が高まり、一八九七年には離婚訴訟の処理が発端となってアラブ信徒も離反した。同年、スピリドン総主教はギリシア系・アラブ系主教によって廃位が決議され、サイドナーヤー修道院に幽閉された。ミリアンソプロスはスピリドン総主教を修道院に訪ねたが、退位を受け容れる様子はなかった。総主教は一八九八年一月、修道院を脱出しベイルートに遷って再起を図る決心をした。ところが脱出を決行する日の朝、外は道なき雪原に変わっていた。総主教は天命を識り、退位を認める文書に署名した。(41)

一八九七年、クレタ島のギリシア住民が叛乱を起こし、ギリシアとの連合を宣言した。オスマン帝国はクレタ島の叛乱を鎮圧し、侵攻したギリシア軍を斥けた。しかし軍事的勝利に拘わらず、英露の介入により、オスマン帝国はクレタ島の自治権を認めなければならなかった。オスマン帝国内では、反ギリシア感情が高まった。当時、オスマン帝国では、スルターン・アブドゥルハミード二世がアラビア語をオスマン語と並ぶ公用語と位置付け、アラビア語教育の普及を図っていた。また、首都ではシリア出身の官吏が登用されていた。こうして、一九世紀末のオスマン帝国では、ギリシア系臣民にとって困難な状況が出現していた。

スピリドンの後任選出を巡っては、ギリシア系・アラブ系主教の話合いが一年余りにわたって膠着状態に陥った。シリア総督フサイン・ナーズィム・パシャは総主教座の現状維持を重視し、アラブ系総主教の選出には反対した。ダマスクス駐在露国領事ベリヤエフは、露正教パレスティナ協会の指導的会員であり、アラブ系総主教の選出を支持した。総主教代行にはギリシア系のアダナ府主教が就いており、総督に総主教選挙への介入を訴えた。しかし総督は、「自分にはそれはできぬ。」と応えた。(42)

一八九九年二月、アラブ系のラタキア府主教メレティオス・アッドゥーマニーが新たに総主教代行に選出された。メレティオス府主教は同年四月、総主教選挙を強行し、四名のギリシア系主教は欠席して抵抗した。投票の結果、メレティオス府主教が総主教に選出された。オスマン帝国駐剳英国大使は本国の訓令に基づいてスルターンに面会し、アンティオキア総主教座における現状維持のため、総主教座外部のギリシア系聖職者を選出する必要性を強調した。スルターンは、英国大使の進言に同意した。同年五月、シリア総督は、新総主教がギリシア系である必要があり、メレティオス府主教は反逆者とみなされると言明した。総主教選挙は再び先が見えなくなった。

ミリアンソプロスは、この頃行われたアラブ系のセレウキア府主教ゲラシモスと、ダマスクスのムスリム名望家の対話を記録している。

「彼らは従来何の交際もなかったのに、セレウキア府主教は彼〔ムスリム名望家〕を訪問し、同郷の正教会信徒を支援するよう依頼した。〔府主教は、〕『我々は同じ民族だ。一緒に働かなければならない。』と言った。〔名望家は、〕『我々が同じ民族であることを思い出すのは、遅すぎる。何故なら、貴方はこれまでこのことを気にかけていなかったからだ。反対に貴方は露国に頼って、政府に多大な問題を生じさせている。貴方がたの問題に巻き込まれるつもりはないが、私はアンティオキア教会に対しては、ギリシア人が権利を持っていると言いたい。それは、アンティオキア総主教は代々ギリシア人だったからだ。我々の先祖がシリアをコンスタンティノープルのローマ帝国から奪った時、彼らはキリスト教を尊重し、その後トルコの支配下になっても、アンティオキア総主教は外から送られてきたギリシア人だった。今日貴方がたは現状を変えたいと望んでいるが、それは露国が自らの目的のため、貴方がたを代理人としてそうさせたいからだろう。[43]』」

一八九九年一〇月、露国皇帝はスルターンに親書を送り、アンティオキア総主教にはアラブ系聖職者の選出が望ましいと伝えた。スルターンは露国の圧力の前に、考えを改めた。同月、再度総主教選出の会議が開催された。四名のギリシア系主教は出席を拒否した。この選挙においても、メレティオス府主教が総主教に選出された。四名のギリシア系主教とミリアンソプロスは、選挙に参加せずにダマスクスを後にすることにした。彼らはアラブ信徒に呼び止められ、旅行荷物の検査を要求された。選挙結果にはスルターンの承認が得られ、一一月、メレティオス総主教の就任式が行われた。ミリアンソプロスの日誌では、露国領事の暗躍振りが指摘される一方、ロシア正教会はアンティオキア総主教座の内紛に関与の姿勢を示さなかったとされる。露国内においても、本件は宗教問題というより政治問題と認識されていたのであろう。対照的にアラブ側の史料では露国の介入にほとんど言及はなく、ギリシア本国やオスマン帝国の妨害に屈せず、アラブ信徒が本来の権利を回復したとの説明を行っている。

四　米国のアラブ・キリスト教徒共同体

オスマン帝国のアジア側諸州から米国への移民は、一八六七～八一年に六七人を記録するに過ぎなかった。[44]統計に「シリア」という出身地が立項された一八九九年から一〇年間の移民は約四万七〇〇〇人に上り、次の一〇年間には約四万三〇〇〇人を記録した。一九二〇年の国勢調査によると、「シリアおよびパレスティナ」で出生し、米国に居住する二一歳以上の人口は約五万人であった。統計数値は様々であり、自然動態の推計はさらに困難であるが、一九二四年当時、シリアからの移民とその子孫は控え目に見積もって約二〇万人存在したとされている(45)。初期の移民のほとんどはキリスト教徒であった。約二〇万人のうちマロン派が約九万人、正教会信徒が約八万五〇〇〇人、ルーム・カトリック教会信徒は約一万人、プロテスタントは約五〇〇〇人と推計された(46)。シリア出身の移民は米国東海岸を中心に分布し、ニューヨークはその中心地の一つであった。

　アルビーリー一家の長男イブラーヒームは一八九二年、ニューヨークに居を移すと、同年、四男ナジーブと共にアラビア語紙『カウカブ・アミーリカー』を創刊した。イブラーヒームは一八九五年、ニューヨークにシリア正教慈善協会を組織し、会長に選出された。当時、ニューヨークのシリア出身者は約一万人と推定され、そのほとんどはキリスト教徒であった。彼らはマンハッタン島の南端、ワシントン通り周辺に居住区を形成した。シリア正教慈善協会は、正教会信徒のみならずマロン派やムスリム移民にも援助の手を差し伸べていた。

　イブラーヒームは、成長する正教会信徒共同体に聖職者や教会堂が存在しないため、カザンの神学校でアラビア語を教えていた同郷人ルファーイール・ハワーウィーニィー掌院の招聘を希望した。露国皇帝と宗務院は米国のシリア出身正教会信徒共同体に着目し、ハワーウィーニィー掌院の懇請とアラスカおよびアリューシャン諸島主教ニコライの上申を聴き容れて、一八九五年七月、前者をニューヨークに派遣することを決定した。ハワーウィーニィー掌院は、ニコライ主教の管轄下でアラビア語を話す正教会信徒の司牧に従事することとなり、輔祭一名の経費と合わせ年額一八〇〇ルーブルの支出が裁可された(47)。ニコライ主教とハワーウィーニィー掌院は、同年一一月にニューヨークに到着した。両名は到着すると、商店の二階を改装した聖ニコラス教会の礼拝堂聖別式を行った(48)。

ハワーウィーニィー掌院は、幼名をラフラ（Raflah b. Mīkhāʾīl b. Jirjis al-Hawāwīnī）といい、一八六〇年一一月八日、生まれた。彼の家族はダマスクスに住んでいたが、騒乱の直後、母は彼を身籠もったままベイルートに避難し、彼を産んだのである。翌年春、ハワーウィーニィー一家はダマスクスに帰還した。六歳の時、ラフラは正教会の総主教座学校に入学した。彼が九学年を終えると、父は学校をやめさせ仕事に就けようとした。これがイルサウス総主教の耳に届き、ラフラには勉学を続ける機会が与えられた。一八七四年、ラフラは輔祭に叙任されてルファーイールと名を改め、一八七九年には修道士になると共にイルサウス総主教の従者に任じられた。同年、彼はコンスタンティノープルの総主教座神学校に派遣され、一八八六年まで学んだ。シリアに帰ると、彼は一八八七年、ゲラシモス総主教の秘書官となった。翌年彼は、ロシア正教会派遣の聖職者と交代してキエフの神学校に進んだ。一八八九年、彼は司祭に叙階され、同年掌院に叙階されてクリストフォロス・ジャッバーラ掌院の後任として露国におけるアンティオキア総主教座駐在教会代表に任命された。一八九一年、ゲラシモス総主教がエルサレム総主教に任命されると、新たにアンティオキア総主教に選ばれたスピリドンに対する総主教座内の不満が高まった。ハワーウィーニィー掌院は、シリアにおけるギリシア系高位聖職者の支配を批判する記事を露国の新聞に寄稿した。これが原因となり、一八九二年、彼はスピリドン総主教より不服従の廉で職務停止を命じられた。翌一八九三年、ハワーウィーニィー掌院はロシア正教会に移籍し、カザン神学校のアラビア語特任講師に就任した(49)。この年、彼はシャイフ・アブド・アルアハド・アッシャーフィーなる筆名を用いて『ギリシア聖墳墓兄弟会に関する史的瞥見』（*Lamḥah Tārīkhīyah fī Akhawīyah al-Qabr al-Muqaddas al-Yūnānīyah*）という書物を著した。これは上記記事をアラビア語に翻訳した書物であり、アンティオキア総主教座およびエルサレム総主教座に対するギリシア系高位聖職者の支配を批判していた。ユースフ・アルビーリーの生徒であったジルジー・ムルコスは、一八七二年よりモスクワのラザレフ東洋語研究所アラビア文献学の教授職にあり、露国滞在中のハワーウィーニィー学院を支援していた。

一方、レバノン山から米国に移住したマロン派は、その人数で正教会信徒を凌いでいた。マロン派の聖職者は喜捨を集めるため米国に不定期に来航したが、司祭の常駐も正教会より早かった。一八九一年、ニューヨークに来たブトロス・コルクマーズ（Butrus Qurqmāz 一八四八年生）は、マロン派の最初の司祭であった。[50] マロン派の司祭は、ニューヨークのカトリック教会大司教の管轄下に置かれた。米国のマロン派共同体の指導的人物としては、ナウーム・モカルゼル（Naoum Mokarzel/Naʻūm Mukarzil 一八六四―一九三二）が知られた。モカルゼルはレバノン山のマロン派司祭の家庭に生まれ、ベイルートのサン・ジョセフ大学に学んだ後、カイロ、レバノン山での生活を経て一八八八年、ニューヨークに上陸した。彼はマンハッタンのイエズス会傘下の学校で仏語を教える傍ら乾物商を開業したが、事業に失敗して一八九二年、レバノン山に短期間帰った。[51] ニューヨークに戻ると、アルビーリー兄弟の『カウカブ・アミーリカー』が刊行を開始していた。新聞事業に関心を持ったモカルゼルは、一八九三年、東洋物産商ナジーブ・マアルーフを出資者として、ニューヨークで謄写版印刷の『アスル』（*al-ʻAṣr* 時代）を創刊したが、約五か月後廃刊した。その間、『カウカブ・アミーリカー』発行人のハビーブ・パトレキアンと『アスル』出資者ナジーブ・マアルーフの金銭貸借を巡る紛争が発端となり、両紙は相互に関係者の非難を始めた。一八九四年八月にはモカルゼルとマアルーフが名誉毀損の疑いで逮捕され、[52] 数日後にはアルビーリー兄弟が同様に逮捕された。[53] モカルゼルは『カウカブ・アミーリカー』に不品行を報じられるなどしてフィラデルフィアに移り、一八九八年、アラビア語紙『フダー』（*al-Hudā* 導き）を創刊した。『フダー』は不偏不党を標榜したが、そのマロン派共同体の代弁者としての論調は直ちに明確になり、『カウカブ・アミーリカー』のオスマン帝国に宥和的な姿勢を批判した。『フダー』の編集にはナウーム・モカルゼルの弟サッルーム・モカルゼルが加わり、一九〇二年にはニューヨークに移転して日刊紙となった。ナウーム・モカルゼルは政治活動に傾倒し、レバノン山のマロン派を宗派概念から「フェニキア人」との民族概念に転換させ、オスマン帝国のみならず歴史的シリアからの分離独立を目指す論陣を張った。

ナジーブ・ディヤーブは『カウカブ・アミーリカー』の記者・編集主幹を務め、一八九九年、独立して『ミルアート・アルガルブ』を創刊した。ディヤーブはスルターン・アブドゥルハミードの専制政治を厳しく批判し、一九〇二年には欠席裁判で死刑宣告を受けるに至ったが、あくまでもオスマン帝国体制に留まりながらシリアの進歩を目指す立場を維持していた(54)。『カウカブ・アミーリカー』と『ミルアート・アルガルブ』は米国の正教会信徒共同体を代弁し、マロン派共同体に支持される『フダー』と対立関係にあった。一九〇四年、ナジーブ・アルビーリーが没すると、兄イブラーヒームは『カウカブ・アミーリカー』の経営権を手放し、同紙はその役割を事実上終えた。

一八九九年、アンティオキア総主教に選出されたアラブ系のメレティオス・アッドゥーマニーは、ハワーウィーニィー掌院に対しラタキアやザハレの主教職を提示してシリアへの帰還を促したが、同意が得られなかった。一九〇二年、ハワーウィーニィー掌院はルター派の教会堂を譲り受けて聖ニコラス教会を遷し、ニューヨークにおける正教会の大聖堂とした。そして一九〇四年、彼は露国宗務院によってブルックリン主教に任命された。一九〇五年には、アラビア語による正教会機関誌『カリマ』が創刊された。このようにしてアルビーリー一家の移住から一世代の間に、ニューヨークのシリア移民の間には正教会とマロン派の宗派を軸とした集団が形成され、それぞれの指導者や主張が明確になってきた。同年、この二集団が言論のみならず暴力を伴う抗争に突入し、周囲の米国人を驚かせることになった。

対立の発端は、『ミルアート・アルガルブ』と『フダー』の間の中傷合戦であったとされる。ハワーウィーニィー主教は、両紙に争いをやめるよう訴えた。モカルゼル兄弟やマアルーフらマロン派の指導者は、主教本人を標的とする好機と見た。八月下旬、ナウーム・モカルゼルら六人は「彼は教会に留まるべきだ。」と批判する一方、ハワーウィーニィー主教が聖ニコラス大聖堂の地下室で報復を呼び掛けたため、彼を支持する集団から狙われていると主張してニューヨーク市警に保護を依頼した。教会周辺を所管する分隊長は流血の可能性を尋ねられて笑顔になり、巡査は増員しないが警戒するように命じたと答えた。(55) モカルゼルは『ニューヨーク・タイムズ』紙に対して、「彼〔ハワーウィーニィー主教〕は、自分の人格が攻撃されたと力説している。私は彼の私生活、彼の飲酒や骨牌《カルタ》遊びについては何も言っていない。私の新聞に書いたことはないのだ。……主教は私に肉体的、精神的に危害を加えて、私を叩き潰すと言ったと聞いている。」と語った。(56) ハワーウィーニィー主教はモカルゼルらの主張を否定して、「我々は教会の地下室で会合を開いたが、私のところの人々をなだめ、鎮めるためだった。……私は自分の教会の信徒に、私を中傷する人々を黙殺してもらいたかった。……私は彼らに、私はマアルーフとモカルゼルを赦したのだから、彼らも二人を赦さなければならないと言った。……この揉め事は、ナジーブ・マアルーフが拵えたのだ。……彼がモカルゼルを唆して、モカルゼルの新聞である『フダー』に私についての記事を書かせた。それから、『ミルアート・アルガルブ』の編集者であるナジーブ・ディヤーブがモカルゼルに反論し、首尾良く紙上の応酬を行ったから、マアルーフの仲間は別の方法で私を傷つけようとしたのだ。」と言い、六人の命知らずの用心棒を連れているとの噂を打ち消した。(57)

九月一五日午後、マンハッタンのシリア移民居住区を南北に貫くワシントン通りの路上で、二〇名以上のシリア移民が乱闘となり、負傷者一名を含む三名が逮捕された。彼らは拳銃や刃物で武装しており、弾丸一発が発射されたが被害はなかった。一人は殴り倒された際、頭を負傷した。(58) 同月一八日夜、ブルックリン地区のシリア移民居住区であるパシフィック通りに面したモカルゼルの自宅付近で銃撃戦が発生し、ハワーウィーニィー主教本人を含む六人の正教会信徒がその場で逮捕された。同日午後七時頃、マンハッタン島からブルックリン地区への渡船の上で、正教会信徒の商人が何者かに襲撃されて打撲傷を負ったのが事件の端緒であった。ハワーウィーニィー主教は、パシフィック通りに住むこの商人の見舞いに出かけた。夜間であり危険という理由で、数名の正教会信徒が従った。一行は、パシフィック通りの途中にあるモカルゼルの自宅に差しかかった。一説によれば、ハワーウィーニィー主教はモカルゼルを訪ねたという。居合わせたモカルゼルの仲間を交えて一時間ほど話合いが行われたが、議論はたちどころに激し、互いに武器の使用に訴えた。室内にいた者は皆外に飛び出したが、路上でなお撃合いを続け、一人は弾丸が足に当たり負傷した。(59)『フダー』は、少なくとも四五発の弾丸が発射されたと報じた。(60) 一方、ハワーウィーニィー主教は、「……私も一緒にいた人たちも全く騒動に加わっていなかったし、我々はモカルゼルの家を襲撃しようとしていたのではなかった。我々はパシフィック通りを平穏に通行中、発砲が始まったのである。」と弁明した。(61) 付近にいた巡査が最初の銃声を聞き、パシフィック通りに駆けつけると、男たちが踊るように入り乱れて撃合いを演じており、至近距離から銃弾の閃光が確認された。巡査は逃げようとした二人の男を追跡して、一人を捕らえた。捕まった人物は、ハワーウィーニィー主教であった。この巡査が宣誓して証言したところによると、衣服を掴まれたハワーウィーニィー主教は振り向きざま拳銃を取り出して、巡査に向けて二度引き金を引いたが、発射されなかった。(62) これに対しハワーウィーニィー主教は、「……私は、騒動の間のいかなる時にも拳銃を所持していなかった。私がそうしていたと言っているこの警察官は、解っていながら意図的に嘘をついている。彼は、私が所持していたという武器を、私を逮捕した時に何も見つけられなかったと認めている。」と反論した。(63) 翌日、正教会信徒たちはハワーウィーニィー主教の自宅に集まったが、どうすることもできなかった。彼の義理の姉妹は、「主教は、人生のほとんどを修道院で過ごしてきました。彼は、銃や剣をどう扱うか知りません。……私たちが暮らしてきたトルコでは、主教を独房に入れたりしません。私たちを嫌っているムスリムでさえ、そんなことはしません。彼らなら、特別な部屋に入れるか、修道院に入れます。しかしここの警察は、私たちの主教を独房に入れ、私たちが彼を釈放させるのを拒否しています。貴方は、彼らが貴方の主教をそのように監禁すると思いますか。」と言った。(64) その後ハワーウィーニィー主教は保釈され、警察官に付き添われて帰宅した。

一〇月二三日夕刻には、マンハッタンのシリア移民居住区でさらに大規模な衝突が発生した。当日、ディヤーブに名誉毀損の罪で告訴されていたマアルーフの裁判が行われていた。多くのシリア移民が裁判所に詰めかけ、数百人が廊下を埋めていた。「……ワーレ治安判事は以前、シリア人たちの相談係を務めていた。彼は彼らの紛争のすべてと、それらを法廷で解決する見込みがないことを知っており、発言した。『これらシリア人同士の紛争は、公の厄介事となった。……本官は当該案件の一〇日間延期を宣言する。貴方がたは、一緒になって本件を解決しなさい。さもなくば、本官は貴方がたの多数を監獄送りにする。和解が必要だ。さあ、外へ出て仲直りしなさい。』その時、マアルーフは突然前に進み、主教が自分の首に五〇〇〇ドルの賞金を懸けており、自分の命が脅かされていると述べた。治安判事は、『貴方は私の家に来なさい。』と言った。……」(65) シリア移民たちは解散して、ワシントン通りに帰って行った。その日の午後六時半頃、『ミルアート・アルガルブ』の記者ハーフィズ・アブド・アルマーリクは、ディヤーブを家に送り、私服刑事と共にブルックリンに帰宅しようとした。すると彼の腕をマロン派の青果商が掴み、「こいつは武器を持っている。逮捕しろ。」と叫んだ。事情を知らない巡査が二人を警察署に連れて行き、大勢の野次馬が従った。アブド・アルマーリクは直ちに釈放されたが、それが合図になったかのように衝突が発生した。居住区の二〇〇人を超えるシリア移民が拳銃や刃物、棍棒のような凶器を持って通りに出た。戦いは一五分ほど続いた。所轄署長は市警本部に暴動発生を急報し、警察官の増援と救急隊の派遣を仰がなければならなかった。三所轄からの警察隊が到着すると、群衆は蜘蛛の子を散らしたように逃げてしまい、現場で逮捕されたのは五人だけだった。少なくとも一二人が刃物で刺され、さらに多数が殴られたり蹴られたりしたが、負傷者のほとんどは仲間に匿われて姿を消した。(66) 事件の後、治安判事は「過去数か月間、居住区は恐怖が支配している。」と言明し、新聞には「抗争するシリア人たちは公共の脅威」「米国流に変貌した東方の戦乱が継続」「原因は不可解」などという見出しが並んだ。(67)

ハワーウィーニィー主教は一〇月二七日、九月の事件に関して裁判所の呼出しを受けたが、公判は即刻延期された。同日、今度はハワーウィーニィー主教と一三人の正教会信徒に対し、マアルーフとモカルゼルの殺害を教唆したとの罪で逮捕状が発出された。(68) ハワーウィーニィー主教に対する訴追、すなわち警察官に対する殺人未遂およびマアルーフとモカルゼルに対する殺人教唆は、一二月七日の公判でいずれも嫌疑なしと結論された。(69) ディヤーブは、マアルーフとモカルゼルを含む六人のマロン派を誣告罪で告訴し、一月一七日六人は逮捕された。(70) 翌年、さらに同月三一日夜、ワシントン通りの料理屋でマロン派のハイラッラー・イスタファーン神父の兄弟ハンナーが殺害され、その前後にマロン派一人とハワーウィーニィー主教の用心棒とされるイリヤース・ズレイクがそれぞれ何者かに銃撃される事件が発生した。新聞は、「ズレイクはモカルゼルを殺すために『フダー』本社に押し入り、その後料理屋にモカルゼルを捜しに行った。」「殺害されたハンナー・イスタファーンには銃創がなく、検屍結果は扼殺。」「銃撃されたマロン派の男は、モカルゼルに撃たれたと証言。」「前日付『フダー』紙は流血を警告。」など錯綜する記事を掲載した。モカルゼルは一時拘束された。刑事はモカルゼルをズレイクの病室に連行して、撃ったのはこの人物かと尋ねた。心臓の上部を撃たれて瀕死の状態であったズレイクはモカルゼルを認め、「奴をつまみ出せ。あの男が災いの原因だ。」と叫んで起き上がろうとした。ズレイクは、レバノン山の宗派抗争で多数を殺した剛の者と知られていた。ある正教会信徒は、ズレイクを「人殺しではない」と言い、マロン派は彼を「大悪鬼」と評した。捜査の結果、ハンナー・イスタファーンの殺害に関しては、ズレイクとその従弟が犯人とされた(71)。

ニューヨークのシリア移民居住区では、この事件を契機として当局により暴力の応酬は抑制されていった。米国のシリア移民たちは、オスマン帝国末期のシリアの運命に関心を向けた。一九〇九年、アラブ・ムスリム留学生を中心にパリで結成された「青年アラブ」は、一九一三年六月、パリで第一回アラブ会議を開催した。参加者は主にシリア出身のムスリムおよびキリスト教徒であった。米国移民を代表して、ディヤーブとモカルゼルが会議に参加した。ディヤーブはオスマン帝国内部におけるアラブとトルコの同権を要求し、モカルゼルは一九一一年に結成されたレバノン復興協会ニューヨーク支部の長として、海外移民が牽引するレバノン山と周辺地域の国民精神を鼓吹した。モカルゼルはオスマン帝国解体後のレバノン独立を模索し、一九一九年のパリ講和会議に現れた。仏軍はボーフォール中将の予告通り、ベイルートに戻ってきた。レバノンに対する仏委任統治が開始されると、モカルゼルは三色旗にレバノン杉を配した委任統治領レバノンの旗を考案して、新時代を祝った。

マロン派と対照的に、正教会信徒共同体の前途には数々の試練が待っていた。一九一五年、ハワーウィーニィー主教は没し、一九一七年のロシア革命で米国の正教会は大きな打撃を受けた。同年、アフティモス・

オフェイシュ（Aftīmios Ofiesh/Aftīmūs ʻUfaysh 一八八〇—一九六六）がブルックリン主教を継いだが、正教会信徒はそのままロシア正教会の管轄に留まるか、アンティオキア総主教座の管轄に移行するかで揺れ動いた。一九二三年、オフェイシュ主教は大主教に叙階され、さらに一九二七年、ロシア正教会の承認の下、米国に独立の正教会を樹立した。しかし一九三三年、オフェイシュ大主教は教会法に反して妻帯したため事実上失職した。オフェイシュ大主教に従う聖職者は、独立したいくつかの正教会系組織を形成した。

露国の保護を失ったアンティオキア総主教座は、米国の信徒のみならずシリアの信徒も困難に直面した。仏委任統治下では、レバノンがシリアから行政的に分離された。一九二八年末、レバノンの正教会信徒は高等弁務官に、レバノンの正教会をアンティオキア総主教座から独立させるよう陳情した。この問題の行方を占うアンティオキア総主教の選挙は、一九三一年、行われた。選挙はベイルートで実施され、レバノンの信徒に支持されたラタキア府主教アルセニオス・ハッダード（Arsāniyūs Ḥaddād 在位一九三一—一九三三）が新総主教に選出された。シリアの信徒は選挙結果に納得せず、タラーブルス府主教イスカンダル・タッハーン（Iskandar Ṭaḥḥān 一八六九—一九五八）を独自の総主教に選出した。これによりアンティオキア総主教座は、二年間にわたり分裂した(72)。さらに一九三五年には、イスカンダル総主教と対立したラタキア府主教エピファニオス・ザーイド（Abīfāniyūs Zāʼid 一八九〇—一九八二）が「シリア独立教会」を創設したため、新たな混乱に見舞われた。

註

（1） Moore to Bulwer, Beyrout, 11 July 1860, Imcl. 1 in No. 20, *Further Papers, June 1860*, p. 35.

（2） Moore to Bulwer, Beyrout, 14 July 1860, Imcl. 5 in No. 28, *Further Papers, June 1860*, p. 63; al-Usṭuwānī, *Mashāhid wa-Aḥdāth*, pp. 175-176.

(3) Fraser to Russell, Damascus, 8 August 1860, No. 91, *Correspondence*, p. 76.

(4) al-Usṭuwānī, *Mashāhid wa-Aḥdāth*, p. 175.

(5) 『シリアの嘆息』本書四六二頁。一キルシュ＝四〇パラ

(6) Moore to Russell, Beyrout, 14 September 1860, No. 140, *Correspondence*, p. 135.

(7) *The Times* (London), 23 August 1860, p. 9.

(8) Fuad Pasha to Moore, Damas, le 4 Aout 1960, Incl. 1 in No. 87, *Correspondence*, pp. 73-74; Résumé of Despatches from Fuad Pasha, to the 23rd of August, No. 112, *Correspondence*, p. 99.

(9) 『悲哀の書』本書五五七頁

(10) Brant to Bulwer, Damascus, 9 August 1860, Incl. 3 in No. 101, *Correspondence*, p. 85; Fraser to Russell, Damascus, 16 August 1860, No. 106, *Correspondence*, p. 92.

(11) Danisch to Brant, Damas, le 23 Aout 1860, Incl. 1 in No. 119, *Correspondence*, pp. 103-104.

(12) al-Bīṭār, *Ḥilyah al-Bashar*, vol. 1, p. 271.

(13) *Ibid.*, vol. 1, p. 277.

(14) MS al-Ḥasībī, 11r.; al-Ṣalībī (ed.), Lamḥāt, vol. 21, p. 133.

(15) Fuad Pasha to Major Fraser, Damas, le 20 Octobre 1860, Incl. 1-2 in No. 173, *Correspondence*, pp. 187-188.

(16) Memorandum, Damas, le 8 Septembre 1860, Incl. 2 in No. 131, *Correspondence*, pp. 123-125.

(17) İnal, *Sadrıâzamlar*, vol. 1, p. 163. トゥルナクチザーデ・ズィーヴェル・ベイ（Tırnakçızade Mehmet Sait Ziver Bey 一八二一—一八七三）は、文筆家として知られる。

(18) The Heads of the Jewish Community at Damascus to Montefiore, Damascus, 7th Tishri 5621 (23 September 1860), Incl. in No. 157, *Correspondence*, pp. 162-163; Brant to Russell, Beyrout, 8 November 1860, No. 184, *Correspondence*, pp. 221-222; Fuad to the Grand Vizier, 18 Gemazi-el-evvel 1277 (5 December 1860), Incl. in No. 244, *Correspondence*, p. 325; Baron, Damascus Jewry, pp. 179-193.

(19) Baron, Damascus Jewry, pp. 194-208.
(20) Russell to Dufferin, Foreign Office, 30 July 1860, No. 42, *Correspondence*, p. 26.
(21) Russell to Bulwer, Foreign Office, 15 September 1860, No. 124, *Correspondence*, p. 115.
(22) Süreyya, *Sicill-i Osmanî*, vol. 2, pp. 679-680.
(23) Bulwer to Russell, Constantinople, 18 June 1861, No. 78, *Correspondence*, Part II, p. 138.
(24) Dufferin to Bulwer, Beyrout, 23 November 1860, Incl. 1-2 in No. 194, *Correspondence*, pp. 240-242.
(25) Cowley to Russell, Paris, 5 July 1860, No. 1, *Correspondence*, pp. 1-2.
(26) Speech of Fuad Pasha to the Turkish Troops at Damascus, Incl. 2 in No. 121, *Correspondence*, p. 106.
(27) Anon., *Mukhtaṣar*, pp. 128-131.
(28) *Ibid*., p. 130; Rustum, *Anṭākīyah*, vol. 3, p. 214.
(29) Anon., *Mukhtaṣar*, p. 131; Fortescue, *The Uniate Eastern Churchs*, p. 221-222.
(30) Rustum, *Anṭākīyah*, vol. 3, p. 216.
(31) Qurbān, *al-Azmah*, p. 28. ただし金額は同書に「一一万四〇〇〇リラ」とあるのを、al-Ma'alūf, al-Khūrī Yūsuf, vol. 2, no. 1 (Jun. 1910), p. 24 の記述により修正した。
(32) 『悲哀の書』では、正教会の略奪された動産の被害額は一六〇万キルシュ、焼失物件の価額は二五〇万キルシュと見積られている。
(33) 総主教座文書 DAM231 として、アラブ信徒からイルサウス総主教に宛てられた東方暦一八七四年六月一五日付（西方暦同年六月二七日付）の書簡写しが残る。また、総主教座文書 DAM223 は、マフムード・アルハムザーウィーとイルサウス総主教との間で交わされたマーリーヤ暦一二九〇年タンムーズ月四日付（西暦一八七四年七月一六日付）文書など三通の控えである。
(34) Qurbān, *al-Azmah*, pp. 28-29.
(35) Fortescue, *The Orthodox Eastern Church*, p.319.
(36) Meyendorff, *Unity*, p. 77 (Blind Phyletism).
(37) Neale, *The Holy Eastern Church*, vol. 5, p. 190 (Memoirs of the Patriarchs of Antioch by Constantius, Patriarch of Constantinople).

(38) Qurbān, *al-Azmah*, p. 41.
(39) *Ibid*., p. 47.
(40) Englezakis, The Antiochene Question, pp. 323-420.
(41) *Ibid*., p. 365.
(42) *Ibid*., p. 381.
(43) *Ibid*., p. 399.
(44) Karpat, The Ottoman Emigration, p. 181.
(45) Hitti, *The Syrians*, pp. 62-65.
(46) *Ibid*., p. 104.
(47) *The New York Times*, 15 September 1895, p. 16.
(48) *Kawkab Amīrikā*, 22 November 1895, p. 1.
(49) Essey, Raphael Hawaweeny, pp. 338-344.
(50) Hitti, *The Syrians*, p. 106.
(51) Kaufman, *Reviving Phoenicia*, p. 75.
(52) *The Sun* (New York), 5 August 1894, p. 11.
(53) *The New-York Tribune*, 9 August 1894, p. 4.
(54) Gualtieri, *Arab and White*, pp. 90-92.
(55) *The Sun* (New York), 27 August 1905, p. 12
(56) *The New York Times*, 28 August 1905, p. 12.
(57) *The Brooklyn Daily Eagle*, 28 August 1905, p. 2.
(58) *The New-York Tribune*, 16 September 1905, p. 10.
(59) *The Sun* (New York), 19 September 1905, p. 1.
(60) *al-Hudā*, 19 September 1905, p. 1.

(61) *The Evening World*, 19 September 1905, p. 10.

(62) *The Sun* (New York), 20 September 1905, p. 12

(63) *The Evening World*, 19 September 1905, p. 10.

(64) *The Sun* (New York), 20 September 1905, p. 12.

(65) *The New York Times*, 24 October 1905, p. 5; *The New-York Tribune*, 28 October 1905, p. 4.

(66) *The New York Times*, 25 October 1905, p. 18; *The New-York Tribune*, 28 October 1905, p. 4; *The Sun* (New York), 24 October 1905, p. 24; *al-Hudā*, 24 October 1905, p. 2.

(67) *The New York Times*, 25 October 1905, p. 18; *New York Herald*, 29 October 1905, p. 4.

(68) *The New-York Tribune*, 28 October 1905, p. 4.

(69) *The New York Times*, 8 December 1905, p. 5.

(70) *The New York Times*, 18 January 1906, p. 5.

(71) *The New York Times*, 1 February 1906, p. 1; 2 February 1906, p. 2; *The New-York Tribune*, 1 February 1906, p. 1; 2 February 1906, p. 2; *The Brooklyn Daily Eagle*, 1 February 1906, p. 1; 1 February 1906, p. 3; 2 February 1906, p. 2; *The Sun* (New York), 2 February 1906, p. 2; 10 March 1906, p. 14.

(72) Hopwood, *The Russian Presence*, pp. 178-179.

ダマスクスのキリスト教徒は、七世紀にイスラーム帝国の版図に入った。元来イスラームにおいて宗教と政治は不可分であったが故に、初期イスラーム時代より征服地の異教徒の法的地位が問題となった。これに対する回答は、支配下の異教徒をユダヤ教、キリスト教など啓典の民と、多神教徒に区別した上で、啓典の民には服従を条件として信仰の保持を認め、被保護民としてイスラームの支配体制に組み込むというものであった。キリスト教徒の側も、ローマ帝国の迫害を生き延び、「カイサルのものはカイサルに、神のものは神に」（マタイ伝二二章二一節）との思想を受け継いでいたため、ムスリム君主に仕えつつ、自らの信仰を守ることに異論はなかった。こうしてイスラーム教徒とキリスト教徒の共存の枠組みが成立した。この枠組みは、近代の西洋思想における世俗主義や平等の理念に照らせば、かなり異質な考え方である。イスラームにおける被保護民は、信仰の保持と貢納などの義務が均衡してはいるが、イスラームの宗教的優越と統治体制への服従がその前提となっている。しかしイスラームの観点からは、預言者ムハンマドを預言者と承認しないユダヤ教徒やキリスト教徒を、宗教上の見解を不問にしてそのまま社会に組み込んだのであるから、当時としては画期的に寛容な枠組みであった。実態においても、ウマイヤ朝やアッバース朝のイスラーム帝国では、キリスト教徒が行政官や学者として重用されていた。キリスト教徒が教団組織を維持し、教会堂で旧来の儀式を執り行うことも承認されていた。これに比して、例えば八世紀から一五世紀にかけてキリスト教徒によって再征服されたアンダルシア地方では、イスラーム教徒などの異教徒に安住の地は与えられなかった。イベリア半島からイスラーム王朝が一掃されると、イスパニア国王はイスラーム教徒やユダヤ教徒、さらにはキリスト教に改宗したイスラーム教徒までを追放し、その多くはオスマン帝国に避難した。イスラームにおける被保護民の扱いは、王朝が交代しても維持された。その一つの完成形が、オスマン帝国におけるいわゆる「ミッレト制」である。オスマン帝国政府はキリスト教各宗派、ユダヤ教を社会集団として認識し、その長の任免に関与して勅書《フェルマーン》を発給した。オスマン帝国においては、少数宗派は単に被保護民として信仰の保持を許されただけでなく、宗派内の一定の行政的自律が委ねられていた。なお、同時代史料に「ミッレト制」に相当する用語が見当たらないとの指摘もあるが、これはあくまで講学上の概念である。また、「ミッレト制」を認識するに足る制度的実体は存在したと考えられる。

一八世紀以降、オスマン帝国はその衰運が明らかになり、欧州列強に対して軍事的・政治的に守勢に立たされるようになった。オスマン帝国の広大な版図は、辺境から次第に列強に蚕蝕されていった。一八世紀には、オスマン帝国は意識的に欧州から軍事技術を始めとする科学技術の導入を図った。スルターン以下、オスマン帝国の指導層は、国力挽回の手段として国家組織の近代化を模索した。近代化に先んじた露国は、オスマン帝国にもっとも脅威を与える強国となっていた。オスマン帝国の一州であったエジプトは、ムハンマド・アリーの下で自立の度を高めると共に急速な近代化を成し遂げ、一時はイスタンブルを陥れかねないほどの実力を養った。オスマン帝国の大胆な近代化には、内部に強力な反対勢力が存在した。その代表格は、スルターンの親衛隊に起源を有するイェニチェリ軍団であった。イェニチェリ軍団はオスマン帝国の衰退につれて規律が弛緩し、スルターンを廃立するなど勢力を恣にしていた。しかしその後、スルターンによってイェニチェリ軍団が軍事的に打倒されるに至り、本格的な近代化がようやく緒に就いたのである。一九世紀半ばには、近代化のための政治・社会改革が「タンズィーマート改革」の名を与えられて推進された。その根幹を形成したのが軍事面の改革である。旧来のオスマン帝国軍は、有力者の子弟や奴隷、あるいはバルカン半島のキリスト教徒を組織的に改宗させた軍事奴隷を母体にしていた。これを西洋式軍事知識を身につけた将校と、徴兵による兵卒から成る近代的常備軍に置き換える必要があった。将校の養成は軍学校の開設と、士官候補生の留学により進められた。しかし、質の高い兵士を安定的に確保するためには、中央集権化によって中央政府の力を確実に地方に及ぼすことが不可欠であった。中央集権化は、危殆に瀕していた帝国財政を徴税強化により救うためにも必要であった。タンズィーマート改革の時代、中央政府は奔放な行動に陥りがちだった州総督を、頻繁な任免と詳細な指令により、忠実な出先官吏に変えていった。次に名望家や領主など、地方に根を下ろした私的権力を極力排除し、中央政府が臣民を直接支配する統治体制を樹立しようとした。しかしこれには、困難な社会改革が伴わなければならなかった。オスマン帝国各地の地方郷紳層は、中央集権化の要請に唯々諾々と応じることはなく、ほとんどの場合地方権力による叛乱と、これへの呵責ない弾圧の経過を辿った。中央政府は地方権力を軍事力で屈服させると、州総督を中心に新設した州参事会や州行政機関に地方の有力者を任命した。地方郷紳層は、自立した権威により領民を支配する存在ではなくなり、オスマン帝国の地方官として行政組織に組み込まれるようになった。

軍と行政機関の改革と並ぶ、タンズィーマート改革の重要な側面は、オスマン帝国の社会改革であった。その一要素である地方郷紳層の抑圧については、一定の成果を見た。しかし社会改革のもっとも困難な核心的部分は、宗教と政治の関係の見直しに踏み込んで、社会統合をいかなる理念に基礎づけるかという問題であった。これはオスマン帝国指導層にとって、できれば避けて通りたい問題であったに違いない。にもかかわらず、タンズィーマート改革の文脈で対処せざるを得なかった背景には、二つの事情が存在した。第一は、一八世紀末以降、列強がオスマン帝国の弱体化を見て、少数宗派臣民への保護権を主張し、これを承認させていったことである。列強はそれぞれキリスト教の特定宗派に保護権を行使した。英国はアラブのプロテスタント信徒に加え、ドルーズ派やユダヤ教徒まで保護の対象とした。「ミッレト制」により宗派別に統合されていたオスマン帝国の社会は、宗派横断的な紐帯が弱く、列強の宗派的保護権によって、イスラームに立脚した少数宗派への保護権が脅かされ、社会分断の危機が生じた。少数宗派の側も、列強が保護権の名で提供する物質的利益に誘導され、列強の代理人として行動することがどのような効果をもたらすか、熟慮しなかった。第二は、一九世紀に顕著になった啓蒙思想の浸透である。欧州からの知識の導入は自然科学分野に留まらず、人文・社会科学に及んでいた。オスマン帝国の進取的な人々は、列強の近代化がいかなる哲学に基礎を置いているか、好奇心に基づいて探究を始めたが、いつしかその理性至上主義に感化されて宗教を相対化する視点を獲得した。啓蒙思想の政治面での展開においては、仏国の革命を転機として王権や教皇権が否定され、人工的抽象的な主権概念が定着した。これは、人的支配や宗教的支配に代わる新たな統合理念を要求し、欧州における探究の結果、言語、地域、歴史などを共有する国民国家が権力の容器に選定された。国民国家は本質的に一部を統合し、他を排斥する狭隘な統合理念であった。そのため未だ国民国家形成に至らない集団が、何らかの特徴に基づいて独自の国家形成を求める「民族主義」を派生させた。一連の政治思想は、オスマン帝国では特に指導層と少数宗派に影響を与えた。指導層は、オスマン帝国の精神的支柱であったイスラームを、近代化のために相対化する必要を見出した。少数宗派や少数「民族」の覚醒は、多様性を特色とする社会に亀裂をもたらした。オスマン帝国内の「民族」意識は、時として欧州人文主義者の発案にかかるものであり、一九世紀には多くの模倣を生んだ。ギリシアの独立が民族主義に基づく解体の先鞭をつけたが、その根拠となる「ギリシア人」は、叛乱と並行して詩人バイロンらにより称揚された概念であった。東ローマ帝国の末裔としての「ローマ人」(Ρωμαίοι) という自己規定、あるいは正教会信徒という帰属意識は過去のものとされてしまった。

オスマン帝国にとって、新興の民族問題より宗教的分断の方がはるかに社会にとって危険であり、対処の必要が高いと判断された。ムハンマド・アリーのシリア支配は、一種の社会実験の場を提供した。ムハンマド・アリーは強力な軍事力を背景として、イスラーム教徒とキリスト教徒の同権を目指す政策を採った。列強はキリスト教徒の権利拡大を歓迎し、同時にキリスト教徒に対する保護の口実を失った。イスラーム法学者は沈黙するか、さもなくば反逆者として権力基盤を剥奪された。タンズィーマート改革の指導者たちは、ムハンマド・アリーの社会改革に倣い、一二〇〇年続いた宗教と政治の関係を見直す改革に踏み切った。ギュルハネ勅令によって、ムハンマド・アリーの宗教政策は、その撤退後のシリアに表面的には引き継がれた。しかしムハンマド・アリーとオスマン帝国では、内外の困難を排除する政府の実力に違いがあった。シリアの統治権がオスマン帝国に返還されると、列強は聖地を中心とする勢力争いを公然と再開した。シリアの民衆はムハンマド・アリーの強権政治を忘れ、ギュルハネ勅令の存在に拘わらず、旧来の社会構造に復す様子を示した。聖地を巡る列強の角逐は、クリミア戦争につながった。オスマン帝国は英仏の後押しを得て、露国の脅威を一時的に遠ざけたが、その代償として一層の改革実施を求められた。改革勅令は、列強からの要求に応じ、さらなる改革の意図を宣明する文書であった。しかしその具体的な条項と背後にある思想は、イスラームからの逸脱として多くのムスリムを落胆させた。ダマスクスの名望家についても、改革勅令が読み上げられた際の反応が記録に残っている。

啓典の民を被保護民として処遇するための条件である人頭税（ジズヤ）の支払いは、改革勅令に先立って撤廃された。キリスト教徒に対しては、代わりにイスラーム教徒と同様に軍役が課されることになった。ただし軍役を回避するためには、人頭税より高額に定められた課徴金を支払う必要があった。改革勅令が発布されると、一部のキリスト教徒は外国領事の庇護を誇示し、放埒な振舞いに及んだ。一部のイスラーム教徒は社会の変化に不満を抱き、キリスト教徒や外国人への反感を強めた。ジェッダなどではイスラーム教徒の不満が原因と見られる襲撃事件が発生し、イスタンブルではスルターンや改革派官僚の排除を企図した陰謀が露見した。一八六〇年のダマスクス騒乱は、このような社会状況を背景として、タンズィーマート改革に反対するイスラーム教徒の反撥が原因となって発生したとの解釈が、事件当時のキリスト教徒や欧州朝野に一般的であった。ダマスクスのイスラーム教徒は総じて近代化や社会における平等に反対した存在と評価され、無抵抗のキリスト教徒に対する暴力を不満の捌け口にしたかのように描かれた。アブド・アルカーディルなどキリスト教徒を救ったイスラーム教徒は、例外として扱われた。そしてこうした見解が史料の基調をなした結果、事件についての研究もまた同様の捉え方に傾いてきた。本書の問題意識の一つは、ダマスクス騒乱を従来の視線で認識することが妥当かというものであった。本書におけるもう一つの課題は、ダマスクス騒乱の直前に発生したレバノン山騒乱の再評価と、二つの事件の関係の解明であった。これらを念頭に置いて史料群の再点検を行った結果、英国の外交文書および新聞がかなり異質の史料として浮上した。すなわち、英国朝野はレバノン山騒乱について、当時からこれをマロン派の計画的挑発により引き起こされた宗派抗争であると明言していた。また、ダマスクスの騒乱が総督府やイスラーム教徒、ドルーズ派の結託により発生したとのキリスト教徒や仏国朝野の見解を早い段階で否定していた。オスマン帝国駐箚英国大使はダマスクス領事らの報告に基づき、事件に対する当局の関与を否定し、イスラーム教徒名望家については騒乱の拡大防止とキリスト教徒の保護に努めたと評価した。比較すると仏側の史料には、もちろん記録者によって濃淡はあるものの、主張の裏付けとなる事実関係の提示や、その取扱いに均衡を欠く面が看取された。例えば、レバノン山の事件とダマスクスの事件については、両者を一体視して、キリスト教徒に対する言語道断な迫害と断定する一方、仏国によるマロン派への武器供給や、レバノン山騒乱における和睦の成立に関しては言及を避けている。武器供給や和睦の事実は、事件認識の単純化を妨げるのである。さらに、ダマスクス騒乱を陰謀による事件と主張しながら、陰謀の具体的事実を立証できなかった。総督アフマド・パシャの裁判は、陰謀の存在を証明する最善の機会であったが、仏国領事館関係者は何も貢献できなかったと英国紙に揶揄されている。傾向として仏関係者はダマスクス騒乱を冷静に認識するよりも、事件を欧州世論に訴え、オスマン帝国当局やイスラーム教徒への怒りを利用して仏軍による介入を正当化する政治目的に重点を置いていたように見受けられる。もちろん英国もドルーズ派を庇護する観点から、事実認識や事件への反応を操作していたに相違ないが、その精度の違いが成否に反映した様子は興味深い。例を挙げれば、仏国は世論喚起を意図して、アフマド・パシャを十分な根拠なくキリスト教徒を虐殺した張本人と喧伝した。これに対し英国は、アフマド・パシャに騒乱を発生させる意思はなかったと判断した上で、事件処理における過失を問題視した。しかし英国は、欧州世論が沸騰しアフマド・パシャの責任論が高まったのを見て、アフマド・パシャの処刑が欧州世論を沈静化させ、仏軍介入の腰を折ることができるとオスマン帝国に助言したのである。実際ボーフォール中将に率いられた仏軍は、ファード・パシャの手玉に取られて介入の実を挙げることはできなかったが、これを不満としてオスマン帝国に報復すべしとの主張は仏国からも出なかった。

一八六〇年のダマスクス騒乱を、列強やオスマン帝国の視点から、いわばダマスクスの外側から解釈することは、たとえ若干の修正を加えたとしても、従来の研究をなぞるものでしかない。本書は六人の事件目撃者を選び、その証言や行動を通じて事件をダマスクスの内側から再構成するよう努めた。様々な立場からの事件解釈を比較した結果、ダマスクスの事件をレバノン山の事件と一体視することは困難である。レバノン山のキリスト教徒は武器を取り、長期間にわたってドルーズ派と抗争してきた。ダマスクスのキリスト教徒は武装を許されず、イスラーム教徒の保護下にあった。このような形で隣人から襲撃されたことはなかった。にもかかわらず事件が発生した背景には、レバノン山から逃亡したキリスト教徒やこれを追うドルーズ派がダマスクス城内に多数流入し、住民を恐怖に陥れた事実が存在した。これに加え、アラビスタン軍から兵員がシリアの外へ転用されて手薄であり、またダマスクス周辺から略奪目当ての農民や遊牧民が多数集結していたなどの条件が重なった。レバノン山の宗派抗争はダマスクスのイスラーム教徒の一部を興奮させたが、名望家層はこれを抑える動きを見せていた。キリスト教徒、イスラーム教徒を問わず、犠牲祭が一つの節目と意識され、総督府はダマスクスの安寧を維持するための方策を採った。犠牲祭が無事に過ぎ、レバノン山では和睦が成立してドルーズ派が引き揚げ始めたとの報せが伝わると、ダマスクスの住民は一様に安堵の様子を示した。キリスト教徒は仕事を再開し、アブド・アルカーディルは近郊の農園に出かけた。これらも、レバノン山の事件とダマスクスの事件の一線を劃す重要な事実である。ダマスクスの騒乱は子供の落書きを発端として勃発したが、騒乱を発生させる何らかの工作を推定させる記録は見当らない。総督府の対応は、時機に照らして適切であったとは言い難い。しかし、これを意図的な謀略と見なすには、あまりに稚拙な筋立てである。当時、ダマスクスには矯激なイスラーム教徒と反抗的な群衆が存在し、また略奪の機会を伺う多数の部外者が付近に集結していた。これらが偶然の出来事を捉えて、それぞれの目的のために騒擾に参加したと見るのが自然であろう。襲撃されたキリスト教徒は、当初略奪が目的と考えて屋上などに避難した。家屋を明け渡せば、それ以上の害を加えないと思ったのである。しかし予測は裏切られ、キリスト教徒は自分たちの生命が狙われていることを悟った。同時にキリスト教徒の多くは、仕事仲間や近隣のイスラーム教徒に助けられた。キリスト教徒たちは、僅かな時間のうちに隣人であるイスラーム教徒の極端な両側面を見たのである。

一八六〇年事件の衝撃を受けて、キリスト教徒の考え方は二通りに分かれた。第一は過去の宗派中心の発想や外国の庇護を追い求める行動に反省を加え、騒乱の最中にアブド・アルカーディルやムスリムの隣人から差し伸べられた救援の手、あるいは事件後に現れたファード・パシャの同情によって、宗派を超えた紐帯に目覚めた人々である。タンズィーマート改革の時代を経てキリスト教徒は被保護民ではなくなり、特にシリアのキリスト教徒はこの歴史的変化の過程で多大な犠牲を払ったが、イスラーム教徒を含む隣人たちと新たな紐帯によって社会を築いていく必要を直感したのである。ブトロス・アルブスターニーは、郷土愛に新たな紐帯を見出した。これは「シリア」という地理的概念、あるいは「アラブ」という言語概念を核とした世俗的な統合理念に成長していった。第二の考えは、オスマン帝国の支配階級やイスラーム教徒との共存は不可能であると思い定め、ベイルートやレバノン山を外国政府の租界に変えて、その地に暮らす以外に生存の道はないというものである。さもなくば故郷を棄てて外国に移住する道を選ぶことになり、アルビーリー一家を嚆矢として多くの人々が実際にその選択を行った。しかしユースフ・アルビーリーは、シリアに留まる同胞を忘れることができなかった。シリアのキリスト教徒の境遇が改善されるためには、オスマン帝国の内政が安定し、その社会が自発的に改良されていく必要があるというのが、ユースフ・アルビーリーが晩年に到達した考え方である。彼は、欧米の尺度を元に外部からシリアの社会に干渉を加えることには、弊害の方が大きいと結論した。同じシリア移民であっても、ナウーム・モカルゼルはレバノンの分離・独立を追求し、仏委任統治に理想の結実を見たのである。

イスラーム教徒、特に名望家に一八六〇年の事件が与えた打撃は大きかった。イスラーム教徒の史料にも、ダマスクスの騒乱は過去にない痛恨事と記されている。いかなる状況にあったにせよ、ダマスクスのイスラーム教徒は、少数宗派の保護という彼らに課された宗教的義務を、極めて不十分な形でしか果たすことができなかった。その結果、オスマン帝国官憲の手によって有無を言わせぬ厳罰を蒙り、父祖の代から培ってきた社会的声望を一朝にして失ってしまったのである。この事件を境に、ダマスクスのイスラーム教徒はタンズィーマート改革の指向する社会改革の流れに抗することができなくなった。旧来のイスラーム国家では、宗教が政治と社会の根幹をなしていたが、これが相対化されたために、イスラーム教徒の多くは前代未聞の屈服感を味わうことになった。また、イスラームが相対化された副作用として、オスマン帝国のイスラーム教徒を繋いでいた宗教的紐帯が相対化されてしまった。これにタンズィーマート改革に忍び込んだ世俗主義や民族主義が加わり、オスマン帝国はやがて四分五裂の危機を迎えるのである。

後記

私は一九八七年から八九年までの二年間と、二〇一〇年から二〇一二年までの一年半ほどの期間、ダマスクスに滞在した。一度目の滞在はアラビア語の研修を目的としていた。ダマスクス市街の中でも、城壁で囲まれたもっとも歴史のある旧市街のキリスト教徒地区に間借りして生活した。私が住んでいた建物は、偶然、本書第二章の主人公、ミーハーイール・ミシャーカの邸宅の一部であった。借りていた一階の部屋は、大家の伝承によると、ミシャーカの子孫の医師が、診察室として使っていたそうである。私がその家に暮らした時には、ミシャーカ一族は周辺にも誰もいなかった。大邸宅はいくつかに分割され、人手に渡っていた。屋敷の主要部分に至る扉は常に閉ざされ、その奥は無人で荒廃の様相を示していた。当時私は、ウマイヤ・モスクの近くにあるアーディリーヤ図書館の職員から、アラビア語の古典文法を習っていた。キリスト教徒地区の自宅から、細い路地をいくつも抜けてアーディリーヤ図書館に通ったが、今にして思えば、第六章に登場するアブド・アルカーディルのアマーラ地区の邸宅は、その途次に存在したのである。その頃のアブド・アルカーディル旧居はひっそりした外観で、近くの住人にその場所を尋ねても、正確な回答が得られなかった記憶がある。

二〇一〇年にシリアの日本大使館に勤務することになり、再びダマスクスに居住した。今度は新市街に位置する大使館からカシオン山の方向に少し歩き、サーリヒーヤ地区にも近いところに借家を見つけた。サーリヒーヤ地区の中心部にあるイブン・アルアラビー廟周辺には、公休日である金曜に野菜や果物の市が立つこともあり、時折買物ついでに廟を参詣していた。イブン・アルアラビーの墓標の隣に、アブド・アルカーディルの墓標も残っていた。アブド・アルカーディルの墓所は一九一六年、ジャマール・パシャにより見せしめの目的で発かれた。しかし遺族によって修復され、アルジェリア独立後の一九六五年、アルジェ郊外に手厚く改葬された。ダマスクス総督アフマド・パシャもイブン・アルアラビー廟付近に葬られたのであるが、残念なことにその墓所の探索の機会はなかった。当時、シリア政府による経済開放政策が進行中で、ダマスクス旧市街は観光地としての価値が見直され、商店の改修などにわかに活気づいていた。キリスト教徒地区の元貸間を再訪してみると、大家の家族は依然居住していたが、ミシャーカの屋敷の一部にあたる別の一角は、かつての風情を活用した料理屋に改装されていた。

二〇一一年に至り、チュニジアで突然市民の抗議運動が発生し、長期独裁政権があっけなく崩壊した。これがきっかけでリビア、エジプトなど北アフリカで砂塵の如く民主化運動が吹き荒れた。ダマスクスに住んでいると、こうした動きのシリアへの波及の仕方は極めて奇妙であった。北アフリカでいくつかの政権が倒れても、ダマスクスは普段と変わらず、人々は落ち着いていた。すると湾岸諸国の衛星放送が、ダマスクスで政権打倒を目指す人々の示威行動が開始されたと報じ、ダマスクス旧市街のもっとも有名な商店街を、人々が埋めつくしている画像を流した。実際の様子を後で聞いてみると、数人の男女が「アッラー、シリア、自由、それだけ。」という風変わりな標語を繰り返して商店街の入口からウマイヤ・モスクのあたりまで歩いていき、誘い出された群衆の姿が動画に撮られたのであった。ついでダマスクスの中央郵便局で、貧しい人々に金銭や毛布を支給しているとの偽情報が流された。真に受けて集まった数百人の人々の姿は、衛星放送によって政権に対する怒りを表明する民衆として世界に伝えられた。同じ時期、商店主と交通警察官が取締りを巡って口論になり、多数の野次馬が集合する出来事があった。これは時節柄、内務大臣まで臨場して商店主をなだめ、群衆を解散させた。また、市内中心部の警察署で、収監中の家族との面会を訴える人々が声を上げたこともあった。これらはダマスクスのいわば日常であるが、いずれも政権打倒運動の拡がりという無関係の標題が付されて速報された。ある休日など、私が昼食を求めて人民議会周辺を歩いていると、携帯電話の呼出しがあった。応答すると、電話の主は日本外務省の中東担当者で、「今、日本のニュースで抗議の人々がシリア人民議会の前を埋めつくしていると情報が流れたが、確認してくれないか。」という要望であった。私は、「偶然、人民議会が見える場所に来ている。休日で通行人もまばらで、抗議活動などない。今、警戒中の警察官の後ろを猫が通った。」と答えた。その後、何日かすると、ダマスクス中心部で、自動車爆弾が何度も爆発した。これらの車輌は、レバノンの北部から入ってきたということであった。また、シリア北部の国境を越えて武装勢力が侵入してきた。私は二〇一一年六月、シリア政府の差し回しでジスル・アッシュグールという地方都市を視察し、武装勢力が荒らした様子を見せられたが、その時、彼らはトルコから来たとの当局者の説明を聞いて、訝しく思ったものである。国境外からの活動と呼応して、ダマスクス郊外で武装勢力が活発化した。これらは補給線をレバノンなど国外に結んでいたこと、あるいはダマスクス市民が「共和国防衛隊の叛乱」など衛星放送の緊急速報に示す冷笑的な反応から、一連の事件は内発的な市民革命などと呼べる代物ではないと判断された。しかしそのような認識を、外国報道に依存する日本国内の聞き手に理解させることは、未だに至難の業なのである。

実情がこの通りであったため、私は二〇一二年三月までのダマスクス滞在中、正教会の総主教座文書館に出入りして史料を見せてもらい、古書店を回って文献を捜す生活を続けることができた。旧市街のアブド・アルカーディルの旧居は、曾孫にあたるジャアファル・アルジャザーイリー氏の努力で改修され、「アブド・アルカーディル・アルジャザーイリー伝統文化国際財団」の諸施設として活用される運びとなった。私はその設立記念式に出席して、ダマスクスが寛容なイスラームの中心地となるよう希望した。結局、ダマスクスの大使館から要員は退避することになり、やむなく隣国ヨルダンに移動した。しかし、ヨルダン勤務の間にベイルート・アメリカン大学を訪問する機会に恵まれ、『悲哀の書』写本など、それまで閲覧の機会がなかった貴重な史料を実見し、複製を入手する許可が得られた。本書に引用する史料には、この他にも参照に格別の労苦を伴うものが少なくなかった。ここにその詳細を記録する余裕はないが、そのような条件が一つ一つ整うまでの間に、前著『聖像画論争とイスラーム』上梓からの一五年が経過したことを了解いただければと思う。本書執筆に際しては、前著出版の際と同様、我が国の中東研究を牽引されてきた板垣雄三・東京大学名誉教授より鞭撻を頂いた。また、知泉書館・小山光夫社長には、学術出版が厳しい状況におかれる中、本書の刊行に構想段階から助言を与えられ、編集を担当された松田真理子氏共々、辛抱強く原稿が形となるのを見守って頂いた。ここに関係の皆様に対して特に感謝の意を記すこととしたい。

なお、本書は平成三一年度科学研究費補助金（研究成果公開促進費）の交付を受けたものである。

仙臺　若林　啓史

二〇一九年四月

私がこの歴史を著すにあたっての眼目は、特に今年のシリアの状況を記述することであり、そのための参考として、これら諸州の過去や現在における様相を要約して提示するよう読者に約束しよう。しかし、今年のシリアの劣悪な状況を完全かつ詳細に言及することが可能か自信はなく、私がいかに記述できたとしても、それは実際の声の反響にあたるものか、あるいは象徴される対象へのあいまいな象徴のようなものに過ぎない。なぜなら、かつてキリスト教徒が耐え忍び、さらに彼らに降りかかった災厄は、〔聞く人の〕判断力を超越しているからである。

現在、ドルーズ派とイスラーム教徒（あるいはより正確に言えば政府の）キリスト教徒に対する仕打ちによって、ありとあらゆる粗暴かつ悪辣な行為に満ち、欺瞞と流血を伴った騒乱の記事が歴史の頁を穢している。古今の歴史において、これほどの汚点は知られていなかったものである。猛獣の心をひるませる粗暴な行動、野蛮人ですら唾棄する背信と裏切り、宗教的標章に対する聞いたこともないような侮辱と侮蔑、公正さについて最低の感覚を持ち合わせている人の義侠心にも背くような不正と欺瞞、記述をはばかるような低劣な言辞や卑劣な行為、高潔な倫理感を備えた純真な人物はもとより、堅い岩をも怒りに導くような婦女子の貞操蹂躙、シリアを絶望と悲しみに満ち、壊され踏みつけられた貧しい女子供の国に変えてしまった破壊と抹殺、放火と殺人が彼らによって現出したのである。人間性をかなぐり捨てた人々、その重きをなす者ですら殺人によってアッラーに近づくとの讒言を口にする人々、その名誉ある者ですら彼らの宗教が剣によって確立されるとの言葉を拠とする人々、自分の同胞がその妻と会うことも許さないほどそれぞれの心が残忍な人々、その権威権力が卓抜な者ですら口にすることが相応しくない言辞を容認する人々の中にあって、〔キリスト教徒は〕数限られた雌羊の群である。

これら諸事件の記述に入る前に、過去におけるシリアの状況に触れることが適当であろう。いずれにせよ、この簡単な歴史にあって、暗黒時代の経緯[1]を事細かに記すことは私に期待されていない。なぜなら、暗黒時代の歴史もまた陰鬱であることは明らかだからである。しかしとにかく、その時代の終わりに生きてきて、安寧が得られたことに歓喜の涙をもって神に感謝し、我々の時代とその運命を享受している人たちは今に残っている。彼らは人生のあらゆる局面にわたって自分たちを襲った多くの事件について、我々に語っている。中には、我々の時代に起きることが稀な事件の顚末を目撃した人々がいる。また今に至るまで、旧慣の存する都市の実態に直面した人々がいる。その都市では、キリスト教徒の差別に特徴的な内容を持つ契約を彼ら自身が受け容れたことにより、その住民が卑屈に振る舞うことを余儀なくされている。我々は、故老たちの様子がどうであったか描写することができる。

支配者たちは大変恐ろしく、政府は犯罪に対し思うがままの刑罰を科すなど、全く自由に行動していた。そしてキリスト教徒の犯した罪は支配者の怒りを賄賂で鎮めようとしない限り、もっとも峻厳な刑罰を招いた。我々の両親は、あるムスリム女性のところで捕まった三人の青年（彼女は計略を用いて彼らをおびき寄せたといわれる）の絞首刑を知っている。これは聖法《シャリーア》の定めによるものであった。それならばキリスト教徒について支配者たちが行ってきた処罰はどのようなものであり、彼らに何を望むと想像されるだろうか。

あの恐ろしく、高慢で気儘な集団、つまり国中の脅威であったイェニチェリ軍団や、同じくカプクル軍団は読者の記憶になお留まっているだろう。イェニチェリは政府や聖法《シャリーア》を気にせず、思い通りに行動していた。家人を怖がらせて静かにさせるために、「街区にイェニチェリが歩いている。」と言えば十分であった。政府も民衆もイェニチェリも皆、キリスト教徒の財産を侵害していた。政府はハラージ(2)その他キリスト教徒に課せられた租税のほかに、何度も何度も彼らに貸付その他の名目で、なにがしかの資金を要求してきた。キリスト教徒は政府に求められた金を出すまで強請され、市場を引き廻され、侮辱され、投獄された。そして同様に民衆のうちの暴れ者が時折やってきて、なにがしかの金額をある者に要求し、与えなければ彼は自らを死の危険に曝すのであった。同じくあるキリスト教徒が歩いており、あるイスラーム教徒が彼を見て、「阿刺吉《アラク》酒を買うから、一〇キルシュ呉れ。」と言えば、そのキリスト教徒は何も言わずにそれを差し出すのであった。イェニチェリについては、先述の通り彼らはキリスト教徒にとっての脅威であった(3)。彼らは家々を襲って阿刺吉《アラク》酒がその家にあることを期待し、同時にそれをキリスト教徒が買って差し出すよう、建物に放火しようとした。こうした理由で、キリスト教徒は立居振舞いに際し、貧困を装っていた。

キリスト教徒の惨めな境遇は、下心あるイスラーム教徒がキリスト教徒地区の床机や椅子に腰を掛け、可愛らしい男児が通りかかると自分の家まで野菜などの物を届けるよう言いつけ、それから後をつけて無理矢理醜行に引き摺り込むというところまで至った。キリスト教徒にはこのようなことを防ぐ手段がなかったため、彼らは自分たちの子供が外出せぬよう嘘をついて怖がらせていた。イスラーム教徒のある者が美しい女を見かけると、彼女に「今夜お前の家に行く。」と言い、あるいはそのように彼女の夫に言うことが何度もあると伝えられた。そのキリスト教徒には、他のイスラーム教徒の助けを求めて、許してもらうよう頼むしか防禦の方策がなく、諦めさせるにはそれなりの金銭が条件となった。キリスト教徒の劣悪な状況は、地区の長老が婚礼のある家に出かけて、新郎よりも先に自分を床入りさせるよう命じるに至り、そのためキリスト教徒は自分たちの娘が被衣《かずき》を被り、引き籠るよう心掛けていた。

すべてのキリスト教徒は、イスラーム教徒の一人を身請人とすることが義務づけられていた。それがなければ、あらゆるイスラーム教徒の攻撃の的となった。あるイスラーム教徒に従属するキリスト教徒が揉め事に陥ると、別のイスラーム教徒に対して「これは何某の嚢中にある者。」と言い、あるいは「これは俺のキリスト教徒だ。放してやれ。」と言っていた。キリスト教徒はこれらのイスラーム教徒たちの庇護を、金銭・着物・食物による贈物や時節の付届けでつなぎ止めていた。キリスト教徒はすべての行動において賤しめられていたため、キリスト教徒がムスリム地区を通りかかると、ほとんどの場合子供たちが群がって後をつけ、彼に「キリスト教徒、キリスト教徒、密告者の犬。」と叫んだ。そして彼に投石することもあった。「俺の被り物を頭から引ったくって塵埃の上に投げ、頭を叩いてからかわれたよ。」と言いながら、悄然と夜帰宅することも稀ではなかった。

イスラーム教徒の男が自分の店から革鞋《サンダル》を投げておき、キリスト教徒が通ると彼に、「革鞋《サンダル》を取って履かせてくれ。」と言っていた。キリスト教徒の中でも聖職者は、イスラーム教徒にとって最大の嘲弄の標的であったため、イスラーム教徒たちの間を歩くことを警戒していた。そしてイスラーム教徒は狂人をアッラーに近づいた聖者であると思っていて、狂人を祝福し、キリスト教徒を殴るよう教えていた。これらはキリスト教徒にとって最大の脅威であり、キリスト教徒がいると指し示されるか、習慣としてキリスト教徒を見かけた時には興奮して殴りかかり、致命傷になったり大怪我を負わせるような一撃をたやすく加えるのだった。キリスト教徒はすべてのイスラーム教徒を敵に回すことがないよう一言も話すことができず、苦情を申し立てることもできなかった。

さらにキリスト教徒は、騎乗することが全く認められていなかった。キリスト教徒は旅行する際、動物に乗ることができる街外れまで家族全員が歩いて行った。同様に市街に入る前に動物から降りていた。もし誰かがあえてこの掟を犯したならば、彼は騾馬または驢馬の背から逆さまに引きずり落とされた。（馬からとは私は言わない。なぜなら馬に乗ることは、あり得ないことだったから。）

キリスト教徒がイスラーム教徒と取引きする時は、彼らを怒らせかねないすべてのことに細心の注意を払っていた。[4] そしてキリスト教徒がイスラーム教徒に代金を請求する際は、乞食のようだった。イスラーム教徒の前に立って、彼に言う。「もし旦那様、神様が貴方様に良い朝を賜りますよう。」するとそのイスラーム教徒は、返事をするかも知れないし、しないかも知れない。彼は言う。「脇の方で立ってなさい。」キリスト教徒は長い間立ちつくしているが、あえて再び話しかけようとしない。しかし、時には彼に言うこともある。「もし旦那様、差し支えなければ、私に御支払いを願います。」するとイスラーム教徒は、その時の機嫌に従って答える。つまりもし気が向いたならばキリスト教徒に笑いかけ、言うであろう。「そうか、そうか。多分お前は俺に欲しい物があって来たのだな。お前に渡す金がある。首根っこを叩いてやるから、こちらに来なさい。」あるいはキリスト教徒の方に向き直って、言うかも知れない。「明日来なさい。」するとキリスト教徒は、冗言に当惑しながら彼に言う。「旦那様、後生ですから、私は金が要りますもので。」するとまた彼は言う。「こら先生、明日来なさいと言わなかったか。」もし何度も彼に同じことを繰り返せば言うだろう。「不信心者め、呪われろ。明日来いと言ったろうが。」翌日来たとしても言い返すだろう。「お前は早過ぎたり、遅過ぎたりだな。出直しておいで。」これでは物乞いする乞食ではないだろうか。

キリスト教徒は、「神よ、我に死を与え給え。」などと口走った揚げ足を取られて、改宗させられることがあった。イスラーム教徒は、キリスト教徒の改宗に熱心であった。彼らはキリスト教徒に死刑が免れないような偽りの訴えを行い、イスラームに入信するほか取りなしの途はなかった。また彼らは村落の住民の生計を圧迫して、キリスト教徒が少数しか残らないようにした。キリスト教徒はイスラーム教徒に向かって声高に、呼びかけることはできなかった。（契約の条件による）もしそのようなことをあえてすれば、その者を罵り、彼の宗教を罵った上、「信仰の一大事じゃ。イスラームの教えは絶えたか。」と叫んだ。するとイスラーム教徒たちが集まってきて、彼を打った。

キリスト教徒は、宗教上の標章を公然と掲げることができなかった。（契約の条件による）彼らは一つの学校、教会を建てることができないどころか、朽ちてしまった教会の修繕もできなかった。もし教会が雨漏りするようになったら、屋根を修繕するために、その件を政府に対し請願しなければならなかった。政府の委嘱により検分の者が遣わされ、彼らの懐が金で満たされるまで文句をつけられる。それから、教会の粘土工事を認める許可が出された。(5)

かつて西洋人は、諸州に入ることができなかった。もし誰か西洋人が入ってきたならば、彼は東洋の衣服を身につけなければならず、時にはシャイフ・イブラーヒームと名付けるなど、彼の名を変えなければならなかった。それからキリスト教徒は、色彩においても細部においても、イスラーム教徒の服装と似ていない衣類を着用しなければならなかった。（契約の条件による）時折キリスト教徒の服を、軽蔑や嘲笑を意図する色に染めるよう命令が出された。もし「イスラームの象徴である」緑色か、緑がかった糸でも現そうものなら、イスラーム教徒たちは彼を打ち、拘束した。

さらにキリスト教徒は相当無学であって、それは隷属の産物であった。読み書きを知っていた者は、ごく僅かであった。キリスト教徒のもっとも知識ある人物とは、医学や宗教の基本を多少知っていた者で、そのような人たちも極めて稀であった。科学や語学を知る者はいなかった。それでも彼らは物分かりが良く、商売に長けていた。生計の手段はイスラーム教徒に比して非常に限られていた。今のように、旅行したり商売したりするキリスト教徒はいなかった。彼らは生産手段を持たないため、すべての生業は職人仕事だった。（村落のキリスト教徒は除く。彼らは狭いながら土地を持っていた。）イスラーム教徒はキリスト教徒のある者たちに、彼らの知識を買って絹織物業の経営を委ねていた。しかし、手工業であろうと農業であろうとその両者において、限定されたものしかなかった。なぜなら農民が被った圧迫は数多く、土地所有者たちはミーリー税(6)が高騰する中、土地を放棄するか只で譲渡することを望んでいたからである。しかしながら余った生産物が安価であったため、少ない実入りを今の時代の人々より、はるかに有難がっていた。そして、今の人々ほど貧しくはなかった。

それからキリスト教徒は、常にイスラーム教徒の左側を歩かなければならず、それゆえイスラーム教徒がキリスト教徒に出会った時はまず、「左へ。」とか「溝へ。」、つまり駄獣の通路を歩くように彼に言うのだった。キリスト教徒はイスラーム教徒の間では不信仰者と考えられ、一番軽く一番多く用いられた罵倒の言葉は「不信心者」、「豚」、「片眼の十字架」であり、時には理由もなくキリスト教徒を呪い、自分たちがキリスト教徒について口にすることは相応しくないと思っていた。キリスト教徒について言及する場合は、「キリスト教徒の話で失礼した。」と言っていた。イスラーム教徒の男がキリスト教徒の男を侮蔑するのと同様、イスラーム教徒の女はキリスト教徒の女を侮蔑し、湯屋や街角などあらゆる場所で男たちと一緒に罵っていた。

キリスト教徒は怯え、攻撃され、脅かされ、恐れ、隠れ、賤しめられ、侮蔑され、唾棄され、罵倒される状態におかれていた。そのためキリスト教徒の歩き方、服の着方、売り買いの仕方や話し方は卑屈の中の卑屈であった。イスラーム教徒たちから差別され、キリスト教徒と少しでも様子が似てはならないとされた。

イスラーム教徒がスルターンに反抗し、ダマスクスでサリーム〔セリム〕・パシャを殺した時まで、キリスト教徒はこのような状態に留まっていた。するとエジプトのイブラーヒーム・パシャがイスラーム教徒を服属させるため現れ、進軍するか少し戦っただけで諸州の占領を成し遂げてしまう征服ぶりで、目覚ましい勝利を手にした。例外はドルーズ派であり、イブラーヒーム・パシャ統治時代の最後まで常に彼らは反抗し、戦い続けていた。イブラーヒーム・パシャはドルーズ派に対し、命令を実行させ完全に服従させる程度に彼らを掣肘することはできなかったが、その影響はドルーズ派居住地域の近隣諸州の安寧にのみ限定されていた。

しかし総じて我々が言うには、この勝利に恵まれた宰相の統治時代、多数の征服事業や困難にかかわらず、彼による法令制定や政府機関の整備が緒につき、短期間のうちに諸州は活気づいて平穏な時を享受するようになった。それはこの宰相がこれら諸州の叛徒を屈服させて武器を回収し、諸州の堕落した人々を督励し、死刑に値する者はいずこにいようとも殺し、野蛮な人々と言われる遊牧民を服従させて土地の耕作を強制し、遊牧民のある女が息子を静かにさせようとすれば、「イブラーヒームがお前を捕まえるよ。」と言うまでに彼らの心に恐怖を植え付け、重い罰により賄賂を固く禁じたからである。すると諸州は繁栄し、彼の時代に産業は発展し、土地は肥沃になり、物価は安定し、女性が一人で、ある都市から別の都市へ何の支障もなく旅行できるほど街道は安全になり、キリスト教徒もまた人間であって人としての権利においてイスラーム教徒と同格であるとの考えが出現し、イスラーム教徒は前述の過去の行状を改め、キリスト教徒は学校や教会を建設し、教育が普及し、様々な国の領事や西洋人が来訪して諸州に住みつき、孤児や寡婦の権利は尊重され、人々は安心して平穏無事に眠るようになった。

そしてこれら諸州が迅速に発展し近代化し始めていたため、我々は遠からずしてこの地が発展した世界の道筋に沿って整備されていくものと予測していた。すると英国が立ち上がってイブラーヒーム・パシャを諸州から駆逐し、オスマン帝国政府に引き渡したのであった(8)。

それから、アラブのイスラーム教徒とトルコ人の間には相容れぬ敵意が存在した反面、イブラーヒーム・パシャが彼らを統御し、無理に彼らの過去の振舞いを改めさせ、彼らの子弟を軍隊に取ったため、彼を深く嫌っていた。そして彼らの邦土をオスマン帝国が再び治めるようになったことを喜び、過ぎ去った時代のように自分たちに自由気儘な行動が許されると期待していた。しかし彼らの期待は裏切られた。オスマン帝国はその政策によって、また帝国と欧州諸国との様々な関わりによって、その臣民のため自由と公正に則った法令を制定することになった。これらの制度はタンズィーマート改革として知られるものである。イスラーム教徒はあらゆる新奇な物事を嫌っていたため、これらの改革を嫌った。しかし彼らは、英国がスルターンのために諸州を奪ったのは、これらの制度が定める内容を条件としたからであると、自分たちのスルターンを弁護していた。そして英国はオスマン帝国における自由の祖国であると言っていた。そのようにしてスルターンに対する不満を腹蔵し、これら制度がスルターンを守ったとの理由で歓迎を表明する際は、「スルターンと英国は時代の支配者だ。」と言った。

イブラーヒーム・パシャが諸州を地均しし、イスラーム教徒の血管を流れるムハンマドの血がある程度麻痺していたため、キリスト教徒に対する良き振舞いを続けることが彼らには容易となり、また政府によるこれへの努力もその理由だった。

政府の脆弱さや役人の不正行為が原因で、これら諸州の状況は悪化した。すると乱暴者は眠りから目覚めて出現し、街道は荒廃し、遊牧民はその習性である略奪や誘拐に戻り、賄賂は増え、権利は踏みにじられ、物価は上昇し、貨幣価値は不安定になった。流血に対する唯一の処方は流血であるのに、政府はタンズィーマート改革に従って、死刑に値しない罪のため過去のように殺される者が一人もいないよう、この問題を審理させた。これは殺人犯の望むところであって、判決を引き延ばし賄賂を用いて被害者側の者と交渉して、訴えを取り下げさせた。これは人殺しは、「俺は何某を殺し、しばしの間獄に下り、それから逃亡する。」と嘯いていた。山賊や追剝ぎが増加し、殺人事件が増加した。ある街道では何某が徒党を組み、また首長の某が叛乱を起こして何村の住民を脅かしているという状況であった。大抵三〇〇〇頭からなるバグダード街道の隊商に最近起きたように、遊牧民は大規模な隊商を丸ごと略奪した。旅行者は旅を一月二月遅らせ、隊商が集結して抵抗力を持つようにしていた。ある街道では何人が殺され、何村の家畜を遊牧民が襲って、そのすべてを奪ったなどという有り様であった。

それからこのような事件が多発したのに加え、民衆の反抗や騒乱が絶えず発生していた。ある時はレバノン山で叛乱が起き(9)、アンチレバノン山脈ではハルフーシュ家が政府に楯突く別の叛乱があり(10)、ラジャー地方ではドルーズ派がまた別の叛乱を起こし、(この叛乱に対して政府は鎮圧に乗り出したが、成果なく撤退した(11)。)ヌサイリー山地では別の叛乱が発生した(12)。

そしてしばしば騒乱に際して、キリスト教徒が襲撃された。例えばアレッポの騒乱(13)があり、別の騒乱ではマアルーラで政府が行ったように、キリスト教徒は罪もなく迫害された(14)。

こうした状況によって、諸州は一斉に政府やその政策に抗議の声を上げた。それからイスラーム教徒はロシア帝国との戦争の報せを聞いただけで(15)、キリスト教徒に対する敵意を沸騰させた。キリスト教徒は苦境に陥り、大いなる恐怖にとらわれた。

キリスト教徒は、スルターンに対するこれらの叛乱を嫌っていた。なぜなら、それは自分たちへの害となって返ってくると確信していたからである。しかしイスラーム教徒はこのことを考慮に入れず、また二か国のキリスト教国がスルターンの側に立って、ロシア帝国と戦っていたことも考慮に入れなかった。したがってこうした事情によっても、彼らはすべてのキリスト教徒を一緒にした悪罵をやめて、静かにすることができなかった。そして彼らは、馬鹿げた内容やキリスト教徒への侮辱に満ちた、卑俗な歌を作っていた。彼らの子供は、すべての西洋人を一緒にして道を歩く人を蔑む内容の、囃し言葉を作っていた。例えば、「ほらほらアッラー、ロシアにお怒り、雨降れ雪降れ、毛唐はずぶ濡れ、信仰ない奴、罰当たれ。」など、似たようなものは沢山ある。彼らはキリスト教徒の被り物を引ったくり、記述の余地はないが、その他の悪戯でキリスト教徒を困らせるようになった。次に、この解くことが難しい結び目が解けた途端、平等と信仰の自由を内容とするスルターンの勅令が発布された。(16) イスラーム教徒はこれに対し、特にキリスト教徒が軍隊に編入されると知ってからは、あらぬ限りの反感を抱いた。しかし彼らは、これへの反感を持つべきではなかった。なぜなら、大宰相府が下した命令の多くは書き物の範疇に留まって、実行の範疇に移ることはなく、政府はこれらの命令を一時的に実施するふりをしていたとの意図が露わになって、彼らにはその成り行きが明確になったからである。官庁においては、トルコ人の間でキリスト教徒に冠せられていた、宗教を持たない不信心者という意味の「ガーヴィル」という言葉で、キリスト教徒を呼ぶことが禁止された。そして何人かのキリスト教徒政府官僚に、「エフェンディー」などイスラーム教徒に限定されていた称号を与えた。ある種のキリスト教徒の訴えは総主教座で取り扱うこととなった。こうした事柄をイスラーム教徒は内心の痛みを伴って適用し、実施に目をつぶった。政府がこれらに加え、教会の鐘を鳴らしたり、葬儀の際公然と十字架を持ち出すなど、宗教的標章を顕わにする措置を実行したことは、イスラーム教徒を怒らせるだけで、キリスト教徒の毒にも薬にもならないことがはっきりした。キリスト教徒の証言を採用しなければならないとか、権利を拡大するとか、彼らを軍隊に採用するとか、真の平等の精神に合致する事項は、実行が許されなかった。キリスト教徒が証言に立った訴訟は、証言がないものとして取り扱われていた。

様々な状況を総合して、露国との戦争の後、政府もイスラーム教徒も怒りを蓄積し、憎悪を募らせていることが明らかになってきた。すると「ガーヴィル」という言葉が再び使われるようになり、平等を示す称号の使用は次第に減り、キリスト教徒への配慮は少なくなってきた。

ジェッダの騒乱(17)に先立って、すべての都市においてイスラーム教徒の怒りは表面化し、彼らは悪行とキリスト教徒への加害の準備を唆すようになった。すると、強者が自分を襲うことを確信した、すべての弱者の心に宿るような恐怖心が、キリスト教徒を苛んだ。しかし、英国人がジェッダを攻略して、すべての罪人を処罰したとの報せが伝わった途端、イスラーム教徒の憤激は急に沈静化し、キリスト教徒の恐怖心は消え去った。これから明らかな通り、この騒乱は諸州全土に拡大すること必定であったが、至高なる神はジェッダの処罰により、それを防ぎ給うたのである。

そしてしばしばイスラーム教徒は、キリスト教徒からハラージ税が免除され、武器の携行が許されたのであるから、彼らの殺害が認められると語っていた。キリスト教徒に武器の携行が許されるなど、あり得ぬことだった。政府がキリスト教徒を軍隊に取るよう計画した際、徴兵の代替としてバダリーヤと名付けた課徴金(18)の支払いを要求した。この課徴金は、ハラージ税の約三倍に相当した。

一方、キリスト教徒の側は、自分たちの子弟を軍隊に差し出すことを嫌がっていた。それは何世代にもわたって恐怖と抑圧に性格づけられた彼らが、何の憂いもなしに子供たちを遠くに出そうとしなかったからであり、加えて彼らが、戦場にいる子供たちを想像したからである。そこで母親は、「私の装飾品や着物を売って、息子の身代金にします。」と言っていた。

しかし、キリスト教徒は、政府の諸法令やスルターンの勅令に惑わされて軍役に就く栄誉を求め、キリスト教徒に軍事力がなければ彼らの状況も改善されないという西洋人の意見が彼らの要求を強めた。多額のバダリーヤ課徴金から逃れることも理由であった。ハラージ税はバダリーヤ課徴金の約三分の一であるが、毎年負債として残り、またバダリーヤ課徴金が導入された貧しい州では、他の州においても住民が所有物の売却を余儀なくされたことから、キリスト教徒は自分たちの状況がさらなる貧困に陥ることを確信していた。

キリスト教徒が軍役に拘ったため、政府は彼らを投獄して足に重い鎖をつけ、（これは一時的方便として高位聖職者の一部が望まないでもなかった。）嘆願によって課徴金の金額を減らすという約束や希望と引替えに、彼らにその支払いに同意する判を押させた。この目的、つまりキリスト教徒の軍務就役が達せられないと分かった時、彼らは大宰相府に金額減免の嘆願を行ったが、回答は得られなかった。しかしキリスト教徒が約二年間携わったこの問題は、複雑化し混線し、押し戻され、膠着し宙に浮いた。これは高位聖職者たちが怠慢で、自分たちの関心のない事項に適切に行動しなかったためで、（信徒の悲しみの一つである。）彼らは自らの権威を求めるのみであった。あるいは聖職者の一部は暦法論争、すなわち東方暦と西方暦の問題に没頭していたからであろう。[19] もし教会上層部が努力していれば、大宰相府に出向いて金額削減を嘆願することで短期間に訴願は片付いていたはずである。

その間、まだ鐘が鳴らされていない州において、キリスト教徒に鐘を鳴らすよう義務づけられた。そしてイスラーム教徒の怒りは増大した。キリスト教徒と教会指導層は、政府から本質的な平等が与えられることは不可能であると知ったならば、イスラーム教徒から自分たちへの敵愾心を煽る以外に意味のない、この恩典を謝絶するべきであった。しかし、政府の意図は誰の眼にも明らかであったのに、彼らは断るどころか、子供が雛罌粟の花に喜ぶように喜んで鐘を撞いた。そして、戦争の後欧州人がキリスト教徒の自由のため努力した成果である数多くの恩典のうち、これが政府が実行に向けて努力した唯一の恩典であった。鐘はキリスト教徒の礼拝の時を告げ、彼らの殺戮の時を告げた。そして、キリスト教徒は十字架を掲げ、鐘を鳴らしていたが、隣人たちが眼を血走らせているのを見て取りやめ、少ししてまた元通り始めた。こうして、キリスト教徒はこのような恐怖と危険の中にいた。いくつかの商店においては、これが原因でキリスト教徒の財産に損害が生じた。

全体的に言って、キリスト教徒は器用さと知識のため発展し、世に聞こえる成功を収めた。この時代、彼らは学術という、急速な進歩の手段を獲得した。都市や村落に多くの私塾が開かれ、文盲あるいは読み書きできない子供は稀になるほどであった。これ以外に、各宗派には様々な言語や多様な学問を包摂する、多くの学校がいくつかの方面に存在し、また印刷所ができて書物の入手が容易になった。さらに西洋人との交流により商業の秘訣を学び、旅行して手広く商売を行うようになった。このような背景によって、イスラーム教徒のような土地や生産手段はなくとも、キリスト教徒は成功を収めていた。彼らは自分たちの屋敷を飾り、洗練された品物を所有し、高価な衣装や装飾品を身につけ、好みの型や色の服を着た。私は、貧者に比べて極く極く一部の裕福な者について述べているのである。貧困を装わなければならない理由は消え、逆に貧しい人々も実情の反対を装うようになっていた。これはイスラーム教徒を大いに刺激し、彼らを大いに悲しませた。ドルーズ派も同様の影響を受けた。そしてイスラーム教徒もドルーズ派も、キリスト教徒を怒りと妬みの眼差しで見て分け前を欲しがり、ドルーズ派の男女がキリスト教徒の女に、「今にこれらは自分の物になる。」とよく言っていた。それからキリスト教徒は政府による公正な扱いを求め、いずこにおいても自分たちに不公平な事実を指摘した。ミーリー税財政については、ドルーズ派やイスラーム教徒の課税額と比較して、諸州の〔キリスト教徒〕郷紳は、彼らより多くを負担することはできないと主張した。キリスト教徒は、自分たちへの圧政について、あえて苦情を呈するようになった。彼らはイスラーム教徒やドルーズ派に対し、物乞いでなく債権者として支払いを請求するようになった。しかしこのようなことは、すべての都市に当てはまることではなく、住民の気質、倫理感、宗教、習慣に違いがあるため、差は大きかった。彼らにとって、キリスト教徒が卑屈に隷従し、貧相に外出する様子を目にすることは難しくなった。別の事情として、イブラーヒーム・パシャの時代、またオスマン帝国の支配が回復した後も、キリスト教徒に学校や修道院や教会の建設が許されていたため、イスラーム教徒は彼らを妬んでいた。そして、キリスト教徒は余所者になった。キリスト教徒臣民は、政府やイスラーム教徒の眼を惹かずにはいられないような、名高い店舗を建設した。またキリスト教徒は、いくつかの都市において、宗教的祝祭や教会での唱歌を目立ち過ぎるまでに行った。するとイスラーム教徒は、金銀の器や宝飾をアラブ遊牧民のような目付きで見るようになった。

そして総じて言えるのは、キリスト教徒は以前の状況に比べ、安寧を得たということである。諸州は官憲や法廷の弱体化、賄賂、街道の荒廃その他の面から全体に疲弊しきっており、そのためイスラーム教徒自身が至る所で悲鳴を上げ、苦情を寄せていた。政府が今年、貨幣価値の切下げを命じた時、彼らは市場で叫び声を上げるほどであった。食糧は高騰し、産業は停滞していた。「山高帽を被ったユダヤ教徒がやって来て、俺たちを治めてほしいものだ。」一方、キリスト教徒はスルターンの幸福のため、彼の帝国を支持して祈りを捧げていた。それから、前述の通りイスラーム教徒はあらゆる新奇なものを、新たに西洋から導入された言葉に至るまで拒否し、スルターンが制定したすべての新法制や新政策を批判していた。政府そのものですらこの点をめぐって分裂し、約一年前からスルターン陛下を狙って仕組まれていたあの陰謀について、読者も聞き及んでいるだろう。神の御加護により、陰謀は実行前に露見したのである。[20]政府は、欧州諸国の政治介入に辟易していた。特にクリミア戦争後、政府のあらゆる動きはキリスト教徒への怒りや憎悪を表現していたかのようであった。特に仏文雑誌[21]が政府への忠誠を批判して、低級な記事を掲載したことに政府は激怒して強く反撥し、昨年ある政府系の雑誌に次のような意味のことを宣言したほどであった。「もしこの仏文雑誌が愚説を撤回しないのであれば、帝国臣民は過去の時代を回想し、詩人の言葉を想起するであろう。(いと高き御稜威《みいつ》の謗り《そし》雪《すす》ぐべし　剣《つるぎ》もて斬り裂き流る血汐にて)[22]」かくして、政府が臣民に与えたこの承認が、(他に秘密裡の同意が仮になかったとしても)本年の騒乱を引き起こすのに十分な原因となったのである。

次に、我々が全体を記述しようとしている、今年の事件が発生した状況に鑑みると、これらの行為はまた、政府が意図して起こした行為であることが明らかになってくる。諸州のイスラーム教徒は、もし彼らだけで放置されていたとしたら、騒乱を起こさなかっただろう。加えてイスラーム教徒の無知な大衆は、自分たちが起こした事件のすべてに考えが至っていなかったことも明らかである。有力者たちの操縦や誘導によって、大衆がどのようにしてそこまでの段階に至ったのかがはっきりするであろう。もし我々が今年のイスラーム教徒とキリスト教徒の様子に着目したならば、騒乱を引き起こす新たな原因は存在せず、平和を望む者にとって双方の間に平和を保つことが可能な状況が十分あったと分かる。双方は売買、共同出資、共同生産に関わる互いの取引によって相互に結びついていたのである。しかしこの陽気は突然嵐に変化した。そして静寂は不意に混乱に変転した。それは、レバノン山において動きが現れた途端に発生した。

昔からレバノンでは、ドルーズ派とキリスト教徒の心に根深い怨恨が存在しているのは、知られた事実である。

政府が刺激したり、放任したりして、この憎悪の根を肥養しない限りにおいては、問題が芽吹いて生長することはない。昨年、双方の集団の間に存在したのは、小さな騒動を起こすに足りる要因のみであった。

ハスバイヤー村とラシャイヤー村について言えば、キリスト教徒は昔から騒乱があった時は、ラシャイヤーの住民が行ったように、武器をドルーズ派に引き渡していたか、レバノン山の騒乱の年にハスバイヤーの住民が避難したように、避難していた。その時、ドルーズ派は、ダマスクスに逃亡していた住民を追跡して四〇〇名を殺したため、ドルーズ派の獰猛さは恐れられていた。そして、この両方の地におけるキリスト教徒は、ドルーズ派による迫害と強圧から逃れることを望んで、政府に訴え出ていた。前述の通り、このようにドルーズ派は機会を窺っており、騒乱に先立って、彼らは習いに従い追剝ぎや殺人を行って、キリスト教徒を脅かした。するとラシャイヤーとハスバイヤーのキリスト教徒は皆大いなる恐怖に囚われ、政府に庇護を求めた。こうして、各方面に正規軍の一部が出動した。また政府は、この動きが生じる少し前にシリアから軍を移動しており、各所に分散した極く少数の兵力しか残っていなかった。

軍隊が向かった直後に、レバノン山で叛乱が発生した。ドルーズ派は、キリスト教徒に対する攻撃と放火を開始した。ドルーズ派とキリスト教徒のいた村々では、ドルーズ派は他の村での戦いに出かけ、キリスト教徒は彼らを恐れて村に留まった。勝利を収めたのはドルーズ派で、焼討ちされた彼らの土地は、キリスト教徒の土地の四分の一に満たないほどであった。ドルーズ派は修道院を襲撃し、その財産を略奪し、修道士や修道女を皆殺しにした。キリスト教徒は干戈を避けて海岸方面に逃亡した。その地で暴徒に追いつかれ、目の前の諸都市は城門を閉めてしまったため、彼らは絶体絶命に陥った。

その時、全土にわたり、イスラーム教徒によって悪事への蠢動や挑発が現れてきた。イスラーム教徒とドルーズ派の間に成立した、かつて全く知られたことのない親密な関係によって、両者の間には連帯と通謀がみられるようになった。というのも、ドルーズ派の神、つまりハーキム・ビ・アムリッラーが説教壇に立ってイスラームの預言者や教友を呪詛した結果、イスラーム教徒にはドルーズ派と証明された者を殺すことが義務とされており、ドルーズ派をキリスト教徒の千倍も嫌っていたからである。キリスト教徒に関しては、イスラーム教徒に勧善懲悪の聖法《シャリーア》が適用されると知っていた。ドルーズ派は、タンズィーマート時代までイスラーム教徒を装っていた。その時以来、自らをドルーズ派であると公言するようになった。しかしこの騒乱に際して、彼らはムハンマドに従う側面を強調して、自らを特徴づけていた。これはドルーズ派の信条の一つ、すなわち勝っている宗派のふりをして、それに接近する原則を適用したまでである。

そしてキリスト教徒保護のため、ハスバイヤーとラシャイヤーに出動した軍隊はしばらく駐屯し、キリスト教徒が欺かれるまで彼らを保護し、安全を確保し、安心させる素振りをしていた。ハスバイヤーでは、ドルーズ派が戦闘を望んで侵入してきた。キリスト教徒は彼らを恐れたが、軍隊はキリスト教徒に恐れる必要はないと告げながら、キリスト教徒の方に大砲を向けていた。

しかしドルーズ派が現れ、街を包囲し、街に火が放たれた時、軍隊は約束を守らなかった。キリスト教徒は、軍隊が駐屯する官衙しか避難する場所がなかったため、妻子やハスバイヤーから逃げてきた村人たちを伴って官衙に向かった。政府は、キリスト教徒がスルターンの勅令においてもスルターンの家族となっていると彼らを安心させ、一滴の血も地に流れることのないよう彼らを保護するとの名目で、彼らから筆を削る小刀を持つ者もなくなるまで武器を取り上げた。(政府はすぐにその武器をダマスクスに運んだり、ドルーズ派に与えたりした)そしてその間、軍隊は官衙に二つある門の片方を閉ざしてしまった。

これら哀れな人々が八日間留まった後、すなわち日曜日に至り、カンジ・アルイマード(23)がやって来て村のキリスト教徒を呼び集め、あたかも政府の文書であるかのように書き物を手に取り、キリスト教徒を故郷に帰す任務で現れたと言明した。その日の夕方にならないうちに、官衙はドルーズ派で満たされた。

何という悲しむべき裏切りの時だったろう。官衙の中では、斧鉞の打撃、銃声、風をきる剣と鮮血迸る音の他、聞こえるものはなかった。殺害された者の人数は、婦人若干を含む約一〇〇〇名であった。殺害を免れた者は、被害者の血の中を泳ぎ、死体の山の間に伏すなど、語るも珍しい状況で助かった。

軍隊は、隠れている者をすべて見つけ出していた。そして撤収の太鼓が打ち鳴らされた。軍隊はキリスト教徒の財産を略奪し、思う存分目的を達成した後、引き揚げていった。アミール〔の称号を持つ在地支配層〕の人々もまた殺された。

ラシャイヤーでも同じように事件が展開した。しかしラシャイヤーでは、キリスト教徒は物事を察知してドルーズ派と和睦交渉を行い、和解の取極証文を作成した。キリスト教徒が安心して家に武器を置くと、ドルーズ派はキリスト教徒の安心に乗じて放火や銃撃を開始したため、キリスト教徒は官衙に駐屯する軍隊に助けを求めた。そしてキリスト教徒に、ハスバイヤーで起こったのと同じことが起きた。その際、ホーラーン地方からアトラシュがやって来て、キリスト教徒全員を最後の一人まで殺害した。殺された者は約四〇〇名であった。

ドルーズ派はキリスト教徒を殺す前に、彼らを嘲弄して言っていた。「十字を切って処女〔マリア〕に魂をゆだねろ。」など。彼らを殺した後、キリスト教徒郷紳たちの生首を掴んで嘲弄して言った。「おい肝煎何某、どこへ行った。ダマスクスでどう企んで、総督府で何して証文を引き出したのだ。今のこの有り様に何と言う。何がどうなったのだ。この世はどうだ。」またドルーズ派は、あるキリスト教徒の五人の息子を殺して、彼に息子たちの肉を喰らわせ、その後に彼を殺害した。
つまるところ、反抗的で、粗野で、宗教心に欠け、野蛮な民族に想像されるようなすべてが、彼らの行動に現れたということである。それから彼らは数多くの死体を集めて焼きながら、「おい仲間たち、俺たちの屋根を直す屋根屋は残しておけよ。」と言っていた。そして彼らはこの穢らわしい勝利の後、彼らからキリスト教徒が一人も逃げ出さないよう見張っていた軍隊に向かって言っていた。「我らはスルターンの剣、我らはスルターンの剣。」

この渓谷地帯のキリスト教徒の村でドルーズ派が無法にも放火し、住民男性を殺さなかったものは一つもなかった。かくしてドルーズ派はザハレの街に進み、双方の間で戦闘が発生した。ザハレには抵抗する力があると思われていたため、ドルーズ派、アラブ遊牧民、シーア派の大群が集結し、街に大砲を向けた。しかしザハレは二時間と持ちこたえられず、街は炎上し、住民は逃亡した。デイル・アルカマルの住民に起きた無法な襲撃は、ハスバイヤーやラシャイヤーで起きたものと同様であり、一二〇〇名が殺害され、生き残った男性は二〇〇名であった。政府よ、何か正しい行動を取ったのだろうか。これはドルーズ派が政府に反逆したことへの、政府からの御褒美だったのだろうか。ドルーズ派が政府の意思に背いて名誉を傷つけ、落胆のうちに撤退させたことへの恩賞だったのだろうか。それとも、キリスト教徒の服従と、課せられたミーリー税の政府への貢納に対する処罰だったのだろうか。あるいは、強引にキリスト教徒の心を挫き、彼らのひ弱さを憐れむためだったのだろうか。

それから海岸地方の混乱は、神の思し召しにより、露国の軍艦と英国の軍艦が到着して多少沈静化した。その時、二隻の軍艦は待つほどもなく到着したのではあるが、イスラーム教徒は長い間、仕事場や店ですら公然と武器を持ち続けていた。

ダマスクスについては、レバノン山、ハスバイヤー、ラシャイヤーの報せが届くと悪事に取り掛かりたいと望む者の動きが表面化した。ドルーズ派はダマスクスに勝ち誇った様子で入り、悪名高い狡智によって煽情的に尾鰭をつけた彼らの勝利と事件の顚末を、イスラーム教徒の耳に語り聞かせ、叛乱を唆した。イスラーム教徒はドルーズ派の勝利を祝福していた。彼らは、キリスト教徒が被った災難を喜んで語り合っていた。ザハレの焼討ちが伝わると、街の市場は飾り立てられた。キリスト教徒が通りかかるたびに、彼らは悪態をついていた。彼らが互いにやり取りしていた文句は、このようなものだった。「朝何食べたムハンマド、牛の乳飲み十字架に、尿《いばり》かけたが朝飯だ、えい本当だ本当だ。」彼らは、記述が憚られるような戯歌《ざれうた》を唱っていた。

ラシャイヤーや周辺の村の婦女や、逃げて助かった男たちが到着すると、こうした動きはますます顕著になり、キリスト教徒の恐怖と危機感は増大した。ダマスクス近郊の村のキリスト教徒は、彼らの隣人であるドルーズ派やイスラーム教徒が彼らに襲いかかり、略奪し、ある者を改宗させ、ある者を殺害する中、政府に阻止するよう陳情しても叫びに誰一人耳を傾ける者はなく、むしろ悪意を一層かき立てるばかりとなって、甚だ苦境に陥っていた。そのためこれらの村の住民は、ダマスクスに向けて逃亡した。キリスト教徒の状況は悪化して、街においてもどこにおいても、事態は非常に深刻になった。彼らは刻一刻と死を待っていた。ダマスクスにいたキリスト教徒は、逃げ道のない檻の中にいるようなもので、街の城門の外へあえて出ようとする者は誰一人いなかった。ドルーズ派が武装姿で街に入ってきて、政府が粉袋に隠して届ける分に加え、公然と弾薬を買い付け、同時にキリスト教徒の奉公人が武器になる物を持っていれば取り上げているのを見て、彼らの恐怖は強まった。ドルーズ派はイスラーム教徒に、「貴方がたはキリスト教徒に、いつまで辛抱するのか。何を待っているのか。俺たちは、俺たちのやるべきことを済ませたぞ。貴方がたも、やるべきことをやりなされ。今に俺たちも加わって、連中を始末してやる。」と言っていた。

イスラーム教徒は、助かった農民に投石し、彼らの外見を侮辱して罵倒した。これら打ち萎れて憐れむべき人々の有り様は、友であろうと敵であろうといかなる人間の哀れを誘うものだった。なぜなら、これら苦しみに打ちひしがれた人の群というのは、裸足で着物は剝ぎ取られ、怪我をし、婦人の服は眼の前で殺された夫たちの血に染まっており、自分たちの土地から徒歩でやって来た男女、子供であったからである。

そしてダマスクスのキリスト教徒住民もまた、恐怖に加え生活の面から苦境に陥っていた。何故ならこの街や他の街のキリスト教徒は、少数を除き手工業に従事していたが、産業は停滞し食糧は高騰し、収穫の時期はまだ到来していなかったからである。しかし、これらの気の毒な人々がやって来て教会や学校や修道院を埋めつくすと、そのような時であってもキリスト教徒は溢れる涙で彼らを迎え、彼らの苦難を共にし、彼らを忍耐や感謝や生計の模索に励ますなどの努力を怠ることはなかった。そして直ちに救恤物資が集められ、各宗派はこの慈善の目的のため手を差し伸べたのであった。私は教会上層部のような富裕な人々のことを言っているのではなく、職人や寡婦が手を差し伸べたのである。ある医師は負傷者の治療を開始し、必要な薬品を彼らに与えた。麺麭を配るために麺麭焼き窯が開かれた。何人かの人は家々を回って古着を集め、裸の子供に着物を与えた、などである。

これらの哀れな人々はダマスクスの住民のために祈り、彼らに深く感謝していた。あたかも今日、ダマスクスの人々が義捐金に支えられて衣食し、施した人々に感謝して祈りを捧げるようになったのと同じである。政府はというと、ドルーズ派の剣によって夫が倒れたこれら寡婦の惨状に注目することなく、食糧を求めて彼らが哀願しても耳を貸さなかった。欧州の領事たちは政府にこうした事態に関心を寄せるよう要求していたが、それへの回答はなだめたり脅したりするものだった。そして政府の態度は、人がその意図を測りかねるほど錯綜して矛盾に満ちていた。イスラーム教徒の長老たちの口からは、もし少しでも動きがあれば、それは西洋人が諸州を奪い取る口実になると大衆に警告した、という偽りの風説が流布された。同時に彼らは、キリスト教徒を根絶するための相談を行っていたのである。

一方、キリスト教徒は、風説の内容によって、一日に何度も何度も安心したり怯えたりしていた。すると、政府は臨時の部隊を市街の警備に充てる布告を発出し、これらの部隊の長として各地区の長老を任命した。これは最悪の陰謀で、キリスト教徒にとって最大の破滅をもたらす行為であった。何故なら、武器を持っていない者を政府が武装させたからである。貴方が見たのは、麺麭屋の奉公人や肉屋の奉公人が、一日目には麺麭や肉を運んでおり、二日目には武器を持っている光景であった。キリスト教徒はその動向にうわべの目的と異なる目的を感じ取って、この命令に恐怖を抱いていた。

キリスト教徒にとって事態は緊迫した。イスラーム教徒は動物に乗った〔キリスト教徒を〕転倒させ、キリスト教徒の土耳古帽《タルブーシュ》を引ったくり、背後から平手で一撃を加えた。キリスト教徒は彼らに、沈黙と卑屈と従順をもって応じていた。

しかし、キリスト教徒はイスラーム教徒の慈悲に期待し、安心していた。キリスト教徒は、街の有力者がドルーズ派にダマスクスへ押し入ることを許さないであろうし、キリスト教徒の殺害や街の破壊を許さないであろう、彼らは無慈悲な殺人を認めないだろうし、ドルーズ派と違って彼らには聖法《シャリーア》があると言っていた。そして実際に起きたことが起きようとは、誰もが全く想像していなかった。しかし我々のこの期待は何と外れたことだろう。

事態はますます緊迫の度を加えた。イスラーム教徒はキリスト教徒を捕まえ、彼に「ロシアの領事、イギリスの領事、フランスの領事を知っているか。」と尋ねるまでになった。彼がもし「知らない。」と答えれば、彼らは指さしながら「これがロシアの領事、これがイギリスの領事、これがフランスの領事。」と明らかにするのだった。彼らは道に十字架を描き、キリスト教徒にこれらを踏ませたり、放尿したりするようになった。婦人の前で恥ずかしい振舞いをすることも気にとめなかった。

キリスト教徒は大いなる恐怖に囚われ、魂が抜けた影のようになり、大切な用事でもない限り外出しないようになった。外では走り回る者や、〔キリスト教徒を〕驚かせる素振りをする者が増えた。イスラーム教徒の祭日が近づいてくると、政府はキリスト教徒に安心させる合図を送った。政府にはキリスト教徒地区を警備する部隊が要請されていたが、政府はハスバイヤーとラシャイヤーで背信行為を行った部隊を配備したのである。キリスト教徒にとって有名な受難を歴史に記すなら、この時点を特別に書き記さなければならないだろう。キリスト教徒の生命は眼前に彷徨う状態となり、夕方になると彼らは「我らに夕方が恵まれた。」、朝になると「我らに朝が恵まれた。」と言っていた。一枚の木の葉が動いても、彼らを驚かせるのであった。

そして、（東方暦で）六月二七日、（西方暦で）七月九日には、[24]十字架の落書きが増え、通行人が十字架を飛び越えることができないようになった。すると、キリスト教徒のある金持ちがそれに苦情を言ったとの噂が流れた。政府は検分に乗り出し、これらの図を描いた者を捕らえて足に鎖をつけ、彼らの手に箒を持たせてイスラーム教徒の市場を引き廻した。彼らがバーブ・アルバリードまで来た時、一人の商人が鎖で繋がれた兄弟を認めて、「信仰の一大事じゃ。」と叫んだ。するとイスラーム教徒は店舗を閉めて叛乱を開始し、キリスト教徒地区に向かった。そして向かう前にウマイヤ・モスクに入った。おそらく彼らはシャイフ・アルイスラームに相談したのであろう。それから騒然と出て行った。

その声は街全体に直ちに伝わり、店舗や隊商宿は閉じられ、イスラーム教徒は反抗の意図をもって襲撃を始めたが、略奪だけを目的にしていたかのようであった。警固のため〔キリスト教徒〕地区にいた正規軍といえば、群衆を約一時間押し返していたが、彼らに対する指令が変更されなければ、実にたやすくこの大群衆を押し戻すことができたであろう。約一時間経過して、キリスト教徒地区に大砲が据えられ、市場の屋根に一発の砲弾が撃ち込まれた。城塞から部隊の叫び声が聞こえ、総督府からは空に烽火[25]が上がった。直ちに軍隊は警固を中止して、武器を持たない者が入ることを禁じ、その者に武器を用意するよう命じた。その時、イスラーム教徒の有力者の一人が服を血に染めて馬に跨がり、総督アフマド・パシャの下に向かった。そして暫時、留まって急いで戻った。彼はおそらく殺戮が開始されたことを報告したのか、そのようなことだろう。

そしてその大群衆は武器を準備するとキリスト教徒地区の門を破壊し、彼らを襲撃し、あるいは屋根に上ってから屋敷の中に飛び降り始めた。それぞれの屋敷には一〇人あるいはそれ以上が侵入して、家屋を略奪し、男たちを殺し、婦人を凌辱し、娘たちを掠った。屋敷の住人は皆、何が起きたか分からなかった。それは、一軒の家から別の家に辿り着いた者がいなかったからであり、彼らは自分たちの順番が来るまで、キリスト教徒の家財がイスラーム教徒地区へ運び出されていくのをただ見ていたのであった。

そして彼らは職人たちの店舗・作業場に軒並み押し入り、恣に殺戮を行った。暴徒数名の集団それぞれには、武器を持たない宗教指導者が一人、長としてついていた。もし集団が略奪に忙しく、殺人を怠っていると、「略奪に気を取られて、一〇人も逃がしているぞ。」と言って叱りつけた。キリスト教徒は、イスラーム教徒が殺人に手を染めていることを知らなかったため、屋根の上に逃げていた。

それから、騒乱が発生した途端、火災が起こった。煙と炎が空の雲に向かって立ち上った。家屋を略奪した後、彼らは放火したのである。屋敷の屋根は非常に高く、その上に大勢の人がいた。暴徒は家屋に火を放った。すると人々は火災から逃れようとして、高いところから猫のように次々と飛び降りた。また多くの人々は、井戸の中に隠れた。暴徒は隠れた人々に発砲した。彼らは老人を憐れむことなく、盲人や病人ですら許さなかった。妻の目の前で夫を殺し、母親の胸から子供を奪い取って手斧で解体した。暴徒は人々に、「イスラームに改宗せよ、そうすれば助けてやる。」と言うことも多かったが、改宗させた後に殺害していた。また時として見逃すこともあった。ある時暴徒が誰かに「改宗せよ。」と言い、彼が拒否すると直ちに殺した。その目的で生きた人間を麺麭焼き窯に投げ入れた。多くの人々は殉教の勇気を示し、二分間の猶予を求めて祈りを捧げ、神の手に彼らの魂を委ねた。侵入してきた少年は、手に武器を持っていた。そしてキリスト教徒であるという理由で大人を襲って、これを殺そうとした。彼は、頭を殴られないよう庇いながら逃げることしかできなかった。一人の人間によって一〇〇〇人が追い立てられるのに、一〇〇〇人が一人を追い詰めたらどうなるだろうか。

イスラーム教徒の女たちは出てきて、男どもの後から叫んでいた。「貴方がたにアッラーの御加護あれ、不信仰者に打ち勝たせ給え、ムハンマド様、貴方の信者を勝たせ給え。」そして彼女らは、男どものように略奪を行った。

かくしてその日は暮れたのであるが、暴徒が死体を焼き始めたので、焼ける臭気が地に満ちるほどであった。村人の耳にこの報せが届き、天にすさまじい煙が立ち上るのを見て、彼らはやって来た。そしてアラブ遊牧民、クルド人、遊芸の民などが四方から駆け寄ってきた。イスラーム教徒は、〔キリスト教徒〕地区の出入門と街の城門を閉め、誰一人地区から出られないようにした。正規軍はキリスト教徒に対し、教会に避難するよう指示した。多くの人々が集結した後に、イスラーム教徒は古くからあるマルヤミーヤ教会、すなわち正教会の聖堂を襲撃した。キリスト教徒が逃げようとすると、兵隊は銃剣で彼らを押し返した。この教会において非常に多くの血が流された。暴徒は教会の財物を略奪し、その豊かな宝庫に案内させ、夜になってこれに放火した。〔ルーム・〕カトリック教会の方はその日の昼に放火され、聖堂や庭で多くの人が殺された。アルメニア教会の修道院であるマール・サルキース修道院には、ラシャイヤーの住民や農民が留まっていたが、ドルーズ派が彼らを引き取り、誰一人助かった者はいなかった。ドルーズ派は新修道院に向かい、門扉を壊せないでいると、あるドルーズ派の男が扉の穴から燃えた蝋燭を入れて門を焼き、門を開けた。そして彼らは侵入し、修道士を一人一人捕らえ、鐘を叩いて「どうぞ神父様、お祓いを。」と言い、殺害した。それから最後の一人までこのようにして、鐘を取り外し、厠に投げ込んで放尿した。そして修道院に放火し、破壊した。最後に鐘をウマイヤ・モスクに運んでいった。次に暴徒は学者でもある正教会の神父の一人を捕らえ、足を縛って街中を引き廻した。

ユダヤ教徒は、彼らの街区の門まで出てきてイスラーム教徒に水や砂糖菓子を出して迎え、彼らの勝利を祈った。また、ユダヤ教徒のところに逃れたキリスト教徒や、知っているキリスト教徒の隠れ家を教え、キリスト教徒の店舗を指摘していた。ユダヤ教徒の何人かは、ドルーズ派の服を着て彼らと同じ行動をとった。

二日目となる火曜日、ドルーズ派は街中を馬で巡回し、逃げているキリスト教徒を見つけると殺害を指示した。彼らは見つけたキリスト教徒に改宗するように言い、返事があっても改宗の意思が明確でないと、手振りで彼の頸を斬るよう示した。そして彼らはイスラーム教徒に、キリスト教徒が何人も見逃されていると叱り、「気をつけろ。襤褸にかまけて、生きた奴が残っている。」と言った。イスラーム教徒は、「生きた奴は、お前たちに残しておいたのだ。」と言い、「アッラーの御仕置、アッラーの御仕置。」と言っていた。彼らは気に入った婦女子を誘拐し、捕らわれて裸足で身を覆う物もない彼女らに先を歩かせて、連れて行った。このようなことは村落の住民やクルド人が多く行っていた。女たちは、矜持のありそうなイスラーム教徒を見かけると、叫び声を上げて彼に助けを求めた。このためしばしば双方の間に喧嘩が発生した。そして村人たちは獲物を連れて外へ出ると、とある果樹園に腰を下ろし、夫を殺された女たちに目の前で踊りを踊らせた。

嗚呼神よ、父親の胸で無邪気に甘えていた娘は人殺しの嬲り物となり、相手の憐れみを乞うため心痛を訴え、帰して下さいと彼の手に接吻していたのだった。嗚呼、暫しの時を経て衣は引き裂かれ、首を絞められた掻き傷だらけで家族の下へ戻ってきた女たちは何人いただろうか。彼女らは暴漢が近付いてきたのを見て相手の魔の手から逃れようと試み、自らの首を絞めようとしたのである。殺された者は約一九〇人、婦女も約三五〇人に達した。(26) このようなことは一日目と二日目に絶え間なく発生した。焼討ちされていない家屋は少ししか残っていなかった。

騒乱の三日目に当たる水曜日、イスラーム教徒たちはキリスト教徒を全滅させる彼らの目的が、多くの者が助かったため成功していないことに気付いた。シャイフ・アルイスラームはサーリヒーヤ地区の住民に使いをやって〔キリスト教徒地区に〕来て火事を消すよう求めた。この行為には意味がなかった。なぜなら、もしそうならキリスト教徒地区の火災は鎮まったはずである。建物は少ししか残っておらず、仮にこの少しを放置しておいても鎮火したはずであった。彼の心配は隣接したイスラーム教徒の家屋に火災が及ばないかということで、イスラーム教徒はこのことを警戒していた。しかし、キリスト教徒にとって何たる災いの日であったのだろう。これらサーリヒーヤの住民はキリスト教徒に最大の災厄をもたらした。二日目には、安心するよう呼ばわる者がいた。この災いの日にも同様のことがあったが、それは偽計であった。これらサーリヒーヤの住民、クルド人、アラブ遊牧民とドルーズ派はこの日、妨害もなく殺人を楽しんだ。サーリヒーヤの住民はキリスト教徒の一人が自分たちに発砲したと訴え、街は激昂した。しかしこの訴えは虚構によるもの、単なる嘘だった。（然り、彼らの一人が他のムスリムを殺した。）なぜなら、その者が殺された場所にはキリスト教徒はいなかったし、キリスト教徒は武器を持っていなかったし、武器をあえて取ろうともしなかった。騒乱はさらにますます激しさを加え、殺人の件数は増えた。ムスリムの一部は自分たちの家にキリスト教徒を匿って安全を保証し、他の一部はキリスト教徒を追い出して殺そうとし、ある者はキリスト教徒のいる家に放火すると脅している状況で、街の住民は分裂した。ドルーズ派の人数が増え、キリスト教徒を匿っているムスリムたちは恐れをなし、途方に暮れていた。ドルーズ派は、キリスト教徒のいるムスリムの家の戸の金輪に、その目印をつけていた。そしてキリスト教徒を追い出させ、殺していた。イスラーム教徒の女たちは、ドルーズ派への恐怖から夫たちにキリスト教徒を見放して、家から追い出すよう叫んでいた。しかし夫たちはこれに反して、力の限りキリスト教徒を庇護しようとして懸命になった。彼らが力及ばずと観念した時、キリスト教徒にもはや自分たちには打つ手がないと謝っていた。最初の二日間に発生した殺人は、この呪われた日に流された血に比して何でもなかった。一〇人、二〇人のキリスト教徒が集まっている家にムスリムが侵入して、最後の一人まで殺したことが幾度あったろう。この日、英国人司祭がカイマリーヤ地区で殺された。彼は狙撃され、撃った者は彼を背負って英国領事館のそばまで走り、その場で暴徒が彼を押さえつけて斧で斬り刻んだ。総じて我々が言うには、イスラーム教徒の手はシリア人の血だけでなく、それが届く限りの欧州人の血にも染まった。（そうでないはずはない。それが彼らの目的である。）

四日目になる木曜日、イスラーム教徒は自分たちの街区の住民が他の街区へ出て行くことを禁止した。ある街区の全住民は自分の街区に立ち塞がって他の街区の住民を入れないようにした。有力者たちがドルーズ派やアラブ遊牧民、そして自分の仲間を恐れるようになり、血の味を覚えて血に飢え、怒りに満ちたこの群衆が逸脱して自分たち自身に襲いかからないようにしたことは明らかである。同様に市街の城門もまた閉ざされ、騒乱は鎮静化した。

殺された者の総数は約五〇〇〇人に達し、そのうち約三〇〇〇人がダマスクスの住人、他は余所から来た者と言われる。しかし、今に至るまでこれについて確認はできていない。

要するにダマスクスのキリスト教徒は生気を失い、あらゆる苦境・苦悩に取り巻かれ、彼らの街区は焼討ちにあって黒い丘となり、若者たちは道のそちこちに斃れたまま放置され、空の鳥と地の獣に与えられたということである。いかにしてあの美しい邸宅や飾られた屋敷、キリスト教徒の古くからの富であるあの多くの家財が一時間で略奪され、消滅してしまったのだろうか。いかにしてあの豊かで高く聳えていた教会が、地に伏してしまったのだろうか。いかにして教会に讃美歌の声が聞こえる代わりに、犬が吠え、死体の周りで唸る声が聞こえるようになったのだろうか。いかにして贅沢に暮らしてきたあの人たちが、犬の餌食になってしまったのだろうか。いかなる眼も、あの光景を涙なしには見ることはできない。いかなる舌も、あの情景を嗚咽なしには語ることができない。いかなる心も、悲しみなしに無残な流血を想い出すことはできない。

命拾い、マグリブ人のパシャ、ミーダーン地区の顔役、城塞そして道中についての章

キリスト教徒絶滅のため、これだけの陰謀と手段が存在したにもかかわらず、ダマスクスのキリスト教徒が生き延びようとは誰が想像しただろうか。キリスト教徒にその領土を奪われたマグリブ人のパシャが、哀れなキリスト教徒の救済の原因になろうとは誰が想像しただろうか。いつも恐れられていたミーダーン地区がキリスト教

徒を庇護しようとは、誰が想像しただろうか。哀れな東方のキリスト教徒に生存者を残そうという、神の思し召しがなかりせば。暴徒が襲撃目標としていた領事たちや富裕なキリスト教徒は皆助かり、彼らの思惑は達成されなかった。

命拾いした者の助かり方というのは、全く驚嘆に値するものだった。ある者は地下室に八日間隠れた。ある者は井戸に〔隠れ、〕ついに這い上がってきた時は衣服に苔が生えていた。ある者は女物の服を着て、この方法で助かった。ある者は隊商宿の倉庫にいて、倉庫の中に何日も閉じ籠もっていた。ある者はイスラーム教徒の商売仲間を持ち、初日に彼らが助け出した。ある者はイスラームに改宗した。他のある者はイスラーム教徒の憐れみを受けた。ある者は略奪に来た者に庇護を求め、守ってはもらったものの追い出され、他のキリスト教徒と同様に血の海をかい潜った。

かくして、すべてのイスラーム教徒があの陰謀に与している訳ではないことが明らかになった。貧困のために多少の財物を略奪するのが主目的であった大衆も、〔同様であった。〕無分別な人々が、騒擾の際に興奮するのは当然である。彼らが興奮して略奪を行っていた時、兵隊は略奪に夢中な彼らを武装させるために追い返した。そして各地区の長老は彼らに合図するか、舌の動くままに「放火、殺人、何でもやってしまえ。」と言っていた。これによって彼らは究極まで突き進んだのであり、その原因は無思慮であった。イスラーム教徒の多くは幾人かのキリスト教徒を庇護していた。

そしてマグリブ人のアブド・アルカーディル殿下が叛乱発生の後、自らの仲間とともにキリスト教徒地区に駆けつけ、ダマスクス住民や西洋人の知人を助け出した。あるイスラーム教徒が、彼の行く手を遮って言った。「さあ旦那、この空き腹の貧乏人たちの好きにさせて、何か手に入れさせてやりましょう。」〔アブド・アルカーディルは、〕三日間にわたって仲間をキリスト教徒地区やその焼け跡に派遣して、男女のキリスト教徒を集めていた。キリスト教徒のために城塞を開放するよう政府に求めたのは、彼であると言われた。それからイスラーム教徒自身も、火焔の内外を駆け回っていた婦女子に、マグリブ人のパシャの屋敷に行くよう誘導していた。彼らは叫び続けていた。「やあ奥さん、怖がってはいけない。マグリブ人のパシャの家に行きなさい。」全くもって、義侠心と人間性の持ち主であるこの人物については、キリスト教徒を生残りに導いたということができ、キリスト教徒は彼の美徳に負っているのである。

ミーダーン地区の長老、ウマル・アーガー・アルアービドは(27)、ミーダーンのキリスト教徒に指一本触れさせず保護した。この二人の人物それぞれは、彼らが庇護した者を親切に取り扱った。

あるイスラーム教徒の家にいて、マグリブ人のパシャの仲間と一緒に外へ出ようとしていたキリスト教徒は、イスラーム教徒が彼に「空き地に連れて行って殺すつもりだ。」と言ったため、出るのをやめていた。同様にキリスト教徒も、城塞が開かれたのは彼らを保護するためであるのに、城塞と聞いてハスバイヤーとラシャイヤーの住民が被った被害を受けると憶測し、力の限り逃げ出そうとしていた。政府がこれを殺戮の機会に使おうとしたことは、多くの状況から立証できる。しかし神は、そうさせ給わなかった。もし城塞に向かうことに同意していれば安全だったのに、多くの人が殺された。初日の深夜、政府は総督府にいた〔キリスト教徒を〕城塞に送り、地下室に入れた。彼らはハスバイヤーとラシャイヤーの話を想像して大いに恐れた。朝にならぬうちに、この城塞には女子供の大集団が出来上がった。母親とはぐれ幼い姉に手を引かれた子供たちや、子供を見失った母親などであった。この城塞というのは、城壁に囲まれた四角い場所で、いくつか地下室があり、残りは陽にさらされる広場であった。

四日目に政府は正規軍を送り、イスラーム教徒の家に隠れているキリスト教徒を城塞に集めた。そして軍隊は何日かこれを続けた。こうして、城塞にいる人数はおよそ一万四〇〇〇人に達した。人々は皆、身ぐるみ剝がれて着の身着のまま、他に小銭も持っていなかった。なぜなら彼らは全員略奪に遭い、強盗が女の耳から耳輪まで奪って持物を改め、男たちは自発的に持物を放棄したからである。そのため少数を除き、堅麺麭の価を持っている者もいなかった。かくして人々は空腹の叫びを上げ、子供たちは泣き、乳は出なくなり、女たちは自分の子供を抱いて熱い地の上に座り、七月の太陽は彼女らの頭の上から照りつけ、彼女らは頭で地を打って泣いており、他の女たちも泣いていた。ある女は「息子が。」と言い、別の女は「兄弟が。」、また別の女は「夫が。」、さらに別の女は「父が。」などと言っていた。男たちは互いに顔を見合わせ、「どうなる。」と言っていた。するとある者は、運命を神に委ねる意味で手を空の方に挙げ、応じていた。政府は少量の麺麭と堅麺麭を売っていた。男たちや女たちは堅麺麭を買って子供に分け、自分や妻は空腹に満足していた。他の者は堅麺麭を買うことができなかった。何人かのイスラーム教徒が麺麭や果物を持ってきた。彼らが遠くに投げると、子供たちは犬のようにそれに向かって走った。(28)

何と残念なことに、昼の暑気と夜の冷気から人々を守る物は全く何もなかった。人々は身を隠す物を持っていなかった。文字通り彼らを覆う物は天であり、敷く物は地であった。彼らは恐怖と悲しみと空腹に苛まれていた。確かに多くの人々は地下室にいたが、そこは人々で混雑しており、中に入ると風呂場に入ったようであって、砂漠よりもましではなかった。六、七日経つと、政府はこれら哀れな人々に麺麭と天幕を与えた。これは懇願なくして〔与えられた〕ものではなかった。人々の心は歓びに満ち、麺麭で腹を満たし、天幕の下に身を寄せた。それぞれの天幕には約三〇人から四〇人がいた。それは夜の冷気を防いだ。

イスラーム教徒には自由があり、城塞に出入りしてキリスト教徒を眺めていた。一方、キリスト教徒は、外出を禁じられた。イスラーム教徒たちは婦人への憐憫を装い、気に入った女に「俺の家にお出でなさい。」と言っていた。何と驚いたことに、女たちは男に捕らわれるために彼の家に行っていた。彼女たちは麺麭と暑さと地面〔の上の生活〕と恐怖に飽きていたのだった。しかしキリスト教徒はこのことに気付き、政府にイスラーム教徒の立入りを禁止するよう求めた。この間、ドルーズ派はミーダーン地区のキリスト教徒を殺そうと侵入を試みた。しかしミーダーンの住民は彼らに屈することはなかった。そして、シャイフ・アルイスラームが一度〔城塞の〕中に入った。すると女たちは心が単純なため、彼に助けを求めた。

人々の滞在が長くなると、不潔で人が密集していた結果、虱が増加した。どの女も櫛を持っていなかったし、着替えも洗面器もなかった。虱は大きな悩みの種であった。男たちは頭髪を刈っていたが、西洋人の格好であるという理由でイスラーム教徒の反感を買い、彼らは虱取りをしていた。

また、人混みが原因で汚れた空気が澱み、このために多くの子供が死亡した。

そしてある夜、月蝕が起き、(29) 東洋の伝説では鯨が月を飲み込んだと考えられていた。すると人々は鯨を驚かせて月を吐き出させるため発砲し、銅の器を打ち鳴らした。城塞にいたキリスト教徒と未だイスラーム教徒の家にいたキリスト教徒はこのことを知らず、発砲が続けざまに起こったのを聞いて死を覚悟し、この略史にその恐怖と事件の詳細を記す余裕はないが、そうと分かるまで非常に怖がっていた。

それから、政府はキリスト教徒に日々の糧、つまり麺麭を入手し続けるための若干の金銭、すなわち大人には五〇パラ、子供には二五パラを支給した。これにより人々は息を吹き返し、喜んだ。またいくらかの衣類を放出し始めた。それ自体は取るに足らないとしても、着る物のない人々にはこれは大きな配慮であった。

ファード・パシャは〔ダマスクス〕到着後、城塞に立ち入った。すると女たちは、泣き叫んで彼の足下に駆け寄ってきた。彼は直ちに三〇〇頭の騾馬からなる大規模な〔キリスト教徒の〕集団を、ベイルートに向けて出発させることを決めた。彼らの警固のため、アブド・アルカーディル殿下の仲間が付き添った。そして一〇日後に同規模の集団が出発した。この道中はあらゆる困難を伴っていた。妊婦、乳飲み子を抱えた母親、寡婦、動物に乗り慣れない女性たちの道行、幼児、子供、老人、老女、レバノン山の険阻な道、灼熱、冷気、乳幼児の喉が干上がる厳しい乾き、粗暴な従者、罵声、乗物からの転落、手足の骨折、夜、何人かの女が出産する混乱、死、小休止数回を挟み一気にダマスクスからベイルートへの旅。この集団には、嘆息と「主よ、我らに災厄をもたらした者を罰し給え。我らは主の御心のまま。」という女たちの叫びの他に聞こえるものはなかった。柔弱なため大地を踏みしめたこともない贅沢育ちの華奢な女も、男も、衰えた老人もこれまでにない困難に見舞われ、栄華の高みから果てしなく惨めな境遇へと転落した。この有り様を描写できる者は誰一人いない。人々の被った苦難は神のみぞ知り給う。

そして政府は、人々がダマスクスからベイルートに到着すると彼らのために家を借り、各人に一二日ごとに二〇キルシュ、つまり毎月五〇キルシュずつ支給した。政府はまた、ハスバイヤーとラシャイヤーとデイル・アルカマルの人々にも同様に支給した。それから政府はダマスクスのイスラーム教徒を家から立ち退かせ、そこにキリスト教徒を入居させた。

ファード・パシャがキリスト教徒を送り出したことにより、あたかもダマスクスの攻撃を意図しているかのように思え、イスラーム教徒は恐れをなした。ファード・パシャは直ちに略奪された物の返却を命じた。すると彼らは、キリスト教徒が持っていた敷物の代わりに自分たちの粗悪な敷物を、それに粗末な銅器や空箱などを提出した。次にファード・パシャは犯罪者を捜索し、木の手枷をつけて彼らをベイルートからイスタンブルに護送し、兵役に就かせた。キリスト教徒が名誉回復のために望んでいたことは、人殺しの処罰であった。〔護送されたイスラーム教徒が〕ベイルートに到着した後、物事を表面によってしか見ない無思慮なキリスト教徒の若者数人が彼らに、「当然の報いだ。」と言った。すると彼らは、「お前たちの女房が俺たちに抱かれている間に、そういう口を利くものだ。」と答え、兵隊に取られた後に戻って仕返しすると約束した。そして彼らはこのように歌っていた。「おお我が屋敷悲しむな、仇を取るぞ我が剣。」イスタンブルに到着すると、彼らは公然と自分たちの血塗られた穢らわしい勝利を、イスラーム教徒たちに吹聴していた。その間に何人かは、〔ダマスクスに〕戻ってきた。

次に軍司令官兼ダマスクス総督のアフマド・パシャとベイルートの総督は、イスタンブルに送還された後、〔現地に〕送り返された。ファード・パシャは約七五人の絞首刑を命じた。そのうち約一〇人が名望家に属し、残りは一般大衆であった。同様に兵隊多数を銃殺刑に処した。そして、アフマド・パシャと二人の将校も銃殺刑に処せられた。将校の一人はハスバイヤーとラシャイヤーの部隊長で、二人目は騒乱発生前にキリスト教徒地区における警固隊長であった。それからファード・パシャはベイルートに戻った。これにより、キリスト教徒は苦境に陥った。それは、絞首刑に処せられた者の妻たちが立ち上がり、キリスト教徒をあたかもその原因であるかのように罵ったからである。同様にイスラーム教徒は、自分たちの家にキリスト教徒を入居させたことについても、彼らを圧迫した。彼らはまた、シャイフ・アルイスラームの自宅に押し掛け、彼を罵って言った。「貴方がイスラーム教徒を夜中の会合に集め、こうなるようにけしかけたのだろう。」それから政府はシャイフ・アルイスラームと何人かの有力者に対して、ダマスクスから追放する裁きを下した。これがダマスクスのイスラーム教徒に下された処罰である。

彼らは依然武器を持っていた。法の裁きは緩くなり始め、人が自分の親類を殺した者について訴えても、耳を傾けないようになった。また、イスラーム教徒の望むところでもあった。キリスト教徒は、特に正規軍が彼らに怒りと憎しみを表すのを見て、再び恐怖に陥った。

ドルーズ派は欧州の軍艦を見て、「こんな板きれが何だ、こんな空箱が何だ。」と言っていた。その時以来今に至るまで、政府はドルーズ派を誰一人処刑していない。彼らはキリスト教徒を脅かし続け、いくつかの地でキリスト教徒を圧迫し続けている。政府は一旦彼らを捕縛したが、やがて釈放し、彼らの長老の一部を投獄した。諸州の状況はいたるところで劣悪となり、仏軍が駐屯している場所の人々ですら恐怖を抱いている。

そしてキリスト教徒に対する襲撃のなかった各都市は、騒乱を起こさなかったことを後悔していた。そして、「騒乱を起こした者の身に何があったというのだ。俺たちにもまた機会があったのに。」と言っていた。こうした街や村のキリスト教徒は、苦境と甚だしい恐怖に囚われている。人々は総じて、これらの騒乱が政府の差し金で発生したことを理解していた。なぜなら、政府においてはキリスト教徒を庇護して賞讃された者も、犯罪を犯した者と区別されていないからである。そしてこれらの庇護者は、自らを犯罪者であると思うようになった。キリスト教徒は加害者を恐れ、あえて彼らを告訴しないようになった。

シリアのキリスト教徒は、貧困と離散以外の何物でもない状態に置かれている。彼らの家屋敷は焼かれ、財産、生計手段、生産物はドルーズ派とイスラーム教徒が奪い、英仏露米や他の欧州諸国からもたらされた潤沢な救恤物資なしには、今日まで裸のままでいただろう。シリアの人々は将来に安寧と安全が得られると希望していた時もあったが、約八か月経過した今でも彼らの状態に変化はなく、騒乱の前と同様の危険が待っている。どのキリスト教徒の心も恐怖に震え、安心することができない。

イスラーム教徒がアッラーの下す裁きと運命に盲目的に従う限り、彼らが一人で一〇〇人を相手に闘うことができると信ずる限り、アッラーはキリスト教徒に終末の日まで怒りと敵意を示し、彼らが互いに和解することはできないと信ずる限り、キリスト教徒は不信仰者であり、騒乱の前に礼拝堂《モスク》で長老たちが説教していたように、不信仰者の殺害は認められると彼らが思っている限り、聖戦がこの面においても他の面においても彼らの宗教の五つの義務の一つであると思っている限り、政府がその政策に忠実で犯罪者すべてに必要な追及を行い、必要な裁きを下さない限り、政府がキリスト教徒に彼らが将来に期待するものを与えない限り、シリアの状況は悲惨で危険なものであり続けるだろう。

安らかに眠っている我々の父祖の遺骨を、その墓から取り出してみよう。彼らはかつて、我々の時代を有り難がっていたではないか。彼らを蘇らせて、自分の息子たちの死体がいずこに投げ捨てられているか、見てもらおう。立ち上がらせて、息子たちの頭蓋骨を捜させてみよう。ただ一つでも無傷のものを見つけられるだろうか。蘇らせたら、自分が息子たちに残した物の痕跡に尋ね当たることができるか試してみよう。蘇らせたら、子供たちが苦しみ、自分たちの寡婦が散り散りになっている様子を見ることであろう。

英国がシリアのために採った政策によって、シリアは何か利益を得たのだろうか。露国との戦争で、何を得たのだろうか。仏国の怒りによって、何を得たのだろうか。しかし彼らは、〔オスマン帝国〕政府に我々を殺すための武器を与えただけだった。これらすべての国の真意を質してみよう。しかしそれは、彼らが標榜していることとは反対のものである。彼らが無実の人々の殺人に手を染めていないとは言われている。

イスラーム教徒たちよ、貴方がたはいつも純白の心を持っていると触れ回っている。貴方がたが行ったことは、純白な心の産物なのであろうか。然り、貴方がたの心は原始の本能の状態のままであるという意味において、純白である。彼らの心には人間として、隣人として、友人としての義務が銘記されていないため、純白である。廉恥心、羞恥心が全く欠如しているため、純白である。貴方がたは、麺麭や塩〔を分かち合う生活〕をいかにして突然忘れてしまったのだろうか。一三世代にわたる貴方がたの隣人や仲間に、いかにして残忍に振る舞うことができたのであろうか。

我々は貴方がたの公益に適った生産に従事してきたし、貴方がたの財産を適切に管理してきただけでなく、貴方がたの生命を安心して委ねられる医師でもあった。これは、貴方がたの望むことだったのではないか。しかし何が貴方がたを、このようなことに駆り立てたのだろうか。我々は貴方がたに対し、何か陰謀を企てたのだろうか。それとも我々が武器を取ったのを見たのだろうか。断じてそうではない。貴方がたは、もし被保護民に対してどちらの側が武器を取ったのか尋ねれば分かるであろう。この問いは彼にとって最大の難問となったであろう。

そして最後に、地上のあらゆる民族は、敵が武器を捨てれば殺すことを禁じている。では、いかに貴方がたは武器の扱いも知らない哀れな友人の殺害を是認したのであろうか。少なくとも貴方がたは、今に至るまで誇りと義侠心を持ち降参した敵の生命を守るという、自分たちの先祖であるところの荒野のアラブ遊牧民を見習うべきであったのだ。しかし貴方がたは、自分たちの友人がその宗教を捨てて命乞いし、貴方がたの足下に跪いているのに彼を許さなかった。書き記された物は、伝聞に等しいのである。[30]シリアが地上すべてに君臨する諸王の王に低く手を差し伸べ、そのスルターンである偉大なアブド・アルマジード〔アブデュルメジド〕・ハーンを守り給わんことを。またスルターンおよび権柄を執る人々の心に、シリアの抑圧された哀れなキリスト教徒への憐れみを起こさせ給わんことを。そして愛をもって彼らを統治し、彼らが被った不正に同情し、至高なる帝国の忠実に服従する臣民として彼らを保護せしめ給わんことを。

アラブ暦一二七六年に発生した大いなる災厄の後、シリアが今だに被っている状況について、これが私の記したかったことである。

西暦一八六一年二月一日[31]

（著者の草稿から東方暦一八六一年九月二一日に筆写を開始し、東方暦同二三日に完成した。[32]）

（ジブラーイル・ミハイール・シャハーダ・アッディマシュキーが亡くなる少し前にベイルートにおいて書き記した。彼が望んでいたのは、ベイルートに逗留しているダマスクスの事件の被害者その他への、欧州人キリスト教徒からの支援を組織することであった。[33]）

註

(1) 余白への原註「西暦一八二〇年」。
(2) ここでは、ジズヤと同義の被保護民に課せられた「人頭ハラージ税」を意味する。以下同様。本書第五章註48参照。
(3) 原註「一八二二年」。
(4) 原註「一八二三年」。
(5) 原註「一八二四年」。
(6) 国庫に納める地租。
(7) 原註「一八三一年」。本書序章第三節参照。
(8) 原註「一八四〇年」。
(9) 原註「一八四一年」。
(10) バアルベクを本拠とするシーア派領主ハルフーシュ家は、一八五〇年、叛乱を起こした。
(11) 原註「一八五二年」。
(12) 一八五四年、シリア北部のアラウィー派は、貢納を拒否して叛乱を起こし、ラタキアを攻撃した。騒乱は一八五八年まで続いた。
(13) 一八五〇年。
(14) 叛乱を起こしたハルフーシュ家の一部はマアルーラに籠城し、これをオスマン帝国軍が一八五〇年、住民もろとも劫掠した。
(15) 原註「一八五三年」。クリミア戦争(一八五三―五六)を指す。
(16) 原註「一八五五年」。ただしこれは「改革勅令」(Hatt-ı Hümayun)のことであり、公布は一八五六年二月一八日。
(17) 一八五八年。本書序章第四節参照。
(18) バダリーヤ、あるいはバダル課徴金については、本書第二章第四節参照。
(19) 本書第三章第二節参照。
(20) 一八五九年九月に発覚したクレリ事件のこと。宗教指導者シャイフ・アフマドに率いられた「殉教者協会」がスルターン・アブデュルメジドおよび改革派政治家を暴力的に排除しようとした陰謀。Riedler, *Opposition and Legitimacy*, pp. 12-25.

（21）マロン派移民ラシード・アッダフダーフが一八五九年六月にパリで創刊したアラビア語雑誌 *Birjīs Bārīs*（一八六六年以降廃刊、一八六〇年にはアラビア語・仏語二か国語版の *L'Aigle de Paris* を並行出版）を指す。オスマン帝国政府やシリアのムスリム臣民への批判で知られた。Farah, *Interventionism*, p. 600, n.148.

（22）ムタナッビー（九一五—九六五年）の詩の一節であるが、字句に多少の異同がある。

（23）本書第一章第三節（ロ）参照。

（24）現行グレゴリオ暦では、一八六〇年七月九日月曜日。

（25）fattāsh はシリア口語表現の「花火」であり、信号弾としての機能を果たした。MS al-Ḥasībī, 11r.; al-Ṣalībī (ed.), Lamḥāt, vol. 21, p. 133 参照。

（26）この一文趣旨不明。

（27）ベイルート・アメリカン大学本「サーリフ・アーガー・アルマハーイニー、ウマル・アーガー・アルアービド、ヌーリー一家はミーダーンの長老たちと一緒に」

（28）ベイルート・アメリカン大学本「そしてカイヤーシュというあるイスラーム教徒はキリスト教徒地区の肉屋であったが、ある〔キリスト教徒の〕知人の女に料理した肉を持ってきた。それには毒が入っていた。その女が食べるとたちどころに様子が変わり、死んだ。ファード・パシャはこれを知るとダルウィーシャ街区で彼を絞首刑にするように命じた。そしてそこに三日間晒された。料理に毒を入れた動機とは、その婦人にある額の借金があり、返済を迫られるのを恐れ、こうして帳消しにしようと図ったのだった。行為に相応しい罰を受けた。忌まわしい成り行きであった。」

（29）ダマスクスでは、現地時間（標準時＋二時間）一八六〇年八月一日一九時二五分、蝕が最大（最大蝕分〇・四五二）となる部分月蝕があった。

（30）この一文は晦渋な表現であるが、本文冒頭の「実際の声の反響」と対応させて解釈した。

（31）この日付を東方暦と解する場合、対応する現行グレゴリオ暦の日付は一八六一年二月一三日。

（32）本文と同筆の原註。なお東方暦九月二一日は、グレゴリオ暦の一〇月三日。

（33）別筆による余白への註。

『悲哀の書——一八六〇年七月九日にダマスクス、レバノン山その他においてキリスト教徒がドルーズ派およびイスラーム教徒によって被害を受けた事件の歴史』

目次（写本冒頭に附属）

写本ページ（括弧内は和訳のページ）

二五（四九〇）ダマスクスにおけるハスバイヤーとラシャイヤーの寡婦や孤児に対する救恤物資の募集と寄付について
二七（四九二）ドルーズ派のザハレに対する報復とその占拠について
三四（四九四）ザハレの占拠を理由としたダマスクスの街頭装飾について
三五（四九五）デイル・アルカマルのキリスト教徒の殺害について
三九（四九七）ホムスのキリスト教徒がその街のイスラーム教徒を殺害したという、ダマスクスでの騒擾を〔煽動する〕虚報について
四一（四九七）キリスト教徒がイスラーム教徒を殺害する用意をしていると人々の憤激が昂じたことにより、祭日に際しダマスクスの礼拝堂《モスク》に布かれた警備について
四三（四九八）アフマド・パシャのキリスト教徒に対する、特に領事館にいた墺国領事が請暇に至った程の偽計について
四四（四九八）キリスト教徒地区の地面に十字架の印が描かれたことについて
四六（四九九）子供たちを監視していた二名の将校への打擲その他の犯罪について
四七（四九九）悪党たちによるキリスト教徒地区への恐るべき襲撃について
五一（五〇一）第一話　略奪とそれに次ぐ事柄について
五八（五〇四）可笑しくも悲しい物語について
五九（五〇四）略奪に続いて女子供の陥った状況と城塞への彼らの集結について
六二（五〇五）キリスト教徒が略奪に遭った品のいくつかを取り戻すようになったことについて
六六（五〇六）アフマド・パシャにはダマスクスでのこの暴動の沈静化が可能であったことの説明

六八（五〇八）ダマスクスの街の地勢とその区分について
七四（五一〇）第二話　火災とその結果について
七五（五一一）政府がキリスト教徒に局限された火災の消火のためには喞筒《ポンプ》の使用を認めなかったことについて
七八（五一一）焼失した家屋の概数について
八一（五一二）女子供が火災から逃れた時の往来における苦難について
八三（五一四）彼らにはさらに重大な事態が待ち受けていたため、これらの場所の火災を悔やんではならなかったことについて
八五（五一四）第三話　流血とそれに続く事柄について
八八（五一五）シャイフ・アブドッラー・アルハラビーが金曜《〔ママ〕》日に造り出した憤激の拡大、キリスト教徒殺害の倍増およびダマスクスにおいて殺害された者の数について
九〇（五一六）フランシスコ会修道院の神父たちの殺害の模様について
九二（五一七）何人かの殺害された人々の様子に関する風説について
九七（五一九）何人かのイスラーム教徒の許に隠れていたキリスト教徒の追放について
九八（五二〇）アブドッラー・ベイ・アルアズムが彼の許に隠れていたキリスト教徒を追放したことに対する非難について
一〇一（五二一）シャイフ・アブド・アルカーディル・アルマグリビー〔アルジャザーイリー〕の許からキリスト教徒を集結させて城塞に送ったことについて
一〇三（五二二）生存者を保護していたサリーム・アーガー・アルマハーイニーが殺されたと聞いてキリスト教徒が味

わった〔苦悩〕について
一〇五（五二二）城塞における手足の陽焼けによる、女子供の苦痛と彼らの悲鳴について
一〇七（五二三）城塞に集結したこれらの人々に慈悲心ある者が食糧を与え始めたことについて
一一〇（五二五）軍隊が入って男を一方、女子供を他方に分け始めた時に彼らが陥った恐怖について
一一四（五二七）アフマド・パシャがこの行為によって人々を欺いたと彼らが確信したことについて
一一六（五二七）ユダヤ教徒の集団に起きたことについて
一二八（五三二）第四話　拐取とその経過について
一三〇（五三三）単純な人がこの話を読んだだけでは、婦女子が友人たちによって保護された事実を知らなかったであろうと私が想像したことについて
一三二（五三四）これについて起きたことの物語と風説について
一三五（五三五）掠われた女たちが賊から解放され、城塞に戻ったことについて
一三八（五三六）ダマスクスの災厄は、シリアの他のキリスト教徒の災厄より深刻であることについて
一四一（五三八）これらの被害者を救済するために兄弟が来ないよう、彼らに許しを乞うことについて
一四二（五三八）キリスト教徒がベイルートに向けて出発した最初の集団移動とこの旅で彼らが被ったことについて
一四七（五四〇）第五話　強制的な棄教とそれにより起きたことについて
一四九（五四一）イスラームに改宗して復帰し、中にはイスラームに留まった人々について
一五四（五四三）何人かの殉教者が人殺したちに語ったことと彼らの名について
一五六（五四四）強要する者に彼らの宗教への強制的服従の効用を質すことについて

一五七（五四五）各宗派の司祭たちが被ったことと彼らの名について
一六三（五四七）城塞のキリスト教徒に多くの死者が出たことについて
一六四（五四八）慈悲心ある人々が医師を呼んだり救恤物資を配ったりしてキリスト教徒の救助を開始したことについて
一六七（五四九）英国の婦人たちが届けた救恤物資と彼女たちからシリアの婦人たちに宛てた弔意の書簡について
一七一（五五一）シリアの婦人たちから英国の婦人たちへの返簡の写しについて
一七九（五五五）ダマスクスに最初の軍部隊が到着した模様について
一八〇（五五五）ファード・パシャが到着した二日後、偶然発生した伝説に彼が思ったことについて
一八一（五五五）ファード・パシャが官衙において顔役や名望家と行った会議について
一八二（五五六）略奪品を回収するようファード・パシャが最初に下した命令について
一八四（五五六）略奪者の幾人かを捕縛収監し、設置された二つの〔法廷〕において調書が取られたことについて
一八六（五五七）七八人〔ママ〕の絞首刑について
一八七（五五八）絞首刑に処せられた何人かの名と彼らの醜行の一部について
一九一（五六一）アフマド・パシャ、上級大佐および中佐の銃殺刑について
一九二（五六一）行状糺明のため街の名望家たちを捕縛収監したことについて
一九六（五六四）ベイルートにて発生していたダマスクスの人々の混雑を揶揄することへの非難について
一九九（五六七）ベイルートへの移動を思いとどまるようファード・パシャがキリスト教徒を説得したことおよび彼の布告の写しについて

二三五（五九四）特別税のダマスクスおよび周辺諸州への賦課金額について
二三八（五九七）キリスト教徒の損害に関する通告書の写しについて
二四三（五九九）これら文書に対するキリスト教徒の不満について
二四四（六〇〇）キリスト教徒が理不尽であると訴えたことに対するファード・パシャの〔諸教会〕指導者たちへの回答および調査に付すとの命令について
二四八（六〇二）スルターン・アブド・アルマジード〔アブデュルメジド〕の死によりダマスクスの人々の間に生じた動揺について
二五〇（六〇四）ダマスクス総督が宗教的指導者たちに、この動揺に対してキリスト教徒を安心させるよう下した命令について
二五二（六〇六）アフマド・パシャがダマスクスのキリスト教徒に敵意を抱いていた理由について
二五七（六〇八）ダマスクスにおけるサリーム〔セリム〕・パシャの殺害について
二五八（六〇九）ダマスクス近郊メッゼの野原でアミール・バシール・アッシハービーがダマスクスの人々と交えた戦いについて
二五九（六一〇）アッカとナースィラ〔ナザレ〕の間のマルジュ・イブン・アーミルでダマスクスの人々がシリアの大多数の人々と共にナポレオン一世の軍と交えた戦いについて
二六一（六一一）ダマスクスの殉教者慰霊のため行われた葬儀およびマグリブ人による流言について。悲哀に覆われた日であった
二六三（六一三）キリスト教徒住民はダマスクスが仇をなしたのであるからその地を去るのが良いとの意見について

二六九（六一六）ダマスクスのキリスト教徒が略奪・放火・破壊行為によって失ったものの明細と殺された者の人数について

二七一（六一九）まず教会の建設を開始することへのファード・パシャの賛意と宗教的指導者の説得およびこの建設に関する指示条項について

二七五（六二二）貢納に対するホーラーンのドルーズ派の反抗、シリア教会のヤアクーブ大主教による仲介および彼のシャイフ・ファーリス・アーミルへの書簡の説明について

二七九（六二六）列国代表のダマスクス到着およびファード・パシャとの最終決着の次第について

二八一（六二七）ダマスクスのキリスト教徒の損害に関する決定条項の写し

二九〇（六三三）委員会の委員長と委員の名について

二九一（六三四）調査委員会の開催と委員が提出した三件の表の審査について

二九三（六三六）ファード・パシャに対する大宰相への昇任勅令と彼の最後のダマスクス訪問について

二九四（六三七）ダマスクスのキリスト教徒がファード・パシャへの謝意を表してスルターン・アブド・アルアズィーズ〔アブデュルアズィズ〕に呈した嘆願書の写しについて

二九七（六三九）ファード・パシャがシリアにおいて実行した周到な諸措置について

三〇〇（六四〇）〔ファード・パシャ〕の臨場により〔キリスト教徒〕地区の建設が着手されたことについて

三〇一（六四一）ダマスクスのイスラーム教徒とキリスト教徒の名望家・権門がファード・パシャとの間で行った会合、彼の彼らに対する説諭およびシャイフ・アフマド・アルクズバリーの演説について

三〇三（六四三）シリア教会大主教に対する勲四等の勲章授与について

三〇四（六四三）シリアの人々に別れを告げて彼〔ファード・パシャ〕が残した書簡の説明について
三〇六（六四四）ファード・パシャのスルターン・アブド・アルアズィーズ拝謁について
三〇七（六四五）請求審査におけるキリスト教徒の苦労について
三〇八（六四六）焼失物件調査委員会の構成者の名と彼らの活動について
三一〇（六四六）キリスト教徒のある者は彼らの権利証を売却し貧困に留まったことについて
三一一（六四七）権利証書の国庫債券との引換について
三一二（六四八）街に住居が見付からないことによるキリスト教徒の困難について
三一三（六四九）ダマスクスのキリスト教徒が政府から受領した金額について
三一四（六五〇）本書の奥付について

序文

今年、ダマスクスの街とその近郊および山岳レバノン県のキリスト教徒が被った災厄は、甚だ道理に悖る出来事である。これらは単に悲哀のみならず、過去の歴史に類例が聞かれないと私が推測する苦痛を喚び起こすに値するものである。このようなあらゆる種類の暴虐を揃えた災厄は、我々は書き物にも見たことはなかった。なぜなら、我々が世の中で起きた戦争や内乱について語るならば、それらにおいては流血が生ずるだけであろう。もし我々が盗賊や追剝ぎについて語るならば、彼らは衣類や荷物を奪うだけであろう。幾人かの犯罪者がいくつかの場所に放火したとは耳にするが、それは何らかの物事について彼らが羨望の念を抱き、隠れて行ったことに過ぎない。世間の幾人かの獣が人倫に背いたと我々が聞いたとしても、人間二人の互いの合意により、それは密かに行われたのである。仮にこれが強制にわたったとて、人気のない場所、つまり強制された者の叫びを聞く人がいない荒野や山中で稀に発生するものであろう。また我々は、ある人々が他人に改宗を求めると聞いたことはある。しかし彼らは相手に顕職などの対価を提供するか、棄教も喜びとなるような恋愛によって結婚するためか、あるいは研究や対話によって相手を説得し、合意の上で自分たちの宗教を好むように誘導するのである。しかしダマスクスの街では我々が述べたこととは違い、財物の根こそぎの略奪、教会・修道院・家屋すべての放火、激しい驚愕や恐怖をもたらすような殺され方での流血、制止する者や非難する者のない公然かつ強制的な婦女子の拐取、キリスト教の放棄とイスラームの受容の無理強いが合法とされたのである。人としての道理に甚だ悖ることであるが故に、私は今年これら諸州のキリスト教徒が被った災厄の有り様と、その発端がいかなるものかを伝えるため、この短編を著そうと意図し、悲哀〔の書〕と題したのである。私は今いる現世代のアラビア語を解する人々に伝えようとは思わなかった。なぜなら彼らは、多分それらの一部を聞いているからである。そうでなく他の言語を話す人々が対象であり、私はこれらの災厄が世の大半の人々に知られるようになるため、多言語につながりを持つ他のある言語に、誰か奇特な人がこれを翻訳するよう願うものである。第二に、ダマスクスのイスラーム教徒の裏切りは驚くべき異様なことと皆が口を揃え、野獣ではなく人間である者は確かに備えているはずである尊厳と法の欠如について、長い時間に忘却の害が及ばないよう、次の世代に歴史として保存されることを目的としている。第三に、読者や聞き手がこの世代のキリスト教徒、特にダマスクスの人々を憐れむよう慫慂し、次いで彼らが敵対者により被った害を我々は指摘するだろう。これら敵対者にはあらゆる宗教のいかなる種類の集団にも同情する者がないどころか、全員が彼らに真っ向から反対して報復を望むことだろう。そして更に道理に悖るのは、この哀れな人々に、それら野蛮人に対する過ちを何一つ見出すことがなく、彼らに聖なる言葉が成就するためであったということである。「汝らはあらゆる民に憎まれるだろう。[1]」「汝らを殺す者は皆、自分は神に奉仕していると考えるだろう。[2]」

キリスト教徒とドルーズ派の間に存在する敵対関係について

山岳レバノン県においてドルーズ派の集団とキリスト教徒の間にこれまで存在した、しばしば互いに殺し合ったり、家屋に放火したり、樹木を伐り倒したりしていた敵対関係は、今年双方の間で激化した。読者はもし十分な注意をもって熟読すれば、その原因を解明することができるだろう。すなわち、キリスト教徒の意見が分かれていたのと違い、ドルーズ派集団は皆が心を一つにして立ち上がったのである。彼らは申し合わせに従い残りのあらゆる民や宗派と結託し、彼らの敵意を煽り始め、キリスト教徒の罪となる事柄を指摘した。それは、ザハレの住民が仲間内に余所者がいないとて、少々享受した自由のようなことである。彼らの自由というものは自分たちを損ない、他の同胞たちをもろともに損なうに過ぎなかった。彼らの一部愚か者たちが自由のあり方を知らなかったため、互いに報復し合うようになり、ドルーズ派集団が彼らに狙いをつけた。しかるに彼らには意見の一致がなく、戦争に際し敵との交戦の時に必要となる、適切な準備を提供する熟練者集団と相談しながら、指揮を執る頭目の意見に従うこともなかった。すべての氏族は素直に服従して指導者・頭目の意見を聞くことにより、彼らに勝利がもたらされるはずであるのに、その時のザハレの住民は、皆それぞれに頭目を担いで、他に耳を貸さなかった。意見の一致がなかったことが、ダマスクス州のキリスト教徒全体の崩壊をもたらしたのである。これは我々が必要に迫られたため、災厄に際して救助に駆けつけなかった同胞たちの甚だしい欠点について、あえて沈黙を破るのである。しかし我々は古くから続く家族や、アミール、ベイ、シャイフ〔の称号を持つキリスト教徒〕がいて、彼らは他の人々にも有名で、その勇猛さと頭数の多さで恐れられており、ダマスクスのイスラーム教徒そのものですら、かつて彼らがアミール・バシール・アッシハービーに率いられてやって来たことを想い出して、このような話を語り合い、もしこうしたキリスト教徒の戦士がダマスクスに攻めて来たらいかに防戦するか、計画を練っていたことを知っている。これについては後述する。この時は、彼らの敵であるドルーズ派とイスラーム教徒によって、彼らの土地に攻めていったら、たやすく奪い取れるだろうと話していたことが聞かれるような事態に至っていたのであるから、我々は次の二つの主張を受け容れることはできない。ザハレの住民は動乱の当初、援軍を断った。第二に、ベイルートの何人かの同胞から、彼らに届けられた手紙が理由である。なぜなら、第一については、物事がここまで至ると思わなかった一部のザハレの住民の言ったことである。特に、かつて互いの間に悶着が起きるたびにドルーズ派を殺して、彼らに勝利を収めていた経験のある人々が、そう言っていたのである。第二の主張については、彼らのある者が健全な意図を持っていたか、そうでなかったかは神のみぞ知るが、他方としては信ずべき人の言葉を信ずるのであって、心中にあるものが何かを察知することはできない。それゆえ彼ら〔ベイルートの同胞〕は、ザハレ救援に向かわないという手紙を書いたのであり、これを口実に彼らは救援を控えたのである。我々は受け容れないと述べたが、混乱に際しては言った、言われたことではなく、同胞その他をも殺そうと決心している狼たちから、彼らを救うための正義感と果敢な突進が必要とされているのである。同胞であるザハレの住民を救うため、皆で心一つに協力すべきであったのに、これらの人々の正義感について、私は語ることはできない。それどころか、多くの者が役職や権力、そして何らかの一時的利益のためにドルーズ派と手を組んで、同胞に対抗していたのを見るだろう。まして彼らの内、その場で正しい発言をする者は、全く知られていなかった。そして同胞の言葉を掠め取って、敵であるドルーズ派に提供した。読者よ、御覧あれ。私の言っていることは、これで証明されるであろう。ダマスクスとザハレ近辺、そしてそれら郊外のキリスト教徒戦士は、約一〇万人に達している。ドルーズ派集団は二万人もいないが、今日キリスト教徒に対し示した勇敢さでもって、シリアの住民の中ではより名誉ある地位を占めている。それでは、いかにして少数派が殺戮を行い、多数派への勝利で有名になり、他方は打ち負かされ、踏みつけられ、卑屈と敗北で有名なのだろうか。これが、キリストによる同胞に対する正義感をもって、心を一つに協力しなかったと強調する点である。シリアのこの地域では多数を占めるキリスト教徒戦士たちには何と残念なことに、彼らは少数の敵に敗北し、生活の糧を奪われ、家を焼かれ、大地に屍を晒し、ひいてはそれらの少数者が勝利で世上有名となり、皆の言い方によれば、彼らは小さな西瓜が割れて大きな西瓜となるに至ったのである。キリスト教徒にこの性質が備わっていたならば、イスラーム教徒に次いで第一の〔地位を〕(3)占めるばかりか、皆に敬愛されることになったのであるが。神が皆に欲せられる天命であると、我々は言おう。

騎兵・歩兵を含む約二〇〇〇人の戦士からなるドルーズ派集団は、六月の初めにシャイフ・イスマーイール・アルアトラシュと呼ばれる指導者に率いられ、ホーラーンの山地から来た約五〇〇騎の集団と共にハスバイヤーに向かった。この男は元来、一年雇いの牛追いであった。その後、彼は勇敢であることが明らかになり、山賊仲間で重きをなしたのであって、ハムダーン家、アブー・ファハル家などこの地方の同類のように、以前は名門に属していたというのではなかった。彼はかつて〔ホーラーン〕山地の西側にあり、全住民がドルーズ派であるキライヤという村に住んでいた。キリスト教徒の農民の間で暮らす方が実入りが多いと知り、彼は東の方にあったイラー村をハムダーン家に要求して力ずくで奪い取り、住民が全員正教会の信徒であったその村に、居を構えた。このキリスト教徒の村に対する慣例違背、その他多くの圧政のため、彼らの宗派の総主教から提出された書簡など、多くの抗議があったと私は言うことができる。今や彼に反撃する者がない程度に至り、ラジャー地方の叛徒の頭目となった。他にはマジュダル村（ラジャー地方から西方に一時間半程の距離）のシャイフである、シャイフ・ハズィーマがこの群衆を率いていた。この男は、かつてダマスクスの仏国領事に偽善的な手紙を書き送ったり、彼に何度か面会して自分の行動規範を説明し、反抗する考えを否定するなどのまやかしを行っていた。それどころか、自分の周辺に居住するキリスト教徒を保護する意志があるのみと、領事に対し偽善振りを隠すことがなかった。同じく、アーヒラ村（ラジャー地方の内部西側）のシャイフ、シャイフ・ハマド・アッザームが一緒であった。彼は性悪で、キリスト教徒虐殺が発生した時、他に殺してその血をすする者がいないか捜してうろつき回り、猛獣のようにキリスト教徒の心臓を取り出して食べたなどと言われ、我々もそう思っている。これらと共にいたのは、ブライケ村（これはラジャー地方の北端）のシャイフ、シャイフ・ドゥアイビス・アーミルで、彼はホーラーン山地のキリスト教徒住民、特にまずヒート村とハイヤート村の人々、その後はブサイル村の人々を殺害したシャイフ・アスアド・アーミルの従兄弟である。これらの村の住民は、〔ルーム・〕カトリックに属した。そして一〇年間にわたって〔シャイフ・ドゥアイビス・アーミルは、〕恣に彼らの財産や生活の糧を取り上げていた。彼らは何度も政府に苦情の上申を繰り返し、あるものは彼らの宗派の総主教であるマクシモス・マズルームより、あるものは現在の総主教アクリモンドゥスより提出された。これらは至高なる国家への反逆者たちであるから、耳を貸す者や応える者はいなかった。兄であるシャイフ・ファーリスが彼を輔佐し、〔兄〕なくしては何事もできないほどであった。これらのキリスト教徒は街や村を巡って、皆が今のような災厄を被らないうちに同胞たちの善意を求める状況に至った。もし我々が、キリスト教徒に対するこの偽善者の罪やその有り様をここで詳述しようとしたならば、我々の説明が長くなって、もはや我々のこの書物は簡潔と呼べなくなるだろう。我々がただ述べるのは、最後に彼らが逃げた時、彼らの妻たちの多くは路上に取り残され、彼らが追撃された時、多くは恐怖で死に、自分たちの郷里や生活の糧や家畜や農地など、持っていた物を放棄して、必要な喰い扶持のために妻子と物乞いして回るようになったということである。

ここで読者は、これらの人々の悪辣さに関するこの歴史を読む上で必要であるにも拘わらず、私がラジャー荒野の有り様やその住民、周囲の村について十分〔説明して〕いないことに気付くだろう。そこで私は述べよう。ラジャーは、岩や荒れ地が多いため、歩むことの難しい場所である。ほとんどの道には、大砲が入ることはできない。内部は誰か、その住民の案内がなければ経巡ることはできず、仮に入ったとしても、案内人なしに戻ることはできない。この地の長さは、家畜に乗らない男の足で北から南まで一五時間、東から西まで七時間に達する。この地方から西方に延びてホーラーン地方とジードゥール地方があり、西方のはずれから南にかけてドルーズ派の地が始まっている。そして北の方に周辺部から並んでいる村々を一番後から述べれば、ミスミーヤ村、シアーラ村などがある。その後にダマスクスに属するザグバル村、ハヤーラ村、デイル・アリー村、キスワ村などの村々があって、その後がダマスクスの街となり、この場所までは我々が説明した通り、六時間〔の道のり〕である。そしてラジャーの周辺から東の方角には、まとめてワーディー・リワーと呼ばれる廃村群があり、その後は人を寄せ付けぬ荒野があって、バグダードに続いている。ワーディー・リワーから南の方角には、再びドルーズ派の地が始まっている。するとドルーズ派の村々については、ラジャーの南方に東から西まで接して居住していることが、ここで解る。まずハイヤート村、ヒート村、ジュネイネ村、ドゥーマ村があり、約一万人の人々を有する約五〇の村々は皆、ドルーズ派である。一番西には、キライヤ村とホート村がある。この地方、すなわちラジャーそのものには、サルート族と呼ばれるアラブ〔遊牧民〕が住んでおり、その数約五〇〇〇人である。我々が述べたように、ドルーズ派の村々は、この地方の南の方すべてに広がっているが、各方面では西の方に半分以上あって、いくつかの村はそれ〔ラジャー〕の中に存在する。生活必需品は相互依存しており、そのため皆、すなわちドルーズ派とこれらのアラブ〔遊牧民〕は結束していて、そこでは人命と名誉は一丸となって〔守られている。〕そのため、政府が他の州と同様の法律に従ってドルーズ派に貢納を命ずると、彼らは政府に言い訳をして虚偽の約束を行い、しまいには要求の一部しか応じないのである。今に至るまで、彼らは軍役に一人の青年も出さず、国家は彼らを服従させられないとでも思っている。第一に、後述するエジプト国のイブラーヒーム・パシャとの戦争(4)、第二に、オスマン帝国の軍司令官アミーン・パシャとの戦争、第三に、政府の有力者ムハンマド・クブルスル・パシャとの戦争(5)という、かつて彼らとの間に起きた戦争では、力で彼らを制圧することができなかった。〔政府は、〕それらと同じことが起きないよう、彼らを懐柔することしか望んでいないのである。そこで今は我々は、元の〔話題に〕戻ることにしよう。

我々が述べた群衆は、イスマーイール・アルアトラシュや前述のシャイフたちと共にホーラーン地方から出てきて、カナーキルというイスラーム教徒の村を通りかかった。ホーラーン郡に属する〔カナーキル村は、〕その人口約一〇〇〇人に達し、そこにはヒーネ村の住人である約一三〇人のキリスト教徒の若者がいて、家族を養うため、毎年例に習い日傭いで、その村における農作物の収穫を行っていた。ハリーファと呼ばれるこの村のシャイフは、ドルーズ派による村の通過に際し、〔キリスト教徒の若者を〕保護すると約束していた。ドルーズ派はより勇敢であるといっても、ホーラーン地方のイスラーム教徒に対抗することはできなかったから、この偽善者は彼らを保護することができたにもかかわらず、群衆が現れると彼は、彼らを引き渡してしまった。あれら〔ホーラーン地方のイスラーム教徒〕はより数が多く、ホーラーンの村々と共に戦っていたジードゥール地方の村々を合わせて、その数約二〇万人に達している。特に、徴兵のような満足のいかないことを政府が要求する際には、ホーラーン地方の住民とドルーズ派は団結することを予め盟約しており、現在に至るまで我々が先に説明したように、後者は一人の青年も差し出していない。ところで、ドルーズ派はこれらの哀れな人々を捕らえると、皆殺しにしてしまった(6)。

そして彼らは、シューフ山地やワーディー・アッタイバルの悪名高い群衆と一緒に、総勢約三〇〇〇人の兵力でハスバイヤーに到達し、その村のドルーズ派と共に、村の住民への報復を叫んだ。そこには上級大佐オスマン・ベイの統率の下、政府の軍隊が駐屯していた。彼は表向きは双方の仲介や和睦(もし、そこまで意図していたのであれば）を図っていて、ドルーズ派は彼に対し、キリスト教徒の武装解除を要求した。すると彼は直ちに〔キリスト教徒の武装解除を〕要求したが、彼の裁判に際する取調べで明らかにされたように、そうすればドルーズ派が悪事を止めて撤退する（調書の通り）と思ったからであるという。あるいは我々が後で見るように、彼は何らかの目的を知っていたのだろう。そして彼はキリスト教徒に、武器を引き渡せば彼らを保護すると約束した。この愚か者が、もしキリスト教徒と一致してこれらの悪党と戦っていれば、政府軍の攻撃により彼らを打ち負かすまでもなく、防禦の前に彼らは皆、引き下がったであろう。しかし彼ら〔キリスト教徒〕は軍隊と共に戦うことはなく、軍隊はその一部が少しでも彼らを守ることはなく、そうする意図は毛頭ないようであった。そのため、自分たちの行動を容認するのではないかとのドルーズ派の推測が、ここで現実のものとなった。哀れなキリスト教徒は、もし武器の引渡しを求めているスルターンの軍隊に武器を引き渡さなければ、軍隊もまた彼らに敵対することを知って、計略に陥ることになった。そして、もし軍隊がドルーズ派と手を組んだ（彼らの推測によれば）後に打ち負かされるようなことがあれば、彼らは軍隊に反抗し、内乱を計画して武器を引き渡さなかったと言われるだろう。そのため哀れな人々は、直ちに自分たちの武器を集めて軍の指揮官に引き渡し、彼は彼らをその村の城塞に収容した。そして彼らを警固しているかのように、軍部隊と一緒に立っていた。自分たちの敵の偽計を受け入れてしまった、これらの哀れな人々が受けた被害を聞くがよい。もし武器を持ったまま、決死の覚悟で戦っていれば、神の導きによらずとも、恐らく自力で勝利を得ただろう。数々の約束を破ってきたドルーズ派集団は、ほどなくキリスト教徒を求めて、城塞を攻撃した。軍隊、特に前述の指揮官はドルーズ派との戦闘を望まなかったので、彼らにキリスト教徒を引き渡した。彼らは城塞にいたすべての人と、たとえ真似事であったとしても一戦も交えることなく、殺害してしまった。我々はこの事件によって心配が昂じて、恐怖に囚われた。もし彼らに武器が返されて、皆に〔誰かが〕呼びかければ、多分互いに防戦に努めていたであろうし、このようなキリスト教徒の殺害も発生することはなかっただろう。しかしダマスクスのナースィーフ・パシャ・アルアズムの子息であるムスタファー・ベイと呼ばれる一人の将校が、ドルーズ派が城塞の門を攻撃する前に、城塞の壁の背後からドルーズ派の人間を引き入れ、攻撃に役立つように城塞の内側から穴を開けて、中と外がつながるようにした。ドルーズ派が門を攻撃した時、この偽善者はあたかもドルーズ派出身であるかのように、その門の前に立っていた。そして彼は、キリスト教徒の人々を城塞の中から次々に連れ出して、立っている彼らの敵に、殺すよう引き渡していた。中には捕らえられると、殺さずに助けてもらうよう泣いて哀願する者がいたが、彼はその足を蹴って階段の下方に突き落とし、敵たちは手斧で〔その人を〕斬殺してしまった。この悪党は、キリスト教徒の武器を回収する際の指揮官でありながら、その武器をドルーズ派に引き渡すなど、ドルーズ派より悪徳は甚だしく、兇悪さでは優っていた。彼は、キリスト教徒に対しより強固な敵意を持っていたので、ドルーズ派の秘密集会にいつも参加して、彼らを鼓舞煽動し、このような行動に至った彼らの恐ろしい考えを誘導していた。最後に私は断言するが、この男はこの行動における首謀者集団の一人である。よって彼がイスラームの宗教指導者であると称していたことをもって、特に我々は彼の振舞いに驚くことはない。そして彼は、いつもキリスト教との論争を好んでいた。彼こそが、ディミトリー・ブーラードとユースフ・シャーティーラーを説得して、自分の宗教に引き入れたのである。（我々はこれについて後述する）〔キリスト教徒と〕共にシハーブ家のアミールたちも殺され、その筆頭はアミール・サアド・アッディーン・アッシハービーとその街の領主、アミール・アフマド・アッシハービーと呼ばれる者であった。そして殺害されたキリスト教徒は七〇〇名、殺されたアミールは六名であった。（これらのアミールはイスラーム教徒で、その地方の領主であったが、ドルーズ派に憎まれていた。今や栄耀栄華の果てに彼らは落魄して、物乞いとなって郷里を離れ、政府は彼らに一人ずつ一日五キルシュを手当てしていたが、それもキリスト教徒に対する義捐金と共に打ち切られた。最後には、自分たちから略奪された物の一部を取り返し、それによって生活している。）城塞の包囲から脱出した人々は泣き叫んで走り出て行き、ダマスクスまで辿り着いた。哀れな人々は、その地に軍司令官兼総督のアフマド・パシャ（彼については後述する）がいて、政府の力が及んでいることを知っていたからである。しかし彼は、キリスト教徒を偽りの言葉で欺き、秘密裡にドルーズ派を使嗾していたのである。

また同じ行動が、この集団が向かったラシャイヤーでも発生し、一一名のシハーブ家アミールと共に、九〇〇名が殺害された。（これらのアミールたちもまたイスラーム教徒で、彼らの成行きは、ハスバイヤーにおける親族のアミールたちについて我々が説明した通りである。）ハスバイヤーのキリスト教徒が昼間殺害され、その夕方群衆はラシャイヤーに出現したのであるが、ラシャイヤーのキリスト教徒は、中佐ムハンマド・アーガーに率いられた軍隊に警固されて城塞に閉じ込められていたので、ハスバイヤーで同胞の身に起きたことを、前もって知らなかった。ハスバイヤーのキリスト教徒が計略に陥った後で、〔ラシャイヤーのキリスト教徒も〕武器を引き渡してしまったことを我々が訝しく思わないよう、これを説明したのである。したがって我々は、ラシャイヤーのキリスト教徒が、もしハスバイヤーで発生した計略について知っていれば、武器を引き渡すことはなかったし、軍隊とドルーズ派の両方を相手に、最後の一人まで戦ったのにと悔やんでいるのを聞くのである。より穏当な推測によっても、彼らの身に起こったり、同様にハスバイヤーで起こったほどの殺戮の規模には至らなかったであろう。

結局他の助かった人々は、家を焼かれ男たちを殺された小さな村々の寡婦や女子供と共に、ダマスクスにやって来た。ハスバイヤーとラシャイヤーの周辺の村々の住民のある者は、あちこちの場所に逃げて行ったが、中には逃げる途中で捕らわれた者もいた。いくつかの村々においては、その住民は容赦なく殺害された。村落で殺害された人々の概数は約一〇〇〇人に上った。そして、ハスバイヤーとラシャイヤーおよび周辺の村々で殺された人々の総数は、二五〇〇人となった。彼らは皆、このおぞましい事件に巻き込まれたことは明らかである。ここで注意すべきは、彼らはこの災厄を被った後、またさらに大きな災いに巻き込まれるべく、いかにしてダマスクスに向かったかである。荒野に行って草を食んでいた方が、ダマスクスで二度目の災厄に遭うより、ましであったろうに。その後、殺された人々の寡婦たちも乳幼児を連れてやって来た。彼女らが着物、履物、飲食物もなく彼ら現れた様子は、岩のような心にも悲しみを覚えさせるものであった。その時ダマスクスのキリスト教徒は、彼らが厩舎や道に寝ていたり、女子供がダマスクスの街路を、生活のため物乞いして回っていたりしているのを見て彼らの世話をし、できる限り彼らに身を寄せる場所を用意した。各宗派の指導者は、ダマスクスのキリスト教徒住民の代表と共に、互いに彼らに対する救恤物資を集め始めた。そしてキリスト教の情熱を傾けて、彼らの生活に必要な物を差し出した。ダマスクスのグレゴリオス・ヤアクーブ・シリア正教会大主教は、自宗派シリア教会に対する必需品を供出した。〔ルーム・〕カトリック総主教の代理であるアンブロシオス・アブド・エルサレム主教は、彼らに対するあらゆる救恤物資の面倒を見ていた。ユーハンナー・フレイジ氏（この人はダマスクスの裕福なキリスト教徒の筆頭で、彼らのアクリモンドゥス総主教が西方暦の開始を定めた時には、最初に東方暦の継続を主張し、自宗派の集団と共に服従を拒んだ人であった）や、アントゥーン・アッシャーミー氏、ディミトリー（・シャルフーブ氏、この両名については後述する）もまたルーム・カトリック派の代表たちと共に、自らも何がしか、自宗派からも何がしか集めて、自宗派の必需品を供出していた。同様に、正教会も自分たちで何かを集め、残りは教会の宗教財産から出して、自宗派の必需品を賄っていた。そして彼らは、このような哀れな状態で前述の寡婦や子供たちと共に生活困窮に陥っており、ダマスクスの人々を悲しませた。キリスト教徒は、不断にダマスクスのイスラーム教徒から侮辱や悪罵の言葉を聞かされた。〔イスラーム教徒は、〕同胞が被ったことを痛快がって嘲笑し、類似のことが今に起きると予告していた。

このようにして、ドルーズ派の群衆は〔ザハレの〕住民に対する報復を要求して、叫びながらザハレに向かった。そして、彼らとの間で小規模の戦闘が発生した。この戦いでは、出撃したドルーズ派は、キリスト教徒側の二倍の戦士を失った。そのため、彼らはその夜ザハレの戦いから退却する用意をした。アーミル家の戦士たちの間で筆頭の騎士であり、彼らを率いていたドゥアイビス・アーミルは、翌日まで留まって持ちこたえるよう、彼らを再度激励した。我々が初めに、ザハレの住民が心一つに結束していなかったと述べたように、彼らの一人が自分の敵への報復をなお求めていたのに、その時点でさえも、それが許されなかったことが明らかになった。なぜなら、彼らの若者の一人が障壁の陰からドルーズ派の一群に攻撃を加えたが、彼は背後から裏切られないよう、追撃を断念したと判明したからである。そのような状態で、彼らが敵に勝利することがどうして望めるだろうか。この理由は、ザハレ〔の住民〕が何家族にも、すなわち門閥に分かれており、多数派が一宗派、すなわちカトリックに属していながら互いに争って、勢力争いと呼ばれる対立状態にあるからである。ザハレについては、約一万二〇〇〇人の人口があり、そのうちに約二五〇〇人の戦士がいた。この時点では、彼らのところに村々から逃れてきたキリスト教徒の戦士が五〇〇人以上いた。神がお許しにならなかったとしても、心一つに結束していないと形容されるザハレの住民が、ドルーズ派に敗れてしまったのは不可思議なことである。これは、〔ザハレの住民に〕限ったことではなく、むしろシリアのキリスト教徒全体に当てはまるのである。ここに譬え話をすると、棒が互いに結束していれば、常には得がたいような大力をもってしない限り、一度にそれらを折ることは大変難しい。これらの棒が一本ずつに分解した時、病人でも全部を壊してしまうことができる。諸州におけるキリスト教の敵は、皆とは言わぬまでも大勢いる。にも拘わらず、キリスト教徒の分裂の方がより多くみられる。なぜなら、ある者は自分はマロン派であるから正教会には関係ないと言い、他の者はカトリックに関係ないなどと言っているからである。そこで、ドルーズ派が全体の名誉を尊重して、全員が声を揃えて結束しているのを見るのに、これら諸州に我々が述べたような種類の平和とか自由が、どうしたら見出されるか教えて頂きたい。実際、この結束により彼らは、悪名なり名声なりを大幅に博しているのである。キリスト教徒よ、注目しなさい。もし貴方がたが名誉や尊敬を得たいのであれば、それは団結という手段による他はなく、これによって貴方がたは、より大なる平和や安全に恵まれた生活を送ることができるのである。恐らく読者の一人は、私が自分の同類に対する不平不満を述べていると非難するであろう。しかし親愛なる者よ、私は人の道にかけて、非難することなかれと強く訴えたい。そうではなく、留意してほしい。私がここにいて、各方面に多数を恃んでいた人々は、義侠心や勇気、団結を欠いているため、今や私はかくなる境涯に陥っている。私は同類の人々に、ダマスクスにおいて自分を保護することではなく、彼らがザハレの住民を助けて、勝利に導くことを求めていたのである。少なくともザハレであって、これがダマスクスの人々を、我々が述べようとしているこのような破滅と災難に引きずり込んだのである。私はザハレの人々、特にドルーズ派との戦いにおける勇気を否定するものではない。ドルーズ派は、ザハレの人々と戦う試みを何度も行って撃退され、ザハレの人々は、彼らに対する勝利によって名声を得たのであった。今回は、第一に、ホーラーン地方やレバノン山からのドルーズ派が人数で上回り、彼らへの怨念を晴らそうと狙っていた。第二に、〔ドルーズ派は〕計略をめぐらせて彼らを欺いた。つまり、〔ドルーズ派は〕

旗を立てて十字架を掲げ、キリスト教徒に似せた節廻しの反復、すなわち歌声を発し始め、ザハレの人々は、一刻も早くと待ち望んでいた同胞の援軍が到着したかと思い込んだのであった。この計略によって、戦士たちはこの方向を離れて別の方向に行き、そこで敵と戦闘になったのである。その時、ドルーズ派は〔手薄になった〕方面を攻撃して占領し、家屋の放火を開始し、またドルーズ派戦士の数も増大した。そして〔ザハレの人々が〕敗北は近いと思った時、彼らは身内の者に若干の食糧を与えて、ザハレの後方からキスラワーン地方へと、夜中に徒歩で脱出させた。ドルーズ派は突入し、街にあった物を略奪し、最後に街を教会や家屋もろとも焼討ちにした。殺害された者は約三〇〇人であった。その後、この群衆の一部はその地方のイスラーム教徒や遊牧民と合流してベカア渓谷の村々に進み、そこで略奪を行い、ほとんどの住民の家に放火した。

ドルーズ派がザハレを占拠して略奪・放火し、ベカア渓谷のいくつかの村や、特にシューフ山地、マティン地区のいくつかの村を同様に〔襲撃し、〕軍隊はザハレに駐屯していたのに何もしないばかりか、反対にドルーズ派には解っている意図をもって、彼らをハスバイヤーやラシャイヤーのような行動に導き、〔ザハレの住民を〕助けなかったという報せがダマスクスに伝わると、ダマスクスのキリスト教徒に対するイスラーム教徒の怒りは耐え難い状態にまで激化した。私の推測では、戦闘が発生したすべての場所で軍隊の〔態度を〕見るだけで、〔イスラーム教徒には〕十分だったのだ。〔軍隊は、〕キリスト教徒を守るためにドルーズ派と戦わなかったのみならず、彼らをその行動に駆り立てたのであった。するとここで、以前ならば信じ難かった考えが〔イスラーム教徒に〕浮かんだ。いずれにしても〔イスラーム教徒には、〕ドルーズ派に比べてキリスト教徒と戦う、より立派な大義名分があった。なぜなら、シリアの諸州その他を征服したのはイスラーム教徒であって、ドルーズ派ではなかったからである。そのため彼らは大いに喜び、ザハレの占拠をもって街のいくつかの店舗を行燈で飾った。

そして彼らはダマスクスのキリスト教徒について、無知な人々を唆す目的で、あれこれ良からぬことを言い始めた。中でも彼らは、ダマスクスのキリスト教徒がザハレとレバノン山にキリスト教国の樹立を計画し、その実現手段を七二人の有力者が連判した文書にしたためたと語っていた。そのため愚かで無知な人々の悪意は増大し、〔キリスト教徒に対する〕非難が高まった。

その間に、デイル・アルカマルの出来事の報せが彼らにもたらされた。それは、ドルーズ派がザハレを占拠して略奪放火を行った後、デイル・アルカマルにも向かい、彼らにこの地方のドルーズ派が合流して、キリスト教徒との間で戦闘が発生したというものだった。この戦いでは、ドルーズ派が敗北を喫した。そして、〔キリスト教徒が〕武器を引き渡さないことには彼らに勝つことができなかったため、彼らのところに駐屯していた軍隊、つまりその指揮官に彼らの武装解除を要求した。相手はまたも〔キリスト教徒を〕欺いて、そのように要求した。彼らは偽計を受け容れ、ほとんどの者は武器を渡したが、その後で前述の状況でハスバイヤーとラシャイヤーで起きたのと同様に、〔ドルーズ派は〕彼らを攻撃した。ドルーズ派はデイル・アルカマルのキリスト教徒、すなわち男女子供一八〇〇人を殺害した。武器を引き渡さなかった戦士たちは助かり、ベイルートやレバノン山のような安全な場所へ脱出した。これらのデイル・アルカマルの人々について、貴方はどう思われるだろうか。ハスバイヤーとラシャイヤーの人々が自分たちの武器を引き渡した後、最後の一人まで殺戮されたのを目の当たりにしなかったのだろうか。のみならず、この戦いが仕掛けられた時に敗北したのは、キリスト教徒より数の多かったドルーズ派であり、武装解除までは〔キリスト教徒を〕制圧できなかったのである。もっとも残念なのは、デイル・アルカマルの戦士たちはこれら諸州のキリスト教徒全体で一番勇敢であったということである。我々は、彼らとドルーズ派の間に発生した過去の戦いをすべて知っており、彼らは常に勝勢であって、ドルーズ派の集団は卑屈な態度で、ようやくデイル・アルカマルの街に立ち入ることができたほどであった。デイル・アルカマルのキリスト教徒は約八〇〇〇人に達したが、ドルーズ派もまた彼らより人数は少ないものの、デイル・アルカマルに住んでいる。我々は、神のみぞ知り給う意図によるものと言おう。そして彼らの寡婦や孤児たちは、シューフ山地やマティン地区の小さな村々で殺された約一五〇〇人に上る戦士の寡婦や孤児たちと共に、ベイルートに向かった。彼女らは憐れみを誘う様子で門口に立って喜捨を乞い、路上や厩舎で寝泊まりしていた。この凶報もまた、ダマスクスに届いた。それを聞いたキリスト教徒は、非常な心の苦しみを味わった。彼らは、家にいる方が身のためと決心するようなことを絶えず聞いていた。彼らの宗教や十字架についての、また中傷や被害者の問題に関し彼らを代弁していた欧州諸国の領事についての非難が増加したため、彼らは道を歩くことができなかった。彼らは毎晩、死を覚悟して祈りを捧げていた。イスラームの犠牲祭が迫っていて、彼らはこの祭日に、他の人々が被ったことが自分たちに降りかかるものと確信していた。街道が閉ざされ、全土で彼らの敵対者が牙をむいていたため、ダマスクスから逃亡することはできなかった。そのため、ダマスクスにおいて生きる望みを失った哀れな人々には、軍司令官兼ダマスクス総督のアフマド・パシャのところへ日参して、安全と庇護を求める他に手段が残されていなかった。すると彼は、〔キリスト教徒を〕害することは起こらないと偽計をもって応えていた。常に自分たちやキリスト教徒に対する保護の必要性を訴えていた、領事団のある代表に対し彼は答えて、「貴方がたの身に何かが起きる時には、その前に自分の首にそれが起きるだろう。」と言っていた。そして彼らの方へ、ハスバイヤー事件の時の上級大佐に率いられた大隊を派遣して、彼らの街区に配置した。この上級大佐が大隊と共に現れ、ラシャイヤー事件に居合わせた中佐ムハンマド・アーガーと一緒にキリスト教徒地区に配置されたことは、我々が後で見るキリスト教徒に起きる定めとなった物事を、現実に確信させるものであった。キリスト教徒は、〔軍隊に〕食物や金銭をいかほど与えたであろうか、それらは無益であった。彼らはその間苦悩し、あらゆる不吉な考えに囚われた。

そしてホムスのキリスト教徒が、金曜日の昼の礼拝で礼拝堂《モスク》にいたイスラーム教徒に対する叛乱を起こし、全員を殺害したという報せが、この街のイスラーム教徒にもたらされた。この恐ろしい時に、街はこの上もない憤激に満ちあふれた。この日の昼、それは犠牲祭の前の日曜日であったが、街の人々は、ホムスのキリスト教徒がイスラーム教徒に対して行ったことへの報復という虚言によってキリスト教徒地区を攻撃し、彼らを殺害することに決した。〔イスラーム教徒は、〕その日の昼茶館や家や路上で多くの会合を開いて、結局これらの風説は信憑性が確認されていないと判断し、彼らの中で理性ある人々は、郵便が届く火曜日まで待って、この風説の真偽を考えようと仲間を説得した。ホムスにはキリスト教徒が二万人、イスラーム教徒は四万人いるのであるが。他所の人々〔ホムスのキリスト教徒〕は、ダマスクスのキリスト教徒と同様〔オスマン帝国の版図に〕復帰したのである。エジプト国統治以来多少自由が拡大し、今に至るまで何とか少しでもそれを保っているダマスクスのキリスト教徒と違って、それらの人々はより野蛮な旧来の隷属状態に留まっていた。しかしながら兄弟よ、貴方は字面だけでは私の言うことが解るであろうが、この風説によって二日二晩、刻一刻過ぎる程に死を覚悟していたキリスト教徒の状況は解るまい。安眠も、水を飲む以外は食事もできなかった。そしてついに郵便が到着したが、この風説には何の根拠もないことが明らかになった。この興奮状態は少し和らぎ、欲望に駆られた人々はその対象を得ることができないまま、祭日がやってきた。その初日、イスラーム教徒は習慣に従って、礼拝のため礼拝堂《モスク》に向かった。すると、礼拝堂《モスク》の門に軍隊が立って待っているのを彼らは見出した。彼らは、軍隊が礼拝堂《モスク》の門で何のために待っているのか互いに尋ね合った。ある者は、キリスト教徒が礼拝堂《モスク》の中で礼拝しているイスラーム教徒を殺すため、武器を用意して彼らの地区からやって来ようと企んでいるとの話が聞かれたのだと答えた。親愛なる者よ、ここで注目しなさい、この風説が無知な人々を煽動するに、いかに十分な影響を有していたかを。彼らはその時、立ち上がって敵に仕返しを決行するよう唆す、〔その風説の〕力と害毒によって、真に鈍感で蒙昧な様子を呈していた。しかし私が推測するに、キリスト教徒に関する過去多くの興奮状態が空騒ぎに終わったのを見たように、この風説その他もまた、彼らが流したのであろう。それゆえ敵意ある人々は、この企てにおいてもまた目的を達しなかったのであった。生命への希望が絶たれた哀れなキリスト教徒は、至高なる神に縋るより他はなく、何度も祈りを捧げるようになり、イスタンブルから軍隊がもう少しで到着すると自分に言い聞かせ、意味もなく安心し、神にこの祭日が過ぎるよう願っていた。ある者は彼らを保護するとのアフマド・パシャの約束を信じて、祭日が終わると自分たちの友人であるイスラーム教徒の家に出かけた。とりわけ墺国領事フェフィンゲル氏(7)への確約は、念入りなものであった。この人は領事館のアラブ人書記のところへ向かい、友人であるイスラーム教徒の一人の家に、祭日の四日間隠れていた。この理由で、彼は職務から離れていた。何故なら、キリスト教徒に何も起こらないというアフマド・パシャの言葉を固く信じて、祭日の四日間は何も起きなかったからである。この祭日を無事に過ごす希望が絶たれていたことから、彼らは刻一刻過ぎる間中、これほど苦悶していた。それが過ぎると、彼らは少し安心した。

そして祭日の一〇日後、西方暦では一八六〇年七月九日の月曜日、キリスト教徒たちは朝、仕事に向かった。彼らが道を歩いていると、地面に印がつけられているのを見つけた。その大半は十字架の印で、炭の燃えさしによるものや白墨によるものがあった。そして通りかかったイスラーム教徒は、歩いてきたキリスト教徒の一人に叫んだ。「こら先生、自分の十字架を踏むなよ。」これらの印がついていない場所はなかったので、この哀れな人は〔印を〕踏んで歩いて行った。同じく〔キリスト教徒は、〕犬の首に錫でできた十字架がぶら下げられているのを発見した。それは悪党たちが、ユダヤ教徒の職人に作らせたものだった。昼になると、あの愚か者アーキフ・アーガー鉄炮隊長がそのことを知り、司法兵長に率いられた巡邏を派遣して、非行に及んだ何人かの子供を捕らえた。彼のところに〔その子供たちが〕連れて来られると、足に鉄鎖をつけ手に箒を持たせて、司法兵長と何人かの巡邏が付き添い、街路を回るよう命じた。この偽善者は、彼らの罰になると思ったからだろう。この騒然とした時期に、多くがダマスクスの名望家に属するこれらの子供たちの足に鉄鎖をつける処置に、この愚か者がどうして納得したのか、私は驚いている。言うならば、彼はそこまで愚かなのではなく、彼のところに人が飲みに来ていて、一杯やっていたというのが、よりありそうなことであろう。さて、これらの子供たちの一人にイブン・アッシャッアールと呼ばれるバーブ・アルバリード地区の兄貴分がいて、立ち上がると子供たちの番兵に叫んで言った。「子供たちを放せ。」彼らが言うことを聞かないでいると、喰ってかかった男は直ちに店を閉め始めた。彼の友人や近所の人々、通りかかった人々が彼を取り巻いた。そして彼らは司法兵長と巡邏たちを殴りつけ、子供たちを助け出した。この悪党は叫び始めた。「イスラームの一大事じゃ。宗教の一大事じゃ。ムスリムの子供たちが、キリスト教徒の教会に行って掃除させられているぞ。」子供たちが、キリスト教徒の教会を掃除することになっていたかは知らなかったが、彼は興奮と激昂の余りそう言ったのだった。そして、非常に大きな声で叫び出した。「イスラーム教徒よ、立ち上がれ。我々の敵、キリスト教徒に報復するのは今だ。エジプトの支配から今まで、奴らへの我慢は沢山だ。奴らは自由を〔与えよ〕と言っている。」すると、たちどころにウマイヤ・モスクに近い有名なバーブ・アルバリード地区の店は閉められ、街全体の残りの店舗もすべてそれにならった。そして悪党たちは、キリスト教徒地区に襲いかかった。友人よ、御覧あれ。サーリヒーヤ地区からバウワーバ・アッラー(8)までの長さが一時間半、バーブ・アッスリージャ地区からバーブ・シャルキー地区までの幅が一時間あるダマスクスの全人口が、二時間の間に知ったのである。彼らの心をつなぐ電信が、いかにして速く到達したのだろうか。報せを嘘だという者はなく、罪人を罰するために政府が軍隊を派遣すると考えた者も、またいなかった。それどころか、これだけの大衆が一丸となって攻撃したのである。彼らは、待ち望んだすべてが実現すると狂喜乱舞していた。街のカイサリーヤ〔商館〕の仕事場にいた〔キリスト教徒の〕人々は、その中に留まって門を閉め切って助かった。政府の官衙にいた人々や、親しい〔イスラーム教徒の〕友人を見つけて彼のところに隠れた人々も助かった。一方、運悪く家にいた哀れな人々は、少ししか助からなかった。何故なら彼らは、街の名望家や顔役は無知な群衆をそこまで放置せず、自分たちの救援に駆けつけるだろうと主張していたのである。そういう例は、かつてナポレオン一世の時代にあった。彼の軍隊がアッカの近くにあるマルジュ・イブン・アーミルまで来た時、ダマスクスの名望家たちは戦闘に赴くべく裁判所で集会を開いたが、たまたま彼らは、陸路を約二か月ひたすら進んでマディーナ〔メディナ〕とマッカ〔メッカ〕に旅する巡礼に向かうところであった。すると群衆が現れて、裁判官兼大法官《ムフティー》であるミンラー・エフェンディーに法的見解を求めた。その集会には、街のすべての名望家が出席していた。彼らは巡礼に出かけるか、キリスト教徒と戦うか、どちらが良いかと問うたが、回答はキリスト教徒との戦闘が良いというものであった。この言葉は彼らの間に伝わり、一部の無思慮な人々は、これをすべてのキリスト教徒との戦いと解釈したのだった。そして、無思慮な群衆はキリスト教徒地区へ向かったが、その報せは裁判所で開かれていた集会に直ちにもたらされ、集会に参加していた者全員は、急いで走って行って彼らを押しとどめた。その時家一軒が略奪されただけで、殺された者はいなかった。〔名望家たちは〕彼らに、キリスト教徒との戦闘という言葉は、我々の邦土に出現した仏国人の意味で、我々に隷属しているこれらの〔キリスト教徒〕ではないと説得したのだった。そのため哀れな人々は、家に留まって門に施錠して閉じ籠もっていた方が良いと思い込んだのであった。これらの哀れな人々に何がどう起きたか、我々はこれから説明しよう。偽善者たちは襲撃している悪党たちに向かい、財物を欲張るのではない、〔敵を〕殺すのだと叫んでいた。この攻撃は同じ日の〔日の出後〕七時間目[9]のことであった。悪党たちの叫び声や通っていく騒音が狼や虎のように聞こえ、何と肝を潰した日であったろう。これと逆に、我々はキリスト教徒の女性が誰一人、叫ぶのを聞かなかった。婦人の武器は、その声であると知られているのに。しかし皆は、野蛮人たちの凄まじい行為に聞き耳を立てていたのである。そして、この上なき苦杯を嘗めることとなった。慈悲や憐憫の心を欠いた、これらの者の行ったことを聞くがよい。我々は、これを五つの話題に分けよう。

第一話　略奪について

これらの群衆がキリスト教徒地区を襲撃した時、彼らの叫び声は、あたかも雷鳴の連続のように聞こえた。そして、それは一つの吶喊、一つの咆哮のようだった。イスラーム教徒の集団は、高い声で叫んでいた。「アッラー、アッラー、不信仰者を罰し給え。」ドルーズ派の集団は、悪魔のような荒々しい声で叫んでいた。「さあキリスト教徒を存分に成敗せよ。」これらの言葉は、歌のやり取りに似ていた。叫んでいたこれらの者の数は、キリスト教徒が彼らの人数として主張していた数を私はここで記すことはしないが、一部いた女子供を除いても、疑いなく五万人には達しただろう。ダマスクスにはこれだけの数の男がいるのかと訝しく思うかも知れないが、ダマスクス周辺の村々の人も含まれているのである。ダマスクスや、その周囲の村々の男の人数を知っている人は、この数が推定に合致すると考えるだろう。中でも、ウカイダートと呼ばれるアラブ遊牧民の氏族は荒野からやって来て、ダマスクス近くに天幕を張っていたのである。そして、「キリスト教徒から略奪する時が来たら、我々も近付いて、キリスト教徒が持っていると聞く財宝の分け前にあずかろう。」と言っていた。そして彼ら全員は、約三か月間待ち構えていた。彼らはお互いに、「キリスト教徒は、イマーム・ウマルの時代に定められたジズヤ税を払わずにスルターンに反抗しているから、政府は彼らを征伐して滅ぼしてしまおうと考えているのだ。」と語っていた。このような言葉による会話が原因で、悪質でないと思われていた者が、キリスト教徒に対する行動において仲間でもっとも兇悪な者となり、〔キリスト教徒〕地区にまず突入し、彼らが驚嘆をもって語り合っていた財宝や富に殺到するよう、無知な人々をけしかけるに至った。理性あると思われていたこれらの者が、このようにけしかけているのであるから、全生涯を日々悪徳のうちに暮らしてきた偽善者たちは、いかなる様子だったのだろうか。また、この正気を失わせるような喚声を聞いていた人は、どうなったのだろうか。読者よ、この恐ろしい叫び声を聞いて、突然死んでしまったキリスト教徒の数を私は知らない。女子供は多数、男も一緒だった。その中には、故ハンナ・カシャーキールとファーリス・アッラフワーンがあり、両人は大きな声を聞いて虚空を見つめ、悪党がやって来る前に、地に転がって死んでしまった。読者よ、留意してほしい。これだけの人の叫び声は、大勢が実際にいることを意味しており、特にこの喚声は、どのようにかは分からないが、間もなくもたらされる定めの死を示している。貴方は、自分もその一員であると仮定するキリスト教徒を殺すために、これら全員が襲来することを知り、それが確実だと考えているのだ。もし冷静に思考するならば、誰からも見られないように隠れるかも知れないが、これらの群衆が多いため、貴方はその時無益なことを考え、自分の考えに納得できないことだろう。そのため私は、キリスト教徒の婦人が誰一人叫んだのを聞かず、皆固唾を呑んで茫然としていたと述べたのである。略奪のためにやって来た女子供の中には、クルド人の女や、歌舞遊芸の民の女や、ダマスクスの住民の諸宗派と呼ばれる集団があり、またダマスクス近郊の農民の女や前述のアラブ遊牧民の女がいた。貴方がキリスト教徒地区で遭遇した喚声の大きさにここで着目すれば、その規模を表現することができるだろう。そして我々は、これら群衆が財物めがけて走っているのを見ていた。彼らは到着すると、石や木でそれぞれ封鎖されていた家屋の門に向かって分散し、恐らくは〔各戸〕一〇〇人以上、教会や修道院や有名な金持ちの家にはさらに多くが〔向かった。〕これらの野蛮人は手に鉞や手斧を持っていて、門を打ち毀し始めた。二時間程の間に、私が思うに破壊を免れた家は一軒もなかった。キリスト教徒の全家屋を破壊する音が、地震の地響きのように聞こえた。彼らは家屋に侵入すると、箱や施錠された場所の中に置かれた品物に殺到し、再び破壊行為に戻って財物や家具全部、特に婦人の宝飾品の略奪を始めた。ダマスクスの人々の家屋の室礼や婦人の衣装や家具の様相については人口に膾炙している通りであり、多くの家財は元値を超える価値があることを私は知っている。家に必需品しか置かない他の街の習慣とは異なる、ダマスクスの習慣に従うキリスト教徒の金持ちは、なおさらである。これら〔ダマスクスの〕人々は、必需品も贅沢品も置いているのである。これらの群衆は、その一人が肩に物を担ぐ時に「神の預言者よ、お助け下され。我々にこれら不信仰者の財産をお与えになったのであるから。」と叫んでいた。そしてそれ以上運べなくなり、その後で眼前に多くの品物を見ると、再び担いで「ヤフヤー様[10]、わしと一緒に担いで下され。わしは貴方様の敵を攻撃しているのですぞ。」と言っていた。遅れて到着したが欲望の強い人々は、仲間内の弱そうな者を見て、彼が得ていた金銭や宝飾その他を奪い取っていた。このため相当な数の人が仲間によって、特に大胆に略奪を行っていた正規軍やマグリブ人を含む他の無思慮な人々によって殺された。これら〔マグリブ人は、〕アミール・アブド・アルカーディルがキリスト教徒保護のために立ち上がったことを知った後で、不正規兵やすべての警固兵、何人かの将校と一緒に行っていた略奪をやめたのである。〔マグリブ人以外は、〕すべての財物が空になると呼べるまで、略奪を続けていた。

悲しみに溢れた出来事に入る前に我々は今、農家のある奥方を少し笑うことができるだろう。彼女は、ダマスクスから二時間程離れたグータ地方の出身であった。この婦人は、夫と共にキリスト教徒から少なからぬ略奪品を運んでおり、最後に立ち止まった場所では、ダマスクスのキリスト教徒が好んで食べる、クベイバ(11)の粉を挽くために使う石の擂り鉢しか残っている物を見つけられなかった。彼女は擂り鉢を取って頭にかぶり、歩いていった。それは約三〇オッカ(12)あり、彼女は自分の家に戻ると夫に、「私たちの家はキリスト教徒の財産で満たされ、百年は十分です。」と言った。そして、擂り鉢を頭から投げ落としたが、落とした後、もはや何も見ることができなくなり、今に至るまで盲目でいる。

キリスト教徒の女たちは野良着のような姿で空腹を抱え、子供たちは裸足で激しい空腹に叫び声を上げていた。哀れな人々が、同情するどころか嘲笑するような冷酷な人々の間を通り抜けて、ダマスクスの街路を走り回るのが見られた。彼らは、どこへ行くか分かってこのように走っているのではなく、あちこち彷徨っているのであった。中には、あるムスリム男性が自分の男性家族の友人であると聞いて、子供を連れてその人のところへ向かう者もあった。こうした人々の多くは、そのムスリムのところに着いた後、目の前で扉が閉ざされ、暗澹たる気持ちで後戻るのであった。次の日、当時の政府は、残りのキリスト教徒を集めて城塞に収容する命令を出した。軍隊の一部が巡回して彼らの何人かを集め、城塞に連れて行った。マグリブ人たちもまた、彼らの何人かを可能な限り集めようとした。なぜなら、〔マグリブ人たちは〕その時、誰かを強制的にではなく、善意と説得によってのみ救助することができたからである。同様に、ダマスクスのイスラーム教徒の何人かは、この女子供の悲惨な様子を憐れんで、彼らを城塞に連れて行った。キリスト教徒が城塞にできるだけ集められるよう、こうした捜索は三〇日間続けられた。彼らのある者は地下に、またある者は下水道に隠れたりなどしていた。これから、特に私が彼らを初めて見た時の様子の説明を貴方は読むことだろう。何人かは代表的な人物であり、何人かは地位や年齢において、より敬意を払われていた人物であった。私は、彼らの身なりが同情するほどみすぼらしかったのを見ていた。彼らの表情は、見る影もないほど悲しみに溢れていた。彼らは恥辱で地に頭を垂れ、身体は朽ちつつあるようだった。彼らはあたかも蘇った死者のようであった。彼らは二〇日してファアード・パシャが到着し、一人半オッカの麺麭が配給されるまで、このような状態にあった。さらにその一〇日後に銀貨五〇パラが配分され、幾ばくかの衣類が支給された。絶えず皆は、不足欠乏の状態にあった。彼らは丸々二か月間にわたる期間、城塞にいた。多くの人は地面に寝て、我らを覆う物は天であった。一枚の敷物を手に入れた幸福な人は、汚い格好で不便な生活に喘ぎながら悲しみにくれる子供たちと一緒に、手元にある物にくるまっていた。ヤルブガー・モスクに保管されていた何らかの返還略奪品を彼らが受け取るまで、〔それは続いた。〕これについては、後述する。

政府が設置した、キリスト教徒〔救恤〕委員会の印が押された布告を手にした役人がやって来て人々に応対し、彼らの状況を把握して、皆に必要な物を与えようとしていた。すなわち、何とか生活の役に立つ二人に一枚の敷布、一家に一つか二つの鍋、皿や敷物などである。何人かが持ってきた燭台、吊燭台、時計、聖像画など大半は壊れていた教会の備品、それに司祭・神父の装束、ぼろぼろになった少数の書物は、キリスト教徒に分配された財物と同様の方法、つまり出鱈目に分配された。そのため政府の命令が出され、一人のキリスト教徒に引き渡された返還物は、すべてその価格を前述の布告の裏に記入することになった。これらの分配品を受領したほとんどのキリスト教徒は、それを持って襤褸市場に向かった。そしてすべての物を売り、一〇〇キルシュの物なら三〇キルシュを、多くは二〇キルシュを受け取り、彼らの困窮と病気に際し必要な支出にあてた。キリスト教徒が財物を襤褸市場で売却することは、弊害をもたらすことになった。なぜなら、略奪物を返還していない略奪者の一部はそれらを売りに出し、キリスト教徒の売却物と混ざったからである。もし、「これらはキリスト教徒の品物である。どうして売るのか。」と尋ねられたら、「市場で売っていたキリスト教徒から、買いました。」と言うであろう。そのため略奪物の政府への返還は、〔被害者の〕協力によって稀に行われる以外、途絶してしまった。政府自身も、しまいに略奪物の返還に熱心でなくなった。一部のキリスト教徒は一時期、略奪者に関して耳に入った〔返還〕協力の話を政府に提供して兵隊に来てもらい、その略奪物を店から回収してもらうことを続けていた。その際、政府がこれら略奪品に対する補償を〔店側に〕行うことになってはいなかった。それについては、後述する。〔キリスト教徒は〕これを知った後、〔政府への通報を〕やめることにした。なぜなら、政府はこの問題〔略奪品の押収〕を当然のように処理し、〔キリスト教徒の立場に〕配慮しなくなったからである。特に、〔キリスト教徒が通報を〕やめた時には、彼らは政府がイスラーム教徒の家屋へ〔立ち入るようキリスト教徒から〕要請されることに満足していないと判断した。それは、〔イスラーム教徒を刺激する〕事件が発生して、叛乱につながらないようにするためであった。キリスト教徒が何かを隠したり、地下に埋めたりしたと推測することはできない。このようなことをしても無駄骨であった。なぜなら、ある者は隠した物を取り上げられたし、ある者は焼かれてしまった。偽善者たちは二五日間〔キリスト教徒〕地区を回り続け、何の妨げ遠慮もなく隠し場所やその疑いがある場所を捜していたからである。彼らは大理石や建物に付属している材木まで、役に立つ物は何でも奪っていった。彼らはキリスト教徒だけが持っていた街の店舗を破壊し、略奪し始めた。そして悪党たちが街のキリスト教徒の略奪にかかると、何人かのイスラーム教徒が直ちにアフマド・パシャのところに向かい、彼に「今キリスト教徒の店が略奪されていますが、無分別な人々はその後、イスラーム教徒の店まで進むでしょう。」と言った。すると彼は直ちに何人かの兵隊を派遣して、街の全店舗を警備した。そして最後には、それらを守ることができた。それは、彼が自分に対する取調報告書において述べているが、無分別な人々はキリスト教徒だけが所有する店舗が二、三軒しか残らなくなるまでとどまるところを知らず、それから他が助かったのである。キリスト教徒には、商館のいくつかの倉庫を除き、財産・財物は一切何も残らなかった。それもシュクリー・アッラー・バッハーシュ・アルハラビー氏の倉庫のように、いくつかは偽善者たちが破壊して略奪したのである。シャイフ・カトニールその他の商館にあった〔その倉庫には、〕シリア教会のグレゴリオス・ヤアクーブ大主教の財産が保管されていた。またドルーズ派の一部は、ダマスクスそのもの、あるいはダマスクス周辺の村々から来たイスラーム教徒やアラブ遊牧民と一緒になって、サイドナーヤー村、マアッラ村、マアルーラ村、マアルーナ村を略奪した。これら〔後者〕二つの村の言葉はシリア語である。またすべてはキリスト教徒の村である。そして〔それらの村の〕家屋を、ダマスクス周辺のサフナーヤー、ジュダイダ、ダーリーヤーその他の村もろとも焼討ちにした。これらの村々には、それぞれイスラーム教徒に混じって少数のキリスト教徒が住んでおり、皆農民であったが、大半は放火されることなく略奪を受けた。そしてこのようにして、全員の家財すべてと教会の備品、それに商業上の活動に関するいくつかの帳簿・証文、つまりは所有物のすべてを失ってしまったのである。我々が本節の冒頭に述べた通り、皆は一文無しになったのである。

第二話　火災について

我々はまず、ダマスクスの市街がいかなるものかから始めよう。ダマスクスの市街は、街の城壁の内側がその発祥の地である。これには八つの城門、すなわち出口がある。まずバーブ・シャルキー〔東門〕、それからバーブ・トゥーマー〔トマス門〕、バーブ・アッサラーム〔平安門〕、バーブ・アルアマーラ〔アマーラ門〕、バーブ・アルマナーヒリーヤ〔篩《ふるい》市場門〕、バーブ・スーク・アルアルワーム〔ローマ人市場門〕、バーブ・アルジャービヤ〔ジャービヤ門〕、バーブ・アッシャーグール〔シャーグール門〕である。城外にある居住地区は、サーリヒーヤ地区、スーク・サールージャ地区、カナワート地区の半分、ミーダーン地区、アマーラ地区の半分、シャーグール地区の半分である。

八地区、すなわち城内城外を合わせたダマスクスの全市街の、八つに分割された地区の説明。八地区のそれぞれは街区から構成され、それぞれの街区は居住区から構成されている。そして、それぞれの居住区には路地があり、それぞれの路地に住宅建築、すなわち家屋がある。(13) ここで、二つのことを理解しよう。第一に、「居住区」という言葉は、他の都市で中に居室のある家屋そのものについて言っているのとは違い、我々が説明したようなものが「居住区」である。第二に、焼失した物件の数や規模を可能な限り実態に即して説明しよう。ここで城壁の外側の三地区、城外と城内にまたがる三地区、城外につながっていない城内だけの二地区を説明する。〔この二地区の〕一つが、キリスト教徒地区である。

ダマスクスの八地区の名称の説明。ミーダーン地区、カナワート地区、スーク・サールージャ地区、サーリヒーヤ地区、アマーラ地区、カイマリーヤ地区、ナサーラー〔キリスト教徒〕地区、シャーグール地区。これらの地区のうち、四地区はそれぞれ三万人の人口を有している。それらは、キリスト教徒地区、ミーダーン地区、カナワート地区、サーリヒーヤ地区である。他の四地区はそれぞれ二万人の人口を有している。上記に説明した通りのダマスクスの城内・城外全市街の総人口は、二〇万人である。キリスト教徒地区は、我々が述べたように人口の多い四地区に含まれる。その中には、単独の居住区に住む四〇〇〇人のユダヤ教徒がいる。またその中には、イスラーム教徒居住区に近いキリスト教徒地区の辺縁部に散らばって住んでいる、約四〇〇〇人のイスラーム教徒がいる。するとここには、二万二〇〇〇人のキリスト教徒が残ることになる。

キリスト教徒地区にある各街区の名称と、これら街区にある各居住区の名称の説明。路地は省略する。

バーブ・トゥーマー街区

ラーティミー居住区の通り、ジューラ居住区、ハンマーム・バクリー居住区、デイル・ワ・アルフダル居住区、マスベク居住区。この街区にはマロン教会の修道院であるサンタ修道院、カプチン会修道院、ルーム・カトリック教会の駐在教会、アルメニア・カトリック教会がある。

タッレ街区

サーハ・アッダワーミナ居住区の通り、ハンマーラ居住区、シャーウィーシュ居住区。この街区に〔ルーム・〕カトリック教会東方分派(14)がある。

ターリウ・アルフィッダ街区

ミンクナー居住区、カサートリーヤ居住区、カニーサ居住区、カルカーシーヤ・アッスルターニー居住区。この街区に正教会のマルヤミーヤ〔マリア〕教会、聖ニコラ教会と正教会の二つの駐在教会がある。

ターリウ・アルクッバ街区

ムスク居住区、フサイトゥク・ワ・カナーヤ・バーリー居住区、タッレ・アルヒジャーラ居住区、ヤフード〔ユダヤ教徒〕居住区、アッバーラ居住区の通り、ザイトゥーン居住区。この街区にアザリア修道院、カトリック教会の聖貴婦人教会、ルーム・カトリック教会ムハッリス修道院の駐在教会がある。

バーブ・シャルキー街区

ハナーニヤ居住区、タフタ・アルカブウ居住区、ジャアファル居住区、カスバ居住区。この街区にシリア・カトリック教会、ヤコブ派アルメニア教会、ヤコブ派シリア教会の駐在教会、聖ハナーニヤの礼拝堂がある。

さて火災についてであるが、偽善者たちがキリスト教徒地区を襲撃した時、まずその家の財産、つまりすべての家財道具、大工職人が彫刻した材木と扉、建物に付属した鉄〔格子の類〕を略奪した。その家から運ぶ物が何もなくなったら、彼らは藁や木片、家具の残骸を持ってきて放火し、その場所を放置して出て行った。同様の仕業を、教会や修道院にも続けた。この火災は月曜日の午後からその日の昼とその翌日も含め、三晩燃え続けた。飛散する火と共に、高い尖塔《ミナレット》の上にさらに二倍の高さまで火焔が眺められ、あたかも聖なる福音書に伝えられている地獄が地上に出現したようであり、ダマスクス全体を照らした。その光は夜間、ダマスクスに近い村々まで昼日中のように輝いて見えた。その時イスラーム教徒はこの仕業に、すべての街が焼けるのではないかと恐れて騒ぎ出した。すべての場所を総なめにして消火のすべもないその火勢の強さに、ダマスクスの住民すべてが騒然となったのである。街の男女の声が、嵐の時に荒れ狂う海鳴りのように聞こえた。皆は、「神様、お助け下さい。

神様、お助け下さい。」と叫んでいた。

ついに隣接のイスラーム教徒居住区の住民が総督府に駆けつけて、このようなこと、すなわちある場所の火災のために常備されている喞筒《ポンプ》を要請した。すると政府は、正規軍の兵隊に喞筒《ポンプ》を持たせて派遣した。彼らは放水し、延焼しようとしている火災を鎮火しようとした。喞筒《ポンプ》を持って火災現場に現れた人々は、依頼した人々に尋ねていた。「今この喞筒《ポンプ》で、誰のために火を消したいのだ。」すると〔住民は、〕「我々の家の隣にある、何軒かのキリスト教徒の家を消火するためだ。」と答えた。すると彼らは、「我々は、キリスト教徒の家の火災を消す許可を得ていない。」と答えた。そのためムスリムの男が再び出向いて、彼らに喞筒《ポンプ》を持って出動し、燃えかけている彼の家を消火するよう求めた。すると、彼らは急いで喞筒《ポンプ》や道具を持ち出して彼と共に少し歩いたが、彼らをキリスト教徒地区に連れて行こうとしていると分かると、直ちに元の場所に戻ってしまった。その後、ユダヤ教徒の男が出向いて彼らに喞筒《ポンプ》を出すよう頼んだ。すると彼らは、「燃えているのは何だ。もしキリスト教徒の家ならば、我々は消しに行かないぞ。」と言った。彼は、「とんでもない。私が持っている自分の家だ。キリスト教徒の家の火事から燃え広がってきたのだ。」と言った。すると彼らは直ちに喞筒《ポンプ》を持って彼と共に出動して、そのユダヤ教徒の男の家だけを消火し、それから元へ戻っていった。キリスト教徒の家に自分たちの家が隣り合っているイスラーム教徒はこれを知ると、自分たちの家の火災を恐れて、居住区に隣接する家々を急いで壊し出した。そして、〔キリスト教徒〕地区の中にこの火災を封じ込めようとした。

火は〔キリスト教徒〕地区の中だけで、二〇日間以上も燻り続けた。地区内の高温と立ち籠める煙で、人が入れないほどであった。そこにあった木材は、建物の内部に付着している木材まで全部燃えた。それらは、まだ立っている壁の芯で燃えているのが見られた。結局、イスラーム教徒の家と家の間に隣接していた一部の家屋、その数二六八棟を除き、火災を免れた家は一軒も残っていなかった。一方、焼失した家は一二〇八棟、すなわち家屋であった。各家屋には、約一五に上る居室がある。もし数の多寡を平均すれば、焼失した居室は約二万室となる。これは後述する、城外の市街地を除いている。イスラーム教徒が所有し、キリスト教徒が居住する家屋は約三〇〇棟で、これらのうち〔キリスト教徒〕地区内のものは焼失した。イスラーム教徒居住区の周辺にあった家屋は、火災発生時何人かの所有者が来て火を消した。つまるところ、一五〇〇棟の家屋と加えて二〇〇〇軒を超える隊商宿、染物工場、各種店舗、茶館、職人の仕事場や他の多くの場所が、そのいくらかの痕跡以外には残らなかった。このような火災事件については、ダマスクスにおいて我々は過去聞いたことがなかった。ダマスクスを知る人が、もしシャハム・ミナレットの付近に立ってバーブ・シャルキーの方向を見れば一面焼野原であり、同様にバーブ・トゥーマーに立ってユダヤ教徒居住区の方向を見れば一面焼野原なのである。これらが〔キリスト教徒〕地区の四周である。実際、これは一つの塚に似ていた。そして、廃墟の上を火災の黒い灰が覆っている眺めは、恐怖を催させるものであった。高く聳えていた邸宅群は低く倒れて火災で溶けており、歴史ある修道院、教会、学校、善美を尽くした病院、意匠を凝らした住宅のすべては蝋のように溶けて、黒土の堆積しか残っていなかった。一二月に政府はキリスト教徒地区から土を撤去する指令を発し、街の各地区とダマスクス周辺の村々から一二〇〇頭の駄獣と、同様に人夫を徴発した。そして監督者が人夫のところに立って、発見された財物を受け取って保管場所へ届けた。人々が話すには、ある略奪者の上から壁が崩れて瓦礫の下に埋もれたが、彼は両手の一〇本の指でしっかりと財布を握っており、中には二〇〇〇リラが入っていたそうである。(15) それは保管のために届けられ、政府の出費に供された。

哀れなキリスト教徒の妻たちは、自宅にいて居住区一帯や家々に火勢が強まってきたのを知ると、幼い息子たちや娘たち、乳呑み児を連れて立ち上がり、この火災の中を駆け巡ることになった。ほとんどの者は裸足で、多くはあちこち火焔の間をかいくぐるのを何とか少し凌ぐことができるまで、おそらく約二時間も歩いたことだろう。一人の子供を、腕に抱えて走っている女を見るが良い。ところが子供が二人いる哀れな女は、両腕に子供を抱えて走っているのが見られる。しかし、ああ実に気の毒なことに、三人の子供を連れ、裸足で十分な着物もなく、子供たちを炎から庇おうとしている女も見られる。その時、残忍な者たちが彼女たちから衣服を剝ぎ取り、立ち去っていった。多くの女たちは、三人の子供を抱えて走っていた。ところが四人の子供を持つ母親の場合や、私の姉妹のように五児の母親がこの火災をくぐり抜けるまでの苦難苦労について、私は語りたいと思わない。あえて〔一例を挙げれば、〕ある母親は子供の一人が炎に巻かれ、目の前で焼かれてしまったのである。今、彼女たちの一人に呼びかけ、彼女と共に暫時涙を流すことを私に許して頂きたい。ああ貴女は、自分の周囲すべてを強い火焔が取り巻いているのを見、とりわけ壁や屋根が次々と崩落してくる様子を見て狼狽して現れ、自分だけでなくこれら四、五人の子供を助けたいと望んでいる。もし貴女が自分の身を守ろうとするならば、子供一人を連れて何とか駆け抜けることができよう。もし子供二人を連れようとすれば、貴女が助かることは大変難しくなるだろう。しかし、これら五人の子供を、貴女はどうやって助けることができるだろうか。この答えを出してほしい。私は、彼女には次の言葉以外に答えはないと推測する。「全員を救うため、私はどうしたら良いのでしょう。」というのがそれである。彼女は頭の中を混乱させる悲しみのため、他の考えを全く受けつけないだろう。彼女が考えて言わんとするのは、彼女はすべての子供を助け、その後で自分が助かりたいということ以外にはないのだ。我々は彼女を置いて、通り過ぎなければならない。もし我々が少しでも彼女を助けようとするならば、悪党たちが我々に気付いて直ちに我々を殺すだろう。全能なる者は、彼女の願いを知って彼女を助け給う。

実際に起きた通り、この婦人は神のお導きにより、五人の子供共々救われたのである。

貴方は悔やんではならぬ。宝石、金銭、家財やそれらの略奪を。費用を掛けた建物やそれらの火災、破壊を。婦人たちが子供たちを連れて危険を冒し、火災の最中街路を通り抜けたことを。慈愛に満ちた父親のように、その翼の下にすべての宗派を集めて教育や修道士たちの居住に役立ってきたサンタ修道院が、火災で何年も前からの廃墟のようになったことを。後述の通り、世のすべての民に役立っていたアザリア修道院を。学校や外国語教室を開設していた正教会の諸会堂を。広々としたカトリックの聖貴婦人教会や、宗派によって最近建設されたため、当時まだ完成していなかった一つ目のシリア正教会と、グレゴリオス・ヤアクーブ・アルハルヤーニー猊下によって古来の建物を最近改築した二つ目の教会を。古くからのアルメニア修道院や、他の修道院や教会を。なぜなら我々は、キリスト教徒が聖職者や修道士共々殺害され、小路や居住区や市場や家屋が彼らの血に染まり、その血で祝福されたという、さらに重大な事実について語ることになっているからである。

第三話　流血について

この話を聞けば道理に悖り心に戦慄を覚えるのであるが、目撃すればいかなることになるだろうか。兄弟の一方が刀で斬り刻まれるのを見ながら助けることができず、父は息子が鉞や手斧で打ち砕かれるのを見ながら助けることができず、息子は父が屠られて息を引き取ろうとしているのを見ながら救いの手を伸べることができない。なぜなら、他の者も次に殺される順番になっているからである。ダマスクスのキリスト教徒が陥ったこの状況は、何と悲惨なことだっただろう。これら凶暴な悪党共は、その胸から子供たちを奪われて悲しみに暮れる母親たちの哀願を耳に入れず、いかにして〔子供の〕頸を斬ったり体を二つに割いたりしたのだろうか。彼らは、苦しむ両親を見て泣き叫ぶ子供たちを憐れむことなく、足下に身を投げ出して、子供の一人に最後の一撃を加えず、助けてやると言うよう哀願する女たちに同情しようとしない。頑なな心の悪党たちよ、神はもしお望みになるなら、お前たちを見ているのだ。

バーブ・トゥーマーには死体が山積みになり、最後には偽善者たちが徴発したユダヤ教徒と共に、死体の足を縄で結んで城門の外に引きずり出し、バラダ川に投げ捨てた。〔下流の〕村々に多数の死体が漂着したため、農民たちは川の取水口が塞がれると言って騒ぎ出した。今でも貴方が川のほとりを通れば、〔渇水期の〕一二月、一月頃までは、殉教者が残した頭蓋骨や骨を見ることだろう。マスベク居住区では殺された者が多かった。キリスト教徒の一部は、偽善者たちが略奪だけで満足すると主張し、その場所が貧しい人々の〔居住区で、〕悪党たちは来ないものと考えたからであった。聖貴婦人教会の庭園には、多くの人が入ってきて、しばらくの間悪臭が立ち籠めていた。それは、人々が庭には財産財物がない〔ため悪党たちが来ないだろう〕と思ったからである。この教会の修道士居住棟にある地下室から多くの死体が発見された。

この虐殺事件〔発生〕の二日後、つまり七月一一日の水曜日、ダマスクスのイスラーム法学者の筆頭であるシャイフ・アブドッラー・アルハラビーは、街の他の顔役のように家の扉を閉めて野獣たちのするに任せていただけでは足らず、虐殺事件の三日目である水曜日の昼を過ぎてから、サーリヒーヤの住民に使者を送って言った。「シャイフ様より、貴方がた熱心な信者への伝言だ。宗教の一大事であるぞ。火災の火の手がウマイヤ・モスクの近くに及んでいる。駆けつけて消火するように。」そして〔使者たちは、〕尖塔《ミナレット》から大声で呼ばわっていた。(16) このシャイフの意図は消火ではなく、火を煽ることだった。最初の二日間に発生した流血では、彼の渇きは癒されなかったのだ。
各宗派の司祭たちの話から私が理解したのは、それぞれの宗派の不明者数を全部加えることにより、ダマスクスにおいてキリスト教徒は二五〇〇人の男と、約五〇〇人の婦女子が殺されたということである。これは殺害され、焼かれた者の数だけである。これらの死者はダマスクスの住民だけではなく、中にはハスバイヤーやラシャイヤー、いくつかの村々から逃げて来てダマスクスに避難してきた者もいた。土を撤去する人夫がやって来た時、彼らはまず殺された者の死体、つまり遺骨を発掘してキリスト教徒墓地に運ぶよう命じられた。そしてそこに、〔死者のため〕長さ一六腕尺、幅六腕尺の祠が作られた。そこにこれら殉教者の遺骨すべてを集めて埋葬した。この祠は政府の出費で二〇〇〇人のキリスト教徒が見守る中、建設された。政府の側で土の撤去を監督していたのは、ハンナ〔ユーハンナー〕・ガナージェという人であった。この祠は岩のそばにある。すべての家屋にある井戸に、まず飛び込んでしまった人や、火災で溶けてしまった人は含まれていない。

サンタ修道院の中で殺された院長マニュエル神父やキルミーレ司祭など、八名の殉教した修道士たちがどのように殺されたか私は知らないが、確たる証言は聞いている。この神父は、無思慮な人々が襲来して修道院で悪事を働くとは信じていなかった。彼は非常に単純に考えて、マグリブ人たちのところにいたラヌス氏[17]の要請で彼らが〔神父のところまで〕来たのに、アミール・アブド・アルカーディルの屋敷に行くことを肯んぜず、前述の修道士たちと共に残った。その間マロン派司祭ムーサー・カラムもこうした単純な考えに陥って、修道院の中へ入り匿ってもらおうとした。しかし院長は、〔ムーサー・カラムが〕入ることを認めなかった。彼は、西洋人修道士の間にアラブ人が一人も混じっていないとイスラーム教徒が確認すれば、彼らは立ち去って何も悪いことはしないと思ったのである。結局マロン派司祭は、このことで神に感謝することになった。修道院にいたフランシス、ムウティー、ルファーイルのマサービキー兄弟のように、そこにいた人々と共に殺された人の中にはニコラ神父があり、彼の自筆の手紙が瓦礫の下から見つかった。これらの凶暴な人々は、一人を殺しては鐘を撞いて他の人に聞かせていた。この修道院からは証人となったミトリー・クラーと呼ばれる人しか無事に出られず、全員その命を犠牲として神に捧げた。証人の話から私が理解したのは、これらの修道士たちは生存の希望が絶たれると自分たちの部屋から教会堂へ行き、悪人たちが修道院の中へ入って穢されることのないよう、皆が至聖所にあった聖餐の麺麭を分かち合って食べたということである。

それから〔土を撤去する〕人々は、アザリア修道院の近くに向かった。すると、幼い子供の頭蓋骨が五つ見つかった。一年も経つが、なお貴方は石に飛散した血痕を見ることだろう。高い所にある石ですら、手斧や鉞で打たれた人から噴き出した血に〔染っている。〕

慈悲心に欠けたクルド人については、前の年、あるキリスト教徒の男がクルド人の男を、故意にではなく偶然殺めた。殺人が立証されると〔そのキリスト教徒は〕処刑されるまで獄につながれていたが、隙を見て脱獄してしまった。クルド人は、〔殺された〕クルド人の男の血の代償が、キリスト教徒にまだ残されていると主張している。そしてこの機会に、クルド人の男の血の代償を、キリスト教徒から何倍も回収したのである。

ある夫についての話。彼は隠れていた家が燃えたため、妻を連れて家から出た。そして妻と共に逃げようとした。妻は身籠もっており、また腕には男の子を抱えていた。悪党たちは彼を見ると殺そうとして近付いてきた。すると妻は彼らの前に倒れて、「夫婦には他に親類がいないので、この子供を育てるため夫を残して下さい。」と泣きながら哀願した。すると〔悪党たちは〕夫に襲いかかり、刀で斬り殺してしまった。そして妻に近付いて「この子は男か。」と尋ねた。〔妻は〕「そうです。」と答えた。すると〔悪党たちは、その子供を〕「見たいから我々に渡しなさい。」と言った。そして彼女の手から子供を奪い取り、燃えさかる炎の中に投げ込んだ。妻は気を失って倒れてしまった。その時以来、彼女についてもはや誰も知る人はいない。

ある青年についての話。偽善者たちは、彼を見つけて捕らえた。そして扉の金輪(18)に彼を縛り付け、両手両足を縛り上げた。それから皮を全部剥いでしまい、両肩を取り外し、亡くなるまで皮を剥がれた彼の体を苦しめた。

哀れな妻についての話。〔悪党たちが〕彼女の夫を殺した後、二〇歳の青年となった彼女の息子を殺そうとして近付いてきた。彼女は〔息子を、〕この虐殺事件が起きる三か月前に一七歳の娘と結婚させていた。すると哀れな〔妻は、〕刀の一撃を受けて地面に倒れていた息子の上に走っていって倒れた。そして彼女は倒れた時に、息子をその下に庇うようにした。偽善者たちはなかなか〔息子一人だけを〕打つことができなかったので、鉞や手斧でその婦人の上から打ちかかり、薪のように二人が重なったまま斬り崩してしまった。

非常に太ったあるキリスト教徒の男についての話。偽善者たちは彼を捕らえると縛り上げ、火のついている麺麭焼き窯の中に投げ込んで窯の蓋を閉めてしまった。悪党たちが大勢であったため、かような大力の男に対しこのような仕業ができたのである。彼を中に入れて蓋を閉めてからしばらくすると、彼らは窯の口から脂が用水のように流れ出してくるのを発見した。

悪党たちがある家に押し入った時の話。彼らは出産しようとしている一人の女を見つけた。産婆はおらず、夫が彼女のところにいた。哀れな女はこれらの集団を見ると、すぐに出産してしまった。偽善者の一人が夫に、「女房と子供を担いでついて来い。」と言った。すぐに哀れな男は子供を布にくるんで胸に抱き、妻を背負ってその者に従った。ある場所まで来ると〔その悪党は夫に、〕「女房と子供はここに置いて、ついて来い。」と言った。そしてその場所の屋根に〔夫を〕登らせてから、足で彼を蹴った。すると彼は屋根から樹木の上に落ち、宙吊りになった。彼の妻はそれを見ると間もなく息を引き取り、子供もまた死んでしまった。〔夫は妻子の〕前で木に引っかかったままであった。その悪党は〔夫を〕銃で三回撃った。血が流れ出して、その場所の地面を染めた。この悪党は彼らを置いて、略奪品を運ぶため去って行った。夜になると、哀れな夫は木から降りてその場所から出、誰も見ない間に城塞に現れた。そして自分が受けた〔仕打ち〕について語り、それから三日後に亡くなった。

このような話題は非常に多く、長くなり過ぎる恐れがあるので私はすべてを記すことはできない。ただ読む人、聞く人がキリスト教徒の死者は全く憐れみを受けることなく、野蛮で手荒な仕打ちにより、筆舌に尽くしがたい大いなる苦痛を蒙ったと知ることができれば良いのである。ある者は棒で打たれただけで殺された。ある者は鉞の打撲により殺された。ある者は石で打たれて殺された。あるムスリムの子供について聞いた話である。彼は一人のキリスト教徒が、棒で打たれただけで地に倒れているのを見つけた。するとその子供は、石を持ってきてそのキリスト教徒の頭を打ち始め、しまいに彼を殺して頭を擂り潰してしまったということである。ある者は切れないなまくら刀で斬りつけられ、苦しめられて殺された。ある者は小刀で苦しめられ、それに刃がついていないため、肉を引きちぎるように頸を斬られて殺された。ある者は火焔の中に投げ込まれた。ある者は燃える麺麭焼き窯の中に入れられ、蓋を閉められ、窯の外まで脂が溶け出した。要するに、不信仰者ネロの迫害であった。

イスラーム教徒の一部は、自分たちのところにキリスト教徒を匿っていた。しかし見よ、〔キリスト教徒の〕ある者は不運なことに、そうした動きの最中、悪党たちが居住区や小路で「キリスト教徒を匿い外に追い出さない者は、我々がその家に立ち入って彼らを殺し、家を略奪して放火する。」と呼ばわっていたため、すぐに他の偽善者たちは何人かのキリスト教徒を家の外に追い出してしまった。すると直ちに悪党たちがやって来て、彼らを殺害した。一部の〔イスラーム教徒はキリスト教徒を、〕政府が残りのキリスト教徒を集めるために用意した城塞に送り届けた。アブドッラー・ベイ・アルアズムのような者は、善行を始めたのに、しまいには反対となった。何となれば彼は虐殺事件の初日に配下の人々を染物市場に送って、そこにいたすべてのキリスト教徒を連れて来て、ダマスクス最大の隊商宿である彼の有名な店舗に収容したのである。彼はダマスクスで一番の金持ちで、その住民の中でもっとも尊敬されていた。彼の父はアスアド・パシャ・アルアズムで、長期間ダマスクス総督の地位にあった。今や彼の財産から得られる年収は一五〇〇キース[19]であるが、彼の支出には十分でなかったのである。その当日何人かのキリスト教徒は彼の善行を聞き、イスラーム教徒の友人に連れられて現れた。夕方になると彼は、これらの人々に食事が必要で、出費は少なくないと考えた。私が推測するに、彼が人々に約五〇〇キルシュの乾いた麺麭を提供すれば十分であり、多くは食べ物を受けつけなかったことだろう。彼は全員を城塞に送るよう命じれば良いと思ったが、これについては虐殺事件の前から、ハスバイヤーやラシャイヤーのように彼らを城塞に集めて殺害することになると、〔キリスト教徒は〕恐れていた。彼らをその後何日も自分のところに留めておくのは、約一万キルシュもかかるため良いと思われなかった。私はこの男に向かって呼びかけ、少し話しかけてみたい。アブドッラー・ベイよ、貴方はベルギー国王陛下が王妃と共にダマスクスに来臨した時のこと[20]を覚えてはおられまい。〔国王は、〕遊覧旅行中でサンタ修道院に宿泊され、貴方が軍司令官や総督と共に拝謁に向かった時、陛下はこれらの人々との会話をやめて貴方に話しかけたものだった。〔国王が〕ダマスクスに別れを告げようと決めた日のこと、修道院の広間にあった部屋からお出ましになり、そこには軍司令官閣下と総督閣下が軍隊と共に並んでいた。陛下が他人をおいて貴方だけに話しかけ、貴方の手を握って別れの挨拶をされたのを何とも感じなかったのだろうか。私は貴方がた両名の近くにいたのである。キリスト教徒である陛下が、貴方の邸宅でキリスト教徒に起きたことを耳にされるだろうと貴方は思わないのだろうか。陛下は貴方がダマスクスでもっとも高貴な人物であると知って、王侯間の親愛の情をもって貴方を遇したのではなかっただろうか。貴方はあの愚か者の考えに従って野蛮で悪質な行動に陥り、もっとも高貴な王が知っていた貴方の名前という栄誉を放棄したのではないだろうか。

貴顕の人物については、仏国領事館の代理人で領事のラヌス氏や、墺国領事のフェフィンゲル氏、ギリシア領事館の代表その他のように、そのほとんどが英国領事館に向かった。それは、すべての敵はこの領事館について悪く言わないことが判明したからで、その領事は自分の馬に乗って街路を巡回していた。無思慮な人々は、互いに彼が疑念を持たれず巡回している理由を尋ね合ったが、ある者は英国は我々の国の友好国であると答えていた。〔ラヌス氏は、〕その後アミール・アブド・アルカーディル・アルマグリビー〔アルジャザーイリー〕の邸宅に向かった。

アミール・アブド・アルカーディル・アルマグリビーは配下の人々を派遣して、キリスト教徒の主だった人々、その男女、娘息子たちを集めて城塞に送り届けていた。城塞は混雑してきて、そこにいたキリスト教徒だけでも一万七〇〇〇人に達した。そのうち三〇〇〇人は前述の通りダマスクスの外から来た人々で、残りはダマスクスの住民だった。その他にアミール・アブド・アルカーディルの屋敷や後述する何人かの屋敷を含め、イスラーム教徒の友人のところに匿われた人々が先に述べたように存在した。またその他に、ミーダーン地区に来た人々がいた。彼らは外から来た人々もすべて匿われ、約三〇〇〇人に上るこの地区、すなわちミーダーンのキリスト教徒住民と共に、その場所に住むミーダーンの男たちの配慮の下、保護されたのであった。そしてミーダーンの人々に保護されたキリスト教徒は、全員で約六〇〇〇人に上った。ドルーズ派は城門の外から何度もミーダーン地区に攻撃を加え、これらのキリスト教徒を殺害するため引き渡すよう要求した。これらの勇敢な〔ミーダーンの人々は、〕刀や銃で応戦し、彼らを最後まで保護した。ミーダーンの人々は、初日と二日目に大半が〔キリスト教徒〕地区に行って他の略奪者と同様に略奪し殺人を犯したが、彼らの頭目であるサーリフ・アーガー、サリーム・アーガー・アルマハーイニー、ウマル・アーガー・アルアービド、サイード・アンヌーリーらがキリスト教徒を保護していることが判明した後、〔略奪や殺人を〕やめて彼らを保護するようになり、自分たちの地区に連れて来て家に入れて面倒を見たのである。加えて、彼らの生活に必要な物を二〇日間にわたり提供した。虐殺事件の七日目に〔ミーダーンの人々と、〕キリスト教徒を殺害するため引き渡すよう要求していたドルーズ派との間で戦闘が発生した。これはバウワーバ・アッラーの外側で起きたもので、〔ドルーズ派との〕戦闘の最中、ミーダーン地区にサリーム・アーガー・アルマハーイニーが殺害されたとの報せがもたらされた。〔ダマスクスの〕街の人々も、ミーダーンの人々がキリスト教徒の一部を匿って保護しているため、彼らに対し激昂していた。そして同じ日の昼には、〔ミーダーンの人々と〕戦う準備をしていた。その時、その〔殺された〕人物が従兄であるサーリフ・アーガー・アルマハーイニーと共に信念をもってキリスト教徒を保護していたところから、哀れな〔キリスト教徒たちは〕生存への望みを絶つところであった。キリスト教徒たちを襲った苦痛の大きさを、誰が理解できるだろうか。生きながら死相を呈していた彼らの顔を、誰が見ることができただろうか。その時恐怖と戦慄に満たされ、いかに彼らは死を覚悟していただろうか。この人が殺されればキリスト教徒に対する配慮はなくなり、疑いなく悪党たちが城塞の内外から攻撃を加え、ミーダーンに滞在していた者もろとも生き残ったキリスト教徒全員が命を狙われ、恐らく殺されずに済む男は一人もなく、掠われずに済む婦女子は一人もなかっただろうという〔心配が〕現実になるところであった。

さて、小休止して手足や顔が陽焼けしたこれら女子供に目をやるが良い。彼らが皆城塞の地面に放置され、油を塗った檻褸布で体を巻き、声を揃えて「ああ痛い。」と叫んでいた有り様はいかなるものだろうか。陽焼けの苦痛に皆で悲鳴を上げていたこれら婦女子の面倒を、誰が見るのだろうか。ところで長さ一〇〇米、幅六〇米の城塞で太陽の熱と夜露に曝されて悲鳴を上げながら一緒に暮らしていたこれらの人々は、一体何人と思うだろうか。苦痛に叫び声を上げていた女子供は一〇〇〇人、あるいは五〇〇〇人、恐らく一万人を超えていたのではなかろうか。それ以外に先に人数を述べた通りの残りの人々は、〔叫び声に〕耳を傾けていたのである。そして何人かのイスラーム教徒の人々は、しばしばこれを見て彼らに同情していた。そして彼らに少量の油と何枚かの檻褸布を与えていた。何人かは彼らに少量の麺麹を与えていた。しかしこの麺麹にありつけたのは誰だろうか。ダマスクスの女子供だったのだろうか。否、殺害を免れた何人かの男たちと共に村々から逃れてきた粗野な女たちが、あっという間にそれを取ってしまい、体が華奢な人々には何も行き渡らないのであった。ああ、乳を飲ませようとする女たちを見よ、彼女たちは喉が渇いているのにどうして授乳できようか。また乳呑み児たちを見よ、彼らの母親の乳房に乳はない。我々が見るこれら婦人や幼児たちの有り様の、何と不憫なことであろうか。彼らが城塞にいる時に生じた、見知らぬ者同士の混雑を見よ。彼らは叫び続け、悲鳴を上げ続け、彼らの泣き声は一つの口から出ているようだった。彼らのほとんどは被り物はなく、髪を振り乱し、目は据わってあちこち彷徨い、偽善者たちが襲撃して彼らを城塞の中で殺す時を待っているのだった。このような哀れな出来事を見ているだけでなく、思案に暮れている人の心はやはり裂けそうであった。おお我が神よ、キリスト教徒である貴方の民に報い給え。彼らに対し、「仕返しを。十字架の輩に仕返しを。」と全員で叫んでいる冷酷な敵たちによって彼らが耐え忍び、蒙ってきたことに報い給え。キリスト教徒たちよ、貴方がたは誠に栄光ある王冠を勝ち得、何度も何度も貴方がたが蒙ってきたことへの報いを受けたのである。そして貴方がた信仰に生きるキリスト教徒たちよ、貴方がたが自分たちの敵や憎む者たちから耐え忍んだことによって、貴方がたの罪は赦されたと我々は知っている。

ところで城塞で暮らしていた人々に食事を出す者はなく、彼らは食物と衣類の欠乏に喘いでいた。そこで虐殺事件に際しアミール・アブド・アルカーディルの屋敷に向かった仏国領事ラヌス氏のような慈悲心ある人々は、この苦境にあるキリスト教徒の救済に取りかかった。第一に、彼らが入手できなかった食糧を提供した。第二に、昼夜倦むことなく団結してマグリブ人たちをアミール・アブド・アルカーディルの屋敷からキリスト教徒地区に送り、キリスト教徒を捜索して見つかった者を集め、彼らを悪党たちから救って城塞に送り届けて保護した。〔ラヌス氏の〕他にも彼らに食糧を提供した人々はあり、さらに現在の政府は彼らに少量の麺麹を配給した。彼らに麺麹が配給されたのは五日目のことであった。しかし聞く人よ、考えてもみられよ。新しい統治者たちが到着するまでの一五日間、城塞のキリスト教徒は刻一刻悪党たちの襲撃と、生存者を殺害するため城塞に押し入ろうとする試みをいかに見聞きしていたかを。そして彼らは常に門の中から悪党たちの集団が、空腹の虎が獲物を見るように歯噛みしていたのを見ていた。彼らを警固するため門のところに立っていた五〇人の兵隊は、キリスト教徒たちを安心させるのに十分であろうか。〔キリスト教徒は、〕ダマスクスの全軍隊は事ここに至るまで何もしなかったことが分かっていたのだった。

ハスバイヤーとラシャイヤーで起きたことを想像していた哀れな人々、彼らはこうした〔ハスバイヤーとラシャイヤーの〕人々の生残りでダマスクスの人々と一緒に城塞に入っていたが、この仕業、つまり全員が城塞で殺されることが自分たちに起きると確信していた。そして悲しんで言っていた。「今日我々は殺される。夕方には死ぬのだ。」そして昼間は助かると夜に〔殺されると〕臆測し、夜が過ぎると残りの隠れているキリスト教徒が集め終わるまでのこと、多分明日には終わるだろうと覚悟するのだった。

この間何人かの兵隊が彼らのところに入ってきて、女子供を一方に、男たちを一方に分け始めた。ある男は婦人の服を着て病気であるかのように頭を蔽い女性の集団に入っていたが、その後兵隊はその男まで選り分けて男たちの方に入れてしまった。そしてすべての子供と、成長した青年を別にした。この時哀れな人々は死を確信した。貴方には悲鳴や嗚咽、泣き叫ぶ声を上げる〔様子が〕眼に入るであろう。ある女は行方不明の息子たちを思って涙を流し、別の女は自分のところで〔息子たちが〕無事であるのは見たが、眼前で殺されることになると泣いていた。二人の女は誰の慰めも受けつけなかった。そして彼らの確信を強めたのは、マグリブ人の戦士たち、あるいはあるイスラーム教徒かミーダーンの住人が自分たちの見つけたキリスト教徒を城塞に連れて来た際、その処刑されることになったアブド・アルカーディル・ベイとハーフィズ・ベイが、城塞の門のところで何人かの兵隊と共に任務について立っていたことであった。そして〔到着したキリスト教徒に〕言っていた。「中へ入れ。お前たちの誰一人、決して外へ出てはならぬぞ。」すると多くのキリスト教徒は、城塞に到着すると再び逃げ出そうとし、ある者は悪党たちが見つけ出して殺してしまった。そうした人々の中には、イリヤース・アルガーラと兄弟のジブラーイールがあり、彼らは城塞から逃走したがスーク・アルアルワームの近くで殺された。聞く人よ、どう思われるだろうか。これら生存者はこの将校の言葉を耳にし、男と女がそれぞれ別に分けられた後、もはや命が助かる希望を持てるだろうか。さあ兄弟・友人たちよ、この世に住まう修道士・修道女たちよ、疾く来たりて近親に救いと愛の手を差し伸べられよ。さあキリスト教徒の民よ、貴方がたの兄弟がすべてを奪われた後、刻一刻非業の死を待っている様子やその悲哀を見るが良い。死者のように悲しみに満ちた彼らの顔や虚ろな眼、髪を露わにした婦女子を見よ。泣き叫ぶ者、〔悲しみで胸を〕敲く者、別の男は驚くべき無気力さで地に蹲っている。別の女は生気なく呆然としている。子供たちは腹を空かせ、女たちは着る物もない。彼らの心は悲哀に満ち満ちている。この恐るべき虐殺事件の酔いが覚めた女たち、ある者は夫を失い、ある者は成長した子供たちを失い、ある者は兄弟を失い、彼女たちの発する石のような心をも悲しませる言葉については、これに耳を傾ける力はない。衰えた私の健康に鑑み、この心を砕く言葉を憶い起こすことは私にも耐えられず、その一部のみを穏当に記すことにした。貴方には、これら夫などを失って彼女たちが悲嘆に暮れているのが眼に入るであろう。夫たちは、泣いている幼児や裸の子供たちを彼女たちに残していった。子供たちは叫んでいた。「お父さん、お父さん、どこにいるの。私はお腹が空いて着る物もないのに、なぜいつまでも来てくれないのですか。お父さん、来て下さい。お母さんが毎日泣いて嘆いているのを見て下さい。」

今、私はキリスト教徒の兄弟たちに、この驚くべき悲しみの状況から自分たちの同胞を救うよう訴えるつもりはない。なぜなら、この悲哀は男たちの殺害や死をめぐるものに限られているからであり、まださらに深刻な悲しみが彼らに残されているのである。それは婦女子の強制的な拐取にまつわるもので、〔兄弟たちの〕道義や人倫に関わる感情を刺激するであろう。これは聞くに耐えないものであるが、私は今の第三話が終わった後に語ることにしよう。キリスト教徒が城塞やミーダーン地区に落ち着いた後、二〇日間はこのような状態であった。そしてその間に亡くなった人々の何と多いことだろう。ある者は恐怖から、ある者は受けた傷がもとで死んだ、などということであった。

ところで、新しい統治者たちが到着すると街には少し混乱が発生し、悪党たちが街のあちこちを駆け巡った。すると八月六日にファード・パシャの命令が下った。第一に、略奪品の返還についてで、偽善者たちには彼らが主張していたようなことを政府が受け容れないと判明した。彼らの確信を強めていたのは、最初に悪事を煽動したイブン・アッシャッアールが三〇日間店を開いて、恐れも抱かず平然と留まっていたことだった。なぜなら偽善者たちは互いの噂によって、それが政府の差し金だと確信していたということである。彼らは軍司令官のアフマド・パシャが、自分たちの行動に満足していると思っていた。それは、彼ら自身が分かっていたように、もしダマスクス総督がこれを拒否していたのであれば、彼は混乱を初めから鎮静化することが可能であったからであり、少なくともダマスクスそのものの〔騒乱は〕鎮圧したはずである。後に我々が説明することになる処罰が行われた時、彼らは自分たちのこの境遇や、政府がそれに満足していると主張して互いに欺き合っていた状況に当惑して、「我々はキリスト教徒に対するこの行状について、騙されていた。」と言っていた。彼らは続けて、「アッラーがその元兇を処罰され給うように。」と言っていた。つまり彼らの考えによれば、アフマド・パシャに対する〔処罰〕である。それからこのように言っていた。「元々は不信仰者のドルーズ派集団が、虚言・偽善を弄して行ったことだ。彼らは虐殺事件の前から事ここに至るまで次々と陰謀を用いて、自分たちを騙した者と一緒にそうした考えを自分たちに吹聴して確信させたのだ。」

キリスト教徒地区の近隣の家やキリスト教徒に混じって存在していたユダヤ教徒については、このような災難は略奪も放火も、他の類することも何も発生しなかった。ただキリスト教徒の家に混在していた小さな二、三軒の家が誤って焼かれただけであった。なぜならこれらの〔ユダヤ教徒は、〕その一人ホジャ・ヤアクーブ・イスランブーリーとアフマド・パシャの間に、前述〔アフマド・パシャ〕のユダヤ教徒である執事長が取り持つ親密な関係があったからである。ヤアクーブ・イスランブーリーは、ダマスクスのユダヤ教徒でもっとも裕福な人物であるというのがその訳である。彼には農民に対する貸付利子による巨額の財産があった。彼は英国の庇護を受けただけでなく、訴訟事には政府の目配りが必要であり、莫大な財産や利益に伴う贈物や賄賂の提供が加えて必要となるからであった。〔ヤアクーブ・イスランブーリーがアフマド・パシャに〕十分に贈物をしたり買収したりして、彼を満足させたことは明らかである。その証拠に前述のヤアクーブ・イスランブーリーは、アラビスタン軍司令官アフマド・パシャがその節を屈して彼の饗応を受けるよう招待したのである。そして〔アフマド・パシャは〕彼の屋敷に行って彼のところで食事をしたが、当地の総督が地位の異なる一臣民の饗応をあえて受けたなどということは、未だかつて絶えて聞いたことがなかった。虐殺事件が発生する前の騒乱の時期、キリスト教徒はアフマド・パシャにドルーズ派が武装して街に立ち入ることを禁ずるよう要請した。その時に先立って、武装したかなりの数のドルーズ派が、ハスバイヤーにいたユダヤ教徒を殺害から保護するとて連れて来ており、彼らの意図は街に侵入することであった。しかし城門の警固兵が彼らを制止して、武器を置いた上で街に入るよう、彼らの狙いを阻止しようとした。彼らは拒否して、ホジャ・ヤアクーブ・イスランブーリーに、武装しないで入ることは不名誉であるからできないと伝言した。するとこのユダヤ教徒はアフマド・パシャのところに赴き、彼から許可を得た。これら群衆は武器を持って入ってきて、街頭行進のように〔武器を〕打ち鳴らしながら大音声で言っていた。「アッラーよ、スルターンに勝利を与え給え。不信仰者（つまりキリスト教徒）を呪い給え。」

このユダヤ教徒はドルーズ派に対して貸付の形で多くの資金を提供していたため、親密な関係にあった。この虐殺事件に際して〔ユダヤ教徒は、〕自分たちがユダヤ教徒であることが分かるような目印をつけ、自分たちの家の門には〔ユダヤ教徒の〕家であると分かってキリスト教徒の家と区別されるように、点灯した洋燈その他何らかの目印を吊り下げた。そして悪党たちは彼らから〔ユダヤ教徒の〕家の間にあるキリスト教徒の家を指し示され、悪党たちはそこへ押し入って略奪し、見つけたキリスト教徒を殺害した。何人かのユダヤ教徒は虐殺事件の時、水差しを持って襲撃者たちに水を与えて回った。砂糖水を〔配っている〕こともあった。そして彼らの前で叫んでいた。「アッラーよ、スルターンに勝利を与え給え。十字架をつけた不信仰者と十字架の輩を呪い給え。」

〔ユダヤ教徒は、〕略奪者たちがキリスト教徒から奪った略奪品を買い取っていた。中には金糸の入った衣装があり、銀製・金製の品があった。〔ユダヤ教徒の〕ある者は地金を取るためにそれらを焼いていた。またある者はそれらの形が分からなくなるようにして、それらの出所を不明にした。多くの略奪者は取調べに際して、ある銀の燭台やその他の品を誰かユダヤ教徒に売ったと供述していた。一部の〔ユダヤ教徒は、自らも〕略奪を行っていた。そして一部の者は〔略奪品を〕少しだけ提出した。そして彼らは「キリスト教徒は虐殺事件に際して、これを我々に預けました。」と言っていた。略奪品を返還するよう厳しく警告されていた時、その少数のみを提出した人々の名を我々は知らない。そのようなことを行ったのは、自分たちから略奪の嫌疑を晴らすだけの目的であった。先に我々が述べたことで十分なように、キリスト教徒には友人がなく、いかなる民からの友愛も得られなかった。例外として我々が名を挙げたような人々やそれ以外の少数の人々はいるが、全員が〔キリスト教徒に〕反発し、敵対するのだった。ユダヤ教徒の集団については、その誰一人キリスト教徒を匿って助けたという者を聞かない。もし彼らがキリスト教徒の誰かを助けようと望んだとしたら、彼らの家がキリスト教徒〔の家〕に接近していたため多くの人々を助けられただろうが、しかし〔キリスト教徒は〕逃げ込んだユダヤ教徒のところから、その女たちによって追い出されていたのである。〔ユダヤ教徒の〕男たちについては、自分たちの居住区に二六人のキリスト教徒が一度に逃げ込んだと報告していたが、誰一人発見された者はいなかった。我が兄弟、キリスト教徒地区の長老が言うには、彼は窓からあるユダヤ教徒の家が見える場所に隠れていて、その家に一人のキリスト教徒の男が人殺しから逃れてきたのを見ていた。その人はラシャイヤーとハスバイヤーの住民であった。するとそのユダヤ教徒は息子と共に立ち上がって、そのキリスト教徒の青年を捕え、家の中庭で彼を殺した。その後で前述の我が兄弟、地区の長老は手蔓を見出して生き残ったキリスト教徒の一団と共に助かったのであった。人殺しに対する取調べが始まった後、彼は出掛けてこの二人のユダヤ教徒について、彼らがどのようにそのキリスト教徒を殺したかを報告した。特別法廷で審理されることになった後、彼が見たキリスト教徒の殺人についてのすべてが取り調べられた。そして法廷より係官が派遣されて二軒の家とそのキリスト教徒が隠れていた場所、そのユダヤ教徒の家が見える窓を検分した。そしてそのユダヤ教徒がキリスト教徒を殺害したことが立証された。〔そのユダヤ教徒は〕一人について殺人が立証されたため息子と共に牢獄に入れられたが、ユダヤ教徒の間に他の人殺しと同様に、ユダヤ教徒も殺人の罪に問われるのではないかとの恐れが生じた。ユダヤ教徒の男一人がキリスト教徒によって殺されたとの噂が流れた。〔キリスト教徒がそのユダヤ教徒に〕毒の入った食べ物を届け、夕方元気に生きていたのに夜牢獄で死んだと〔言うのだった。〕

我々は〔ユダヤ教徒の〕キリスト教徒に対する行状を過ぎ去った歴史だけでなく、我々の時代においてもかつて起きたこととして知っている。それはキリスト教暦一八三五年のカプチン会修道士団のトゥーマー神父の殺害に関するものである(21)。彼らがたとえ何か言おうともそれは虚偽であり、彼らの〔犯行であると〕確定してはいないが、我々は彼らについて聞いたままを語っているのである。彼らの誰一人でも、その時に居合わせた我々の世代ではなく、彼の後の世代の〔ユダヤ教徒を〕納得させることが果たして可能だろうか。またダマスクスに居住し、前述の神父の殺害に関する彼らの供述を出版物で認定した仏国領事ラティモントン氏を反駁することが(22)〔可能だろうか。〕〔神父の〕帽子と遺骨が発見され、イスラーム教徒と欧州人の外科医や内科医が招集されてその人骨を組み立て、エジプト国のシリア州政長官ムハンマド・シャリーフ・パシャ閣下に対する検証報告に捺印しているのである。最後に遺骨は教会信徒によって彼の修道院に納められた。そしてその上に、殉教者である神父の殺害を記憶に留めるため、大理石で墓が建てられた。今回この修道院が焼失した際、ユダヤ教徒たちは仲間を送って例の事件の後にまで記念物が残らぬように、その墓を石もろとも破壊してしまった。

露国とオスマン帝国の間で発生した戦争以来約五年の間、〔ユダヤ教徒が〕何をしたかを改めて熟考しなければならない。その際ダマスクスにおいては、仏国と英国が他国と共にオスマン帝国を支援していたにもかかわらず、ムスリムたちから被保護民〔キリスト教徒とユダヤ教徒〕に対する非難が増大していた。もっとも人員を喪い、莫大な富を費やしたのはこれら支援国の軍隊ではなかっただろうか。我々は前述の戦争で起きたことを、今ここで説明できない。ユダヤ教徒については、ダマスクスでイスラーム教徒よりこの戦争を理由とした非難が高まったことを知ると、イスラーム教徒に対する衷心からの親愛の情を表現し、キリスト教徒から区別されるために、彼らの間から一つの集団が出来上がって行列を作った。彼らは旗印を掲げてそれに十字架と一緒に革鞋《サンダル》を吊り下げ、大音声で呼ばわっていた。「アッラーよ、スルターンに勝利を与え給え。不信仰者を呪い給え。」この行列はシャハム・ミナレットの近くまで来ており、ダマスクスのキリスト教徒全員と各国領事館の代表はそれを知っている。読者よ、驚かれるが良い。これら〔ユダヤ教徒には〕キリスト教徒しか庇う者はなく、特にこれら諸州においてはあらゆるキリスト教国が彼らに庇護を与え、貴方が眼にする彼らの成功や蓄財は、その庇護が手段となっているのである。彼らの財産は、様々な民に利息を付した貸付として配分されている。彼らは年一〇〇キルシュを貸付けて三六キルシュの利益を得るのである。そして農民に対しては年一〇〇キルシュに対し五〇キルシュ〔利益が〕上がっている。彼らはキリスト教国からの庇護を手段としてこれだけの財産を得て、それを回転させて利益を上げているのである。これら〔キリスト教国の〕領事館が、彼らの多くの仕事のために割いている労力の何と大きなことであろう。それにもかかわらず、様々な民に配分された彼らの富を管理するため〔キリスト教徒が〕苦労した揚げ句、ユダヤ教徒の集団からキリスト教徒がこのようなことをされるのは果たして相応しいのであろうか。しまいには我々が述べた通り、彼らは十字架を掲げ侮辱して練り歩いたのだった。彼らを庇護している人々は、十字架に彼らの主が磔にされたため、それを好むということを彼らは承知している。彼らの厚顔振りに注目すべきである。我々キリスト教徒の共同体は、我々が〔ユダヤ教徒の〕行為に相応しい扱いをしない場合は、いかに自分たちの心の平穏を保つことができるだろうか。明らかなのは、神は彼らが世界の小集団であるため、そうしたことを受忍されているということである。〔神は〕我々のため眼に見える不断の歴史を世界に留められ、我々はこういう種族によって我らの主イエス・キリストが磔にされたのだと知るのである。それ故我々は、彼らを庇護されている〔神の〕偉大な能力を理解し、我々に対する彼らの罪を、それが我々の信条を侮辱して殺人を犯す程度であったとしても赦すのである。そして我々は神聖な言葉を成就することになる。「神は我々が自分たちに過ちを犯した者を赦すように、我々を赦される。」(23) 我々は至高なる神に至らぬことの許しを乞い、十字架につけられた人の手によって我々が赦されるよう願うものである。

第四話　拐取について

この話題を十分に説明することは、私には難しい。私は自分の舌や筆が動かなくなって、良く説明できなくなるのを見るのである。第一に、このことは皆に知れわたって明らかになっており、私が初めて伝えるものではない。第二に、私がこの歴史を書き記し始めた際、あらゆることを説明する義務があると〔考えていた。〕よって私は、その読み手、聞き手の宥恕を乞うものである。

これら無思慮な悪党たちが襲撃を〔開始し、〕互いに押し合って市場や往来や居住区を通って行った時、彼らすべてがその望む対象に向かって走って行くのを貴方は見ただろう。ある者は略奪にかかり、キリスト教徒のところにあるものを実際に眼にして、まずは彼らの財産の多さを知り、ついにはこう叫んで言っていた。「俺たちはこんな沢山の金銀や財宝が、キリスト教徒のところで見つかるとは知らなかった。」またある者は、特に自分たちの諸州で最近鐘が鳴らされるようになって教会や修道院を憎み、キリスト教徒の有力者たちの何軒かの屋敷が費用を掛けて洗練された装飾を伴い建設されたことを妬んで、放火にかかった。またある者は、キリスト教徒の罪が彼らの〔忍耐の〕限度に達したとして、流血への渇きを癒やしにかかった。その時哀れな〔キリスト教徒には〕何一つ〔イスラーム教徒に対する〕罪はないどころか、父祖の代から貶められ、軽蔑されながら彼らと一緒に生活し、エジプトの民に隷従していたイスラエルの民とさほど違いはなかったのである。そしてある者、つまり不浄不潔を好むあれら悪徳の徒輩は、狼のようにキリストの羊たち、つまり〔キリスト教徒の〕婦女子を掠いに争って走っていたのを貴方は見ただろう。これらの中で先駆けた者は美女や処女を手に入れ、遅れた者は残りから選んだのである。ある者は獲物を手に入れると連れ去った。ある者はその場で餌食にした。私はこの言葉によって、特にこの話がそれより前の内容より先に読み聞かされる場合には、誰か単純な人がそのような表現を受け取って、悪党たちがほとんどの婦女子を捕らえるか、餌食にしたと理解してしまわないよう慎重になっている。より適当なのはこの書物を始めから読むことで、その部分や終りの方に説明されている通り、自らはイスラーム教徒であるキリスト教徒の友人たちの多くは、我々が詳細に見てきたようなミーダーンの住民その他についての説明はさておき、急いで自分の友人や仕事仲間の家族を引き取って自宅で保護したのであった。誰か愚か者がダマスクスのイスラーム教徒はキリスト教徒に対しこの種の、つまり女性を略取する風習を有していたと臆測することがないように〔述べたのである。〕そのようなことは強制であろうと、自発的であろうとあってはならないのである。私は自発的であろうと、と述べたが、過去の恐ろしい出来事について吹き込まれ、男女の心により多くの恐怖心が植え付けられていた過ぎし日々はなおのこと、常に〔あってはならないとされていたのである。〕ただ非常に少数の〔キリスト教徒の〕女性が外へ出て行き、再び戻ることができず彼らの宗教に入ったのである。恐らく二年に一人の女が出て行ったと私は言うことができる。

掠われた者には若い女もいれば、婚約していた女もいた。聞く人よ、この種のことをあまり深く考えて、悲嘆やあらゆることに対する心配に囚われたり、貴方がたの同胞姉妹や幼い娘たちの仇を取るため、神に報復を乞うような義憤に駆られたりしないでほしい。そうではなく、神が彼女たちのこの最大の災厄を慰められるよう、彼女たちのために祈って頂きたい。これら悲惨な出来事を、誰が胸の張り裂けるような思いなしに見つめることができるだろうか。

中には動顛の果てに亡くなった婦女子があった。中には後で貴方が見るように、悲しみに暮れる母親の前で彼女に向かい、掠おうとする野獣から助けてと叫ぶ〔娘が〕あった。しかしこの生娘が叫んでも無益であった。彼女が身を守ってくれると恃んでいる人々は、彼女に見えない屋外で殺されており、彼女の母親は〔娘に〕対する心痛のあまりまさに魂を失うところだったのである。

ある婦人についての話。彼女の青年となった息子は自分の足下で刀で斬り刻まれ、別の息子は自分の眼前で斧で打ち砕かれ、夫は撃たれた後屋根から転落して死んだのを見た。彼女の幼い娘は掠われて、その場で餌食になるところだった。哀れな女は掠おうとする悪党たちの方へ走って行き、彼らの足下に倒れ、泣き叫んで哀願し、自分の顔や胸を叩き髪を掻きむしり、彼らに自分の娘を凌辱しないよう懇願した。すると悪党たちの一人が刀を抜いて彼女の手を斬った。彼女は叫びながら床に倒れた。「ああ殺された息子たちよ、生き返って妹が掠われないよう助けておくれ。貴方、我が夫よ、立って成長した自分の息子たちが周りで殺され、血が地面を染めているのを見て下さい。一一年間慈しみ育てられ、どんなことにも貴方に背いたことがない娘が、どのようにこれら獣に捕らえられ、辱められるか見て下さい。」しばらくの後、彼女の娘は三人の野獣から凌辱され、衣服は血に染まり、母親の前まで走ると倒れた。〔母親は〕地に蹲っており、〔娘は母親を〕抱きかかえると子供のように叫んで言った。「お母さん、お母さん、なぜ私がこんな狼の手に掠われるのを見過ごしたのですか。」すると母親は叫んで言った。「ああ何と悲しいことでしょう。私はまだ生きているのに、すべてのことを眼にしました。」そして二人は互いに抱き合ったまま、ほどなく死んでしまった。

ある婦人について、あるいは娘なのか不明であるが、悪党たちによって凌辱され、様子が甚だ変わった後、カイマリーヤの通りに放置されていたと我々は聞いた。あるイスラーム教徒がやって来て、応える者がないまま女が道で叫んでいるこの醜状を見て、叫んで言った。「恥知らずめ。一体何の有り様だ。自分たちが往来で犯した醜い仕業を、アッラーが御覧になっていないと〔思うのか。〕」しまいに悪党たちが彼女を路地に連れて行った。その哀れな女がその後生きているのか、死んだのか誰一人知らない。

悪党たちのところに掠われた婦女子は、政府の厳しい態度が明らかになった後、偽善者たちによって解放され、生き残った家族や、仮に家族が生き残らなければ知人を頼って城塞まで歩いて行った。しかし悲しむべき誘拐の状態から城塞に入って来たこれら囚われの女たちは、いかに悲しみに暮れて歩いて来たことだろうか。毎日日の出前に来る女たちもあり、日没後に来る女たちもあった。それは、彼女らの誰一人掠われていた場所を知ることのないようにするためだった。そして今に至るまで、行方不明となったままの婦女子もいる。その何人かはイスラーム教徒となって、男性と結婚していると判明した。夫たちはいつも彼女たちを怖がらせて家にいるよう望んでおり、彼女たちに「キリスト教徒の男も女も誰一人残っていない。男たちは殺され、女たちはお前のようにイスラーム教徒の男たちが娶ったのだ。」と言っていた。そしてそのような女たちの一人が発見されて、このように語ったのである。

貴方は、いつも叫んでいる母親たちの言葉を耳にすることだろう。「ああ、それにしても、ああ。私の夫は殺され、息子も一緒に世を去ってしまうのを私は眼の当たりにしました。ただもっと深刻なのは、掠われたまま行方不明の娘に会っていないことです。ああ、私が殺されたか、〔娘が〕私の前で殺されて彼女の父や兄の許に委ねられたら。」そしていつも彼女たちの一人一人は身悶えして泣き、特に自分の宗派の長の前では娘を帰してほしいと、心を砕く叫びを上げていた。筆者の私は、一人の婦人が来てシリア教会のグレゴリオス・ヤアクーブ猊下に、娘を帰すよう叫んでいた時に居合わせた。「大主教様、私の言葉をお聞き下さい。私は悲しみに沈んでいます。成長した愛しい息子は夫と共に殺され、報いを司るお方の手に委ねられました。ところで今、私は貴方様に自分の娘を、全く無事か、さもなくば殺されて彼女の父と兄の許に委ねられるか、〔いずれかの状態で〕帰して頂きたいとお願いします。」貴方は彼女が涙を流し、彼女の〔宗派の〕長も涙を流し、二人とも嗚咽涕泣して叫んでいるのを見るだろう。しかし彼らが叫んでも無駄であった。なぜなら彼は、〔娘が〕掠われている場所を知らないからである。誘拐から帰され、あるいはその場で餌食にされた後、人類の自然の摂理に反する治療を施すように、外科医が依頼された娘たちの何と多数に上ったことであろう。そのうち何人かは死んでしまった。

キリスト教徒よ、レバノン山、ハスバイヤー、ラシャイヤー、デイル・アルカマルやその他の村々すべての人々が被った災厄は、男たちの殺害、家屋の略奪と放火の三種であることに注意してほしい。ダマスクスの人々の被害は、より深刻な二種類がそれらに加わった。第一に強制的な棄教、第二に強制的な婦女子の拐取である。

これを人に聞いたか、書物で知った人々が、ここにいたのと同じ程度にこれら二種類の被害の影響を受けるとは、私には信じることができない。娘を誘拐された母親たちの悲しみがいかなるものかを見る時は、なおさらである。彼女たちは掠われた〔娘たちが〕誰のところにいるか、あるいは黒人奴隷か、さもなくば猛獣か、農民か、クルド人か、印度人か、家屋に住んでいるか、荒野で岩の窪みにいるか、山中の洞窟にいるか分からないのである。私は今回ダマスクスに滞在した折ある婦人を見かけたが、一人の女の眼からだけ流れ出すとは信じられない程、夥しい涙を流している状態であった。物を食べれば泣き、飲めば啜り泣き、昼中泣いて夜には叫んでいた。「私の娘よ、どこにいるのか、私に教えて下さい。清らかな娘よ、貴女は無事ですか。貴女の母には、死ぬまで貴女が出て来るとは思えません。もし貴女が清らかなまま亡くなっていたのならば、貴女は殉教者ですから祝福しましょう。私は貴女が清らかなことを知った後は、もう貴女が掠われて生きているなどと心配しないでしょう。私は貴女を育て、貴女の純粋な美徳を知っています。私は何度も何度も、貴女が修道女になりたいという希望に反対しました。もし貴女が亡くなっているのであれば、神様に取りなして、貴女は天にいるとわかる合図を私に届けて頂いて下さい。そうすれば私は、貴女が永遠の婚約者と共に冠を戴いていると慰められます。もし貴女が生きているなら、ひどい心配がもたらす大きな苦痛は、そのまま私がお墓に行くまで続くでしょう。」

ダマスクスのキリスト教徒が被った災難、悲哀、甚しい苦痛、そして我々がこれら四つの話題として説明した兇悪な敵からの被害とその受忍、特に耐え難いこの〔四番目の災厄の〕何と理不尽なことであろう。彼らは耐えられぬほど劇しい作用を及ぼす苦杯を嘗めさせられたのである。私は礼儀の観点から、キリスト教徒の何人かの若者、なかんずく年少者に対して犯された鶏姦行為や外科医による治療がどのようであったかについては耳を背けた。なぜならこのような悪習は、この呪うべき罪に染まったこれら忌むべき諸州を除き、世の中のほとんどの人々の間では知られていないからである。

我々は情熱と慈悲心の持ち主であるキリスト教徒の同胞たちに向かい、駆けつけて世に類い稀な影響を与えるこれらの被害や悲哀からその兄弟を助けるよう叫ぶことは、今はできない。それは現在〔キリスト教徒の同胞たちの〕激しい怒りによって、霊魂の〔働きが〕妨げられているからである。そして我々はさらに大きな害悪に陥ることになってしまう。そうではなく、我々は嘆き悲しみながら頭を上げ、両手を伸ばして偉大なる大天使の言葉で武装し、こう叫ぶのである。「主よ、憐れみ給え。汝妬む神は、汝の民にかくまでのことを許された。我らの災厄を汝の栄光のために、我らの悲哀を汝の偉大さを讃えるために、我らの悲嘆を我らの罪障を赦すために受け容れられよ。」(24) 悲しみ以外については、今我々は置くことにしよう。我々は〔キリスト教徒の同胞たちが、〕進んで我々のために祈ることのみを願うものである。

最初の軍部隊がダマスクスに到着した後、彼らはマグリブ人の戦士たちとドルーズ派に、キリスト教徒を警固してベイルートに送り届けるよう要求した。そして五〇〇人からなる最初の集団が出発した。シリアのアザリア会修道院総長であるフランシス神父とアザリア会の修道女たちも共に出発した。殉教者となったこの神父は、ベイルートに到着した後約一〇日してアイン・トゥーラのマール・ユースフ学院(25)へ向かい、特にダマスクスで見たような女たちに起きたことを、修道女たちについてますます心配するなど大きな恐怖を味わったため、その地で亡くなった。彼はその修道院の建設準備に苦心惨憺して夜まで働く日々を五年間過ごしたのを顧みて、この修道院の建築が終了したことに自らを労っていた。地上に落ちて顔や腕を打ったことは何回あったろうか、ある時は深い穴に転落して命を失うところであった。そこに彼は児童男女のために学校や講習会を開いてあらゆる民や宗派を受け入れ、愛徳姉妹会と名付けられた修道女たちが奉仕する、弱者のための病院を作った。彼らは薬や医師の対価として多額を費やしただけでなく、あらゆる種類の民衆に対し、病人の家まで行って病人の状態に応じて必要な食物の価を彼らに支払い、また病人やその家庭に必要なだけの金銭を与えていた。私は何度も、彼らがミーダーン地区やシャーグール地区の居住区や路地にあるイスラーム教徒の病人その他の家を巡回しているのを見た。そこは、キリスト教徒が立入りを恐れるような場所であった。この度の虐殺事件の時、彼らは自分たちのところに、他のキリスト教徒のようには悪党たちが押し入らないと思っていた。これら偽善者に対する援助がどれだけに上るかを、〔悪党たちも〕知っていたからである。結局〔悪党たちは、〕他と同じように彼らの修道院を焼いてしまった。これら悪党たちは、自分に善行をなした人々に手をつけるべきではなかった。なぜなら彼らは〔悪党たちの〕ところに何回も出かけて、病人を診て薬を無償で与えていたからである。キリスト教徒の病人は、美徳を欠いたこれらの野蛮人で混み合っているため、自分たちは〔修道院の病院に〕行くことを控えていたのだった。我々は野蛮人と述べたが、この表現で十分であろう。

そして四〇〇〇人からなる第二の集団と、三五〇〇人からなる第三の集団が出発した。しかし読者よ、八月にこれだけの人数の婦人や乳幼児がベイルートを目指して道を進んでいく様子を、どう想像されるだろうか。多くの女たちは旅をしたことがなく、動物の乗り方も知らず、特に激しい渇きに苛まれていた。乳児たちは悲鳴を上げ、男女の子供たちは叫び、女たちは嗚咽し、男たちは互いに嘆いていた。この奥方は乗っていた動物の背から落ち、あの子供は転倒し、多くの女たちは乗った動物を見失って裸足で走り、足から地面に血を流していた。道中で子供を産んでしまった女たちを見よ、彼女らは恵まれ裕福な人々であった。その何人かは途中の隊商宿で出産した。また何人かは集団が進んでいる最中に。そのうち何人が流産したことだろうか。これらの母親、あるいは流産し病気になった女たちの苦痛はいかばかりであったろう。特にその一人が遅れ、「歩け、キリスト教徒。

ドルーズが追いつくぞ。」という警固の者の声を聞く時には。貴方は彼女たちが嗚咽涕泣に身をよじっているのを見るだろう。また何人の子供が途中で死んだだろうか。ある者は激しい渇きのために、ある者は〔動物から〕落ちて〔死んだ。〕これは女たちや男たちも例外ではなく、ディーマースと呼ばれる最初の公館で亡くなった正教会信徒のアブー・ニークーラー・アブド・アンヌールもその一人であった。青年となった彼の息子は、哀れにもいかほどの苦しみを味わったであろうか、〔亡くなった父親を〕埋葬することができなかったのである。[26]

汝ら頑なな心の悪党たちに呪いあれ。お前たちはキリスト教徒が、多くの災難をも気に掛けず、このような悲惨な状況にも同情されないほど、粗野な気質であると思っているのだろうか。お前たちが知っての通り〔キリスト教徒は〕裕福な人々であり、昼も夜も荒野の荊や石の間にいるお前たちのような恵まれない人間ではないのだ。

前述の各宗派の司祭たちから私が理解したのは、虐殺事件の後死亡したキリスト教徒は、殺害された者の人数を超えているということである。彼らの言葉から明らかになったのは、ダマスクスそのもののキリスト教徒のうち、死亡ないし殺害された者は約六〇〇〇人であり、これはダマスクスのキリスト教徒の四分の一を意味する。我々はこの話題を締め括って最後に述べよう。神は永遠の地獄の民を滅ぼし、罰せられるのである。

第五話　強制的な棄教について

それは、様々な種類から成るこれら野蛮人たちが、肝を潰すような襲撃を開始した時のことであった。街の住民であるイスラーム教徒もいれば、小銃の硝煙のような速さで出現した村落の〔イスラーム教徒〕住民もあり、戦利品を得るためダマスクス周辺に天幕を張って準備していた遊牧民たちも一緒であった。笛太鼓を生業とする歌舞遊芸の民は、まずユダヤ教徒に向かっていったが、ユダヤ教徒に対してそのような行動が禁じられていると知り、今度はキリスト教徒に向かった。キリスト教徒に対する激しい憎悪で知られている、シーア派もいた。彼らは自分たちの宗教においてキリスト教徒は穢れ、〔キリスト教徒の〕食物も穢れていると信じていた。また女陰を崇拝するという、ヌサイリー派もいた。ヤズィード派やイスマーイール派もあり、将校と共にサーリヒーヤ地区に住んでいる、クルド人の各宗派もいた。正規軍の兵隊そのものもあれば、不正規兵、それに言わずと知れたドルーズ派もいた。これらの中には、ミーダーン地区に住んでいる者やダマスクスから一時間、二時間の距離にある近郊の村々に住んでいる者もいた。そして、これら野蛮人たちのすべてはキリスト教徒を見かけるとすぐに、殺さずに助けてやるから、イスラームに改宗するかと尋ねた。すると、多くの人は死を恐れて改宗し、イスラームの信条を唱えた。中にはイスラームに改宗したため助かり、彼らの地区に連れて行かれた少数の人がいた。中には村落その他で行われるように、割礼を受けた者がいた。

中には商売仲間の義侠心に身を委ねて、彼らの家に隠れた二人の青年がいた。そして〔匿った仲間は、〕常にある者が外出すると、他の者が戻るようにしていたが、彼ら二人に向かい、「さて殿方、キリスト教徒は一人も残っていない。貴方がたがイスラームの信条を唱えなければ、我々は貴方がたを守ることができない。さもなくば連中は貴方がたを殺し、貴方がたと一緒に我々も悪党たちに殺され、家が焼かれてしまうのだ。」と言った。二人は、彼らの厳しい言葉に五日五晩耐えたが、彼らは恐怖を催す話を聞かせて、二人を説きつけた。そしてついに、哀れな人たちは無理矢理ムスリムの信条告白をさせられた。彼らは二人を着飾らせ、白布を頭に巻かせて往来に連れて行き、カナワート地区を練り歩いた。そして二人は殺害を免れた。街の治安が回復した時、前述の二人は自分たちの宗教に戻ったが、彼らは自分たちの師を知らぬと言ったことに後悔して、胸を叩いていた。

また中には、ディミトリー・ブーラードとユースフ・シャーティーラーがいた。前者はかつてイスラームに入信しようとし、何度も何度もこの宗教に入ろうと試みたが、青年になった五人の息子や他の家族、つまり彼の妻や青年になった兄の息子八人が、その家族はダマスクスのキリスト教徒の有力者に属するとて、彼を引き留めたのだった。後者は元々正教会の信徒であったが、後にカトリックに改宗した。それから元の宗派に戻った。そしてその後プロテスタント宗派に入信したが、再び元に戻った。彼はイスラームのいくつかの信条を賞讃し、キリスト教のいくつかの信条を批判していた。結局貴方が見るように、彼はいつも一つの宗教に忠実で、それを賞讃している訳ではなかった。これら両名はイスラームに留まり、イスラーム教徒の宗教的義務を守った。そこで〔イスラーム教徒は〕前者をフサイン・エフェンディー・ブーラード、後者をシャイフ・ユースフ・シャーティーラーと名付けた。そして〔後者の〕息子と甥もイスラームに改宗した。その後で、イスラームに改宗していたムーサー・シャーミーヤの息子たち共々、元の宗教に戻った。彼らと同様に、マアッラ、マアルーナその他のダマスクス近郊の村々の人々は、その多くが改宗して割礼を受けていた。そして復帰した人もいれば、〔イスラームに〕留まった人もいた。

しかし、死から逃れるために改宗した人々には不幸なことに、彼らの予想はあてが外れてしまった。というのも、我々はイスラームに改宗した何人かの人々について、改宗した時に殺されたと聞いたからである。ホーラーン地方のある司祭に関して我々は、彼がイスラームに改宗した後、シャハム・ミナレットの地区で殺害されたと理解している。最後に、ある哀れな青年についての恐ろしい話を聞かれよ。彼は悪党たちに出くわし、イスラームに改宗すれば死を免れると考えた。彼は〔イスラームの〕信条を唱え、イスラーム教徒の習慣に従って両手を上に挙げ、指を一点に集めて〔信条を〕繰り返した。すると、偽善者たちは彼の頭上から刀で斬りつけ、死ぬまで手斧で彼を斬り刻んだ。彼は両手を挙げ、指を頭上に結んだままであった。彼の口と舌は、息絶えるまで彼の言葉を発しようとしていた。それはバーブ・トゥーマー地区のことであった。この地区とカイマリーヤ地区の二地区は、キリスト教徒地区に隣接していたため、キリスト教徒に対する醜い行為が他の地区に比べて多かった。そして結局両地区は、他より重い罰を受けることになった。

　多くのキリスト教徒は殺害や強制的な改宗を恐れ、ダマスクスで良く知られた水汲み用の井戸に身を投じた。その深さは約一五腕尺、幅は一腕尺である。ほとんどの人は光が届かず、呼吸ができないため窒息してしまった。その井戸の上から、屋根や壁の一部が落ちてきた時はなおさらである。我々は、一つの井戸に潜っていた六人の青年を知っている。四日経っても身動きできず、そこから抜け出すことができなかった。すると一人は持っていた鍵を見つけ、井戸の内壁を掘り始めた。彼が疲労すると他の青年が助け、とうとう近くにあった別の井戸まで到達した。そして二人が助かり、四人は死んだ。また、多くの人が下水道で窒息した。空気が非常に汚れ、食べ物もなく長時間水中に留まっていたからであった。

　墺国出身で、聖フランシスコ会修道団に属した殉教者マラーク司祭[27]は狼藉者に、もしイスラームの信条を唱えるなら、殺さずに助けてやろうと問いかけられた。すると神父は答えた。「貴方は、何を言うか御存知ないようです。私は約三〇年もキリストを身に頂いているので、今さら裏切ることはできません。」その時、〔悪党たちは〕薪でも割るように、手斧で彼の骨を砕いてしまった。ああ、キリストの羊たちを愛したこの神父が、困っている人々を助け、過ちを犯したり迷ったりしている人々を反省と改悛に連れ戻すため、昼夜を分かたず聖書の勤めに没頭するのを我々はどれだけ見てきたことか。彼は三か月前から、このような状況でダマスクスで死を迎えると覚悟しており、悪党たちが侵入した時逃げようとしていて、修道院の裏のハッスーン路地で主に召された。

そして彼の祝福された遺体は、バドラーン家の井戸に保存されていた。フランシスコ会のある神父がやって来て、彼の骨を井戸から取り出し、殉教した七人の司祭の一人である、カトリック教会のアーズィル司祭と共に埋葬した。この〔司祭は、〕狼藉者がもしイスラームに改宗すれば、殺さずに助けてやると尋ねた時、答えた。「わしは、眼が見えぬ。眼が見えぬ。お前の言うことは、分からぬ。」すると彼らは、修道士居住棟の地下室で彼を殺害した。〔その場所は〕先に我々が言及した通り、多くの人々が殺されていたため悪臭が激しかった。

殉教者ユーハンナー・アンフーリー氏は、狼藉者たちがもしイスラームに改宗すれば、殺さずに助けてやると尋ねた時、答えた。「わしは老いぼれで近々世を去る。宗教を変えることなど、わしにはできぬ。」すると彼らは、首の上から靴で踏みつけて、彼を殺してしまった。

殉教者ムーサー・サルキース氏はシリア・カトリックの宗派で、隠れようと歩いているところを狼藉者たちに見つかった。〔狼藉者たちは、〕彼の頭上に手斧を振りかざして言った。「もしお前が自分の宗教は誤りで、イスラームの宗教は正しいと告白するなら、我々はお前を殺さずに助けてやる。」すると彼は答えた。「とんでもない。私は、決して自分の宗教を変えたりはしない。貴方たちは、至高なる神の嘉せられるものを打つがよろしい。」

私は今、強制的に自分たちの宗教に従わせようとする、これら愚かな偽善者たちに少し呼びかけてみたい。無思慮な人々よ、強制的な改宗が認められる、あるいは差し支えないとする貴方がたの知識は、どこから来たのだろうか。強制的な改宗を行っている悪党たちよ、イスラーム法を調べて、強制的な改宗は差し支えないとあるかどうか、見るが良い。

そして貴方がたキリスト教徒の諸民族よ、これは我々が貴方がたを悲しませ、心を痛めさせる目的ではなく、我々のために貴方がたが神に祈り続けて頂きたいとの強い願望から〔述べるのである。〕至高なる〔神は〕我々の欠点を赦され、我々への怒りを抑えられるのである。我々の嘆きや叫びが、キリスト教徒への庇護で有名な仏国（後述する）という、世界でもっとも情熱的な地の一角を揺り動かしたと自分たちの心を慰めれば、我々は十分なのである。勝利に恵まれた仏国の頭脳に神が導きを与えられ、軍隊を急派して、彼らの発展を祈り続けているこれら悲惨な人々を最悪の状態に留めおかないことが、我々すべてのために実現するよう、我々は神に祈るものである。

　もし貴方がたがこれら子供や寡婦を救うのであれば、彼らを引き取った人々に、より適当な状態を求めさせるのが宜しかろう。その要求を行うことになるのは、昼夜身を粉にして差配している慈悲心ある人々である。殺害を免れた各宗派の司祭たちの側は、キリストの羊に奉仕するためその身を挺して働くようになり、体を休める暇もないほどこの修羅場を見守ることに関心を寄せ、城塞にやって来るあの病人、この瀕死の女と〔いう様子で〕面倒を見ていた。この女は出産し、あの女は流産し、この女は激しく負傷し、あの男は屠られてまだ息がある〔という状態であった。〕そして彼らの宗教的義務を果たし、特にこの頃は何日かの間に多くの人々が城塞で亡くなったため、死者の処置を行った。初めは城塞に埋葬していたが、城塞が死体の臭気とそこにいる人々の混雑と汚穢物とで悪臭に満ちてくると、安全になった後で政府の警固兵の付添いで、死体を街の外のキリスト教徒墓地まで送るようになった。

〔司祭たちの〕中には、あの愛想よく人格円満な聖マンスール・アルアーザーリー修道団[28]のユーハンナー・ナージャーン神父がいた。貴方は、彼が城塞のキリスト教徒の間を立ち回り、宗教的義務を欠かすことなく奉仕しているのを見るだろう。彼は災難に陥った〔キリスト教徒を〕慰め、安全が回復するまで彼らを平安がもうすぐもたらされると安心させていた。彼の修道院にいた男女の学童たちによって混雑が激しくなり、我々は手が回らなくなってきたこの人に、食糧を提供しなければならない。暴動が発生した時、彼は修道院に留まる希望が失われようとしていたが、彼のところにマグリブ人の戦士たちが現れ、彼をこれらの子供たちと一緒にアミール・アブド・アルカーディル・アルマグリビーの屋敷に連れて行き、そこから彼らをフランシス神父や輔祭たちやこの修道院にいたダマスクスの住民と共に、城塞へ送り届けたのであった。これらの子供たちを家族の元に帰すのに、家族を捜したり家族がいなかったりで、彼はどれだけ苦労しただろうか。彼は、かけがえのない奉仕をもって彼らに必要なことの面倒を見、それに四〇日間取り組んだ。その後彼は、アルメニア人のユースフ司祭と共にベイルートに向かい、彼らの宗派の仕事をマロン派のムーサー司祭に引き継いだ。この人は体が繊細で、ラテン教会、アルメニア〔・カトリック〕教会と自分のマロン教会の三宗派に仕事が増加したため、長い間病に陥っていたが、その後自らの宗派の仕事に復帰した。

三月半ば、聖フランシスコ会修道団の神父である、アンリコス司祭が到着した。この修道団が常としているように、彼はラテン教会の自宗派の勤めと他の二宗派の指導に邁進した。彼はある家屋に居を構えて会堂の建設に着手し、そこでこの神父の司祭として有名な情熱を傾けて、儀式や祈禱、説教を行った。

ルーム・カトリック宗派の修道団長であり、キリストの羊たちの幸福を切望しているキリロス・ファッカーク司祭は、多くの苦労に耐える身体に恵まれていた。貴方は彼が、その肩に負いきれないほどの仕事を負っているのを見るだろう。彼がキリスト教徒の要望や彼らの当面の要求に関して、教理に沿った回答を行う様子が見られる。また彼は、自分を大勢で取り囲むこれら哀れな人々を導くための福音を説く勤めを行っており、いつも人々が彼に語りかける言葉が聞かれる。「おお神父様、聞いて下さい。私は飢えで死にそうです。」ある男は、多くの苦しみのため彼に向かって叫んでいる。この女は着る物がないため、彼に衣服を要求している。またこの女は、自分の娘が悪党何某の家に掠われていると彼に繰り返している。彼の最大の関心は、隠れているキリスト教徒の消息を尋ねて、政府が警固兵を急派して、彼らを安全に城塞に連れてくるようにすることであった。代表者たちがマルジェの修道場《タキーヤ》にある特別法廷に出向いて、隠れているキリスト教徒の捜索を求めたことは何度あっただろうか。そして、〔キリスト教徒の〕何人が無事に出てきただろうか。彼は、耐えられないほどの重荷を自らに負わせたため、その後病を得たが、ほどなく神は彼を救われ、司祭としての情熱を傾けて信徒への奉仕に邁進する〔生活に〕戻った。

〔司祭たちの〕中には、シリア教会のフィリポス司祭があった。彼は高齢であったが、貴方は彼が老齢にもかかわらず、キリストとその羊たちに対する奉仕への愛に力づけられ、身体を維持するのに必要な食事も忘れて、全力で信徒たちへの奉仕や差配のために駆け回るのを見るだろう。彼こそが、ダマスクスで〔事件後〕最初の聖餐式を執行したのである。それは一八六〇年八月二四日のことであった。彼の宗派の世話をする人は、他に残っていなかった。

また中には、正教会のユーハンナー・アッタウワー司祭があった。〔正教会の〕聖職者のうち七名が殉教し、彼と他の二名が生き残った。その二名は何日か城塞に暮らした後、ベイルートに出発した。彼の他に行動力と忍耐力をもって信徒の面倒を見る者が残らず、彼は昼となく夜となく労苦に耐え、あの人に奉仕しこの人に宗教的義務を果たすなど、走り回っていた。

キリスト教徒は目撃したことへの恐怖やその体験、特に昼は七、八月の太陽の熱に曝され、夜は衣類すら掛ける物もなく、冷気に耐えて城塞に生活していることから様々な病気に取りつかれ、死亡する者が増加した。そしてついに政府は彼らに兵舎の医師を手配し、病人を引き取って治療した。

そして慈悲心ある人々、欧州諸国もまた〔救援を〕開始した。その中には仏国があり、常にキリスト教徒同胞を捜索して、地の果ての野蛮な諸国諸民族の間にいようと安否を尋ね、彼らの災厄に際しては救助を急ぎ、彼らに必要な物の援助でその財を費やし、海陸に〔派遣した〕要員が彼らの支援に尽力し、義捐金の分配によって彼らを助け、ダマスクスの領事を通じて男女の病人を治療する医師を手配し、ベイルートに軍隊を派遣して彼らを保護し、視察団を派遣して困窮状態を調査して、彼らに救恤物資を与えていた。

同様に英国は病人を治療する医師を送り、着る物のない人への衣類などの救恤物資を分配した。英国の要請で医師ミーハーイール・ミシャーカ氏が病人を治療し、この国の支援として彼らに薬品を無償で配布した。

露国もまた救恤物資を送り、分配した。この国はその領事の下で、救恤物資を他宗派に与えず正教会信徒にのみ配布していた。他の国々が救恤物資をすべてのキリスト教徒に等しく分配していたのとは異なり、その国から届いた救恤物資は少量で、正教会信徒一人当たり三〇キルシュがそこから賄われたからであった。

同じく墺国は彼らに救恤物資を届けた他、ダマスクスで殉教したマラーク神父の兄弟が、ベイルートの代理人の手に義捐金を送り、それで小麦粉を購入して、すべての人に毎週半ロトル(29)を四か月間にわたり与えるようになった。また同様に、普国も救恤物資を送り彼らに分配した。希国はこの危急の時に隣人愛を示し、彼らに衣類、金銭、砂糖その他に加えて、病人のための医師を送った。

我々は善意の人々の名前をすべて挙げることはできないが、ただ我々はマールディーンの街に居住するシリア・カトリック教会総主教、イグナーティユス・アントゥーン猊下に言及したい。〔猊下は〕相当な義捐金を送って、ベイルートとダマスクスに住む自らの宗派信徒に分配した。また、ルーム・カトリック教会総主教アクリモンドゥス猊下も相当な義捐金を送って、自宗派に分配した。両名以外の各宗派の長も金銭を送って、それぞれ自宗派に分配した。我々が先に述べた全体への救恤物資を受け取らなかった宗派は、ダマスクスには見当たらなかった。同じく、全宗派にはそれぞれその長より個別の義捐金が届けられた。ただしラテン教会は、名の知られた司祭や修道士は誰も生き残らず、全員が神にその命を犠牲に捧げたところから、〔ラテン教会の〕哀れな人々はそのうちベイルートにいた人々を除き、他宗派とは個別の分配の面で不平等な状態に置かれていた。疑いなく、我々が言及した人々によってこれら哀れな人々を救助する配慮がなされなければ、彼らの僅かな人数しか生き残らなかっただろう。キリスト教徒たち、なかんずく自宅から滅多な用でもない限り外出せず、以前は貧民に施しを与えていた婦人たちまで頭巾を被り、救恤物資を求めてとある領事館の門口で押し合っているのを私は眼にするが、ああ何とも名状しがたい心持ちである。

その間、英国の高貴な婦人たちから、不幸と悲哀に見舞われたシリアの婦人たちの心を慰める書簡が届いた。彼女たちはその一人を介して、〔シリアの婦人たちを〕救援する義捐金を送っていた。

英国の婦人たちからシリアの婦人たちへの弔意を伝える書簡の写し

親愛なる友人たちよ、英国にいる貴女がたの姉妹は、真摯かつ深い愛をもって貴女がたの御様子御動静をお伺いします。そしてこのように貴女がたにお伝えすることは、彼女たちにとっての喜びなのです。貴女がたが打ち砕かれた希望や廃墟となった家屋に苦い涙を流している時に、貴女がたの悲しみと辛さを共有する心や、貴女がたのために涙を流す眼が、貴女がたから遠く離れたこの国にあるということを知ってほしいのです。貴女がたの深い悲しみの報せは、私たちに届きました。シリアの諸州で上がった泣き叫ぶ声は、英国の耳に届きました。私たちは聖書のページを見る時に、力強い意味に満ちたこの言葉を読むのです。「喜ぶ者と共に喜び、泣く者と共に泣きなさい。[30]」私たちの心は、私たちが貴女がたに同情や共に悲しむ以外の何かを提供したいと切望しています。英国の婦人たちは、シリアの婦人たちのために何ができるのでしょうか。私たちは、貴女がたの国を愛します。なぜなら、私たちの祝福された師がそこで生き、亡くなったからです。同じように私たちは、貴女がたの子供たちを愛します。悲しみの暗い雲が彼らを蔽って、彼らの子供時代の日々を暗くしてしまいましたが、私たちは彼らが成功し幸福になるだろうとの大きな希望を抱いています。私たちの家を愛すべき喜ばしいものとしている大いなる恵みを私たちが見る時には、私たちは貴女がたがこの幸せや平安を享受するところを見たいと強く願っているのです。そして私たちは、飢えた人々に食べ物を与え、着る物のない人に衣を与え、家が壊れて住むところのない人々に住処を与えて、貴女がたを助けたいと思っています。私たちは飢えた人々に食べ物を、渇いた人に水を、病人に薬を与えたいのです。しかし、このような義務をすべて成し終えた後で、私たちはもっとも素晴らしい天恵がまだあることが分かるのです。すなわち、私たちには聖書があって、それは悲しみにある時私たちを慰め、過ちを犯した時に私たちを導き、重荷をどう負っていくか、義務をどう果たすか、子供たちをどう育て教えるかを私たちに教えてくれるのです。そして私たちには何度も何度もこのような考えが浮かびます。それは、英国でこれほどの幸いをもたらしたこの聖書は、シリアに対し、泣き叫んでいるシリアの娘たちに対し、大いなる幸いをもたらすことはできないのか、というものです。私たちの友人よ、この聖書を私たちの手から受け取って、驚くべき希望、平和、慰安、救済をもたらすその言葉に、耳を傾けて下さいますか。それは貴女がたに対する伝言や、貴女がたの子供たちに対する伝言を含んでいるのです。貴女がたは〔子供たちに、〕それを読むよう勧めて下さいませんか。貴女がたはそれを英国からの、あるいはむしろ英国の神様からの愛すべき贈物として、受け容れて下さいますか。私たちの姉妹の一人が貴女がたを訪ねるために、貴女がたの国に向けて旅立ちました。道を進む彼女には、熱情に満ちた心からの多くの敬虔な祈りが同行しています。貴女がたが彼女を友人として迎え、姉妹として愛することを期待しています。今、私たちは、貴女がたをあの天と地の神であり、信頼する者すべてを守る彼の方の手に委ね、あらゆる誠意を捧げ続けます。

悲しみと困窮を共にする貴女がたの友人たちより

（五二一人の署名）(31)

シリアの婦人たちから英国の婦人たちへの返簡の写し

高貴なる婦人がたよ、愛情、同情、慰めに満ち、貴女がたの美徳や情熱を表現した書簡を拝受するや否や、私たちは英国にも自分たちの親族や姉妹がいると感じました。私たちと彼女たちは言葉や場所において隔てられてはいますが、私たちはもっとも貧しい者まで彼女たちと一体であり、彼女たちと同一の神、同一の救い主を有しているのです。あまつさえ彼女たちの功績、特にこれら同胞の何人かが私たちの国に滞在していることによって、着る物のない人々は衣を与えられ、飢えた人々は満足し、病人は回復し、死の淵にあった人は安寧を得ました。御婦人がたよ、私たちの様子や境遇についてお尋ねであれば、それについて説明するより想像する方がたやすいのです。なぜなら、これほどあらゆる種類の野蛮で粗野な行為を伴った忌まわしい事件によって、歴史のページが穢されたことはなかったからです。これは暴虐で粗暴な人たちが私たちの家に侵入し、夫や息子たちを眼前で殺害し、私たちは彼らの足下に身を投じたのに、彼らは私たちを憐れむどころかますます〔残忍に〕なり、私たちの娘を誘拐し子供たちを改宗させ、私たちの家を略奪して放火したのです。その結果、私たちは火災の炎の中を裸足のまま這々《ほうほう》の体で走り回り、いずこへ向かうべきか分からず彷徨いました。往来には悪党たちが人を苦しめる道具を携えて、おどろおどろしい形相でひしめき合っているのを見かけ、彼らの家に向かおうとすると、彼らの妻が罵声と投石などをもって私たちを追い出そうとし、自分たちの家の方を振り返ると、火災の火の手がそこに燃え上がっているのを見たのです。ああ御婦人がたよ、あの危難に際する私たちの不幸や、どこへ行ったら良いかという困惑は、甚だ道理に悖るものです。ああ、シリアの方角に遠方より耳を傾けてくれたのは、誰でしょう。花婿を悼む花嫁の号泣、一人息子を失った母親の涕泣、頼りにしていた息子を失った父親の嘆声、彷徨い捜し求めながら大声で呼んでいる何千人もの子供たちの、「ああお母さん、ああお母さん、お父さんはどこに行ったの。」という一つの響きのような叫びが聞こえます。ラマで聞こえた声は今シリアで、もっとも悲痛な泣き叫び嘆く声はダマスクスで聞こえます。「ラケルは子供たちのことで泣き、慰めてもらおうともしない。子供たちがもういないから。(32)」この邦土に眼を向ける人は、その立派な家々や洗練された邸宅群であった最良の場所が土灰の堆積となり、烏が棲み家にして鳴いているのを見るのです。ああ私たちの姉妹よ、貴女がたが知りたいという、私たちの様子はどのようなものでしょう。また私たちの夫や息子が恐ろしい苦痛によって非業の死を遂げ、ついにはその遺骸が野犬や火焔の餌食となり、少しばかりの土をもって懇ろに葬ることもできない今となっては、私たちにどのような慰めがあるでしょうか。ああ親愛なる人々よ、彼らにはキリスト教徒である以外何の咎もなく、「汝らを殺す者は皆、自分は神に奉仕していると考える時が来るだろう。(33)」という聖なる言葉が成就するために理不尽にも殺され、栄光ある主の御旨に叶ったということ以外、私たちには彼らについての慰めはありません。彼らが犠牲になった点を除いて考えるならば、彼らは殺害に際して生命を約束されたのですから、彼らにとって激しい苦痛による死はむしろ好ましく、彼らはその信仰を堅く守り続け、聖書への愛のため神に自分たちの命を犠牲に捧げたのです。すると私たちは、彼らが白い衣をまとい、喩えようのないあの安息を享受していると慰められます。私たちの状況は、ああ親愛なる人々よ、それはつらく苦しいもので、散り散りになり、どこにいても私たちの心には恐怖がつきまとい、先行きを見ても不安に駆られます。私たちにどのような安心が期待できるというのでしょうか。なかんずくあのような野蛮な行為を私たちに働いた人々が私たちの側におり、少数の者しか罰せられなかった上に、私たちの夫や息子の生残りを殺害し、何家族かに燈火が残っていれば、それを消している中で、彼らが後悔していると、どのように自らの心に言い聞かせることができるのでしょう。私たちは彼らに取り巻かれ、彼らは一丸となって私たちを一打ちに打とうとし、私たちは彼らにその行為への御褒美として自分たちの財産を与えたのですから、一体何が彼らから私たちを守ってくれるのでしょうか。ああ何と将来への安息、安心への希望が絶たれるのは辛いことでしょう。私たちに残された子供たちにとっても同じで、〔子供たちは〕いつでも彼らの牙にかかる獲物となるのです。ああ皆様、悲しみからの解放は私たちが沈黙する時になるのです。今に〔沈黙が、〕私たちの棺を蔽うことになるでしょう。ああ友人たちよ、私たちが貴女がたの書簡を読む時、私たちの流す沢山の涙がさらに溢れます。それは貴女がたが、私たちのあらゆる悲しみを私たちと共にしていると感じるからです。何故なら、私たちの主イエスにつながるすべての人は、皆一つの身体を〔構成する〕各器官であり、疑いなく健全な各器官はその感覚において痛みを共有するからです。私たちを慰めるものが何も見つからない時に、唯一私たちの心や魂を慰めてくれる聖書を英国の姉妹が提供して下さり、私たちは感謝しています。また私たちの同胞が遠方から様子を尋ね、私たちへの善行を望み、私たちの災厄に涙を流してくれ、同様に感謝しています。

私たちは貴女がたの愛に感謝しています。謝意を表するしか、この恩義に酬いることはできないのです。貴女がたの善行が〔神の〕御許で犠牲として嘉納され、私たちが神の裁きの結果受け容れた苦杯は、貴女がたに満たされることのないよう、私たちは神様に懇願します。親愛なる人々よ、私たちは貴女がたの姉妹である高貴な婦人より、貴女がたからの書簡を受領しました。彼女は、私たちの国で情熱をもって心の打ちひしがれた人々を訪問しました。彼女の手を通じて、私たちが貴女がたの親切を実感したことに対し、私たちは返答をしなければならない義務があると思いました。御婦人がたよ、私たちは英国でこれほどの幸いをもたらした聖書がシリアにとって、私たちの生き残った息子や泣いている娘にとって、大いなる幸いをもたらすことができると考えています。同じく私たちは、貴女がたが私たちの将来の安寧や安心のための可能な御努力を絶やすことのないよう、また王者の中の王者、主の中の主が片方の御手で、その怒りの棍棒をもって私たちを躾けられたように、反対の御手で私たちをその愛に満ちた懐に招いて、平安と安息を私たちに与えられるよう、私たちについて熱烈な礼拝を倦まず捧げられることを希望します。最後に私たちと貴女がたが天界のエルサレムで邂逅し、玉座にいます方と子羊に対し、一体となって祝福と感謝を捧げることを〔望みます〕。アーメン。

貴女がたの友人、姉妹であるシリアはダマスクスの婦人たち、
およびび悲しみを共にするすべての婦人たちより

キリスト教徒たちが味わった悲哀をめぐり、第五話として我々が述べた話題を締め括り、ファード・パシャ閣下の到着に移りたい。彼が偽善者たちに対して下した処罰について、皆に知られている彼の行為がどう開始され

たか、我々は語ろう。

スルターンの軍隊が最初にダマスクスに到着したのは、虐殺事件から一〇日後のことであった。現れたのは中将ハーリド・パシャで、連隊を率いてダマスクス〔城壁の〕外側、マルジェに駐屯したが、何も手を出さなかった。さらに五日後、総督ムアンマル・パシャ閣下が二番目の連隊を率いて到着し、総督府に陣取った(34)が、何も行動を起こさなかった。それからさらに五日後、つまり虐殺事件の二〇日後、前述のファアード・パシャが到着した(35)。

彼の到着から二晩目のこと、街全体から小銃・拳銃の発砲音を伴った大きな騒音が聞こえた。するとファアード・パシャは〕立ち上がって、「今これは、何が起きているのだ。」と尋ねた。彼がいろいろ心配していると、彼のところに報告に来た人々が現れ、「今、月蝕が起きており(36)、ダマスクスの風習はこの通りです。すなわち、月蝕に際し、発砲したり銅器を叩いたり大声で叫んだりするのです。」と説明した。すると彼は、「何の理由でそうするのだ。」と応じた。報告者は答えた。「ダマスクスの住民は、天に非常に大きな獣がいると考えています。〔その獣は、〕世の民がいなくなって月が不要になるのを待っていて、そうなりますと〔月を〕飲み込んでしまいます。この理由で、こうした騒音を起こして、その獣にまだ民はいることが聞こえるようにするのです。そうすれば、〔その獣は月を〕放置して立ち去るのです。」〔ファアード・パシャは、〕この騒音がダマスクスの人々の迷信から起こされたという〔説明が〕正しいと納得すると、他の考えが消えて安心した。

到着から三日目のこと、彼は広間に現れて、〔ダマスクスの〕顔役・権門を集合させた(37)。そして彼らがキリスト教徒を顧みず、黙認ないしは承認した結果、キリスト教徒の身に起きたことについて、厳しい口調で弾劾した。彼は言った。「汝らにとって、無思慮な者がキリスト教徒にこのような振舞いをするのを制止するより、君主の片眼を剔り取る方が難しくなかろう。今となっては、汝らが恭順の意を表して平伏しない限り、過去に戻す薬はない。」そして彼は、説諭の中でこのような言葉を語った。「汝らに他の者が報復しないよう、至高なる帝国が汝らに下すすべての処断を聞くが良い。」すると全員が答えた。「我らは帝国の従僕であり、至高なる帝国が我らを処断の上、お望みとなるあらゆる御命令を謹んで衷心より承ります。我らがキリスト教徒の保護を怠った理由は、今陳述しましても閣下はお聞き届けになられぬでしょうから、ただ我らはひれ伏して閣下の御命令に従うと申し上げます。」

すると彼は、最初に略奪・強奪された品物を回収する命令を下した。そして監督官や役人が兵隊を連れて、ある者は街に、ある者は村落に向かった。そして約二〇〇〇騎の不正規騎兵と不正規兵を村落に分散配備し、あわせてダマスクス全体に兵隊を配置した。ある〔部隊は、〕街の中の各所に駐屯し、それを屯所と呼んでいた。またある〔部隊は、〕常に往来や居住区を巡回していた。街の城門と、街の〔城壁の〕外にある門のすべてが閉鎖され、すべての門に兵隊が立った。(38) そして街に入る者には門は開かれ、外へ出ようとする者は政府の許可証を手にする者以外、〔通行を〕禁じられた。また、街にあるすべての商店や倉庫、商館が閉鎖された。人々はこれら軍隊の展開から何が行われるのか分からないため、往来にはほとんど一人の男も歩いているのが見られなかった。貴方はただ何人かの婦人、老人が通るのを眼にするだけであろう。〔イスラーム教徒たちは〕言っていた。「アッラーよ、ムハンマドの共同体をこの事件から護り給え。父祖の代の昔より倶にあったと我々が知るキリスト教徒に対し、我々の仲間がかくなる仕業を行うに至った原因をなした者を罰し給え。」

一方政府は、全地区のそれぞれに二名の責任者と二名の役人を置いて、略奪品を回収した。そして略奪品を持参した者が現れると彼を拘束し、その地域の人々の知識によって悪党か、ただの略奪者か〔判定し、〕悪党であれば牢獄に送った。虐殺事件からやはり二〇日後の軍司令官の到着後、二〇日間でそれは終了した。そして、三〇〇〇人を超える囚人をマルジェの修道場《タキーヤ》その他の牢獄に集めた。政府によって、二つの法廷が設置された。一つは審問法廷、二つ目は特別法廷である。審問委員長はフルシード・エフェンディー(39)という名の男だった。彼は目端の利く人物であるが、しかし第一にイスラーム教徒であり、第二に必要な能力が限られていた。(私は「しかし」と述べたが、)それは綿密な調査能力が期待されると我々の考える人物に、もしこの二つの属性がなかったと仮定すれば、おそらく二〇〇人ではなく五〇〇人の罪過を立証したはずだからである。(そして私は「目端の利く人物」と述べたが、)彼はしまいに、サイダ州総督の地位への就任が相応しいとされたからである。特別法廷、つまり死刑を宣告する機関については、その長としてムハンマド・ルシュディー・エフェンディー(40)という人が任じられた。この人に関しては後述する。まずある男を引致して、どのようにキリスト教徒地区に向かい、どのように略奪したか、彼と一緒にいたのは誰か、その調書を取り、それからその男の尋問によって、ある者は殺人を犯した、あるいは何某が殺人を犯したのを目撃したという供述が得られる。それやこれやの〔供述から、〕当該捜査期間中の法的立証によって、殺人者たちの名前が約二〇〇人に絞り込まれた。

そしてこれら二〇〇人の一部に絞首刑を執行する、フアード・パシャの命令が下った。八月一五日〔ママ〕の月曜日、私は朝、宿泊先から日課に従って、城塞の同胞たちのところへ向かっていた。到着すると私は、城塞の門が鎖され兵隊が内外を行き来しているのを発見した。私は恐怖を抱き、一人の兵隊に声を掛けて尋ねた。「今日このように騒がしい様子がどうしてか、教えて下さいませんか。」すると彼は、非常に静かな口調で答えた。「今朝多くの罪人が、街中の至るところで吊されているのが分かった。自分は馬市場、サーリヒーヤ、アマーラ、バーブ・トゥーマー、ミーダーンで見かけた。政府の命令が出て、今日はキリスト教徒に麺麭や食糧を持ち込む以外、城塞は開かれないのだ。キリスト教徒が外出して、吊されたイスラーム教徒を見ないようにするのが、その理由だ。〔キリスト教徒の〕誰かがその出来事について何か言い、通りかかったイスラーム教徒が聞いて、騒乱がまた街で起こることがないようにするためだ。」それを〔聞いて〕私は彼から別れ、立ち去った。すると彼が私に語った通り、これら縛り首にされた者たちを私はあちこちで見た。それは七八人〔ママ〕であった。

八日前のこと、ファード・パシャは、肉屋アフマドの息子でハビーブという名の男を絞首刑に処す命令を下した。[41] この男はキリスト教徒の婦人に、商売の必要で二〇〇〇キルシュの借財があった。この虐殺事件の後で、その女が知人と共に城塞にいて、まだ生きているのが分かり、彼女のところに行って様子を尋ね、〔城塞から〕出た後で食べ物を届けると彼女に約束した。しばらくして彼は、菓子と麺麭の入った皿を持った傭人を送り、〔傭人は〕その女に〔皿を〕渡して立ち去った。菓子には毒が入っていたが、哀れな女は激しい空腹のため、それを沢山食べてしまった。そしてその日の昼に死んだ。彼女と一緒に少量食べた人々は、薬を処方されて回復した。我々はこの裏切り者の強盗を置いて、縛り首になった七八人に戻ることとしよう。

彼らの一人である、ムスタファー・ベイ・アルハワースィリーについて述べよう。彼はバーブ・トゥーマー地区の住民である仲間たちと共に、多くのキリスト教徒を殺害した。その中には、殉教者ルファーイール・ザルハフ司祭があった。〔司祭は、〕彼に保護してもらうために相当な金銭を与えていた。また中には、殉教者である英国人カリーム氏[42]があった。彼は仲間たちと共に〔カリーム氏を〕英国領事館まで連れて行こうとしていたが、途中の道で〔カリーム氏を〕殺害した。この悪党は、キリスト教徒を大きく欺いていたことに、ここで注目してほしい。なぜなら英国は、ダマスクスの領事を介してこの男に、勲章とベイの称号を与えていたからである。彼はこの帝国においてキリスト教徒の庇護を受ける恩恵に浴し、この伝手によって裕福になっていた。そのため悪党たちがキリスト教徒を襲撃した際、〔キリスト教徒は〕多大な労苦を払って彼の家に辿り着いたのだった。ある者は屋根の上を伝い、ある者はイスラーム教徒の友人に連れられて来た。〔イスラーム教徒の友人の〕中には、その地区に連れて行くことに反対する者もあった。彼らが〔ムスタファー・ベイ・アルハワースィリーの〕家に着くと、彼は自分の仲間に彼らを城塞に送り届けるよう命じたが、密かに〔仲間に〕彼らを途中で殺すよう指図していた。この偽善者は甥である青年と共に、絞首刑に処せられた。我々は〔この甥〕こそが、前述のマラーク神父を殺害したと理解している。

それでは、これら美徳を欠いた人々については十分であり、サイイド・マフムード・アッリカーブとその息子である青年の話をしよう。彼らは大商人であり金持ちだった。彼らが服装を変えて騒乱に加わり、キリスト教徒に対する殺人、略奪、放火に駆り立てられたほどの敵意とは、何だったのだろうか。彼らは正教会のユースフ・アルハッダード司祭を見かけ、彼に近付き、刀で斬りつけて苦しめながら言った。「おお神父様、油と橄欖《オリーブ》が私たちの心を燃え上がらせています。」つまり、キリスト教で定められる〔四旬節の〕大斎を、彼らはからかっていたのであった。すると息子が答えた。「蟹を喰らえ[43]。」この殉教者は、彼らに言った。「いや旦那様方、至高なる神が築かれたものを、壊してはなりませぬ。」すると彼らは、〔司祭を〕殺害してしまった。この二人は、互いに向かい合って縛り首になった。息子は父親に言った。「非道いではないか。あのようなことをせよと騙したのは、貴方でしょう。」彼らはこのように死んで、永遠の〔地獄に〕到達する前に、無益な後悔という苦しみが始まった。

それから、ナースィーフ・パシャの地位も名誉もある息子たちである。二人のうち一人は絞首刑、もう一人は銃殺刑に処された。〔後者は〕ムスタファー・ベイである。彼がハスバイヤーに現れ、ドルーズ派と結託して彼らの礼拝に出席し、キリスト教徒の武器を取り上げてドルーズ派に与えたなどの明白な悪事については先に述べた。我々は、彼がこの行為のために派遣された集団の一員であったと理解している。

シャムディーン・アーガーの息子イスマーイール・アーガーと、ファーリス・アーガー・アルハルブーニーの二人は、キリスト教徒に激しい敵意を示していた。前者は銃殺刑、後者は絞首刑に処せられた。イスラームの宗教において地位あるシャイフ・ムハンマド・カタナーとハサン・エフェンディー・バフナスィーの二人については、ある娘を凌辱したと言われ、哀れな〔娘は〕彼らのところに五日間留まっていた。ルーム・カトリック教会総主教座の警固兵であった男は、キリスト教徒を良く知っていたため、多くの人々を殺害した。遠くから彼を見た人は、彼がキリスト教徒を好み、その奉仕によって彼らの教会から財産を与えられていたことを知っていて、彼のところへやって来た。そして彼は、自分のところに人が来ると、殺害していた。フサイン・アルアッラーフは、フランシスコ会修道院から修道院の隣人として、ある日礼物を受け取っていた。彼は真っ先にその修道院の門を破壊して、略奪、殺人、放火を行うために悪党たちと侵入したのだった。

悪人どもよ、天の栄光の冠を戴いたあの殉教者たちの魂が、〔苦痛を〕蒙った後に赦しを与えられた方の御許で歓喜するのを眼にしながら、今やお前たちの苦痛にさらに大きな苦痛を加え、果てしない永遠の苦しみを味わうが良い。我々は、絞首刑に処されたこれら七八人全員を、この歴史において説明して名前を挙げることはできないが、その多くはキリスト教徒が様々な面から善意を示した人々であった。

そして八月二二《〔ママ〕》日の月曜日、ファード・パシャは六〇《〔ママ〕》人の銃殺刑を執行する命令を下した。ダマスクスの西側、良く知られたマルジェ広場に死刑囚を連行した。そしてこのような処刑の慣例に従って、縛り上げた一人を二人目の横に並べ、兵隊の一団が現れて彼らに発砲した。その後、死刑が確定した二〇〇人の数に達するまで、月曜日ごとに何人かを絞首刑に処した。

軍司令官アフマド・パシャについては、イスタンブルに護送された後、彼をダマスクスに送還して災厄の地で彼を取り調べ、必要な処置を執るべしとの政府の命令が下った。そこで彼はダマスクスに戻り、彼に対する捜査と報告が行われ、彼について書かれた取調報告書から明らかな通り、この兇悪な行動の首魁であると断定された。そしてファード・パシャは、彼を上級大佐オスマン・ベイ、中佐ムハンマド・アリー・アーガーと共に銃殺刑に処する命令を下した。この悪党〔ムハンマド・アリー・アーガーは、〕彼の取調報告書から明らかな通り、軍隊と共にラシャイヤーにいた時、キリスト教徒を安心させてその武器を取り上げ、〔武器を〕集めた後でそれをドルーズ派に引き渡した。同様にアフマド・パシャは表面上は警固のため、彼を大隊と共にキリスト教徒地区に派遣していたが、無思慮な人々がキリスト教徒を襲撃した時に、彼は〔暴徒に〕反撃しなかったばかりでなく、襲撃者に向かって言った。「お前たちのうち武器を持っている者は中へ入れ。武器を持って〔いない〕者は戻って武器を持ってこい。キリスト教徒は、自分たちの地区の中で武装して待ち構えているぞ。」そして彼はクッバ通りの建物の屋根に向けて大砲を撃ち、キリスト教徒地区に最初の火災を発生させた。

次にファード・パシャは街の権門・顔役に勾引状を発して、彼らを捕縛した。その中には、先に我々が説明したシャイフ・アブドッラー・アルハラビーがいた。また中には、ウマル・エフェンディー・アルガッズィーがいた。キリスト教徒が街の〔様子に〕怯え、州参事会に出席して彼らの保護と安全確保だけを求めていた時のこと、彼はそれに不満の意を表し、頭を上方に上げて言った。「おおい、やあイエス様、貴方のキリスト教徒たちを、我々のところから連れて行って下され。連中は口数が多くて煩わしい。」また中には、アフマド・エフェンディー・アルハスィービーがいた。彼はユーハンナー・フレイジ氏が隠れていた上級大佐サーリフ・ベイに書状を送り、「フレイジを貴方の家から追い出しなさい。無思慮な人々がやって来て無理矢理彼を追い出し、彼らが面倒を起こすよりましでしょう。」と言った。すると〔サーリフ・ベイは〕答えた。「彼を追い出したりはしない。無思慮な人々が来るなら、連中がどうなるか見るが宜しい。」中には、アブド・アルハーディー・エフェンディー・アルウマリーがいた。彼は、キリスト教徒が多少自由の度を越しても、彼らに対し宥和的な言葉を使っていたが、態度が変化して「キリスト教徒は、もはや矩を踰えた。」と言っていた。中には、ムハンマド・ベイ・アルアズメがいた。彼は村落のキリスト教徒農民から、ドルーズ派が略奪して送った家畜の代金を保管していた。彼は〔ドルーズ派からその代金を、〕自分に対する借金の返済として受け取っていた。中には、アブドッラー・ベイ・アルアズムがいた。我々は先に、彼の過失について述べた。彼の息子アリー・ベイは、アフマド・パシャの同類であったため、彼の副官を務めていた。中には、アブドッラー・ベイ・ナースィーフ・パシャ、ナキーブ・エフェンディー・アルアシュラーフ〔預言者門裔総代〕[44]と、ダマスクスの大法官《ムフティー》であるターヒル・エフェンディーがいた。〔ターヒル・エフェンディーは、〕何人かのイスラーム教徒によれば、キリスト教徒がジズヤ税を払わないため、彼らを殺害することが許されるとの法的見解を表明したと言われる。この男はディヤール・バクルの街の出身でダマスクスに現れ、大法官《ムフティー》室の書記に納まった。今や彼はシャイフ・アブドッラー・アルハラビーの助力で、この職に就いているのである。なぜなら〔アブドッラー・アルハラビーは、ターヒル・エフェンディーについて〕政府に彼の能力と主張の正しさを謳った推戴状を提出したからである。前述の通り、彼の言葉についてとやかく言われてはいる。彼はダマスクスの法学者で初めて、大法官《ムフティー》の職によって古い家を引き払った。資産家であるムラーディー一族の家屋が、このシャイフの利益に適うよう、この強欲な人間に与えられたのである。〔ターヒル・エフェンディーは、〕法的見解に対し一万キルシュを受け取るまでになっていたので、ムラーディー家は〔高々二〇キルシュに対して、銀貨六〇パラを得ていたのである。〕(45)彼は大法官《ムフティー》の慣例に従って州参事会で議長に次いで二番目の議席についていたため、彼が賄賂を受け取ることによって、過去公益を損なうところがあった。中には、アブド・アルカーディル・ベイ・アルアズムがいた。彼の仕業に関して、我々は先に述べた。サイード・エフェンディー・アルケイラーニーは、イスラームにおける名門に属していた。したがって、もし彼が立ち上がっていれば、悪党たちはキリスト教徒から手を引いたはずだ。〔悪党たちは、〕彼の言うことには耳を傾けただろう。なぜなら、彼の祖父は〔有名な〕ケイラーニー師だからだ。シャムディーン・アーガーの息子ムハンマド・サイード・ベイは、調書に明らかなその悪行に加え、配下の将校であるダッアース・アーガー・アルジャイルーディーに、彼がサイドナーヤー修道院を包囲しているドルーズ派を攻撃しないよう書状を送った。この修道院にはダマスクスその他から集まっていた三〇〇〇人がいた。そのうち約三〇〇人の男はシリア教会に属するラシャイヤーの住民で、虐殺事件に際しシリア教会のヤアクーブ大主教やルーム・カトリック教会のアンブロシオス・アブド主教と共にダマスクスから逃れて来たのだった。これで、ファアード・パシャが捕縛した街の権門の名前を終りにする。これら街の有力者・指導者・長老は、悪党たちがキリスト教徒地区を襲撃した時、自分たちの屋敷に引き籠もり門を鎖していた。もし仮に、彼らが速やかに立ち上がって無思慮な人々に反撃していれば、ここまでの仕業にはならなかったであろう。私には「もし仮に」と言うことはできない。彼らはそのような〔結果を〕望んでいたし、多くはこの仕業を煽り立てていたのだった。彼らが自宅に留まって大衆の前に姿を現さないだけでも、悪党たちにとってはそれが政府の意図であることの証明になったのである。襲撃者の一人がその仲間に、「俺たちはキリスト教徒に、一体何をしているのだろう。」と言って尋ねた時に、彼は答えて「これはスルターンの思し召しだ。」と言った。これらの顔役が〔キリスト教徒を〕保護しないため、皆がこの言葉を真に受けたのだった。

そして、ファード・パシャは彼らを監獄に送る命令を下した。役人が彼らをマルジェ広場に招集し、彼らはそれが何のためか、つまり監獄へ送られることになるとは全く知らなかった。ほとんどの者は〔先にマルジェ広場に〕連行された者と同様、銃殺刑が宣告されると思っていた。彼らの表情や、恐怖のあまり地に倒れる者がいたことがそれを示していた。その時彼らは、役人の言葉に耳を傾けていた。彼は、一人に一枚ずつ入獄期間が特定された文書を取り出した。終身刑の者もあれば、五年の刑、三年の刑の者もあった。〔三年の刑に処されたのは、〕ナキーブ・エフェンディー・アルアシュラーフだけだった。彼は老齢で神に召される日も近く、他の者がその体力や資産や知識や被り物の大きさにかかわらず〔強要される〕多くの苦杯を、嘗めることのできない体質だからである。これは、聖なる言葉を証するものであった。「智者いずこにかある、論者いずこにかある、権力ある者、高貴なる者はいずこぞ(46)。」

キリスト教徒の方はと言えば、ベイルートに向かう者が絶え間なく増えていった。以前は政府が彼らに、無賃で駄獣を提供する便宜を図っていた。我々は彼らが毎日群れをなしているのを見ており、ベイルートに彼らが住む場所がもはや見つからないほどであった。住宅はいうまでもなく、隊商宿や家畜小屋まで彼らで一杯になってしまった。彼らの多くは街から外に出て、政府が用意した天幕を張って、そこに落ち着いていた。彼らは毎日一人当たり銀貨六七〔パラ(47)〕が支給されていた。するとベイルートの住民は、自分たちのところに混雑がひどくなったことから騒ぎ出した。なぜならその前には、男の多くが殺されたデイル・アルカマルの住民の寡婦や子供が、また同様にジャバル・アッシューフの村々やザハレその他の寡婦が来ていたからである。ダマスクスの哀れな人々はこれらの災難を蒙った後に、弊衣をまとってベイルートに現れたのである。ついにアクーバル村出身(48)

であるベイルートの住民の一人が、彼らの状態に同情する代わりに、彼らについて次のように語ったといわれるほどの事態になった。「ダマスクスの人々は農民に似ている。我々が彼らは裕福であると聞いていたのは、迂闊だった。」親愛なる者よ、この男の〔ダマスクスの人々に対する〕侮辱がどの程度に至ったか注目してほしい。彼の父や祖父が牛の犂に手を食い込ませて土を耕していたのを、その時のダマスクスの人々に喩えたのである。おそらく〔ダマスクスの人々の〕ほとんどは、牛が土を耕すなど聞いたことはあっても、目撃したことはないだろう。私は今、〔この男に〕声を掛けてみよう。この不遜な者よ、ベイルートの街から出て行くが良い。私は足下に、少し言いたいことがある。足下が今、多少の天恵に浴していたとしても、シリアの歴史ある街、ダマスクスとその活動に由来する賜物の一部を、足下は受けていることを知らないのだろうか。〔ダマスクスは、〕地の果てからヒジャーズ地方やバグダードを結ぶ門であり、水が豊かで七つの川がその土地を従えているため、訪れる人々は地上の楽園と形容している。〔ある川は〕街の内側を〔流れ、〕家々のそれぞれに一定の〔水を〕配り、街の往来や市場や居住区に達している。特にその緑地や林は広大で、様々な形や色々な名前の果樹があって、その果実は美味なのである。それを足下は、〔ダマスクスの人々が〕農民に似ていると言う。〔ダマスクスの人々と〕その先祖はこの都市に居住しており、裕福で優雅で、足下の娘たちの多くにかしずかれ、足下の男たちに労賃を与えて使役している。〔足下の男たちはダマスクスの人々の〕古着を着て、その余りを自分たちの家族に送っているのだ。友人よ、何のために今、シリアの邦土で一番貧しく、一番人々が粗野なアクーバル村への言及が必要とされるのかと、貴方は〔疑問に思っているだろう[49]。〕足下はといえば、今ベイルートの街にいるのに、自分の出身に相応しい習慣以外は身につけていない。それは、足下が欧州人の真似をした言葉遣いのことである。彼らは、〔その言葉を〕用いなければならない場面で用いている。足下は、配慮を欠くがゆえに、それを相応しい時に用いているのだ。つまり、足下の友人であるダマスクスの人々がこうした脅威にさらされて、ベイルートに現れたのを見かけた時にだ。足下は、彼がダマスクスの事件に巻き込まれていないとでも考えたのだろう。また、彼に出くわして挨拶する時に、うっかり人道的な言葉を掛けようものなら、自分のところで出費の算段をする羽目に陥るのではないかと恐れているのだろう。その人は、以前自分のところで足下が毎晩使った費用を、使った人が安心するようダマスクスで負担したにもかかわらずである。そして足下は今、いつも言っているような言い訳を彼にしているのだ。友人よ、お許しを。私には、どうしても腹膨れる思いがあるのだ。貴方は〔アクーバル村出身のベイルートの男を〕放置して、先に進まれよ。親愛の情が報われないことに、果たして堪えられるであろうか。賢者スライマーン〔ソロモン〕は言った。「私は日の下に一つの悪があるのを見た。すなわち、愚かなる者が高い位に置かれ、富める者がまたとなき卑しいところに座している。(50)」それは貴方が耳にしている、神がこの災難においてダマスクスの人々に運命づけられたことで、現実となった。彼らがベイルートに落ち着き、政府の配給や一部の救恤物資を受け取っている時に足下が驚いたということを、我々は後になって初めて聞いたのである。足下を驚きで当惑させた彼らの食物とは、いかなるものだったのだろうか。それは彼らの貧しさに対する〔驚き〕であり、彼らに足りないものがないことへの〔驚き〕ではなかった。その後で前述の通り、彼らの一人でも足下の世話になった者が果たしてあっただろうか。ああ我が神よ、何というこの逆転が村落の人々に起こったのだろう。彼らは豊かになって恵みを受けた後に、都会の人々にこのような口を利くものだろうか。「この歴史には、人を非難する記述は相応しくない。」と言って、私を批判する人がいるだろうと私は推測する。私は答えたい。「兄弟よ、私をお赦し下さい。私は、神が私に定められた偽善者の〔侮辱を〕聞かされました。貴方は私が、自分と同じ種類の民である農民たちの〔侮辱をも、〕また聞かなければならないとお望みでしょうか。」

しかし私はこの男を、彼の現在の故郷の保護に委ねることにしたい。〔その保護とは、〕イスラーム教徒、キリスト教徒からなる人々がキリスト教徒に提供していると我々の理解する善行のことである。神はすべての人に、その行いに値するものを与えられるのである。

一方ファード・パシャは、キリスト教徒にもはやベイルートに行かないよう説得を始めた。そして各宗派の長に忠告し、〔キリスト教徒が〕乗る駄獣の提供を中止した。それでも旅に出る者が跡を絶たないところから、彼らのためにカナワート、カイマリーヤ、シャーグールのようなイスラーム教徒の居住区の一部の家屋から〔住民を〕立ち退かせ、城塞に留まっていた人々や、〔イスラーム教徒の〕友人のところに留まっていた人々をこれらの家屋に移した。〔ファード・パシャは〕書簡を発出してこれをキリスト教徒全員に読み聞かせるよう命じた。

書簡の写し

ダマスクスのキリスト教徒よ、汝らが虚偽の噂や根拠なき想像を理由にベイルートに陸続と移動せんと試みてやまないことは、人皆識るスルターン陛下の惻隠の御心を痛みをもって悩ませ奉る汝らの災難によって、吾人が日常感ずるところの遺憾の念を弥増《いや》すものである。吾人の命にかけて、帝王陛下の名によりダマスクスに施行された至高なる処断の結果は、恐怖の除去に十分なる先鞭を付すものである。当地ダマスクスおよびその周辺に駐屯する兵力は、疑いなく汝らの安全確保に十分な量を上回っている。敵対者に打撃を与えた法的諸措置は全員の心に畏怖の念を植え付け、応接態度の大凡をもって閲《けみ》するに人民の表情における明確なる改悛の徴候の表出は否定すべくもなく、祖国における彼らの同胞の益するところである。疑いなく、彼らの心に適用された矯正の効果は、不埒なる狼藉者に直面して彼らが覚えた悔悟の教訓と相俟って、爾後彼らの徳目と化し、慈悲深き立居振舞、慈愛溢れる隣人関係、人道に則した行動様式、傲岸不遜な態度の排斥に向け定着すべきものである。至高なる〔神の〕御助力をもって吾人が実行せんとする諸措置は、安寧の実現により本旨を不断に確保するものである。

吾人は、汝らが移動によりその災厄を倍加する愚昧の徒であると看做すものではない。よって今や汝らはかくなる妄想を排し、汝らを害する者のない住居に安心して定住すべきであり、無目的に右往左往してはならない。もし仮に吾人の実行するところが安全確保に十全を欠くのであれば、汝らは吾人が必要なる措置を実施するよう摘示すべきである。汝らが失ったものの規模を調査し、その価額を査定し、補償を実施して汝らの境遇が幸福なものとなるよう配慮し、汝らの生計と成功の手段を回復しなければならない時が到来している。また災厄の地は、これら諸課題や派生事項を検討するにはもっとも相応しい場所である。よって汝らのうち未だダマスクスにある者は、移動に関する空想的な考えを放棄しなければならない。不在の者は遅滞なく〔ダマスクスに〕出頭すべきである。かくして、必要な〔結果を〕得るためには法と正義に立脚し適用されることが最善であると判断する者の合意する方式に従って、緊要なる本件の検討に衆議をもって着手することになろう。

吾人は汝らに対する本布告を外務弁理衙門およびシリア事件処理独立特別委員会より発出した。周知の上、銘記せられたい。アッラーは寛大にして惜しみなく与えられ、汝らを真理に導かれる。一二七七年ラビーウ・アーハル月三日。(51)

その間、牢獄にある無思慮な人々の一部が略奪を行い、殺人に干与した嫌疑が明らかになった。すると政府は、そのうち三八〇人を監獄に送致した。その後六〇〇人を立証が終わり次第、次々と集団で〔監獄に〕送致した。〔囚人たちは〕木枷をつけられてベイルートに移送され、ある者はイスタンブルに護送された。一部の者は兵役に適すると選別され、三〇〇〇人が軍隊に入れられた。残りの者は監獄に収容された。これは、ダマスクスそのものに限ってのことである。村落についてはダマスクスのようなことは起こらず、ただ顕著な行動を示した者に捜査の手が伸びただけである。事態は沈静化して騒乱は収まり、街自体に平安が回復した。

するとキリスト教徒は、街の中を歩き回るようになった。あるキリスト教徒が、あるイスラーム教徒のところで自分の物を見つけると、彼はそれを回収した。一部の略奪者は、政府が自分たちに断固とした態度で臨み、そこの名を記録して捜査の上処罰することを知り、これら略奪物を破壊した方が良いと思うようになった。ある者は、〔略奪物を〕川や下水に投棄した。ある者は、それらを地面に投げつけて壊した。ある者は、それらを路地や居住区に投げ捨てた。すると朝通りを歩いていた人は、衣服や銅器、箱、鉄の寝台、家具の残骸が往来に散乱しているのを見つけるのだった。誰もそれらに手を伸ばすことはできなかった。政府はこれを知ると、調査官を派遣して当該地域を調べ上げ、こうした略奪品の回収のため特定された保管場所に、それらを運んでいった。ただしこれらの調査官は、略奪品の中から手頃な大きさの品物を陰で領得していた。これらの略奪品は、前述のようにキリスト教徒に返還された。略奪品の例えば一〇〇のうち、二が回収されたと考えることはできない。なぜなら、政府がそれらを捜索する前の最初の段階で、ほとんどの品物はドルーズ派の村々やホーラーン地方や遊牧民に〔渡り、〕四方八方に散らばったからである。ある〔品物は〕持ち主がそれを持って逃亡し、ある〔品物は〕余所者に売却されて彼らが持ち出した。これは現金や宝飾品以外の話である。〔現金や宝飾品を〕発見した者は報告されていないが、約一キンタール(52)の銀が見つかったのと、正教会の敷地で中に六〇万キルシュの入った箱が埋蔵されていたのが見つかった。結局、発見されて保管され、キリスト教徒のために全部が返還された品物の総額は、六〇〇〇キースに上った。

　仏国の軍隊がベイルートに到着したのは、ダマスクスの災厄から二三日後の八月二日のことであった。約六〇〇〇人の兵隊がベイルートに上陸した。そして六〇〇〇《〔ママ〕》人が船に留まって必要に備えた。総勢八隻の軍艦に乗った一万二〇〇〇《〔ママ〕》人であった。彼らの話がダマスクスにもたらされ、またホムス、ハマ、ナーブルス山地、ホーラーン地方、遊牧民などシリアの諸州全土に伝わると、人々は仏国がキリスト教徒の流血の報復として領土を奪うつもりであると臆測した。人々は深刻な懸念を抱き、もし〔仏軍が〕ダマスクスに接近したら戦闘に撃って出、前述の各方面からも一緒に戦闘に加わる準備をした。なぜなら人々は〔仏国の〕総勢が一万二〇〇〇《〔ママ〕》人であると知っていたからである。しかし彼らは、政府の号令を待ち続けていた。一方哀れなキリスト教徒といえば、これらの軍隊が何をするのか分からず、前述のような人々の会話を聞いて再び〔ベイルートに〕旅立つ者が増加した。すると政府は、〔キリスト教徒が〕移動することを禁じた。その時彼らは、この禁令にますます恐怖を感じた。各宗派の長は政府に赴いて、キリスト教徒の旅行禁止を解けば、彼らがより安心すると陳情した。その結果〔政府は、〕彼らに旅行の自由を許した。

　一〇月、五か国つまり仏露墺英普の代表団がベイルートに到着した。そしてベイルートでファード・パシャと、これら諸州の処理に関する一連の事項を話し合った[53]。その間レバノンのドルーズ派長老たちから、自分たちの罪について陳謝し、キリスト教徒の問題において自分たちに理はないとする嘆願書が提出された。するとファード・パシャは彼らに、捜査と取調べのため出頭するよう回答した。彼らは、ベイルートに自分たちの代理人がいると応じた。〔ファード・パシャは〕彼らに、代理人は認められず、本人たちが出頭するよう答えた。それにより、彼らはベイルートに現れてファード・パシャへの面会を求めてやって来た。すると〔ファード・パシャは、彼らに〕会うより前に、彼らを取調べの時まで投獄するよう命じた。(54) しかし、彼らドルーズ派の長老たちの処罰は列国代表団の意見に左右されるため、期待されなかった。結局決まった〔処罰とは、〕彼らを監獄に送ることであった。以下が彼らの名前である。カーイム・マカーム〔郷区長〕であるアミール・ムハンマド・ラスラーン、彼の親類であるアミール・ムハンマド・ラスラーン、アミール・マルハム・ラスラーン、サイード・ベイ・ジュンブラート、サリーム・ベイ・ジュンブラート、シャイフ・アスアド・アマード、カースィム・ベイ・ブーナカド、シャイフ・フサイン・タルフーク、ユースフ・ベイ・アブド・アルマリク、シャイフ・ファーウール・アブド・アルマリク、シャイフ・カースィム・ハサン・アッディーン、シャイフ・オスマーン・アブー・アルワーン、シャイフ・ジャマール・アッディーン・アブー・アルワーン。彼らの一部は、財産を国庫に没収された。

一一月一七日、五か国代表団はベイルートからダマスクスに到着した。そして八日間滞在し、焼失したキリスト教徒地区を視察した。その機会にダマスクスのキリスト教徒より彼らに対し、同一内容の嘆願書五通がそれぞれ一通ずつ提出された。(55) それらを手渡したのは、キリロス・ファッカーク司祭とユーハンナー・アッタウワー司祭であった。

嘆願書の写し

閣下の従僕であるダマスクスのキリスト教徒は、嘆願申し上げます。私共が蒙った災厄およびその状況、遭遇したところのその規模と申しますのは、男たちと一部の女たちの人命喪失、過去の時代に類例のない各種恐るべき手段による無益な流血、強制的な棄教、婦女子の凌辱・拐取、全財産の略奪、教会・修道院・住宅の放火でございます。これはすでにその報せが広まり、人々が見聞きして知るところとなっていますので、私共は今これらの委細を繰返し陳述して、閣下の御気持ちを乱したいとは存じません。ただ閣下の従僕たる私共が憐れむべきこうした悲惨な状況に陥り、今に至るまで皆すべて希望を失ったままでありますす中、閣下が帝王陛下の御命令に従いこれら諸州に御来臨遊ばされ、寡婦や孤児の叫びや殺害された人々の血が大地の果てまで及んでおります私共の状況や、私共を取り巻く災難を御覧下さいますところ、私共は閣下が完全なる安息を与えられることにより、閣下の従僕を憐れみ給う御厚情を冀うものであります。

そこで私共は第一に無益に流されたキリスト教徒たちの血の代償、第二に婦女子を凌辱し拐取した者の処罰、第三に私共から略奪された品の完全かつ十分な補償、第四に私共の教会と修道院の建設、第五に私共の住居と店舗の建設と原状への回復を要望致します。そして第六として、現在および将来にわたる十分な安全を要望致します。なぜなら私共には私共の生命・財産・〔婦女子の〕名誉、宗教、教会、店舗に対する安全と申しますものが、私共を常に保護して私共の心を支え安心させる力なしにはあり得ないからでございます。つきましては私共が申し上げましたすべてのことに関しまして、私共は閣下に御尽力を求めてお縋り申し上げます。私共をどうか憐れんで下さい。憐れんで下さい。憐れんで下さい。

至高なる神を崇め奉り、至高なる〔神に〕哀願の手を伸ばして神の栄光を切望しつつ、私共は子供たちや眷属と共に、偉大なる国王陛下、偉大なる皇帝陛下がこの世のある限り、〔神により〕いつまでも支えられ御威光が讃えられ、その国家が永遠に護られますよう〔祈ります。〕一八六〇年一一月二一日記す。

マロン教会代表　　　　ヤコブ派シリア教会代表

シリア・カトリック教会代表　　　　アルメニア・カトリック教会代表

ルーム・カトリック教会代表　　アルメニア古教会代表
正教会代表　　ルーム東方教会代表
ダマスクスのキリスト教徒一同　　ラテン教会代表

〔五か国代表団は〕この嘆願書を受け取ると、二人の持参者を言葉で安心させただけであった。そして到着から八日目にベイルートに戻った。

その間政府は、レバノン山のドルーズ派戦士約一〇〇〇人を捕縛してムフタ一ラ村に集め、最終的にはそのうち約三〇人を監獄に送り、残余の者を釈放した。また〔政府は、〕ジャラマーナー、サフナーヤー、アシュラフィーヤ、デイル・アリーなど、ダマスクス近郊の村々のドルーズ派約八〇人を捕縛した(56)。これらの村々の残りの住民は、ラジャー荒野に逃亡した。この場所には、虐殺事件に際し醜行を働いたドルーズ派やイスラーム教徒の多数が集結して、悪党集団が出来上がった。実際のところ、この場所は政府だけでなく、シリア諸州の大半にとって重荷になっている。なぜなら、偽善者や悪事を働いた者すべてはその場所に逃亡して匿ってもらい、一時を経ると外に出て街道や村々を経巡り、泥棒、略奪、殺人などを行っては、そこへ戻っているからである。この場所は、実態より誇張されて名が知れわたっている。何となれば、五〇〇〇人の軍隊で十分そこを制圧できるからである。私は出鱈目を言っているとは思わない。私はその地を知っており、そこの住民たちを理解しているからである。もし、エジプト国は多数の軍隊をその場所に集結させたのに、それを奪取できなかったではないかと言われれば、私は答えるだろう。その当時は、シリアの全人民がエジプト国に反抗していた時期に重なっており、それでこの場所にいた者すべては、他の場所の大半から来た叛徒たちであった。そして人々は、オスマン帝国スルターンの意図や意向に沿うよう、競って彼らに弾薬や支援物資を供給していた。〔スルターンは、〕その時いくつかの欧州諸国と連合して、シリアを〔エジプトから〕奪還するための戦争を準備していたのである。そのためにすべてとは言わないにしても、シリアの大半が一致して〔エジプトに〕対抗し、多くの地方が〔エジプトに〕反旗を翻したのを貴方は見ただろう。これが、〔エジプト国はラジャー荒野を〕制圧できなかったことの十分な理由である。そして〔オスマン帝国〕政府が〔シリアの〕諸州を回復した後、この場所が人々にとって障碍になっているのを見て取って、アラビスタン軍司令官アミーン・パシャを編成された軍部隊と共に派遣した。そして彼の後にはまたクブルスル・パシャが軍を率いて向かったが、その地を制圧することはできなかった。その理由は、彼らが一部の将校や一部の住民に欺かれ、必要な作戦を立てるに際し、例えば北方から侵入すべきであったのに、西方から侵入するようにさせられたということがあった。また、〔進軍が〕容易な道に沿っていた村々を放置して、徒歩の人間しか進めない荒野の道を通ったのである。そうなると彼らが運んできた大砲は、どのようにして持ち込むことができただろうか。結局村々を通った方が容易だったのに、彼らは〔大砲を〕放棄してすべての物を持って歩くまでになり、ドルーズ派は〔その大砲を〕奪ったのである。なぜ一部の将校や住民は政府を欺いたのかと問われるならば、その答えは〔政府が〕この場所を奪取することに、彼らは同意していなかったのだということになる。なぜなら、〔ラジャー荒野は一部の将校や住民にとって〕必要な時の隠れ場所だからだ。終り。

ファード・パシャは、ダマスクスの街そのもので武器を回収する命令を下し、回収作業のための監督官を任命した[57]。〔監督官たちは〕武器を強制的にではなく、可能な限り回収した。

私は、犯罪者や街で醜行を働き騒乱を発生させた人々の何人かについて言及したが、勇敢で正義感が強く寛大な善人たちと、あの厳しく困難な時にキリスト教徒に対し彼らが行った善いことや、〔キリスト教徒に〕彼らが提供した保護や防禦、そして食物や着る物のない何人かへの衣類について、私は語らずには済まないのである。まず第一は、我々が前に説明した通り、アミール・アブド・アルカーディル・アルマグリビーである。そして第二は、ミーダーンの住民の頭目である二人の尊敬すべき人物、サーリフ・アーガーとサリーム・アーガー・アルマハーイニーで、我々は両名の溢れる熱情についてもまた前に説明した。第三は、名門一族のサイイド・マフムード・エフェンディー・ハムザと彼の弟で、彼らは井戸や下水道に隠れていたキリスト教徒を配下の人々と共に捜索し続け、彼らに「やあキリスト教徒たち、恐れずに早く我々のところに出て来なさい。私は何某、貴方がたを連れて自宅に保護しようとやって来たのだ。」と呼びかけていた。第四は、ウマル・アーガー・アルアービドとその息子たちである。彼らはキリスト教徒を集めて回り、ミーダーン地区に送り届けて保護していた。そして偽善者たちの手から何人かの婦人を救出した。第五は、サイイド・サイード・アンヌーリーで、自分の家にキリスト教徒が増えることを厭わず、人付き合いを楽しむように彼らに食事を与えていた。第六は、アフマド・アーガー・アルユースフの子息で、彼の家はキリスト教徒で一杯になっていた。第七は、アブドッラー・エフェンディー・アルイマーディーとその兄弟で、彼らは多くのキリスト教徒や相当な人数の婦人を救助し、彼らに金銭を与えたり、彼らの恐怖を癒すための医師を連れて来たりしていた。第八は、ファーリス・アーガー・シュンマルで、彼のところには一群のキリスト教徒が集まっており、悪党たちが「キリスト教徒がいるのに追い出さない者は、我々がその家を焼討ちする。」と気勢を上げるのを気にしなかった。第九は、あの商人、アブー・オスマーン・ジャブリーであり、彼の店舗はキリスト教徒地区に近かったため、彼のもとに一群のキリスト教徒が集まっており、彼は彼らに金銭を与えていた。第一〇は、アイユーブ・アーガーの息子ダルウィーシュ・アーガーで、彼のところにはキリスト教徒が多数集まっていた。この恐ろしい状況に際して、彼のところにアブドッラー・ベイ・アルアズムが通りかかり、彼に言った。「おいダルウィーシュ・アーガー、貴殿のところのキリスト教徒を、拙者が送ったように城塞に送るが宜しい。」すると彼は答えた。「いやいやベイ殿、私が息子たちもろとも死罪になるとて、送りは致しませぬ。アッラーはその御約束に従って、彼らの苦境を御覧になっていますぞ。」これらの人々の他にもまた、自分たちの同胞であるキリスト教徒が〔危急にある〕時に、彼らに善行をなした者は存在するのである。これら高貴で寛大で勇敢な人々の行動がなければ、ダマスクスのキリスト教徒は男であろうと婦女子であろうと誰一人残らなかったということを、我々は否定できないのである。

ダマスクスの外についてみれば、まず第一にあの英雄、高貴な出身のムハンマド・アーガー・スワイダーンとその息子たち、その甥たちである。彼は自分の州であるカラムーン山地やハッスィーヤー地区(58)のキリスト教徒に対し強力な保護と親愛の情を示した。何となれば、〔キリスト教徒は〕あらゆる地区から追い出され、それらの地区の悪党がダマスクスと同様、彼らに報復を決意しているのを見て、哀れな人々は上に登って山中や洞窟を彷徨っていたが、その後これらの馬に乗った人々は、好意を示していることが分かったのである。彼らは叫んでいた。「おおい、悪党たちから逃げているキリスト教徒よ、我々のところに出て来なさい。我々の胸は貴方がたの心に開かれている。我々が貴方がたを守りたいと強く願っているのは、来てみれば分かるぞ。貴方がたを敵から守るために刀を新調して、貴方がたのために我々は命を捧げよう。食べ物や水のない洞窟や山の中から早く出て、用意の調った我々の家に来なさい。貴方がたの食事は用意できているぞ。たとえ貴方がたが何千人いても、我々のところの遊牧民たちは、馬に乗って貴方がたを守るための槍を持って、我々の命令を待っているのだ。」すると直ちに、ナブクから来たシリア教会のグレゴリオス・マッタ―〔主教〕は出て来て、マアルーラから来た正教会のグレゴリオス大主教もまた一団の聖職者を伴って現れた。それに応じて各州やバアルベク郷区やその他の村々から逃げて来たキリスト教徒たちも、姿を現すようになった。すると〔ムハンマド・アーガーは〕彼らを出迎えて励まし、彼らを惑わす風説を打ち消し、彼らに食べ物を与え、シーア派が略奪して村々を放火したラアス・バアルベクやフィーケ村その他のような、略奪を受けた人々には衣類を与えた。

第二は、バアルベクのカーイム・マカームであったファーリス・アーガー・カドラである。彼は直ちに〔バアルベクの〕キリスト教徒住民とそこに集まっていた人々を連れて、ビシャーラ地方近くのデイル・アルアフマル村に、そしてそこからレバノン山に送り届けたのであった。その時キリスト教徒に敵対するシーア派の彼に対する攻撃は、何と数多かったことだろう。彼は勇敢にも、彼らに対し剣や小銃を用いて反撃していた。

第三は、あの高貴な一族であるホムスの街出身のサイイド・ハジュー・エフェンディー・アッリファーイーとスィバーイー家の人々である。彼らは毎晩ホムスのキリスト教徒地区を巡回し、悪党を見つけると牢獄に入れ、この有難い行動を最後まで続けていたが、彼らの労苦はいかに大きかっただろうか。見廻りを行っていた時のこと、彼らは無思慮な人々の一群が発砲しながら言っているのを見かけた。「キリスト教徒は我々を攻撃している。連中は我々の仲間であるこの従僕を襲って、手に怪我をさせた。」すると彼らはその集団を連れて行って、訴えについて取調べを行った。すると集団の供述から、徒党を組んでキリスト教徒地区で発砲しようとしていたことが判明した。そして〔その集団は、〕「キリスト教徒は道を歩いていると、自分たちに向かって発砲した。」と言っていたが、その従僕が街のカーイム・マカームの面前で供述したところによると、〔集団の中の〕発砲した者が偶然〔その従僕の〕手を傷つけたのであった。そこで彼らはその集団を投獄し、騒動は収まった。この徒党が〔企んでいたことの〕中には、キリスト教徒地区の麺麭焼き窯に放火し、その街の他のイスラーム教徒に呼びかけて、ダマスクスで発生したのと同様に、キリスト教徒地区を襲撃するというものがあった。もしこの騒乱がホムスで起きていたら、ハマのキリスト教徒地区〔に対する騒乱、〕それからマアッラ、さらにはアレッポに続いていただろう。〔アレッポでは、〕ダマスクスに約一〇年先立って、その無思慮な何人かの人々が反乱を起こして教会を打ち毀し、キリスト教徒の何軒かの家屋もろとも略奪し、三六人の〔キリスト教徒を〕殺害した。[59]その中には、ミーハーイル・アルカルダーニー神父と二名の司祭、ニアマトッラー・ホムシー氏があった。そして三五〇人の婦女子が拐取され、二二二人が負傷した。その一人は、シリア・カトリック教会の総主教猊下であった。これは、アレッポのキリスト教徒の一人がこの事件について記録した帳面を我々が読んだ通りである。その後で政府は軍隊を派遣して、醜行を働いたアブドッラー・ベイ・バービンスィーなどの者を捕らえ、監獄に送った。私はこの虐殺事件の前に、ダマスクスのイスラーム教徒の何人かが言っているのを聞いたことがある。「アレッポのイスラーム教徒が立ち上がってキリスト教徒を殺し、教会を焼討ちして女どもを掠った時に、彼らに何が起きたのか。少数の者が監獄に入れられて、それから家に戻っただけではないか。」私がこう言う意図は、アレッポの住民がキリスト教徒を襲って騒乱が起きた時に、彼らに必要な処罰をしなかったこともまた、その行動結果を皆への答えとして与えた〔ダマスクス〕総督アフマド・パシャの意向と相俟って、ダマスクスのイスラーム教徒を大胆にさせたということである。この騒乱がもし今アレッポでも発生していたならば、シリア全体で仮に見つかったとしても、レバノン〔山〕その他のような防御に強い場所でない限り、キリスト教徒は一人も残らなかったであろうと、私は言うことができる。キリスト教徒を保護した人々の名の第四は、ホーラーン地方のシャイフの長であるシャイフ・アフマド・アットゥルクである。彼は〔キリスト教徒に対する〕保護をこう言って明らかにした。「キリスト教徒の一人にでも危害を加えた者は、他ならぬその首、その血、その眷属、その財産をもって償わなければならない。」そして彼は、キリスト教徒の村々に行って最後まで彼らを守り続けた。我々は、至高なる神が善意善行をなした人々に生涯にわたる多大な天恵とさらなる勇気を与えられることによって、彼らが負担した労力と出費に報いられるよう願うものである。

我々は先に仏軍のベイルートへの出現について語ったが、なぜそれが出現することになったかについては述べていなかった。それは前述した五か国の協議によるものであった。そのため我々は露国がその大使に宛てて発出した二通の訓令、一通はイスタンブル宛、一通はパリ宛の写しをここに記すこととしたい。

イスタンブル駐箚大使宛第一の〔訓令の〕写し

一八六一年一月二一日付。貴見に添付された我が方ノヴィコフ代表のシリアに関する報告は、上奏に付され全幅の満足を賜った。規定方針に従った行動が陛下の裁定であり、陛下の御意に適うものと我々は期待する。第四十六条は、シリアにおける仏軍の活動期間について複数の解釈を有するものであるところから、右についての我々の見解をすでに発出している。本件は、我々が注視している高度に微妙な問題に関するものであり、我々は早晩この問題が列国政府間で決着し、結果が現れるのを見ることとなろう。我々は今、ノヴィコフ代表が作成した現状報告を、我々の見解に沿ったものとして支持する。レバノンにおける軍事的関心、すなわち仏軍部隊は、諸大国の合意によって規定された目的を完全に履行する以外の制約があってはならない。そして〔シリア〕諸州が原状復帰したとして、その目的が今や完遂されたと〔みなす〕ことはできない。したがって我々は前述の軍隊の存在がシリアに平和をもたらし、これが駐留しなくなれば、過去の事件よりさらに忌避すべき動きが再発する大きな原因になるとの〔見解に〕同意する。ここには単に責任のみならず、より真剣に重視すべきこと、つまり欧州の栄光と名誉が存在する。近来、欧州の合意がその目的を完全に実現できず、未だにその合意の実行が滞っている事項が見出される。仏国が特に代理行動を引き受けることにより、〔欧州が〕公正な決定を下したことは、〔欧州にとって〕慶賀すべきである。もし〔仏国による代理行動が〕完遂されず、約束が不完全に放置されることがあれば、他の大国は〔仏国を〕その後に発生する惨事の原因を作ったとして非難するであろう。またそれは政治の世界における、新たな戦争に向けての闘争の要因となろう。このことはすでに考慮されており、十分あり得ることである。皇帝陛下の命により我らはこれを記す。

ゴルチャコフ(60)
外務大臣

パリ駐箚大使キセリョフ伯(61)宛第二の〔訓令の写し〕

本職は、仏国外務省が当地駐箚大使に送付した書簡の写しを閣下に送付する光栄を有する。右は、〔仏国大使が〕同国政府の訓令に基づき、〔同書簡を〕本職に通牒したことによる。第一の書簡は、一八六〇年一〇《〔ママ〕》月五日の議定書に基づき、仏軍がシリアに一定期間駐留する件に関するものであり、期限が接近したため仏国政府は、本職が第二回会議に参加して本軍隊の撤収または残留を協議するよう要請している。そして本職はこの責務を担う用意がある。このような状況において、陛下の命により閣下は本会議における交渉に参加する権限を付与された。

伯よ、閣下が取るべき方針は、本職がすでに閣下に写しを送付した、三日付本職発ラバノフ公宛書簡で示されているものである。すなわち現在御前会議において、仏国軍隊が存在しなければ恐るべき危険が発生するため、本軍隊はシリアに残留すべきであるとの見解が得られている。本軍隊は欧州を代理するものとして仏国の意見に委ねられたところ、同国はその正当性と人道性に鑑みこれを受諾したのである。今日に至るまでシリアは平和な状態に入っていない。そして本軍隊の撤退は新たな動きを惹起することになる。欧州の栄光と名誉はシリアの安全にあるところから、シリア人民が仏国旗の存在によって認識する安全確保措置に代えて改革が実施されるか、あるいは十分な条件の下に全体が同意する新しい統治組織が〔成立する〕時点まで、〔駐留〕延長条項は存置されることが最善である。本職は仏国司令官がその義務の完遂のため考慮し、その権限に基づいて行う選択に、異論を挟むことなく委任するものである。この趣旨において閣下は、列国相互間および列国と〔オスマン帝国政府との〕間の判断や同意に賛成する必要がある。そして、もし全体の判断が本職の見解と同様であればそれは適当であり、かつそうあるべきである。仮に〔仏国〕または他国により兵員が増強されることになる場合は、本趣旨に則して反対してはならない。終り。

ファアード・パシャは、先にキリスト教徒に伝えた通りベイルートから〔戻って〕来る者が誰一人なく、それどころか未だに〔ダマスクスに〕残っている者が移動し続けていることを発見した。ダマスクスに残っていた〔キリスト教徒は、〕ダマスクスの住民が四〇〇〇人、余所からの者が三〇〇〇人であった。〔余所からとは、〕つまりハスバイヤー、ラシャイヤー、ヒーネ、アイン・シュアラー、ジャンダル城やそれらに続くダマスクス近郊である。そしてホーラーン地方の〔キリスト教徒は〕五〇〇〇人がすでにサイダに移動していたが、気候が適しないためその約一〇〇〇人が死亡したとの報告が〔病院〕長によってもたらされた。そのため〔ファアード・パシャは〕ダマスクスのキリスト教徒代表を招致して、ベイルートに向かわないようキリスト教徒に注意することを命じた。それはまた、ベイルートの病院長が患者についての報告書を説明して明らかにしたように、ベイルートの各地区で更なる混雑が発生して、そのため各種疾病が流行しているとの報せに基づくものであった。

指令文書の写し

親愛なるダマスクスのキリスト教各派宗教指導者、救恤委員会委員長・同委員および当地キリスト教各派名望家各位への布告。

ダマスクスのキリスト教徒被害者はいずこにあれスルターン陛下の御加護の下、その安寧実現の方策に絶えざる関心が払われている。この度彼らの衛生状態につき欠くべからざる配慮を行ったところ、ベイルートの医師団より吾人宛報告書が提出された。これはすでにサイダで発生して多数の死者をもたらした如く、流行性疾病の出現が懸念される〔避難民の〕蝟集に関するものである。本〔報告〕に基づき、〔キリスト教徒の〕一部集団を穏当な環境維持のため、タラーブルス〔トリポリ〕(62)に移送する案が決定された。またダマスクスの被害者の住宅を建設し彼らを入居させる計画が、殊にダマスクスにおいて実施に移されるところから、吾人はベイルートへの移動を企図する者に対し、決定に基づきもはや許可を与えない旨、汝らに通告しなければならない。それ故吾人は汝らに対し、吾人の見解を皆に伝達し、彼らに説明することを望むものである。周知の上銘記せられたい。一二七七年ラマダーン月二九日(63)。

私は今、他の場所を除いたダマスクスのキリスト教徒に絞って、彼らが陥っている絶望の深刻さを可能な限り描写してみたいと思う。まず我々はこれら哀れな人々がこの全期間を通じてあらゆる仕事を失い、道を歩いたり、茶館から出て来たり、その他の場所に落ち着いたりするのを見るのである。ある者はあるいは父親や兄、息子を喪ったこと、あるいは自宅の放火、家財の略奪、改宗への同意、自らの名誉に影響を及ぼす問題という害悪を残した自分の災難を憶い出している。そのため貴方には、彼らがまるで癲狂の病に冒されたかのように見えるであろう。しかし中には、恥や礼儀も知らないあれら無思慮な人々が闊歩しているのを貴方は見るだろう。彼らは、神がこれらの災厄によって自分たちに与えられた〔教訓を〕忘れている。〔これらの災厄は我々の〕罪に対する罰であり、至高なる〔神が、〕ダマスクスの広範な市街地の中で一つの街のような規模であった、三万人の人口を擁するこの居住区を焼き払うことを許されたのである。それは疑いなく至高なる〔神が〕その民を懲らしめ、棒をもって彼らの悪事に制裁を加えられたのである。これらキリスト教徒がかつてあったような常態に戻り、アザリア修道院のフランシス神父やフランシスコ会のマラーク神父のような情熱の持ち主である神への奉仕者たちが現れて、あの通りの修道院や学校を建設し、そこにあの通りの少年少女を受け入れるのは、一体いつになることだろうか。ああ何と残念なことに、キリスト教徒にとっても、イスラーム教徒やドルーズ派にとっても、また互いを傷つけ合った世の中となっている。他ならぬこの状態を、我々は見なければならないのだろうか。これら諸州のキリスト教徒共同体で起きた絶望がいかに大きなものであったかを、我々がこの面からも理解するため、ここで私はベイルートから届いた手紙の写しを公表しよう。

手紙の写し

一八六一年四月二三日付、ベイルート発ダマスクス宛。尊敬する兄弟机下へ。

御機嫌如何でしょうか。同月一八日付貴翰を拝受した旨、お伝え致します。神様が健康をお恵み下さり、感謝しています。私は〔貴翰の〕内容が悲しみに満ち、特に貴方がキリスト教徒同胞の悲哀や困窮を御覧になるにつけ、ダマスクスでの貴方の災難を忘却させるほどの悲しみに取り巻かれていることが解りました。ダマスクスの人々の状態が劣悪なことに、私の悲しみは倍増しています。ダマスクスにあろうとここベイルートにあろうと、彼らは屈辱と侮蔑の極みに置かれ、何千人も職を失ってあちこち歩き回っているのが見られ、今月にも来月にも安心できるだろうと自らに言い聞かせていますが、彼らには光明の兆しは現れていません。人々は周囲を取り巻くこの状況、つまり屈辱と貧困に魂を失っています。彼らは異郷の民の間で恥を忍び、誰も彼らの様子に同情しないのです。このような〔状況に〕置かれ続けることは耐え難く、彼らはどんな方法でも良いから救われたいと望んでいます。彼らは自分たちに落ち着く住居が与えられ、生命が保証されていることを知ってはいますが、特に自分たちの間で、仏軍がベイルートから他の場所へ移動し、人々がより大きな虐殺行為のような騒動を起こすという話になると、胸中を不安が占めているのです。実のところ、私の心には生まれ故郷でありながら、東洋の国を後にしたいとの思いが生まれてきます。私は最愛の兄弟をこの災厄で喪う打撃を蒙り、これは何物にも代えることはできません。さらに私は、これらの優雅で裕福であった人々が、哀れにもこのような侮蔑と屈辱にさらされているのを見る時、心の中の苦痛や悲哀が喩えようもなく大きくなるのです。私は貴方にこの手紙を、この世において私たち全員が遭遇した諸事件の悲しみ、そして至高にして讃えらるべき真実の神が、これら諸州のキリスト教徒全員と私たちに与えられた運命に対する涕泣をもって綴っています。仏軍部隊司令官であるボーフォール将軍閣下は、一〇〇〇人の兵隊を率いてここからウバイ村に向かいました。その地で発生したドルーズ派とキリスト教徒の騒動のためです。そして双方に死者や負傷者が発生したと言われています。結局これら諸州の制度は壊れてしまい、その住民や領主たちまで心が互いに衝突するようになって、昔のようなやり方に戻すことが難しくなっているのです。私たちは至高なる〔神に〕ここまでのことをお許しになられたと同様、満足されて私たちへの怒りを収められ、私たちを憐れみ、これら物事の終りに私たちの安寧をもたらされるよう願います。この地より兄弟たちのために祈りを捧げます。

この月の初め、キリスト教徒の一〇宗派が委員会を作るよう組織された。その目的は、キリスト教徒への政府の救恤物資と麺麭の配給、保管所に集められた略奪品を可能な限りの現状で返還し、あるいはその代価を分配することの監督、そしてダマスクスのキリスト教徒以外の近くにいる何者かが現れて〔略奪品を〕受け取ることの防止であった。これらの〔委員は、〕上記すべてについての監督を行うことになった。

ナキーブ・エフェンディー・アルアシュラーフ、ウマル・エフェンディー・アルガッズィー、そしてムハンマド・ベイ・アルアズメが獄死したとの報せがもたらされた。

パリで列国代表とオスマン帝国代表の会議が開催され、シリア問題〔の討議〕と、仏国部隊をベイルートに残留させるか撤収させるかの検討が行われた。それは五か国により作成された協定には、軍部隊はベイルートに一八六一年五月一五日《(ママ)》まで駐留すると明記されており、軍部隊駐留期限終了が迫っていたからである。そして一八六一年五月一五日、五か国代表はイスタンブルに向かい、これら事項について合意するためオスマン帝国政府と協議した。〔代表団に〕先立って、仏国と露国から二名の公もまた出発してイスタンブルで会合し、〔オスマン帝国〕政府に対し、後で説明するような彼らの要求を提示していた。

一方、哀れなダマスクスのキリスト教徒は、これによりさらなる動揺に陥った。なぜならこの会議によって何が起こるか分からず、彼らは依然敵対的な人々の間にいて、災厄が始まって一一か月目になるのに未だに平静を回復せず、多少の安心も得られなかったからである。それは全く、激しい苦悩が彼らの心を満たしていたのである。災厄だけが原因ではなく、これらの会議や軍隊によって最後に何が起きることになるか、分からなかったからである。

その月、ファアード・パシャは、イスラーム教徒の商工業者一四人を招集し、余人を交えず彼らと会合して、彼らに対する発言を口外しないように約束させた。それから彼らに対し、毎日特定の場所で秘密の会議を開いて、キリスト教徒一人一人の被害とその商売生業資産について検討の上、相応しい補償を論議すること、彼らが可能な限り推定して家財道具や婦人の宝飾品の価額を見積ること、それから彼らに街の全住民の名が書かれた戸口台帳を渡して、ある人の商業活動の場所が商館であったのか放火略奪された自宅であったのかを推定し、最後に一人一人の被害価額の表を作成して、政府に提出することを伝えた。彼らは自分たちの知らない一部の名前と、教会・修道院には手をつけないことにした。しかしこの推定作業は無駄であり、満足のいく結果が得られることは困難であった。なぜならこの我々の諸州においては、一〇万キルシュの事業を行っているがその資本は五〇万キルシュの者もいるし、一〇万キルシュの事業を行っているがその資本は一万キルシュの者もいるからである。商業活動に際し、全員が資本を明らかにしなければならない欧州とは異なっている。金を持っている人たちの多くは、誰一人その詳細を知る者がいない。私は、ある兄弟がいるとして、彼らは自分の兄弟の資本がいくらか知らないとさえ言えるのである。

五月、国庫からキリスト教徒に関する通告が出され、キリスト教徒に分配されている銀五〇〔パラ〕の他、各人に銀三五〔パラ〕の補償が分配されることになった。合計二キルシュと銀五〔パラ〕である。(64)キリスト教徒農民の名前はこの分配から落とされた。また、以前分配を受けていたミーダーンの住民の名前も〔落とされた。〕彼らは住居の略奪を免れていた。そして、ダマスクスそのもののキリスト教徒に対する支出は継続された。ダマスクス以外の場所から来た人々については、自分たちの村の家に向かうよう命じられ、彼らにはその農地で耕作して生活するよう、小麦と大麦の種子が与えられた。そしてほとんどの地方には、警固と徴税のために兵隊が配置された。

この年、ダマスクスの諸州では物価が激しく上昇した。乾燥小麦の値が六五〔パラ〕、玉蜀黍《とうもろこし》は五五〔パラ〕、大麦は四五〔パラ〕、小麦の麺麭一ロトル七〔パラ〕、大麦〔の麺麭〕一ロトル四〔パラ〕であった。街には穀物が少なくなり、キリスト教徒以外のほとんどの人々も、この状況に苦労していた。中には、麺麭なしに眠る人もあった。五月末となる現在、今年の収穫は良かったため物価は落ち着き、一桶の小麦は二五〔パラ〕、大麦は一二〔パラ〕に戻った。

この間、フアード・パシャはダマスクスの街とそれに連なる地域に対し、九万キース〔を課税する〕指令を行った。〔フアード・パシャは、〕先にその編成に言及した〔ダマスクスの〕街の各地区に設置された委員会の長と役員を招集し、それから前述したダマスクスのキリスト教徒救恤委員会の委員長と委員を招集した。そして彼らに対し、親愛の情をもって互いに連帯し、キリスト教徒にもはやかつてのような醜悪な話し方をしてはならず、友情、紳士的な振舞い、心からの親愛の情を示さなければならないとの説諭を始めた。〔フアード・パシャは〕彼らに言った。「汝らのこの罪業は非常に大きく、行われた処罰は軽い。ただし、人の血を流す罪を犯した者たちは、自らの行為と同じ〔処罰を〕受けることになった。至高なる帝国は、今や過去の行為とその報いを受けたすべての者に赦しを与える。しからばこれから悪事を働いた者たちには、もっとも重い処罰が行われることなろう。故郷の同胞に人間的・平和的に対応すべしとの命令に従わない、野蛮な性質を持つ偽善の輩を取り締まるために、密偵が放たれている。本事件を担当する特別法廷は、今やその扉を鎖した。そして、もはや過去の訴願に耳を傾けることはない。キリスト教徒の損害は、政府がその権利者に補償を行う。ただし、政府がダマスクスおよび周辺地域に段階的に課税を行うことが条件である。ダマスクスの八地区の委員会監督者には、それぞれ指示を与えている。これに従い、ダマスクスそのものには二万五〇〇〇キース、ダマスクス周辺諸州には六万五〇〇〇キースが課税される。合計九万キースである。その配分については後刻明らかにされる通りである。布告文を受け取って皆に読み聞かせ、写しを街の往来に掲示しなければならない。」

布告の写し

ダマスクスにて発生した痛恨事は、人皆識る通り過去類例を見ず、また古今の歴史に徴し同様の記録が存在しないものである。これは聖法《シャリーア》の公正な規範を否定し、人道上市民生活上の要諦に反する兇悪な事件である。至高なるアッラーはその僕奴に公正と善行を義務づけ、不正と非行を忌避するよう命じられている。それ故〔アッラーは〕権柄を取る者を通じて、絶えず神聖なる御命令の実行を課せられているのである。本旨に基づき、現状に必須なる諸措置の即時断行が、至高なる方針としてすでに宣明されている。犯罪人たちは、十分な証拠をもって吟味の結果立証された、自らの醜行および罪過の報いとして、懲罰矯正を余儀なくされている。現世での処罰から逃亡中の者は、自らの罪業に対する来世の応報を後悔しつつ待つことになる。

転じて不当なる被害を蒙った人々は、今や資産、家屋、所持品を剝奪され、その多くは身の置き処隠れ処もなく、至高なる帝国政府より配給される救恤物資によって生活している。これら被害者の状況改善と彼らへの損害回復の手段を確保することは、至高なる帝国政府の殊に緊要と認めるものであり、ダマスクスの住民はその州の住民と一致して自らの郷里よりその呈するところの欠缺を一掃すべく、この目的につき奮起尽力しなければならない。右に基づきこれら被害者は、彼らの住宅を建設し必要な支弁に供するための十分な額の金銭を支給されなければならない。〔被害者の〕帳簿取調べは着手されているが、全補償額を一度に人民に負担せしめることは、明白に可能なる範疇を超えている。右清算の件を国庫に委ねることは、時間と状況の要請に合致するものではない。よって特別税をダマスクス街域の住民、周辺地域および周辺郡部の住民に賦課することとし、一部地域に対しては救恤物資を徴発する決定がなされた。本案の概要および当該決定の実施要項は、すでに公表されている。

現在、特別税として必要とされている金額は、恐らく莫大の印象を伴うものであるが、発生した罪過に比し、あるいは下手人の判明しない殺人被害者への法的分配額を算定するに、これは全く少額を示すものである。何となれば、ダマスクスにおいては財物が略奪されただけでなく、知られている通り多数の人々の血が流されているからである。ダマスクスのキリスト教徒が蒙った被害の補償および再建は、聖法《シャリーア》と衡平法《カーヌーン》の公正な適用の結果要請されるものである。したがってこの目的を満たすために支出される金銭は、公正の回復への意識的奉仕である。また被害者の状況改善のための義務として払われる努力は、殺人者によって犠牲者が流した血痕の一点一点を洗い清める手段であり、廉恥心なき者が犯した様々な罪障を消滅させる方法である。これら過去の事件についての訴願と審理の扉は今や鎖されており、何らかの効果を実現せんと期待していかなる努力が払われようと、得られるものは少ないであろう。各人に課された〔負担は〕公正と正義の両基準に適っているのであるから、かの者はその負担の実行を困難視すべきではなく、割り当てられた負担を進んで実行し、実行によりこれを消滅させることが、あらゆる人々にとって安心し誇るに足るものである。したがって、例えば駿馬に乗ることを習いとする者はあえて荷役馬に乗り、美食を習いとする者は粗食を摂って、富貴と思われることのないようにすべきである。理性ある人物は隣人の蒙った被害に配慮すべきであり、自らの金銭的損失に眼を向けるべきではない。一定期間にこれら補償金の配分を実行することは、他に選択の余地のない義務であり、そのための作業が実施に移されると知るべきである。そして僅かでも本件に関し躊躇黙殺の態度に出る者は、軽微ならざる処罰訓戒に直面することとなろう。

上記を皆が了知すべく、本布告を外務弁理衙門およびシリア復興特別委員会より発出した。周知の上銘記せられたい。

五月末、仏軍部隊はベイルートを出発し、六隻の軍艦が出現して海上に停泊した。それは〔列国〕会議の合意事項に従う〔行動〕であった。部隊がボーフォール将軍と共に立ち去ろうとする時、被害を受けた寡婦や子供たちが会いに来て、涙ながらに叫んで言った。「悲しみに暮れる私たちを残して、どこへ行くのですか。私たちには頼れるものはありません。」すると将軍は彼らに答えた。「仏国の行動を、今に見るが宜しい。」彼らを安心させようとそう語ったのであるが、〔その行動を彼らは〕未だに実感していない。

軍部隊が仏国に到着すると、被害者たちの安寧が実現する前に軍隊がシリアより撤収したことを理由に、国民は憤激した。パリで開催された立法院の会合で、国務大臣閣下が次のように答弁した。「諸君、我が軍のシリアからの帰還を、失敗であると考えてはならない。仏国は今、国益が存す、あるいは特殊の任務を帯びている時に退くことはない。しかしシリア問題に関しては、軍部隊は仏国一国のためだけにではなく、欧州全体のために派遣されたのである。今、その撤収に際しては仏国が撤収させたのではなく、欧州が我々のあった地点より後退したのである。かつて我々は〔欧州の意見に〕基づき派遣を受諾したのであり、今やその意見に基づき撤収しなければならない。しかし我々が欧州への約束を果たした時、我々は欧州からの束縛より自らを解放し、仏国は固有の自由行動に戻るのである。これに従い、部隊撤収のための艦艇を今派遣したことに加え、六隻の軍艦をさらに派遣してシリアの沿岸に停泊させている。万一キリスト教徒への抑圧が再発したならば、仏国はその時適切な行動を取ることになる。なぜなら、流血を放置することは不可能であり、〔行動が仏国の〕義務であるからだ。」それから〔大臣は議員たちに、〕外務大臣発イスタンブル駐箚〔仏〕国大使宛の訓令を読み上げ、皆にその内容を解説した。すると〔議員たちは、〕「我らが政府の行動を是認する。」と応じた。

訓令のアラビア語訳

ソヴネル外務大臣(65)発ド・ラヴァレット・イスタンブル駐箚仏国大使(66)宛

閣下、偉大なる皇帝陛下は今、シリアにある軍部隊を、去る三月一九日に作成された議定書の規定に従い、同地より撤収させる命令を下された。閣下がその旨オスマン帝国に通報されるよう、本職は勅命を奉じて閣下にこれを解説する義務を負うものであり、閣下にはスルターンの閣僚に対して、我が軍の撤収が彼らに課す諸義務を指摘願いたい。

我々は人道主義を宣揚し流血を防止するため、欧州を代表して我が軍をシリアに派遣することに同意したが、その派遣に他意はなく、欧州が追求する目的の達成のため努力を払ったのである。我々は軍派遣に際し実現を期待していた通りに、改革の件が実現することを望んでいたのであるが、しかしながら我々はかつて述べたように、改革事業と将来の活動計画が実行に移される時まで、同地に軍を駐留させる必要があるとの考えを未だ維持している。もしそのように実行されていれば列国は満足していたであろうし、オスマン帝国自体の利益にも適ったであろう。しかし〔オスマン帝国政府は、〕この事業の完遂と安寧確保を自国一国の義務として行う旨選択し、同国大使は会議において〔オスマン帝国は〕その能力がある旨強調した。我が軍をさらに三か月駐留延長させる際に〔同国大使は〕この確認を強硬に行ったため、列国会議は彼の主張を支持し賛同するの止むなきに至ったのである。

右によりオスマン帝国政府は障碍の除去を受諾し、自らにそれを行う特別の義務を課したのである。今我々には、これを指摘する権利がある。我々が荒廃したシリアを去るに際し、その荒廃により諸州の人民が益を受けたのであれば我々は後悔しないが、しかしながら〔仏〕帝国政府は、シリアで再度蛮行が繰り返されることを甘受するものではない。なぜならそれは欧州全体の熱情を刺激し、オスマン帝国の能力欠如を明白に証明し、疑いなく行動によって〔オスマン帝国の〕立場が判断されることになるからである。そうなれば〔オスマン帝国政府が〕その考えを改めない限り、我々は議定書の規定に従って軍を派遣し、その議定書に従ってシリアを離れることを余儀なくされたのであるから、その規定に基づいて〔軍を〕戻す決意である。我々が〔軍を〕派遣したのは、欧州を代表していたからである。それ故我々は代表としての義務を免れようとはせず、列国に対し軍が期間を延長して留まることを改めて提案する考えであったが、しかし先般の会議の議論においてオスマン帝国が強硬にも独占的に行動する要求に固執したため、我々は論争を避けて尊厳を保持せざるを得なかった。よって自らの利益にもっとも通じているオスマン帝国は、〔一国によるシリア問題の処理を〕要求するか、さもなくば右を改めなければならない。我々の側はパリ議定書で指定された日にシリアを離れるが、しかし我々にはその抱く懸念を声を大にして表明しないうちは、離れる訳にいかないのである。我々がオスマン帝国に対し、安寧の回復と過去の蛮行の再発防止が可能であると明確に宣言するよう慫慂して後、我々は自らの義務を余すことなく果たしたことになるのである。なぜなら我々は第一に、欧州列国に対し、企図達成までは軍の再派遣は他に選択のない義務であるとの見解を明らかにしたからであり、第二に、我々はオスマン帝国がすべての公正な法治国が行うべき義務に従ってその臣民を取り扱うよう、あらゆる手段を講じたからである。

したがって我々は欧州と連携して共同行動をとる約束を行っている以上、他の行動を取る余地はないとしても、閣下に了解願いたいのは、我々が連帯する諸国に対し約束を果たすことによって、我々はそれら諸国から受けていた制約から解放されるということである。そして我々には、判断を固め行動を起こすための固有の絶対的自由が戻ってくる。その時、我々はシリアにおける事件がいかに推移するか、制約なしに誰をも顧慮することなく独自に先頭を切って検討することになろう。我々は今オスマン帝国政府に対し、我々の古来の権利に従い、シリアのキリスト教徒を彼らに対して発生するすべての抑圧から保護する〔意図を〕変えることはできないと、腹蔵なく伝えなければならない。したがって閣下は、このすべてを忌憚なくアーリー・パシャ(67)に話し、彼にこの訓令を読み聞かせてその写しを手交する必要がある。

9万キースの金額をダマスクスの街と周辺地域*) に賦課する明細

合　計			
キース			
	ダマスクス街域		
		キース	
		16,500	財産税相当
25,000		8,500	住民頭割賦課
	ダマスクス四周の村落		
		キース	
		25,000	十分の一税 3 年分振替
35,000		10,000	住民頭割賦課
60,000			
上記配分の続き			
合　計			
キース			
60,000	上記合計		
	バアルベク郷区		
		キース	
		1,328	十分の一税 1 年分振替
4,328		3,000	住民頭割賦課
	ベカア郷区		
		キース	
		2,147	十分の一税 1 年分振替
4,147		2,000	住民頭割賦課
	ホーラーン県及びジードゥール県		
		キース	
		2,147	十分の一税 1 年分振替
4,897		2,750	住民頭割賦課
	ホーラーン県のドルーズ山地		
		キース	
		229	十分の一税 1 年分振替
8,229		8,000	住民頭割賦課

	ハスバイヤー郡		
		キース	
		441	十分の一税 1 年分振替
2,441		2,000	住民頭割賦課
	ラシャイヤー郡		
		キース	
		126	十分の一税 1 年分振替
1,761		1,635	住民頭割賦課
	ハマ郡		
		キース	救恤物資徴発
2,117			十分の一税半年分
87,920			

上記配分の続き

合　計		
キース		
87,920	上記合計	
433	ホムス郡	救恤物資徴発 十分の一税半年分
275	ヒスン・アルアクラード	救恤物資徴発　十分の一税半年分
216	マアッラ・アンヌウマーン郡	救恤物資徴発　十分の一税半年分
669	アジュルーン郡	救恤物資徴発
475	クネイトラ郡	救恤物資徴発
48	イキ・キョプル村	救恤物資徴発
90,000		

＊）オスマン帝国の行政区画については，「州」＝ iyālah，「県」＝ sanjaq，「郡」＝ qaḍā'，「郷区」＝ muqāṭa'ah，「地方（村）」＝ nāḥiyah を当てているが，文脈により異なる訳語を用いることがある。

本件に関する指示文書の写し

ダマスクスおよび周辺地域を対象に一回限り賦課される当該金額は、先般の諸事件の補償総額集計に基づいたものである。ただし、キリスト教徒臣民と当該諸事件に際し功績の見られたことが明らかな者は、これより除かれる。集計金額は、九万キースに上る。そのうち八万五七六〔八万五七六七〕キースは、周知の諸事件が発生した場所に課せられなければならない。すなわち第一にダマスクス街域、第二に四周の村落、第三にバアルベク郷区、ベカア郷区、ホーラーン県、ジードゥール県、ホーラーン県のドルーズ山地、ハスバイヤー郡およびラシャイヤー郡である。彼らからこれを徴収する方法は、一部を特別税として現金にて、残額四二三三キースを当該州の他の地より、救恤物資の徴発として徴収しなければならない。

先に我々は、フアード・パシャがダマスクスのイスラーム教徒住民の中から、大商人や絹織物業の親方その他を選任した委員会は、ダマスクスのキリスト教徒の各人が蒙った損害を、可能な限り見積るためのものであると述べた。彼らは名簿を作成し、それをフアード・パシャに提出した。このようにして彼らの作業と名簿の提出が終わった後で、政府の側より各家族にその損害額と焼失物件、そしてダマスクスのキリスト教徒に対する補償を明記して印刷した書面を作成した。これにより、見積額に〔キリスト教徒が〕満足するか、意見を求めることとした。これはある書面の写しである。

家族の損害・焼失の内容を記した、通告書と名付けられる書面発行についての布告の写し(68)

ダマスクスのキリスト教徒被害者が略奪と放火で蒙った損害を、公平と正確の両規準を満たして見積り、その補償を可能な形式で実施すること、および上記臣民の安寧を確保し帝国の慈悲深い庇護の下、豊かな楽土の恩恵を享受するようその幸福な境遇を実現することは、格別の聖慮にかかる課題である。よって至高なる帝国政府は災難によりその臣民にもたらされた苦痛を共にし、彼らに対する救恤物資を国庫より支給するのやむなしに至ったのである。〔帝国政府の〕究極的課題は正確性に立脚しつつ、その何人に対しても不公正の生じぬよう〔臣民の〕状態の復興を行うことであるが、同時に彼らの諸要求は政府に損害を与えることを望むものであってはならない。

被害見積を上記方針の下で行うに当り、嘗て吾人は被害者各人が帳簿を調製し、略奪や放火によるその被害の明細を記して、右を通常の司法手続に則ってその請求を一度に吟味の上、立証された損害額を計上して結果を得る途を発案したのであるが、しかしこの取調べと確認には多大な時間が必要であり、被害者の災厄が延引されかねないものである。したがって、この調査をより迅速な方法で行うことが決定された。特別委員会は検討の後、他意を介することなくキリスト教徒との特別な関係により、その状況に定見を有するダマスクスの重立った人々を招致し、〔被害者〕各人の状態に関して概略知るところの事実につき諮問を行った。そして比較類推をもって事件前の状態による各家族の家財の程度と、略奪品その他失われた物品が概算の上報告された。

この方針に沿って各物件の建築ないしは内装の価額を詳細に記録した後、それらの横に課税価額と過去の税額を明示している。両者を付記した意図は、所有者が過去少ない税金を支払うために不動産台帳に減額された価額を申告した、元来の課税価額との間に存在する差額に配慮した酌量の形跡を明らかにするためである。よって至高なる酌量の適用を選好し、この算定額は不問としている。また仮にある物件を売却か相続に付す事情の発生する場合は、その価格が〔所有者が取得の際に〕支払いないし支出した水準に基づくことは不可能であり、適正な価格は売却の際に実現する価格であるとみなされることから、すべての物件については、焼失前の相場価格に等しい価額が表示されなければならない。上下水道、〔建物の〕基礎、廃材その他の価額はすべての物件の適正表示価額に含まれており、再建のため支給されることが必要な元の支出額から差し引かなければならない。焼失物件の見積には原則として二種類の表が採用される。第一は、再建を要する物件の滅失前の相場価格を可能な限り推定して積算した建築費用の表であり、第二は、全く焼失していない状態におけるその家屋の内装を行うに適当な、内装費用の支給額〔の表〕である。

その後特別委員会はこの帳簿を、〔権利者による〕確認のため閲覧に付すこととした。この表に関しては未だ非公式なものであり、そこに表示された補償項目に不足があれば、これを補うことが望まれる。加えて公正な者には明らかな如く、これらの見積は正当な推定方法に従って公平に報告されたものであり、ある者には若干の増額が、他の者には部分的な不足額が表示されている可能性はあるが、双方の場合においてその差額は微々たるものでなければならない。〔スルターン陛下の〕御心に適うためには物事を強制的に執り行うことを避けなければならず、これら見積の承諾とその清算は、すべての者の自発的な同意とその選択に委ねることとした。すべての者の損害額を知るための調査活動は、依然継続している。立証に向けての広範かつ長期にわたる取調べに直面することを回避し、この見積方法と計算に同意してこれを承諾する者は、政府がその要望を迅速に執行する。この見積方法に満足せず、請求額がこれを超えている者は、その立証が可能である。この場合その者の請求は、調査委員会に移管される。そして公平と正確の両規準に則った必要な吟味を経て、その請求につき立証された結果が清算手続に付されることとなろう。

キリスト教徒各人が自分の損害額を表記したこの書面を見ると、ある者は〔本来の〕価額の四分の一に達せず、別の者は三分の一、他の者は半分であり、損失を蒙らなかった者は一〇〇のうち一〇〔の割合〕に過ぎなかった。約一二家族は本来の額より多く査定されていた。そのためキリスト教徒は、激しい悲しみに陥った。なぜなら、彼らは貧困状態に留まることが明らかであったからである。我々は先に、査定に携わった人々が自分たちの知らない物の見積を行うことは甚だ困難であると述べた。そのため損失物の中でも、特に立派な建築で費用がかかった家屋であったにもかかわらず、〔査定者は〕それらを質の近いものに見積ることもできず、我々の見るところ恐らく一〇万キルシュでも建てられない家を、彼らは四万キルシュと推定したのだった。結局約三、四〇の家族が自分たちの請求額に近いと考え、書面に同意した。加えて国庫の業務に携わっていた人々は当初より特別の配慮を受け、必要な額を査定されたので承諾した。

そこでキリスト教徒は、自分たちの問題に関する不服を宗教指導者たちに表明した。それを受けて政府は、宗教指導者たちの許でキリスト教徒への説得を行うことが良いと考えた。〔宗教指導者たちはキリスト教徒に〕その事情を説明したが、彼らはある人が略奪品と焼失財産の代価を一緒にしても自分の家を建てるのに十分ではなく、どのように再建を行って生活したら良いか〔分らず、〕ある人は一、二年の生活費にもほとんど十分ではなく、どのように仕事をしたら良いか〔分らない〕ことを見出した。そのため〔宗教指導者たちは〕ファード・パシャに、キリスト教徒はこれら書面を承諾できないとの嘆願を行った。すると〔ファード・パシャは〕調査委員会を設置して、被害者が出席の上その損害の証拠を提出すべしとの回答を彼らに与えた。

フアード・パシャの回答の写し

ダマスクスのキリスト教徒被害者臣民が、総主教並びに各宗教指導者の許を経て特別委員会に宛てて送付した文書は、彼らの損害清算に関し、かつて同委員会が公表した決定に基づきいくつかの見解を示す内容であるところ、同文書は仔細に眼を通されている。

シリアの諸事件がキリスト教徒に対し否応なく与えた諸害悪は、人皆識る通り至高なる帝国政府に対しても、大きな影響を与えている。これに基づき過去および将来にわたり発出される至高なる諸命令の趣旨は、これら害悪を除去し、完全なる復興を行い、何人をも被害の苦痛に放置しないことにある。そして同委員会は、これを活動の基本方針としてより簡便なる手段を追求し、今般上記決定を補償の基礎として、有識者多数の検討を経た見積による案を作成した。

各財産に対する適正価額の調査が行われたため、これは真実に近接したものと言わなければならない。略奪品については家具に限定されるものではなく、焼失物件内部で商業用資産が滅失したことにつき報告された人々も、〔対象となる。〕請求者の同意なしに見積における最終判断を下すことは不可能であるから、吾人は見積対象の者に、その積算への承諾と請求への自発的同意を求めることを必要としたのである。不同意の者の損害については、公平と正確の両規準に基づいて取調べが行われることになる。

前述の通り本見積は依然最終的判断を経たものではなく、不同意の者に対する取調べの扉は開かれているのであるから、不正や枉法が発生したと言うことはできない。焼失財産ないしは略奪品のいずれかを問わずその見積に満足しなかった者は、委員会から送付された書面に取調べを要求する旨記入し、これを政府に送付されたい。

委員会が〔被害者のために〕焼失物件の建築を行う件に関しては、建築を行う要望を容れることはできない。焼失物件の見積額を賄うことができないとの意見からだけではなく、実施に当っての各種問題が理由である。もし政府がこれら焼失物件を建築しなければならないのであれば、本件は各種工事担当者の任命を必要とする上、これらの建築の施行に当っては、委員会と物件所有者との係争が不可避となるからである。

これら普請一切に必要な人夫や道具を調達することが困難ではないかとの点に関しては、政府は人々が不当な取扱いを受けない段取りを用いて、断然遅滞なく必要な便宜を図るものとする。そしてそのための特別委員会が、覚書の決定事項に従い設置される。政府は施行に同意する者があるごとに措置を執るが、何人に対してもその物件を直ちに全部建築するよう強制するものではなく、建築は徐々に行われるべきであるから、本見解に関して余すところはないであろう。

上記に従い、政府は略奪品と焼失物件の補償を、同時に現金で支給しなければならない。次に見積を承諾せず取調べを要求する者に対しては、各委員から構成される委員会が設置されなければならない。政府は、キリスト教各宗派が自派の人の中から、有徳かつ公正であるとして指名する者を〔委員として〕選任する必要がある。説明された方法で任命される委員に関しては、各宗派はすべての人に全幅の信頼が得られるように選ばなければならない。

この課題が一度に〔処理されなければならないことに〕鑑み、たとえ至高なる帝国政府の財政支援があるにせよ、臣民の福利と幸福を全員に対して増進することを望んで、すべての人に金銭支給を遅滞躊躇なく実施しなければならない。本決定で明らかな通り、これを実施するために作成された計画は現時点で可能なものであり、特定〔金額の〕繰延期限とは、本件補償を完了するための最終期限のことである。上記に関する本布告は、特別委員会より発出された。貴賤の別なくその趣旨を周知せしめられたい。終り。

キリスト教徒は自分たちに対する見積を強制されることはなく、被害者の請求について調査を行う委員会が設置されるとのファアード・パシャからのこの書簡を読んで、ある程度安堵した。中には、「私は割り当てられる〔補償を〕受け取ったら、オスマン帝国から立ち去ろう。」と言う者もいた。また中には街に係累や国庫の仕事があったりする者がいて、彼らは留まろうとするのだった。疑問や懸念がないではないが、彼らは他の人々が残ることに考えが落ち着くよう、無駄であるとしても説得する努力を行うのであった。何人かの人は街の様子や落着きを見るため、ベイルートから家族を伴わずに現れた。その一部は明らかに落ち着いてきたと見ると、家族を呼び寄せた。

その間、六月の末頃であったか、彼らは昼間城塞からの二一発の号砲の音を聞いた。そしてスルターン・アブド・アルマジードが崩御し、その地位をスルターン・アブド・アルアズィーズが継いだことを知った(69)。キリスト教徒はこの号砲が何のことか理解しようとして、往来に出た。そして主要都市の慣例に従って呼ばわる者から、これを知ったのである。その時、街全体で直ちに混乱が発生した。第五話で述べたように、小銃の硝煙のように〔群衆が〕集まり、街で大きな騒音が聞こえた。悪党たちは武器を取り、村の住民たちがやって来て街の城門を通ろうと混雑が生じた。〔群衆は、〕全員で叫んでいた。「捕らわれている者を返せ。捕らわれている者を返せ。」往来や居住区など、街の至る所から女たちの顫叫《ザグルード》が聞こえた(70)。彼らの長老は他の者に言った。「目出度いことだ。

我々に対する害悪が消え失せて、大金を払う圧政から救われた。」そして無思慮な者は言った。「キリスト教徒〔征伐〕の続きをやるぞ。」哀れな人々といえば、心が過去の恐怖に突然引き戻され、ある者はあの忘れもしない侮蔑を聞き、ある者は宗教、十字架、不信心を罵られるなど激しく舌を焼く味を味わって住んでいる場所を駆け抜け、無駄であり何の役にも立たないと知りながらも、自分たちの家の門を鎖したのであった。女たちの多くは、殺人や男たちの様々な死体を目撃したことによる過去の恐怖の心傷で医者にかかっていたが、ダマスクスのキリスト教徒の存在にとどめを刺すとしか思われないこの出来事で、さらに悪くなった。群衆の方は、「捕らわれている者を返せ。」と言っているだけでなく、総督府の襲撃を口走っていた。この騒動は約二時間続いた。直ちに閉まっていた兵舎の中から軍隊が出動して、これらの無思慮な人々や農民たちに攻撃を加えた。何人かは逃亡したが、多くは捕らえられて牢に入れられた。あちこちの牢獄が混雑する程であった。軍隊は街のすべての往来に散開して、ある場所から他の場所へ、その日一杯と翌朝までの夜間絶えず巡回していた。そして悪党たちを見つけると牢獄へ送っていた。この騒乱は沈静化し、悪党たちは元の場所へ、農民たちは村へ戻った。ある者は街へ来て、出来事を注視していた。ある者は武装し、容易な途を実現しようと、街から次の声が上がるのを待っていた。その時は彼らのところにいるキリスト教徒を、抵抗する軍隊がいたとしても、一緒に片付けてしまおうとしていたのであった。なぜならこの騒乱は、政府が予想していなかったからである。もう一時間軍隊の展開に手間取っていたら、今の政府にはその収拾が難しくなっていただろう。騒乱の影響が広がると、多くの集会が開かれ、あちこちで小競り合いが発生し、金持ちの家や倉庫などに対する仲間同士の略奪も起きた。キリスト教徒は、前述のように翌日状況が悪化したため、殺害を免れる者は誰もいないだろうと思っていた。するとキリスト教各宗派の指導者一人一人に、現在の総督から書簡が届いた。〔総督は各指導者に、〕状況に関する見通しと、キリスト教徒が安心し、思いがけず突然発生したこの騒ぎに動揺すべきでないことを伝えた。

ある書簡の写し

親愛なるダマスクスの〔ルーム・〕カトリック教会府主教猊下

天恵、天佑、天捷を統べ給う帝座への御即位次第を宣明するため、昨日昼大集会《マジュリス》が開催されたことは隠れなき事実であるが、その後吾人は自制自覚を欠く蒙昧の徒が、市中にてキリスト教各宗派に対し威嚇妄言をなしたとの報に接した。発生したこれら流言は、至高なる〔アッラーの〕御助力により、懸念心配を抱くに及ばない無根のものである。小なる悪事は、拡大伝播する前にこれを鎮定する必要があった。かくなることが猊下の耳に届いた正にその時、吾人は各地区の代表および各委員会委員に対し断固たる布告を発し、彼らを通じて街の往来の隅々までこれを徹底せしめた。吾人は〔流言〕防遏のため類似の措置を取ったところ、至高なる〔アッラーの〕御助力により直ちに流言は雲散し、虚言を発する者は消滅した。吾人は爾後かような流言を口にする者に対して、罰則の布告を説諭している。スルターン陛下の御加護により、臣民各層の安定は安寧保安の面において継続的に増大し、特に不足の見られる場合は、これを補完する諸手段が倦まず弛まず提供されるであろう。この状況において、猊下の霊的な子供たちであるキリスト教徒一同が、このような虚偽の噂に注目することなく、十分な努力を払って彼らの脳裏からこうした妄想を除去すべく、〔スルターン陛下の〕御加護の下、あらゆる側面において揺るぎなき安全と全き安堵を感じるよう、現状を伝達することが必要である。本〔書簡〕発出に、特別の労を取るものである。

サイイド・ムハンマド・アミーン(71)

私はダマスクスおよび周辺で発生した諸事件により、これら諸州のキリスト教徒が彼らに敵対的な民から蒙ったことを、自分に可能な限り記してきた。〔キリスト教徒は、〕昔日より〔敵対的な民からの〕侮蔑という苦痛を経験してきている。ある者が〔キリスト教徒に〕話しかける時、トルコ人は彼に「おいガーヴィル」、つまり不信仰者と呼びかけ、アラブ人は「こら先生」と呼びかけていた。そして〔トルコ人やアラブ人の〕仲間には、「もし旦那様」と呼ぶのだった。今に至るまで〔キリスト教徒の〕証言は聖法《シャリーア》においてイスラーム教徒に対しても、イスラーム教徒に色分けされているドルーズ派に対しても聞き入れられていないのである。オスマン帝国がこれら諸州のキリスト教徒に適用を約束した自由は、どこにあるのだろうか。私は言う。今〔キリスト教徒が〕蒙った打撃の原因は、キリスト教徒が自由を獲得するだろうという、イスラーム教徒民衆の間で〔語られた〕いくつかの風説である。確かにその通りである。〔キリスト教徒は、〕エジプト国の支配の時、シハーブ家のアミールたちの政府がレバノンにあって、少しばかりの〔自由を〕得たのだった。これは九年間続いて、夢のように過ぎ去った。その時に少しの自由を〔キリスト教徒が〕得たことが理由となり、今この災厄という報いを受けているのである。これら諸州をイスラーム教徒が支配して以来、かつてはこの自由もなかった。そのため〔キリスト教徒はイスラーム教徒の間で、〕エジプトにおけるイスラエルの民のように暮らしてきたのだった。〔キリスト教徒は、〕自分たちが弱小であるため憐れみを乞い、今と違って〔キリスト教の〕大国の庇護を求めていた。彼らが「私は仏国の庇護を受けています。」とか、別の人は露国であるとかいうのが聞かれていた。これは、〔イスラーム教徒の〕心に隠された嫌悪の一部となった。

それから、以前は〔キリスト教徒の〕成人男性各人に課せられたジズヤ税を政府に支払っていたが、ごく最近政府よりキリスト教徒からのジズヤ税の徴収を撤廃する命令が出された。これ自体もまた、彼らに破滅をもたらすものであった。そして前述のアフマド・パシャが総督の時代、彼は〔キリスト教徒に〕ジズヤ税の代替としてニザーミーヤ税[72]、つまり青年を軍隊に取ることの免除金を要求した。列国会議で議論されたように、差別したり宗教に着目したりせずすべての人民を平等に扱う結果、イスラーム教徒の兵隊の間にキリスト教徒の兵隊がいることになる。オスマン帝国はムハンマドの聖法《シャリーア》によりこれを許容できないので、拒否すると共に軍務の代替として金銭を徴収する方法を発明したのである。するとキリスト教徒は、ジズヤ税の金額の方がましであり、この要求には耐えられないことが解った。そして彼らは〔アフマド・パシャに〕陳情して支払いを断った。我々が述べたように、〔ニザーミーヤ税は〕軍務の代替という発案であったところから、強制的にではなく自発的に支払われるもので、前述のパシャは政府の側に役立つよう強制的に徴収することができなかった。そこでアフマド・パシャは、前述の街の名望家たちの証言を付した〔中央〕政府への顚末書を提出し、ダマスクスのキリスト教徒が反抗してニザーミーヤ税を支払っていないことを指摘した。この顚末書と共に名望家たちの代表を派遣し、〔イスタンブルで〕キリスト教徒に関し悪意ある意見を受け容れることで有名な人々に対し、口頭で讒言を行った。この男がダマスクスに戻ると、聞いてきたその連中の奸計を口頭で報告した。彼の到着から約三〇日して街に騒乱が発生し、キリスト教徒はこの災厄を蒙ったのである。もし読者が注目するなら、この種の計略がどのように立てられたかをはっきりと見出すであろう。なぜなら、本文献の始め四一頁〔本書五〇一頁〕において我々が述べたように、犠牲祭の日にイスラーム教徒は、兵隊があちこちの礼拝堂《モスク》の門口で待っているのを見つけたのである。〔兵隊は、〕キリスト教徒がその居住区で武装して準備し、イスラーム教徒が礼拝堂《モスク》に入って礼拝を行う時に現れて、彼らを殺害しようとしていると語ったのだった。憤激が高まっている時に、これらの言い草は何だったのだろう。この災厄について、彼らの口実を完成させるためではなかったのだろうか。

アフマド・パシャについては、私は彼がある意味で自分の手で自分を殺したと言うことができる。なぜなら、彼がダマスクス《ママ》総督を約三年務めていた時のこと、彼はダマスクス州全体に平和と安寧をもたらしていたのである。彼は街で不正や蛮行を働いた多くの悪党を捕え、諸州は繁栄し、街道は安全になり、皆が喜ぶような活動が続けられた。そして結局、密かな陰謀によって彼を欺こうとした人々の計略に陥ったのである。

〔アフマド・パシャに対する〕批判を放置していたのは、他でもないオスマン帝国の総帥である。彼に臣従していた人々は、〔アフマド・パシャへの〕怒りを腹蔵しながら従っていた。彼が帝国臣民の堕落を招いたのである。臣民たるシリアのキリスト教徒の被害が上奏された時である。〔陛下には〕御落涙の由、漏れ聞こえたりと。されど大王様、今や徒なる御落涙かな。災難はすでに発生し、貴方の民はもっとも悲惨な境遇に陥ったからである。私はキリスト教徒についてのみ言っているのではなく、貴方の民のほとんどは、怠慢が原因でシリアに拡大したこの事件によって安寧を失っている。貴方の側近である振りをしている人々の、望むところではないだろうか。今はすべての臣民が、特に何人かの大臣や権臣が陛下に、安全確保の措置を検討するよう懇請している。〔大臣たちの〕多くは、臣民の財産を賄賂その他として喰らうために口を開けてやって来ている。彼らは名誉の価値について、言葉を濁そうともしない。なぜならその一人が現れると、〔職に〕留まるのは一年かせいぜい二年であり、自分は雇われ者であると知っているからである。羊の飼い主が愛情をもって〔羊を〕養い、狼が来てその一頭を襲うのではないかと恐れて眠らないのとは違い、〔大臣が〕気にかけているのは貴方の羊の安寧ではなく、自分の儲けと幸せなのである。それならば王よ、貴方が自分の民の安寧に良いと思うことをなされるが宜しい。神は審判の日に、貴方が民をどう扱ったか尋ねられるであろう。なぜなら人民は〔神の〕従僕であり、〔神の〕御許に帰るからである。

我々は、キリスト教徒の自由の問題に同情する人々の取りなしで、至高なる神に彼らのこの災厄と悲哀の後に少しの自由を得させ給うよう、特に彼らの宗教については、人が野獣に似る我々の時代に、野蛮で文明に馴染み難い諸州にまだ居住することを望む人が暮らしていけるよう願っている。〔野蛮な人々は、〕エジプト国〔支配の時代〕のように軍隊に鎖で繋がれていれば、被保護民とも平和に暮らしていけるのである。そして鎖がなくなったと見るとその一人が獣のように現れて、私が彼らは戦いの掟を体現している、あるいは戦士であると言っても納得せず、それどころか逆に自分たちの間にいる被保護民や仲間内の正義漢のような弱者に襲いかかるのである。

もし〔ダマスクスの野蛮な人々は、〕約三〇年前サリーム〔セリム〕・パシャ(73)という名のダマスクス総督を殺したであろうと言われれば、私は答える。この言葉は、彼らが礼節や自尊心を欠くことを裏付けている。何となれば、このパシャが政府の命令で現れてダマスクスを統治し、その手にダマスクスに施行すべき諸命令を持っているのは明白だからである。彼の下には約二〇〇〇人の不正規兵、今は羅卒と呼ばれる兵隊があった。彼は着任すると総督の慣行に従って官衙に現れ、彼の総督任命を宣言するスルターンの勅書《フェルマーン》を読み上げた。その後で彼はサルヤーン税(74)を導入するスルターンの勅令《イラーデ》を取り出した。〔ダマスクスの〕顔役たちは表面的な慣習に従って、服従すると応じた。するとこの新税が課せられる倉庫や店舗の数や名前を記録するために、役人や書記が派遣されてきた。彼らがスーク・サールージャ地区に続く場所まで来ると、無思慮な何人かが立ち上がってその役人と書記を殴りつけ、残りの街の無思慮な人々がそれに習って総督府を襲撃した。パシャは直ちに総督府近くの城塞に向かって中に入り、門を鎖した。そして約二か月包囲され、誰からも救援が届かず、彼のところの弾薬は尽きてしまった。彼と共に立て籠もった約五〇〇〇人の軍隊は、自分たちが城塞に連れて来た馬の肉を食べることを強いられた。ついに彼は城塞から出て合意すべきことを考えようと、名望家たちに和睦を申し入れた。すると彼らはやって来て、和睦を受け容れた。〔サリーム・パシャは城塞から〕出て来て、約一万人の人々や従者と共に近くに移された。[75] 次の日無思慮な人々が彼のところに来て、夜間彼を従者と一緒に殺害してしまった。[76] これが、国政を担い彼らの帝王に仕える人物に安全を保証した後、彼らが〔示した〕礼節と自尊心というものである。それから彼らは〔サリーム・パシャの〕首を斬り、キリスト教徒から無理矢理心付けを取ろうと〔首を掲げてキリスト教徒地区を〕練り歩いた。そして〔首を〕フランシスコ会修道院の門に懸けた。彼らの一部は、後から胴体を持ってきた。これが彼らの勇気なのである。

　同様に一八二〇年のこと、ダルウィーシュ・パシャという名のダマスクス総督があった。彼は政府に反抗し、自分に出された命令に従ってダマスクスから出ようとしなかった。するとアッカ総督のスライマーン・パシャに、〔ダルウィーシュ・パシャのところに〕行って彼を強制的にダマスクスから出すよう命令が下った。[77] すると〔スライマーン・パシャはダルウィーシュ・パシャに、〕レバノン山の領主バシール・アッシハービーに山岳民の部隊をつけて送った。彼らがダマスクス西方約一時間のメッゼ村に到着すると、ダルウィーシュ・パシャと共にダマスクスの人々から成る騎兵隊が出撃し、〔ダルウィーシュ・パシャの〕背中を彼らが支えるようにして、あれら〔バシール・アッシハービーの〕軍勢に立ち向かった。双方の間で短い戦闘が発生し、前述のアミール〔・バシール〕と山岳民の部隊は、抵抗もなく相手に攻撃を加えた。直ちに〔ダマスクスの騎兵隊は、〕彼らの総督であるダルウィーシュ・パシャと共に助けを求めて潰走した。その一部は攻撃を受けた後ダマスクスに着かないうちに多くが川に落ち、狼の吠え声に戸惑う羊たちのように仲間を踏みつけ合った。[78] その頃、多くの人が命を落としたその時の災難を内容として歌われた詩が作られた。

ナポレオン一世の時代の一七九《〔ママ〕》七年に〔ダマスクスの人々が〕示した勇敢さについては、〔ナポレオンの〕伝記の中でも世に知られている通りである。〔ナポレオン〕軍はアッカに達し、そこからナースィラ〔ナザレ〕近くのマルジュ・イブン・アーミルに出現した。[79] 彼らは一個大隊、つまり約八〇〇人の仏軍兵士から成っていて、彼らがマルジュに現れた途端、各方面から人々の群が彼らに向かった。そのほとんどはダマスクスの人々であった。ダマスクスの人々は約四万人の戦士を集め、マルジュの平原にいたこの大隊を包囲した。これら仏国人たちは半分が戦い、残りの半分が休息するようにしていた。彼らは城塞のように堅固で、友軍であるアッカ派遣軍約三〇〇〇人が到着するまで抵抗し続けた。〔援軍が〕近付いた時、砲声が聞こえてきた。これらの大群衆は言った。「今、俺たちの援軍が来たぞ。彼らが俺たちのところへ到着したら一緒になって、俺たちに抵抗している連中を降参させられるだろう。」〔近付いてきたのは〕仏軍で、歴史に記されているようにナポレオンが強力にした大砲の音であり、約四万人を前に二日間抵抗を続けている八〇〇人の友軍を救援に現れたと判明した。すると直ちにあの大軍は、自分たちの弾薬、天幕、武器を捨てて逃走した。そして敗走する者で激しい混雑が生じ、何人かは地に倒れてしまった。

この三つの〔話〕は、ある部分は我々が目撃し、ある部分は歴史として我々が知っているか、目撃者からの伝聞としての性格を備えている。しかし我々は、相手が個人でかつ仲間同士の場合を除き、〔ダマスクスの野蛮な人々が〕いかなる場合にも戦の上での勇敢さを示したと聞いたことはない。

私は言葉を続けよう。大立者であるイブラーヒーム・パシャはエジプトから一八三二年に現れてこれら諸州すべてを治め、良く知られている通り〔この地を〕実に安全にした。この州のようにこの世のあらゆる種類の民を集めている地には、約五〇〇〇人の軍隊がいた。あの虐殺事件当時、前述のアフマド・パシャの下には五〇〇人の軍隊しかダマスクスにいなかったのである。正にこのことが、〔ダマスクスの野蛮な人々はイブラーヒーム・パシャに対して〕侠気、つまり他の地で勇気と言われるものを示さない方が良いと教えたのである。我々は至高なる神に、シリアの状況を改善し給い、これから続く長い年月にわたり全住民に影響を与えるこの災難を、進歩した諸王国がこれら諸州に相応しく復旧復興を検討するための契機とされ給うよう、祈っている。

七月の初め、イスタンブルからベイルートにダウード・パシャ・ダウードオウルが到着した。(80) 彼は政府に〔任命された〕三年間にわたるレバノン山の知事《ムタサッリフ》であり、ダマスクス総督やその政府からの容喙を受けないのである。列国会議の議論に従い、〔任期の〕終りに彼の退任か新たな期間留任かが検討され、合意される。その間、五か国の代表団が戻ってきてベイルートに滞在した。

七月九日は、ダマスクスで理不尽にも殺害された殉教者たちの魂を追悼する日である。彼らのために三か所で葬儀が営まれた。一つ目はルーム・カトリック教会、二つ目はシリア・カトリック教会、三つ目は聖フランシスコ会修道院である。これら殉教者の追悼において、被害を蒙った人々から激しい苦痛に満ちた泣き声が上った。皆にとって、その災厄や前述のような神から与えられた宿命が重大であったため、溢れるような涕泣に満ち悲哀に暗く覆われた日であった。

八月、民衆の間に〔次のような〕風説が流れた。あるマグリブの男が予言するには、太陰暦当月第七日の水曜日、ダマスクスとその周囲に続く地の人民が蜂起し、駐屯する軍隊と人民の間で大いなる戦いとなって多くの血が流され、ダマスクスの往来を水のように下っていくであろう。そしてすべてのキリスト教徒は、殺害を免れる者がいないだろう。〔人々は〕この風説には確かな根拠、つまりこの男の話は正しかったという先例などがあると思っていた。世の習いでこのような事柄を無闇に信ずるもので、この風説は広まって、私は〔風説についての〕話題をほとんどの場所で見聞きするほどであった。これは真実であると信じ込まれていた。理性ある人々が妄想に取り憑かれ、このために心をおののかせていることに私は驚いていた。この風説が流れ始めた時点で、示された日が到来するまで二〇日間残っていた。一日一日が過ぎるごとにこの風説は誇張されていき、出鱈目に尾鰭がつけられ、そのために信用する者が増えていった。キリスト教徒の間では、〔話の〕内容と予告された日までの長さから大いなる動揺が発生した。〔キリスト教徒の〕悲しみは、スルターン即位の時に起きた騒動を凌いでいた。我々が伝えたように、〔スルターン即位の時〕この動揺を察知した政府が宗教指導者たちに書簡を送ってキリスト教徒を安心させ、彼らの頭から当時信じられていた妄想が払拭された。無理もないことであるが、彼らが過去覚えた恐怖の影響から、死の〔予感が〕消えないのであった。

キリスト教徒は、イスラーム教徒が過去のことを後悔していると期待した後で、前述の二つの騒動を眼にしたため、ダマスクスにこれ以上留まる望みを失ってしまった。ある人々は、損害の補償を何か受け取ることを、もはや待とうともしなかった。我々は多くの人が、必要な物事を途中で放置してベイルートに旅立つのを見た。これは、政府が〔イスラーム教徒に対して〕行った処罰が一年しか効果を持たず、機会が来たと思うと再び〔キリスト教徒に〕報復の構えを示したからであった。これよりさらに耐え難かったのは、ドルーズ派が特別法廷の扉は鎖され過去の訴えは聞き入れられないと知り、ダマスクスに現れて街を練り歩き、気勢を上げたことであった。一部のキリスト教徒、そのほとんどは女たちであったが、兄や息子や夫を殺した〔ドルーズ派が〕その中にいるのを知っていた。今に至るまで、ダマスクスのイスラーム教徒に対して行われたような処罰は、〔ドルーズ派に対して〕何も行われていない。これら偽善者たちが〔キリスト教徒に〕示したこのような悲しみをもたらす態度に、キリスト教徒はいかに耐えていくことが可能なのだろうか。〔ドルーズ派が〕集会や会堂で話し合っていたように、彼らが罰されなかった事実は疑いなく、彼らのキリスト教徒に対する行動が、為政者たちの下で許容されていたことを公然と物語っている。彼らの言葉は、処罰がなかったことで立証されたのだった。

悪党たちに凌辱された婦女子の一部は、孕んでこの間に出産した。すると彼女たちはその子供をキリスト教徒の委員会に連れて来て、「私たちの家では、このような子供は受け容れられません。」と言って訴えた。彼女たちのために、子供を育てる乳母があてがわれた。もし母親が貧しければ、養育費を受け取って子供を手元に留めた。それではこの境遇、惨めな生活は一体何なのだろうか。キリスト教徒がダマスクスに見切りをつけるのに、さらに多くの罪業が必要であろうか。それはもっともである。この穢らわしい行為は、何人かの婦女子に関わることではある。しかし、この恥辱はこの民を結束させるものであり、ダマスクスのすべてのキリスト教徒に及ぶものである。それならばキリスト教徒よ、ダマスクスから立ち去るべきである。〔ダマスクスを〕貴方がたの住み処としてはならない。私は今回の〔ダマスクス〕滞在中、あの野蛮人たちの様子を観察し彼らの言葉を聞いたが、彼らに和解する素振りは見出さなかったからである。したがって彼らから逃れ、天の教師が貴方がたに告げる言葉を聞くが宜しい。「もし汝が一つの街で迫害されたなら、他の街へ逃げよ。(81)」その街は他より貴方がたに恵みを与えるだろう。至高なる〔神〕こそが、孤児や寡婦や貧者の父なのである。キリスト教徒よ、ダマスクスを離れなければならない。〔ダマスクスは〕貴方がたが繁栄した後で、貴方がたを裏切ったからである。その地で貴方がたは一夜にして貧者となり、貴方がたの誰一人呻き腹を空かせる子供たちに与える麺麭一切れを買うことができず、広々とした邸宅に住んだ貴方がたは城塞にいた。貴方がたは余所者となり、貴方がたがいる場所は城塞しかなく、昼の太陽と夜の露にさらされ地に転がっていたのだった。そして兄弟のいた者はそれを失い、一人息子のいた者はそれを失い、夫のいた者は寡婦となり、子供たちは孤児となった。ダマスクスは貴方がたに形容しがたい重大な恥辱を残し、それは何世代もの長い間忘れ去られることはないのである。仮に偽善者たちの言葉に耳を貸すことがあれば、それは私がダマスクスにおいて癒えてはいないと思っている貴方がたの傷、つまり強制的に自分たちの宗教を棄てさせられ、貴方がたの救い主を否定した印として割礼を受けたことを再び悪化させるだろう。〔イスラーム教徒に〕処罰が行われた時、我々は彼らがその当時装っていた平和な状態が続くと思っていた。今やその希望は裏切られ、我々は彼らの口に毒気が満ち、貴方がたから貪ったものの旨みを〔思い出して〕舌なめずりし、次の機会を窺っているのを見るのである。これは可能性の低いことではない。なぜならば、動物が何らかの過ちにより一度かそれ以上躾けられたとしても、もし自分の前にいつも振り上げられている杖がなくなれば、簡単に元へ戻るからである。ある者は何らかのことをすでに繰り返した。というのも連中は貴方がたの一人、ダマスクスの隣にあるメッゼ村の近くに住むアントゥーン・アルヤーズィジーの財産約二万四〇〇〇キルシュと日用品を奪い、打撲傷により彼は知能を失うほどの障害を受けたのである。また連中は貴方がたの一人、ダマスクス近郊のダーリーヤ村近くに住むサリーム・アルアンティサーヤを殺害し、彼の一〇歳になる娘を掠い、ミーダーン地区のイスラーム教徒の青年がその娘を娶った。これらの者が政府からの罰を受けたとしても、なぜ我々は彼らが野蛮の限りを尽くすのを眼にするのだろうか。これらが現在までの彼らの振舞いであり、彼らのどこに和解があるのだろうか。

ここで私は貴方がたに、ダマスクスで貴方がたが失った物の額と、放火で貴方がたが失った物件の価額を可能な限り示してみたい。私は貴方がたの先祖が長年月苦労して築き上げ獲得したすべての物について、経験豊かで敬虔な理性の持ち主と話し合っている。貴方がたは一夜でこれらを失い、世間から償いを受けようと無駄な要求を行っている。神だけが貴方がたに、望ましい行為と戒律の遵守に応じて報われるのである。なぜなら至高なる〔神は、〕かつて我々に警告してこう言われたからである。「もし汝らが我に従うなら、地の良き物を食べることができる。もし汝らが拒むならば、剣の餌食となるだろう。(82)」我々は至高なる神に、我々への怒りを収めて憐み給うよう願っている。ここでまず我々は、これに関し確認を行った医師たちの報告に従って、殺害された人々と恐怖によって死亡した人々の数を見てみよう。

ダマスクスとその周辺において人手にかかり殺害された人々及び恐怖により死亡した人々についての推測の結果を照合した人数の明細。

	二五〇〇	人手にかかり殺害された者と不明者
五五〇〇	三〇〇〇	恐怖により死亡した者
五〇〇〇		ワーディー・アジャム地区一帯
一三〇〇		ハスバイヤー及び周辺一帯
一四〇〇		ラシャイヤー及び周辺一帯
三〇〇		ザハレ一帯
一八〇〇		デイル・アルカマル一帯
一五〇〇		マティン及びシューフ地区
三〇〇		ベカア及びその他の地域
一二六〇〇		

我々はここでこれらの半数が人手にかかり殺害され、他の半数が見聞きしたことの恐怖から死亡したと注記することができる。記された通り総数は一万二六〇〇人である。我々は至高なる神にこれらの人々と我々全員を憐れまれるよう願うものである。

有識者が妥当と認めた略奪による遺失物の金額と焼失物件の金額の明細

略奪による遺失物のみの明細

合　計

	教会及び修道院	
	1,600,000	正教会
	1,250,000	フランシスコ会修道院
	1,000,000	ルーム・カトリック教会
	1,000,000	シリア・カトリック教会及び主教の財産
	500,000	マロン教会
	5,350,000	
	600,000	ヤコブ派アルメニア教会
	200,000	プロテスタント教会
	150,000	カプチン会修道院
	150,000	アルメニア・カトリック教会
	150,000	ルーム・カトリック教会東方分派
	100,000	ヤコブ派シリア教会
7,450,000	750,000	駐在教会及び学校合計
	領事自邸及び領事館	
	500,000	墺国領事
	300,000	露国領事
	300,000	米国領事
	300,000	希国領事
	1,400,000	

略奪による遺失物のみの続き

合　計

7,450,000		
	領事自邸の続き	
	1,600,000〔ママ〕	上記の合計
	350,000	ベルギー領事
	250,000	元サルディニア領事
2,400,000〔ママ〕	200,000	元希国領事
	キリスト教徒家族単位推計	
	15,000,000	50 家族× 300,000
	10,000,000	100 家族× 100,000
	24,500,000	350 家族× 70,000
	20,000,000	500 家族× 60,000

	15,000,000	1,000 家族 × 15,000
	84,500,000	
	3,500,000	500 家族 ×　7,000
89,500,000	1,500,000	500 家族 ×　3,000
99,350,000〔ママ〕		

焼失物件のみの明細
　合　計
　　　　　　教会及び修道院

2,500,000	正教会
1,250,000	フランシスコ会修道院
	アザリア修道院
	750,000　略奪品
2,250,000	1,500,000　焼失物件
1,500,000	ルーム・カトリック教会及び病院
7,500,000	

焼失物件及びその価額のみの続き
　合　計　　　上記合計の転記
　　　　　　教会及び修道院の続き

	7,500,000	上記合計の転記
	500,000	シリア・カトリック教会
	400,000	マロン教会
	700,000	ヤコブ派アルメニア教会
	300,000	プロテスタント教会
	9,400,000	
	300,000	カプチン会修道院
	200,000	〔ルーム・カトリック〕教会東方分派
	100,000	ヤコブ派シリア教会
	100,000	アルメニア・カトリック教会
11,100,000	1,000,000	駐在教会及び学校合計

　　　　　　キリスト教徒の住宅

15,000,000	30 棟 × 500,000
12,500,000	50 棟 × 250,000
18,750,000	150 棟 × 125,000
15,000,000	200 棟 ×　75,000
10,000,000	250 棟 ×　40,000
60,250,000〔ママ〕	

		1,800,000	150 棟× 12,000
		1,412,000〔ママ〕	178 棟× 8,000
63,862,000〔ママ〕		400,000	200 棟× 2,000
			1208 棟
	修繕の必要な住宅		
		2,500,000	50 棟× 50,000
		1,500,000	50 棟× 30,000
		500,000	100 棟× 5,000
4,136,000〔ママ〕		136,000〔ママ〕	68 棟× 3,000
79,098,000〔ママ〕			
焼失物件の価額のみの続き			
合　計			
79,098,000〔ママ〕	上記合計の転記		
	市場及び街路の店舗		
		375,000	50 店舗× 7,500
		250,000	50 店舗× 5,000
		125,000	50 店舗× 2,500
		500,000	50 店舗× 10,000
			茶館，麺麭焼き窯，小屋
1,755,000〔ママ〕		500,000	50 店舗× 10,000
			染物屋，家畜商
	職人店舗		
		1,000,000	100 店舗× 10,000
		750,000	100 店舗× 7,500
		500,000	100 店舗× 5,000
2,350,000		100,000	50 店舗× 2,000
83,098,000〔ママ〕			
99,350,000〔ママ〕	略奪品合計の後からの転記		
182,448,000〔ママ〕			
30,000,000	1 年分の休業補償		3,000 家族の 1 年分収入 10,000 キルシュと計算した項目
212,448,000〔ママ〕	右 424,896 キース〔ママ〕		右 212,500,000 キルシュより 52,000 キルシュ差引〔ママ〕

〆て二億一二五〇万キルシュ、すなわち四二万四八九六キースである。(83)経験豊かな人々との長い検討と調査の結果、妥当とされた概算に基づいている。

八月の終わり頃、フアード・パシャはキリスト教宗教指導者たちとの面会を求め、彼らにまず教会堂の建設を開始することが望まれると発言した。なぜなら、キリスト教徒が自分たちの教会堂の建設工事を見れば、それによって彼らは自分たちの家屋の建築を望むであろうし、ダマスクスから他の土地に移っているすべての人々もまた戻ってきて、より心強く思うからである。指導者たちは服従すると回答し、〔フアード・パシャの〕意見を賞讃した。そこで〔フアード・パシャは指導者たちに、〕その旨を実施に移すために次の各条項によって教会堂建設の手順を説明した指示文書を与えた。

指示文書の写しとその各条項

今次ダマスクスのキリスト教徒の状況改善と損失補償の諸方策を実現方着手するに当たり、先ずもってキリスト教徒地区内で焼失した教会堂の再建および各宗教指導者が専有する家屋の建設より開始する案が決定された。特別委員会より以下の各条項により説明される上記教会堂および家屋の調査と、その建設開始に関する命令が発出された。

第一条

〔宗派別〕協議会が設置され、各々三名の政府任命委員と、三名の宗教指導者指名委員の六名から構成されなければならない。〔各協議会は〕各宗派の教会堂および〔宗教指導者〕専有家屋の調査を行う。調査は第一に正教会に帰属する礼拝施設、第二にルーム・カトリック教会に帰属する礼拝施設、第三にシリア教会に帰属する礼拝施設、第四にマロン教会に帰属する礼拝施設、第五にアルメニア教会、そしてアルメニア・カトリック教会の礼拝施設の順に従い開始される。ただし〔特別委員会による、各宗派に〕帰属する礼拝施設に対する調査を実施するに当たり、〔宗派別協議会の〕三名の政府任命委員および三名の当該宗派指導者指名委員が会合して、その実施を決議することが条件である。

第二条

各協議会は第一条〔の趣旨に従い〕組織を編成しなければならない。普請棟梁の中から調査委員を選出しなければならない。協議会のすべての部門の〔半数は〕政府に属する者とし、他の〔半数は〕当該宗派に属する者とする。

第三条

協議会の調査委員は、調査が求められる当該宗派の礼拝施設の現場に本人が出向き、その場所で〔調査委員の〕監督の下、現場に対する必要な調査が行われなければならない。まず最初に各宗派に一棟ずつの教会堂が建設されなければならないことから、宗教指導者が選択する教会堂が直ちに調査され、その帳簿が作成された上で次に進むものとする。もしその宗派に他の教会堂が残っていればその後必要な調査を実施し、また残余の専有家屋についても〔調査の上〕帳簿を調製し次に進むものとする。

第四条

ある宗派に複数の教会堂があり、当該宗派の長が一の教会堂のみを建築し、他の教会堂の経費をその教会堂に加えることを希望する場合は、教会堂の再建および建築は火災前の状態で行われなければならないところから、その際は当該宗派の全教会堂の再建のための調査を行った後、新たに単一のものとして建築を希望する教会堂に対する調査についても実施の上、右に放棄を希望する礼拝施設の経費を加え、本見積の明細が作成されるものとする。

第五条

もしある教会堂の〔敷地の〕縦横または〔建物の〕高さを拡大することが要望される場合は、右は認められ必要事項は実施に移される。ただし、調査が実施され〔見積られる〕経費は、元の形態による場合の〔経費を〕超えてはならない。

第六条

調査の帳簿には、木材、石材、漆喰その他建築工事に必要な資材の数量、種類、価格および人夫の労賃をすべて詳細に明示しなければならない。キリスト教徒地区の焼失物件の建築のため十分な量の木材がすでに伐採されているところから、調査の帳簿において必要とされた木材はそれぞれの種類に応じ伐採価格により供与されなければならない。国庫に対しては、建築に必要な石材と漆喰が採掘価格で〔供与することが〕求められる。上記は遅滞なく供与されるものとする。帳簿の要旨に現物で供与されるべき品物の数量および価格と、現金で支給されるべき費用の金額をそれぞれ明示しなければならない。

第七条

調査の帳簿が作成され〔協議会〕委員および調査委員の捺印を受けたならば、直ちに特別委員会に送付される。そしてその決定に従った建築に関する作業が、宗教指導者との協議を経て実施される。その他国庫より現物で供与されるべき物品については、速やかに供与されなければならない。必要な支出その他に充てるための現金は、必要に応じてその都度支給されるものとする。

第八条

国庫より教会堂のために供与されるべき木材の数量および種類が決定されれば、政府は必要な原木を輸送して木材の形に加工しなければならない。同様に石材や漆喰も直ちに手配の方策を取るよう、その必要数量や種類が政府に報告されなければならない。政府はこれに類する必要業務を迅速に実施しなければならない。

ムハンマド・ファード

ダマスクスと周辺諸州に課せられた金額は少なくなかったため、いくつかの場所ではその徴収が滞った。そのため政府は各方面の軍隊を増強せざるを得なくなり、ホーラーン地方のドルーズ山地以外においては強制的な徴収を開始した。あれら〔ホーラーンのドルーズ派は〕九月になっても何も納めようともせず、前の箇所で言及した八〇〇〇キースの要求額を支払うことができないとの嘆願書を政府に提出した。政府は、より重大なことの改革を行わなければならない特にこの時期に〔ドルーズ派と〕戦端を開くことはできなかったため、警告する命令をこの地区の長に送っただけであった。〔地区の長は、〕言葉以外はその手から何も出そうとしなかった。〔ドルーズ派の〕シャイフたちの一部は表面では服従を示していたが、〔実際は服従から〕程遠かった。〔ホーラーンのドルーズ山地〕郷区の半分より広い地域である山岳東部地区を統率する郷紳たちの一人、シャイフ・ファーリス・アーミルは軍司令官[84]に嘆願書を送って安全の保証を要請した。〔ファーリス・アーミルは、〕陳情のためダマスクスに出向くことを望んでいた。彼はシリア教会のヤアクーブ大主教に書簡を送って、自分の訪問について助言を与えるよう求めた。〔ファーリス・アーミルは、〕政府が裏切ることを恐れていたのであった。すると大主教はこのことを軍司令官に伝え、彼よりこのシャイフが出て来るにあたり、本人が満足しないことは行わないとの言質を取った。そこで〔大主教はファーリス・アーミルに、〕書簡への返事を書き送った。この書簡がシャイフ・ファーリスに届くと、彼はその地区を統率する郷紳たちに使いを送って、シャフバー(85)と呼ばれる彼の村で会議を開催した。会議で前述の大主教の書簡が彼らに読み聞かせられた。すると彼ら全員は、「我々は、シリア教会ヤアクーブ大主教の助言に従おう。政府に服従して、我々に対する要求物を早く供出しよう。」と応えた。この書簡の写しが作られている。ドルーズ派に政府への服従を説得した、その正しい内容は賞讃された。

書簡の写し

高貴なるシャイフ各位の誉れにして尊敬され栄光ある方々の領袖、徳望を備えられたブー・ハムード・ファーリス・アーミル大シャイフ様へ。神が長寿を授け給わんことを。

麗しき御心持を拝察し、いつになき平安優渥の御機嫌とお伺い申し上げまする。貴翰を拝受致し、貴台様の変わることなき御慶びに至高なる神を讃えまつり、御高説のすべては愚老共にも明白となりました。御記憶の通り、この程偉大なる大将閣下の御命令が郡長様に下り、特別税の貢納を申し附けられました。貴台様にはシャイフ各位、御宗派導師各位および郷邑重鎮各位を招集せられた会議を開催され承服の趣を忠告せられたところ、貴台様御明察の若干の異議が一部より起り、個別の御説得に拘わらず貢納を拒む方々の存した由、貴台様より承服の止むなしと拒絶の帰結を指し示された結果、各位の賛同を得られました。貴台様が今二〇〇〇キースの金額を割り付けられ徴収を開始されますと共に、貴台様の下には直ちに小麦が貢納として届けられました。近々ダマスクスに御来駕の折、拝顔の栄に浴したいと存じまする。

さて愚老より御返事を差し上げますには、至高なる帝国は臣民をば血を分けた母親がその子らに向かうが如く慈しみおると知らねばなりませぬ。もし愚老共が〔母親が子らに〕時折何らか苦き薬など与えるのを見ましても、これは子らを損なうことを考えてではなく、何らの病や類するものを取り除くための益があるからで御座る。母親共のある者がその子らを躾けるのは、何も怒りを買おうとしてではなく、慈愛故に〔子らが〕素直になり従うようになれば喜ぶので御座る。それ故神が預言者モーセの手を通じて下された十戒の第四として御説きになられますは、「汝の父と母を敬え。(86)」また言われますは「父または母に背く者は死に定められる。(87)」と。それは〔神の〕御稜威により双親の子らへの慈愛の大なるを知られるからでありますぞ。〔子らにとって親への〕服従が必要なのと同じく、至高なる帝国への〔服従が〕臣民には必要であり、多くの所で服従を命じておられまする。聖なる福音書に申されるは、「カイサルの富はカイサルに与え、聖なる律法により汝が神に負うものを償え。神と汝らを治める者に従え。(88)」と。

愚老は貴台様に法を説かんとて、この文を綴るのではありませぬ。何となれば貴台様にはすでに反対せんとする人々に忠告を与えられており、愚老は貴台様にその旨を証する聖なる言葉を述べ伝えておりまする。貴台様には語られました御言葉を護持され、忠告の趣を声を大に明瞭に呼びかけられますよう。服従致しおる子らの一人が逆らわんとする兄弟に忠告しその双親に従うよう導くならば、その報いとしてより大きな寵愛が下されましょうぞ。貴台様には大将閣下と御面晤の栄誉を言祝ぐ日に、貴台様の御骨折りの結実を御覧なられましょう。愚老は〔大将〕閣下に上申してお伝えしたのは貴翰拝受の件、それに貴台様の賞讃すべき御働きの様子で御座る。然らば即時に貴台様御申越しに対する御答えとして、勿体なき御命令が下りました。

将軍閣下の輝かしい人徳により貴台様への申し分なき御身の安全が保証され、その旨愚老は貴台様につき格別の御言葉を栄光ある御方より賜っておりまする。閣下には御入用の儀御力添えの骨折りに御満足され、愚老より貴台様に本件すべてを書き送るよう申し附けられました。さて御働きの果実が今に熟したのを御覧あれ。先の事件に際し弟君様であるシャイフ、ブー・カースィム・アスアド・アーガー殿による、貴台様の地区のキリスト教徒に対する御取扱いを〔大将〕閣下が御納得されるよう御取次申し上げてより、至高なる帝国がその栄誉をもって相応しい報いを授けられました次第を、貴台様にはすでに御覧頂いておりましょう。愚老の記しましたこのことが貴台様の御記憶に留まり、必要な時の覚えとして御手元に残るよう念願申しまする。愚老は貴台様と共に至高なる帝国に従う身なれば、誰か道に迷う者があればその帰りに喜び、これは罰を免れし故でなく厳しき制裁なくして服従した故にて御座る。貴台様への敬慕の念が弥増して、近日にも貴台様の円満なる御人柄に触れんことを冀い奉る。神が貴台様に長寿を授け給わんことを。

グレゴリオス・ヤアクーブ
シリア教会大主教
於ダマスクス、シリア

一〇日後このシャイフはダマスクスに現れ、軍司令官と総督に面会した。ファアード・パシャがベイルートよりやって来た時、〔シャイフは〕面会して恭順の意を示すと、彼は政府の役職に任命され、ドルーズ派からの税金は納付された。

ヤアクーブ大主教は三者から感謝された。第一は政府から、第二はドルーズ派から、第三は人々からである。

それはこのシャイフの出現により、諸州には以前に比べ多少の安全が実現したからである。

ファード・パシャは何日かごとにベイルートに行って、用務のある間何日か滞在しダマスクスに戻っていたが、九月にはベイルートからダマスクスに到着した。五か国代表団もまた〔ダマスクスに〕現れ、それぞれが街の重立った場所に陣取った。そして代表団はファード・パシャと会合し、〔キリスト教徒〕被害者の処置に関する議論を行った。結局彼らはキリスト教徒の請求を調査する委員会の活動と、〔政府による〕決定の方針に同意した。〔この決定に基づき〕政府が委員会の政府側委員を任命した後、キリスト教各宗派はそれに伴い自分たちの委員を指名して政府に名簿を送付した。そして代表団各人は〔政府の〕決定の方針および各条項の写しと委員全員の名簿を受け取り、ベイルートに戻った。この決定がキリスト教徒のところで読み上げられると、彼らは大いに喜んだ。なぜならそれにには不当な内容はなく、彼らがかつてあった状態に戻ることが分かったからであり、特にファード・パシャが好意的であるのを見たからである。

キリスト教徒の〔政府〕職員たちは、彼らの職場に戻っていた。彼らには第四等の勲章が授与された。その一人は国庫の出納長ジブラーイル・エフェンディー・バフリーで、彼はファード・パシャ、軍司令官、総督、何人かの将校と街の名望家を招いて祝宴を開いた。次はアントゥーン・エフェンディー・アッシャーミーで、彼もまた前述の人々を招いて宴会を開いたが、前の宴より費用を掛けていた。次はディミトリー・エフェンディー・シャルフーブで、彼も宴を設け、他より費用が上回った。その次がシリア教会のヤアクーブ大主教で、彼も宴を設けたが、状況に相応しいものであった。その後で軍司令官がキリスト教徒聖俗指導者、将相軍人全員を招いて祝宴を開いた。その晩は幸運に満たされていた。その後で総督が、前述の人々すべてを招いて宴会を開いた。

ダマスクスのキリスト教徒に対する補償に関する決定の写し

原本は五部作成され列国代表団が入手した。これは政府が保管して印刷に付した第六の原本である。(89)

ダマスクスのキリスト教徒被害者の状況改善および彼らが蒙った損害の補償は、至高なる帝国政府の殊に重要な責務である。したがってまず第一に特別委員会は、全般調査を実施して各人の略奪品および焼失物件の概算見積を行った。右には過誤の発生が避けられないところから、各人に諾否の選択を行う機会を与え、何人の権利も侵害の余地をなからしめた。不動産に係る補償の概算は、焼失物件跡地の検分により実施される。一方、略奪品の調査は別の方法で実行される必要がある。よってこの両者の課題を迅速かつ簡便に〔解決するため〕以下の如き形式に整序された内容の本決定が発出された。

第一章　補償請求対処要領総論

第一条

上記〔全般調査の〕見積に従った略奪品および焼失物件の代償を自発的かつ満足して承諾する者に対しては、これより即時にこれら〔補償が〕実行に移される。同見積に対して略奪品の代償あるいは焼失物件の代償に合意せず、この両者の吟味検分を要求する者は、諸規則に従い両者それぞれが執り行われるものとする。

第二条

本布告が公示されてより一週間以内に、各人はその選択内容を明らかにしなければならない。不同意の者は先般配布された通告書用紙に代えて〔部分〕承諾の委細あるいは不承諾の趣旨を書面で提出しなければばならない。〔同書面には〕署名捺印されることが望ましく、ダマスクス、ベイルート、タラーブルスの救恤委員会の長に提出されるものとする。同意する者に対しては、本決定の定めるところによりその請求を充足する権利証書が与えられる。不同意の者の請求は調査委員会に移送される。

第三条

当事件に際して家族のいずれかが殺害された者は、殺害された人物の名前、年齢、状況およびその家族内におけるその者の役割を説明した後に、意見および請求を〔記載〕しなければならない。

第四条

課税台帳に物件が登録されていないため、通告書が交付されず略奪品の概算も行われなかった者が存在した場合には、その者は陳述書を作成して前記各地の委員会の長にこれを提出しなければならない。〔同委員会により〕当該住居ないしはその者が所有する物件の名称、居住区、路地が政府のために特定される。

第二章　焼失物件の補償

第五条

焼失物件の見積のために四つの〔焼失物件調査〕小委員会が設置される。〔同小委員会は〕二名の有識者から構成され、一名は政府側、もう一名はキリスト教徒側から〔選ばれる。〕同様に〔選ばれる〕四名の技師が〔小委員会に所属する。〕これらの〔うちキリスト教徒側〕委員および技師は、宗教指導者および宗派代表者の知見により多数決で選出される。

第六条

上記の委員および技師は政府側、キリスト教徒側を問わず真実と正義に則って活動し、政府およびキリスト教徒に対し損害を与えない旨、宣誓しなければならない。

第七条

これらの小委員会に任命された者に対しては、その業務に応じて現金による報酬が支給されなければならない。

第八条

キリスト教徒地区は四地域に分割され、各小委員会がこれらのうち一つの地域を担当する。すべての請求は各地域の担当〔小委員会〕に移送される。これら地域の編成概要を記載した文書が作成され、作業はこれに基づいて実施される。

第九条

物件の価額は、焼失前に売却されたと仮定した場合の価格に等しい金額、または所有者が死亡したと仮定した場合に相続に付される価額を指すものとする。このように〔物件の〕再建のため支給されなければならない金額は、〔同物件の〕過去の価値に等しいものを意味する。同じく委員および技師ならびに各小委員会は、この原則に基づいて正確に業務を遂行しなければならない。

第十条

各小委員会はその〔構成員〕全員で家屋または物件の跡地に赴き、検分の上その跡地の面積を計測しなければならない。検分に際しては各検分作業の終了後に帳簿が調製され、小委員会の全員が署名捺印した後、これに必要な事務の遂行のため政府に送付される。

第十一条

計測道具は建築技師の取扱に委ねられる。委員は、正確を期すためこれらの者に〔計測を〕実行させなければならず、これら小委員会が職権によって行う場合を除き、〔計測結果を〕一切変更してはならない。〔建築技師が〕行った〔計測〕結果は最終的なものとみなされる。

第十二条

焼失したキリスト教徒地区の一部は政府によって整地されていることに鑑み、残余の地区についてもまた〔政府によって〕整地されなければならない。これら地区の上水道については、公共水道の水が到達する場所が、もし当事件で埋没し破損していれば政府によって工事が行われる。各家屋に専属する水道については、物件所有者がその支出を負担する。

第十三条

焼失あるいは破壊を免れ修繕を必要とする家屋は、政府によって〔修繕〕作業が開始される。したがって〔修繕を要する家屋は〕本決定から除外される。

第二《ママ》章　略奪品の補償

第十四条

略奪品に関する請求の検討および清算のため、〔略奪品調査〕委員会が設置されなければならない。同委員会は二二名の委員から構成され、うち一一名は政府が任命し、一一名はキリスト教徒が指名する者とする。政府側委員のうち六名はイスラーム教徒から〔任命され、〕その一名を委員長としなければならない。キリスト教徒側委員は各宗派の人口に従って〔配分され〕なければならない。すなわち、正教会より三名、ルーム・カトリック教会より三名、シリア・カトリック教会より一名、ラテン教会より一名、マロン教会より一名、アルメニア教会より一名、アルメニア・カトリック教会より一名とする。上記各宗派の代表者たちは宗教指導者の下に集合してその委員を選出することとし、もし他宗派の者を委員に指名することを望む場合は、これにつき支障ないものとする。

第十五条

本委員会の委員は友好的かつ正義に基づいて活動し、決して一方の側に損害を与えることを意図しない旨、宣誓しなければならない。

第十六条

請求者は、これを二種類に分類するものとする。第一種は、その生業に資本を有せず労働によってのみ生計を立てている者、第二種はこれら以外の者とする。第一種は〔略奪品調査〕委員会が適当とする意見に従い、複数の段階に分類された複数集団に分けられなければならない。そして各段階に対して事実に基づいた補償額が特定されるものとする。第二種に関しては個別の損害について調査の上、それぞれの〔請求者に〕与えるべき補償額が特定されなければならない。

第十七条

本委員会は日当により労働する職人を分類して補償額を特定した後、各家族の殺害された者の状況についても調査を行い、その家族に対し至高なる憐憫の印として与えるべき金額を明らかにしなければならない。その詳細は次の通りとする。〔第一は、〕家計を維持していた家族の長を失う被害を受けた家族、第二は家族の長は生存しているがその補助者を失ったもの、第三はその被害が上記二種類の程度には至っていないが、その家族の一員を失う被害を受けたものである。これら三種類のそれぞれに対し、略奪品や焼失物件の価額に加えて、至高なる給付のため支払うべき金額を特定するものとする。本件は委員会の台帳に明記するだけではなく、本件請求者が証書を受領して右により同金額の支給を受けられるようにしなければならない。

第十八条

委員は、請求者を少人数ずつ順番に招集しなければならない。調査のため出頭した者は、委員会の代表者に被害物品の表を提出することができる。当該宗派の委員は、その場所の家具や一切の備品に関する知見を真実に則して陳述しなければならない。もし委員会または請求者がこれに関する証人を立てることが可能な場合は、証言を聴取して立証に用いるものとする。次に請求者が事件によってこれらすべてを失ったか、何らかの品物が残されたかが調査される。

第十九条

商業活動に関する物品についての請求は、これらについて十分に調査して請求者の証言を検討しなければならない。これらの一部が残存したかすべてが失われたかについては、当該分野の調査を行う者の報告を徴しなければならない。商業活動に関する証文類の滅失については、これを商慣習に従った調査に付して、請求者の商業活動状況について知見を有する者に意見を求めなければならない。

第二十条

略奪品の価額見積は厳正に行わなければならない。そして委員長〔を含む〕二二名の委員が署名捺印する文書が請求者に交付される。〔請求者は〕右を特別委員会に提出し、これにより支払に必要な証書を受領するものとする。

第二十一条

本委員会は〔調査〕開始にあたり、委員のうち当初の通告書に同意していない者の請求を検討し、その補償を清算しなければならない。当該委員の請求が検討に付される間、〔同委員は〕委員としてではなく、請求者の一人としてその請求の〔調査が〕終了するまで委員会に出席しなければならない。そして双方の委員の人数が等しくなるよう、政府側委員の中から同格の委員もまた退席しなければならない。どの委員もある請求者の代理人となることは例外なく認めることはできない。

第二十二条

本委員会の議論の中である委員が、この決定の特定の規則を改正することにより関連作業の迅速な処理に資する方法を発案した場合は、特別委員会に右を報告しなければならない。

第二十三条、すなわち最終条項

本委員会の議論は、公開で行われなければならない。終り。

列国代表団は前述の決定に同意し、すべての個人名と宗派が付されたこの〔調査〕委員会の委員名簿を入手して、一〇月二〇日ダマスクスからベイルートに向かった。

委員長である筆頭者は、ムハンマド・ルシュディー・シルワーニーザーデという人である。第二はサイイド・マフムード・エフェンディー・ハムザーデ、第三は商人組合長であるオスマン・ベイ・イブン・マルドゥム・パシャ、第四は法学者であるシャイフ・ムハンマド・アルビータール、第五は絹織物商人サイイド・ハリール・

アルハイヤート、第六は絹織物職人組合長〔氏名空欄〕、第七はシャブリー・エフェンディー・アイユーブ、第八はイブラーヒーム・エフェンディー・タニユース、第九はアントゥーン・エフェンディー・アッシャーミー、第一〇はディミトリー・エフェンディー・シャルフーブ、第一一はミーハーイル・エフェンディー・タウィールである。政府側委員を終わる。それからキリスト教徒側委員のうち正教会に属する者はユーハンナー・ズレイク、アブドゥ・アブー・シャアル、サルキース・デッバーネ、ルーム・カトリック教会に属する者はニクーラー・ハッバーズ、アントゥーン・グッラ、ユースフ・アッラトゥル、シリア教会に属する者はジルジス・ムダウワル、ラテン教会に属する者はミーハーイル・シーハー、マロン教会に属する者はイブラーヒーム・カッデ、アルメニア教会に属する者はミマース・タルジーバシ、アルメニア・カトリック教会に属する者はサルキース・ケシシャンの各氏である。二二名の委員は以上である。

一八六一年一〇月二五日、〔調査〕委員会が開催された。最初に委員の一人が起立して挨拶し、前述のファード・パシャによる決定とその各条項が読み上げられた。最後に委員長が、「我々はこの方針を活動の基礎として、我々のなすべき仕事を知らなければならない。」と答えた。その後で彼は、「決定に従い、まずは各委員の補償より始めることとしよう。」と言って、彼らの名が付された籤を引いた。そして一番あるいは二番その他の者が〔決められた。〕最初に、サルキース・ケシシャン氏の請求表が提示された。総額六七万五〇〇〇キルシュで、うち五二万五〇〇〇キルシュは略奪品、一五万キルシュは焼失物件である。そこでこれについて十分な審査が行われ、キリスト教徒やイスラーム教徒から証言がなされた。三日後、委員会において彼の請求のうち四〇万キルシュを認めるとの言明がなされた。二番目に、サルキース・デッバーネ氏の請求表が提示された。総額八〇万キルシュで、うち六二万キルシュは略奪品、一八万キルシュは焼失物件である。長い議論と十分な審査の後、彼には四二万五〇〇〇キルシュが認定された。三番目に、ミマース・タルジーバシ氏の請求表が提示された。総額六一万五〇〇〇キルシュで、調査と審査の後、彼には二三万五〇〇〇キルシュが認定された。我々がこれら三件の表による請求について述べたのは、我々がここで彼らの一人は三分の二、次は半分、最後は三分の一を得たということを理解するためである。同様に、この進め方でキリスト教徒たちの請求表が〔審査された。〕我々は、これらや他の請求表がすべて信用できるように書かれているとは言わない。むしろ、いくつかの請求項目には信じられないものがあった。ともかく今やキリスト教徒たちは、その〔意見を〕聞かなければならないようなイスラーム教徒名望家によって査定を受けたことにより、ある意味でその成り行きに全幅の安心が得られたのであった。委員会構成員の補償が終わった後、キリスト教徒各人は陳述書を作成して委員会に送った。委員長が確認すると、書記がそれらに順番を決めるための番号を振った。そして各請求者の請求が終了するごとに、委員長〔を含む〕二二名の委員が前記名簿の順番に従って署名捺印した文書が作成された。それから請求者はこの文書を特別委員会に提出し、これと引替えに当該金額の支払方法、つまり四分の一が即金で、残額が三か月毎に四分の一ずつ支払われると指定されている権利証書を受領した。

一方、殺害された人々については、委員会は請求者に対し五〇〇〇キルシュから一万キルシュあるいは一万五〇〇〇キルシュと判定した〔金額を〕計上した。これらはその家族、つまり父親が殺されたのであれば、小さな子供たちの惣領が父親の役割をするなどして蒙った損害を意味する。ファード・パシャは、何度も委員会に出席してその活動を見ていた。デイル・アルカマルとザハレの人々も略奪品や焼失物件の代償を受け取ったが、ベカア〔郷区〕やダマスクス周辺の村々の〔人々は、〕焼失物件の価額しか受け取らなかった。ダマスクスに品物を保管していてそれを失った人々は例外であり、然るべき証明を提出してその価額を受領することになった。

ファード・パシャはいつものように、一一月一二日にベイルートに向かった。そして一一月二〇日、スルターン・アブド・アルアズィーズによりファード・パシャに栄誉勲章が授与された。同月二八日〔ファード・パシャは、〕オスマン帝国大宰相に登用する勅命を受ける恩典に浴し、イスタンブルに直ちに来るよう求められた。〔ファード・パシャは、〕月末にダマスクスの人々に別れを告げるためにダマスクスに戻った。彼を迎えるために将相、各州総督、法学者、街の名望家、軍人、役人、各委員会の委員や職員のすべてがやって来た。街は三日間飾り立てられ、城塞とマルジェから祝砲が轟いた。

〔ファード・パシャが〕現れて二日目、キリスト教徒の聖俗指導者たちがやって来て彼に挨拶した。すると〔ファード・パシャは、〕安寧安全を保証して彼らを安心させようと言った。「たとえ私が貴方がたのところにいなくても、貴方がたに対する格別の配慮を忘れることはない。」そしてシリアの軍司令官ハリーム・パシャを手で指して、「私の代りを彼に任せている。貴方がたは十分に安心しなさい。」と言った。軍司令官は、「貴方がたの安全を、私の命にかけて守りましょう。」と彼らに応えた。

約一月程前、キリスト教徒たちはスルターン・アブド・アルアズィーズに嘆願書を書いて、ファード・パシャがシリアに滞在し続けるよう請願した。災厄の到来によって彼らが蒙った荒廃に対して〔ファード・パシャは〕対応策を講じ、今や彼の力によってシリア全土に安寧が実現したというものだった。答えを受け取らないうちにファード〔・パシャ〕は命令に従って別れを告げ、イスタンブルに旅立つために現れた。そして〔キリスト教徒たちは〕二通の嘆願書を書いた。一通はスルターン宛、もう一通は謝意を表明するファード・パシャ本人宛であった。ファード・パシャの留任を請願する第一の嘆願書と他の二つ目のものは互いに内容が似ているため、ここで我々はスルターン・アブド・アルアズィーズ宛の第二〔ママ〕の嘆願書の写しのみを提示することにしよう。

嘆願書の写し

神よ、おお明徴なる真理の守護者よ、おお慈悲の中の慈悲を与えられる御方よ、我らは伏して貴方様が我らのスルターン陛下、〔信徒の〕長、我らの幸福の最大の担い主、我らの偉大なる帝王にして人類共同体の遍き魂の帝座を、あらゆる民へ慈悲を注がれることにより護り給い、支え給い、祝福し給い、永遠ならしめ給うよう冀い奉ります。神が諸民族の至高なる玉座を時の終りまで、転変の尽きるまで護持されんことを。

陛下の従僕であるシリアのキリスト教徒被害者共は嘆願申し上げます。最近、話せば長い我らの災難の物語を御賢察の上、憐みを賜りましたように、陛下の全き憐憫の御心より御情けを頂戴致しましたことを陰に陽に有難く勿体ないことと光栄に存じ奉ります。万人に等しく陽の光を降り注がれる導き主からの御恵みが増しますよう、我らは願っております。我ら被害を受けました帝国の従僕共は、虐げられた者に眼をかけて救わずにはおられない天帝の蒼穹に助けを求め、敢えて嘆願を行いました。我らは陛下の重臣の賢慮叡智を通じスライマーン〔ソロモン〕の如き偉大なる陛下の御力の手厚い庇護と公平な保護を賜り、安寧安全の大本を得ることができました有り様を申し述べました。我らは〔陛下の重臣の〕格別なる叡智と我らの数多くの傷口を癒さんとの万人に知られる絶えざる配慮により、特別委員会の設置をもってかつての恐怖と混乱が現在の恩恵、安全、平安に変わったことを眼のあたりに致しまして、〔陛下の重臣の統率による〕特別委員会の任期を僅かな期間でも延長されますよう懇願申し上げました。それにより恐怖恐慌の暗雲は去り、我らの礼拝堂や住居を安全に安心して建設することができます。そうすれば我らは陛下の勿体なき庇護の陰で全き寛ぎと幸福なる生活を得ることになります。

我らがこの望みの綱に縋っている最中、かの大臣閣下が大宰相に昇任されるとの聖慮が下りました。これはこの重臣がアフラートゥーン〔プラトン〕の如き比類なき叡智による善き取計いを備えられているところから、疑いなく神の御示唆が帝王陛下の宸襟に光を与えられ、至高にして偉大なる陛下の全臣民一般の状態を成功に導かんとの思し召しでありましょう。かの大臣の真摯なる御指図の下、特別委員会が設置されるとの陛下の遍き御慈悲を賜り、我らが大いなる聖慮の御陰を蒙ることがなければ、我らは疑いなく絶望の果てに転落していたことでありましょう。しかしながら陛下の眼を見張るような先例のない深甚なる御慈悲により、災厄を受けた臣民たちはこの信頼すべき医師の知恵によってその傷を癒やし続けるべしとの御裁可が下りました。その証左としてこの重大なる地位への御就任が命じられますや否や〔かの大臣は〕急ぎベイルートを発って〔神の〕御加護を受けたダマスクスを訪れ、妄想に囚われて反抗を試みる者の鎮圧に昼夜不眠不休で当たられている帝国軍隊の大将アブド・アルハリーム・パシャを我らのために全権を帯びた代理人に立てられました。我ら陛下の従僕共はこの大宰相閣下とのお別れを悲しみつつも、我らの偉大なる帝王にして王の中の王、スルターンの中のスルターン陛下がその正義の剣をもって雷を下された後に、我らに平安と安全の御恵みを与えられましたことに感謝を捧げ、陛下の御慈悲御慈愛を讃えまつります。

これに基づき我らは資格を欠くにも拘わらず敢えて嘆願書を奉じ、万物の尽きる処まで太陽の如く照らす陛下の公正さに感謝申し上げ、陛下の御慈悲の下で我らの教会と住居の建築が完成して我らの離散した者共が戻って来て祖国に落ち着くまでの間、かの大臣の御指図御監督の下、特別委員会が活動を続けますよう懇願致します。〔我らは〕偉大なる諸預言者や神の神聖なる御力により歳月の続く限り陛下の帝国の玉座が支えられますよう繰り返し祈願致しております。

ダマスクスの全キリスト教徒の指導者代表者たちの印章

ファード・パシャがダマスクス州で取った諸措置について、その行動の初めより彼はある面で〔キリスト教徒との〕連帯や彼らの安寧を、ある面でこの災厄において悪事を働いた者から彼らの保護を意図していたとキリスト教徒は思っており、イスラーム教徒が宗教的な情熱を有し、ドルーズ派はイスラームの振りをして追従し宗教的な外観を呈していた以上、我々には〔この意図を〕否定する余地はなかったのである。しかし熟慮して距離を置いていろいろ語られている可能性を眺めてみると、これら諸州の人々がキリスト教徒に対し大きな害悪を加えたのは、アフマド・パシャの同意に依拠していたに過ぎないのである。〔アフマド・パシャは人々の〕一部に対してその望む方向を、言葉で示唆する方法ではあったとしても明らかにしていたのである。特に彼は各方面に人を派遣して自分の目的に近い人物を説得し、他の者についてはあれら〔ドルーズ派の〕罪について沈黙するだけで納得させるのに十分であった。そのため人々は〔ファード・パシャによる〕処罰が容認できない程度に達すれば、皆で蹶起して政府と戦うつもりであったのだ。〔政府に対しては〕外国の助けでもなければ勝つことはできないであろうが、それでもダマスクス州やその周辺の全部は、〔仮に害悪が拡大しなかったとしても〕荒廃し、長い年月元の秩序は回復しなかったであろう。そうなっていれば、私が思うにキリスト教徒は半分しか殺害を免れなかったし、すべての生活手段や財産を失って大きな影響を残す痛手を蒙ったことだろう。その時は、ファード・パシャが行った処罰は正当化できないだろう。しかし、我々が狙いの一つ一つを取り上げてこれらの帰結を見てみるに、〔ファード・パシャは〕これらの諸措置を実に賢明に実行したことが解るのである。そのためシリアの人々は完全な服従を強いられ、重い罪に服し、この災厄のために特に課せられた大金を払わされた。彼らは不自由や軍隊による侮辱やキリスト教徒への家の明渡しや、彼らの宗教で否定され禁止されている、〔キリスト教徒と〕ひしめき合って共に暮らすことにただ耐えるばかりであった。彼らは往来にいる軍隊を恐れて家に閉じ籠もり、自分たちの街の権門勢家や商人たちの二〇〇人が殺されるのに聞き耳を立てていた。宗教界の重鎮として政府自体でもその名が知られていた人々ですら、命令に服して屈辱のうちに自邸から、郷土から追放されたのであった。

我々がここで見ているファード・パシャによる処罰はイスラーム教徒についてであり、ドルーズ派の処罰には言及されていないのではないかと問われるならば、私は答えよう。この問題は結局もはや〔ファード・パシャ〕一人の決するところではなく、五か国代表団の意見に左右されることになったのである。彼らが仮に〔ドルーズ派の〕処罰を望めば、それは必ずや遅滞なく実行されたはずである。これは〔ファード・パシャ〕本人が、ダマスクスの宗教指導者の一人に口頭で説明した通りである。〔ファード・パシャは〕非常に憤っていた。また、〔ファード・パシャは〕ダマスクスのイスラーム教徒を人々の噂に基づいて処罰したのではないか、人々は多くの場所で興奮してこの野蛮な行動に出たのではないかともし言われれば、私は答えよう。そうであったとしても、仮にこの種のことに〔ファード・パシャの〕両手が縛られていなかったとすれば、朋輩を愛する性質のムスリムであったはずのドルーズ派に、この処罰の一部を及ぼすべきだったのではないだろうか。しかし我々は、〔列国〕代表団がドルーズ派を罰しないと考えた理由の詮索には立ち入る必要はないだろう。(90)

その間、ファード・パシャは何人かのキリスト教徒職員を率いてキリスト教徒地区に現れ、アントゥーン・エフェンディー・アッシャーミーの邸宅の焼け跡に集合した。この邸宅の建築が開始されることになったため、ファード・パシャの臨場の下、最初の礎石が置かれたのである。二日目、総督閣下が祝宴を開いて将相、〔各州〕総督、役人、将校、キリスト教徒の聖俗指導者と職員たちすべてを招待した。これはダマスクスのキリスト教徒地区で建設が開始されたことに、政府が喜びを〔表明する〕ものであった。

ベイルートでは、欧州諸国国民の被害を調査するために、政府と外国国民から構成される委員会が設置された。フランシスコ会修道院の代理人より修道院の滅失物品と焼失物件についての表が提出され、その額は柱の〔絵がついた銀貨〕八万リヤル(91)であった。するとその表は全く減額されずに承認され、イスタンブルの国庫よりその金額の為替証書が与えられた。

四日目、ファード・パシャは補償や調査に当たっている委員会の長を招集し、彼らに言った。「まず、私はキリスト教徒の誰一人に対しても不当な〔結果が〕発生しないよう、委員会が請求を調査することを望んでいる。次に、請求者に過大な補償を行って政府に損害を与えないことを貴方がたに期待する。貴方がたは常に公平かつ正確な〔結果が〕双方に実現するよう手綱を捌くことが求められている。」

そして、職人仕事で生計を立てている各種の人々の被害者の補償が整えられた。この台帳には、委員会が職人たちの代表の生活状況を調査した結果、その七種類が記載されている。七種類の内訳は次の通りである。一号二万キルシュ、二号一万二〇〇〇キルシュ、三号一万キルシュ、四号八五〇〇キルシュ、五号六五〇〇キルシュ、六号四五〇〇キルシュ、七号二五〇〇キルシュ。これら各種類のそれぞれにその被害の程度に応じた番号が振られている。〔委員長たちには〕この台帳の速やかな完成が求められた。〔台帳が〕完成した時にこれらの人々の手に権利証書が渡され、彼らは法律に従ってそれを換金する。その時点で彼らの日々の救恤金が打ち切られるのである。

六日目になる金曜日、〔ファード・パシャは〕ダマスクスのイスラーム教徒とキリスト教徒のすべての名望家、つまり権門、学者、シャイフ、礼拝堂《モスク》の教師、地区の長、他には宗教指導者、国庫の役人、各委員会の長や委員など街のほとんどの重要人物に対し、日の出から四時間後に軍司令部に集合するよう要請した。これらの人々は軍司令官官邸に集まってきて、序列に従って席に落ち着いた。珈琲を飲んだ後ファアード・パシャが立ち上がると、彼の側の将相が起立し、それから全出席者が起立した。そして〔ファアード・パシャは〕お互い、つまりイスラーム教徒とキリスト教徒の間の親愛、連帯、礼譲についての説諭を始めた。そしてイスラーム教徒の方に向かって言った。「被害者たちの安寧と彼らによる再建は、帝権の保有者であられる我らが君主の格別に御望みのところであり、これと共に私が特に希望するのは、今すぐに〔キリスト教徒が〕完全な安息を得て諸君と良好なる友誼を結ぶことである。これから私は大宰相の責務に就くため祝福された首府〔イスタンブル〕に出立するとしても、至高なる帝国の真摯に望むものとしてこれに遠くより注意着目するだろう。そして別の意味で私はシリアの建設と人民の安寧に注目していきたい。何故なら今や私はシリアの人であると称しているからである。」そして〔ファアード・パシャは、〕彼のシリアにおける善政に感謝して提出された二通の嘆願書を手に取った。一通は前述のダマスクスのキリスト教徒からのもの、もう一通はイスラーム教徒からであった。そして彼は言った。「諸君より提出された二通の嘆願書を持参したのは、私がこれを必要とするからではなく、私がこれを保管して諸君の私に対する親愛の情と私の諸君への親愛の情の証とせんがためである。今、私は諸君に別れを告げることとしよう。私は諸君すべてから幸福と大いなる成功の報せを聞くよう望みたい。」

〔話が〕終ると、シャイフ・アフマド・アルクズバリーという名の法学者の筆頭が声を上げ、スルターン・マフムード・ガーズィー・ハーン(92)の息子であるスルターン・アブド・アルアズィーズのため、それから彼の大宰相とその他の将相のために祈願する弁論を始めた。この演説は約一〇分続いた。最後にこれら参集者たちは序列に従って進み出て、〔ファアード・パシャの〕上衣の裾(93)に接吻した。彼は最後の一人の番までずっと立っていた。

全員が去った後、彼の許から伝令が出て、シリア教会ヤアクーブ大主教に留まるよう伝えた。〔ヤアクーブ大主教が〕再びファード・パシャのところに戻ると〔ファード・パシャはヤアクーブ大主教に、〕「私はシリアを去るが、猊下に対する私の敬愛の情と、猊下から私への親愛の情を示す記念を見つけられなかった。」と応じた。すると大主教は、「愚老より親愛の情を示すものと致しましては、閣下がいつまでも御壮健で御希望が叶いますよう、至高なる神に愚老は常に祈りを捧げまする。閣下の敬愛の情のお印と致しましては、閣下が愚老に御配慮を賜っていることで御座います。」と答えた。その時、〔ファード・パシャはヤアクーブ大主教に〕第四等の勲章を手渡した。そして二人は別れ、〔ファード・パシャは〕同日、つまり一八六一年一二月六日、ダマスクスから旅立った。〔ファード・パシャは、〕シリアの人々すべてに別れを告げる布告を残した。印刷された〔布告の〕写しは各州総督、シリア諸州の役人たちすべてに配布された。

布告の写し[94]

シリアの人々よ、我らの幸福の担い主である君主、偉大なるスルターン陛下からの恩典に浴し大宰相の責務に就くため、吾人は汝らより離別することになる。高邁な心の持ち主により排斥すべき当地方に客年発生した痛恨事は、アッラーの御蔭を蒙り今やスルターン陛下の御庇護の下、その悪しき痕跡は消滅して帝国の安寧安全は回復し、被害者の状況改善の課題は達成された。そこで汝らは今、祝福された首府〔イスタンブル〕に戻らんとする吾人を見るところ、唯一欣快なるは吾人が近く至高なる神の御許しを得て、かつて汝らの陥った悲惨な境遇を忘却せしめる至福なる姿を目睹することである。吾人の差配に服する委員会は例外なく、帝国全臣民に対する慈愛深きスルターン陛下の聖慮を実現するため奉仕している。吾人はこれへの献身に際して、特に当方面の事業に配意するであろう。何となれば、爾後吾人は自らを心性におけるシリア人と表明するからである。勅命を奉じ、帝国の秩序維持はアブド・アルハリーム・パシャに移管され、臣民の身辺の安全は同人の指揮に委ねられた。同人の特質、情熱および不変の公正さは全人民、また本旨に十全なる奉仕を行うすべての官吏諸氏や各部署の担当者にとっても必要な保証を提供するものである。よって帝権の御加護の下、被害を受けた人々に現在まで十分な額の支給を行われた陛下の御慈悲の賜に些かの欠缺も生じないのであるから、疑いなく皆は安堵することができる。これに呼応して、全人民はスルターン陛下の善意溢れる聖慮に合致するよう行動しなければならない。そして、すべての種類の臣民は連帯と祖国愛を信条として護持しなければならない。なぜなら、皆は政府の指示を遵守して自らの義務を完全に果たすと同時に、自らの保護が期待されるからである。陛下の御望みに些かでも背く動きを敢えて行う者には、個人であろうと集団であろうと直ちに厳罰を下す権限が前述の大将閣下に与えられている。大宰相府より発出された本布告の内容を皆に周知せしめ、これに違背なからしめるよう公示しなければならない。

ファアード・パシャがダマスクスを去った後、大衆のキリスト教徒に対する感情は、かつての後悔に包まれた親密さからある程度変化した。すると騒ぎを起こそうとしたり、ダマスクスにおける社会規範をいろいろな方法でひっくり返そうとしたりする考えが芽生えてきた。

ファアード・パシャはイスタンブルに到着すると、帝王陛下の足に接吻するため急ぎ祗候した。〔ファアード・パシャが現れるとスルターンは〕顔を綻ばせて引見し、言った。「ファアード・パシャよ、汝の骨折り、知恵、賞讃すべき働き振りに余は感謝しているぞ。」その時〔ファアード・パシャは〕ひれ伏して〔スルターンの〕両足に接吻した。〔スルターンはファード・パシャの〕首にスルターン栄誉勲章を懸けた。そして大宰相の職に加え、彼に帝国の全国庫の長官職を委ねた。

一方、ダマスクスのキリスト教徒は、先に我々が述べたようにダマスクスで略奪品や焼失物件の立証を行うため、それまでに移動していたあらゆる場所から戻ってきた。そして一人一人が〔調査〕委員会に入ってきて、紛失物の表と共に請願書を提出した。委員会においては、その人の主張と指名された証人たちの名が日報に記録された。そして審査が開始されると、証人が招致されて一人ずつ証言が聴取された。もし請求を否定するような事実が見出されなければ、委員会によってその請求者に一定金額が認定され、その額を通告するために呼び出された。仮に同意すると答えれば文書が作成されて委員長と全委員が署名した。仮に同意せず不法不当であると訴えがなされれば、再審査に付されて日報の証人の記録が参照され、その人の状況を知っている人々が招致された。結局増額が適当と認定されれば、彼にはさらなる金額が追加された。何も受け取らないより何か受け取った方が良いと考えて最初の見積書を承認した一部少数者を除いて、我々は多くの場合不当であったと判断された者を見ることがなかった。

キリスト教徒たちが苦労したのは、請求を立証するまで滞在する期間〔の長いこと〕であった。彼らは各地に家族を残し、ある者は隊商宿に、ある者は親類の狭い家に泊まっていた。特に寒く雨の降る日に何日も委員会の建物の中で立っているのは〔辛いことであった。〕なぜなら、多くの人々は請求が片付くまで三か月待っており、最初の一部を現金で受領するまでさらに一月が必要であったからである。彼らが様々な心配に苛まれて涙を流すのを、貴方は何度見たことだろう。ある人は、自分を知っていて、商売稼業や家具や夫人の衣類について証言してくれる人がいなかった。こうしたことができない者は、委員会の見解に任せることになった。彼には運に従ってある金額が認定された。ある人は見ず知らずの土地に家族を残し、厳しい生活を送っていた。この二つの病には治療法がなかった。なぜなら、このような問題の審理方法は手探りであったため、遅滞が避けられなかったからである。しかし天の配剤によって委員長は笑顔の人格者であり、信頼できることで有名で請求実現を容易にするいろいろな方法を見出していた各委員の意見を受け容れていた。特に二人の委員、アントゥーン・エフェンディー・〔アッ〕シャーミーとディミトリー・エフェンディー・シャルフーブ[95]は非常に信用されており、キリスト教徒の利益が不当に害されず、また政府に損害の発生しないように配慮していた。もし我々が簡単に説明した幸運に当たることがなければ、第一に請求の終結が長引いたであろうし、第二に今キリスト教徒が受け取ったこの金額を受け取ることはなかったであろう。

焼失物件の調査については、二〔ママ〕名の調査官が任命され、その一名は調査官たちの長、シャイフ・リダー・エフェンディー・アルガッズィーである。〔他の〕二名は〔キリスト教徒地区の〕南地域の長、サイード・エフェンディー・アルウストワーニーと、北地域の長、ダルウィーシュ・エフェンディー・マンジャクである。各地域には検分に赴くキリスト教徒の調査員がいて、その中には建築技師や調査や記録を行う者がいた。ユーハンナー・シャルフーブ、ミーハーイル・アブー・シャナブ、ジブラーン・シャブティーニー、イブラーヒーム・ハブラーの各氏と、ユースフ・ワルデ、ユーハンナー・ガナージェの各技師がそれである。彼らはその場所の地面を計測してから建物の様子を検分し、伝聞あるいは彼らの検証によってその装飾を見積り、すべての建物について石造か煉瓦造か漆喰の塗壁かを推測し、もし大理石の敷石があればそれを見た後で一軒一軒それぞれの価額と造作の質と費用の細目を記録した。彼らはこのようにして、手にした法規に従いその物件が災厄の前にもし売却されたとすれば実現した金額を調査し、記録した。その後その金額〔の記録〕を持って最初にいたところに戻り、最後に文書を作成して委員長を含む全員が署名捺印の上、我々が述べたキリスト教徒の代表がいる委員会に提出した。そして物件の所有者が呼び出されて、彼の所有する建物の価額の調査結果に同意するか尋ねられた。その時点で彼は金額の四分の一を現金で、四分の一を物件の建築に必要な木材の現物で国庫より受領するのである。そして残りの半額は物件の〔進捗〕状況に合わせて分割支給される。最初の分割支給額は四五日目に受給権が発生する。〔所有者が〕権利証書に受領申請書を添えて提出すると、直ちに支払命令が出される。先にキリスト教徒の委員会が略奪品を記載して署名し所有者に与えた書面による受給分は、以前の受給分に続き支払中断を経て全額が得られることになった。

先に我々が簡単に記したアレッポの騒乱を前例になぞらえて、キリスト教徒には政府が後になって残額を支払わないのではないかとの懸念が増大したため、請求額の四分の一を得た人は残額分を売却しようとした。これらの売物には欧州人キリスト教徒やユダヤ教徒など大勢の人が集まり、哀れな人々から〔権利証〕を買って一〇〇〔キルシュの額面〕につき六〇〔キルシュの代価〕を支払っていた。〔取引価格は〕徐々に八〇〔キルシュ〕に達して日々上下し、人々は機会を窺って〔権利証を所有者から〕買い取った。調査の初めの段階で〔権利証の〕取引は上昇相場になったが、〔権利者が〕受給する段になって政府が支給額の割引を命じ、一〇〇〔キルシュの額面〕につき八〇キルシュを支払うようになった。すると〔所有者が〕請求権を一〇〇〔キルシュ〕につき六〇か七〇〔キルシュ〕で売却したものは、〔その権利証に対し〕一〇〇キルシュにつき八〇〔キルシュ〕が支払われるようになった。すると請求権〔の相場〕は略奪品であろうと焼失物件であろうと一様に半額に下落してしまった。

業種別請求、つまり手仕事によって生計を立てている各種の職人については、その請求が五〇〇〇キルシュまでの者はそれ以外の者と手続が異なっており、全額を受領した。五〇〇〇〔キルシュ〕を超える者は五〇〇〇〔キルシュ〕を得た後で、超過額が三分割され、四か月目毎に三分の一を受領した。これらの人々のすべてとは言わないがほとんどは、彼らの請求権を売却した。なぜなら、貧しい人の頭で考えつくことは仲間と同じで思慮を欠いており、その多くは請求金額の代価を得ると皆すぐに、以前欲しかったが貧困のため入手できなかった安物の衣類その他に眼を向けたからである。そして代償の金を得てから一年すると、その人にもその妻にも〔金は〕なくなっており、哀れな人は元の貧窮状態に戻ったのであった。それは我々が述べたように、彼らの発想に従って行動したからである。

所有者の手元にある権利証書に関しては一律の決定によって、特別委員会の委員長の判があるあの権利証書の代わりに、仏語で「コンソリーデ」と呼ばれる政府の約束によって安全性が保証された、政府が印刷発行する証券と引き替えられることになった。そしてこれら〔国庫債券〕は四年間までの支払猶予が与えられており、三か月毎に全部の中から番号が抽選されるのである。抽選に当たった者は現金が猶予期間〔の利息〕と共に支払われる。〔利息は〕経過期間が一年間で一〇〇キルシュにつき六キルシュ〔の割合〕である。抽選に当らず、当る時まで待っていた者にも同様に過去の猶予期間〔の利息〕と共に支払いがなされる。これが決まった時、権利証書の〔相場〕価格は一〇〇〔キルシュ〕に対し八四キルシュにまで達した。権利証書を売却によって手放すことのなかった人々は、売却した人々よりある程度状況が改善した。

先に我々が述べた通り、キリスト教徒地区の周辺部でイスラーム教徒地区の方角にあり焼失しなかった家屋については、政府が棟梁を派遣してその少し破損していた部分を修繕した。そして〔それらの家屋に〕キリスト教徒の一部を移転させるようにした。それは、イスラーム教徒がキリスト教徒の入居している自分たちの家を返還するよう求める動きが生じ、政府に対する要求が長引いているうちに、大規模な混乱が発生しそうになったからである。そのため、焼失物件の価額の最初の支払いを受けた人はイスラーム教徒の家屋から出なければならなくなった。家がなく、略奪品価額の一部支払いを受けた人もまたイスラーム教徒の家屋から出ることになった。その時、キリスト教徒は家賃〔の支出〕によって困窮し、苦労するようになった。このことは各宗派の礼拝施設や子供たちの学校が入居していた家屋には適用されず、これらはその宗派の礼拝施設が少数ではあっても建設されるまで残存しており、その時点でそこへ移転した。

キリスト教徒は、自分たちの土地に建物を建て始めた。少数の人々はダマスクスでのさらなる待機を余儀なくされていたが、〔この様子を〕見て明日のための準備を整えるのだった。中には自分の家の土地を他人に売って、余所へ旅立った人もいた。なぜなら建築の棟梁、大工、石工の労賃は一日三〇キルシュに、人夫は〔一日〕一二キルシュに達し、建築の各種必要資材もまた高騰したからである。

一八六三年一二月、全請求の受理は締切られた。ダマスクスのキリスト教徒の全補償額を、焼失物件の価額および支給された各種費用により集計し、前と同様年間の休業補償を支給額で見積って計上した。

キース	
二二七〇〇〇	略奪品及び焼失物件の立証を経た請求により発給された権利証書の価額
九七〇〇〇	分配された救恤金、麺麹や衣類の価額
三二四〇〇〇	

〆て三二万四〇〇〇キース、ダマスクスのキリスト教徒が受け取った総額をここに明示する。ただし救恤金として受け取った費用は概算である。フランシスコ会修道院の請求四〇〇〇キースやその他若干額のように、イスタンブルの国庫から支払われたものもまた存在するからである。上記を修正すれば説明した事項に合致している。ここまででこの件について我々が記してきたことは十分であろう。

本書は一八六四年三月に完成した。私は読む人、聴く人に私が生きていても死んでいても、私に対する神の御慈悲が与えられるよう祈って頂きたいと願っている。何故なら、神の栄光とこれら諸州に居住するキリスト教徒同胞の幸福のみを〔願い、〕変転極まりないこの世の流転によって来たるものから護られるために、これまで提示された見聞の全体を私が集めてみると、これは少なからざる量となったからである。神がこのような〔災厄を〕再びお許しにならず、これら諸州で全き自由を享受している人々が平安なる時代をもたらしてくれるよう〔願っている。〕マルヤム〔マリア〕様、神の栄光を讃えつつ、ダマスクスのキリスト教徒や他の同胞たちがキリストの名によって呼ばれていることをもって敵対者より蒙ったことについて、貴女様の〔救いが得られんことを。〕そして理不尽にも殺害され殉教した人々の魂のため、我々は至高なる神に我々すべてを憐れみ給うよう願うものである。アーメン。

註

（1） マタイ伝二四章九節。
（2） ヨハネ伝一六章二節。
（3） 原文一語欠。
（4） 一八三八年。

（5）一八五二年、ドルーズ派は徴兵の対象に加えられたことを理由として叛乱を起こした。「政府の有力者ムハンマド・クブルスル・パシャ」に比定されるのはクブルスル・メフメド・パシャ（Kıbrıslı Mehmed Emin Paşa 一八一三／一四―一八七一。アラビスタン軍司令官、一八五一―一八五三）である。

（6）一八六〇年六月一一日。Churchill, *The Druzes and the Maronites*, pp. 174-175.

（7）Georg Pfäffinger　駐ダマスクス墺国領事。

（8）ミーダーン地区の南端。「神の門」の意味で、メッカへの巡礼はここを通って出発した。

（9）日の出から昼の時間を計る「アラビア時間」である。当日の「アラビア時間七時」は正午頃に相当する。

（10）洗礼者ヨハネを指し、イスラームにおいても預言者の一人とされている。クルアーン一九章一二節などに言及がある。

（11）挽き割り小麦の皮に肉餡を詰めて茹でた水餃子のような料理。

（12）シリアでは一オッカ＝一・二八二キログラム。

（13）アラビア語ではそれぞれ「地区」＝qism; thumn（八分の一）、「街区」＝ṣā'iḥ、「居住区」＝ḥārah、「路地」＝dakhaleh、「家屋」＝dār; bait、「居室」＝maskan という単語が用いられている。

（14）ルーム・カトリック教会内部の暦法論争の結果形成された、正教会への復帰を指向する分派。Fortescue, *The Uniate Eastern Churchs*, pp. 221-222.

（15）一リラ（金六・六一四六七グラム）＝一〇〇キルシュ、一キルシュ＝四〇パラ。一八四四―七八年、金銀両本位制の下で一リラは純度二二／二四の金七・二一六グラム、一キルシュは純銀一・〇グラムと定められた上で、一リラ＝一〇〇キルシュで交換された。İnalcık (et al., ed.), *Econimic and Social History*, p. 972.

（16）アブドッラー・アルハラビーの呼びかけに応じて駆けつけたサーリヒーヤの住人は、約五〇〇人であったという。al-Usṭuwānī, *Mashāhid wa-Aḥdāth*, p. 175.

（17）Michel Lanusse　駐ダマスクス仏国領事事務代理（兼ベルギー副領事）。

（18）各家屋の門扉外側には金輪が取り付けてあり、来訪者は金輪を使って扉を叩き、中の人に知らせるようになっている。

（19）「キース」は袋を意味し、財政など嵩高な金額を扱う際の単位。一キース＝五〇〇キルシュ＝五リラ。

（20）ベルギー国王レオポルド二世（一八三五―一九〇九、在位一八六五―一九〇九）が皇太子時代の一八五五年四月にダマスクスを訪問したことを指すと思われる。Rappoport, *Leopold the Second*, p. 75.

(21) いわゆる「ダマスクス事件」への言及である。一八四〇年、カプチン会のトゥーマー神父と従僕イブラーヒーム・アマーラが行方不明となり、後に両名はダマスクスのユダヤ教徒によって儀式的に殺害されたとされた。ユダヤ教徒側は否定している。本文に一八三五年とあるのは記憶違いであろう。

(22) Ratti-Menton, Benoît Ulysse-Laurent-François de Paule, Comte de.（一七九九―一八六四）駐ダマスクス仏国領事。

(23) マタイ伝六章一二節。

(24) 「妬む神」の表現は、出エジプト記二〇章四節、申命記四章二四節にみられる。

(25) ベイルート北東約一五キロメートルに位置するアイン・トゥーラのマール・ユースフ修道院には一八三四年学校が開設され、仏・伊語で教育が開始された。

(26) ディーマースはダマスクス北西約三〇キロメートルの町。公館（Konak）はオスマン帝国政府により建設された居住・迎賓施設。

(27) 墺国人のフランシスコ会神父・教区補佐 Engelbert Kolland（一八二七―一八六〇）のこと。一八五五年よりダマスクスに居住した。「天使の神父」（Abūnā Malak）とは名前に由来する彼の愛称である。

(28) ラザリスト修道会は、一六二五年、ヴァンサン・ド・ポール（Vincent de Paul 一五八一―一六六〇）がパリに設立した修道士の組織。一七三九年にはイエズス会に代わってレバノン山での宣教を担ったが、一八三一年にイエズス会がシリアでの活動を再開した後は、イエズス会修道士の活動基盤となった。「マンスール」は Vincent の意訳、また「アーザーリー」はラザリストの音訳である。

(29) シリアでは一ロトル＝三・二〇二キログラム。

(30) ローマ人への書簡一二章一五節。

(31) 本書簡はアラビア語で印刷・配布された。英文は下記の文献に収録されており、内容は本書引用のアラビア文とほぼ一致している。ただし、シリアの婦人たちからの返簡は掲載されていない。Tristram (ed.), *The Daughters of Syria*, pp. 73-77. トンプソン夫人（Susette Harriet Smith, 一八二二／二三―一八六九）は一八六〇年一〇月にベイルートに到着し、一八六九年までレバノン山、シリアで学校開設などの慈善事業に従事した。一八六二年には初めてダマスクスを訪問している。

（32）マタイ伝二章一八節、エレミア書三一章一五節。

（33）ヨハネ伝一六章二節。

（34）ムアンマル・パシャ（Muammer Mehmed Paşa 一八一二―一八七五）はアイドゥン州総督であったが、解任されたアフマド・パシャの後任としてダマスクス州総督に任命された。ダマスクス到着は一八六〇年七月一六日。Süreyya, *Sicill-i Osmanî*, vol. 4, p. 1095; al-Usṭuwānī, *Mashāhid wa-Aḥdāth*, p. 176; *The Times* (London), 6 August 1860, p. 6; Fawaz, *An Occasion*, p. 135. ビータールによれば、ムアンマル・パシャのダマスクス州総督退任は一八六〇年一一月一日である。al-Bīṭār, *Hilyah al-Bashar*, vol. 1, p. 270.

（35）事件発生直後のオスマン帝国の反応について、ビータールは次の通り記録している。四〇〇〇人の兵を率いた新総督ムアンマル・パシャのダマスクス到着（一八六〇年七月一五日。この日ムアンマル・パシャはダマスクス郊外に宿営し、市街への入城は上記の通り翌一六日）、前総督アフマド・パシャのベイルートへの移動（七月一八日）、ハーリド・パシャのダマスクス到着（七月一九日）、フアード・パシャおよび新軍司令官アブド・アルハリーム・パシャのダマスクス到着（七月二九日）。al-Bīṭār, *Ḥilyah al-Bashar*, vol.1, p. 267.

（36）一八六〇年八月一日に発生した部分月蝕への言及である。

（37）フアード・パシャによるダマスクスの名望家招集は一八六〇年八月二日。al-Bīṭār, *Hilyah al-Bashar*, vol. 1, p. 267.

（38）ダマスクス市街の軍隊による封鎖は一八六〇年八月三日。*Ibid*., vol. 1, p. 267.

（39）Hurşid Mehmed Paşa 一八一三―一八八二。サイダ州総督、司法卿、アンカラ州総督。Süreyya, *Sicill-i Osmanî*, vol. 2, p. 680.

（40）Mehmet Rüşdi Paşa（Şirvanizade, 一八二八―一八七四）ダマスクス総督（一八六三―一八六五）、シリア州（サイダ州統合）総督（一八六四―一八六五）、大宰相（一八七三―一八七四）。Süreyya, *Sicill-i Osmanî*, vol. 5, p. 1406. 特別法廷長官を務めた後、キリスト教徒の略奪品および焼失物件を調査する委員会の委員長に任命されている（本書六三三頁、MS Mishāqah, *al-Jawāb*, p. 371; p. 373.）。

（41）*The Times* (London), 28 August 1860 は、八月八日として処刑と事実関係を報じている。

（42）アイルランドの長老派教会宣教師 William Graham のこと。*The Times* (London), 3 September 1860, p. 8. オスマン帝国政府により二万キルシュの遺族年金が支給された。The National Archives TS18/428.

(43) 蟹は体を冷やす食物という趣旨か。加えて蟹の鋏を真似て、相手に斬りつける意味であろうか。
(44) ナキーブ・アルアシュラーフについては、第五章註1参照。当時ダマスクスでこの称号（代行）を有していたのは、アフマド・エフェンディー・アルアジュラーニー。Edwards, *La Syrie*, p. 403.
(45) 一部不明。ムラーディー家によるターヒル・エフェンディーの買収は割に合わなかったという趣旨か。
(46) コリント人への第一書簡一章二〇節、一章二六節参照。
(47) ベイルートに避難したキリスト教徒には、一二日ごとに二〇キルシュ（＝八〇〇パラ）が支給されたのである。『シリアの嘆息』（本書四六二頁）参照。
(48) アクーバルはダマスクス北東約三〇キロメートルにある村。
(49) この一文は読者に対する呼びかけ。その後に再びアクーバル村出身の男に対する呼びかけに切り替わる。この後にも読者に向けられた文章が交錯する箇所がある。
(50) 伝道の書一〇章五―六節。
(51) 一八六〇年一〇月一九日。
(52) シリアでは一キンタール＝二五六・四キログラム。
(53) ファアード・パシャと五か国代表団との初会合は、一八六〇年九月二六日である。Fawaz, *An Occasion*, p. 199.
(54) ベイルートに現れたドルーズ派の長老たちが投獄されたのは、一八六〇年九月二一日であると報じられる。*The Times* (London), 6 October 1860, p. 10. 同記事によればファアード・パシャは二一日、レバノン山のドルーズ派長老一四名（本文の一三名の他、シャイフ・フサイン・タルフークの親類であるアスアド・タルフークを加える）、キリスト教徒長老一七名を招集し、会議終了後にドルーズ派長老のみを拘束したという。しかしアブカリオスは本文と同様、ファアード・パシャとの面談を求めて現れたドルーズ派長老がその場で拘束されたと記録している。Scheltema, *The Lebanon*, p. 157.
(55) 英国王宛嘆願書は、訳文が記録されている。ただし一八六〇年一一月二〇日付である。Petition, Incl. 2 in No. 220, *Correspondence*, pp. 275-276.
(56) 政府によるダマスクス近郊のドルーズ派の村の掃討は一八六〇年一二月三〇日。al-Bītār, *Hilyah al-Bashar*, vol. 1, p. 275.
(57) ファアード・パシャによるダマスクス市内の武器回収の命令は一八六〇月一〇月二三日に出された。*Ibid*., vol. 1, p. 270.

(58) ハッスィーヤーはホムスの南約四〇キロメートルの村。

(59) アレッポにおける一八五〇年の騒乱。

(60) Александр Михайлович Горчаков（一七九八―一八八三）外務大臣（一八五六―一八八二）

(61) Павел Дмитриевич Киселёв（一七八八―一八七二）駐仏大使（一八五六―一八六二）

(62) ベイルート北方約八五キロメートルの町。

(63) 一八六一年四月一〇日。

(64) 一キルシュ＝四〇パラの換算により、この合計となる（日額）。

(65) Édouard-Antoine Thouvenel（一八一八―一八六六）駐オスマン帝国大使（一八五五―一八六〇）外務大臣（一八六〇・一―一八六二）。

(66) Charles Jean Martin Félix, marquis de La Valette（一八〇六―一八八一）駐オスマン帝国大使（一八六〇―一八六一）。

(67) Âlî Mehmed Emin Paşa（一八一五―一八七一）代表的な改革派政治家であり、一八四六―七一年に大宰相を五回、外務卿を八回歴任した。Süreyya, *Sicill-i Osmanî*, vol. 1, pp. 269-270.

(68) 本文は、正教会アンティオキア総主教座（現所在地ダマスクス）所蔵文書DAM76（表紙にヒジュラ暦一二七七年の日付がある全一二頁の冊子）の前書部分に対応している。総主教座文書には以下一八条に上る細目の記載があるが、本書では省略されている。なお総主教座文書の所蔵記号は、下記の目録による。*Maḥfūẓāt Baṭriyarkīyah Anṭākīyah*, vol. 1.

(69) スルターン・アブド・アルマジード〔アブデュルメジド一世〕は一八六一年六月二五日結核で崩御した。

(70) ザグルードとは、アラブ女性が祝意を表現するため舌先を震わせて発する甲高い叫び声のこと。

(71) Emin Mehmed Paşa（Müftîzâde, 一八七四年没）ダマスクス総督（一八六〇―一八六一）Süreyya, *Sicill-i Osmanî*, vol. 2, p. 478. ビータールによれば、ダマスクス着任は一八六〇年一二月三一日。al-Bīṭār, *Ḥilyah al-Bashar*, vol. 1, p. 275.

(72) バダル課徴金と同義である。「ニザーミーヤ」はニザーム（Niẓām 正規軍）から派生した語。

(73) Mehmed Selim Sırrî Paşa（一七七一―一八三一）大宰相（一八二四―一八二八）、ダマスクス総督（一八三一・八―一八三一・一一）

(74) 一八二六年のイェニチェリ軍団解体に伴い（サリーム・パシャはその時の大宰相）、新制軍隊の財源を賄うために導入された税。「サルヤーン」ṣalyān とは、ペルシア語の「年」sāl に語源を有し、ダマスクスなど都市の商業施設に課税を図るものであった。

(75) 「約一万人の人々」というのは包囲していた群衆であろう。サリーム・パシャの従者の数は、一〇七人と伝える史料がある。al-Bāshā (ed.), *Mudhakkirāt Tārīkhīyah*, p. 30.

(76) 一八三一年のサリーム・パシャ殺害事件については、下記参照。Ṣāfī, Thawrah al-Dimashqīyīn, pp. 91-120.

(77) 事実関係の説明に一八一〇年の事件との混同がある。一八一〇年ダマスクス総督ユースフ・パシャが解任され、サイダ総督のスライマーン・パシャにダマスクス総督兼任が命じられた。ユースフ・パシャがダマスクスから退去しないため、スライマーン・パシャとバシール・アッシハービーの軍隊がダマスクス西方のジュダイダ・アルトゥーズでユースフ・パシャの軍隊と戦った。ユースフ・パシャは敗れてエジプトに逃れた。MS Mishāqah, *al-Jawāb*, p. 101; Qasāṭlī, *al-Rawḍah al-Ghannā'*, p. 85. 一方、一八二一年には、サイダ総督（アッカを拠点としていた）のアブドッラー・パシャとバシール・アッシハービーの軍隊がダマスクス総督ダルウィーシュ・パシャの軍とダマスクス近郊のメッゼで戦い、これを破っている。

(78) メッゼの合戦は一八二一年五月二六日。Churchill, *Mount Lebanon*, vol. 3, p.335. ミシャーカによればダマスクス側の戦死者は一二〇〇人以上、サイダ総督およびバシール・アッシハービー側の戦死者は約四〇名であった。MS Mishāqah, *al-Jawāb*, p. 186; Thackston (tr.), *Murder*, p. 134.

(79) 「タボル山の戦い」として知られるこの戦闘は、一七九九年四月一六日に行われた。

(80) 一八六一年六月九日にオスマン帝国と列国間で合意された「組織規定および議定書」により、レバノン山はキリスト教徒の知事（Mutaṣarrif）が統治する独立した行政組織となった。アルメニア・カトリック教徒であるダウード・パシャ（Կարապետ Արթին փաշա Տավուտեան 一八一六―一八七三）が初代知事（一八六一―一八六八）に任命された。

(81) マタイ伝一〇章二三節。

(82) イザヤ書一章一九・二〇節。

(83) 計算違いを補正した総額は二億二三九二万八〇〇〇キルシュであり、これは四四万七八五六キースに相当する。

(84) アラビスタン軍司令官はアブド・アルハリーム・パシャ（Abdülḥalim Paşa 一八一八―一八八六）であった。司令官在任は一八六〇・七―一八六三。Süreyya, *Sicill-i Osmanî*, vol. 1, pp. 111-112.

(85) スワイダーの北方約二〇キロメートルの村。
(86) 出エジプト記二〇章一二節、申命記五章一六節、マタイ伝一五章四節、マルコ伝七章一〇節。
(87) 出エジプト記二一章一七節、マタイ伝一五章四節、マルコ伝七章一〇節。
(88) マタイ伝二二章二一節他、ペテロ第一書簡二章一三、一四、一七節。
(89) 総主教座文書DAM77。本書にその全文が引用されている。
(90) ドルーズ派の後ろ盾となっていた英国の同意が得られなかったことを示唆するのであろう。ドルーズ派の頭目の一人、サイード・ベイ・ジュンブラートは一八六〇年九月ベイルートに出頭して捕縛された際、洋装し英国領事に贈られた拳銃で武装していたと伝えられる。*The Times* (London), 6 October 1860, p. 10.
(91) 国際決済手段であったスペインの八レアル銀貨には、その片面にジブラルタル海峡の両岸に立っていたというヘラクレスの双柱が表象されている。これには純銀が約二五・六グラム含有されており、八万リヤルを換算すれば約二〇五万キルシュに相当する。この金額は本文献末尾に記載されたフランシスコ会修道院の補償額四〇〇キースにほぼ合致する。İnalcık (et al., ed.), *Econimic and Social History*, p. 964.
(92) マフムード二世（在位一八〇八―一八三九）。
(93) 「上衣の裾」(etek) への接吻とは、臣従を示す象徴行為である。
(94) 総主教座文書DAM81。本文献にその全文が引用されている。細部に一部異同がある。
(95) アントゥーン・アッシャーミーの邸宅は三万リラ（三〇〇万キルシュ）の建築費をかけて一八六六年に再建されたと記録される。また、ディミトリー・シャルフーブの邸宅も二万六〇〇〇リラ（二六〇万キルシュ）の建築費により同年竣工した。Qasāṭlī, *al-Rawḍah al-Ghannā'*, p. 96.

『シリアの嘆息』（アラビア語原文）

写本について

『シリアの嘆息』*Tanahhudāt Sūriyā*

（1） 正教会アンティオキア総主教座所蔵本（底本　校訂註の略号＝D）

The Orthodox Patriarchate of Antioch MS 189 (No. 9)　18葉

原著者不明，ただし同写本 18v. に別筆でジブラーイル・ミハイール・シャハーダ・アッディマシュキー作と記載。末尾に本文と同筆で「西暦1861年 2月1日」（グレゴリオ暦1861年2月13日）の日付あり。同様に同筆で，「著者の草稿から東方暦1861年9月21日（グレゴリオ暦1861年10月3日）に筆写を開始し，東方暦同23日（グレゴリオ暦同10月5日）に完成した」との原註あり。

ディミトリー・シャハーダ（Dīmitrī Shaḥādah）旧蔵。原本は紛失したが，バラマンド大学図書館にマイクロフィルムが保管されている。

参考文献：*al-Makhṭūṭāt al-ʻArabīyah fī Maktabah Baṭriyarkīyah Anṭākīyah wa-Sā'ir al-Mashriq l-l-Rūm al-Urthūdhuks,* Beirut, 1988, p. 32.

（2） ベイルート・アメリカン大学所蔵本（校訂註の略号＝B）

American University of Beirut MS 956.9: T16A: c.1　20葉

イーサー・イスカンダル・アルマアルーフ（ʻĪsā Iskandar al-Maʻlūf）旧蔵

（3） ハーヴァード大学所蔵本（未完　校訂註の略号＝H）

Houghton Library, Harvard College Library, Harvard University MS Arab 1　40葉

後半を欠く。頁番号1～80のみ現存。イーサー・イスカンダル・アルマアルーフ筆写。アイザック・ホール（Isaac Hollister Hall）旧蔵

参考文献：Mrislav Krek and Leslie A. Morris, Arabic Script Manuscripts in American Institutions, *MELA Notes*, no. 63 (Spring 1996), pp. 53-54.

（4） ベイルート・サン・ジョセフ大学所蔵本（未完　校訂註の略号＝SJ）

Bibliothèque Orientale, Université Saint-Joseph de Beyrouth MS 66.

別題で目録登載（Anonymous, *Aḥwāl al-Naṣārā baʻda Ḥarb al-Qurim*）　8葉

本文冒頭及び末尾を欠く。頁番号17～32のみ現存。

校訂に際しての註

（1） 校訂文中の記号 * は底本の各葉表裏の末尾を示す。

（2） 同じく記号 ** はハーヴァード大学所蔵本の最終葉を示す。

（3） 校訂文では原写本の表記を極力尊重したが，古典文法との乖離がみられる一部は修正した。

تنهدات سوريا[1]

ان مقصودي بهذا التاريخ ان أذكر حال سوريا في هذه السنة على الخصوص، وأعد القارئ بان أقدّم لملاحظته ما يلخّص له حال هذه البلاد في الماضي والحاضر، ولكن ليس ثقة بنفسي أستطيع ان أذكر سوء حال سوريا هذه السنة تماماً وتفصيلاً، بل مهما استطعت ان أذكره، فهو ليس الاّ بمنزلة الصدى من الصوت الحقيقي او كرمز غامض بالنسبة للمرموز اليه، لأن المصائب التي تكبّدها المسيحيون سابقاً والتي حلت بالمسيحيين تفوق التصديق.

ان وجه التاريخ [منذ القديم للآن لم يُعهَد انه تسخّم][2] بذكر قومة دموية افترائية جامعة لكل نوع من القساوة والشر بمثل ما تسخّم[3] الآن بمعاملة الدروز والاسلام (بل بالحَري، بمعاملة الدولة) للنصارى، [وقد ظهر منهم من القساوة ما يستلين قلب الوحش الكاسر، قد ظهر من الغدر والخيانة ما تستمجّه البربر،][4] قد ظهر من الاهانة والاحتقار بشعائر الدين ما لم يسمع قط بمثله، وقد ظهر من الظلم والافتراء ما يستنجد مروءة مَن له ادنى ذرة من العدل، قد ظهر من كلام السفه والافعال الفظيعة ما يستحي القلم بذكره، قد ظهر من هتك حرمة النساء والبنات ما يغيظ الحجر الاصمّ فضلاً عن الانسان الطاهر ذي العرض الشريف، قد ظهر من الدمار والدثار والحريق وسفك الدم ما جعل سوريا مملكة نسائية اطفالية فقيرة مكسورة مداسة حزينة ميؤسة، نعاجٌ قلائل بين اقوام تجرَّدوا عن الصفات الانسانية، بين اناس فخارهم التي يهذون بها والتي تُقربهم الى الله سفك الدم، بين اناس مديحهم الذي يجعلونه محطات كلامهم ان دينهم قام بالسيف، بين اناس شر[5]* قلوبهم لا يجعل احدهم

ان يأتمن اخاه على رؤية امرأته، بين اناس أجَلُّهم قدراً ومهابةً يستبيح ذكر مما لا يليق ذكره.*

وقبل ان نأتي الى ذكر هذه الحوداث، يليق ان نذكر حالة سوريا قديماً وعلى كل حال لا يُؤمَل مني في هذا التاريخ المختصر ان أذكر تاريخ تلك الازمنة المظلمة[6] على وجه تفصيلي، اذ ان من المعلوم ان تاريخ الاعصُر المظلمة مظلم ايضاً. ولكن على كل حال يبقى للآن ممن كانوا عائشين في ختام ذلك العصر الذين كانوا يطوّبون زماننا ونصيبنا شاكرين لله بدموع[7] الفرح على تمتعنا بالراحة. ويذكرون لنا الحوادث الكثيرة التي كانت تلطمهم جميع اطوار حياتهم، فمنهم من مشاهدة آثار تلك الحوادث وندور وقوعها في زماننا، ومن مقابلة احوال بلدة لم تزل للآن على مسراها القديم مع بلدة قد اضطر اهلها للمظاهرة بالابتئاس ومن العهدة التي اخذتها على نفسها النصارى التي جُلّ معناها اذلال النصراني نقدر ان نصف كيف كانت حالة اجدادنا المرحومين.

ان الاحكام كانت مخيفة جداً وكانت مطلقة التصرف بحيث كانت الحكومة تجعل قصاص الذنوب ما تستحسنه، وكان ذنب النصراني يستدعي ارهب قصاص ان لم يبادر بتبريد غيظ الحاكم بالرشوة، فوالدانا يعهدان شنق ثلاثة شبان مسكوا عند امرأة مسلمة (ويقال انها استحضرتهم بحيلة) وهذا كان بموجب الشريعة المسطورة، فماذا يُظن حينئذ انه كان يظهر من اولائك الحكام في قصاص النصراني، وماذا يُؤمَل منهم ولا يبرح من ذكر القارئ ذلك الجمهور المخيف المتكبر المطلق التصرف أعني وجاق الانكشارية الذي كان فزعة لكل ممالك الارض* وكذلك وجاق القَبيقول.[8]

فكانت الانكشارية تفعل ما تريده غير مكترثة بحكومة او بشريعة، فقد يكفي لتسكيت اهل البيت وتخويفهم ان يقال انكشاري يمر

بالحارة، وكان كل من الحكومة والرعية والانكشارية يسطو على اموال النصارى.

فالحكومة مرات كثيرة كانت ترسل تطلب من النصارى عدا المغارم المضروبة عليهم* كالخراج ونحوه بعض اموال على سبيل القرض او سبيل آخر، فكانت النصارى تُجبر وتُجرّ في الاسواق وتُهان وتُحبس الى ان تؤدّي ما طلب منها. وكذلك بعض الاحيان كان يقوم بعض طغاة من الرعية فيطلبون من فلان كذا مبلغاً وان لم يؤدّه فيكون عرَّض نفسه للهلاك. كذلك كان [يكون رجل نصراني يمر] [9] فيَراه مسلم فيقول له اعطني ثمن عرق عشرة غروش، فكان النصراني يؤدّي ذلك بكل سكوت.

اما الانكشارية فكانوا كما قلنا رعبة للنصارى،[10] فكانوا يهجمون على البيوت على امل ان البيت الذي يجدون فيه عرقاً يحرقونه في نفس الوقت الذي كانوا يلزمون النصراني يشتري لهم ذلك. ولهذا كانت تتظاهر النصارى بالفقر بتصرفاتها.

وقد بلغ من احوال النصارى التعيسة ان يكون مسلم مستعص يجلس على تخت او كرسي في حارة النصارى، ولما يمر ولد جميل كان يسخّره ان يؤدّي الى بيته شيئاً من الخضرة او خلافه، ثم يلحقه ويجذبه غصباً. ولم يكن للنصارى من يد تزجر ذلك عنهم، ولذلك كانت تكذب النصارى على اولادهم بالتفزيع لئلا يخرجوا. وقد ذكر انه مرات كان يرى احدهم امرأة جميلة، فكان يقول لها انا أجي اليكم الليلة، او كان يقول* ذلك لرجلها، ولم يكن للنصراني حيلة للمدافعة الا بالتجاء الى مسلم آخر لكي يترجاه ان يعفو عنه، فكان يعفو على شرط كذا مبلغاً. وقد بلغ من سوء حال النصارى ان شيخ الحارة كان يمضي الى بيت العرس ويأمر ان يفرش له قبل ان يفرش للعريس، ولذلك كانت النصارى تحافظ على بناتها بالتبرقع والحجز.

قد كان واجب لكل نصراني ان يكون له مستنداً واحدٌ من الاسلام، وبدون ذلك يكون هدفاً لسهام كل مسلم. فحينما كان يتعرض احد له كان يقول اخر هذا متكيس بكيس فلان، او كان يقول هذا نصرانيّ اتركه، وكانت النصارى تستعطف [حماية] اولائك المسلمين بالهدايا، بالمواسم، بالدراهم والملابس والاطعمة. وقد كانت النصارى مذلولة في كل تصرفاتها، فكان يندر ان يمر نصراني في حارة الاسلام بدون ان تتجند له الاولاد ويلحقونه ويصرخون له نصراني نصراني* كلب عواني، وبعض الاحيان كانوا يرجمونه، وكان يندر ان ليلة لا يدخل بكآبة الى بيته ويقول دحرجوا [عمامتي عن رأسي][11] فوق الوسخ وضربوني على رأسي مستهزئين بي.
كان المسلم يرمي صرمايته من دكانه، ولما يمر نصراني يقول له هات لبسني الصرماية. وقسيس النصارى كان اعظم موضوع عندهم للاستهزاء وكان [يحاذر] المرور بينهم. ثم ان الاسلام يعتقدون ان المجانين اصحاب ولاية من* لدن الله فيتباركون منهم ويعلمونهم على ضرب النصراني، فهؤلاء هم اعظم مفزع للنصراني بحيث احدهم عندما يشار اليه ضد نصراني او كما تعوّد حينما يرى نصرانياً يثور ويضرب النصراني بما يتيسر له ضرباً مميتاً او معطباً، والنصراني لا يقدر ان يتكلم مطلقاً ولا يقدر ان يشتكي لئلا يجعل نفسه عدواً لكل الاسلام.
ثم ان النصراني [كان] لا يجوز له ان يركب كلياً، وكانت النصارى عندما تسافر تخرج العائلة كلها ماشية الى خارج البلد حتى تستطيع ان تركب، وكذلك كانت تنزل قبل دخولها، ولو تجاسر احد وتخطّى هذا القانون، كان يقلب من على ظهر بغله او حماره (ولا أقول فرسه لأن ذلك كان امراً محالياً.) وكانت النصارى تحاذر جداً في معاملتها مع الاسلام كل ما يحرك غيظهم. [12] فكان النصراني في طلبه حقه من المسلم كالمتسول، فكان يقف على المسلم ويقول له: الله

يصبّحك بالخير يا سيدي، فالمسلم كان يجيبه او لا يجيبه، ويقول: قف هناك جانباً، وكان يطول وقوف النصراني ولا يتجاسر ان يكلمه ثانية، ولكن احياناً كان يقول له: يا سيدي ان كنت تريد اصرفني، فكان يجاوب المسلم حسب حالته الوقتية، أعني ان كان راضياً كان يضحك على النصراني ويقول له: اي اي أظن انت جايي تطالبني، لك عندي مصاري تعال هات طيارة، او كان يقلب له لفته ويقول: بكرة تعال، فكان النصراني يغترّ بهزلة ويقول له: يا سيدي دخلك انا محتاج للدراهم، كان يقول ايضاً: ولك معلم ما قلت لك تعال بكرة، ولو كرر عليه لقال له: يلعنك كافر، قلت لك بكرة،* ولو جاء بالغد لاحتج عليه بكرتَ اضحيتَ روح ارجع، [وهل كان] شحاداً متسولاً؟*

فكانوا يستسلمون بالمغالطة مثل يقول: اللهم أمِتْني الخ، وكانت الاسلام تجتهد على استسلام النصارى، فكانت تقيم عليهم الدعاوى الباطلة التي كانت توجب عليهم القتل الذي لم يكن لهم من شفيع الا الدخول في الاسلامية، وكانوا يضايقون على اهل القرى في ارزاقهم حتى لم يبق منهم نصارى الا قليلاً. ولم يكن يقدر النصراني ان يرفع صوته في مخاطبته للمسلم (حسب شروط العهدة) ولو تجاسر على ذلك لشتموه وشتموا دينه وصرخوا يا غيرة الدين هل مات دين الاسلام، فيجتمعون عليه ويضربونه.

وكانت النصارى لا تقدر ان تتظاهر في شعائر الدين (حسب شروط العهدة) ولا يقدرون ان يعمّروا مدرسة او كنيسة حتى ولا على ترميم ما يتهدم من الكنايس. وكانت اذا دلفت الكنيسة كان يحوج الامر لاجل اصلاح سطحها الى تقديم الدعوى الى الحكم، وكان ينزل كشّافون من قبل الحكم ويتعللون حتى تمتلئ كفهم من الدنانير، فكانوا يُخرجون الفتوى بتطيّنها.[13]

[وكان لا يستطيع الافرنج ان يدخلوا الى البلاد، وكان اذا دخل احدهم يلتزم ان يتزين بالزي الشرقي، واحياناً كان يلتزم ان يغير اسمه مثل انه يسمى اسمه الشيخ ابراهيم..][14] ثم ان النصارى كانوا يلتزمون بان يلبسوا الكسوة[15] التي لا تشابه اكسام الاسلام لوناً وتفصيلاً (حسب شروط العهدة) وكانت احياناً تخرج اوامر بتصبيغ ألوان ملابسهم بالالوان التي تشير الى الذل والمضحكة، ولو ظهر خيط [اخضر] او ما يميل للاخضرار كانوا يضربونه ويأخذونه.[16] ثم ان النصارى كانوا على جانب* من الجهل الذي هو ثمرة العبودية، فكان الذين يعرفون القراءة والكتابة قليلين جداً، وكان أعلم انسان منهم من كان يعرف شيئاً من اصول الطب او اصول الدين، ووجود هؤلاء بغاية الندور، فلم يكن من يعرف علماً او لغة، [ومع ذلك فقد كانوا اصحاب دِراية ومتاجرة. واسباب معيشتهم* كانت ضيقة جداً بالنسبة للاسلام،][17] فلم يكن منهم من يسافر او يتاجر كما الآن، وكل اشغالهم كانت الصناعات اذ ليس لهم املاك (عدا نصارى القرى فقد كان لهم جانب صغير من الاراضي.) وكانت الاسلام تسلّم بعض النصارى الوكالة على ادارة نساجة الحرير نظراً لمعرفتهم الا انه على كِلا الوجهين سواء كانت الصناعة او الفلاحة، لم يكن منها الا اليسير، لان اصحاب الاراضي كانوا يريدون ان يتركوها او يهبوها بحيث يرتفع عنهم ميريها نظراً لكثرة المظالم التي كانت على الفلاحين، ومع ذلك فقد كانوا مهنايين بذلك اليسير نظراً لرخص المحصولات المفرطة اكثر من اهل هذا العصر، وكانوا اقل فقراً منهم.

ثم ان النصراني كان يلتزم دائماً ان يمشي على شمال المسلم بحيث اول ما كان يقابله كان يقول له: أشمِلْ او طَورِق أعني ان يمشي في طريق الدواب. النصراني محسوب عندهم كافر واقل شتيمة واكثر استعمالاً كافر، خنزير، صليبك الاعور، وبعض الاحيان بدون

سبب يلعنون النصراني ويحتسبونه غير مستحق ان يذكر بافواههم، وعند ذكرهم نصراني يقولون تكبر عن طاريه نصراني.
وكما ان الرجال يهينون الرجال كذلك نساؤهم يهنّ نساء النصارى ويشتمنهن في الحمائم وفي الحارات وفي كل مكان والرجال ايضاً.
قد كانت النصارى موضوع الارتجاف والهجمات والرعب والخوف والتخبية والذل والاهانة والبلص والشتيمة، فكانت هيئة* النصراني في مشيته ولبسه وبيعه وشرائه وتكلمه ذل في ذل، وكان ممتازاً عن المسلم بحيث لا يمكن ان يقع على كونه نصراني ادنى اشتباه.
ثم بقيت النصارى على هذه الحالة الى الوقت الذي عصت فيه الاسلام على السلطان وقتلوا سليم باشا في الشام،[18] فحضر ابراهيم باشا المصري لتطيعهم وحصل له فتح ونصر غريب بحيث لم يتكلف على اخذ بعض البلاد الا توجهه اليها* او حرب يسير عدا الدروز الذين في كل مدة حكمه لم يزالوا في حيز العصاوة والمحاربة الى اخر حكمه، ومع انه لم يقدر ينفذ فيهم اوامره ويقودهم الى الانقياد للطاعة الكاملة، كان ذلك لا يؤثر الا على راحة البلاد المجاورة لهم..
ولكن نقول بوجه الاجمال انه في مدة حكم هذا الوزير الظافر مع كثرة الفتوحات وصعوبة، ابتداء وضع قوانينه وترتيب الاحكام، وقصر المدة قد انتعشت البلاد وتمتعت بالهناء، وذلك بجمعه السلاح باذلال هذا الوزير عتاة هذه البلاد، واقتداره على مفسديها وقتله المستحقين القتل ايّا كان، وتطييع عربانها الذين يقال انهم اناس وحشيون، فالزمهم ان يفلحوا الارض ووقع رعبه في قلوبهم حتى ان واحدتهم كانت اذا ارادت ان تسكت ابنها تقول له يسمعك ابراهيم، وتحريمه الصارم أخذ الرشوة تحت قصاصات هائلة، فعمرت البلاد وراجت في ايامه الصنائع واخصبت الاراضي وتحددت الاسعار *وامّنت الطرقات حتى كانت تستطيع ان تسافر امرأة وحدها من بلد

الى اخرى بدون ادنى معارض، وظهر ان النصارى هم بنو آدم ايضاً ونظير المسلمين في الحقوق الانسانية وتوقف المسلمون عن مسراهم القديم الذي ذكرناه، فعمروا مدارس وكنائس وأخذوا يتقدمون في التعليم،* وحضرت قناصل وافرنج من كل نوع وسكنت في البلاد، وارتفع حق اليتيم والارملة ونامت الناس على أسِرّة الطمأنينة والهدوء والسلام.

ثم اذ كانت أخذت هذه البلاد في التقدم والتمدن بنحو سريع تبشرنا بانها ستنتظم عما قليل في سلك العالم المتنور، قامت الدولة الانكليزية وطردته من هذه البلاد وسلمتها للدولة العثمانية.[19]

ثم ان الاسلام العرب وان يكن بينهم وبين الاتراك المباغضة التامة الا انه بسبب ان ابراهيم باشا كبح جماحهم وألزمهم اغتصاباً ان يتركوا مسراهم القديم، ولانه كان يتخذ ابناءهم عسكراً له، كرهوه غاية الكراهية.* وفرحوا[20] بتولي الدولة العثمانية ايضاً على بلادهم، مؤملين ان يطلق لهم عنان التصرف كأزمنتهم السالفة، لكن املهم هذا قد خاب، فان الدولة العثمانية بسبب السياسة والمداخلة الكلية بينها وبين الاوربيين[21] قد اسست قوانين لرعاياها مبنية على وجه الحرية والعدالة، وتلك القوانين هي المعروفة بالتنظيمات الخيرية. اما الاسلام فلأنهم يكرهون كل مستجدّ كانوا يكرهون تلك التنظيمات، ولكنهم كانوا يحامون عن سلطانهم بان الدولة الانكليزية لم تأخذ له البلاد الا على شرط سنّته تلك القوانين، وكانوا يعتبرون ان الدولة الانكليزية منشأ الحرية في الدولة العثمانية، ولهذا يبطنون له البغض وان كانوا يظهرون سرورهم بها لاجل حمايتها له بقولهم ان السلطان والدولة الانكليزية اصحاب عهد.

وبما ان ابراهيم باشا مهّد البلاد وكان قد تخدّر الدم المحمدي في عروق الاسلام نوعاً سهّل عليهم ان يبقوا على مسراهم الحسن مع النصارى وايضاً بسبب اجتهاد الدولة على ذلك.

انما بالنظر الى ضعف هذه الدولة او الى سوء تصرف عمالها ساءت* احوال هذه البلاد، فاستيقظ الطغاة وظهروا، وتخربت الطرقات، ورجعت العرب الى ما بنيت عليه طباعهم من النهب والخطف، وكثرت الرشوة، وديست الحقوق، وتغالت الاسعار، وتقلقلت العملة، وبما ان الدواء الوحيد لسفك الدم سفك الدم، وبما ان الدولة رجعت هذا الامر لمشورتها حسب التنظيمات الخيرية كي لا يُقتل احد لاجل ذنب لا يستحق ذلك كما كان سابقاً. كان ذلك مطمعاً للقتلة، فكان بمماطلة المدة واستعمال الرشوة ليساوم طالب الدم وتموت الدعوى، وكان القاتل يقول انا اقتل فلاناً وأُحبس كذا مدة وأهرب، كثرت قُطّاع الطريق والمتبلصون وكثر* القتل ففي الطريق الفلاني كان فلان رابطاً والامير الفلاني عاصياً يتبلص اهالي القرى الفلانية.

وكانت العرب تخطف قافلة عظيمة بتمامها مثل ما جرى من مدة قريبة بالقفل البغدادي الذي غالباً يكون نحو ٣٠٠٠ حملاً. وكان المسافر يرتبط عن سفره شهراً وشهرين كي يتجمع القفل ويكون فيه قوة للمقاومة.

في الطريق الفلاني قتل كذا عددٍ. العرب سطت على ماشية القرية الفلانية فاخذتها بجملتها وهلمّ جراً.

ثم انه عدا عن هذه الحوادث الكثيرة الوقوع كان لا يزال تصير عصاوات وقومات عامة.

فمرة قومة في جبل لبنان[22] واخرى في انتيلبنان بعصاوة الحرافشة على الدولة واخرى بعصاوة الدروز في اللجاة (التي جهزت الدولة عليها حروباً ورجعت بدون قدرة عليها) [23] واخرى في جبل النصيرية.

ومرات كانت تكون القومة على النصارى كما في قومة حلب واخرى كان يظلم النصارى بذنب غيرهم كما فعلت الدولة في معلولا.*

فهذه الاحوال جعلت البلاد قاطبة تصرخ ضد الدولة وسياستها، ثم ان الاسلام تهيجت ضد النصارى بمجرد سماعهم بحرب الدولة الروسية،[24] فكانت النصارى في ضيق وخوف جسيم، وكانت تكره تلك القومة ضد سلطانها لانها ايقنت بان ذلك يعود عليها للضرر، لكن الاسلام لم تعتبر ذلك ولم تعتبر ايضاً ان مملكتين من ممالك النصارى كانت مع السلطان تحارب الدولة الروسية، فلم يكن ذلك يقدر ان يسكتهم عن الشتايم التي تعم كل النصارى، فكانوا يؤلفون القصائد الحطيطة الدنية المملوءة من السفه والشتيمة للنصارى.* واولادهم يركبون الفقر التي جل مضمونها اهانة الشخص المار[25] في الطريق والتي تعم كل الافرنج مثل قولهم الله هوب هوب يلعن المسكوب يا الله مطر يا الله ثلج الله يلعن الافرنج الله يلعن الكفار وكثير من نظائر ذلك، وصاروا يقلبون العمائم للنصارى ويتغلون عليهم الى غير ذلك مما لا يتسع المقام ذكره.

ثم انه بمجرد ما انحلت هذه العقدة المستعسرة الحل وظهر الفرمان السلطاني الذي جُلّ مضمونه المساواة والحرية الدينية،[26] ساء الاسلام ذلك غاية ما يكون وخاصة اذ عرفوا انه سيكون من النصارى قوة عسكرية.

الا انه كان يجب الا يسوءهم ذلك اذ ان المجريات اوضحت لهم ان الاوامر الكثيرة التي يأمر بها الباب العالي لا تخرج من حيز الكتابة الى حيز العمل اصلاً، ويظهر ان الدولة قصدت ان تتظاهر بقصد انفاذ تلك الاوامر وقتياً، فمنعت في سراياتها من ان يسموا النصراني چاور[27] الذي هو لقبه عند الاتراك ومعناه بلا دين او كافر،* ثم لقبت بعض عمّال دولتها النصارى بالالقاب المختصة بالمسلمين مثل

افندي، وكانت ترجع بعض دعاوى النصارى الى البطريكخانات، وهذه الامور التي كان المسلمون يستعملونها بألم باطني وسمحوا بإجرائها، ويظهر ان الدولة قصدت اجراء هذه الاشياء ونحوها كدق الاجراس واظهار شعائر الدين كحمل الصلبان في الجنائز علناً مما يغيظ الاسلام ولا يجدي نقصاً[28] ولا تقدّماً للنصارى، ولم تسمح بإجراء ما هو من روح المساواة الحقيقية ككون يجب ان تقبل شهادة نصراني او يقوم حقه او انها تتخذ قوة عسكرية منهم، فكانت الدعوى التي تتوقف على شهادة نصراني يصرفونها بدون الشهادة.

ومن جملة ظروف كان يظهر بعد حرب روسيا ان الدولة والاسلام يكمنون بغضاً ويتألمون حقداً.*

فرجعت كلمة چاور وتناقص استعمال الالقاب المشيرة للمساواة وقل اعتبار النصارى.

وقبل القومة في جدة صار يظهر غيظ الاسلام في كل بلد وتحرشهم للشر واستعدادهم لاضرار النصارى، فسقط عليهم الرعب كما يسقط على قلب كل ضعيف يوقن ان القوي سيقوم عليه.

لكن بمجرد وصول اخبار ضرب الانكليز جدة وقصاصها لكل المذنبين، فانه حالاً هجع تهيج الاسلام وزالت المخاوف عن النصارى.

ومن ذلك يظهر ان تلك القومة كانت مزمعة ان تكون عامة في البلاد والله سبحانه صرفها بقصاص جدة.

ثم ان الاسلام كانوا يتحدثون احياناً بانه حيث ارتفع الخراج عن النصارى وساغ له نقل السلاح حل قتله وانه امر غير ممكن ان يسوغوا له ذلك.

ان الدولة لما افتكرت ان تأخذ من النصارى عسكرا طلبت عوض ذلك* مالاً سمّته مال البدلية، وهذا المال يعادل مال الخراج نحو ثلاث مرات.

اما النصارى [فمن جهة] كانوا يكرهون ان يسلموا اولادهم عساكر لان انطباعهم عن[29] الخوف والذل اجيالاً متتالية جعلهم ان لا يسلموا اولادهم في البعد عنهم نزاهةً، فضلاً عن تصورهم وجودهم في معارك الحرب، فكانت الام تقول: أبيع الحلي والملابس أفدي ابني.

ولكن [النصارى] اغتراراً بقوانين الدولة وبالفرمان العالي طلبت ان يكون لها تشرفاً في الخدمة العسكرية وتطمعهم[30] ما لاحظته الافرنج بانه ان لم يكن منهم قوة عسكرية لا يمكن ان تستقيم احوالهم ايضاً، وفراراً من كثرة مال البدلية فان الخراج مع انه كان نحو ثلث مال البدلية كان يبقى كسورات من سنة الى سنة، ولان في البلاد الفقيرة التي أخذ منها مال البدلية في غير ايالات اضطر اهلها لبيع مقتنياتهم، وايقنت النصارى ان حالها سيؤول الى افقر حال.*

واذا اصر النصارى على ذلك حبستهم الحكومة، ووضعت الجنازير الثقيلة في ارجلهم[31] (وذلك ليس بدون رضى بعض الاكليروس لاجل مآرب وقتية) والزمتهم بالختم على الرضى بالمال على وعد ورجاء تخفيضه بالاسترحام، ولكن لما رأوا ان تلك الغاية لا يمكن نوالها، أعني ان يكون لهم نصيب في الخدمة العسكرية، صاروا يقدموا الاسترحام بتقليل المبلغ الى الباب العالي ولم يحصلوا على جواب، ولكن هذه المسألة التي اشتغلت بها النصارى نحو سنتين انجدلت وتعربست ومونعت وصوبى[32] فيها وعُوّقت وذلك من تكاسل الاكليروس وسوء تصرفه الذي لا يهمه (امر من احزن امور رعيته) الاّ طلبه مجد ذاته او لان البعض الآخر كان غائصاً في لُجّة الحساب، مسألة الحساب الشرقي والغربي، فانه لو اجتهد لأنهى الدعوى بمدة يسيرة بالتوجه الى الباب العالي والاسترحام في تخفيض المبلغ.

وفي هذه الاثناء صارت الدولة تلزم النصارى بدق الاجراس في البلاد التي* لم تكن دُقت فيه بعد، وكانت الاسلام تزداد بغضاً.

اما النصارى والاكليروس فاذا عرفوا انه يستحيل ان يكون [لهم] من الدولة ما هو من جوهر التسوية كان ينبغي ان يرفضوا هذا الانعام الذي لا يفيدهم الاّ تهييج الاسلام عليهم، لكنهم عكس ذلك فرحوا به كما يفرح الطفل بالخشخاشة وصاروا يقرعون مع انه كان لا يُغبي عن فطنة فطين قصد الدولة بذلك.

فهذا هو الانعام الوحيد الذي اجتهدت الدولة في اجرائه من الانعامات الكثيرة التي كانت [ثمرة] اجتهاد الاورباوين بعد الحرب لاجل حرية النصارى، الجرس يدق اوقات صلواتهم فدق وقت ذبحهم.

ثم ان النصارى كانوا يرفعون الصليب [ويدقون الاجراس،][33] ولكن كانوا يمتنعون من ذلك عندما كانوا يرون قد احمرت عليهم اعين جيرانهم ثم يعودون الى ذلك بعد قليل، وهكذا كانوا من هذا القبيل في خوف وخطر، وفي بعض المحلات سبّب لهم [ذلك] خسارة في املاكهم.

ثم ان النصارى بوجه العموم كان لهم تقدم ونجاح عالمي بالنظر الى مهارتهم ومعارفهم، فانه قد حصل لهم في هذا العصر وسائط التقدم التي هي العلم بسهولة، فصارت توجد المكاتب الكثيرة في البلاد وفي القرى حتى صار يندر وجود ولد بلا معرفة القراءة* او القراءة والكتابة، هذا فضلاً عن وجود المدارس الكثيرة في بعض جهات وعند كل طائفة التي تحتوي على لغات مختلفة وعلوم شتى، وايضاً لسهولة مقتنى الكتب بواسطة المطابع، وايضاً بسبب مداخلتهم مع الافرنج قد تعلموا فن المتجر وصاروا يسافرون ويتاجرون، فكانوا من هذه الحيثية ناجحين ولو ان ليس لهم اراضٍ واملاك كالمسلمين، فكانت تزهو دورهم وتلطف امتعتهم وتغلو ملابسهم وحليهم وكانوا يلبسون الكسم واللون الذي ارادوه، أعني بذلك الاغنياء الذين هم الجزء الاصغر جداً جداً بالنسبة للفقراء،* ولم يكن موجب للتظاهر بالفقر بل عكس ذلك كان فقيرهم بتظاهر بخلاف حاله، فقد أثر ذلك

غاية التأثير على المسلمين واحزنهم غاية الحزن كما انه أثر على الدروز، فكان كل من الاسلام والدروز ينظر اليهم بعين الغضب والحسد وطلب السكب حتى كثيراً ما كان يقول الدرزي او الدرزية للنصرانية ان شاء الله سيكون ذلك نصيباً لنا، ثم ان النصارى بطمعهم في عدالة الدولة كانوا في كل مكان يميزون ما عليهم، من الاموال الميرية عن اموال الدروز والمسلمين قصداً بأن لا يحمّلوا من مشايخ البلاد اكثر مما هو عليهم، وكانوا يتجاسرون على الاشتكاء لاجل ما يلحقهم من المظالم، وكانوا يطلبون حقوقهم من المسلمين والدروز بصفة طالب الحق لا المتسول، ولكن هذا لا في كل المدن خفت ذلك عليهم جداً لانه كان يباين طباعهم وصالحهم ودينهم وعادتهم، فكان يصعب عليهم ان تخرج النصارى من تحت الذل والعبودية والانكسار اليهم، ثم من حيثية [اخرى] كانت المسلمون تحسد النصارى لان النصارى منذ ابراهيم باشا وايضاً بعد تولي الدولة العلية صار لهم سماح بعمار مدارس واديرة وكنائس، فصارت النصارى غرباء، والرعية تبني محلات شهيرة توجب التفات الدولة والاسلام اليها، وايضاً النصارى افرطت باظهار احتفالاتها الدينية وغناء كنائسها في بعض المدن، فكانت الاسلام ترى الآنية الفضية والذهبية والمجوهرات بعين عربية بدوية.

ثم انه بوجه الاجمال يمكن ان يقال ان النصارى حاصلون على راحة بالنسبة لحالها الاول، والبلاد بوجه العموم كانت حاصلة على خراب تام من جهة ضعف الاحكام والرشوة والمحاكم وخراب الطرقات الى آخره، وهذا ما جعل الاسلام ذاتهم يصرخون ضد الدولة [في كل مكان] ويشتكون منها حتى انهم في هذه السنة كانوا يصرخون في الاسواق عندما امرت الدولة بتنزيل العملة الى اسعارها وكان القوت غالياً والصناعات متوقفة، يأتينا يهودي ببرنيطة ويحكم فينا، بينما كانت النصارى تصلي لاجل سعادة*

السلطان وتأييد[34] ملكه.* ثم كما قدمنا ان الاسلام كانت تأبى كل مستجد حتى الالفاظ الافرنجية المستجدة وتنكر على السلطان كل قوانينه وسياسته الجديدة حتى ان نفس الدولة كانت منقسمة على ذاتها من هذه الحيثية ولا يغبى عن فطنة القارئ تلك المؤامرة التي انعقدت ضد سعادة السلطان منذ سنة زمان، لله الحمد قد اشتهرت قبل تمامها. فالدولة قد ملّت من تدخل الاوربيين في سياستها لا سيما وانها منذ حرب القرم كان يلوح على [كل] تصرفاتها بغض وحقد للنصارى، وعلى الخصوص قد اغتاظت غاية الغيظ ونفرت كل النفور من كتابة وسفه الكازيطات الفرنساوية ضد وفائها حتى انها [اعلنت] في احدى كازيطاتها السنة الماضية ما معناه، انه ان لم ترجع الفرنساوية عن سفهها ستتذكر رعاياها ازمنتها السالفة ويتذكرون قول الشاعر (لا يسلم المجد الرفيع من الأذى [حتى][35] يراق على جوانب السيف الدم).

فهذه الرخصة التي رخصتها الدولة لرعاياها (ان لم يكن رخصة اخرى سرية،) هي كافية وقد صارت سبباً للقومة في هذه السنة.

ثم انه في ظروف حوادث هذه السنة التي نذكرها اجمالاً يظهر ايضاً ان تلك الافعال هي افعالها وبقصدها، وان المسلمين في البلاد لو تُركوا لذواتهم لما قاموا، ويظهر ايضاً ان رعاع الاسلام وجهالتهم لم يكن يخطر لهم على بال ما حصل منهم بالكلية، ويظهر كيف انهم تدرجوا الى ذلك [بسوق واغراء][36] كبرائهم اليه.

واذا لاحظنا الى احوال المسلمين والنصارى في هذه السنة لم يكن لهم موجب جديد للقومة، بل قد كان ما يكفي للسلام بين الطرفين لمن يرغب السلام، وكانوا كلا الفريقين متداخلين بالمعاملات مع بعضهم في البيع والشراء والشركات والصناعات.

الا ان ذلك الصحو انقلب بغتة نوءً، وذلك [الهدوء استحال] فجأة اضطراباً، وذلك بمجرد ظهور تحركات في جبل لبنان.

انه امرٌ معلوم انه يوجد شرش بغض في لبنان متأصل في قلوب الدروز والنصارى* منذ قديم، وطالما لم يتغذَ هذا الشرش بغمز الدولة او بتغميض الدولة [عينها] عنه لا ينبت ولا* يبرز، وقد كان بين كِلا الفريقين اسباب في السنة الماضية يمكن ان تكون سبب فتنة صغيرة.[37]

اما في حاصبيا وراشيا فإن النصارى منذ القديم حين القومات كانوا يسلمون سلاحهم للدروز كما فعل اهل راشيا، او يرحلون كما رحل اهل حاصبيا سنة القومة في الجبل، ولحقهم الدروز في هروبهم للشام وقتلوا منهم اربعمائة نفر ويخافون من بأس الدروز. ثم ان النصارى في كِلا هذين المحلين كانوا يريدون ان يرفعوا عنهم مظالم الدروز وتجبرهم فكانوا يشتكون الى الدولة، وهكذا كما قدمنا كان الدروز يترصدون الفرصة، وقبل القومة صار الدروز يقطعون الطرقات ويقتلون حسب عادتهم ويتهددون النصارى، فصار كل من نصارى راشيا وحاصبيا في خوف جسيم وطلبوا من الدولة الحماية، وهكذا خرج لكل طرف جانب من العساكر النظامية. ثم ان الدولة قبل حصول هذه الحركة بقليل سفرت العساكر من سوريا حتى لم يبق الا قليل جداً متفرقين في محلات.

ثم انه بعد توجه العساكر للحال ابتدأت الفتنة في الجبل، وبدأت الدروز للنصارى في القتال والحريق، وكان في القرى التي يوجد فيها دروز ونصارى يتوجه دروزها الى قتال قرية اخرى، ونصاراها يبقون فيها خوفاً منهم، وكان الظفر للدروز حتى ان ما احترق لهم ليس نظير الربع ما احترق للنصارى وسطت الدروز على الاديرة وسلبت اموالها وقتلت رهبانها وراهباتها* الى آخره. والنصارى هربت الى السواحل من وجه السيف، فواجهها السيف واغلقت ابواب المدن امامهم فكان الموت محيطاً بهم.*

وصار حينئذٍ يظهر من الاسلام حركات وتحرش للشر في كل مكان، وظهر ان بينهم وبين الدروز رباط واتفاق سابق لان ما ظهر بينهم من التوادد والتحابب لم يُعهَد قبلاً قط، لان اله الدروز اعني الحاكم بأمر الله لعن نبي الاسلام وصحابته على المنبر والاسلام توجب قتل من ثبت عليه انه درزي ويكرهون الدروز الف مرة اكثر من كراهيتهم للنصارى،* اذ يعرفون ان للنصارى شريعة تأمر بالمعروف وتنهى عن المنكر. وكانت الدروز تتظاهر بالاسلامية الى زمان التنظيمات، منذ ذاك الوقت صارت تشهر نفسها انها درزية، ولكن في هذه القومة كانت تسمي ذاتها بالسمات المحمدية، كما ان ذلك احدى قواعد دينها أعني التظاهر بمذهب الفئة الظافرة والميل اليها.

ثم ان العساكر التي ذهبت الى حاصبيا وراشيا لمحافظة النصارى اقامت مدة، وكانت تتظاهر انها لحماية النصارى وتأمنهم وتطمنهم حتى ان اغتروا بذلك، اما في حاصبيا فدخلت[38] الدروز علامة لطلب الحرب، والنصارى خافت منهم والعساكر كانت تقول لهم لا تخافوا وانها كانت تدير المدفع عليهم.

[ولكن] لما حضرت الدروز واحتاطت بالبلد واضرمت فيها الحريق لم يفِ العسكر بما وعد به، ولم يكن للنصارى من ملجأ الا الى السرايا حيث توجد العساكر، فتوجهوا مع اولادهم وحريمهم مع اهل قرى حاصبيا الفارين اليها.

ثم ان الدولة أمنت النصارى بكونهم صاروا بني السلطان وفي خط[39] السلطان، وأخذت منهم السلاح حتى لم يبقوا مع احد منهم مبراة قلم على بناء وانهم يحموهم (وحالا ارسلت ذلك[40] للشام او اعطته للدروز) ولم يتركوا ان يقع منهم نقطة دم الى الارض، وفي هذه المدة سدت العساكر احد بابي السرايا.

وبعد اقامة هؤلاء المساكين ثمانية ايام أعني يوم الاحد جاء كنج العماد، وقد جمع معه نصارى القرى* وبيده كتابة كأنها من الدولة تبين انه توظف بردّ النصارى الى اوطانهم، ولم يكن فات العصر الا وامتلأت السرايا من الدروز.

[يا للساعة المبكية الغدرية][41] لم يكن يسمع في السرايا الا ضرب الفؤوس والبلطات والقواص ودوي السيف وشخب الدم، وكان عدد المقتولين نحو الف نفس مع نساء قلائل، واما من نجا من القتل فكان بنوع غريب جداً بحيث* انه سبح في دم القتلى وارتمى بين اكاديسهم.

والعساكر كانت تدل على كل من تخبأ، وضُربت طبول الرحيل، فسافرت العساكر بعد ان سلبت اموالهم وتممت مقصدها على اكمل منوال، وقتلت ايضاً الأمراء.

وهكذا جرى الامر في راشيا الا انه في راشيا تداركت النصارى امرها وصالحت الدروز وكتبوا عهدة للسلام، فأمنت النصارى وتركت اسلحتها في بيوتها فاغتنمت الدروز طمأنينة النصارى وبدؤوا يحرقون ويقوصون فالتجأ النصارى الى السرايا الى العساكر، وجرى لهم نفس ما جرى في حاصبيا بحيث جاء الاطرش من حوران ودخل ذبح الجميع عن آخرهم، وكان ذلك نحو اربع مائة نفس.

ثم ان الدروز كانوا يستهزؤون بالنصارى قبل قتلهم، وكانوا يقولون لهم ارسم علامة الصليب سلم روحك للعذراء[42] الخ... وبعد ان قتلوهم اخذوا رؤوس مشايخهم واستهزؤوا بهم قائلين: اين يا شيخ فلان كيف دبرت في الشام ماذا عملت في الديوان اخرجت مضبطة، كيف تقول بهذه الحال الحاضرة، شو صاير شو في كيف هذه الدنيا. وايضاً ذبحوا للواحد خمسة بنين وأطعموه من لحمهم وبعده ذبحوه، والغاية قد ظهر منهم كل ما يتوقع حصوله من امة عاصية قاسية

كافرة بربرية. وجمعوا اكثر القتلى واحرقوهم وكانوا يقولون يا جمعاتنا ابقوا لنا سكاف يسكف لنا، ثم انه بعد ظفرتهم هذه النجسة* كانوا يقولون للعساكر التي حرست لهم النصارى لكي لا يفلت احد منهم، نحن سيف السلطان، نحن سيف السلطان.*
ولم تبق الدروز قرية في هذا الوادي للنصارى الا واحرقتها وقتلت رجالها بالغدر، وهكذا توجهت الدروز الى زحلة واشتبك بينهما الحرب، وحيث كان يُظن ان لها قدرة للمقاومة، فاجتمع عليها جماهير كثيرة من دروز وعرب ومتاولة وتوجه عليها مدافع، ولكن لم تستطع ان تقف ساعتين الا واضرمت فيها النار وفرّوا هاربين.
وصورة الغدر الذي جرى باهل دير القمر كان كمثل ما جرى في حاصبيا وراشيا وقتل الف ومائتان نفس وبقي من رجالها مائتان. ما فعلت حسناً ايتها الدولة، هل كان ذلك منك واكراماً للدروز نظير لعصاوتهم عليك وجائزة لانهم كسروا شرف ارادتك[43] وارجعتها خائبة، او قصاصاً لطاعة النصارى وتأديتهم لك ما عليهم من الاموال الميرية، او جبراً لكسر قلوبهم ورثاءً[44] لضعفهم؟
ثم ان الهياج في السواحل سكن نوعاً بمداركة الله بوصول مركب مسكوبي حربي ومركب انكليزي ايضاً، لم يكن ينتظر وصولهما في ذلك الحين لكن كان لم يزل الاسلام مقيمين تحت السلاح حتى في اشغالهم وفي دكاكينهم علانية مدة طويلة.
اما في دمشق فبوصول اخبار الجبل وحاصبيا وراشيا صار يظهر منهم ما يظهر ممن يريد ان يبتدئ شراً، وكانت الدروز تدخل الى دمشق بهيئة الظافر ويتلون على مسامع الاسلام ظفراتهم والاحاديث المهيّجة المصطنعة بحسب مكرهم الشهير ويحركونهم الى القومة، وكان الاسلام يهنئونهم بتلك الظفرات.
فكانت الاسلام تتخاطب بشان المصائب التي جاءت على النصارى بالسرور، وعندما بلغهم حريق زحلة زيّنت اسواق المدينة،* وكانوا

كلما مرّ نصراني يهينونه، فكانوا يتخاطبون مع بعضهم بهذا: اي شيء فطرت يا سيد محمد، فطرت حليب وشخيت على الصليب اي والله اي والله.*

وكانوا يغنون الاغنيات التي يستحي القلم بكتابتها.

وكانت تشتد الحركات عندما حضرت نساء راشيا وقراها ومن هرب ونجا من رجالها وصار الخوف والخطر يشتد على النصارى.

وصارت نصارى قرى دمشق في ضيق شديد بحيث ان جيرانهم الدروز والاسلام قاموا عليهم ونهبوهم واستسلموا منهم وقتلوا منهم وكان الشكاية الى الحكم عليهم اكبر موجب لطمعهم اذ انه لم يكن يلتفت الى صراخ احد.

ففرت اهل تلك القرى الى دمشق وتضعضعت احوال النصارى وضاقت بهم الامر جداً في كل مكان وبلد وكانوا بانتظار الموت كل دقيقة.

ثم ان النصارى كانوا في دمشق في قفص لا محيص لهم منه بحيث ان واحدهم لم يكن يتجاسر على الخروج خارج ابواب المدينة، وكان يزداد خوفهم عندما كانوا يرون الدروز يدخلون المدينة مقلدين بسلاحهم، يشترون الرصاص والبارود علانية عدا ما ارسل لهم من طرف الحكومة ضمن جوالق الطحين في نفس الوقت الذي لو ظهر مع مُكاري نصراني الة سلاح كان يؤخذ منه. وكانت الدروز تقول للمسلمين: الى متى انتم تصبرون على النصارى وماذا تنتظرونه، قد عملنا ما علينا فاعملوا ما عليكم وان شاء الله سنجيئ نحن ايضاً وندبرهم.

وصارت الاسلام يرجمون الفلاحين الذين نجوا ويهينونهم ويشتمونهم حال كون منظر هؤلاء المساكين الاشقياء كان يستميل رأفة اي انسان صديقاً كان او عدواً لان هؤلاء اللفيف المنكسر [من الضيق] نساء واطفال ورجال حضروا* مشاة من بلادهم حفاة

مشلحين مجروحين مخضبة ثياب حريمهم بدم رجالهن الذين قتلوا في احضانهن.

ثم ان اهل دمشق النصارى كانوا في ضيق ايضاً من جهة المعاش فضلاً عن الخوف لان نصارى هذه المدينة والمدن الاخرى صنائعية الا قليلاً، وكانت الصناعة متوقفة وكان القوت غالياً والحصاد لم يقع بعد، لكنهم بمجرد وصول هؤلاء المساكين الذين ملؤوا الكنائس والمدارس والاديرة لم تقصر همة النصارى في مثل ذلك الحين عن استقبالهم بالدموع الغزيرة والمشاركة لهم في مصابهم وتشجيعهم على الصبر والشكر والسعي* في امر معاشهم، فابتدؤوا حالا بجمع الاحسان ومُدّت الايدي من كل الطوائف لهذا المقصد الخيري. ولست أعني بذلك ايدي المفرطين بالغناء كالاكليروس بل ايدي صنائعية وارامل وكان احد الاطباء يباشر معالجة المجروحين ويقدم لهم الادوية اللازمة وفتح فرن لاجل توزيع الخبز، وصار يدور بعض من الناس ويجمعون الملابس المستعملة من البيوت لسترة عري الاطفال الخ.

فكان اولئك المساكين يدعون للدمشقيين ويسدون لهم الشكر الجزيل، كما اصبح الدمشقيون الآن يأكلون ويلبسون من مال الاحسان ويسدون الشكر والادعية لواهبيها.

اما الحكم فلم يلتفت الى شقاء اولئك الارامل اللاتي قتل رجالهن بسيف الدروز ولا صغى لاسترحامهم لاجل القوت.

وقناصل اوربا كانت تطلب من الحكومة ملاحظة هذه الامور الا ان اجوبته كانت تحتمل التأمين والتخويف.

ثم ان تصرفات الحكم كانت متضاربة ومتضادة بحيث لم يكن يقدر الفطين ان يعرف مقاصدها.

وقد كانت تشاع اخبار احتيالية عن لسان شيوخ الاسلام بانهم يتهددون* العام بانه ان ظهر ادنى حركة يكون ذلك موجباً لان تاخذ

البلاد الافرنج في نفس الوقت الذي كانوا يعقدون مشوراتهم على ابادة المسيحيين.
اما النصارى فكانت تطمأن او تخاف مرات كثيرة في اليوم الواحد بحسب هوي الاخبار، ثم ان الحكم شرع بتعيين عساكر وقتية للمحافظة على البلد وجعل رؤساء هذه العساكر مشايخ الحارات، وهذه كانت اردأ حيلة، واعظم مهلك للنصارى اذ ان من لم يكن عنده سلاحاً قلدته الدولة سلاحاً، فكنت ترى اجير الخباز واجير اللحام اول يوم حاملين الخبز واللحم وفي اليوم الثاني* متقلدين السلاح.
اما النصارى فكانت تخاف من هذا التعيين لانها لاحظت من حركاته غاية غير الغاية الظاهرة.
والامور كانت تشتد على النصارى، فكان الاسلام يقلبون الراكب ويقلبون طرابيش النصارى ويضربونهم صفقاً على القفاء، وكانت النصارى تقابلهم بالصمت والذل [والخضوع.]
لكن النصارى كانت تطمئن ذواتها برحمة الاسلام، كانوا يقولون ان كبراء البلد لا يسمحون للدروز بالدخول الى دمشق ولا يسمحون بقتل النصارى وبخراب البلد وانهم لا يستبيحون سفك [الدم] البارد وانهم قوم لهم شريعة خلافاً للدروز، ولم يكن يخطر لهم على بال اصلاً حدوث نظير ما حدث، لكن يا لخيبة املنا هذا.
ثم كانت الامور تشتد اكثر فاكثر حتى بلغ انهم كانوا يمسكون نصرانياً ويسألونه هل تعرف قنصل المسكوب وقنصل الانكليز وقنصل فرنسا، فكان يقول لا، فكانوا يكشفون له ويشيرون ان هذا قنصل المسكوب وهذا قنصل الانكليز وهذا قنصل فرنسا.
وصاروا يرسمون على الشوارع صلباناً ويلزمون النصارى بان يدوسوها ويبولوا عليها،** ولم يمنعهم الحياء من ان يعرضوا ذلك على الحريم.

وكانت النصارى في وجل عظيم، اشباح بلا ارواح، وصاروا لا يخرجون الا لأمر مهمّ.
وكان يصير ركضات وتخويفات كثيرة، وكان عيد المسلمين يقرب فارسل الحكم تذكرة للنصارى تفيد التأمين،* وكان قد طلب منه عساكر محافظة لحارة النصارى، فارسلت الحكومة تلك العساكر الخائنة التي كانت في حاصبيا وراشيا، وكانت تلك [المدة على النصارى من] المدات التي يجب ان تؤرخ في تواريخ المضايق الشهيرة، فكانت حياتهم معلقة امام عيونهم، [فكان في المساء يقولون منّ لنا المساء، وفي الصباح منّ لنا الصباح،][45] وكان تحريك ورقة تُفزعهم.
ثم انه في اليوم الواقع [٢٧ حزيران و ٩ تموز][46] كثرت رسوم الصلبان بحيث لم يكن يستطيع المارّ ان يتعدى بخطواته صليباً،* ثم اشاعوا ان احد اغنياء النصارى اشتكى على ذلك. فالحكومة فحصت ومسكت الذين رسموا تلك الاشارة ووضعت الجنازير في ارجلهم وطافت بهم في سوق الاسلام والمكانس في ايديهم، ولما وصلوا الى باب البريد وجد احد الباعة اخاه مكبلاً، فصاح يا غيرة الدين. واغلقت الاسلام دكاكينهم واخذوا عصيهم وتوجهوا الى حارة النصارى، وقبل ان يتوجهوا دخلوا الى جامع بني أمية ولعلهم استشاروا شيخ الاسلام في ذلك وخرجوا ضاجّين.
وللحال تتبعت الصوت البلد كلها، واغلقت الدكاكين والخانات وهجمت الاسلام بالعصي كانهم للنهب فقط.[47]
اما العساكر النظامية التي كانت في الحارة للمحافظة ردعت القوم مدة ساعة زمان، وكان يمكنها بكل سهولة ان ترد ذلك الجمهور الكبير لو لم تتغير عليها الاوامر، فانه بعد مضي نحو ساعة أُنزل مدفع الى حارة النصارى وضرب ضرباً واحداً على سقف السوق وصوت النفير صرخ من القلعة والفتاش ارتفع الى الجو من السرايا،

وللحال كفت العساكر عن المحاماة وصارت تمنع عن الدخول من ليس معه سلاح وتأمره باحضار سلاحه، وفي ذلك الحين توجه احد كبراء الاسلام على حصانه وثيابه مخضبة بالدم الى احمد باشا الوزير، واقام برهة وارتد بالعجل ولعله بشره بابتداء الذبح او نحو ذلك.*

ثم ان ذلك الجمهور الغفير بعد استحضاره على الة السلاح بدأ يكسر ابواب النصارى ويهجم عليهم او يصعد على السطوح وينزل الى الدار، وكان يدخل كل بيت من العشرة[48] وما فوق، فينهبون البيت ويقتلون الرجال ويفضحون الحريم ويخطفون البنات. وكان كل اهل دار لا يعرفون ما هو الواقع لأن لم يكن لأحد وصول لآخر،[49] فقط كانوا يرون امتعة النصارى تنقل الى حارة الاسلام حتى كان يجيئهم الدور،[50] ودخلوا الى كل دكاكين الصناعية وقتلوهم في انوالهم، وكان كل عدد من القوم يكون رئيس واحد من المشايخ الذين لم يكن معهم سلاح، وكان اذا لهى القوم عن قتل الانفس بالنهب كان يوبخهم بقوله: أتكِبّون على النهب وتتركون هؤلاء العشرة. ثم ان النصارى اذ لم يكونوا يعرفوا ان الاسلام بلّت ايديهم بالدم كانوا يهربون الى السطوح.*

ثم ان بمجرد حدوث الفتنة ابتدأ الحريق، فكان الدخان والنار يرتفع الى عنان الجو، فكانوا بعد ان ينهبوا البيت يعلقون فيه النار.

فقد كان سطوح قصوره عالية جداً عليها جملة اناس كانوا يولعون القصر، فكانت تترامى الناس من الاعالي كالقطاط فراراً من الحريق، وكثير من الناس التجأت الى الابيار فقوصوا عليهم. وكانوا لا يرحمون شيخاً ولا يعفون عن اعمى ولا مريض، وكانوا يذبحون[51] الرجل امام امرأته ويخطفون الولد من حضن امه ويقطعونه بالبلطات، وكثيراً ما كانوا يقولون للانسان أسلم تنجُ، فكان يسلم وبعد ذلك يقتلوه، واحياناً كانوا يبقونه، واحياناً كانوا يقولون الى

احد أسلم، فكان يأبى وللحال يقتلونه، وقد طرحوا في الفرن اناساً احياء لاجل ذلك، وقد ظهر من كثيرين شجاعة شهداء بحيث كانوا* يطلبون فرصة دقيقتين، فكانوا يصلون ويسلمون ارواحهم بيد الله. وكان يدخل ولد صغير وبيده آلة سلاح، وكان يهجم على الرجل فيقتله حال كون النصراني لا يبدو منه شيء الا ان يهرب ويقي رأسه من الضرب. بيد الواحد كان يطرد الفاً، كيف وهم الوف يطردون واحداً؟

وكانت النساء تنزل وتصرخ وراء رجالها، الله ينصركم على الكفار، يا سيدي محمد انصر امتك. وكن ينهبن كالرجال. وهكذا دخل الظلام تلك الليلة وابتدؤوا يحرقون القتلى حتى ان رائحة احتراقهم ملأت الارض. وكان قد بلغ الخبر مسامع اهل القرى ورأوا الدخان اللهيب يرتفع الى السماء، فحضروا وهرعت العرب والاكراد والنوَر من كل جانب، ثم ان الاسلام ربطت على بوابات الحارة وبوابات البلد بحيث لم يكن يقدر احد ان يخرج خارجاً من الحارة. ثم ان العساكر النظامية كانت تشير على النصارى بالالتجاء الى الكنائس، وبعد ان تجمع عالم كثير هجمت الاسلام على الكنيسة المريمية القديمة أعني كنيسة الروم، ولما طلب النصارى الفرار رجعهم العسكر* بالسنجات.[52] وفي هذه الكنيسة صار معصرة دم عظيمة جداً وبعد ان استلبوا اموالها واهتدوا الى خزائنها الغنية احرقوها ليلاً، اما كنيسة الكاتوليك فاحرقوها ذلك اليوم نهاراً وقتل فيها وفي جنينتها عدداً وافراً. ثم ان دير الارمن دير مار سركيس حيث كان الرياشنة والفلاحين هناك تسلمتهم الدروز ولم ينجُ احد منهم. ثم انهم توجهوا الى الدير الجديد[53] ولما اعيوا من كسر الباب فتحه لهم احد الدروز بحيث ادخل شمعة مشتعلة [في ثقب الباب واحرق الدقر][54] ودخلوا* فاخذوا راهباً بعد راهب وكانوا يدقون الجرس ويقولون تفضل قدس يا ابونا ويذبحونه، ثم يفعلون هكذا

بالاخر واخذوا الجرس ووضعوه في الجيرونية وكانوا يبولون عليه، واحرقوا الدير وهدموه، ثم نقلوه اخيراً الى الجامع الأموي. ثم اخذوا احد [قسوس الروم وعالمهم][55] وربطوه من رجليه وسحبوه في البلد.[56] اما اليهود فخرجوا الى ابواب الحارة وكانوا يستقبلون الاسلام بالماء والسكر ويدعون لهم بالنصر، وكانوا يدلونهم على من تخبأ عندهم ومن يعرفون مخبأه ودلوهم على محلات النصارى، وبعضهم تزيا بزي درزي وفعل فعلهم.

وفي اليوم الثاني [نهار الثلاثاء] كانت الدروز تركب في المدينة، وكانت اذا رأت نصرانياً معفواً عنه تشير الى قتله، فكانوا يقولون له أسلم كان يجيبهم ان اسلامه ليس بثبات ويشير اليهم بيده الى قطع عنقه. وكانوا يوبخون الاسلام على تغافلهم عن بعض النصارى بقولهم أعِر، التهيتم بالشراطيط[57] وتركتم الدم، فكانوا يقولون تركنا الدم لكم، كانوا يقولون يدبر الله يدبر الله. وكانوا يخطفون البنات والنساء اللواتي اعجبنهم ويسوقوهن امامهم مسبيات حافيات بلا اغطية، وكان اهل القرى والاكراد يفعلون ذلك اكثر. فكانت النساء حينما ترى مسلماً ممن كان يظهر صاحب عِرض كن يصرخن ويستغثن به، وكان ينشب احياناً بينهم خصومات لاجل ذلك. ثم ان بعد خروج اهل القرى غانمين كانوا يجلسون في احد البساتين ويلزموا النساء اللواتي قتلوا رجالهن ان يرقصن امامهم. آه ياالله* البنت التي كانت تتدلل في حضن ابيها بالعفافة صارت لعبة في حضن السافك الدم حال كونها تستعطف حُنوه بمرارة نفس وتقبل يديه ليعفي عنها.*

آه كم من النساء اللواتي جئن بعد مدةٍ الى اهاليهن ممزقات الثياب مخدشات اثر الخنق في اعناقهن، وذلك لانهن اذ رأين الظالمين قربى نحوهن اجتهدن ان يتخلصن من ايديهم وشرهم [ويخنقن انفسهن،][58] وقد بلغ منهم [قضاً نحو ١٩٠ وايضاً النساء نحو

٣٥٠.][59] وهذه الامور كانت تسير بلا فتور اليوم الاول والثاني، وكان لم يبقى الا قليلاً من البيوت لم تحرق.
[في اليوم الثالث من الفتنة الذي هو يوم الاربعاء][60] اذ وجد المسلمون ان غايتهم في ابادة النصارى كلياً لم تنجح لسبب نجاة كثير، ارسل شيخ الاسلام الى اهل الصالحية لكي يأتوا ويطفئوا الحريق، وهذا العمل ليس له معنى لانه ان كان لطفي حارة النصارى، فانه لم يكن بقي منها الا قليل ولو ترك هذا القليل لنفسه لسلم. واما ان كان خوفه لئلا يسري [الحريق] الى بيوت الاسلام المجاورة، فان الاسلام كانوا صاحيين لهذا الامر، لكن يا ليومٍ رديء على النصارى، فان هؤلاء الصوالحة كانوا اعظم داهية للنصارى.
ثم ان في اليوم الثاني نادى المنادي بالتأمين، وكذلك في هذا اليوم الرديء وذلك باطلاً. ان هؤلاء الصوالحة والاكراد والعرب والدروز في هذا اليوم قد سهل ولذ لهم سفك الدم، فهاجت البلد اي هياج وادعى الصوالحة ان واحداً من النصارى قوص عليهم، مع ان هذه الدعوى هي باطلة ومجرد كذب (نعم ان واحداً منهم قتله آخر مسلم) لان الموضع الذي قتل فيه لم يكن فيه نصراني ولم يكن عند النصارى سلاح ولا لهم جسارة على مسك السلاح. واشتدت الفتنة جداً جداً وكثر القتل وانقسمت البلد بحيث ان البعض من المسلمين حموا في بيوتهم نصارى وامنوهم، وكان البعض الآخر يريدون ان يخرجوهم ويقتلوهم* وكان يتهددون بعضهم بحريق بيت من كان عنده نصارى، وكثرت الدروز وخاف المسلمون الذين يحمون النصارى* ووقعوا في حيرة وكانوا يعلمون [على حلقة] باب المسلم الذي عنده نصراني علامة لذلك. وكانوا يخرجون النصارى ويقتلونهم، وكانت نساء الاسلام خوفاً ورعباً من الدروز يصرخون على رجالهم لكي يتركوا النصارى ويطردوهم من بيوتهم.

لكنهم كانوا عكس ذلك يظهرون مجهودهم في وقايتهم ما امكن، وعندما كانوا يرون انهم [لا] يقدرون كانوا يعتذرون من النصراني بأن الدعوى لم تعد في يدهم. انما القتل الذي كان في اليومين الاولين ليس شيئاً بالنسبة لما سُفك من الدم في هذا اليوم المشؤوم،[61] فكم من عشرات وعشرينات من النصارى كانوا مجتمعين في بيت دخل عليهم المسلمون وقتلوهم عن آخرهم.

وفي هذا اليوم قتل قسيس الانكليز حيث تقوص بالقيمرية، وحمل القواص راكضاً الى قرب قنصلاتو الانكليزية حيث مسكوه هناك وكسروه بالفؤوس.

وبوجه الاجمال نقول ان ايدي الاسلام قد ابتُلَّتْ بالدم الاورباوي الذي وصلت اليه يدهم (كيف لا وهم مقصودهم) كما بالدم السوري.

وفي اليوم الرابع الذي هو يوم الخميس منعت الاسلام ان يتجاوز اهل الحارة منهم الى حارة اخرى، وكان كل اهالي حارة تقف عند حارتها لمنع الاخرى، والظاهر انهم الاكابر خافوا من الدروز والعرب ومن بعضهم ايضاً لئلا يفتلت هذا الجمهور الغضب المستدمي الذي ذاق طعمه الذي هم اهاجوه نحوهم انفسهم، وهكذا اغلقوا ابواب المدينة ايضاً وسكنت الفتنة.

ويقال ان جملة القتلى يبلغ نحو خمسة آلاف منهم نحو ثلاثة آلاف من الشام والآخرون غرباء، ولكن للآن لم يصر تحقيق على ذلك.

وغاية ما يقال بان نصارى دمشق استرخت، اخذتها الضيقة والاوجاع كافة،* اشتعلت النار في حاراتهم صارت رابية سوداء، شبانها سقطوا في الشوارع* تلالاً تلالاً متروكين لطيور السماء ووحوش الارض.

كيف ان تلك القصور الجميلة والدور المزخرفة وتلك المقتنيات الكثيرة ثروة النصارى منذ القديم سلبت وباد من ساعة واحدة، كيف ان تلك الكنائس المرتفعة الغنية اصبحت نائمة الى الارض، كيف ان

عوضاً عن سماع اصوات التراتيل يسمع فيها هرير الكلاب وهمهمتهم حول القتلى، كيف ان اولئك الاجسام التي كانت تعيش بالرفاهية صارت وليمة للكلاب. اي عين تستطيع ان تنظر ذلك المنظر ولا تبكي، اي لسان يستطيع ان يصف تلك الاحوال ولا ينحب، اي قلب يتصور سفك ذلك الدم البارد ولا يسكن من الحزن؟

فصل في النجاة وفي باشا المغاربة واعيان الميدان والقلعة والسفر

من كان يظن بأنه سيبقى مسيحيون بدمشق مع وجود تلك المؤامرة والوسائط لابادتهم؟ من كان يظن ان باشا المغاربة الذي أخذت بلاده النصارى سيكون سبباً لخلاص النصارى المساكين؟ من كان يظن ان الميدان التي كان يخشى منها كل وقت ستكون حماية للنصارى؟ لولا ان الله شاء ان يبقى بقية من مسيحيي الشرق المساكين، وقد نجا كل من كان غرضهم كالقناصل واغنياء النصارى ولم يبلغوا مرامهم.

اما نجاة من نجا فكان بنوع عجيب جداً، اما البعض فالتجؤوا في اقبية ثمانية ايام، والبعض في الابار حتى انهم لما صعدوا اخيراً كان الخز ينبت على ملابسهم، والبعض تزيوا بزي النساء ونجوا بهذه الوسيلة،* والبعض كانوا في مخازنهم في الخانات فسكروا وبقوا جملة ايام ضمن المخازن، والبعض الذين لهم شركاء مسلمون جاء شركاؤهم وأخذوهم اول يوم، والبعض دخلوا في الاسلامية، والبعض الاخر أخذت الاسلام الشفقة عليهم، والبعض التجؤوا الى بعض من الناهبين وحموهم ولكن مع كونهم حموا هؤلاء البعض فكانوا يخرجون ويغوصون في دم المسيحيين كغيرهم، وهكذا يتضح* ان ليس كل المسلمين كانوا مطلعين على تلك المؤامرة، ولا رعاع الناس الذين جل مقصودهم كان نهب بعض امتعته لاجل

فقرهم، ومن المعلوم ان الجهلة في اوقات الاضطراب يهيجون، فلما ان هاجوا للنهب وارجعهم العسكر لكي يتقلدوا سلاحهم كانوا ينكبون على النهب، فكان مشايخ الحارات يغمزونهم او يقولون لهم ما لسان حاله: احرقوا، اقتلوا، اي شيء يصير، وعلى ذلك تدرجوا الى ما وصلوا [62] اليه والسبب جهل الكثير منهم كانوا يحمون بعض النصارى.

ثم ان مولاي عبد القادر المغربي بعد حدوث الفتنة نزل مع جماعته الى حارات النصارى، وكان يأخذ معارفه من الدمشقيين والافرنج.

وقد عارض في طريقه احد الاسلام وقال له: يا سيدي دع هؤلاء الفقراء الجياع يأخذوا لهم شيئاً، اي شيء هم يفعلون.

ودام ثلاثة ايام يرسل جماعته بين حارات وخرابات النصارى ويجمعهم رجالاً ونساء، وقيل انه هو الذي طلب من الحكم ان يفتح للنصارى القلعة.

ثم ان الاسلام انفسهم كانوا يدلون النساء والبنات اللواتي كن يركضن من الحريق وعلى الحريق الى بيت باشا المغاربة، وكانوا يصرخون دائماً: يا حريم انتن لا تخفن، اذهبن الى بيت باشا المغاربة.

وبالاجمال ان هذا الرجل صاحب المروءة والانسانية يمكن ان يقال انه هو الواسطة* في بقاء النصارى والنصارى مديونة لجميله.

واما [عمر آغا العابد شيخ الميدان حفظ][63] نصارى الميدان حفظاً تاماً، وكل واحد من هذين الرجلين اظهر اكراماً لمن حموهم.

اما بعض النصارى فاذا كان في بيت احد المسلمين ويريد ان يخرج ليمضي مع جماعة باشا المغاربة، كان الاسلام [يقولون له: يأخذونهم الى خال ويذبحونهم،][64] وهكذا كان يمتنع.

كذلك النصارى حينما كانوا يسمعون بالقلعة، فكانوا يهربون بقدر مكنتهم* ظناً بانه سيصيبهم فيها ما اصاب اهل حاصبيا وراشيا، [مع

انه فتح القلعة كان لحمايتهم. كان من ظروف كثيرة تبرهن ان الحكم يتخذ ذلك فرصة لقتلهم، لكن الله لم يشأ ذلك، وقد قتل اناس كثيرون، لو ارتضوا بالتوجه اليها لسَلِموا، ففي نصف الليلة الاولى ارسل الحكم من كان بالسرايا الى القلعة ووضعوا في قبو، وكانوا في خوف عظيم متصورين قصة حاصبيا وراشيا،] ولم يصبح الصباح الا ولفيف عظيم من نساء وبنات واطفال في تلك القلعة، وكان يوجد اطفال صغار على ايدى اخواتهم الصغار بدون امهات وامهات بدون اولاد وهكذا.
هذه القلعة كناية عن مكان مربع يحيط سور فيه بعض اقبية والباقي فسحة[65] مكشوفة للشمس.
وفي اليوم الرابع ارسلت الحكومة عساكر نظامية، جمعت النصارى المختبئة في بيوت الاسلام الى القلعة وبقيت تفعل هكذا جملة ايام.
وهكذا صار عدد انفس الموجودين في القلعة كان نحو اربعة عشر الف نفساً.
ان الناس كانوا كلهم مشلحين لم يكن عليهم الا سترة العرية ولا دراهم، لانهم جميعاً تشلحوا، لان الناهبين كانوا يخطفون الحلق من آذان النساء ويفتشونهم، والرجال تركوا ما معهم طوعاً، فلم يكن من يوجد معه ثمن كعكة الا قليلاً. وهكذا ضجت العالم من الجوع وبكت الاولاد ونشفت الاثدي ووضعت النساء اولادهن في احضانهن وجلسن على الارض الساخنة وشمس تموز تضرب فوق رؤوسهن وهن باكيات مطرقات برؤوسهن الى* الارض واخريات باكيات، واحدة تقول ابني، واخرى اخي، واخرى زوجي، [واخرى والدي] الخ. والرجال كانت تطلع الى بعضها وتقول كيف، فكانوا يجيبون بعضهم برفع يدهم الى السماء يشيرون الى التسليم لله [بالمصير.]* وقد كان النظام يبيع قليلاً من الخبز والكعك، فكانت الامراة والرجل يشتري كعكة ويقسمها بين اطفاله وهو وامراته يطوبان [من

الجوع،] وغيره لم يكن يقدر على مشترى كعكة. اما بعض الاسلام فاحضروا شيئاً من الخبز والفواكه، كانوا يرمونه الى بعيد، فكانت تتراكض اليه الاولاد كالكلاب.[66]

يا اسفي لم يكن من شيء يقي الخليقة من الحر في النهار والبرد في الليل مطلقاً، ولم يكن لهم ما يمدونه تحتهم . قد كان غطاءهم السماء ووطاءهم الارض كلاماً حرفياً، والخوف والحزن والجوع همّهم.

نعم ان كثيرين كانوا في الاقبية الا انها امتلأت من الناس، ولم تكن احسن من الصحراء بحيث ان الداخل اليها كان كمن يدخل الى حمّام، وبعد ستة او سبعة ايام منت الدولة على هؤلاء المساكين بالخبز والخيام، وذلك ليس بدون استدعاء، ففرحت قلوب الناس وشبعت خبزاً واستظلت تحت الخيام، فكان يوجد في كل خيمة نحو ٣٠ الى ٤٠ وكانت واقية من برد الليل.

ثم ان الاسلام كان لهم حرية، فكانوا يدخلون الى القلعة ويخرجون ويتفرجون على النصارى.

اما النصارى فكانوا تحت الحجز.

ثم ان المسلمين كانوا يتظاهرون بالشفقة على الحريم، وكانوا يقولون لمن اعجبتهم تعالي روحي الى بيتي، ويا للعجب ان اولئك النساء كن يتدخلن عليه لكي يأخذهن، فقد مللن من الخبز والحر والارض والخوف.

ولكن النصارى تداركت هذا الامر، وطلبت من الحكومة منع دخولهم.*

وفي هذه المدة جربت الدروز كي تدخل وتقتل نصارى الميدان، لكن لم يسلم لهم الميادنة.*

ثم ان شيخ الاسلام دخل مرة،[67] فكانت تستغيث به النساء بسذاجة قلوبهن. وطالت اقامة الناس فكثر القمل الذي هو نتيجة الوسخ

واجتماع الناس، انه لم يكن مع واحدة مشط ولا قميص آخر ولا وعاء تغسله، وكان ذلك القمل من المصائب الكبيرة.

اما الرجال فحلقوا شعور رؤوسهم، لان ذلك كان يضاد الاسلام بحيث انه من الاكسام الاروباوية وكانوا يتفلّون.

وايضاً لكثرة الناس كثرت الروائح الردية، ومات من الاطفال بتلك الاسباب كثيرون.

ثم انه في احدى الليالي انكسف القمر وحسب الخرافات المشرقية يعتقدون ان حوتاً يبلعه، فيقوصون ويقرعون بآلات النحاس تخويفاً للحوت كي يقذفه، وكان النصارى الذين في القلعة والذين كانوا لم يزالوا في بيوت الاسلام غافلين عن ذلك، واذا بالقواص المتصل فايقنوا بالموت وخافوا جداً بينما عرفوا ذلك، ولا يسعنا هذا المختصر ان نذكر تفاصيل تلك المخاوف والحوادث.

ثم انه عُين للنصارى من قبل الحكومة بعض دراهم لاجل ادام الجراية، [اي خبز،] فكان للكبير ٥٠ بارة وللولد ٢٥ بارة، وانتعشت وفرحت بذلك الناس، وايضاً ابتدأ ان يخرج بعض كساوي، كان لها اعتبار عظيم عند العراة وان لم تكن في ذاتها شيئاً.

ثم انه بعد وصول فؤاد باشا دخل الى القلعة، فتراكضت على اقدامه النساء بالولولات والبكاء.

وحالاً سعى بتسفير قافلة كبيرة إلى بيروت تبلغ نحو ٣٠٠ بغل، وسار لمحافظتهم جماعة مولاي عبد القادر،* وايضاً بعد عشرة ايام قافلة نظيرها.*

وهذا السفر كان يحتوي على كل شقاء: نساء حبالى، مرضعات، ارامل، مقطوعات لم يتعوّدن على الركوب، اطفال، اولاد، شيوخ، عجائز، [عقاب وعذاب جبل لبنان،][68] حر، برد، عطش مهلك حتى يَبستْ ألسنة الاولاد والاطفال، مكارية قساة، شتامون، سقوط من على الدواب، وكسر اعضاء، ليل، زحمات ولادة بعض النساء،

موت، سفر من دمشق الى بيروت بمرحلة واحدة تخللها راحة بعض سُوَيعات. انه لم يكن يسمع الا تنهدات في ذلك القفل وصراخ النساء يا رب تجازي من كان السبب لشقائنا [وعليك أوكلنا.] الامراة الناعمة المترفهة التي لم تكن تطأ الارض للطافتها، والرجل، الشيخ العاجز، قد تكبدوا اعظم المشاق ونذلوا من علوّ عزهم الى غاية الذل. انه لا احد يقدر يصف تلك الحال ولا احد يعرف ما قاساه الناس الا الله.

ثم ان الدولة بعد وصول اهل دمشق الى بيروت استأجرت لهم بيوت وعينت لكل نفس عشرين غرشاً على كل اثني عشر يوماً أعنى خمسين غرشاً كل شهر، كما انها عينت نحو ذلك لاهالي حاصبيا وراشيا ودير القمر، ثم ان الدولة فرغت بيوت الاسلام في دمشق وآوت فيها النصارى.

في القصاص

اما فؤاد باشا فارعب الاسلام بتسفيره النصارى، كأنه يريد ان يضرب دمشق، وحالاً طلب منهم المسلوبات فاحضروا فرشاً رديئاً من فرشهم عوض فرش النصارى ونحاساً رديئاً وصناديق فارغة ونحو ذلك، ثم طلب المذنبين وضع الخشب في ايديهم وارسلهم الى بيروت الى الاستانة لكي يدخلوا في العسكرية. ان ما كان النصارى يرغبون ان يتشرفوا به صار قصاصاً لمن سفك دمهم،* ثم انهم غبَّ وصولهم الى بيروت كان بعض شباب النصارى الجهلاء الذين لا ينظرون الى الامور الا بحسب ظاهرها كانوا يقولون لهم مستحقين.* فكانوا يجيبونهم قد كان يجب انكم تتكلمون حينما كانت نساؤكم في احضاننا وكانوا يتوعدونهم بالعودة اليهم بعد صيرورتهم عسكراً، وكانوا يغنون بمثل ذلك: لا تحزني يا دارنا بالسيف نأخذ

ثأرنا، وبعد وصولهم للاستانة صاروا يحدّثون الاسلام بظفراتهم النجسة الدموية علناً، والبعض منهم رجع بهذا الاثناء.
ثم انه بعد ان سافر سر عسكر احمد باشا وزير دمشق ووزير بيروت الى الاستانة رجعا. اما فؤاد باشا فأمر بشنق نحو خمسة وسبعون نفساً، منهم نحو عشرة من المشهورين والباقي من رعاع الناس. [وكذلك أمات عدة من العساكر بالنيشان][69] ونيشنة [احمد] باشا ايضاً، [وضباط اثنين احدهم من قواد عساكر حاصبيا وراشيا والثاني قائد عسكر المحافظة في حارة النصارى قبل وقوع القومة.] ورجع [الباشا] الى بيروت. فقد حصل على النصارى ضيق بسبب ذلك حيث ان نساء المشنوقين قاموا وشتموا النصارى كأنهم هم السبب، وكذلك كانوا يضيقون عليهم لسكناهم في بيوتهم، وكذلك توجهوا الى بيت شيخ الاسلام وشتموه بقولهم: انت الذي كنت تجمعهم في السهرات وتغريهم على ذلك.
ثم ان الحكومة حكمت على شيخ الاسلام وعلى بعض كبرائهم بالرحيل من دمشق، وهذا هو القصاص الذي صار على مسلمي دمشق،[70] وسلاحهم لم يزل معهم. واخذت الاحكام تتراخى فصار اذا قدم انسان شكاية على قاتل قريبه لا يُلتفت اليه. وطمِعت الاسلام ايضاً، وصارت النصارى في خوف ايضاً لا سيما وكانوا يرون ان العساكر النظامية تظهر لهم البغض والحقد.
اما الدروز فحينما كانوا يرون مراكب اوربا الحربية كانوا يقولون:* اي شيء هذه الالواح، اي شيء هذه السحاحير. ومن ذلك الحين الى تاريخه لم تقتل الدولة منهم ولا واحداً، وهم لا يزالون يتهددون النصارى ويضيقون عليهم في بعض الاماكن. وقد رمت عليهم الحكومة القبض ثم تركتهم وقد حبست بعضاً من مشايخهم. ثم ان حال البلاد مفزع في كل مكان، حتى ان الناس خائفون وفي نفس المحلات التي يوجد بها عساكر فرنساوية.*

ثم ان كل البلاد التي لم تقم على النصارى تعض على اناملها ندماً لانها لم تقم، وتقول ماذا جرى لمن قام وعسى يكون لنا فرصة ايضاً. والنصارى في تلك البلاد وتلك القرى في ضيق وخوف عظيم، وقد صارت الناس بوجه العموم تفهم ان تلك القومة كانت حسب هوى الدولة اذ ان الذين كانوا يوصلون مديحاً على محاماتهم للنصارى لم يفرّقوا عندها عمن ارتكب الذنوب، وصاروا اولئك المحامون يرون انفسهم انهم مذنبون، والنصارى صاروا لا يتجاسرون ان يقرروا على المذنبين خوفاً منهم.

[ما هي][71] حالة نصارى سوريا الآّ شتات وفقر، دورهم احترقت، اموالهم وارزاقهم وغلّاتهم اخذتها الدروز والاسلام، ولولا الاحسانات الجزيلة التي وردت من انكليترا وفرنسا وروسيا واميركا وباقي بلاد اوربا لبقوا عراة الى اليوم. قد كان اهل سوريا يؤملون بان يكون لهم راحة وامن في المستقبل، واما الآن فقد مضى نحو ثمانية اشهر وحالهم هو حالهم وانتظارهم الاخطار كانتظارهم لها قبل القومات، كل قلب من قلوب النصارى يرتجف خوفا ولا يأتمنون على ذواتهم.

انه طالما يعتقد الاسلام بقضاء الله وقدره اعتقاداً اعمى، وطالما يعتقدون الواحدَ منهم يقاتل المائة، وطالما يعتقدون ان الله القى بين النصارى البغضة والعداوة الى يوم الدين حتى انه لا يمكن* ان يتفقوا مع بعضهم، وطالما يحتسبون ان النصارى كفاراً وقتل الكافر حلال كما خطب عليهم اشياخهم في الجوامع قبل القومات، وطالما يحتسبون الجهاد احد فروض دينهم الخمسة هذا من هذه الجهة ومن الجهة الاخرى، طالما لم تُظهر الدولة الاخلاص في سياستها ولم تبحث البحث الواجب على كل المذنبين وتحكم عليهم كالواجب، وطالما لا تجعل للنصارى ما يؤمنهم في مستقبلهم، فلا تزال حالة سوريا محزنة خطرة.*

فلتخرج عظام آبائنا التي نامت بسلام من قبورها، اولئك الذين كانوا يطوّبون عصرنا، فليقوموا وينظروا جثث اولادهم اين مطروحة، فليقوموا ويبحثوا في جماجمهم، هل يجدون واحدة منها صحيحة، فليقوموا ويجرّبوا ان كانوا يقدرون يقفوا على اثر ما خلفوه لهم، فليقوموا وينظروا شقاء اطفالهم وشتاة ارامل‍هم.[72]

ماذا انتفعت سوريا من سياسة انكليترا نحوها، وماذا افادها حرب روسيا، وعلى ماذا حصلت من غضب فرنسا، الا انهم سلموا للدولة سيفاً لتقتلنا به، فلتفحص كل واحدة منهن ضميرها ولكن بما ان ذلك انعكس بخلاف المقصود منهن، فيقال اذيالهن غير ملوثة بالدم الزكي.

ايا مسلمين انكم تدعون دائماً بان لكم القلب الابيض، فهل ان ما فعلتموه هو ثمرة بياض القلب؟ نعم انه ابيض على معنى انه لم يزل بحال فطرته الاصلية، ابيض اذ لم يكتب عليه واجبات الانسانية والجيرة والصداقة، ابيض اذ لم يوجد فيه اثر الشفقة والحنو، ابيض لان دم الحياء والخجل لم يصعد اليه قط.

كيف نسيتم بغتة الخبز والملح، كيف قسوتم على جيرانكم وارفاقكم [ثلاثة عشر][73] جيلاً، كنا صناعاً في مصالحكم* وامناء على اموالكم بل اطباء امناء على ارواحكم، فهل هذا كان المأمول منكم؟

لكن ماذا حرككم الى ذلك، هل وقفتم على مؤامرة منا ضدكم او رأيتمونا متقلدين سلاحاً؟ كلا انتم تعلمون انه لو سئل الذمّي على اي جانبين يتقلد السيف، لكان عنده هذا السؤال من اعظم المشاكل.

[ثم واخيراً] ان كل شعب من شعوب الارض يحرّم قتل العدو متى رمى سلاحه، فكيف حللتم قتل* الصديق المسكين الذي لم يعرف حمل السلاح؟ قد كان يجب على الاقل ان تماثلوا جدودكم عرب البادية الذين لم يزل للآن يوجد فيهم النخوة والمروءة ويصونون دم عدوهم متى دخل فيهم، اما انتم فإذا كان صاحبكم يتواقع على

اقدامكم بائعاً دينه بدمه لم تعفوا عنه. ان الصحائف اشاعة. فلتبسط سوريا ايديها بالتضرع الى ملك الملوك الذي يسود كل الارض كي يحفظ سلطانها عبد المجيد [خان] المعظم ويلقي في قلبه وقلب اولي الاحكام الشفقة على مساكين سوريا النصارى المظلومين وليسوسوهم بالمحبة ويرثوا لظلامتهم ويؤمنوهم[74] بما انهم رعية دولتهم العلية المطيعين الامناء.

هذا ما اردت ذكره عن حال سوريا التي كابدت الآن هذه المصائب العظيمة بعد خضوعها [الف ومائتين وستة وسبعون عربية.][75]

في ١ شباط ١٨٦١

مسيحية

ابتدأت بنساختها عن نسخة المؤلف المسودة في ٢١ ايلول ش (شرقي) عام ١٨٦١ وتمت في ٢٣ منه ش (شرقي).

[مؤلفها جبرايل ميخايل شحادة الدمشقي في بيروت قبل وفاته بمدة قصيرة، وكان مراده يؤلف مساعدة المسيحيين الاوربيين الى المصابين حادثة الشام وغيره المقيمين في بيروت]

---

[1] D : سيريا

[2] B : لم يعهد منذ القديم للآن ينسجم، H: منذ القديم للآن لم يُعهَد انه تسوَدَّ

[3] B : ينسجم، H: تسوَدَّ

[4] B : قد ظهر من الغدر والخيانة ما تستمجه البربر، قد ظهر من القساوة مما يستلين قلب الوحش الكاسر

[5] B : سر

[6] B : (سنة ١٨٢٠ مسيحية)

[7] D : بزمن

[8] D : الفياقول، H: القبّاقول

[9] B : يمر رجل نصراني

[10] B : (سنة ١٨٢٢)

[11] D : لي عمامتي

[12] B : (سنة ١٨٢٣)

[13] B : (سنة ١٨٢٤)

[14] B : وكان الافرنج لا تستطيع ان تدخل البلاد، واذا كان دخل احداً كان يلتزم ان يلبس حسب عادة البلاد وان يغير اسمه باسم آخر كابراهيم الخ

[15] B : الملابس، H: الثياب

[16] B : ويأخذونه الى المحاكمة

[17] B : ومع ذلك كانوا اصحاب ذرائية بالنسبة الى المسلمين. واما متاجرهم واسباب معيشتهم، كانت ضيقة جداً.

[18] B : (سنة ١٨٣١)

[19] B : (سنة ١٨٤٠)

[20] B : وترجو

[21] D : الارباويين، B : الاروبايين

[22] B : (سنة ١٨٤١)

[23] B : (سنة ١٨٥٢)

[24] B : (سنة ١٨٥٣)

[25] B : المارق

[26] B : (سنة ١٨٥٥)

[27] Ott. Turk.: گاور

[28] SJ : نفعاً

[29] SJ : على

[30] B : لملاحظتهم

[31] D : اعناقهم

[32] B : وجوني

[33] B : ويدقون الاجراس ويظهرون احتفالاتهم

[34] D : تقييد

[35] B : ان لم

[36] D : بسوء، H: بسوق

[37] D : ظفيرة

[38] B : فرحلت

[39] D : حظ، H : حضن

[40] B : كتابة

[41] B : فيا لها من ساعة ردية حزينة مبكية تلك الغدرية

[42] B : للعذرا والى المسيح الهك

[43] B : ادائك

[44] B : وبناءً

[45] B : وكان يقولون في المساء من اين لنا المساء وفي الصباح من اين لنا الصباح

[46] B : ٢٨ شهر حزيران ش (شرقي) و في ٩ شهر تموز غربي سنة ١٨٦٠

[47] B : (نهار الاثنين الساعة ٦ سنة ٦٠)

[48] B : العشرين

[49] B : لآخر [الا من قبل عارض الهرب]

[50] B : الدروز

[51] D : يتكون

[52] B : بالسنكات

[53] B : الكبير

[54] D : من ثقب الغال واحرق الدقر

[55] B : قسوس الروم [وعاملوه بكل قساوة بربرية يذبحونه]

[56] B : في البلد [كونه عالم جداً]

[57] B : بالنهب

[58] B : [وكذلك البنات يخنقهن انفسهن]

[59] D : قضاة ٢٠/١٩

[60] B : ويوم الاربعاء الثالث من الفتنة

[61] B : المشؤوم [الردي المهول]

[62] D : تدرجوا

[63] B : حضرات صالح آغا المهايني وعمر آغا العابد وبيت النوري مع مشائخ الميدان حفظوا

[64] B : يقولون نحن نأخذكم وبعده يأخذونهم ويذبحونهم

[65] B : فسحة [طولها نحو ميل وعرضها نصف ميل]

[66] B : [ثم ان احد الاسلام يقال له الكياش وهذا كان لحام في حارة النصارى، فاحضر الى احد النساء من معارفيه لحماً مطبوخاً وكان واضع فيه سماً، فلما أكلت منه تلك الامرأة فحالاً تغير حالها وماتت، فلما فهم ذلك فؤاد باشا أمر بشنقه في جورة الدرويشة وبقي مقدار ثلاثة ايام، والداعي لوضعه سماً بالمطبوخ كان مديون بمبلغ الى الحرمة وخوفاً من طلبها القيمة منه اراد تصريفها في هذه الكيفية وجُوزيَ نظير عمله وبئس المصير.]

[67] D : مدة

[68] D : عقاب لبنان

[69] B : وايضاً في النيشان ٧٥ ومن جملتهم عدة من العساكر

[70] B : [دون الميدان]

[71] B : الخلاصة ان

[72] B : [آه، آه، ثم آه]

[73] B : اربعة عشر

[74] B : يضونوهم

[75] D : الف ومايتين وستين

『悲哀の書』（アラビア語原文）

写本について

『悲哀の書』*Kitāb al-Aḥzān fī Tārīkh Wāqi'ah al-Shām wa-Jabal Lubnān wa-mā yalī-himā bi-mā aṣāba al-Masīḥīyūn min al-Durūz wa-l-Islām fī 9 Tammūz Sanah 1860.* 163葉（目次５葉，本文158葉）

ベイルート・アメリカン大学所蔵本（孤本） American University of Beirut MS 956.9: K62kA: c.1

同写本163r. に「本書は1864年3月に完成した」との記載あり。ブーロス・スファイル（Būlus Ṣufayr）旧蔵。

Farah, *Interventionism*, p. 795 では，本作品の著者を Mikhā'īl Zayyāt と推定しているが，その根拠に関する言及はない。

校訂に際しての註

（１） 校訂文中の記号 * は底本の各葉表裏の末尾を示す。

（２） 校訂文では原写本の表記を極力尊重したが，古典文法との乖離がみられる一部は修正した。

[كتاب الاحزان]

فهرس

وجه

كتاب الاحزان

في تاريخ واقعة الشام وجبل لبنان وما يليهما بما اصاب المسيحيون من الدروز والاسلام
في ٩ تموز سنة ١٨٦٠

مقدمة

ان المصائب التي جرت بهذه السنة للمسيحيين في مدينة الشام وما يليها مع ايالة جبل لبنان هي تذهل العقول جداً. ويحق لها ان ليس فقط تدعي احزان بل آلام مؤلمة التي ما أظن سُمع بالتواريخ القديمة مثلها. ولا نظرنا بالصحف هكذا مصيبة متشكلة من كامل الانواع* الجبرية. لأننا ان قلنا عن الحروب والفتن التي حصلت بين العالم، فيحصل بها هرق الدم فقط. وان قلنا عن اللصوص وقطاع الطرق، فيسلبون الملابس والمحمولات. وسمع عن بعض المجرمين بأنهم يحرقون بعض اماكن انما خفيةً ومن حسدهم بموضوعٍ ما. وان سمعنا عن بعض وحوش من العالم يستبيحون العرض، ولكن خفية مع الرضى المتبادل من الشخصين. وان صار ذلك جبراً فيحصل نادراً بالاستفراد اي في البراري والجبال حيث لا يجد مَن يسمع صراخ ذلك المجبور. وسمعنا عن بعض العالم يطلبون من اشخاص تغيير دينهم. ولكن اما انهم يقدمون لهم موضوعات نظير وظائف معتبرة او لأجل زيجات عشقية التي تلزّهم لترك ديانتهم، اما يقنعونهم في البحث والمجادلة وبرضاهم يجتذبونهم لمحبة دينهم. وأما في مدينة الشام خلافاً

لمـا* ذكرنـاه، فقـد اسـتباح بهـا نهـب الموجـودات بكاملهـا، وحـرق الكنـائس والاديـرة والبيـوت باجمعهـا، وسـفك الـدم بميتـات مهولـة مستغربة جداً، وسبي النسـاء والبنـات جهاراً وجبراً بـدون مـانع ولا معــارض، والجبــر علــى تــرك الديانــة المسـيحية واتبــاع الديانـة المحمديـة غصباً. وبمـا انـه شـيء مـذهل العقـول البشـرية جداً، فقـد قصـدت أحـرر هـذا المختصـر وسـميته الاحـزان لأعلـن بـه كيفيـة مـا جـرى لمسـيحيي هـذه الـبلاد مـن المصـائب بهـذه السـنة وكيـف كـان ابتـدأها. ولا قصـدت اعلانهـا عنـد اهـل اللغـة العربيـة الحاضـرين الآن بهـذا الجيـل لكـون هـؤلاء ربمـا سـمعوا الـبعض منهـا، بـل الـى غريبـي اللغـات الـذين أرجـوا احـد الفضـلاء ان يترجمهـا الـى لغـة اخـرى تناسـب اغلـب الالسـن حتـى تظهـر هـذه المصـائب معروفـة عنـد اغلـب اهـل العـالم. ثانيـاً لاجـل يُحفـظ تاريخـاً* الـى الاجيـال القادمـة لا بـل تكـون خيانـة اسـلام دمشـق بـأفواه الجميـع عجبـاً مسـتغرباً ولا تسـبل عليـه بـرداءة النسـيان فـي طـول المـدة والزمـان نظـراً لمـا يـدعوه مـن عـدم الشـهامة والنـاموس التـي تكونـان بالحقيقـة فـي مـن هـم رجـال لا وحـوش. ثالثـاً لأجـل تحـث اولئـك القـارئين والسـامعين حتـى يترحمـوا علـى مسـيحيي هـذا الجيـل خصوصـاً الدمشـقيين كمـا نلاحـظ بعـده بمـا احتملـوه وكابـدوه مـن اعـداءهم الـذين لـم يبـق لهـم ولا فرقـة مـن جـنس مـا مـن كامـل الاديـان ان يتشـفق بهـم بـل الجميـع ضـدهم وعلـيهم ويرغبـون الانتقـام مـنهم. والـذي يـذهل العقـول اكثـر انـه لـم تجـد لهـم المسـاكين ولا خطيئـة واحـدة ضـد هـؤلاء البرابـرة، وانمـا حتـى تكمـل علـيهم الآيـة الشـريفة القائلـة: انكـم تكونـون مبغوضـين مـن جميـع الامـم. ويظـن كـل مـن* يقتلكم انـه يقـرب لله قربانـاً.

في العداوة الكائنة فيما بين النصارى والدروز

ان العداوة التي كانت سابقاً فيما بين جماعة الدروز والنصارى في ايالة جبل لبنان، واحياناً كانوا يقتلون من بعضهم بعضاً ويحرقون بيوتاً ويقطعون اشجاراً، فبهذه السنة قد اشتدت هذه العداوة فيما بينهم. ويمكن القارئ اذا امعن النظر بكفاية قراءته ان يحقق هذه الاسباب. فنهضت جماعة الدروز بقلب متفق جميعاً خلافاً للنصارى المنقسمين الرأي. ولِعلة اتفاقهم قد اصطحبوا باقي الأمم من كل جنس وطائفة وبدؤوا يشون لهم العداوة، ويقدمون لهم اسباب ذنوب للنصارى. وهي نظير ما* حاذه اهالي زحلة قليلاً من الحرية لعدم وجود غريب فيما بينهم. وانما حرية هؤلاء قد اضرتهم واضرت معاً باقي اخوانهم. ولعدم معرفة البعض من جهالهم بكيفية الحرية، فصاروا ينتقمون من بعضهم بعضاً، وطمعت بهم جماعة الدروز. لعلة عدم اتفاقهم ولعدم وجود رأس فيما بينهم مدبّر ويطيعونه فيما ينظره موافقاً مع جمعية اهل المعارف بينهم الذين يقدمون التدابير الحسنة لأجل الحرب وقتال الاعداء بحيث ضروري. ان كل قبيلة تسمع لرأي المدبر والرأس بالخضوع والاطاعة ولا بد تحصل الغلبة لمثل هؤلاء، بل تنظر اهالي زحلة بذاك الوقت جميعهم كل منهم رأس ولا يسمع لاحدٍ. ولعدم اتفاقهم قد آل ذلك لخراب المسيحيين اجمع في ايالة الشام .* هذا ما عدا اذا الزمتنا الضرورة ولم نصمت عن ذلك القصور الفظيع الذي حصل من اخوانهم الذين لم يسرعوا لمساعدتهم بوقت مصيبتهم. مع اننا نعرف بانه يوجد عائلات قديمة وامارة وبكوات ومشايخ وكان لهم الاسم والشهرة من الأمم الغريبة ويهابون من سجاعتهم وكثرة عددهم حتى نفس اسلام دمشق كانوا يتراطنون بهذه الاقاويل ويعملون حساباً ان لو حضرت هذه الرجال المسيحيون لدمشق ماذا يصدها ويتذكرون مجيئهم سابقاً صحبة

الامير بشير الشهابي. وهذا سيجيء القول عنه. وبهذه المرة آل الامر ان يسمعوا اقاويل اعدائهم الدروز والاسلام ان لو حضروا الى بلادهم لأخذوهم بدون صعوبة ولا يمكننا نسمع لهم ذانيك الدعوتين: ان الزحالنة ما قبلوا مساعدتهم في ابتداء الحركات.* ثانياً لسبب مكاتيب حضرت لهم من بعض اخوانهم في بيروت، لان الاولى تكلمت بها بعض الزحالنة الذين ما كانوا يظنون ان الامور تتصل لهذا الحد خصوصاً يعرفون ذواتهم من قديم الزمان وهم فاتكون بالدروز ومنتصرون عليهم بكل وقعة تحصل بينهم. ولذلك بعضهم تكلم هكذا. واما الدعوة الثانية كانت منهم سليمي القلب وان كان بالخلاف فالله اعلم والآخرون كانوا صدقوا من هو ضروري ان يستوثق بقوله ولا امكنهم ملاحظة ما هو مضمر بالقلوب. ولذلك حرروا لهم تلك المكاتيب بأن لا يتوجهون لمساعدة زحلة ولهذا السبب تمنعون عن مساعدتهم. قلنا ان لا نسمع وعلى من كون في وقت الانقلاب ما عاد يقتضي الى قيل وقال بل الى اخذ الغيرة والهجمات لانقاذ اخوتهم من الذئاب المزمعة ان تفتك بهم وبغيرهم ايضاً.* فمالي أتكلم عن اخذ غيرة هؤلاء لانقاذ اخوتهم سكان زحلة لعلهم متفقين بقلب واحد كلاً. بل تنظر كثيرين متفقين مع الدروز ضد اخوتهم لاسباب مناصب وحكومات ولأجل بعض خيرات زمنية. حتى ولا يعرفون بكاملهم حيث منهم من يتكلم هنا جيداً. ويسرق من اخوته كلاماً ويقدمه للدروز الاعداء. انظر ايها القارئ. وبذلك تتحقق ما أقوله. ان المسيحيين في حول دمشق وزحلة ودوائرهما يبلغون نحو مائة الف رجل مقاتل. وجماعة الدروز لا يوجد عشرون الف. وتصير لهم القيمة الاكثر شرفاً فيما بين سكان اهالي سورية، نظراً لما اظهروه الآن من السجاعة ضد المسيحيين. فكيف القلائل فاتكون ومشهورون بالغلبة على الاكثرين والآخرون* مغلوبون ومدعوسون ومشهورون بالذل وعدم الانتصار. هذا ما

اكده لك لعدم اتفاقهم بقلب واحد لغيرة اخوتهم بالمسيح. فيا أسفاه على رجال المسيحيين الكثيري العدد في البقعة الشامية ننظرهم مغلوبين من اعدائهم القليلين وناهبين ارزاقهم، وحارقين بيوتهم وطارحين بالارض جثث اجسادهم موتى حتى آل الامر لاولئك القليلين ان يكونوا معروفين في العالم بشهرة الانتصار ويكونوا هم البطيخة الاكبر لانكسار الاصغر لأجل اصطلاح جميعهم. فيا ليت هذه السجية للنصارى لوجدوا ليس فقط لهم [---] الاول بعد الاسلام ومحبوبين من الجميع. فنقول لامر يريده الله بالجميع.

فتوجهت جماهير الدروز الى حاصبيا في ابتداء شهر حزيران نحو ألفين رجل منها خيل ومنها زلم مع جمهور من جبل حوران نحو خمسمائة خيال صحبة مقدّمهم* يسمّى الشيخ اسماعيل الاطرش. وهذا الرجل كان اولاً راعي بقر بأجرة سنوية. وبعده ظهر انه شجيع والاكثر همةً ما بين لصوص البرية ولا هو سابقاً من عائلة معتبرة بين امثاله بتلك الناحية نظير عائلة بيت حمدان وبيت ابو فخر. وقبلاً كان قاطن بقرية تسمّى القِرَيّة وهي غربي الجبل وكامل سكانها دروز. ولما وجد ان الاقامة بين فلاحين النصارى هي اكثر ايراداً، فطلب من حمدان قرية عِرى وهي شرقي تلك وأخذها منه جبراً واقام بها كونها كاملها نصارى من طائفة الروم. أقدر أقول اعراضات شتّى مع تحارير التي تقدمه من السيد بطريرك طائفتهم لأجل كثرة مظالمه لهذا البلد المسيحي مع البدع والخ. واتصل الآن حيث لم يجد احداً* يرده فصار مقدم جيش عصاة اللَجاة وايضاً صحبة هذا الجمهور الشيخ هزيمة شيخ قرية المجدل. (تبعد عن اللجاة ساعة ونصف لجهة الغرب.) فهذا الذي كان قبلاً يقدّم المرآة لحضرة قنسلوس بك دولة فرنسا بالشام باتصال تحاريره النفاقية لحضرته، مع بعض مواجهات معه ويبيّن له اتقان سلوكه وتجنّبه عن المعاصي. ولا كان يخفى عن حضرته نفاقه وانما كان يودّه

لصيانة المسيحيين الموجودين حوله. وكذلك مع الشيخ حمد عزّام شيخ قرية عاهرة (التي هي داخل اللجاة من الغرب،) ذاك الاسود الوجه طبعاً الذي انعرف عنه حين وقوع الذبح بالنصارى يجول حائماً مفتشاً على آخرين ليذبحهم ويشرب من دمائهم، ونظير وحش الصيد* لا يقنع حتى يخرج قلب الرجل المسيحي ويأكل منه كما فهمنا عنه. وصحبة هؤلاء الشيخ دعيبس عامر شيخ قرية البريكة (فهذه على كتف اللجاة من جهة القبلة.) وهو ابن اخي الشيخ اسعد عامر ذلك الفاتك اولاً بالنصارى سكان جبل حوران واخصّهم اهالي الهيت والهيات وبصير متأخراً. هؤلاء من طائفة الكاتوليك. ومن عشر سنوات وهو يسحب من اموالهم وارزاقهم بدون مانع. وياماً تقدّم عنهم اعراضات للحكومة بعضهم من السيد مكسيموس مظلوم بطريرك طائفتهم وبعضهم من السيد اكليمنضوس البطريرك الحالي. وبما ان هؤلاء عاصيين على الدولة العلية فما وجد سامع ولا مجيب. وكان يساعده اخيه الاكبر منه الشيخ فارس حيث بدونه لا يقدر على عمل شيء. حتى آل الامر لهؤلاء* النصارى ان يطوفوا المدن والقرى ويطلبوا الحسنات من اخوتهم قبل ان تساؤوا الآن بالمصيبة جميعاً. واذا اردنا هنا ان نوضح ذنوب هذا المنافق مع المسيحيين وكيفيتها، فيطول بنا الشرح ولا يعود يسمى كتابنا هذا مختصراً. فقط نقول كثيرون من نسائهم الذين طرحوا على الطريق بوقت هربهم الاخير منه، وكثيرون ماتوا من رعبهم بوقت لحوقه لهم وتاركين بلادهم وارزاقهم ومواشيهم وزروعهم وما يملكون وصاروا دائرين مع حريمهم واولادهم يتسولون لأجل معاشهم الضروري.

هنا القارئ يلحظ انني قصرت عن موقع كيفية وعرة اللجاة وعن سكانها والقرى المحيطين لها مع انه ضروري ذلك نظراً لما يقرأ من هذا التاريخ عن خبث هؤلاء،* فأقول ان اللجاة هو مكان عسر

السلوك بـه نظـراً لكثـرة الصـخور والـوعر. واغلـب الطرقـات فـلا يستطاع دخـول المدافع لهـا. والـداخل لا يمكنـه الجـولان بـدون احـد مخبري سكانها وان فرضـنا دخل فلا يمكنـه الرجوع بدون المخبر. ويبلغ طول هذا المكان من الشمال الى القبلة خمسة عشر ساعة ومن الشرق الى الغرب سبعة ساعات قياس مشي الرجل من كون الدابة لا تسلك به. ومن طول هذه البقعة لجهة الغرب هناك بلاد حوران والجيدور وبأواخر جهة الغرب الى القبلـة تبتدئ بلاد الدروز، ومن الشمالي بعد نهايـة القرى الـذين مسطفين علـى اكتافهـا اذا قلنـا نظير المسـمية وشـعارة والـخ، وبعـده القـرى التابعـة للشـام نظيـر زغبـر والخيارة ودير علـي والكسوة ومنهـا لدمشق والـى هذا المكـان ستة سـاعات كمـا شـرحنا. ومـن جهـة الشـرق علـى اكتـاف اللجاة قـرى خراب يسمون بالاجمـال وادي اللـواء وبعده بريـة قفرة متصلـة الـى بغداد. ومـن جهـة القبلـة مـن بعـد وادي اللـواء تبتـدئ* بـلاد الـدروز ايضـاً. فهنـا تبـين عـن قـرى الـدروز واقـع عمـارهم مـن قبلـي اللجـاة متصلين من الشرق الى الغرب، الاول قرية الهيات والهيت والجنينـة ودوما. وبآخر الغرب قرية القِرَيّة وحوط وجميع قرى الـدروز نحـو خمسين قريـة ويبلـغ عـددهم نحـو عشـرة آلاف نسـمة. واما نفس هذه البقعة اي اللجـاة قـاطنون بهـا عـرب يسـمون قبيلـة السَلـوط وهـم نحـو خمسـة آلاف نسـمة، وبحيـث كمـا قلنـا قـرى الـدروز هـي حـول هـذه البقعة من القبلة بكاملها ومن الغرب اكثر من نصفها على جوانبها وبعض قرى بداخلهـا، ويلتزمون الطلب لـوازم معـاش بعضـهم بعضـاً ولـذلك ارتبطـوا جميعـاً اي الـدروز وهـذه العـرب ان الـدم والعـرض كافتهم به سوية. ولـذلك عنـدما الحكومـة تطلـب مـن الـدروز الامـوال التـي هـي كحسـب قـوانين بـاقي الايالـة، فيقـدمون لـهـا المحـاولات ويوعدون كذبـاً، واخيـراً يعطـون جـزءً مـن المطلـوب. ولحدّ الآن مـا اعطـوا ولا شـابـاً الـى العسكرية ويظنـون ان الدولـة لـيس قـادرة علـى

اطاعتهم، وانما ترغب مداراتهم لئلا يحصل نظير ما سبق بينهم من الحروب اولاً حرب ابراهيم باشا من دولة مصر يجيء عنه القول، والثاني امين باشا سر عسكر من الدولة العثمانية، والثالث محمد قبرصلي* باشا من رجال الدولة، ولا حصل الامكان لأخذهم جبراً. فالآن نرجع لما كنا به.

فالجمهور الذي ذكرنا عنه حضر من حوران مع اسماعيل الاطرش والمشايخ المذكورين مرّوا على بلد اسلام تسمّى كناكر من مقاطعة حوران تبلغ نحو الف نسمة وكان موجود بها نحو مائة وثلاثين نفر شبان نصارى من اهالي قرية حينة يحصدون زرع تلك البلد بأجرة يومية لمعاش عيالهم المعتادين على ذلك سنوياً وكان تعاهد لهم شيخ تلك البلد يسمّى خليفة بأن يحميهم من مرور الدروز على تلك البلد، وعند حضور هذا الجمهور فسلمهم اياهم مع ان هذا المنافق كان قادر على حمايتهم لكون الدروز لا يمكنهم مقاومة اسلام حوران ولو انهم اكثر شجاعة. انما اولئك اكثر عدداً الذين يبلغوا نحو مائتين الف نسمة مع قرى الجيدور المتحاربين مع قرى حوران، خصوصاً من سابق متعاهدين الحوارنة والدروز ان يكونوا باتفاق واحد عندما الدولة تطلب منهم شيء ينافي رضاهم نظير مسك النظام الذي لحد الآن الآخرين ما اعطوا ولا شاباً واحداً كما شرحنا قبلاً، ذلك عن الدروز فمسكوا هؤلاء المساكين* وذبحوهم جميعهم. وتوجهوا حتى وصلوا لحاصبيا مع الجماهير المليّمة من جبل الشوف ومن وادي التبير الذين يبلغون باجمعهم نحو ثلاثة آلاف مقاتل ومع دروز البلد وصرخوا بطلب الانتقام من اهلها. وحيث كان موجود هناك عسكر شاهاني من قبل الدولة مع امير الاي قائد العسكر عثمان بك. فاراد بالظاهر توسيط الأمور فيما بينهم والصلح (ان كان يقصد ذلك) فطلب منه الدروز ان يتسلم سلاح النصارى. وبالحال طلبه منهم كما انعرف من تقريره ذلك حين المحاكمة عليه لظنه بعده ان الدروز

تكف الشر وترجع (كما قرّر.) او لغايةٍ هو يعرفها كما ننظر ذلك بعده. وتعاهد للنصارى بان يحميهم عندما يسلمون سلاحهم، فيا ليت هذا الغبي قد اتفق مع النصارى* لمحاربة هؤلاء الاشقياء، لكانوا جميعاً يكفون لارداعهم، عدا كسرهم مع سطوة عساكر الدولة. بل لعدم محاربتهم مع العساكر ولا اقلّه ردعوهم قليلاً، ولو بالخاطر والرجاء ولذلك قد حقق هنا الدروز ما كانوا يظنوه ان الدولة راضية باعمالهم. فالمساكين النصارى قد طغاهم الغش لمعرفتهم ان عسكر الملك الذي يطلب منهم السلاح وان لم يسلموه فيكون ضدهم ايضاً. واذا انغلبوا بعد اتفاق العسكر مع الدروز (حسبما ظنّوا) فيقال بانهم عصوا على العسكر ولا سلموه السلاح حتى كان يهمّد الفتنة بينهم. فحالاً المساكين جمعوا سلاحهم وسلّموه الى قائد العسكر وادخلهم الى القلعة الموجودة في نفس البلد. ووقف مع عسكره كأنه حراس عليهم. فاسمع ما اصاب هؤلاء المساكين الذين قبلوا* المخاتلة من اعدائهم. ولو بقوا بسلاحهم وضاربوا بنهجات الموت المزمعة ان تكون لهم، لربما فازوا بأنفسهم عدا ان كان الله رائد بنصرهم. فما كان من جماعة الدروز الخائنين العهود الا وهجموا على القلعة طالبين النصارى. وبما ان العسكر خصوصاً قائدهم المذكور لا يرغب قتال الدروز، فسلّمهم النصارى وقتلوا جميع من كان في القلعة بدون ان يعمل معهم ولا قتالاً واحداً ولو مراآة. هذا الذي كان ارعب افكارنا قلقاً. ولو يرجّع لهم سلاحهم وعرّب ذاته عن الجميع، لكانوا ربما يكفون لبعضهم بعض. ولا كان يحصل هذا الفتك بالنصارى. بل احد الضباط يسمّى مصطفى بك من اولاد ناصيف باشا العظم بالشام، فهذا قبل هجمة الدروز على باب القلعة، فكان يسحب أناساً من الدروز من قفا سور القلعة* حتى عملوا جوف في ظهر السور لأجل لزوم الهجمة، وتكون من داخل ومن خارج. وعندما هجمت الدروز على الباب، فوقف هذا المنافق على نفس

الباب كأنه درزي الأصل، وكان يخرج النصارى أناسٍ بعد أناس من القلعة ويسلمهم لاعدائهم الواقفين ليذبحوهم. والذي منهم كان يمسكه ويتدخّل عليه باكياً ان ينجّيه من القتل، فكان يرفسه برجله حتى يبلغ الى اسفل الدرج، واعداؤه تقطعه بالبلطات. فهذا الشقي انوجد امر قبحاً من الدروز، والابلغ شقاوة لان هو الذي سلّم سلاح النصارى للدروز الذي كان القائد جمعهُ منهم. وبما انه اعظم عداوة للنصارى، فكان دائماً يجتمع في خلوة الدروز السرية ويقويهم ويشددهم ويرفع من افكارهم المخاوف من اجل هذا العمل. واخيراً أقول واضحاً ان هذا* الرجل كان من جملة المرسلين لهذه العملية. فإذاً لا نستغرب عمله خصوصاً كان يزعم بأنه عالماً في الديانة المحمدية، ودائماً كان يرغب المجادلة بالديانة المسيحية. وهذا الذي اقنع ديمتري بولاد ويوسف شاتيلا واجتذبهم لديانته (ننظر ذلك بعده.) وقتلوا معهم أمراء من بيت شهاب الذي يسمّى مقدمهم الامير سعد الدين الشهابي والامير احمد الشهابي الحاكم في نفس البلد. فقُتل من النصارى سبعمائة رجل ومن الأمراء ستة رجال. (هؤلاء الامراء هم اسلام وبكونهم حكام تلك الناحية، فصاروا مبغوضين من الدروز. والآن بعد ثروتهم وغنائهم فاضحوا محتاجين ومتغربين عن اوطانهم والحكومة كانت رتبت لهم لكل نفر خمسة قروش يومي اعانة وانقطعت مع اعانة النصارى، واخيراً اخذوا من مسلوباتهم* وعائشين منها.) واما الخارجيين عن قفص القلعة خرجوا راكضين بالبكاء والنحيب حتى وصلوا الى الشام لعلمهم المساكين بقوة الاحكام بها حيث موجود احمد باشا سر عسكر، وهو الوالي معاً (وهذا بعده نتكلم عنه.) بما كان يخاتل المسيحيين باقواله الغاشّة، ويشجع الدروز بالاسرار الخفية.

وكذلك هذا العمل نفسه قد حصل في راشيا عند توجه هذه الجماعة عليهم، وقتلوا منهم تسعمائة رجل وايضاً امراء شهابيين احدى عشر

رجل (هذه الامارة هم اسلام ايضاً وكيفيتهم حسبما شرحنا عن اقربائهم امراء حاصبيا.) واما نصارى راشيا لم يعرفوا قبلاً ما حصل لاخوانهم في حاصبيا لأن بالنهار الذي انذبحت به نصارى حاصبيا، وبالمساء حضرت الجماهير الى* راشيا وهم محبوسين بالقلعة تحت حماية العسكر وقائدهم محمد آغا بيم باشي. وقد اوضحنا ذلك حتى لا نستغرب تسليمهم السلاح بعد الغش الذي حصل الى نصارى حاصبيا. ولذلك نسمع تأسف نصارى راشيا ان لو سمعوا ما حصل في حاصبيا من هذا الغش، فما كانوا سلموا سلاحهم بل حاربوا العسكر والدروز معاً لآخر نسمة منهم. وبارجح الظن ما كانوا يتصلوا لحد هذا الفتك الذي جرى لهم، كما وحاصبيا ايضاً نظيرهم. واخيراً الذين سلموا من الآخرين حضروا الى الشام مع ارامل واطفال ونساء القرى الصغار الذين حولهم المحروقة بيوتهم والمقتولة رجالهم. واما اهالي القرى التي بحول حاصبيا وراشيا فالبعض منها فرت هاربة لغير اماكن عدا ان بعضهم أُصيدوا عند الفرار. وبعض القرى قتلوا منهم بدون* رحمة. وعلى التقريب يبلغ المقتولون من القرى نحو الف رجل. فصار جملة مقتولين حاصبيا وراشيا مع قراياهما ألفين وخمسمائة رجل. فيبان انهم مرتبطون جميعاً بهذا العمل الفظيع. لاحظ هنا بعد مصيبتهم هذه وكيف ايضاً توجهوا للشام لاجل ذاقوا الاعظم منها. فيا ليتهم توجهوا للقفار وكانوا يقتاتون بالحشائش ارفق من مصيبتهم الثانية بالشام. وبعده حضر ايضاً نساء المقتولين الارامل مع اولادهم واطفالهم حفايا عرايا جياع عطاش وفي حالة تحزّن القلوب الصخرية. فبوقته مسيحيو دمشق قدموا لهم مجهودهم واعدّوا لهم مكانات لأواهم بقدر امكانهم من كون بقي من ينام في محلات البهائم وبالطرقات وتنظرهم دائرين نساء* واولاد في شوارع دمشق يتسولون لمعاشهم. ورؤساء الطوائف مع وجوه الشعب المسيحي الدمشقي صاروا

يجمعون لهم الحسناة من بعضهم. وبكل غيرة مسيحية قدموا لهم احتياجاتهم الضرورية للمعاش. فالسيد غريغوريوس يعقوب رئيس اساقفة سريان دمشق كان يقدّم احتياجات طائفته السريانية والسيد امبروسيوس عبده اسقف اورشليم ونائب غبطة بطريرك الكاتوليك كان يهتم بجميع الحسنات لهم. والخواجة يوحنا فريج (هذا الرجل اول اغنياء مسيحيي دمشق وهو الاول من الذين تمسكوا في حساب الشرقي بعد ان كان غبطة اكليمنضوس بطركهم شرع في بداية حساب الغربي، ونبذ المذكور من اطاعته مع جملة من الطائفة.) وايضاً* الخواجة انطون الشامي والخواجة ديمتري (شلهوب هذين الرجلين يجيء القول عنهم،) ومع وجوه طائفة الروم الكاتوليك، فكانوا يجمعون شيئاً منهم وشيئاً من طائفتهم ويقدمون لزومات طائفتهم. وكذلك طائفة الروم كانوا يجمعون شيئاً منهم والباقي من اوقاف الكنيسة، ويقدمون لزومات طائفتهم. وفيما هم بهذا الحال المحزن على معاش ضيّق الحائق بهذه الارامل والاولاد المذكورين مع احزان الدمشقيين. فكانت المسيحيون دائماً تسمع كلام الاهانة والافتراء من اسلام الشام، ويضحكون بهم شامتين على ما اصاب ابناء جنسهم، ويوعدونهم بنظيره.

وبذلك توجهت جماعة الدروز الى زحلة صارخة في طلب الانتقام من اهلها. وحصل بينهم قليلاً من الحرب، وبهذا الحرب قد خصرت الدروز من* رجالهم طاقين عن النصارى. ولاجل ذلك استعدوا للرجوع عن محاربة زحلة في تلك الليلة. واما دعيبس عامر الذي صحبتهم وهو اول فرسان بين رجال عائلة عامر، فسجعهم ايضاً حتى بقوا صامدين لثاني يوم. وحيث قلنا اولاً عن عدم اتفاق الزحالنة بقلب واحد، والباين انه لم يزل احدهم طالب الانتقام من عدوه، ولم يصفح له حتى الى ذلك الوقت، لانه انعرف ان الشاب منهم يضرب صفوف الدروز من وراء المتراس، ويخشى من ارفاقه

لئلاً يغدرونه من قفاه. فكيف بهذه الحالة مأمول حصول الغلبة لهم مع الاعداء. واسباب ذلك ان زحلة عائلات اي طوائف، ومنهم ضد بعضهم بعض ولو ان اغلبهم من جنس واحد اي كاتوليكيين، فهذه المضادات يسمونها شهوات. واما* زحلة يوجد بها نحو اثني عشر الف نسمة الذي يكون منهم بالتقريب ألفين وخمسمائة مقاتل. وبهذا الوقت كان عندهم من رجال النصارى الهاربين من قراهم ينوف عن خمسمائة رجل، فلولا سماح الله لاستغرب اخذهم من الدروز ان الذي انعت به اهل زحلة في عدم اتفاقهم بقلب واحد. فليس هو مختص بهم فقط بل هو بالأحرى الى كامل مسيحيي سوريا. وأضع هنا مثلاً لذلك فأقول ان القضبان الملتئمة والمعانقة بعضها بعض يعسر جداً كسرها جملة، ان لم يحصل عليها قوة غير اعتيادية وهذه يعسر حصولها على من يرغبها بكل اوان. وانما متى تفرقت هذه القضبان كل لوحده، فيستطاع ابادة الجميع حتى من المريض بالصحة. فأعداء النصرانية كثيرون بهذه البلاد ان لم أقل الجميع، ومع ذلك انقسام المسيحيين* هو اكثر، لأنه هذا يقول انا ماروني ولا يخصني بالروم، والآخر يقول لا يخصني بالكاتوليك والخ. فأريني الآن كيف يمكننا [ان] نجد بهذه البلاد السلامة والحرية بهذه الانواع التي ذكرناها ونجد طائفة الدروز متفقة جميعها بصوت واحد لأجل محبة شرف جنسها، وبالحقيقة بهذا الاتفاق قد حصّلوا ارباح وافرة من الشئيمة والاسم. فلاحظوا يا مسيحيين ان كنتم تربحون شرفكم ومحبة جنسكم، فلا لكم واسطة سوى الاتفاق الذي يجعلكم بعيشة مملوءة سلام وامن اعظم.

لربما احد القارئين يلومني لانني أتشكّى وأشتكي على اهل جنسي، ولكنني أناشدك بالمروءة ايها الحبيب لا تلومني، بل لاحظ ان الذين كنت أتظلل هنا بكثرة عددهم بتلك الاطراف،* فأضحيت الآن لحدٍ كذا بسبب عدم مروءتهم وشجاعتهم وعدم اتفاقهم. فما كنت أطلب

من ابناء جنسي حمايتي بالشام، بل عدم مساعدتهم الى اهل زحلة وانتصارهم. اقله في زحلة هي التي اجلبت على الدمشقيين لهذا الخراب والشقاوة التي مزمعين نتكلم عنها. انني لم أنكر شجاعة الزحالنة وخاصة قتالهم مع الدروز. ويااماً امتحن ذواتهم الدروز مع الزحالنة بالحرب ويرجعون مكسورين والزحالنة منصورين عليهم وكان لهم الاسم والشهرة. واما بهذه المرة اولاً تزايدت عليهم الدروز من حوران ومن لبنان، وقصدوا يشفون غلهم الماضي منهم. ثانياً قد اصطنعوا لهم حيلة وغشوهم بها وهي قد نصبوا بيرق وعلقوا به صليب* وبدؤوا في تراديد اي غناني بشبه نغمة النصارى، فظنوا الزحالنة بان حضروا اخوتهم الى مساعدتهم بكونهم ينتظرونهم وقتاً بوقت، وبهذه الحيلة قد تركت الرجال هذه الجهة وتوجهت جهة خلافها، وتضارب بها الاعداء. وعند ذلك هجمت الدروز على تلك الجهة وملكوها وابتدؤوا في حريق بيوتها وتزايدت عليهم عدة الدروز المحاربين ايضاً. وعندما رأوا ذواتهم قريبين الانغلاب فصاروا يرسلوا عيالهم مع بعض ارزاقهم من قفا زحلة الى كسروان. وهم مشوا ليلاً، ودخلوا الدروز ونهبوا ما كان في البلد، واخيراً احرقوها مع كنائسها وبيوتها وقتلوا منها نحو ثلاثمائة نفر.* وبعده توجهت البعض من هذه الجماهير مع الذين اختلطوا معهم من اسلام الناحية وعربان الى قرى البقاع ونهبوها، واغلبهم احرقوا بيوتهم. ولما حضر الخبر للشام ان زحلة أخذتها الدروز ونهبوها واحرقوها كما وقرى بعض البقاع ايضاً مع بعض قرى الشوف والمتن خاصةً، كان موجوداً من العسكر في زحلة ولم يعمل شيئاً سوى العكس ويسافل الى الدروز باعمالهم لغايات يعرفونها كما وحاصبيا وراشيا، لم يساعدوهم، فاشتد غضب الاسلام على النصارى بالشام بالنوع الذي لا يطاق حمله. وعلى ظني صار كافي لهم ذلك كونهم ينظرون العسكر بكل الاماكن التي بها يحصل

المحاربات. وليس* فقط لا يقاتلون الدروز عن النصارى بل ويسافلونهم باعمالهم. فهنا صار يلوح لهم الذي ما قبلوا تصديقه قبلاً، وعلى كل هم لهم الحق الاكثر من الدروز في محاربة النصارى لان الذين فتحوا بلاد سوريا وغيرها هم اسلام لا دروز. ولذلك حصل فرحهم عظيماً وزينوا بعض الدكاكين بالمدينة بشعل قناديل لأجل أخذ زحلة، وبدؤوا يقولون عن مسيحيي دمشق اشياء وتقاويل باطلة ليحركوا بها الجهال. ومن جملة ذلك قالوا ان النصارى الدمشقيين كانوا مزمعين وعاملين كيفية مرغوبهم بورقة مختّمة من اثنين وسبعين رجل من الوجوه ان يقيموا في زحلة ولبنان ملك مسيحي. وبذلك تزايدت سموم الاغبياء والجهال وكثرت عليهم الاهانات، وهم باثناء ذلك ورد عليهم خبر ما حصل* بدير القمر. وهو بعد ان الدروز أخذوا زحلة ونهبوها واحرقوها توجهوا ايضاً الى دير القمر والتئم معهم دروز تلك الناحية واشتغل القتال بينهم وبين النصارى. وهذا الحرب خسرت به الدروز. ولما ما امكنوا ياخذونهم بدون تسليم سلاحهم، فطلبوا من العسكر المقيم عندهم اي من قائدهم ان يتسلّم سلاحهم والآخر غشهم ايضاً، وطلبه منهم. وهم قبلوا الغش واغلبهم سلموا السلاح وبعد ذلك هجموا عليهم نظير ما حصل في حاصبيا وراشيا وبالظروف المقدّم ذكرها. وقتلت الدروز من مسيحيي دير القمر الف وثمانمائة نفر أعني رجل وامرأة مع اولاد. والذي لم يسلّم سلاحه من الرجال سلم وخلص الى اماكن الامان نظير بيروت* ولبنان. فكيف تظن عن هؤلاء اهالي دير القمر. أما نظروا امامهم اهل حاصبيا وراشيا بعد تسليم سلاحهم ذبحوا الى آخر نسمة منهم. مع انهم لما حاربوا اولاً بهذه المعركة فقد خسرت الدروز من رجالهم اكثر من النصارى ولا ملكوهم الا عند تسليم سلاحهم. والاسف الاعظم فهو ان رجال دير القمر اكثر شجاعة من كامل مسيحيي هذه البلاد، ونعرف جملة محاربات حصلت بينهم

وبين الدروز بالسابق، ودائماً هم الاكثر غلبة حتى كادت جماعة الدروز تدخل دير القمر بالمسكنة والذل. ومسيحيو دير القمر يبلغون نحو ثمانية الف نسمة مع انه يوجد ايضاً دروز ساكنين بدير القمر اقل عدداً منهم. فنقول لغايات يعلمها الله وحده. وتوجه اراملهم وايتامهم الى بيروت* مع ايتام وارامل القرى الصغار المقتولة رجالهم الذين يبلغون على التقريب نحو الف وخمسمائة رجل وهم من قرى الشوف والمتن. بحالة يرثى لها يطلبون الاحسانات من على الابواب، ينامون بالطرقات والخانات. وحضر ايضاً هذا الخبر الشنيع لدمشق. وحصلت منه المسيحيون بمرار قلب بليغ. وفي كل وقت كانوا يسمعون ما كان مزمع ان يكون لهم حتى أضحوا قاطنين البيوت. ولا يقدرون على الجولان في الشوارع لكثرة الاهانات بحق ديانتهم وصلبانهم وبحق قناصلهم الاوروبائيين الذين كانوا يمثلوهم باشياء الاهانة والمساكين. في كل ليلة كانوا يتلون صلوات استعداد الموت. وكان مزمع اتيان عيد ضحية الاسلام* وكانوا يؤكّدون ان في هذا العيد يكون لهم ما اصاب غيرهم. ولا يمكنهم الهرب من دمشق نظراً لقطع الطرقات وسن اسنان اهل العداوات ضدهم من كل ناحية. فالمساكين القاطعون امل حياتهم بالشام لم يبق لهم سوى مداومة توجههم لعند احمد باشا سرعسكر الوالي بالشام ويطلبون منه الأمنية والمحافظة. وهو كان يجاوبهم بغشٍ بأنه لا يجري عليهم شيء. وجاوب احد مرسلين حضرة القناصل الذين كانوا دائماً يلازمون طلب المحافظة منه عليهم وعلى النصارى، فقال له متى حدث شيء على رأسي اولاً فيحدث عليكم. وارسل لهم اورطة عسكر مع قائدهم الامير الاي الذي كان بوقعة حاصبيا،* وأقاموا عندهم بالحارة. ان حضور هذا الامير الاي مع الاورطة عسكر، واقامته بحارة النصارى مع محمد آغا بيم باشي الذي كان بوقعة راشيا بالحقيقة هم الذين يؤكدون ما كان مزمع ان يحصل بالنصارى

ننظر بعده. وكم قدمت لهم النصارى من الاطعمة مع المصاريف التي اضحت باطلاً. وهم باثناء ذلك العذاب ومرارة الافكار الكلية. وقد ورد خبر الى اسلام البلد ان نصارى حمص قاموا على الاسلام يوم الجمعة وهم بالجوامع في صلاة الظهر وذبحوهم جميعاً. وبذلك الوقت المرعب قد هاجت البلد ايضاً مع هيجانها الفائق الحد. وعزم اهلها بذلك النهار وهو الاحد الواقع قبل عيد الضحيّة ان يهجموا على حارات* النصارى ويذبحوهم بقولهم الباطل نظير ما عملت مسيحيو حمص باسلامها. وكثرت الجمعيات بينهم بذاك النهار بالقهاوى والبيوت والشوارع، واخيراً ارتؤوا ان هذه الاخبار هي بدون تحقيق صحة الامر، وقد شارت عليهم العقلاء منهم ان يصبروا الى يوم الثلاثة لحين تحضر البوسطة وينظروا صحة هذه الخبرية مع انه في حمص موجود نصارى عشرون الف نسمة واربعون الف اسلام. والآخرون مستعيدون نظير مسيحيي دمشق، حتى ان اولائك باقيين على العبودية القديمة الاكثر فظاظة خلافاً لمسيحيي دمشق الذين تقدموا بالحرية قليلاً منذ حكمت دولة مصر وبقوا بقدر امكانهم لحد الآن متمسكين بها قليلاً. ولكن يا اخي تفهم مني ذلك* بالكتابة فقط ولا يمكنك تعرف ما حصل عند النصارى بهذه الخبرية الذي كل ساعة مضت من هذه اليومين والليلتين يؤكدون موتهم بها. ولا امكنهم ان يذوقوا النوم ولا الاكل الا شرب الماء. واخيراً حضرت البوسطة وما ظهر لهذه الخبرية اصل ما. ولما هدأ قليلاً هذا الهيجان واهل المرام ما قد قدروا ان يملكوا مرغوبهم فحضر العيد. وفي اول يوم منه توجهت الاسلام الى الجوامع حسب اصطلاحهم حتى يقيموا الصلاة، فوجدوا واقفة عساكر على ابوب الجوامع ناطرة. فصاروا يستخبرون من بعضهم بعض لأي سبب هذه العساكر ناطرة على ابواب الجوامع. فأجابوا انه مسموع ان النصارى مرادهم يحضرون من* حاراتهم وهم

مستعدون في سلاحهم حتى يذبحوا الاسلام وهم داخل الجوامع بالصلاة. لاحظ هنا ايها الحبيب قدر مفعول كيفية هذه الخبرية الكافية لتحريك الجهال الذين بالحقيقة في ذلك الوقت ظهر منهم كل كسل وبلادة قلب نظراً لقوتها وجرمها التي تحرك المخلع ان ينهض وينتقم من الاعداء. ولكن أظن حيث نظروا كثرة الهيجانات الكاذبة التي مضت عليهم بحق النصارى، فوضعوا ايضاً هذه الخبرية مع خلافها، ولذلك اصحاب العدوان لم يملكوا مآربهم بهذه العملية ايضاً. واما المساكين النصارى القاطعون الامل من الحياة، فما بقي لهم سوى التوسلات لله تعالى وبادروا بكثرة الصلوات ويطمنون* ذواتهم بقرب قدوم العساكر من الاستانة، وباطلاً كانوا يطمأنون ويطلبون من الله ان يمضي هذا العيد. وبعضهم مضوا الى بيوت الاسلام اصدقائهم لبعد مرور العيد ومن تصديقهم تعهد احمد باشا في محافظتهم الذي كان بأبلغ نوع يؤكد ذلك الى حضرة ميسيو ففنكر قونسلوس دولة النمسا. فهذا كان توجه كاتب عربي الكنشلارية واختبئ في بيوت احد الاسلام اصدقائه في مدة الاربعة ايام العيد، وبهذا السبب قد رفته من وظيفته نظراً لكثرة تصديقه كلام احمد باشا انه لا يجري على المسيحيين شيء، فمرت الاربعة ايام المحدودة للعيد ولم جرى لهم شيء. ومن حيث كانوا مقطوعين* الرجاء من السلامة لمرور هذا العيد وقد كابدوا وجاع افكارهم بهذا المقدار في كل ساعة ودقيقة مرت منه. وبعد مروره قد أمنوا قليلاً على انفسهم. وفي اليوم العاشر بعد العيد نهار الاثنين الواقع في ٩ تموز غربي سنة الف وثمانمائة وستين توجهت النصارى الى اشغالها صباحاً. وفي مرورهم بالطرقات نظروا الارض معلمة اغلبها بعلامة الصليب بعضه من شحار الفحم وبعضه من الحوارة الابيض، والاسلام الذين مارين يصرخون على احد النصارى المارّين: ويلك يا معلم لا تدوس على صليبك. وحيث لا يوجد مكان خالي من هذه

العلامات، فيدوس المسكين ويمشي. وكذلك* ينظرون معلّق باعناق الكلاب صلبان من عمل التنك الذي كانت الاشقياء تطلبه من صناع اليهود. ولما صار وقت الظهر عرف بذلك ذاك الغبي عاكف آغا تفكجي باشي، فارسل الضابطية صحبة قضاء باشي ومسك عاملي القبائح كم ولد، وعندما احضرهم لعنده امر بوضع الجنازير بارجلهم وارسلهم صحبة القضاء باشي وكم ضابطي وبيدهم مقشات دائرين في شوارع البلد، لعلمه هذا المنافق بأنه قصاصاً لهم. انني أتعجب من هذا الجاهل كيف أقنع تدبيره بذاك الوقت الهائج ان يضع الجنازير بارجل هذه الاولاد الذين اغلبهم من عائلات بدمشق. فالأوفق أقول ليس هو جاهل بهذا المقدار بل قد شرب من الكأس، الذي كان سبق خلافه واستقى منه. فأحد هؤلاء الاولاد له أخ خواجة في باب البريد يسمّى ابن الشعال، فقام وصرخ على محافظي الاولاد قائلاً: اتركوا الاولاد. ولمّا لم يسمعوا له، فحالاً اخذ العصي الرافعات غلق الدكان. وقد رافقه من اصحابه وجيرانه ومن نظره بمروره، فضربوا المحافظين مع قضاء باشيهم وخلصوا الاولاد. وهذا الشقي صار يصرخ قائلاً: يا غيرة الاسلام، يا غيرة الدين، صبيان اسلام تذهب تكنّس كنائس النصارى. مع انه ما كان معلوم ان الاولاد مزمعين [ان] يكنسوا في كنائس النصارى ولكن تكلم بهذا لأجل شدة الهيجان وقوته، وصار يصرخ بصوت عالٍ جداً: انهضوا يا مسلمين، وهذا هو الوقت المناسب* ان ننتقم من النصارى اعدائنا، ويكفينا نحتملهم منذ حكمت دولة مصر الى الآن، وهم يقولون حرية. فبالحال قفلت دكاكين صائح باب البريد المشهور قرب جامع الاموي، واتبعه كامل دكاكين باقي المدينة اجمع. وهجمت الاشقياء على حارات النصارى.

فانظر يا صاح ان في ظرف ساعتين عرفت كامل سكان دمشق التي طولها من ابتداء الصالحية الى بوابة الله ساعة ونصف وعرضها من

باب السريجة الى باب شرقي ساعة، وكيف تللغراف قلوبهم احضرهم بالسرعة ولا وجد من يكذب الخبر ام يفتكر بالحكومة تحضر مع العسكر وتقاصص المذنبين فلا وجد، بل هجمت هذه العالم باجمعها، يرقصون فرحاً وطرباً كل بما يرغب ويفتكر. فالذين موجودون بمكان تجارتهم في قيساريات المدينة بقوا داخلها والابواب اغلقت عليهم ونجوا. والذين في سراية الحكم مع الذين وجدوا لهم صاحباً وثيقاً واختبؤوا عنده فنجوا. واما المساكين الذين لتعاسة حظهم موجودون في البيوت سلم منهم قليلاً، لأنهم كانوا يزعمون ان اعيان بلدهم مع الوجوه لا تترك الجهلة لهذا الحد بل تسرع لانقاذهم كما سبق ذلك بأيام نابليون الاول عندما وصلت عساكره الى مرج ابن عامر الذي بقرب عكا وبوقتها اعيان دمشق عملت جمعية بالمحكمة لأجل ان يتوجهوا لقتاله، وكان مزمع بوقته سفرهم للحاج الذين يسافرون* به الى المدينة ومكة ويستقيمون بالطريق نحو شهرين في البر، فحضر جمهور الشعب وطلب الافتاء من منلا افندي القاضي والمفتي. والجمعية المحتفلة من كامل اعيان البلد، بقولهم اي شكل هو الافضل أهل السفر للحاج ام قتال النصارى، فخرج لهم الجواب ان قتال النصارى افضل. وهذه الكلمة دارت بينهم والبعض من الجهلة فسّروها عن قتال كامل النصارى. فتوجهت جماهير الجهلة الى حارات النصارى وحالاً حضر الخبر للجمعية التي بالمحكمة عن ذلك، وبالسرعة ركضوا جميع من كان بالجمعية ورجعوهم وبوقته انتهب بيت واحد فقط ولا قتل احد، وافهموهم عن لفظة قتال النصارى فهي تعني* عن الفرنساويين الذين حضروا الى بلادنا وليس هؤلاء الذين تحت عبوديتنا. ولذلك ظنوا المساكين ان الاقامة في البيوت وتدقير الابواب بالاقفال اوفق، كما وسنشرح كيفية ما حصل لهؤلاء المساكين. فالمنافقون صارت تصرخ للاشقياء الهاجمين لا تطمعوا بالمال ولا بالامتعة، بل بسفك

الدماء. وكانت تلك الهجمة الساعة سبعة من النهار نفسه. فيا له من يوم يفتّت الاكباد وتسمع ضجيج الاشقياء وازدحام مرورهم نظير الذئاب والنمورة. وبخلاف ذلك لم نسمع صريخاً ولا حرمة واحدة مسيحية كونه من المعلوم سلاح الحريم اصواتها، بل الجميع نصتوا لعمل تلك البرابرة الفظيع عمله. وذاقوا* منهم ذاك الكأس الشديدة مرارته، فاسمع ما كان من هؤلاء العديمي الرحمة والشفقة. ونقسم قولنا هذا على خمسة مقالات.

المقالة الاولى

في النهب

حين هجمت هؤلاء القوم على حارات النصارى، فتسمع ضجيج اصواتهم مثل الرعود المتواصلة. وكأنهم من صوت واحد وجعير واحد، جماعة الاسلام يصرخون باصوات عالية: الله الله على الكفار. وجماعة الدروز يصرخون بأصواتهم الخشنة الشيطانية: يا ما حلا ذبح النصارى. وهذه الاقوال تشبه المغنى بالقول والرد. وكمية هؤلاء الصارخين،* فلا أحرر هنا بقدر ما زعمت النصارى عن عددهم، وانما بدون شك بلغوا خمسين الف رجل، عدا البعض من نسائهم واولادهم. فلا يُظن ان بالشام يوجد عدد كذا بهذا المقدار رجال، بل مع اهالي القرى الدائرين بالشام. والذي يعرف دمشق وعدد رجالها من قراها، فينظر ان عدد كذا موافق للظن خصوصاً يوجد قبيلة عرب تسمى العقيدات، حضروا من البرية ونصبوا خيامهم بقرب دمشق. ويقولون عندما يحصل وقت نهب النصارى، فنكون نحن قريبين ايضاً لنأخذ ما يقسم لنا من الغنائم التي نسمع بوجودها عند النصارى. حيث جميعهم مستعدون من نحو ثلاثة اشهر. ويكلمون بعضهم بعضاً ان الدولة خاطرها باندحاض*

النصارى ودثارهم لكونهم عاصيين على السلطان ولم يدفعوا مال الجزية المرتبة عليهم من ايام الامام عمر. وبسبب هذه الاقاويل والمحادثة، فالذي كان لا يظن عليه الشقاوة، فحصل اشقى جميعهم باعماله التي بدعها بالنصارى، وهو صار يزاحم الجهال ليدخل الحارات اولاً، ويربح الغنائم والاموال التي اندهشت افكارهم وعقولهم من السمع بها في محادثتهم مع بعضهم بعض. فإن كان هؤلاء المظنون بهم عقلاء هكذا يزاحمون، فكيف حالة المنافقين وكامل ايام حياتهم بالشقاوة عايشين. وكيف سماع ذلك الضجيج المذهل القلب. ايها السامعين لا أعرف عدد الذين ماتوا على غفلة من النصارى عند سماعهم تلك الضجة المرعبة، نساء* واولاد كثيرون ورجال معاً. ومنهم المرحومان حنا كشاكيل وفارس الرهوان الذين شخصا من عظم الاصوات وقلّبوا موتى على الارض قبل وصول المنافقين اليهم. ايها القارئ لاحظ ان صراخ كذا اناس بالحقيقة يعتبر ان له صحبة عظيمة بالاخص هذه الضجة لأجل الموت المزمع بعد قليل ان يكون ولا معروف باي شكل يكون، بل تعرف وتفتكر يقيناً ان جميع هؤلاء حاضرين الى قتل النصارى الذي انت منهم بالفرض. وان رطّبت افكارك، لربما اختبأ ولا ينظرونني، فباطل تفتكر وبالوقت ذاته لا تقتنع منها نظراً لكثرة هؤلاء القوم. ولذلك قلنا ان لم تسمع صراخ ولا حرمة واحدة مسيحية، بل الجميع جامدون* وشاخصون. فالنساء والاولاد الذين حضروا للنهب منهم نساء الاكراد ومنهم نساء النَور والجعيدية، ويوجد فرقة من سكان دمشق تسمّى الطوائف مع نساء الفلاحين الذين بالقرب من حول دمشق، ونساء العرب الذي ذكرناهم. فالآن لاحظ مقدار الضجة التي وجدت في حارات النصارى حتى يمكنك تعتبر جرمها. فننظر هؤلاء القوم راكضين على الاموال والامتعة، وعند وصولهم وتفرقوا على ابواب البيوت المدقرة بالاحجار

والاخشاب التي على كل باب، ربما ينوف عن مائة نفر عدا الاكثر على ابواب الكنائس والاديرة مع بيوت الاغنياء المشهورين. وهؤلاء البرابرة* كانوا حاملين فؤوس وبلطات وصاروا يضربون على تلك الابواب. وفي نحو ساعتين ما وجد أظن ولا بيت سالم من الكسر. فتسمع صوت التكسير في كامل بيوت النصارى كمثل صفير الزلازل. وبعد دخولهم الى البيوت غاروا على هذه الامتعة التي بعضها بالصناديق وبعضها داخل اماكن مقفلة، واعادوا ايضاً التكسير وبادروا لنهب هذه الاموال والارزاق والمفروشات الكلية، خصوصاً مصاغ الحريم، وكما مشهورة حالة الدمشقيين في نظام بيوتهم وملابس حريمهم ومفروشاتهم، أعرف كثيرين منهم الذي داخل بيته قيمة اكثر من رأسماله. عدا الاغنياء من المسيحيين هذه عادة دمشق خلافاً الى عادات* خلاف مدن الذين لا يضعون في بيوتهم سوى اللازم. واما هؤلاء يضعون اللازم وغير اللازم. وهؤلاء القوم عندما احدهم يحمل على عاتقه، فيصرخ: يا رسول الله ساعدني، لأنه قد حلّت لنا اموال هؤلاء الكفار. وعندما لا يعود يقدر يحمل اكثر، وينظر بعده لكثرة الامتعة امامه، فيحمل ايضاً ويقول: يا سيدنا يحيى احمل معاي لأنني غائراً على اعدائك. والذين يحضرون اخيراً ويكونون ذوي همة اقوى، فينظرون احد الضعفاء منهم. فياخذون منه الذي اكتسبه ان كان دراهم ام مصاغ وهلمّ جرا. ولسبب ذلك قتلوا من بعضهم جملة اناس خاصة العسكر النظام الذين عملوا الجسارة بالنهب الى باقي الجهال مع المغاربة. وهؤلاء بعد معرفتهم ان الامير عبد القادر* قام غائراً على حماية النصارى، فعادوا وقفوا بعده عن النهب مع الباش بوزق وكامل المحافظين وبعض الضباط وبقوا على تلك الاموال السائبة حتى دعوا جميع الموجودات على نضيف.

قبل ان ندخل بالحزن المفرط يمكننا الآن نضحك قليلاً على احدى حريم الفلاحين وهي من بلاد الغوطة تبعد ساعتين عن دمشق. هذه الحرمة نقلت من نهب النصارى ليس بقليل وزوجها ايضاً معها وآخر نزولها لم تجد شيئاً باقي سوى جرن حجر يستعمل لدق الكبيبة المحبوب أكلها عند نصارى دمشق، فهذه اخذت الجرن ووضعته على رأسها وتوجهت. وهو يبلغ* نحو ثلاثين أقة وعند وصولها لمحلها قالت لزوجها ان بيتنا قد امتلأ من ارزاق النصارى والى مائة سنة يكفينا. وألقت الجرن من رأسها وبعد سقوطه لم تعد تنظر شيئاً ما وبقيت عمياً للآن.

واما نساء المسيحيين الذين أضحوا بشروش القرى والجوع والاولاد حفايا يصرخون لشدة جوعهم. فالمساكين تنظرهم يتراكضون في شوارع دمشق فيما بين هؤلاء الظالمين ولا يرثوا لحالهم وشامتين بهم. وركضهم هذا لا يعلمون الى اين ذاهبين بل لايبن الى هنا وهناك، ومنهنّ التي كانت تسمع عن رجل مسلم انه صديق رجّالها، فتتوجه لعنده* مع اولادها. كثيرون من هؤلاء الذين بعد وصولهم لعند ذاك المسلم يغلق بوجههّن الباب ويرجعوا مكسوفين. وثاني يوم صدر امر الحكم الحالي بأن يجمعوا باقي النصارى ويضعوهم بالقلعة، ودارت بعض العسكر يجمعون منهم ويوصلونهم للقلعة والمغاربة ايضاً يجمعون منهم بقدر امكانهم لسبب لا يقدرون بوقته يخلصون احد جبراً بل بالحسنة والكلام الجيد فقط. وكذلك بعض الاسلام دمشق وجد منهم تشفقون لهذه الحالة المحزنة مع الحريم والاولاد ويوصلونهم للقلعة. وبقي هذا التجميع مدة ثلاثين يوم حتى بقدر الامكان انجمعت النصارى بالقلعة الذين كانوا بعضهم* بالخبء تحت الارض، وبعضهم في سياقات المالح والخ، كما بعده تقرأ توضيح ذلك خاصة لما رأيتهم بأول مرة، وكان بعضهم من الاناس الاماثل، وبعضهم اكثر اعتباراً نظراً لدرجتهم وسنهم. وكنت أرى

حالة لبسهم بذلٍ يرثى له. وجوههم من الحزن ليس لها منظر. رأسهم محني الى الارض خجلاً ذايبين الاجسام، كأنهم اناس حيت من الاموات. وبقوا بهذه الحالة الى ان وصل فؤاد باشا لمدة عشرين يوم ورتب نصف أقة خبز للنفر. وبعد عشرة ايام رتّب ايضاً خمسين فضة، واعطاهم بعض كساوي. ودائماً الجميع عائزون ومحتاجون. وكامل هذه المدة الماضية لحد شهرين وهم بالقلعة. الاغلب ناموا على الارض وغطاؤهم السماء* والسعيد منهم الذي حظى على قطعة حصير مع اطفالهم وسخين محزونين يتلهّفون لضيقة معاشهم، ويتحصّرون بما كانوا به، حتى صاروا يأخذون شيئاً من رجوعات مسلوباتهم التي انحفظت في جامع البغاء، هذا نتكلم بعده عنه. ووقف مأمورون من قبل الحكم يقبلون الذي بيده اعلان بختم قموسيون المسيحيين المرتّب من الحكم ليعرف حالة الناس ويعطي لكل بقدر لزومه الضروري أعني لكل نسمتين فرشة ولكل عائلة طنجرة او اثنتين وصحن وبساط وهلمّ جراً، للمعاش الضيق. والذي حضر البعض من امتعة الكنائس نظير شماعدين وثريات وساعات وتصاوير،* فهذه اغلبها مكسرة وبعض بدلات الخوارنة والبادرية وقليل من الكتب الذائبة، فهذه توزّعه أعني خاصّة زيد أخذها عبيد، بحسب ما حصل ذلك في الامتعة التي توزّعت على المسيحيين. ولذلك صدر امر الحكم ان كل شيء من هذه المرجوعات عند تسليمها الى احد النصارى يقيدون ثمنها عليه في ظهر اعلانه المقدّم ذكره. واغلب المسيحيين كانوا يأخذون من هذه التوزيعات وتوجهوا بها الى سوق الحراج. وتباع بكل شيء يكون بمائة قرش يأخذون منها ثلاثين واكثرها عشرين لأجل مصروفهم الضروري، نظراً لحالة شقائهم وامراضهم. وبيع* النصارى الامتعة في سوق الحراج قد حصل منها اضرار لكون الناهبين الذين لم يرجّعوا نهبهم صار البعض ينزّل منه على البيع لكونه اختلط ذلك مع مبيع النصارى،

وان سأل ان هذه امتعة نصارى كيف تبيعها فيقول: اشتريتها من النصارى الذين يبيعون بالسوق. ولذلك بطل رجوع المسلوبات الى الحكم الا نادراً بالمعاونات. وانما الحكم ما شدّد للنهاية في رجوع المسلوبات نفسها، وبعض النصارى بقوا مرة يسمعون عوانات على الناهبين، ويعرضون للحكم ويأخذون العسكر ويحضّرون ذلك النهب من ذاك المحل حيث ما كان مسموع ان الدولة مزمعة تعوض عليهم شيء من مسلوباتهم *هذه، كما يجيء القول عنه. وبعد معرفتهم هذه ابطلوا ذلك لكون هذه القضايا صارت تلزم الحكم ولا تقلقهم. والاخص في مدة ابطالهم ذلك قد وجدوا الحكم ليس راضياً بتوجيهاتهم الى بيوت الاسلام لئلا تحصل فتن بسبب ما حصل منهم. ولا يُظن ان النصارى خبوا او طمروا بالارض شيئاً. فالذي عمل هذا تعب باطلاً، لأن بعضهم أخذت مخابئهم، وبعضهم احترقت لكون المنافقين بقوا مدة خمسة وعشرين يوماً دائرين بالحارات يفتشون على المخابئ واماكن الظنون بدون مانع ولا حاجز لهم، حتى اخذوا حجارة الرخام مع الاخشاب الملتصقة مع البنايات، وكل شيء* نافع. واتصلوا الى كسر دكاكين بالمدينة خاصة النصارى ونهبوها. ولما اتصلت الاشقياء الى نهب دكاكين النصارى في المدينة، حالاً توجهت بعض الاسلام الى احمد باشا وقالوا له الآن انتهبت دكاكين النصارى وبعده تتصل الجهال الى دكاكين الاسلام. فحالاً ارسل كم عسكري وحافظ كامل دكاكين المدينة. وقُدر على حفظهم الى النهاية لأنه يقول في تقاريره انه لم يعد يقدر على الجهال حتى وكان بقى لخاصّة النصارى دكانتين ثلاثة وسلموا معهم النهاية. لم يبق شيء للمسيحيين من موجوداتهم وأمتعتهم كلياً، الا بعض مخازن التي بالقيساريات وبعضهم كسرتها المنافقين ونهبتها نظير مخزن الخواجة شكري الله* بخاش الحلبي، المودوع فيه امتعة السيد غريغوريوس يعقوب مطران طائفة السريان في قيسارية الشيخ

قطنير وخلافه. وايضاً توجهت بعض الدروز وصحبتهم اسلام وعرب بعضها من نفس الشام وبعضها من قرى الشام ونهبوا قرية صيدنايا وقرية المعرة وقرية معلولا ومعرونة هذين القريتين لغتها سريانية، هؤلاء جميعهم نصارى. واحرقوا بيوتهم مع القرى التي بدوائر دمشق نظير صحنايا والجُديدة وداريا والخ. هؤلاء ساكنون نصارى قليل بكل قرية منهم بين الاسلام وجميعهم فلاحون واغلبهم نهبوهم بدون حريق. فمن هذا القبيل الجميع عادمون كل شيء من كامل موجوداتهم وامتعة كنائسهم مع البعض من الدفاتر* والسندات التي تخصان باشغال تجارتهم، الغاية مع كافة ما يملكون، وكما قلت بافتتاح هذه المقالة الجميع أضحوا على نضيف.

المقالة الثانية

في الحريق

نبتدئ اولاً في كيفية عمار دمشق.
اصل عمار مدينة دمشق فهو داخل سور المدينة، وله ثمانية بوّابات اي خارج، الاول باب شرقي، باب توما، باب السلام، باب العمارة، باب المناخلية، باب سوق الاروام، باب الجابية، باب الشاغور. واما العمار الذي خارج المدينة، فهو قسم الصالحية، قسم سوق ساروجا،* نصف قسم القناوات، وقسم الميدان، ونصف قسم العمارة، ونصف قسم الشاغور.
بيان الثمانية اقسام اي اثمان المقسمة عليها كامل دمشق داخلاً وخارجاً. وكل من هؤلاء الاثمان يحتوي على صوائح وكل صائح يحتوي ضمنه حارات، وكل حارة تحتوي ضمنها دخلات، وكل دخلة تحتوي ضمنها على بناء الدور اي البيوت. لنفتهم هنا شيئين الاول لفظة حارة، لا كما يقال عنها بخلاف مدن عن نفس الدار التي

داخلها المساكن بل الحارة كما شرحنا الخ. والثاني بيان كمية المحروق وجرمه بقدر كيانه. وتباين هنا ثلاثة اقسام خارج السور، وثلاثة اقسام مختلطة خارج وداخل، وقسمين فقط داخل بدون خارج، احدهم ثمن النصارى. بيان اسماء* الثمانية اثمان دمشق: ثمن الميدان، ثمن القناوات، ثمن سوق ساروجا، ثمن الصالحية، ثمن العمارة، ثمن القيمرية، ثمن النصارى، ثمن الشاغور.

هؤلاء الاقسام منهم اربعة اقسام تحتوي كل منهم على ثلاثين الف نسمة، وهم النصارى والميدان والقناوات والصالحية والاربعة اقسام الاخر يحتوي كل منهم عشرين ألف نسمة، وهذه جملة ما يحتوي عمار دمشق خارج وداخل كما موضح اعلاه فهو مائتان الف نسمة. ثمن النصارى كما قلنا هو من الاربعة اقسام الاكثر عدداً، فمنه اربعة* آلاف نسمة يهود قاطنين في حارة لوحدهم. ومنه نحو اربعة آلاف نسمة اسلام متفرقين بأواخر حارات النصارى لقرب حارات الاسلام، فيبقى هنا اثنان وعشرون الف نسمة مسيحيون.

بيان اسماء الصوائح الموجودة في قسم النصارى واسماء الحارات الموجودة في هذه الصوائح عدا الدخلات:

صائح باب توما

الشارع حارة الراتمي، حارة الجورة، حارة حمام البكري، حارة الدير والخضر، حارة المسبك. بهذا الصائح يوجد دير السانطة دير الموارنة، دير الكابوجيين،* امطوش روم كاتوليك، كنيسة ارمن كاتوليك.

صائح التلّة

الشارع حارة ساحة الدوامنة، حارة الخمارة، حارة الشاويش. بهذا الصائح توجد كنيسة كاتوليك شرقية.

صائح طالع الفضة
حارة المنكنا، حارة القصاطلية، حارة الكنيسة، حارة القلقاسية السلطاني. يوجد بهذا الصائح كنيسة المريمية للروم، كنيسة مار نقولا، امطش اثنين للروم.*

صائح طالع القبة
حارة المسك، حارة فسيتق وقناية بالي، حارة تلّة الحجارة. حارة اليهود، الشارع حارة العبارة، حارة زيتون. يوجد بهذا الصائح دير العازارية، كنيسة السيّدة للكاتوليك، امطش روم كاتوليك مخلّصية.

صائح باب شرقي
حارة حنانية، حارة تحت القبو، حارة جعفر، حارة القصبة. يوجد بهذا الصائح كنيسة السريان الكاثوليك، كنيسة الارمن يعقوبيّة، امطش سريان يعقوبية، كابيلّا للقديس حنانية.*

فمن قبل الحريق حين هجمت المنافقون على حارات النصارى، بعد ان سلبوا موجودات ذلك البيت وكامل امتعته والاخشاب المحفرة من صنائع النجارة مع الابواب والحديد الملتصق مع البنيان. ولما لم يبق شيء يحمل من ذلك البيت فحضروا قشّاً واخشاباً، ورثة مفروشات وحرقوه وتركوا ذلك المحل وخرجوا، وهكذا بقوا على هذا العمل مع الكنائس والاديرة. فاشتغل هذا الحريق من يوم الاثنين وقت العصر وفي ذلك النهار والثاني مع ثلاثة ليالي آخرى. تنظر اللهيب مع النار المتطائرة منه فوق المآذن العالية بمثلين آخرين كأنّ جهنم المخبّر عنها بالانجيل الكريم ظهرت على الارض وأضوت* كامل

دمشق. وظهر ضياؤها ساطع بوقت الظلام حتى الى القرى القريبة للشام، نظير النهار ووقت الظهر. ففي ذلك الوقت ضجّت الاسلام على هذا العمل خوفاً من حريق كامل البلد. لكون قوة هذه النيران التي اشتعلت في كامل هذه المحلات اجمع، فلا يطفيها شيء وضجّت سكان دمشق اجمع. وتسمع اصوات النساء والرجال سكان المدينة كمن هدير البحور الثائرة بوقت الهيجان، صارخين جميعاً: يا لطيف يا لطيف. واخيراً ركض السكان المجاورون لهذه الحارات الاسلام الى الحكم وطلبوا منه طرمبات المعتادة على ذلك، اي عند حصول الحريق في احد الاماكن، فيرسل* الحكم طرمبات صحبة عسكر نظام ويرشقون بها المياه، ويطفون الحريق الذي يكون حصل. واما في هذا الحريق فصار يسأل الحاضرون لعنده وطالبين طرمبات، ويقول لهم: الى مَن الآن تريدون نطفي النار بهذه الطرمبات، فيجاوبونه لاجل نطفّي بيوت البعض من النصارى لكونهم مجاورين الى بيوتنا، فيجاوبهم ما عندنا اذن ان نطفّي حريق بيوت النصارى. وبذلك قد توجّه ايضاً رجل مسلم وطلب منهم ان ينزلوا ويأخذوا الطرمبات ويطفّوا بيته الذي عمال يحترق، فاسرعوا وطلعوا الطرمبات وآلاتهم ومشوا معه قليلاً، وعندما تحققوا انه يريد يأخذهم الى حارات النصارى، فرجعوا حالاً الى مكانهم.* وبعده توجه رجل يهودي وطلب منهم الطرمبات، فقالوا له: ما هو المحروق ان كان الى بيوت النصارى، فلا نتوجه لنطفيها. فقال لهم: كلّا بل الى بيتي وهو ملكي والنار وصلت اليه من حريق بيوت النصارى، فحالاً اخذوا الطرمبات وتوجهوا معه وأطفوا بيت الرجل اليهودي فقط، ورجعوا الى مكانهم. فعندما تحقق ذلك الاسلام المجاورة بيوتهم لبيوت النصارى مخوفاً من حريق بيوتهم فاسرعوا وهدموا البيوت المجاورة للحارات، وقاطعوا على هذا الحريق على دائر الحارات جميعها. وبقيت النيران تشتعل بالحارات لوحدها بمدة

تنوف عن عشرين يوماً، حتى لا يمكن الرجل ان يدخل لكثرة الحر والدخان العابق بالحارات.* واحترقت كامل الاخشاب الموجودة حتى الاخشاب التي هي ملتصقة داخل البنيان، تنظرها محروقة داخل الحائط الواقف بعد. النهاية لم يبقَ ولا محل واحد سالم عدا بعض بيوت ملاصقة بين بيوت الاسلام، ووجد عددهم مائتان وثمانية وستون بيت. واما المحروق وجد الف ومائتان وثمانية بيت اي دور التي تبلغ كل دار على نحو خمسة عشر مسكن بالتقريب. اذا قابلنا الدون مع الوسط ومعها العال ايضاً، فالذي احترق بالتقريب نحو عشرين الف مسكن أعني عدا عمار الخارج تنظره قدام. واما البيوت التي هي ملك الاسلام وسكن النصارى نحو ثلاث مائة بيت، هؤلاء الذين منهم داخل الحارات احترقوا، والذين بالاطراف لجهة حارات الاسلام، فعند حصول الحريق حضرت لهم البعض من اصحابهم وطفون بهم النار. النهاية قضية هذا الحريق ما سمعنا بدمشق سابقاً لكون الف وخمسمائة دار وينوف عن الفين آخرين نظيرها مثل خانات ومصابغ ودكاكين مشكّلة وقهاوي واماكن اشغال الصنائع واماكن كثيرة اخرى لم يبقَ لوجودها سوى بعض علامات يستدلوا على محلاتها. فالذي يعرف دمشق اذا وقف في طلعة مأذنة الشحم ينظر لحد باب شرقي ساحة واحدة خراب، وكذلك اذا وقف في باب توما ينظر لحد حارة* اليهود ساحة واحدة خراب. هذه الاربعة وجوه الحارات. وبالحقيقة لقد شابهت عامودة لان النظر اليها يرعب القلب لكون الخراب فوقه سواد الحريق. وتنظر القصور العالية منقلبة الى اسفل وذائبة بالحريق والاديرة القديمة مع الكنائس والمدارس والخستخانات المزينة مع البيوت المزخرفة وجميعهم ذابوا مثل الشمع ولم يبق منهم الا كوم التراب الاسود. ومن شهر كانون الاول صدر امر الحكم بتعزيل التراب من حارات النصارى وطرح على اثمان البلد وعلى القرايا التي بدوائر الشام الف ومائتين

دابّة وبمثلها زلم ووقف نظّار على المعزلين لكي يقبلوا ما يطلع من الامتعة ويرسلوها الى جامع* المحفوظات. اخبروا عن رجل من الناهبين واقع فوقه حائط ومرمى تحت الردم وماسك بيديه الاثنين صرّة ومحوطها بعشرة اصابعه وداخلها مائتان ليرة. فارسلت للحفظ وتصريف الحكم.

واما المساكين نساء النصارى حينما كانوا في بيوتهم ووجدوا كثرة الحريق في كامل الحارة وبيوتها، قاموا مع اولادهم وبناتهم الاحداث والاطفال، وصاروا يتراكضون على هذا الحريق. واغلبهم حفايا وكثيرون منهم الذين ربما مشوا نحو ساعتين حتى يمكنهم يتحايدون قليلاً من هنا وهناك على دوس اللهيب والنار. فانظروا للامرأة التي لها ولد واحد حاملته على يدها وراكضة. واما التي لها اثنان فالمسكينة تنظرها حاملة الاثنين على ايديها وراكضة. ولكن آه يا لعذابٍ* اعظم للتي تنظرها بثلاثة اولاد وتريد تحميهم من دوس النيران وهم حفايا ومنهم عرايا. وحيث الظالمون كانوا اخذوا ملبوسهم وتركوهم. وكثيرات منهن يحملن الثلاثة ويركضن بهم، واما حالة ام الاربعة والخمسة نظير شقيقتي، لا أريد أذكر عذابها وضيقتها حتى قطعت هذا الحريق. عدا منهن الذين أخذت النيران احدى اولادهن واحترق قبالها. اسمح لي ان أخاطب الآن احدهن وأبكي معها قليلاً يا ايتها الامرأة اتيت مهتمة وترغبين ليس فقط تخلصين نفسك بل وتخلصين هذه الاربعة خمسة اولاد بعد ان تشاهدين كثرة النيران حولك من كل جهة خصوصاً تنظرين كيف تتساقط الحيطان بالطرقات والاسقفة. فان حميت بنفسك ممكن تسلكين* وان اخذت ولد بالكاد، وان بولدين يصعب جداً عليك النجاة. ولكن هؤلاء الخمسة كيف يمكنك نجاتهم. اعطيني جواباً عن ذلك. فأظن ليس عندها جواب سوى بهذه الكلمة فقط، وهي كيف أعمل لأخلص الجميع. ولا تريد رأي آخر البتة لسبب خمرة الحزن

الذي في رأسها، فلا تدعها تفتكر ماذا تتكلم سوى انها ترغب نجاة كامل اولادها واخيراً نفسها، فلنتركها ونمضي. وان ساعدناها قليلاً فالاشقياء يعرفوننا ويذبحوننا بالسرعة والقادر على كل شيء هو مطلع على مرادها ويساعدها. كما هو بالواقع هذه الامرأة وصلت بعناء الاهي سالمة مع اولادها الخمسة.

فلا تتأسف على الجواهر والاموال والامتعة ونهبها ولا على هذه الاماكن المكلّفة وحريقها وهدمها* ولا على النساء بمرورهم في هذه الطرقات مع اولادهم تحت الاخطار والحريق ولا على دير السانطة وحريقه الذي يشبه خرابة منذ عوام كثيرة، وهو الذي كان نظير أب حنون يجمع كافة الطوائف لتحت جناحيه ويفيدهم في تعليم واندار رهبانه، ولا على دير العازارية الذي كان يفيد كامل اجناس العالم كما نشرح عنه بعده، ولا على كنائس الروم الذين فاتحين مدارس وعلوم اللغات، ولا على كنيسة السيدة الكاتوليك الفسيحة المنظر مع كنيسة السريان الذين لحد الآن ما انتهت العمارات بهم لكونهم تعمّروا حديثاً، الاولى من الطايفة، والثانية من السيد غريغوريوس يعقوب الحلياني، هذه كنيسة قديمة وتعمّرت حديثاً، ولا على دير الارمن القديم* مع خلاف ديورة وكنائس، لاننا مزمعين ان نتكلم عن شيء اعظم وهو على سفك دمّ المسيحيين مع قسوسهم ورهبانهم حتى ان الازقّة والحارات والاسواق والبيوت قد ابتلت من دمائهم، وبرّكت من الدماء بركاً.

المقالة الثالثة

في سفك الدم

من قبل هذه المقالة شيء يذهل العقل ويرعب القلب من استماعه، فكيف النظر اليه. الاخ ينظر اخيه يتقطّع بالسيف ولا يقدر ينجده،

والأب ينظر ابنه يتكسّر بالفؤوس والبلطات ولا يقدر ان يخلّصه، والابن ينظر أبيه مذبوح وبحالة طلوع الروح ولا يطول لمعونته. لسبب ان الآخرين بكونهم ناظرين قتلوا بعدهم.* فيا لهذه الحالة المحزنة التي وصلت اليها مسيحيو دمشق كيف هؤلاء الاشقياء المغتصبون ما كانوا يسمعون توسلات الأمهات الحزانى حين اخذوا اولادهن من احضانهن وذبحوهم ام فسخوهم شطرين، ولا يحزنون لصراخ الاطفال عند نظرهم الى اوجاع والديهم، ولا يشفقون لطرح النساء فوق اقدامهم متضرعات لهم ان يكفّوا عن ضربة اخرى لأحد اولادهن بزعمهم لعلّه يُبرى. فيا ايها الاشقياء القساة القلوب لكم الله ينظر اليكم ان اراد.

ان القتلى في باب توما وجدت كوم فوق بعضهم واخيراً صارت المنافقون مع اليهود المتسخرين منهم يربطون ارجلهم بالحبال ويشحطونهم الى خارج الباب ويسقطونهم في نهر بردى. ومن* كثرة القتلى عند وصولهم الى القرى ضجّت الفلاحون لكونهم سدّوا تقسيمات مجرى النهر. والى الآن تنظر بمرور جانب النهر جماجم وعظام ورثت الشهداء لحد شهر كانون. وامّا حارة المسبك وجدت بها القتلى بزيادة لكون بعض النصارى كانوا يفتكرون بان هذه محلة فقراء ولا تحضر اليها الاشقياء لأنهم زعموا ان المنافقين كانوا يكتفون بالنهب فقط. وجنينة كنيسة السيدة بقيت روائح النتن موجودة بها مدة من كثرة الناس الداخلين لها لأنهم ظنوا أنها جنينة وليس فيها امتعة وارزاق. والقبو الموجود في دار رهبان هذه الكنيسة وجد به قتلى كثيرون.

وبعد يومين من هذه الطوشة،* أعني يوم الاربعة الواقع في ١١ تموز، فالشيخ عبد الله الحلبي اول العلماء بدمشق الذي لا يكفاه انه فعل نظير باقي وجوه البلد الذين اغلقوا ابواب بيوتهم وتركوا الوحوش تعمل عملها، بل بعد النهار الثالث من الطوشة وهو يوم

الاربعة ارسل مرسلين الى اهالي الصالحية قائلاً: لكم حضرة الشيخ يا اهل الغيرة يا غيرة الدين، نار الحريق وصلت الى قرب جامع الأموي انزلوا واطفوها. وصاروا ينادون باصوات عالية في المآذن. فهذا الشيخ ما كان قصده طفي النار بل هيجانها حيث ما شفي غليله من سفك الدماء التي حصلت باليومين الاولين.

فالذي فهمته عن لسان الأبهات خوارنة الطوائف بحسب مجموع كل منهم بما فقد من طائفته بأنه قتل من المسيحيين بدمشق الفين وخمسمائة* رجل ونحو خمسمائة نساء وبنات الذين قتلوا واحترقوا فقط. وهؤلاء القتلى ليس من الدمشقيين فقط بل منهم من حاصبيا وراشيا وبعض القرى الذين فرّوا من اماكنهم وطلبوا النجاة بالشام. وعند نزول معزلين التراب أُمروا اولاً بتعزيل جثث القتلى اي عظامهم ونقلوهم الى مقابر النصارى، وهناك تعمر لهم مغارة طولها ستة عشر ذراعاً وعرضها ستة اذرع. واندفن فيها كامل هؤلاء العظام الشهداء جميعاً. هذه المغارة تعمّرت من مصروف الحكم بمناظرة ألفي مسيحيي، الواقف من قبل الحكم لمناظرة تعزيل التراب يسمّى حنا غناجه. والمغارة قرب الصخرة، عدا الذين سقطوهم قبلاً في بئار الماء التي يوجد منها في كل بيت،* وعدا الذين ذابوا بالحريق.

فقط لا أعلم كيفية قتلهم لكن المسموع عنهم أكيداً الشهداء الثمانية رهبان الذين قتلوا داخل دير السانطة ومنهم الرئيس البادرى مناويل والخوري كيرميله، فهذا الأب ما كان مصدق ان الجهال يحضرون يعملون شيئاً رديئاً بالدير ولكثرة البساطة التي عنده ما قبل ان يتوجه الى بيت الامير عبد القادر، مع انه حضرت لعنده رجال المغاربة بسعي موسيو لانوس المقيم عندهم وبقي مع رهبانه المذكورين وباثناء ذلك دخلت هذه البساطة ايضاً على الخوري موسى كرم الماروني وطلب دخوله للدير ليحتمي به. واما الرئيس ما قبل دخوله

ظنّاً ان الاسلام متى اكدوا بأنهم رهبان افرنج دون اختلاط احد من العرب، فيتركون الدير ويمضون بدون عمل رديء. واخيراً الخوري* الماروني شكر الله بذلك. ومنهم البادري نقولا الذي وجد كتاب بخطه تحت الردم وقتلوا معهم من كان عندهم داخل الدير نظير فرنسيس ومعطي وروفائيل مسابكي اخوان. فهؤلاء المغتصبون كانوا يقتلون الواحد ويدقون الناقوص ليسمع الآخر. ولم يدعوا احداً سالم من هذا الدير سوى رجل يسمّى متري قرى وسنح المخبر بذلك، بل الجميع قدموا لله ذبيحة حياتهم. وقد فهمت من المخبر ان هؤلاء الرهبان حين قطعوا الأمل من الحياة نزلوا من أوضهم الى الكنيسة وذبحوا القربان المقدس وتناول جميعهم ما كان داخل بيت القربان خوفاً من تلف الاشرار عند دخولهم للدير.

ثم توجهت اناس بقرب دير* العازارية ووجدوا خمسة جماجم اولاد صغار. ولم تزل لحد مرور سنة تنظر الدماء ملطّخة الحجارة، حتى الحجار العالية من فجر الدم المضروب بالبلطة والفأس.

واما طائفة الاكراد العديمي الرحمة هؤلاء بالعام الماضي كان رجل نصراني قتل منهم رجل كردي، بالتقدير لا بالقصد. وبعد الاثبات عليه بالقتل وضع بالحبس لحين يقتل. وبالصدفة هرب من الحبس. وعلى زعم الاكراد بأنه قد بقي دم الرجل الكردي عند النصارى. وبهذه المدة قد استوفوا عوض دم الرجل الكردي بمرار من النصارى.

خبر عن رجل اخذ امرأته وطلع من بيته الذي مختفئ به بسبب حريق البيت، فهرب مع امرأته وكانت حاملة على يديها طفلاً ذكراً، فلما نظره الاشقياء* قدموا اليه ليقتلوه، فوقعت الامرأة داخلة عليهم باكية ان يتركوا لها رجلها لأجل تربية هذا الطفل الذي لم يبق لها خلافه من اقربائها واقربائه. فهجموا على الرجل وقطعوه بالسيوف. وقدموا على الامرأة وقالوا لها هذا الطفل ذكر، قالت لهم نعم، فقالوا

لها اعطينا اياه لننظره، فاخذوه من ايديها ولحشوه فوق لهيب النـار. فوقعت الامرأة غميانة ولم يعد يعلم عنها بشيء من ذاك الوقت.
خبر عن شاب عندما نظره المنـافقون فمسكوه. وربطوه بحلقة بـاب وكتفوا يديـه ورجليـه وصـاروا يسلخون جلده للنهايـة وفكوا اكتافه وصاروا يعذبونه على جسمه المسلوخ حتى توفي.
خبر عن امرأة مسكينة بعد ان قتلوا زوجها وقدموا ايضـاً ليقتلوا ولدها* الشـاب عمره عشرون سنة. وكانت قد زوجتـه ابنـة عمرها سبعة عشر سنة قبل هذه الطوشة بثلاثة اشهر. فركضت المسكينة ووقعت على ولدها بالارض، وكان ذاق ضربة سيف واحدة وسقط. فهذه لما وقعت فوقه وغمرتـه تحتها. ولما المنـافقون لم يطولوه بالضرب لوحده، فصاروا يضربون بالفؤوس والبلطات فوق الحرمة وكسروا الاثنين فوق بعضهم بعض نظير الخطب.
خبر ان رجل من المسيحيين سمين بزيادة عندما مسكه المنافقون كتفوه وألقوه داخل فرن النار وقفلوا عليه باب الفرن. انما بكثرة الاشقياء حتى امكنهم ذلك كون الرجل شديد القوة. وبعد دخوله وقفل البـاب بحصّة من الوقت وجدوا الدهن خرج من بـاب الفرن مثل* القناة.
خبر حين دخلوا الاشرار لاحد البيوت، وجدوا امرأة تطلق للولادة. ورجلها عندها بدون قابلة. وعندما المسكينة نظرت هؤلاء القوم ولدت حالاً. فأحد هؤلاء المنافقين قال للرجل احمل امرأتك وولدها وتعال اتبعني. فحالاً المسكين لفّ الولد بلفائف وحمله على صدره وركّب امرأته على ظهره وتبع ذاك، وعند وصولهم الى محل قال له اترك امرأتك وطفلها هنا واتبعني. واطلعه على سطح ذلك المحل ورفسه برجله. فوقع من السطح على شجرة وتعلق بها. فلما نظرت امرأتـه ذلك حـالاً أسلمت روحها ومات ايضاً طفلها، وذاك معلّق بالشجرة امامهم. وضربه ذلك الشقي ثلاثة مرات بالرصاص. فنزل

دمه وغرّق ارض* ذلك المحل. وتركهم هذا الشقي وتوجه حتى ينقل أيضاً من النهب. ولما صار الليل نزل المسكين من الشجرة وخرج من هذا المحل ولم ينظره احد وحضر الى القلعة. وأخبر بما أصابه وبعد ثلاثة ايام توفي.

ان هذه الخبريات هي كثيرة جداً ولا يمكنني ان أحررها بكاملها خوفاً من الطولة، وانما يمكن القارئين والسامعين [ان] يعرفوا ان ميتات المسيحيين هي بقساوة بربرية وبدون شفقة البتة وبعذاب عظيم لا يقدر وصفه. فمنهم ميتوه تحت ضرب العصى فقط. ومنهم ميتوه بكسر الفؤوس. ومنهم ميتوه بضرب الحجارة. سمع عن ولد مسلم أنه نظر مسيحياً واقعاً على الارض من الضرب بالعصى* فقط، فأخذ هذا الولد حجراً وصار يضرب على رأس النصراني حتى أماته وطحّن رأسه. ومنهم ميتوه بضرب السيف غير الماضي بالقطع وعذبوه. ومنهم عذبوه وذبحوه بسكين ونتشوا لحمه بها لأنها بدون حد. ومنهم دفشه على وسط لهيب النار. ومنهم حطوه داخل فرن النار وغلقوا عليه بابه ويسيل دهنه الى خارج بيت النار. النهاية عذابات نيرون الكافر.

ان البعض من الاسلام قد خبوا عندهم نصارى. ولكن انظر لتعاسة البعض منهم لانهم في وقت تلك الحركة صارت الاشقياء تنادي بالحارات والازقّة ان الذي مخبئ عنده نصارى ولا يخرجهم خارجاً ندخل الى بيته ونذبحهم، وننهب ذلك البيت ونحرقه. فبالحال المنافقون، الآخرون طردوا البعض من النصارى الى خارج بيوتهم. وحالاً كانت تحضر الاشقياء ويقتلونهم. والبعض يوصلونهم للقلعة التي اعدت من الحكم لاجل جمع باقي النصارى. نظير عبد الله بك العظم الذي ابتدأ حسناً وانتهى عكساً لانه باليوم الاول من الطوشة ارسل اتباعه الى سوق الصياغ واحضر منه كامل الموجودين من النصارى وادخلهم لمحله المشهور الذي اعظم من سراية دمشق وهو

اول اغنياء دمشق واعظم شرفاً ممن يوجد في سكانها، والده اسعد باشا العظم بقي والي دمشق مدة طويلة. والآن ايراده من املاكه سنوياً الف وخمسمائة كيس، ولم تكف مصروفه. وبذلك اليوم نفسه سمعت بعض النصارى عمله الجيّد، صاروا يحضرون البعض منهم* مصطحب من احد اصدقاء الاسلام، ولمّا صار المساء ونظر ان هذه الناس يلزمها أكل عنده ومصروف ليس بقليل. على ظني كان يكفيه ان يقدّم لهم بنحو خمسمائة قرش خبز ناشف، والاغلب لا يقبلوا الأكل. فاستحسن عنده بأنه امر بارسالهم للقلعة جميعاً مع أنه هذا الذي كانوا يخافون منه قبل الطوشة بأن سوف يجمعوهم بالقلعة ويقتلوهم نظير حاصبيا وراشيا، ولا استحسن ابقائهم عنده كم يوم تحت، انه يصرف عليهم نحو عشرة آلاف قرش. أريد ان أصرخ لهذا الرجل وأخاطبه قليلاً. يا عبد الله بك، انت لم تذكر عندما شرف لدمشق جلالة ملك بلجيك مع الملكة، وكان سائحاً بالتنزه ونزل في دير السانطة وعند توجهك لعنده مع السر عسكر والوالي، فكان عظمته يترك المخاطبة مع اولئك ويحولها* لك، وباليوم الذي عزم ان يبارح دمشق ونزل من الأوضة التي في زار الدير وهناك مصطفّت العساكر مع سر عسكر باشا ووالي باشا. أما كان عندك شيء عندما عظمته خاطبك لوحدك دون الآخرين ومسك يدك للوداع وانا حاضراً بالقرب منكما، أما تظن ان جلالته مسيحي ويسمع بما جرى من قصورك مع المسيحيين، وأما عظمته عاملك بالمودة الملوكية كونه عرف انك اول شرفاء دمشق. وأما انت في خباثة بربرية تبعت خاطر ذاك الرجل الاحمق وتركت شرف اسمك الذي عرفه اجلّ الملوك.

واما حضرات الافاضل اغلبهم توجهوا لبيت قنصلاتو الانكليز نظير مسيو* لانوس وكيل وكنشلير قنصلاتو فرنسا وبعده توجه لبيت الامير عبد القادر المغربي ومسيو ففنكر قنصل النمسا ووكيل

قنصلاتو اليونان وغيرهم من كون تحقق ان كامل الاعداء لم تتكلم شيئاً رديئاً بحق هذه القنصلاتو، وقنصلها كان راكباً جواده ودائراً في شوارع المدينة، والجهال عندما سأل بعضهم بعضاً عن سبب جولانه بدون ارتياب، فيجيبه الآخر ان دولة الانكليز هي محبة لدولتنا.

واما الامير عبد القادر المغربي صار يرسل رجاله ويجمعون من وجدوه من النصارى من رجال ومن نساء وبنات واولاد ويوصلونهم للقلعة. وقد امتلأت القلعة ويبلغ عدد الموجودين بها من النصارى فقط سبعة عشر الف نسمة منهم ثلاثة آلاف نسمة من خارج دمشق* كما أوضحنا قبله والباقيون دمشقيون عدا الذين اختبؤوا عند بعض اصدقائهم من الاسلام كما قلنا مع الذين في بيت الامير عبد القادر وفي بيوت بعض الأنام كما تنظره بعده. وعدا الذين وصلوا الى محلّة الميدان وهم بقدر كامل المختبئين خارجاً واحتموا تحت صيانة رجال الميادنة القاطنين بمحلاتهم مع النصارى سكان هذا القسم اي الميدان الذين يبلغون نحو ألفين نسمة، فيكون جملة ما احتمى عند اهل الميدان من النصارى نحو ستة آلاف نسمة. وجملة هجمات عملت الدروز من خارج البوابات على الميدان ويطلبون تسليم هذه النصارى منهم ليذبحوهم. وهؤلاء الشجعان يردونهم بضرب السيف والرصاص وحموهم الى النهاية.* ان اهل الميدان في اول يوم والثاني نزل اغلبهم الى الحارات ونهبوا نظير باقي الناهبين وقتلوا. وبعد ان تحققوا محاماة رؤسائهم صالح آغا وسليم آغا مهايني وعمر آغا العابد وسعيد النوري وخلافهم للنصارى، فعند ذلك وقفوا وصاروا يحمونهم وياخذونهم لمحلاتهم والى بيوتهم بالصيانة، عدا ما قدموه الى لزوم معاشهم مدة عشرون يوماً. وفي يوم السابع من الطوشة حصلت محاربة فيما بينهم وبين الدروز الطالبين تسليم النصارى. وهي خارج بوابة الله وبوقت القتال فيما بينهم حضر خبر

للميدان بأنه قد قتل سليم آغا المهايني. وقد هاجت ايضاً اهالي المدينة على الميادينة كونهم حفظوا بعض النصارى وحموهم. واستعدوا الى* قتالهم بذاك النهار نفسه. فعند ذلك المساكين قطعوا الأياس من الحياة لكون هذا الشخص هو المراس والمحامي مع ابن عمه الاكبر منه صالح آغا المهايني عن المسيحيين. فمن يقدر يفتكر بعظم الألم الذي حصل عند النصارى. ومن يمكنه ان ينظر الى وجوههم الموتى وهم بالحياة. وكيف حالة استعدادهم للموت في ذلك الوقت المملوء خوفاً وارتجافاً. فلو ان صحيح كان يقتل هذا الرجل لكانت بطلت الصيانة عن النصارى وبدون ريب كانت هجمت الاشقياء على القلعة من داخل ومن خارج، وقتلت جميع الباقيين مع النصارى القاطنين بالميدان ولا كان بقي ربما ولا رجلاً واحداً بدون قتل ولا من النساء والبنات بدون سبي.

فانظر بعد سكون هؤلاء* النساء والاولاد المحروقة ارجلهم وبعضهم ايديهم ووجوههم. كيف بكاملهم مطروحين على الارض بالقلعة، ومربطين اجسادهم بالخرق المدهونة بالزيت ويصرخون بصوت واحد، آه يا لهذه الاوجاع. من ينظر لهؤلاء النساء والاطفال الصارخين جملة من اوجاعهم بالحريق. ولكن يا ترى وكم هو مقدار هؤلاء الصارخين المقيمين سوية بالقلعة تحت حر الشمس وندى الليل التي طولها مائة متراً وعرضها ستون. أهلهم ألف او خمسة آلاف لربما ينوف عن عشرة آلاف ولداً وحرمة الذين يصرخون من اوجاعهم عدا الباقين ناصتين كما اخبرنا عن عددهم قبله. ومراراً يوجد اناس من بعض الاسلام ينظر ذلك ويتشفق عليهم. ويحضّر لهم قليلاً من الزيت مع كم قطعة من* الخرق. وبعضهم يحضّرون لهم قليلاً من العيش، انما الى من يصح هذا العيش، الى نساء دمشق واولادهم، كلّا بل يختطفه حالاً نساء البر الفارين من قراهم مع بعض رجالهم الباقيين من القتل، واولئك النحيفي الاجسام لا يطول

شيئاً. آه انظر الى النساء المرضعات كيف لائبون وفمهم ناشف. وانظر ايضاً الى الاطفال الراضعين الذين لا يوجد لبناً في ثدي والدتهم، فيا لهذه الحالة المحزنة التي ننظرها في هؤلاء الحريم والاطفال. انظر لذاك الازدحام الذين حصلوا به وهم بالقلعة، ولا احد يعرف من الآخر. صراخهم متصل عويلهم دائم نوحهم كمن فمٍ واحد. واغلبهم بالقرع وشعورهم مفلوشة وعيونهم جامدة* ولائبون من مكان الى مكان ويترقبون وقت هجوم المنافقين ليقتلوهم داخل القلعة. من يتأمل فضلاً عن النظر الى هذه الامور المحزنة ولا ينقط قلبه دماً. آه يا الهي عوّض على شعبك المسيحي عوض ما احتملوه وكابدوه من اعدائهم الظالمين الصارخين ضدّهم جميعاً: الانتقام الانتقام من جماعة الصليب. بالحقيقة ايها المسيحيين الشهداء لقد اكتسبتم اكليلا مجيداً وربحتم عوض ما اصابكم بمرار عديدة. وانتم يا ايها المسيحيين الاحياء من الايمان نعلم ان ذنوبكم قد غفرت لما احتملتموه من اعدائكم ومبغضيكم.

فالذين قطنوا بالقلعة فلم يكن لهم من يطعمهم ونائحين جوعاً وعرياً، فبادرت ذوي الرحمة نظير موسيو لانوس كونشلير دولة فرنسا الذي توجه* الى بيت الامير عبد القادر حين الطوشة، ان هذا الرجل نفع المسيحيين في هذه الضيقة. اولاً نظراً لتقديم القوت غير المستطاع عندهم. ثانياً عدم فتوره ليلاً ونهاراً في اللزز بارسال المغاربة من بيت الامير عبد القادر الى حارات النصارى حتى يفتشوا ويجمعوا الذي وجدوه من النصارى ويخلصونهم من الاشقياء ويحضرونهم الى القلعة بالحماية. ووجد خلافه ويقدمون الطعام لهم، الى ان الحكم الحالي رتب لهم قليلاً من العيش. وذلك باليوم الخامس رتب لهم الخبز، ولكن تأملوا ايها السامعين كيف في مدة خمسة عشر يوماً بينما وصلت الاحكام الجديدة، في كل ساعة النصارى في القلعة كانوا يسمعون وينظرون هجمات المنافقين ورغبة دخولهم للقلعة*

ليقتلوا الباقيين. ودائماً كانوا ينظرون من الباب جماهير الاشقياء وكزكزت اسنانهم نظير النمورة الجائعة عند نظرها الفريسة. هل ان الخمسين عسكري الذين وقفوا على الباب حارسة عليهم هي كافية لاقناع النصارى كونهم وجدوا ان كامل ما كان عسكر بدمشق لم يعمل شيئاً سوى انهم اتصلوا لهذا الحد. واما المساكين كانوا يتصورون ما حصل بحاصبيا وراشيا فالذين كانوا باقيين من هؤلاء ودخلوا مع الدمشقيين الى القلعة كانوا يوكدون لهم هذا العمل اي لا بدّ عن قتل جميعهم بالقلعة. فالحزانى كانوا يقولون: اليوم نقتل وبالمساء نموت، ولما يخلص النهار يظنون بالليل وعندما ينتهي الليل يؤكدون ان حتى تكمل احضار باقي النصارى* المختبئين لربما غداً ينتهي ذلك.

وبهذا الاثناء دخل بعض عسكر لعندهم وصاروا يفرقون النساء والاولاد لوحدهم والرجال لوحدهم. حتى احد الرجال كان متزيّي في حرمة ومغطى رأسه كأنه مريض ومنطرح بين جمهور النساء، وبعده افرقه العسكر واطلعوه لبين الرجال، وافرقوا كل ولد وشاب بالغ. وبذلك الوقت المساكين اكدوا موتهم. وتنظر الصراخ والعويل والبكاء والندب. واحدة تبكي على بنيها المفقودين لها، والاخرى تبكي على الذين شافتهم سالمين عندها ومزمعين ان يقتلوا قبالها. والاثنتين لا يريدون ان يعزيهم احد. والذين زاد على تأكيدهم ذاك الذي ذاق قصاصه عبد القادر بك، حافظ بك الواقف مأمور على باب* القلعة مع كم عسكري عندما رجال المغاربي ام احد الاسلام والميادنة يحضّرون احداً من النصارى للقلعة الذين يجدونهم. فيقول لهم: ادخلوا وبالله لا يخرج منكم احد. فكثيرون من النصارى بعد وصولهم للقلعة يهربون ايضاً منها وتلاقيهم الاشرار ويقتلونهم. ومنهم الياس واخيه جبرائيل الغاره الذين هربوا من القلعة، وقتلوا قرب سوق الاروام. فكيف تظنون ايها السامعين أهل بعد مأمول

الحياة لهؤلاء الباقيين بعد سمعهم كلمات هذا المأمور وبعد [تفريق] الرجال من النساء كل لوحده، فهلموا ايها الاخوان والاصحاب تعالوا ايها الرهبان والراهبات الدائرين في العالم لنفع القريب ومحبته. هلموا يا شعوب المسيحيين وانظروا* حالة اخوانكم واحزانهم المستعدين للموت الاغتصابي ساعة بساعة وهم الباقيين على الفاقدين. انظروا وجوههم المكمّدة شبه الموتى وعيونهم غائرات، وشعور البنات والنساء بادوات. ذاك ينوح وتلك تلطم والآخر ملقوح على الارض في عنين مذهل. والاخرى غائبة ولا حياة لها. والاطفال جواعاء، والنساء عرايى. والاحزان غامرة قلوبهم. واما الاقاويل التي بدعتها النساء المحزنات القلوب الحجريّة بعد ان فاقوا من مسكر هذه الطوشة المهولة، بعضهم على فقد رجالهم وبعضهم على اولادهم الشبان، ومنهم على اخوتهم الرجال، فهذه لا يطاق سمعها. ونظراً لانحراف صحتي قد عدلت ان أحرر منها شيئاً لكوني لا احتمل ايضا التذكر* بتلك الاقاويل التي تسحق القلوب. فقط تنظرهم على الدوام ينوحون على فقد هؤلاء الرجال الذين تركوا لهم تلك الاطفال النائحين والاولاد العريانين الذين يصرخون يا أبّا يا أبّا اين انت. ولماذا تعوق غيابك وانا جوعان وعريان. يا أبتي تعال وانظر والدتي قد جعلت ايامنا بكاء ونوحا.

فلا أصرخ الآن الى المسيحيين الاخوان لينقذوا اخوتهم من حالة احزانهم هذه البديعة، لكون هذه الاحزان هي على قتل وموت الرجال فقط بل ابقيهم بعد الى احزان اعظم منها، وهي على سبي النساء والبنات جبراً التي تحرك شهامتهم ومروءتهم، ولا يطيقون استماعها وهذه مزمع ان أتكلم بها بعد نهاية ما أنا به من المقالة الثالثة.* بعد ان استقامت المسيحيون بالقلعة وبالميدان مدة عشرون يوماً على هذه الكيفية، وما اكثر الموتى بهذه المدة. منهم من الرعبات ومن المجاريح التي وصلوا اليها وغيرها.

فوصلت الاحكام الجديدة، ورقدت قليلاً هيجانات البلد، وتوجهت الاشقياء الى محلاتها. فصدر امر فؤاد باشا في ٦ آب. اولاً باسترجاع المسلوبات وتحقق عند المنافقين ان الدولة ما كانت قابلة في تلك الامور التي كانوا يزعمونها، حتى لازدياد تاكيدهم بها قد بقي ابن الشعال ذاك المحرك الشر اولاً، مدة ثلاثين يوماً وهو فاتح دكانته ومستقيم بدون ارتياب لأن من المقالات المنافقين لبعضهم يؤكّدون ادارة الدولة بذلك. حيث* ينظروا ان احمد باشا سر عسكر كان راضي بما فعلوه من كونهم يعرفون ذواتهم اذا كان والي الشام ما قابل بذلك فهو قادر على تهميد هذه الفتنة من ابتدائها ولو اقله اخمادها بنفس الشام. وعندما وقعت القصاصات المزمعين اخيراً ان نشرحها فاحتاروا بأمرهم هذا وكيفية غشهم لبعضهم بعض بما كانوا يزعمونه بأن الدولة راضية بذلك ويقولون: اننا انغشينا في عملنا هذا مع النصارى ويردفون بقولهم الله يجازي الذي كان السبب أعني بأفكارهم على احمد باشا. ثم ويلقون ذلك بقولهم بان اصله من الكفرة سلاح الكذب والنفاق، جماعة الدروز الذين كانوا يطمنونهم ويؤكدون لهم ذلك مع الذين غشوهم ايضاً بالاسرار الخفية* المتصلة بينهم قبل وقوع هذه الطوشة حتى اتصلوا لهذا الحدّ.

واما طائفة اليهود الموجودين في بيوتهم جيرة حارة النصارى، ومنهم بين النصارى ما حصل عليهم شيء بهذه المصيبة، لا من قبل النهب ولا من قبل الحريق ولا من شيء خلافه عدا بالغلط بيتين ثلاثة صغار احترقوا بين بيوت النصارى، لكون المذكورين كانت مودة بين احدهم الخواجة يعقوب اسلامبولي وبين احمد باشا، متصلة من ديوان افندي المقول عنه انه يهودي وسبب ذلك ان يعقوب الاسلامبولي رجل من اغنياء اليهود بالشام الاول. وله اموال كثيرة بالفوائض على الفلاحين وبما ان تلك القضايا يلزمها نظارة الحكم ما عدا ان المذكور حماية الانكليز* ومن ثم يلزمها تقديم هدايا

وبراطيل، وبما ان الاموال وارباحها وافرة. فبيان الذي يهديه او يرشي به انه كلّي ويشبع. وبيان ذلك انه دعا احمد باشا سر عسكر اوردي عربستان ان يتنازل بنفسه ويقبل عزومة يعقوب الاسلامبولي المذكور. وحضر الى بيته وتغدّى عنده بالوقت الذي لم يسمع قط ان الوالي هنا تنازل وقبل عزومة احد الرعايا. ففي وقت الهيجان قبل الطوشة كانت النصارى تطلب من احمد باشا منع دخول الدروز الى البلد بسلاحهم. وفي تلك الاوقات المعكوسة قد حضر كمية من الدروز متسلحين وجائبين معهم اليهود الذين* كانوا في حاصبيا وحاميتهم من القتل ومرادهم الدخول الى البلد فمنعهم العسكر حارس البوابة، اي انهم يتركون سلاحهم ويدخلون البلد يقضون اغرضهم. فلو قبلوا بل ارسلوا خبر الى الخواجا يعقوب الاسلامبولي انه لا يمكنهم يدخلوا بدون سلاحهم لانه عار لهم. فتوجه هذا اليهودي لعند احمد باشا واخذ منه الاذن ودخل هؤلاء الجمهور بسلاحهم ويضربون به نظير عراضة ويقولوا باصوات عالية: الله ينصر السلطان ويلعن الكفار (أعني النصارى.)

اما صحبة هذا اليهودي مع الدروز لسبب كثرة امواله عليهم بوجه الدين، وفي هذه الطوشة قد* عملوا علامات ليعرفوا انهم يهود وعلّقوا على ابواب بيوتهم قناديل شاعلة وبعض علامات غيرها حتى يعرفوا ويفرقوا بيوتهم عن بيوت النصارى. وكانت الاشقياء تستدل منهم على بيوت النصارى الذين بين بيوتهم لكي يدخلوا الاشقياء وينهبوها ويقتلوا الذي يجدوه من النصارى. وقد حملت بعض اليهود جرار ماء بوقت الطوشة ويدورون يسقون الهاجمين، وبعض الماء بالسكّر، ويصرخون قدامهم: الله ينصر السلطان ويلعن الكفار مع الصليب وتابعي الصليب. وصاروا يشترون من الناهبين الامتعة المنهوبة من النصارى، منها ملبوسات مقصّبة، ومنها فضّي وذهب. بعضها يحرقونها ليأخذوا ثمنها. وبعضها* يروبصونها حتى

لا تعود تعرف هيآتها. وكثيرون من الناهبين بوقت التحقيق يقرّون ان القنديل الفضة الفلاني ام غيره بعته الى فلان اليهودي. واما الذي بعضهم نهبوه ايضاً، فالبعض منهم احضروا منه قليلاً. ويقولون ان النصارى ودعوه عندنا بوقت الطوشة. لا نعرف اسماءهم بكونهم احضروا ذلك القليل في وقت شدة التنبيه على رد المسلوبات، فقد صنعوا ذلك حتى يرفعوا شبهة النهب عنهم. ويكفي ما قلناه قبلاً انه ما وجد صاحب للنصارى، ولا محب من اي جنسٍ كان. عدا الذين ذكرنا اسماءهم ومعهم قلائل خلافهم بل الجميع ضدهم وعليهم. وجماعة اليهود ما سمع عن احد منهم* انه كان عنده رجل نصراني وخلّصه لانهم لو كانوا يرغبون ان يخلّصوا احداً من النصارى، فكانوا لسبب ملاصقة بيوتهم لقرب النصارى لكانوا ينجوا كثيرين لا بل قد كانوا يطردون من نسائهم الهاربين لعندهم. واما الرجال اخبروا عن ستة وعشرين رجل مسيحي دخلوا سوية الى حارتهم، ولا بان منهم ولا واحد. وقد اخبر اخي شيخ حارة النصارى بانه كان مختبئاً في محل يكشف عن دار رجل يهودي من طاقة، ونظر عنده رجل مسيحي هارب من القاتلين وهو من اهالي راشيا وحاصبيا، فقام الرجل اليهودي مع ابنه ومسكوا الشاب النصراني وذبحوه في وسط بيتهم وبعده المذكور اخي شيخ الحارة قد وجد له واسطة ونجا من جملة* الذين بقوا من المسيحيين. وبعد حصول التقارير على القاتلين توجه وقرر على النفرين اليهود وكيف ذبحوا النصراني. وبعد المرافعة بينهم في ديوان فوق العاده قرر جميع ما نظره بكيفية قتل النصراني. فأرسل من قبل الديوان مأمور ونظر البيتين والمكان المختفئ به النصراني والطاقة التي تطلّ على بيت اليهودي، وأثبت على اليهودي قتل الشاب النصراني. وبعد وضعه بالحبس مع ابنه بإثبات القتل على واحد منهم، فقد وقعت مخاوف عند اليهود ان يعامل اليهودي بالقتل نظير القاتلين. ويشيّع الخبر ان

رجلاً يهودياً قتل من النصارى فأرسلوا له طعاماً مسموماً، بالمساء كان حياً سالماً وبالليل* مات بالحبس. ونعرف اعمالهم مع المسيحيين من التواريخ السابقة لا بل ما حصل منهم في عصرنا الماضي سنة ١٨٣٥ مسيحية في قتل البادري توما من رهبنة الكابوجيين، وان قالوا قالوا باطلاً ذلك ولم يثبت عليهم كما ونسمعهم يتكلمون هكذا. أفهل احد يمكن يصدقهم من الجيل الآتي بعده لا جيلنا الحاضر بذلك الوقت، ويكذّب حضرة قنسلوس دولة فرانسا موسيو راتيمونطون الذي كان بالشام مقيم واثبت بجرنال تقاريرهم قتل البادري المذكور الذي اظهر طاقيته وعظامه واحضر الجراحيين وحكماء الاسلام والاوربائيين وركبوا تلك العظام شخص ووضعوا اختامهم بما شاهدوه لحضرة حكمدار ايالة سوريا محمد شريف باشا* من دولة المصريين. واخيراً قد وضع تلك العظام في ديره نجل الكنيسة، وتعمر فوقها قبر من رخام تذكاراً لقتل ذاك البادري الشهيد والآن عند حريق هذا الدير ارسل اليهود من قبلهم ونثروا ذلك القبر مع احجاره حتى لا يبقى تذكارة الى فيما بعد بذلك الحادث المذكور. تأمل ايضاً ماذا صنعوا من نحو خمس سنوات في وقت الحرب الذي حصل فيما بين دولة روسيا ودولة العثمنلي. وحيث قد كثرت الاهانة بالشام من المسلمين على اهل الذم مع انه كان دولة فرانسا ودولة الانكليز مع خلاف دول مساعدين لدولة العثمنلي. وأما اكثر الرجال الذين فقدوا من عساكر هؤلاء المساعدين* وما قد انصرف من الاموال البليغة، وهذا لا يمكننا الآن نشرح ما حصل بهذا الحرب المذكور. واما اليهود لما وجدوا بالشام كثرة الاهانات من الاسلام لسبب هذا الحرب وحتى يظهروا للاسلام خلوص حبهم وانهم متجنبين عن النصارى، فقام جمهور منهم وعملوا زفّة ورفعوا بيرق معلّق به صليب ومعلّق معاه صرماية، وصاروا يصرخون باصوات عالية: الله ينصر السلطان الله يلعن الكفار. ووصلوا بهذه

الزفّة الى قرب مأذنة الشحم وعرفت بذلك جميع مسيحيي دمشق مع وكلاء كنشلاريات الدول. تعجّب ايها القارئ ان هؤلاء ما لهم ضهر سوى النصارى وبالاخص بهذه البلاد وحمايتهم عندهم في كامل دول المسيحيين* وبواسطة حمايتهم تنظرهم فائزين واغنياء واموالهم مفرّقة بالفوائد على الامم التي يدينونها بالمائة غرش ستة وثلاثون غرش ربح بالسنة. وعلى الفلاحين تقف بالمائة خمسون غرش سنوي، وهم بواسطة حمايتهم من دول النصارى يحصّلون هذه الأموال ويقلبونها في ربحها. وما اكثر الاتعاب التي تحصل لهذه الكنشلاريات بسبب اشغالهم الكثيرة. ومع ذلك أهل كذا تستحق المسيحيون من طائفة اليهود بعد اتعابهم وصيانة اموالهم الموزّعة على الامم. واخيراً يرفعون الصليب ويزفونه بالاهانة كما قدمنا. ويعرفون ان الذين حامينهم يحبون الصليب لأجل سيدنا الذي صلب عليه، لاحظ هذه الوقاحة منهم. ونحن* معشر المسيحيين كيف سلامة قلوبنا حيث لم نعاملهم بمقتضى عملهم، الباين ان الله سامح كذا لكونهم الفرقة الصغيرة في العالم، حتى يبقوا لنا تاريخاً دائماً بالعالم ظاهراً ونعرف ان من جنس هؤلاء الذين قد صلبوا سيدنا يسوع المسيح. فلذلك تلهمنا عزة قدرته الى حمايتهم ووقايتهم وان نسمح عن ذنوبهم معنا، ولو كانت لحد قتل الانفس مع اهانة معتقدنا، ونكون كملنا قوله الشريف ان يغفر لنا كما نغفر نحن لمن اخطأ الينا. نسأله تعالى ان يسامح ذلالتنا ويصفح عنا بواسطة من صُلب على الصليب.*

المقالة الرابعة

في السبي

ان شرح هذه المقالة يصعب عليّ توضيحه بالكفاية، وأرى لساني وقلمي واقفين ولا يقبلا ايضاحه جيداً. ولكون اولاً هذا الامر هو صار مشهوراً ومعلناً عند الجميع، ولست انا اول المخبرين به. ثانياً حيث ابتدأت في تحرير هذا التاريخ فملتزم بايضاح كل شيء، فأرجوا المسامحة من القارئ والسامع بذلك.

فتنظر حين هجمت هؤلاء الاشقياء الجهال المتزاحمين بعضهم لبعض في مرورهم بالاسواق والشوارع والحارات، كل منهم راكضاً لمرغوبه منهم على النهب* بما كانوا يحققونه عياناً عند النصارى حتى اخيراً بعد معرفتهم اولاً كثرة اموالهم صرخوا قائلين: ما كنا نعلم كثرة هذه الاموال والغناء والامتعة التي وجدت عند النصارى. ومنهم على الحريق لبغضهم بالكنائس والاديرة وبالاخص لاجل دق الناقوس في بلادهم حديثاً وحسداً لعمارة، كم بيت من وجوه النصارى متكلّفين بزينة مدنية. ومنهم على اشفاء غليله بسفك الدم كان ذنوب النصارى امتلأ كيلها عندهم، بالوقت الذي لا يوجد لهم المساكين ولا خطيئة واحدة ضدهم، بل منذ آبائهم واجدادهم عائشين معهم بالذل والاهانة وما كانوا بعيدين من عبودية الاسرائيليين للمصريين.* ومنهم اولئك الشريرون بمحبة الدنس والنجاسات تنظرهم يتسابقون ركضاً كالذئاب على خطف غنمات المسيح، اي نسائهم وبناتهم. فالسابقون من هؤلاء اخذوا الحسنات والبنات البكر واللاحقين نقّوا ممن بقي لهم. فمنهم من أخذ غنيمته ومضي بها، ومنهم افترسها في محلها. انني أتخايل بهذا القول لئلا احد البسيطين لمضغ كذا كلام يفهم بأن المنافقين اخذوا ام افترسوا اغلب النساء والبنات بالاخص اذا تلى هذه المقالة قبل ان يتلو الذي قبل. والاوفق من ابتدأ هذا الكتاب من كون يبان به وبأواخره مقدار الذين اسرعوا من الاصدقاء للمسيحيين من الاسلام انفسهم وأخذوا عائلات اصحابهم وبعضهم شركائهم وحموهم في* بيوتهم عدا ما

قلنا عن الميادنة وخلافهم كما ننظر ذلك موضحاً حتى لا يظن احد الاغبياء ان اسلام دمشق لهم عادة بهذا النوع على النصارى أعني لافراد من النساء حاشا من ذلك لا جبراً ولا رضاءً، قلت ولا بالرضى لكون دائماً وخاصة بأيام السالفة رعبة مخاوفهم محاطة في قلوب الرجال والنساء بالاكثر، ويتلون فيما بينهن سوالف مخاوفهم. فقط قلائل جداً التي منهن تخرج خارجاً ولا تقدر ترجع ايضاً وتدخل ديانتهم. أقدر أقول ربما بكل سنتين حتى تخرج واحدة.

فالذين اختطفوا منهن احداث السن، ومنهن مخطوبات. ايها السامعين لا تتأملوا كثيراً بهذا النوع لئلا يغتصبكم البكاء والنوح والخوف من المسببين لكل هذا الخوف ولئلا تغتصبكم شهامتكم* بطلب الانتقام من الله لأخذ ثأر اخوتكم واخواتكم وبناتكم البكر. بل صلّوا لأجلهم حتى ان الله يعزيهم بمصيبتهم هذه الكبرى. من يقدر ان يتأمل هذه الامور المحزنة ولا ينقط قلبه دماً. فمنهنّ نساء وبنات ماتت من كثرة التغيير، ومنهنّ قبال والدتها الحزينة وتصرخ اليها ان تنقذها من الوحوش المغتصبين كما ترى بعده. ولكن باطلاً تصرخ هذه الابنة البكر، والذين تعرفهم سياجها هم مقتولين خارج عنها ووالدتها هي قريب تفارق نفسها لشدة الوجع من قبلها.

خبر عن احد النساء لما نظرت ولدها الشاب مقطّع بالسيوف* عند رجليها وولدها الآخر مكسّر بالفؤوس قبالها ورجلها ساقطاً من على السطح بعد القواص الى الارض ميتاً. وابنتها البكر اخذت للافتراس بمحلها، فركضت المسكينة على المغتصبين الاشقياء ووقعت على ارجلهم داخلة باكية نائحة لاطمت على وجهها وصدرها وتنتّف شعرها متوسلة لهم ان يتركوا لها ابنتها من الفضيحة. فأحد الاشقياء استلّ سيفه وقطع يدها وسقطت على الارض صارخة: آه يا اولادي المقتولين انهضوا وخلّصوا شقيقتكم من السبي وانت يا رجلي قم وانظر بنيك الشبان مقتولين حولك ودمائهم غرق الارض وانظر الى

ابنتك المرباة بالدلال مدة احدى عشر سنة وقط ما خالفت لك امراً كيف مأخوذة من هؤلاء* الوحوش لفضح بكوريتها. وبعد حصّة من الوقت واذا بابنتها مفضوحة من ثلاثة وحوش ودمّها مغرّق ملبوسها راكضة حتى وقعت على والدتها وهي ملقوحة على الارض وعانقتها وصرخت لها صراخ الطفل قائلة: يا ماه يا أماه لماذا تتركيني سايبة بين ايادي هؤلاء الذئاب، فصرخت والدتها قائلة: آه وآسفاه لقد نظرت عيناي كل شيء وأنا بعد حية، وللوقت ماتتا الاثنتين وهما معانقتين بعضهما بعضاً.

خبرونا عن احدى النساء وان كانت ابنة وليس معلوم بانها وجدت مطروحة من الاشرار في شارع القيمرية ومفضوحة وبعد عدة تغييرات* معها. جاء احد الاسلام ونظر ذلك القبيح وهي تصرخ في الشارع بدون مجيب، فصرخ هذا الرجل قائلاً: ما هذا العمل ايها الجهال، أما تراقبوا الله بعملكم هذا القبيح في الشوارع. واخيراً اخذها الاشقياء الى دخلة، ولم يعلم احد ان كانت مسكينة وبعدها حية ام ماتت.

فالنساء والبنات المخطوفات الى محلات الاشقياء بعد ان تأكد صرامة الحكم، فصار المنافقون يتركونهم ويمضون الى القلعة لعند اهلهنّ الباقيين ام معارفهنّ ان كان ما بقي لهم اهل. ولكن بأي حالة محزنة يمضون تلك السبايا داخلين الى القلعة من حالة السبي المحزنة، ويومياً كانوا يمضون بعضهنّ* قبل بزوغ الشمس وبعضهن بعد غروبها حتى لا تعود احداهن تعرف مكان سبيها. ولم تزل الى الآن بنات ونساء مفقودات، وبعضهن قد وجدوا مستسلمات وآخذينهنّ رجال، وكانوا دائماً يرعبونهن بالتخويف لما كانوا في بيوتهم ويقولوا لهن ما بقي نصراني ولا نصرانية واحدة. الرجال قتلت والنساء اخذهنّ رجال اسلام نظيرك، ومن هؤلاء وجدت واحدة منهنّ وتكلمت هكذا. ودائماً تسمع صراخ الأمهات يقولون: آه ثم آه،

لقد قتل رجلي ومضى امره وولدي معاً وانا ناظرة اليهما ولكن شيء اعظم انني لم أر ابنتي وهي غائبة بحالة السبي، آه لو قتلت انا ام هي قتلت امامي لتركتها عند ابيها* واخيها. ودائماً يعجن بالبكاء كل واحدة منهنّ خاصة قبال رئيس طائفتها طالبة منه ابنتها بصراخ يسحق القلب، وانا [المؤلف] كنت حاضراً لما حضرت احدى النساء وطلبت ابنتها من السيد غريغوريوس يعقوب السرياني وهي تصرخ: ايها السيد اسمع لي انا الحزينة البائسة قد تركت ولدي الحبيب الشاب ورجلي معاً مقتولين وسلمتهم بيد صاحب الانتقام، واما ابنتي الآن أطلبها من سيادتك اما سالمة البتة واما مقتولة لأضعها عند والدها واخيها. فتنظرها هي تبكي ورئيسها يبكي واثنتيهما صارخين ندباً وعويلاً، ولكن باطلاً يصرخون لأنه لا يعرف مكان سبيها. وما اكثر البنات* الذين بعد رجوعهن من السبي ام بعد افتراسهن بمحلهن نفسه قد وفق عليهن اطباء جراحيون ليداوا ما انعكس من ترتيب الطبيعة البشرية عدا الذين ماتوا منهن.

يا مسيحيين لاحظوا هنا ان مصائب اهالي جبل لبنان وحاصبيا وراشيا ودير القمر وباقي قراياهم وغيرهم هي ثلاثة، سفك دماء رجلهم ونهب بيوتهم وحريقها. واما مصيبة اهالي دمشق زادت عنهم نوعين اعظم: الاولى ترك الدين غصباً، والثاني سبي النساء والبنات جبراً. ولا أقدر أصدق ان الذين يسمعون ذلك نقلاً ام يعرفونها بالكتابة ان يكون عندهم جرم مفعولية هذين النوعين بقدر حضوره هنا.* وبالأخص عندما ينظر الى كيفية حزن الأمهات المسبية بناتهن ولم يعرفن عند من مسبيات ان كان عبداً اسود ام وحشاً ضاري ام فلاحاً هو او كردياً او هندياً مقيمات في بيوت ام في البراري بالمغائر او في كهوف الجبال. انني بهذه المدة التي أقمتها بدمشق كنت أنظر من النساء التي حالتهن كذا يهطلون دموعاً لا يصدق انها نازلة من اعين واحدة منهن فقط، ان تناولت القوت تبكي وعند

الشرب تشهق والنهار كله تنوح وبالليل تصرخ: يا ابنتي اين موجودة أخبريني ايتها العذراء هل انتي سالمة، والدتك لا تصدّق انك تسلّمي بنفسك حتى الموت، فإن كنت ميتة وسالمة فهنيئاً لك لأنك شهيدة ولا أتأمل* انك مسبيّة وحية بعد انني لعارفة بطهارتك، وانا التي ربيتك وأعرف فضائلك النقية مراراً عديدة أمنعك عن رغبة توجهك للرهبنة، فإن كنت ميتة توسلي لله ان يرسل لي إلهام المعرفة انك بالسماء لكي اتعزّى بأكليلك مع خطيبك الأبدي، وان كنت حية فتبقى اوجاع افكاري مرة بهذا المقدار حتى ترافقني الى القبر.

فويحاً لمسيحيي دمشق على ما اصابهم من البلايا والاحزان وشدة ألم اوجاعهم وعلى ما احتملوه وكابدوه من اعدائهم الاشرار فيما شرحناه بهذه الاربع مقالات واخصّهم هذه التي لا تطاق، لقد شربوا كأساً علقمياً الذي لا يحتمل التعكّر به. وانني أنصت بوجه الادب عن اعمالهم الصادومية في بعض صبيان المسيحيين* وبالاخصّ الاحداث وكيفية مداواتهم من الجراحيين لكون هذه العادة الرديئة ليس معروفة عند اغلب اهل العالم سوى بهذه البلاد الممقوتة في خصال هذه الخطيئة الملعونة. فالآن لا يمكننا نصرخ للمسيحيين الاخوة اهل الغيرة والرحمة ان يحضروا وينقذوا اخوانهم من هذه المصائب والاحزان البديع عملها في العالم لكونهم بهذه الساعة يعيقون ارواحهم لشدة غيظهم، ونكون وقعنا في شر اعظم بل نحن نرفع رؤوسنا الى العلي بالبكاء والنوح باسطين ايدينا وصارخين ومتسلحين بكلمات رئيس الملائكة الجليل قائلين: يا رب ارحم. وانت ايها الإله الغيور الذي سمحت بشعبك لحد كذا فأقبل مصائبنا لمجدك واحزاننا تكريماً لعظمتك* وبكائنا ونوحنا غفراناً لذنوبنا وجرائمنا. واما غيرة الاحزان نتركها الآن ونسأل خاطرهم ان يصلوا لأجلنا فقط.

اما المسيحيون بعد وصول اول عسكر للشام فطلبوا من رجال المغاربة ومن الدروز محافظين يوصلونهم الى بيروت، فتوجه اول قفل وصحبته خمسمائة نسمة وتوجه صحبته البادري فرنسيس رئيس عام عازارية سورية مع الراهبات العازارية. فهذا البادري الشهيد بعد وصوله الى بيروت بنحو عشرة ايام توجه الى مدرسة ماري يوسف بعين طورة، وتوفي هناك من عظم ما ذاق من هذه المهاول وبالاخص لزيادة خوفه على الراهبات بما شاهد ما حصل على النساء بدمشق. ولأجل ما رأى ان الدير الذي صار له مدة خمس سنوات يقضي الاتعاب والمشقات* والسهر بتدبير عمارته، وكم مرة سقط على الارض وتهشّم وجهه ويديه ومرة سقط في حفرة عميقة وكاد ان يعدم الحياة، وكان يعزي نفسه في خلوص بنيان هذا الدير لكونه فتح فيه مدارس وعلوم للصبيان والبنات ويقبل فيه من كل جنس وملة وعمل به خستخانة للضعفاء وتخدمهم تلك الراهبات المسماون اخوة المحبة، وهؤلاء كانوا يصرفون كميات دراهم وافرة ليس فقط بثمن الادوية واجرة الحكماء مبلغ وافر، بل كانوا يذهبون الى بيوت مرضى العالم من كل جنس ويدفعون لهم ثمن مأكولات لازمة لحال المريض مع دفع دراهم بقدر لزوم ذاك المريض واحتياج بيته. انني مراراً انظرهم بمحلة الميدان والشاغور وحاراتها* ودخلاتها يجولون لعند مرضى الاسلام وغيرهم، الاماكن التي تخشى النصارى الدخول اليها. واما هم ما كانوا يظنون بوقت هذه الطوشة ان تدخل اليهم الاشقياء كباقي النصارى لكونهم يعرفون قدر كمية احساناتهم لهؤلاء المنافقين. واخيراً احرقوا ديرهم بمساوات خلافهم. فيا ليت هؤلاء الاشرار ابقوا هؤلاء المحسنين اليهم لأن من كثرة حضورهم لعندهم لروية امراضهم وطلب الادوية مجاناً، فمرضى المسيحيين كانوا يمنعون ذواتهم عن المجيء نظراً

لازدحام هؤلاء البرابرة ناكري الجميل، وحيث قلنا برابرة ويكفينا هذا القول.
وتوجه ثاني قفل وصحبته اربع آلاف نسمة، وتوجه ثالث قفل وصحبته ثلاثة آلاف وخمسمائة نسمة، ولكن ماذا تظن ايها القارئ مبلغ كذا حريم واولاد* واطفال متوجهين في طريق بيروت في شهر آب، وكثيرون من نساء لم يعرفوا السفر ولا كيفية الركوب وبالاخص ما احاق بهم بكثرة العطش. الاطفال تزعق والبنات والاولاد تصرخ والنساء تنوح والرجال تتباكى. وهذه الحرمة تسقط من ظهر الدابة ان كانت راكبة، وذاك الولد يقع، وكثيرون من النساء ضاعت منهن الدابة، ويركضون حفايا ودموم ارجلهم سائلة على الارض. انظروا الى النساء الذين ولدوا في الطريق اهل الدلال والرفه. وبعضهن يلدن بالخانات التي في الطريق، وبعضهن والقفل ماشي. وكم واحدة منهن طرحت، وكيف يكون عذاب هؤلاء الوالدات ام الطارحات او المرضى،* وبالاخص عندما يقصر احد منهن فيسمع الصوت من المحافظين: امشي يا نصرانية، الدروز جاءت اليك. وتنظرهن يعجون بالبكاء والنوح والعويل. وكم من الاطفال ماتوا على الطريق، فبعضهم من كثرة العطش، وبعضهم من حال السقوط عدا عن النساء والرجال، فمنهم ابو نقولا عبد النور من طائفة الروم توفي باول قناق المسمّى الديماس، وولده الشاب المسكين كم من العذاب كابد وما ملك دفنه.
فتبّاً لكم ايها الاشقياء القساة القلوب، أهل تعرفون النصارى من خلقة الوحوش حتى لم تبالوا من كثرة مصائبهم ولا ترثون لحالتهم هذه المحزنة، وانتم تعرفون بانهم اهل رفاهية وليسوا نظيركم اهل شقاوة وايامكم ولياليكم بالقفار وبين الشوك* والاحجار.
فالذي فهمته من خوارنة الطوائف المذكورين بأنه توفي من المسيحيين بعد الطوشة ينوف عن عدد المقتولين، ويحققون بقولهم

بأنه مات وقتل من مسيحيين نفس دمشق نحو ستة آلاف نسمة، فهذه عبرت ربع مسيحيي دمشق، وننهي هذه المقالة اخيراً ونقول الله يجازي الهالكين اهل جهنم المخلدين.

المقالة الخامسة

في ترك الدين غصباً

انه في وقت تلك الهجمة المقطعة القلوب من هؤلاء البرابرة المشكّلة اجناسهم، فمنهم اسلام اهل البلد واهل القرايا الذين حضروا بالسرعة نظير هباب البارود مع العربان الذين حول دمشق* الناصبين خيامهم ومستعدين لاخذ الغنائم. واما النَوَر والجعيدية اصحاب الطبول والزمار هؤلاء حضروا اولاً على اليهود، ولما عرفوا ان الامر ناهي عن اليهود، فرجعوا على النصارى. ومنهم متاولة المشهور عنهم بشدة بغضهم للنصارى. هؤلاء الذين يعتقدون في مذهبهم ان النصارى نجسون وأكلهم نجس. ومنهم نصيرية الذين يسجدون للفرج. ومنهم يزيدية واسماعيلية مع طوائف الاكراد القاطنين بالصالحية مع ضباطهم. ومنهم عساكر النظام نفسها والاتراك والباشي بوزق مع الدروز المعروفين. هؤلاء منهم قاطنون بحارة الميدان ومنهم بالقرايا المجاورة للشام لبعد ساعة وساعتين. فهؤلاء البرابرة بأجمعهم بأوقات قليلة حينما نظروا* المسيحي يسألونه ان يسلم لكي يخلّصوه من القتل، فكثيرون لخوفهم من الموت أسلموا وأدّوا شهادة الاسلام، فمنهم القلائل الذين سلموا بسبب اسلامهم واخذوهم لمحلاتهم، ومنهم طهروهم كما وبالقرايا وغيرها.
وهؤلاء منهم الشابان الذَيْن توكلا على شهامة شركائهما بالتجارة وقد اختبؤوا في بيوتهم، وفي كل وقت كان يخرج الواحد ويدخل الآخر ويقول لهما: يا خواجات ما بقي احد من النصارى ولا نقدر نحميكم

حتى تأدوا شهادة الاسلام والا فيذبحونكم ويذبحوننا الاشقياء معكم ويحرقون محلاتنا. وقد احتملوا منهم كلاماً مراً بمدة خمسة ايام ليلاً ونهاراً ويرعبونهم بالاخبار المهولة. واخيراً غصباً المساكين أدوا شهادة شروط* المسلمين واخرجوهم للشارع بلباس مزين والعمّة البيضاء وزفوهم في حارة القناوات ونجوا من القتل. وعندما حصلت الاحكام في البلد قد رجع المذكورون الى ديانتهم وهم يطرقون صدورهم بالندامة بما جحدوا معلّمهم.

ومنهم ديمتري بولاد ويوسف شاتيلا احدهم الاول من سابق كان يرغب ديانة الاسلام ومراراً عديدة يقصد على الدخول بهذه الديانة ومنعوه اولاده الخمسة شبان وباقي عائلته وامرأته واولاد اخيه ثمان شبان لكون هذه العائلة هي من وجوه نصارى دمشق. واما الثاني فهذا اصلاً كان من طائفة الروم وبعده عمل كاتوليكي، ثم رجع الى طائفته، وبعده دخل في مذهب البروتستنط ورجع ايضاً. وكان* يمدح بعض اعتقادات في ديانة الاسلام ويذم بعض اعتقادات في ديانة النصارى، النهاية تنظره دائماً ليس مستقيماً على ديانة واحدة ويمدح منها. فهؤلاء الاثنين بقوا اسلام وطعاطوا شروط الديانة الواجبة على الاسلام، فسموا احدهم حسين افندي بولاد والثاني الشيخ يوسف شاتيلا، وولده وابن اخيه اسلموا ايضاً، ثم رجعوا الى ديانتهم مع اولاد موسى شامية الذين اسلموا ورجعوا الى ديانتهم. وبمثلهم اهالي القرى القريبة لدمشق نظير المعرّة ومعرونة وغيرهما وقد اسلم منهم كثيرون وطهروهم. فمنهم رجعوا ومنهم بقوا، ولكن بالتعاسة الذين اسلموا لعلة خلاصهم من الموت وضاع ظنهم باطلاً لأننا سمعنا عن* البعض الذين اسلموا وفي وقت اسلامهم قتلوهم. وفهمنا عن رجل خوري حوراني من بعد اسلامه قتلوه في صائح مأذنة الشحم. وبالآخر اسمع ما يرعب القلب عن شاب مسكين عند ملاقاته للاشقياء، قد ظنّ انه يسلم ويخلص من الموت، فكان هو

يعطي الشهادة ويكررها برفع يديه الى فوق بوحدة اصابعه حسب اسطلاح الاسلام، والمنافقون فوقه قطعوه بالسيوف وكسّروه بالبلطات حتى مات ويديه مرفوعات باصبعتيه فوق رأسه، وفمه ولسانه يضغضغان بما يقوله لحد موته وكان ذلك بمحلة باب توما. وهذه المحلّة مع محلّة القيمرية هم الذين عملوا القبائح الاكثر من خلافهم مع النصارى لكونهم* مجاورين محلاتهم لمحلّة النصارى. واخيراً قد ذاقوا القصاص الاكثر من غيرهم.

كثيرون من المسيحيين لخوفهم من القتل او تغيير دينهم غصباً قد سقّطوا ذواتهم في بئارة الماء المعروفة بدمشق، فعمقها نحو خمسة عشر ذراعاً وعرضها ذراع واحد. واغلبهم اختنقوا لعدم الضياء والتنفس. وبالاخص حينما تسقط بعض الاسقف او الحيطان فوق ذلك البئر. عرفنا عن ستة شبان كانوا ساقطين في بئر ومن ضيقتهم بعد اربعة ايام ولم يكن نافذاً من مكانهم، فاحدهم وجد معه مفتاحاً فبدأ يحفر بحائط البئر وبعد تعبه يساعده الآخر حتى بلغوا الى بئر آخر بقرب منهم، وخلص منهم اثنين والاربعة ماتوا. وكثيرون الذين* اختنقوا في سياقات المالح لشدة الروائح الرديئة واقامتهم على الماء مدة بدون قوت.

الشهيد الخوري ملاك الذي من بلاد النمسا من رهبنة القديس فرنسيس حينما سأله المغتصب ان يخلصه من القتل ان كان يأدي شهادة الاسلام فاجابه البادري: ما تعلم ماذا تقول انا اخذت المسيح نحو ثلاثين سنة والآن لا يمكن ان انكره. وعند ذلك كسروا عظمه في البلطات نظير تشقيف الحطب. آه لهذا البادري المحب لخراف المسيح كيف كنا ننظره مهتماً بخدمة الانجيل ليلاً ونهاراً جائلاً لاسعاف المحتاجين ولارتداد الخطاة والشاردين الى الاعتراف والتوبة. ومنذ قبل ثلاثة اشهر كان يؤكد موته بدمشق في هذه الحالة وتوفي بالرب في دخلة حسون بقفا الدير الذي كان هرب منه بوقت

دخول الاشقياء اليه وجسمه المبارك حفظوه في بئر ماء بيت بدران، ولما حضر احد البادريه الفرنسيسكانين اخرجوا عظامه من البئر واندفنت مع الشهيد الخوري عازر من طائفة الكاتوليك الذي استشهد من قسوسهم سبعة. فهذا حينما سأله المغتصب ان يخلصه من القتل ان كان يسلم فاجابه: اني اعمى اعمى ولا أعرف ماذا تقول، فقتلوه في قبو دار الرهبان* الذي اشرنا عنه قبلاً بكثرة روائحه نظراً لوجود كثرة المقتولين به. الشهيد الخواجا يوحنا عنحوري حينما سأله المغتصبون ان يخلصوه من الموت ان كان يسلم فاجابهم: انني رجل اختيار وقد قربت الى الذهاب ولا أقدر ان أغير دياناتي، فذبحوه مع دوس الجزمة فوق رقبته.

الشهيد الخواجا موسى سركيس من طائفة السريان الكاتوليك عندما كان ماضياً ليختفئ فلاقاه المغتصبون ورفعوا على رأسه البلطات وقالوا له: ان كنت تنكر ديانتك وتشهد في صحة ديانة الاسلام فحينئذ نخلصك من الموت، فاجابهم: كلا لا أغير ديانتي ابداً وانتم اضربوا على خيرة الله تعالى.*

فأريد الآن ان أخاطب قليلاً هؤلاء المنافقين الحمقاء الغاصبين اتباع دينهم غصباً، ايها الجهال من اين وردت لكم المعرفة ان اتباع الدين غصباً هو جائزاً ام مقبولاً. ايها الاشقياء الغاصبين اتباع دينهم، افحصوا شريعة الاسلام وانظروا هل يوجد مقبولاً اتباع الديانة غصباً.

وانتم يا شعوب المسيحيين ما قصدنا بهذه ان نغمكم ونحزن قلوبكم بل شدة رغبتنا بمداومة صلواتكم لله بشأننا، وانه تعالى يصفح عن سيئاتنا ويكف غضبه عنا، ونحن يكفينا نعزّي نفوسنا بان نوحنا وصراخنا قد زعزع ركن الارض واعظم غيرة بالعالم، وهي دولة فرنسا الشهيرة لحماية المسيحيين (يجيء القول عنها) نتضرع لله ان

يلهم رأسها المنصور* ان يتمم لنا كافة ما اسرعت اليه عساكره ولم يتركوا بأسوء حال تلك المساكين الحزانى المداومين بالدعاء لنموهم. وان اسعفتم هؤلاء الاطفال والارامل، فدعوا الذين يستلمونها يفحصون عن حال المستحقين اكثر ويكون فحصهم من اهل الشفقة الذين ذابت اجسادهم ليلاً نهاراً بسياستهم. فمن قبل خوارنة الطوائف الباقيين من القتل فصاروا يقدمون اتعاب اجسادهم لخدمة رعية المسيح ولم يبقوا لراحة جسمهم شيئاً بل مهتمين برؤية هذا المنازع والى نظر ذاك المريض والى تلك المناهزة الموت الواردين الى القلعة. هذه والدة، وتلك طارحة، وهذه مهشّمة بالجراحات، وذاك مذبوح وبعد روحه باقية فيه. ويكملون واجبات الديانة* لهم وبالاخص تكفين الموتى لان تلك المدة بالقلعة توفي كثيرون بمدة كم يوم. فبالاول كانوا يدفنون بالقلعة وانتنت القلعة من روائح الموتى ومن كثرة العالم الموجودة بها مع اوساخها واقذارها، وبعد حصول الامنية صاروا يرسلون الموتى الى مقابر النصارى خارج البلد صحبة محافظين من الحكم. فمنهم ذاك المحب خير الانفس البادري يوحنا ناجان من رهبنة القديس منصور العازاري تنظره جائلاً بين المسيحيين بالقلعة وعدا عن خدمته الواجبة للديانة، فكان يعزّيهم في مصائبهم ويطمّن قلوبهم بقرب وجود الامنية قبل حصولها. ونقدّم القوت لذاك غير الطائلة لكثرة الازدحام ونظراً الى اولاد المدارس الذين* كانوا في ديره صبيان وبنات، فعند تلك الحركة وصار قطع الامل من اقامته بالدير قد حضرت لعنده رجال المغاربة، فاخذوه مع هؤلاء الاولاد الى بيت الامير عبد القادر المغربي ومنه احضروهم للقلعة مع البادري فرنسيس والشمامسة ومع الموجودين من الدمشقيين بهذا الدير. ما اكثر الاتعاب التي احتملها بسبب توزيع هؤلاء الاولاد على اهاليهم غير الظاهرين والذين لم يجد لهم اهل، فكان هو يسوسهم بلوازمهم مع خدمته الانفس واستقام على ذلك مدة

اربعين يوماً، وبعده توجه الى بيروت وتوجه صحبة الخوري يوسف الارمنـي وسـلموا خدمـة طـوائفهم للخـوري موسـى المـاروني، فهـذا نظراً الى رقة جسمه وكثرة خدمته الى ثلاث طوائف* لاتينية وارمن مع طائفته المارونية، فوقع في مرض واستقام فيه مدة طويلة وبعده رجع الى خدمة طائفته.

وفي نصف شهر آذار حضر الخوري انريكوس البادري من رهبنته القديس فرنسيس، وصـار ملازمـاً خدمـة طائفتـه اللاتينيـة واستفقاد خلافهما كعادة هؤلاء الرهبان ونزل في محل من البيوت وباشر في صنيع هيكل وأبدى فيه القداس والصلوات والوعظ بكل غيرة أبوية المشهورة عند هذا البادري.

واما ذاك الذي يحب خير خراف المسيح الخوري كيرللس فكاك رئيس رهبنة طائفة الروم الكاتوليك، وحيث ان جسمه مساعده لكثرة الاتعاب، فتنظره حامل على عاتقه ما لا يطاق، فمنه يرى سؤالات وجوابات الاحكام* في لزومات النصارى واحتياجاتهم الوقتية. ومنه لخدمته الانجيلية برعية هؤلاء المساكين محوطاً منهم بازدحام وعلى الدوام تسمع منهم له: يا ابونا اسمع لي انا ميت جوعاً، وذاك يصرخ له من كثرة اوجاعه، وتلك تطلب منه كسوة لعريها، وهذه تقرر له ان ابنتهـا فـي بيـت فـلان شـقي مسـبية. والاكثـر همـة عنـده هـو الاستفحاص عن اخبار المسيحيين الذين يوجد منهم مخبئون لكي يسرع بارسال محافظين من الحكم لاحضارهم الى القلعة بأمن. وكم مرة مولتها توجهت صحبة الى ديوان فوق العادة الموجود في تكية المرجة ويطلب التفتيش والبحث عن النصارى المختبئين، وكم منهم احضر سالماً. وبعده بما انه ألبس نفسه* ثوب عدم الاحتمال، وقد وقع بمرض وبمدة قريبة نجاه الله وعاد ملازماً خدمة رعاياه بكل حرارة أبويّة.

ومنهم الخوري فيلبوس السرياني الذي هو طاعن بالسن وتنظره مع شيخوخته راكضاً لخدمة الرعية وسياستها مقوياً بحب المسيح وخدمة خرافه بكل نشاط ناسياً لزوم القوت الضروري لقيام جسمه وهو الذي باشر اول ذبيحة القداس بدمشق، وكان ذلك في٢٤ شهر آب سنة ١٨٦٠، وما بقي خلافه لخدمة طائفته. ومنهم الخوري يوحنا الطوّا من طائفة الروم الذين استشهد من كهنتهم سبعة وبقي هو مع اثنين آخرين، وهؤلاء الاثنين استقاموا بالقلعة كم يوم وسافروا الى* بيروت ولم يبق خلافه يسوس رعيته بنشاط وصبر ويحتمل الاتعاب ليلاً ونهاراً راكضاً لخدمة ذاك والى تكميل واجبات ديانه تلك.

ومن كثرة الامراض التي استولت على النصارى نظراً لرعبهم بما رأوه ومضى عليهم وبالاخص باقامتهم بالقلعة بالنهار يحتملوا حرّ الشمس بشهر تموز وآب وبالليل البرد بدون غطاء حتى ولا كسوة فتزايدت الموتى منهم واخيراً قد رتب الحكم لهم اطباء في الخستخانة بالعسكرية، فياخذون المريض ويعالجونه.

وبادرت ايضاً اهل الرحمة، دول الاوروباويين. فمنهم دولة فرنسا التي دائماً تفتش على اخوانها المسيحيين وتسأل عن راحتهم ولو انهم موجودين* في اقاصي الارض وبين الامم والشعوب الوحشية، فتسرع لانقاذهم بوقت مصائبهم وتسعفهم باحتياجاتهم وتصرف اموالها وتتعب رجالها برّاً وبحراً في معونتهم وقدمت لهم الاسعافات بتفريق دراهم عليهم ووقفت لهم اطباء لمعالجة امراضهم ومرضاهم عبر حضرة قنصلها بالشام، واسرعت بطلوع عساكرها الى بيروت لاجل وقايتهم وارسلت مناظرين يفحصون عن حالة الفقر ويعطونهم احسانات. وكذلك دولة انكليترا اقامت اطباء لمعالجة المرضى وفرقت احسانات مع بعض كساوي للعراة وكان من قبلها الطبيب السنيور ميخائيل مشاقة يعالج المرضى ويعطيهم ادوية مجاناً من

احسان هذه الدولة.* وايضاً دولة روسيا ارسلت احسانات وفرّقت عليهم، هذه الدولة قد فرّقت احسانات على طائفة الروم فقط دون خلافها عند حضرة قنصلها خلافاً الى باقي الدول الذين فرقوا احساناتهم على جميع المسيحيين بالسوية لكون الاحسانات التي حضرت منها قليلة ولحق منها الى طائفة الروم كل نفر ثلاثين قرش. وكذلك دولة النمسا عدا الاحسانات التي ارسلتها لهم فقد ارسل اخو البادري ملاك الذي استشهد بدمشق مبلغ دراهم الى بيروت لتحت يد وكيل وأخذ بها دقيق وصار يعطي كل نسمة نصف رطل في كل جمعة لمدة اربعة اشهر. وكذلك دولة بروسيا ارسلت احسانات وفرّقت عليهم.* ودولة اليونانيين قد اظهرت بهذا الوقت الضيق محبتها للقريب وارسلت لهم كساوي ودراهم وسكّر وخلافه مع اطباء لاجل مرضاهم ولا نقدر ان نذكر جميع اسماء المحسنين، فقط نقول عن السيد الجزيل القداسة اغناطيوس انطون بطريرك طائفة السريان الكاتوليك المقيم في مدينة ماردين ارسل كمية دراهم وتفرقت على طائفته المقيمين في بيروت والشام. وكذلك السيد اكليمنضوس الجزيل القداسة بطريرك طائفة الروم الكاتوليك ارسل كمية وتفرقت على طائفته، وخلافهما من رؤساء الطوائف ارسلوا دراهم وتفرقت لكل على طائفته الخصوصية. وما شاهدنا طائفة بالشام التي عدا انها تتناول من الاحسانات العمومية المذكورة،* وكذلك كل منهم يحضر له كميات خصوصية من رؤسائهم عدا الطائفة اللاتينية من حيث ما بقي لهم خوري ولا راهب يعرف عنهم بل الجميع قدّموا لله ذبيحة حياتهم، فالمساكين بقوا بدون مساواه خلافهم بالتوزيعات الخصوصية كباقي الطوائف عدا المقيمين منهم في بيروت.

وبدون شك لولا مداركة الذين ذكرناهم بارادتهم لهؤلاء المساكين بالاسعافات ما كان بقي منهم الا القليل جداً. آه كيف

حالتي لما أنظر مزاحمات المسيحيين على ابواب احد القناصل لطلب الاحسانات وبالاخص النساء المستورات الذين ما كانوا يخرجون من بيوتهم الا بالصدفات وهم بالسابق يعطون الحسنات الى الفقراء. وباثناء ذلك قد ورد خطاب من حضرات* الستات الامراء نساء انكليترا به يعزون خواطر نساء سوريا بما اصابهم من البلايا والاحزان، وقد ارسلوه صحبة احداهن كمية دراهم لاسعافهم.

صورة تعزية نساء انكليترا الى نساء سوريا

يا صديقاتنا العزيزات ان اخواتكن في بلاد انكليترا يسألن بمحبة عميقة خالصة عن احوالكن وخبركن ويلذ لهم ان يقلن لكنّ هكذا. ويردن ان تعرفن انكن لمّا كنتن تسكبن الدموع المرّة على اطراف ارجوانكن وعلى بيوتكن الخربة، وجدت قلوب شاركتكن في حزنكن وحاسياتكن وأعين بكيت عليكن بهذه البلاد البعيدة عنكن جداً. وقد بلغتنا اخبار احزانكن الشديدة، وولولات النوح التي ارتفعت في بلاد سوريا دخلت اصواتها الى آذان انكليترا، وعندما ننظر الى صفحات كتابنا المقدّس ونقرأ هذه* الكلمات المملوءة قوة ومعنى وهي: افرحوا مع الفارحين وابكوا مع الباكيين، تشتاق قلوبنا ان نقدم لكم شيئاً غير التشفق والحزن معكم. فماذا تقدر نساء انكليترا ان تعمل من اجل نساء سوريا، فإننا نحب بلادكن لان معلمنا المبارك عاش ومات فيها. وكذلك نحب اولادكن ومع ان غيوم الاحزان المظلمة التي وقعت عليهم جعلت ايام طفوليتهم مظلمة، لنا أمل كبير لهم انهم سيكونون ناجحين ومغبوطين. وعندما ننظر الى البركات الجزيلة التي تجعل بيوتنا محبوبة ومفرحة، نشتاق جداً الى ان نشاهدكن في هذه الخيرات والراحة. ونرغب ان نساعدكن في اطعام الجياع

واكساء العراة وايواء الذين خربت بيوتهم وليس لهم بيوت. ونحب ان نعطي طعاماً للجياع وماءً للعطاش* وادوية للمرضى. ولكن بعد تتميم كل هذه الواجبات نرى انه لم يزل موجوداً بركة هي افخر البركات، اذ لنا الكتاب الذي يعزّينا في احزاننا ويرشدنا في اوان ارتكابتنا ويعلّمنا كيف نحمل اثقالنا ونكمّل واجباتنا ونربي اولادنا ونعلمهم. ومراراً كثيرة يأتينا هذا الفكر وهو: أما يقدر هذا الكتاب الذي عمل هذا المقدار من الخير بانكليترا ان يعمل خيراً عظيماً الى سوريا وبنات سوريا الباكيات النايحات. يا صديقاتنا أتردن ان تقبلن هذا الكتاب من ايدينا، وتصغن الى كلماته المرعبة رجاء وسلاماً وعزاء وخلاصاً. انه يتضمن كتابته اليكم وكتابته الى اولادكن. أهل تحثنهم على قراءته وتحتضنه كهدية محبوبة من انكليترا او بالحرى من الاه انكليترا.* ان واحدة من اخواتنا قد سافرت الى بلادكم لاجل زيارتكم ويرافقها في طريقها صلوات كثيرة صالحة من قلوب حارة. فتؤمل ان تقبلنها كصديقة وتحبنها كأخت. والآن نستودعكن بيد ذاك الذي هو الاه السماء والارض ويحفظ جميع الذين اتكالهم عليه ولم نزل بكل خلوص.

صديقاتكن وشريكاتكن
في حزنكن وضيقتكن
(وفيه ختم اثنين وخمسين)

صورة جواب نساء سوريا الى نساء منهن انكليترا

ايتها السيدات الكريمات الشريفات، انه قبل ان تتشرّفن برسالتكن المملوءة من المحبة والحنو والتعزية المعربة عن صفاتكن وغيرتكن الحارة، فقد شعرنا ان لنا اقرباء واخوات منهن في انكليترا،* ولو ان كان يفصلنا عنهن اللغة والمكان

الا اننـا متحـدين معهـن أذلنـا ولهـن الاه واحـد ومخلـص واحـد. حتـى مـن اثمـارهن اسـتتر العريـان وشـبع الجيـاع وعـالج المـريض وبـالاخص من وجـود الـبعض مـن هـؤلاء الاخـوان فـي بلادنـا، قـد اؤتمـن ذاك الغـادر مـن المـوت. ايتهـا السيدات ان كـن تسـألن عـن حالنـا وخيرنـا، فهـذه تصـورهـا ايسـر مـن شـرحها لان وجـه التـاريخ لـم يتسـوّد بواقعـة شـنيعة نظيـر هـذه مسـتكملة لكـل قسـاوة بربريـة، وهـي ان قـوم ظـالمين وقسـاة دخلـوا بيوتنـا وذبحـوا رجالنـا امـام اعيننـا، واذ كنـا نتواقـع علـى اقدامهم وهـم لا يرحموننـا بـل وزادوا وخطفـوا بناتنـا واستسـلموا اولادنـا ونهبـوا بيوتنـا واشـعلوها بنـار، حتـى كنـا نتـراكض علـى نيـران الحريـق حافيـات ذلـيلات* حـائرات مـا نعلـم الـى ايـن نمضـي ان كـان بالطرقـات نجـد الاشـقياء حـاملين آلات العـذابات وهـم بازدحـام وباشـكال مرعبـة، وان مضـينا لبيـوتهم نجـد نسـائهم يقـذفوننا بالشـتائم وبضـرب الحجـارة وغيرهـا، وان التفتنـا الـى بيوتنـا فنجـد نيـران الحريـق شـاعلة فيهـا. آه ايتهـا السـتات ان مصـيبتنا فـي تلـك الضـيقة وحيرتنـا الـى ايـن نمضـي مذهلـة العقـول جداً. آه ومـن كـان يعطـي اذنـه مـن بعـد نحـو سـوريا ويسـمع نـوح عـروس علـى عريسـها وبكـاء والـدة علـى وحيـدها وتنهـدات والـد علـى عزيـز كـان لـه مسـنداً وصـراخ ألـوف اطفـال كمـن نغمـة واحـدة يلوبـون مفتشـين ويزعقـون هـاتفين: يـا مامـا يـا مامـا ايـن راح البابـا. صـوت سـمع بالرامـة والآن يسـمع فـي سـوريا واحزنـه بالشـام، نـوح وبكـاء وعويـل.* راحيـل تبكـي علـى اولادهـا ولا تريـد ان تتعـزّى لفقـدهم لانهـم ليسـوا بموجـودين. ومـن ينظـر لهـذه الـبلاد ويـرى ان حسـن محلاتهـا التـي كانـت العـزّ فـي دورهـا والانـس فـي قصـورها اضـحت كومـة تـراب ورمـاد ويزعـق بهـا الغـراب لانهـا صـارت مـأواه. يـا اخواتنـا مـاذا تكـون حالتنـا التـي

تـردن تسـألن عنهـا او مـاذا تكـون تعزيتنـا بعـد ان رجالنـا احتملـوا شـدة القسـاوة فـي ميتـات بعـذاب مهيـل واخيـراً طرحـت اجسـادهم بعضـهـا للكـلاب وبعضـهـا للحريـق ولا نقـدر نكـرمهم بقليـل مـن التـراب. آه يـا عزيزاتنـا لـيس لنـا عـزاء بهـم سـوى ان يكونـوا حظـوا بـرب المجـد لكـونهم قتلـوا ظلمـاً اذ لـم يكـن لهـم خطيئـة سـوى كـونهم مسيحيين حتـى يـتم القـول الشـريف: انـه تـأتي سـاعة يظـن فيهـا كـل مـن يقتلكم انـه يقـرّب لله عبـادة.* وبمـا أنـهم وعـدوا بالحيـاة عنـد قـتلهم بشـرط نكـران فـاديهم، فأحـبّ علـيهم المـوت بعـذاب قـاطع وبقـوا ثـابتين علـى ايمـانهم وقـدموا حيـاتهم ذبيحـة لله فـي حـبّ الانجيـل. فنتعـزّى انهـم لبسـوا الثيـاب البيضـاء ومتمتعـين بتلـك الراحـة غيـر الموصـوفة. وامـا حالتنـا يـا عزيـزات حـال الشـقاوة والمـرار مشـتتين هنـا وهنـاك والخـوف سـكين فـي قلوبنـا فـي كـل مكـان واذا نظرنـا الـى المسـتقبل نـراه مظلمـاً. وايـة طمأنيـة نسـتطيع نتصـورها وخصوصـاً بمجاورتنـا الـذين فعلـوا بنـا تلـك الافعـال الوحشـية وبمـاذا نقنـع ضـمائرنا بكـونهم تـابوا ومـا يعقبـون بعـد قليـل ويقتلـون بقيـة رجالنـا، وان كـان بقـي لـبعض عـائلات سـراج يطفونـه، واي شـيء يحمينـا مـنهم ونحـن بينـهم وبـأجمعهم علينـا يـداً واحـدة ونحـن تركنـا لهـم* ثروتنـا كجـائزة لفعلهـم. آه مـا اشـدّ قطـع رجائنـا مـن الراحـة والاطمأنيـة فـي المستقبل والـى اولادنـا معـاً الـذين بقـوا لنـا وانـهم سيكونون فـي كـل حـين فريسـة بـين انيـابهم. يـا سـادات ان تـوب الحـزن الـذي هـو كسـوتنا الآن سيكون ايضـاً كفنّـا. وعنـدما قرأنـا رسـالتكن ايتهـا الصـديقات قـد تكـاثرت علينـا اذراف الـدموع الغزيـرة، اذ شـعرنا فـي مشـاركتكن لنـا فـي كـل احزاننـا لأن جميـع الـذين ينسـبون الـى سيدنا يسـوع هـم جميعـاً اعضـاء جسـد واحـد وبـلا شـك الاعضـاء السـليمة تشـارك المتألمـة فـي

حاسباتها، فقد صرنا ممنونين لكم اذ ان اخواتنا في انكليترا عندما لم يجدوا شيئاً يعزينا قدموا لنا الكتاب الذي وحده يعزّي قلوبنا ونفوسنا وممنونين معاً* اذ لنا اخوة من بُعد يسألون عن احوالنا ومريدات ان يحسنون الينا باكيات على مصائبنا. فقد صرنا ممنونين لحبكم وقاصرين عن ايفاء ذلك الدين، الا تقديم الشكر اليكم. ونتضرع لله ان يكون احسانكم ضحية مقبولة امامه ولا يملئ لكنّ الكأس التي أملأها لنا وقد قبلنا مرارتها لكونها صادرة من القضاء الالهي. قد اقتبلنا رسالتكن يا عزيزات عن السيدة الكريمة اختكن التي حملتها الغيرة الى بلادنا لأجل زيارة المكسورين القلب ووجدنا انفسنا مديونات للمجاوبة عن يدها لاشعارنا بمعروفكن. يا سيدات اننا نعتقد ان الكتاب الذي عمل هذا المقدار من الخير بانكليترا هو يقدر ان يعمل خيراً عظيماً الى سوريا والى اولادنا* الباكيين وبناتنا النائحات كما ونؤمل ان حضراتكن لا تكفّن من الاجتهاد الممكن لأجل راحتنا وتأميننا في المستقبل ولا تملن من تقديم الصلوات الحارة في شأننا الى ملك الملوك ورب الارباب لأجل كما أدّبنا بيده الواحدة بقضيب غضبه ان يجذبنا بيده الاخرى الى احضان محبته ويعطينا السلامة والراحة. واخيراً يجمعنا واياكن في مدينة اورشليم السماوية متحدين في تقديم البركة والشكر للجالس على الكرسي والخاروف آمين.

من صديقاتكن واخواتكن
نساء الدمشقيات في
سوريا مع باقي شركاتهن
في الاحزان

ونختم قولنا بما كابده المسيحيون بهذه* المقالة الخامسة من الغم والاحزان الى ان وصل حضرة فؤاد باشا ونتكلم بما ألقاه من القصاصات على المنافقين، وكيف قد باشر اعماله المشتهرة عند الجميع.

فأول حضور العساكر الشاهانية الى دمشق بعد عشرة ايام من الطوشة، حضر خالد باشا فريق وصحبته الاي عسكر واستقام بالمرجة خارج دمشق. ولم يقارش اشياء حتى وصل حضرة معمر باشا الوالي بعد خمسة ايام اخرى وصحبته الاي عسكر ثاني واستقام بمحل الحكومة بدون ان يعمل شيئاً. وبعد خمسة ايام ايضاً أعني لمضي عشرون يوماً من الطوشة، حضر فؤاد باشا المشار اليه.
وفي الليلة الثانية من وصوله سمع ضجة عظيمة في كامل البلد مع اصوات البارود والرصاص، فنهض وسأل ما هو هذا الذي حدث الآن، وبعد ان اشتمله قلق الافكار، فحضرت اليه مخبرون واعرضوا له ان الآن القمر مكسوف والعادة بدمشق هكذا. اي عند كسف القمر يضربون بالرصاص ويطرقون بالنحاس ويصرخون باصوات عالية. فاجابه: ولأي سبب هذا العمل، اجاب المخبر ان اهالي دمشق يعتقدون انه يوجد بالسماء وحش كبير جداً ينتظر متى انتهى سكان العالم فلا يبقى لزوم الى القمر وعند ذلك يبتلعه ولأجل هذا السبب يبتدؤون بهذه الضجة حتى الوحش يسمع ان بعد يوجد عالم، حينئذ* يتركه ويمضي. وبعد ان فهم صحة هذه الضجة الصادرة من [خرافات] الدمشقيين، فاستركن عن افكار خلافها.
وباليوم الثالث من وصوله توجه الى الديوان وجمع الوجوه والاعيان، [وعتكهم] بكلام مرّ بما حصل منهم بحق المسيحيين بسبب عدم مداركتهم وغض نظرهم ورضائهم معاً، وقال لهم لا يعسر لكم ان تخرجوا عين الملك الواحدة وما تركتم هكذا الجهال

تعمل بالنصارى، فالآن لا يوجد دواء لارجاع الماضي سوى ان تحنوا رؤوسكم للاطاعة. ومن جملة ما وعظ عليهم قال: اسمعوا جميع ما ترسم عليكم الدولة العلية لئلا يحصل لكم الانتقام من خلافها. فاجابوا جميعهم: اننا طائعون مختارون سامعون لاوامر* الدولة العلية في كامل ما ترسم علينا وتريده منا ونحن خدام وعبيد الدولة واذا قدمنا الآن اسباب لعدم محاماتنا للنصارى فدولتكم لم تقبلوا منا ذلك ونقول فقط اننا نحن باعتابكم وطائعين لاوامركم.

فصدر امره اولاً بجمع النهب والمسلوبات. وتوجه نظّار ومأمورون، منهم للبلد ومنهم للقرايا، وصحبتهم عسكر. وتعين هوّاري خياله وباشي [بُوزق] نحو ألفين خيال تفرقت على القرى مع العساكر التي تفرقت في كامل دمشق، منها استقرت في اماكن داخل المدينة وهي سموها كراكونات، ومنها تجول دائماً في الشوارع والحارات. وقفلت بوابات المدينة بكاملها مع البوابات التي خارج المدينة ووقف عسكر بكل بوابة. فالذي يدخل للمدينة* يفتح له الباب والذي قصده بالخروج يمنعونه عدا الذي بيده تذكرة الحكم، وقفلت كامل دكاكين البيع الذين بالمدينة والمخازن والقيساريات، وبالكاد تجد رجلاً ماراً بالطريق كونهم لا يعلمون ماذا يكون من جولان هذه العساكر، فتنظر فقط بعض حريم مارين عجائز، ويقولون: الله يجير أمة محمد من هذه الوقعة، والله يجازي الذي كان السبب حتى اتصلت رجالنا لهذه الامور مع النصارى الذين نعرف ان من قديم الزمان والدنا مع والدهم سوية واجدادنا مع اجدادهم.

واما الحكومة رتبت مختارين من كل ثمن لوحده ومعهم مأموران ويستردون المسلوبات. وعند حضور جالب النهب يقيدونه* ان كان شقي، فشقي بمعرفة اهالي المحلة او ناهب فقط، ويرسلونه الى الحبس. لحين انتهى ذلك بمدة عشرين يوماً بعد وصول ناظر باشا الذي حضر هو ايضاً بعد الطوشة بعشرين يوماً. فجمعوا المحبوسين

ينوفون عن ثلاثة آلاف نفر في تكية المرجة وخلافها من الحبوس. وقد تعيّن من الحكومة ديوانان، احدهما الاستنطاقات والثاني فوق العادة. وكان رئيس مجلس الاستنطاقات رجل يسمى خرشد افندي، وهو زكي المعارف ولكن اولاً مسلم ثانياً محدد عليه قدر اللازم، (قلت ولكن) من حيث لولا هذان الشكلان* على ما نظرنا بمن اراد عليه الفحص المدقق، لربما كان اثبت على خمسمائة نفر لا على مائتين. (وقلت زكيّ المعارف) لانه استحق اخيراً ان تتجه عليه ولاية ايالة صيدا. واما مجلس فوق العادة اي الافتاء بالقتل، فكان عليه رئيساً رجل يسمى محمد رشدي افندي، فهذا يجيء عنه القول. فاولا احضروا الرجل وياخذون تقريره في كيفية نزوله لحارات النصارى، وكيف نهب ومن الذي كان معه ومن استنطاقه بعضهم يقر بانه قتل او يقول رأيت فلان يقتل، وبهذا وذاك قد تقيد اسماء القاتلين باثبات شرعي ونحو مائتين نفر بمدة هذا التحقيق. وقد صدر امر فؤاد باشا في شنق البعض من هؤلاء المائتين* نفر. وفي يوم الاثنين الواقع في ١٥ آب توجهت من مكان نومي صباحاً لعند اخواني بالقلعة حسب عادتي يومياً. وعند وصولي رأيت باب القلعة قافلاً والعسكر من داخل ومن خارج وبعد ان أحاطني الخوف سألت احد العسكر بقولي له: أتريد تخبرني عن سبب ذلك الانزعاج بهذا اليوم، فاجاب يتكلم بهدو كلي قائلاً: بهذا الصباح وجد معلق مشانيق بزيادة ومغرقين على كامل البلد ونظرتهم في سوق الخيل وبالصالحية وبالعمارة وباب توما وبالميدان، وصدر امر الحكم ان القلعة لا تفتح بهذا اليوم سوى فقط لدخول الخبز والمأكل للنصارى، وان اسباب ذلك حتى لا تخرج* النصارى وينظرون مشانيق الاسلام لئلاً احد منهم يتكلم بشيء من جري ذلك ويسمع الاسلام المارين وتحصل فتنة ايضاً في البلد. فبوقته تركته ومضيت، فنظرت هؤلاء المشنوقين موزعين كما قال لي ذاك وهم ثمانية وسبعون رجلاً.

فكان قبل ثمانية ايام صدر امر فؤاد باشا في شنق رجل يسمّى حبيب ولد احمد اللحام. فهذا كان مستدين من حرمة مسيحية ألفين قرش لأجل لزوم صنعته. وعندما نظر بعد هذه الطوشة ان الامرأة بعدها حية وهي بين ارفاقها بالقلعة، فمضى لعندها يسأل خاطرها وبعد خروجه اوعدها بارسال طعام. وبعد حصّة ارسل صانعه وبيده صحن فيه حلاوة مع خبز، وسلّمه* للامرأة وتوجّه. فالمسكينة لشدة جوعها اكلت منه بزيادة وحيث كان واضع سم بتلك الحلاوة، فماتت بذلك النهار. والآكلون معها قليلاً شفيوا بملاحقة الدواء. فلنترك هذا الخائن السعلوك ونرجع الى الثمانية وسبعين رجل المشنوقين.

ونقول عن احدهم مصطفى بك الحواصلي الذي قتل مع ارفاقه من اهل محلّة باب توما جملة مسيحيين، ومنهم الشهيد الخوري روفائيل زلحف الذي سلمه كمية دراهم لأجل حمايته عنده، ومنهم الشهيد السنيور كريم الانكليزي الذي ارسله صحبة ارفاقه الى بيت قنسلوس دولة الانكليز وقتلوه بالطريق قبل وصوله.* لاحظ هنا ان هذا الشقي قد غش المسيحيين غشاً عظيماً، لان هذا الرجل قد كانت دولة الانكليز انعمت عليه في نيشان شرف واسم بك بواسطة قنصلها بالشام، وكان ممنون للنصارى لحمايته في هذه الدولة وصار غنياً بهذه الواسطة، ولذلك بوقت هجوم الاشقياء على المسيحيين فقد عانوا هم الاتعاب والمشقات الغزيرة حتى يصلوا الى بيته، بعضهم من على ظهور الاساطح، وبعضهم مصطحبين من احد اصحابهم الاسلام الذين منهم لم يقبلوا ان يأخذوهم لمحلاتهم. وبعد وصولهم الى بيته، فيأمر جماعته ان يأخذوهم الى القلعة ويُومئ لهم خفية بان يقتلوهم بالطريق. فشنق هذا المنافق مع ابن اخيه الشاب الذي فهمنا بان هو الذي قتل الخوري ملاك المقدم ذكره.

فلندع عنا هؤلاء الناكري الجميل ونقول عن السيد محمود الركاب مع ولده الشاب وهم من التجار العمد واغنياء. فما عدي ما يدعوه

بالنصارى بالقتل والنهب والحريق مغيرين ملابسهم ومتجندين. فقد شاهدوا الخوري يوسف الحداد من طائفة الروم فتقدموا اليه وصاروا يعذبونه بضرب السيوف قائلين له: يا ابونا الزيت والزيتون حرق قلبنا، أعني يضحكون على الصوم المرتب في الديانة النصرانية وابنه يجاوبه: كلوا سلاطعين.*وهذا الشهيد كان يقول لهما: لا يا اسيادي لا تهدّوا بناية الله تعالى، فأماتوه مقتولاً. فشنقوا الاثنين مقابل بعضهما بعض قائلاً الابن لأبيه: يا للعين انت غشيتني بهذه الاعمال. وهكذا ماتوا وابتدأ عذاب ندامتهما الباطلة قبل ان يبلغوا الابدية.
ثم اولاد ناصيف باشا ذوي الدرجة والشرف، اثنان احدهما شنق والآخر قتل بالنيشان، وهو مصطفى بك الذي قبلاً تقدم عنه القول بما ظهر من رداوته بحضوره في حاصبيا واتفاقه مع الدروز وحضوره في صلواتهم وكان يأخذ السلاح من النصارى ويسلمه للدروز. وقد فمهنا بان هو كان من جملة المرسلين لهذه العملية.
اسماعيل آغا ابن شمدين آغا وفارس آغا الحلبوني قد اظهرا شدة عداوتهما للنصارى، فالاول قتل بالنيشان والثاني شنق. الشيخ محمد قطنا الذي من نسب في ديانة الاسلام وحسن افندي بهنسي تقول عنهما بانهما فضحا ابنة وبقيت مسيكة عندهما خمسة ايام. قواص كان في بطركخانة الروم الكاتوليك قد قتل كثيرين بسبب معرفته بالنصارى، والذي كان يراه من بعدٍ فكان يحضر لعنده لعلمه انه محب للنصارى ومغتني من كنيستهم بسبب خدامته، وعند وصوله لعنده يقتله. حسين العلاف الذي يوماً أخذ* انعامات من دير الفرنسيسكان لانه جار الدير، وهو اول من كسر باب الدير ودخل برفق الاشقياء للنهب والقتل والحريق.
ايها الاشرار زيدوا الآن على عذابكم عذاباً اعظم وهو عند نظركم الى ارواح هؤلاء الشهداء مكللة بالمجد السماوي مبتهجة بالفرح قبال الذي جازها بعد احتمالها، وانتم احتملوا عذابكم الابدي الذي بلا

نهاية. وحيث لا نقدر نشرح ونسمي كامل هؤلاء الثمانية وسبعين نفراً الذين انشنقوا في هذا التاريخ، وانما كان اغلبهم محسنين عليهم النصارى بأوجه مشكلة.

وفي يوم الاثنين الواقع في ٢٢ آب صدر امر فؤاد باشا بان يتنيشن ستون نفراً بالرصاص، فاخذوهم الى ساحة المرجة المعروفة غربي دمشق، واصطفوا الواحد بجانب الثاني حسب الاصطلاح لهذه العملية وهم مكتوفون، وحضرت اورطة عسكر واطلقوا عليهم بارودهم. وبعده بكل يوم اثنين شنقوا كم واحد الى ان كمل عدد المائتين اللذين ثبت عليهم القتل.

واما احمد باشا سر عسكر بعد ان توجه للاستانة، فصدر امر الدولة ان يرجع الى* دمشق ويحقق عليه بمحل المصيبة ويعامل بمقتضى لزومه، فرجع لدمشق واقيم عليه الفحص والتقرير وغب الاثبات عليه بكونه المحرك لهذا العمل الخبيث كما يبان من جورنال التقارير الذي تحرر عليه. فصدر امر فؤاد باشا بقتله بالنيشان مع عثمان بك امير الاي ومحمد علي آغا بيم باشي، وهذا الشقي قد تبين من جورنال تقاريره بانه حينما كان مع العسكر في راشيا فكان يطمن النصارى ويأخذ سلاحهم وبعد ان جمعه سلمه للدروز، وكذلك كان ارسله احمد باشا الى حارة النصارى مع طابور عسكر لاجل المحافظة الظاهرة، وحين هجمت الجهال على النصارى فليس انه لم يردهم فقط بل كان يقول للهاجمين: فالذي منكم معه سلاح يدخل والذي [ليس] ناقل سلاح يرجع ويحضر سلاحه لأن النصارى مستعدين بسلاحهم داخل حاراتهم. واطلق قدامهم المدفع في اسقفة شارع القبة، واشعل اول الحريق في حارات النصارى.

وبعد ذلك ارسل فؤاد باشا بطلب اعيان ووجوه البلد والقي عليهم القبض، فمنهم الشيخ عبد الله الحلبي كما شرحنا عنه قبلاً، ومنهم عمر افندي* الغزي الذي قال في مجلس الايالة بوقت خوف

النصارى من البلد وكانوا يحضرون ويطلبون لهم امنية لاجل محافظتهم فقط تظاهر بانه ضجر من ذلك ورفع رأسه الى فوق وقال: ياهو يا عيسى خوذ نصارتك عنا قلقونا بكثرة كلامهم. ومنهم احمد افندي الحسيبي كان ارسل خبراً الى صالح بك امير الاي الذي كان مختبئ عنده الخواجا يوحنا فريج، وقال له اطرد فريج من بيتك، اوفق مما تحضر الجهال ويخرجونه جبراً وتحصل منهم في كدر. فجاوبه ذاك: فلا أخرجه وعندما يحضر الجهال انظر ما يكون منهم. ومنهم عبد الهادي افندي العمري الذي كان راشقاً في كلامه على النصارى بما كانوا جازوه قليلاً من الحرية ويتحول ويقول ان النصارى ما عادت وقفت على احد. ومنهم محمد بك العظمة الذي كان يستولي على اموال المواشي التي ترسلها له الدروز من نهب فلاحي النصارى الذين بالقرى وهو كان يستوفيها منهم بدل دينه عليهم. ومنهم عبد الله بك العظم الذي تكلمنا عن قصوره قبلاً وابنه علي بك الذي كان يستلم اسرار احمد باشا لانه نظيره. ومنهم عبد الله بك ناصيف باشا ونقيب افندي الاشراف وطاهر افندي المفتي بدمشق الذي سمع عنه من بعض* الاسلام بانه افتى لهم واباح في دماء النصارى بسبب عدم دفعهم الجزية. هذا الرجل هو من بلد ديار بكر وحضر للشام واستقام كاتباً في اوضة الافتاء، وقد نال هذه الوظيفة الآن بمساعدة الشيخ عبد الله الحلبي، لانه قدم عنه الانهاء للدولة في لياقته وحسن حاله على زعمه، وبما انه كلامه مسموع لكونه كما قلنا قبلاً، اول العلماء بالشام فقد ترك البيت القديم لوظيفة الافتاء وهو بيت المرادي الذين اغنياء باملاكهم واعطيت لهذا الجيعان لاجل صالح هذا الشيخ، لانه اتصل ان يأخذ على فتوى عشرة آلاف غرش وبيت المرادي كانوا يأخذون ستين فضة لحد عشرين غرش، وياما هلك حقوق للعالم بواسطة الرشوة التي يأخذها لانه كان يجلس عضواً في مجلس الايالة كحسب عادة المفتيين بان

يكون عضواً ثانياً بعد الرئيس. ثم ومنهم عبد القادر بك العظم هذا أخبرنا قبلاً عن عمله. وسعيد افندي الكيلاني وهذا لأنه من بيت نسب من الاسلام. فلو نهض ورد الاشقياء عن النصارى، فكانوا يسمعون منه لأنه جده الكيلاني. ومحمد سعيد بك ابن* شمدين آغا، فهذا عدا عن ذنوبه التي ظهرت بالتقارير فقد كتب الى دعاس آغا الجيرودي، وهو ضابط تحت ادارته بانه لا يضرب الدروز المحاصرين دير صيدنايا، وكان موجوداً بهذا الدير نحو ثلاثة آلاف نسمة ملتئمين من دمشق وغيرها، ومنهم نحو ثلاثمائة رجل من اهالي راشيا من طائفة السريان قد هربوا من الشام بوقت الطوشة وصحبتهم المطران يعقوب السرياني والمطران امبروسيوس عبده من طائفة الروم الكاتوليك. هنا قد انتهى اسماء اعيان البلد الذي ألقى عليهم القبض فؤاد باشا. هؤلاء عظماء البلد وامراؤها ومشايخها حين هجم المنافقون على حارات النصارى دخلوا بيوتهم وقفلوا الابواب، فلو انهم نهضوا مسرعين وردوا الجهال فلما كانت اتصلت لهذا العمل. وانما ما لي أقول (فلو) وهم يرغبون ذلك واغلبهم المحركين لهذا العمل حتى ان قيامهم في بيوتهم وعدم اظهارهم قدام الشعب فقد تحقق للاشقياء بان ذلك ارادة الدولة، وكان عندما يسأل احد من الهاجمين الى رفيقه* بقوله: ما هذا العمل الذي نعمله بالنصارى، فيجاوبه ذاك: ان هذه ارادة السلطان. ولعدم محاماة هؤلاء الوجوه فصار الجميع ماسكين هذا الكلام.

فصدر امر فؤاد باشا بارسالهم الى اللومان، فدعاهم المأمور الى ساحة المرجة ولم يعلموا شيئاً بما هو، اي بانهم يتوجهون الى اللومان بل غالباً ظنوا ان مأمور عليهم بالنيشان كما الذين مضوا حسبما استدل من وجوههم وسقوطهم بالارض من المخاوف، وحينئذ نصتوا لما كان يكلمهم المأمور، فأخرج اوراق لكل منهم واحدة معين بها مدة اقامته باللومان، فمنهم لومان دائم، ومنهم خمسة

سنوات، ومنهم ثلاثة سنوات، وهو فقط نقيب افندي الاشراف، لكونه رجل اختيار وعلى باب الله ولا يقدر طبعاً على شرب كثرة السموم التي خلافه لا يبالي منها متكلاً على قوته وغنائه وعقله وكبر عمامته، فهنا يحق القول الشريف: اين الحكيم، واين المدبر، واين العظماء والامراء.

اما المسيحيون فكانوا دائماً يزدادون بالتوجه الى بيروت، وكان قبلاً الحكم يساعدهم بتقدمة الدواب مجاناً ويومياً ننظرهم افواجاً افواجاً حتى لم يعد وجد مكان في بيروت لايوائهم، وقد امتلأت منهم الخانات والدكاكين ومحلات البهائم فضلاً عن البيوت، وكثيرون* منهم خارج البلد ونصبوا خياماً واستقروا بها وهي من الحكومة. ورتبت لهم سبعة وستون [فضة] يومياً لكل نسمة. فضجت اهالي بيروت من كثرة الازدحام الذي حصل عندهم لان قبلاً كانوا حضروا اهالي دير القمر اراملهم واولادهم لان رجالهم الاكثر قتلت، وكذلك من ارامل القرى من جبل الشوف وزحلة وغيرهم. واما المساكين الدمشقيون بعد مصائبهم هذه وحضروا الى بيروت في رث الملبوس، فآل الامر اخيراً معهم ان يسمعوا من احد سكان بيروت عوضاً من انه يرثي لحالهم الذي هو اصله من سكان عكوبر، فقال ان الدمشقيين يشبهون الفلاحين وعبس كنا نسمع عن رفاهيتهم. لاحظ ايها الحبيب الى حد اتصلت اهانتهم الى رجل الذي والده واجداده أكلت ايديهم عيدان البقر بفلاحة الارض وهو يشبّه بها الدمشقيين بالوقت، ربما اغلبهم ما شاهدوا بنظرهم ان البقر تفلح بالارض سوى بالسمع. فالآن أناديك يا هذا المتجاسر اخرج من مدينة بيروت، ليمكنني أخاطبك قليلاً أما تعرف ان كنت حائز الآن على نعمة جزئية فقد حزتها من خيرات دمشق واشغالها مدينة سوريا القديمة، باب الحجاز وبغداد من اقاصي الارض يأتون لزيارتها التي* تشبه الفردوس الارضي في كثرة مياهها سبعة انهر

حاكمة اراضيها، ومنها داخل المدينة وتصل للبيوت موزعة لكل منها حصة والى شوارع المدينة والاسواق والحارات خاصة اتساع مروجها وغياضها ولذّ اشجارها واثمارها المتفننة وبقولها المتشكلة، فالذي انت تشبهم بالفلاحين وهم واجدادهم من هذه المدينة قاطنون بها بالترفه والدلال مخدومين من اغلب بناتكم ورجالكم يخدمونهم بأجرة معينة لهم، ويلبسون من قديم ملابسهم ومن فضلاتها يرسلون لعائلاتهم. يا صاح لماذا الآن ترغب ذكر عكوبر فهي احقر قرية في الديار الشامية واوحش عالم. واما انت الآن في مدينة بيروت وما اتقنت من عاداتها سوى ما يناسب اصلك وهي تلك الكلمة التي تقلدتها من الاوروبائين الذين يضعونها بمحلها اللازم، واما انت فتضعها بالوقت المناسب لعدم الشهامة وهي متى وجدت صاحبك الدمشقي حاضراً الى بيروت بوقت هذه المخاوف. وبافكارك انه افتقر من حادثة دمشق وخوفاً من ان تضيع معه كلمة انسانية بوقت مصادفتك له وسلامك عليه لئلا تسقط بمحزور تكليفه لمحلك مع ان ذاك قبلاً ليالي كلفك لمحله عوضها بدمشق بانشراح مكلف. فانت الآن تقدم معذوريتك المقلدة* بقولك له. يا صاح اسكوزي انني بمشغولية لازمة وتتركه وتمضي. أفهل يطاق عدم ايفاء المودة، قال سليمان الحكيم: ورأيت شراً تحت الشمس. وهو ان الغيرة في معالٍ والاغنياء يجلسون في حالٍ ذليل ولا اقله، يافي تنصت لِما قدره الله على الدمشقيين في مصائبهم هذه، انما قد سمعنا بعده من تعجبك عندما استقرون في بيروت ويأخذون المرتب من الحكومة وبعضهم من الاحسانات، وكيف كانت مواكيلهم التي اذهلتك عجباً وهذا عن الفقراء لا عن غير المحتاجين، أفهل بعد ذلك تجد منهم احداً لخدمتك كما قلت. آه يا الهي ما هذا الانقلاب الذي حصل اهل القري أهكذا يتكلمون على اهالي المدن بعد غنائهم ونعمهم، أظن يوجد من يلومني بقوله ان هذا تاريخ ولا يليق به ذكر مذمة، فأجيب: سامحني

ايها الاخ انني قد نصتت لما قدره الله عليّ من المنافقين أتريد ان أنصت ايضاً الى ابناء جنسي الذين هم فلاحون، ولكن أترك هذا الرجل لحماية وطنه الحالي، تلك الرجال اسلام ونصارى بما قدموه للمسيحيين من عمل الخير كما فهمنا ذلك، والله يعطي لكل بقدر عمله.
اما فؤاد باشا فبدأ بنصح النصارى حتى لا يتوجهوا ايضاً لبيروت، وهكذا اوصى رؤساء* الطوائف وابطل مساعدة الدواب لركوبهم وفرغ لهم بعض بيوت من حارات الاسلام نظير القناوات والقيمرية والشاغور، ونقل الباقين في القلعة والذين باقون عند اصحابهم لهذه البيوت ومن كونه لم يزل يجد منهم مسافرين، فارسل خطاباً وامر ان يتلى عليهم جميعاً.

صورة الخطاب

يا مسيحيي دمشق ان مثابرتكم على الرحيل افواجاً افواجاً الى بيروت تحت حجج اشاعات كاذبة وتصويرات باطلة مما يزيد الاسف الملم بي من قبل مصيبتكم التي اثرت ألماً بشغوفة قلب الحضرة السلطانية عرفه الناس اجمعين، ولعمري ان آثار المعدلة السنية التي جرت بدمشق باسم الحضرة الملوكية هي دليل كافي لزوال الروع والرعب، والقوات العسكرية الموجودة في نفس دمشق والمحيطة بها لا ريب انها فوق الكفاية لتأمينكم. واما الاجراءات العدلية التي اصابت اهل العدوان قد غرست بقلوب الجميع الخوف والارهاب ولا ننكر علامات الندم اللائحة في سيمات الاهالي نظراً لسهام المعاملة التي ارشق بها افيدت اخوتهم بالوطن، ولا شك ان تأثيرات التربية التي انطبق في قلوبهم حال امتزاجها بمفاعيل الندم التي احاقت بهم نظراً الى مستبيحي الامر الذي فرط ستكون منخازاً

يستقرهم بعد الآن الى منهج التصرف الحميد والمعاملة* المحمودة وسلوك المسلك الانسانية والتمسك بعرى الانفة الحمية، والتدابير التي سنجريها بمنة تعالى ستكون لدوام تأكيد الامر بالاطمأنان. وانني لست احتسبكم من الجهال الذين يضاعفون المصيبة بالانتقال، فاقلعوا الآن عن مثل هذه الاوهام وقروا في مساكنكم امينين ولا تضروا بالكم، وما لكم ذاهبين ايابين بلا داع وداع واذا كان ما صنعناه غير كاف للامنية فأرونا ما هو الأكفى لنجريه. وبما انه قد حان الوقت الذي يجب فيه البحث عن كميات مفقوداتكم ومقاديرها واجراء مقتضاها والنظر بسعادة احوالكم واعادة اسباب معموريتكم ونجاحكم، وبما ان محل المصيبة هو المحل الانسب للنظر بهذه القضايا ومتفرعاتها، فاذاً من كان منكم حتى الآن بالشام فليدع عنه افكار المخائلات بالسفر، ومن كان غائباً فليحضر اليها مسرعاً لكي بالاجتماع يحصل الابتداء الى رؤية هذا الامر المهم حسبما يتفق عليه الذي يراه ان اصوب للحصول على المطلوب توفيقاً للحقانية والانصاف وبناءً عليه. قد اصدرنا لكم هذا الاعلان من ديوان نظارة امور الخارجية والمأمورية والمخصوصة بالاستقلال لاصلاح امور سوريا. لتحيطوا به علماً. والله يلهمكم الصواب انه الكريم الوهاب في ٣ ربيع آخر سنة ١٢٧٧.*

وفي هذا الاثناء قد تحقق على بعض الجهال المحبوسين بانهم ناهبون ومشبوهون بالقتل، فالحكم ارسل منهم للومان ثلاثمائة وثمانين نفر، وبعده ارسل ستمائة نفر وبالتتابع كلما تحقق على جملة، فيرسلهم مخشبين الى بيروت، ومنها الى الاستانة. فكانوا ينتخبون منهم الذي يلائم للعسكرية، فاخذوا ثلاثة آلاف نفر للعسكر والباقي وضعوهم باللومان، هذا من نفس الشام فقط. واما القرى ما حصل عليهم كمثل دمشق سوى المشهور امره والذي يقع تحت

طائلة التحقيق. وقد حصل الهدوء وبطل الهيجان وحصلت الامنية في نفس المدينة.

فالنصارى صاروا يجولون في البلد. فالذي منهم يجد له حاجة عند احد الاسلام ياخذها منه. وبما ان بعض الناهبين قد وجدوا صرامة الحكم على الناهبين ويكتب اسمه ويصير عليه التحقيق والقصاص فقد استحسنوا في ان يتلفوا هذه المسلوبات. فبعضهم طرحوها بالنهور والسياقات، وبعضهم القوها تحت الارض وتتلف، ومنهم رموها بالازقة والحارات. فمن كان يمر صباحاً فينظر بقبح الملبوس والنحاس والصناديق وتخوت حديد ومفروشات مطروحين بالطرقات، ولا احد يقدر ان يمد يده لهم. وبعد معرفة الحكم بذلك فارسل نظار ويفتشون في كامل المحلات المذكورة* ويحضرونها الى جامع المحفوظات التي تعين لجمع هذه المسلوبات، عدا ان هؤلاء النظار كانوا يأخذون منها خفية بعض اشياء لطيفة الحجم. وهذه المسلوبات كانت تنصرف على النصارى بموجب ما ذكرنا قبلاً، فلا يظن ان هذه المسلوبات الجمع منها مثلاً من كل مائة اثنين لان في المدة الاولى قبل تفتيش الحكم عليها توجهت اغلبها الى بلاد الدروز وحوران والعربان والى كامل الجهات، بعضها فرّت بها اربابها بالهرب، وبعضها ابيعت على الاغراب وسافروا بها. هذا عدا عن النقود والمجوهرات، هذه لا يذكر الذي وجد منها مع نحو قنطار من الفضة ووجد صندوق في كنيسة الروم داخله ستمائة الف غرش كان مطموراً. والنهاية ان جميع ما وجد من المحفوظات التي انصرفت كاملها على المسيحيين بلغت ستة آلاف كيس.

واما حضور عساكر فرنسا الى بيروت كان في ٢ آب بعد مصيبة دمشق بيوم ٢٣، فطلع الى البر لبيروت نحو ستة آلاف عسكري وبقي في المراكب ستة آلاف لاجل الاقتضى، وجملتهم اثني عشر الف مع ثمانية مراكب حربجية. فبعد ان وصلت اخبارهم لدمشق

والى كامل الايالة الشامية نظير حمص وحماة وجبل نابلوس* وبلاد حوران والعربان، وظنوا ان الفرنساوي مزمع ان ياخذ البلاد انتقاماً لسفك دماء النصارى. فقد حصلوا في بلبلة كلية وكانوا مستعدين انه اذا اقبل لدمشق فيخرجون الى قتاله ويحضرون من الجهات المذكورة الى الحرب معه، لانهم قد عرفوا ان جميع عساكره هي اثني عشر الف، غير انهم لبثوا ينتظرون صوت الدولة. اما المساكين النصارى لعدم معرفتهم بما سيكون من هذه العساكر ويسمعون كلام الاهالي المذكور فقد تزايد سفرهم ايضاً. فالحكم القى عليهم البق وحينئذ ازدادوا خوفاً من هذا البق، فتوجهت رؤساء الطوائف الى الحكومة واعرضت في ترك حجز السفر عن النصارى وان ذلك مما يأمنهم اكثر، فعند ذلك اعطوا الحرية في سفرهم.

وفي شهر تشرين خرج الى بيروت حضرات وكلاء الدول الخمسة، وهم فرنساوي وروسيا ونمسا وانكليز وبروسيا، واجتمعوا مع فؤاد باشا في بيروت جملة امراء لتدبير هذه البلاد. وباثناء ذلك حضرت اعراضات من مشايخ الدروز في لبنان ويعتذرون في ذنوبهم، وانه لا يوجد عليهم حقوق بقضية النصارى. فجاوبهم فؤاد باشا ان يحضروا الى الفحص والتحقيق، فاجابوه ان لهم وكيل في بيروت، فجاوبهم ان لا يقبل وكيلاً سوى ان يحضروا بانفسهم،* فعند ذلك حضروا الى بيروت وتوجهوا لمقابلة فؤاد باشا، فقبل ان ينظرهم امر بوضعهم في الحبس لوقت التحقيق، غير ان ليس مأمول بقصاصاتهم لان ذلك منوط برأي الجمعية، كما قد تم ذلك اخيراً وارسلوهم الى اللومان. وهذه اسماؤهم: الامير محمد رسلان قائمقام، والامير محمد رسلان قريبه، والامير ملحم رسلان، سعيد بك جنبلاط، سليم بك جنبلاط، الشيخ اسعد عماد، قاسم بك بونكد، الشيخ حسين تلحوق، يوسف بك عبد الملك، الشيخ فاعور عبد الملك،

الشيخ قاسم حصن الدين، الشيخ عثمان ابو علوان، الشيخ جمال الدين ابو علوان، فالبعض منهم انضبط املاكه لطرف الميرى.
في ١٨ تشرين الثاني حضر الى دمشق حضرات وكلاء الدول الخمسة من بيروت واستقاموا ثمانية ايام وشاهدوا حارات النصارى المحروقة، وفي هذه البرهة تقدم لهم معروض بصورة واحدة نسخة خمسة من مسيحيي دمشق لكل منهم نسخة، وارسلوا عن يد الخوري كيرلص فكاك والخوري يوحنا الطوا.

صورة العرضحال*

يعرض عبيدكم مسيحيو دمشق ان امر المصيبة التي اصابتنا مع ظروفها ومقدار ما صادفنا من جرائها بفقد الرجال وبعض النساء واهراق الدم مجاناً باشكال فظيعة متنوعة التي ما سبق نظيرها في الاعصار السابقة والجبر على ترك الدين واستباحة العرض وسبي النساء والبنات ونهب كامل الموجودات وحرق الكنائس والاديرة والبيوت. فهذا قد شاع خبره وصار معلوماً لدى الملأ بالسمع والمشاهدة، فالآن لا نريد ان نكدر خاطركم بتكرار اعراضها تفصيلياً، فقط من كون عبيدكم قد اضحينا بهذه المحزنات بحالة يرثى لها ولم نزل لحد الآن فاقدين الرجاء من سائر الوجوه، ومن حيث ان سعادتكم بحسب الاوامر الملوكية قد شرفتم لهذه البلاد لاجل النظر الى حالتنا والمصيبة التي احاطت بنا لان صراخ الارامل والايتام ودم المقتولين قد وصل الى اقاصى الارض، فنسترحم من عواطفكم بان ترحموا عبيدكم باعطاء الراحة التامة، فاولاً نطلب دم المسيحيين الذي اهرق مجاناً، ثانياً قصاص مستبيحي العرض وسابين النساء والبنات، ثالثاً رد قيمة ما سلب لنا بالتمام والكمال، رابعاً عمار كنائسنا واديرتنا، خامساً عمار بيوتنا ومحلاتنا*

وارجاعها الى هيئتها الاصلية، سادساً اننا نطلب امنية كافية بالحاضر والمستقبل لانه لا امنية لنا على دمنا ومالنا وعرضنا ودينا وكنائسنا ومحلاتنا ما لم توجد قوة دائمة حارسة علينا التي تركن وتطمأن قلوبنا، وفي جميع ما ذكرناه نستغيث ونلتجئ الى دولتكم، فارحمونا ارحمونا ارحمونا، اكراماً لله تعالى ومتوسلين للعزة الالهية باسطين له تعالى كف الضراعة، نحن واولادنا واعيالنا بان يديم ويؤيد ويعز ويشيد الملك الاعظم الامبراطور المعظم ما دام الدوران وان يحفظ دولته مدى الزمان، تحريراً في ٢١ تشرين الثاني ١٨٦٠.

وكيل طائفة الموارنة	وكيل طائفة السريان الكاتوليك	وكيل طائفة الروم الكاتوليك	وكيل طائفة الروم	عموم مسيحيين دمشق
وكيل طائفة السريان يعقوبية	وكيل طائفة الارمن الكاتوليك	وكيل طائفة الارمن القديم	وكيل طائفة الروم الشرقيين	وكيل طائفة اللاتينية

وبعد ان استلموا هذه الاعراضات طمنوا للمرسلين الاثنين بالكلام فقط، وباليوم الثامن من حضورهم رجعوا الى بيروت.

وبهذا الاثناء مسكت الحكومة من دروز جبل لبنان* نحو الف رجل وكانوا يجمعونهم بقرية المختارة واخيراً ارسلوا منهم نحو ثلاثين رجل الى اللومان، وتركوا الباقي. وايضاً مسكوا من دروز الذين بالقرى القريبة للشام نظير جرامانا وصحنايا والاشرفية ودير علي نحو ثمانين رجل، وباقي سكان هذه القرى فلوا هاربين الى وعرة اللجاة. وفي هذا المكان صار مجموع من الاشقياء جمع وافر منهم دروز ومنهم اسلام ذوي القبائح في هذه الطوشة. بالحقيقة ان هذا المكان ليس فقط جاعل الاتعاب الى الحكومة بل والى اغلب البلاد الشامية، لان كل منافق وعامل رديء يهرب اليه ويلتجئ به وعند قضاء اوقاته يخرج ويستدير بالطرقات والقرى، فيسرق وينهب

ويقتل ويرجع اليه. ان شهرة هذا المكان هي اكثر من كيانه لانه يكفيه خمسة آلاف عسكري لاخذه ولا أتكلم عنه عبس لانني ادرت به وفهمت الموجدين فيه. وان قيل ان دولة مصر جمعت عليه عساكر كثيرة وما ملكت اخذه، فأجيب ان دولة مصر اتفق لها بذاك الوقت ان كامل رعايا سوريا كانت ضدها ولذلك الجميع بهذا المكان من العصاة من اغلب الاماكن، وكانت الاهالي تردفهم باعطاء الذخائر والمساعدة لاجل ارادة وخاطر السلطان العثمنلي الذي كان بوقته مجهز عليه الحرب لأجل تخليص سوريا منه بمطابقة بعض دول من اوروبا، ولذلك تنظر اغلب، اذا ما قلنا كامل، سوريا متفقة عليه وباغلب* الاماكن قائمة ضده. فهذه هي الاسباب الكافية لاعاقتها عن اخذه. ثم بعد ان الدولة استلمت البلاد ونظرت ان هذا المكان صائر عثرة الى الاهالي، فعينت عليه العساكر وتوجه بدفقها امين باشا سر عسكر عربستان، وبعده توجه ايضاً قبرصلي باشا وصحبة عساكر، ولم يملكوا اخذه. وسبب ذلك قد انغشوا من بعض الضباط وبعض الاهالي في عمل التدابير الضرورية فرضاً يلزم ان يدخلوا من جهة الشمال وهم ادخلوهم من جهة الغرب، وايضاً تركوا القرى التي بالجوانب في طريق سهل واتبعوا طريق الوعر الذي لا يسلك به سوى مشي الرجال. فكيف تدخل المدافع التي اخذوها له حتى اخيراً تركوها وأخذتها الدروز مع ان الطريق الى القرى سهل الحال، وكل شي يمشي به. وان قيل لماذا بعض الضباط والاهالي يغشوا الحكومة، فالجواب بان لا يوافقهم اخذ هذا المكان لانه ملجأهم بوقت الحاجة. انتهى.

قد صدر امر فؤاد باشا في جمع سلاح البلد نفس دمشق وعين نظار لجمعه، فجمعوه ليس بالتشديد بل بقدر الاماكن.

وبما انني قد ذكرت بعض المذنبين وعاملي القبائح والهيجان في البلد، فيصعب عليّ إنْ لم أذكر رجال المعروف وما عملوه من

الخير مع المسيحيين بوقت تلك الضيقة الشديدة، اهل السجاعة والهمة والسخاء، وما قدموه لهم من الحماية والصيانة* مع القوت وكسي بعض العراة. فالاول هو الامير عبد القادر المغربي كما شرحنا قبلاً عنه. والثاني هما الرجلان المعتبران صالح آغا وسليم آغا المهايني قد اوضحنا ايضاً بالماضي مما حصل من همتهما الوفيرة، وهما رؤساء رجال الميادنة. والثالث هو السيد محمود افندي حمزة واخوه اهل النسب، فكانوا ملازمي التفتيش مع خدامهم على النصارى الذين مخبؤون في البئار والسياقات، وينادون لهم: يا مسيحيين هلموا الينا ولا تخافوا انا فلان اتيت لاخذكم بالحماية الى بيتي. والرابع هو عمر آغا العابد واولاده، فكانوا دائرين يجمعون من النصارى ويرسلونهم لمحلة الميدان بالحماية وقد خلصوا بعض النساء من يد المنافقين. والخامس هو السيد سعيد النوري الذي ما كان يبالي من كثرة المسيحيين في بيته وتقديم المآكل لهم بالتسلية والمداراة. والسادس نجل احمد آغا اليوسف الذي امتلأ بيته من النصارى. والسابع عبد الله افندي العمادي واخوته، قد خلصوا كثيرين من النصارى وجملة نساء ويقدمون لهم المصاريف واحضروا لهم حكيم ليداوي رعباتهم. والثامن فارس آغا [شُمّر] الذي اجتمع عنده جملة مسيحيين ولم يبالي من صداح الاشقياء ان الذي يجد عنده نصارى ولم يخرجهم نحرق به البيت. والتاسع هو ذاك* التاجر ابو عثمان جبري الذي اجتمع عنده جملة مسيحيين لأجل قرب محله لحارات النصارى ويقدم لهم المصاريف. والعاشر هو درويش آغا ابن ايوب آغا الذي اجتمع عنده مسيحيون بزيادة، وفي وقت هذه المخاوف مر عليه عبد الله بك العظم وقال له: يا درويش آغا ارسل النصارى الذين عندك الى القلعة كما ارسلتهم انا، فاجابه: كلّا يا بيك لن أرسلهم حتى أعدم انا بالموت واولادي ايضاً وبعهده ينظر الله الى ضيقتهم. ويوجد ايضاً خلاف هؤلاء عاملي

معروف مع النصارى بوقت اخوانهم هذه، ولا ننكر ان لولا معاملة هؤلاء الشرفاء والاسخياء والشجعان لما بقي من مسيحيي دمشق واحد لا من الرجال ولا من النساء والبنات.

ونظراً الى خارج دمشق، فالاول هو ذاك البطل الشريف الاصل محمد آغا سويدان مع اولاده واولاد اخيه الذي اظهر شدة حمايته وحبه للنصارى الذين بايالته جبل القلمون وناحية [حسّياء،] لانه لما وجدوا ذواتهم مطرودين من كل ناحية واشقياء نواحيهم عزموا على انتقامهم نظير الشام، فالمساكين فوق طوفوا الجبال والمغائر وبعده لما تحققوا محبة هؤلاء الفرسان وهم يصرخون قائلين: تعالوا الينا يا مسيحيين هاربين من الاشقياء، تعالوا انظروا صدورنا مفتوحة لقبولكم وقلوبنا مشتاقة لحمايتكم وسيوفنا مجددة لوقايتكم من اعدائكم وارواحنا نفديها دونكم* هلموا من المغائر والجبال المقفرة من القوت والماء الى بيوتنا المستعدة وطعامكم مهيّأ، ان كنتم ألوف وعرباننا واقفة تحت امرنا في خيولها ورماحها لصيانتكم. فحالاً توجه السيد غريغوريوس متى السرياني من النبك وحضر ايضاً السيد غريغوريوس مطران الروم من معلولا مع جملة من قسوسهم وعند ذلك صارت تحضر المسيحيون الفارون من تلك البلاد ومن نواحي بعلبك وقراياها، وكان يقبلهم ويعزيهم ويكتم عنهم الاخبار المكدرة ويقدم لهم طعاماً ولبعضهم كسوة من المنهوبين نظير رأس بعلبك وقرية الفيكة وغيرهم الذين نهبوهم المتاولة واحرقوا قراياهم. والثاني هو فارس آغا قدره الذي كان قائمقام بعلبك، وحالاً اخذ سكانها من النصارى مع الذين اجتمعوا بها واوصلهم الى قرية دير الاحمر قرب بلاد بشاره ومنها الى جبل لبنان. ما اكثر هجمات المتاولة عليه بذاك الوقت ضد النصارى وهو كان يردهم مع جماعته بضرب السيف والبارود. والثالث هو ذاك الشريف النسب السيد حجو افندي الرفاعي من مدينة حمص مع السادات سباعي ما اكثر

اتعابهم وهم دائرين بالليالي في حارات النصارى بحمص ومن يرونه من الاشقياء يرسلونه للحبس وبقوا الى النهاية في هذا العمل الحميد، وباثناء دورتهم نظروا* جمهور من الجهال يضربون بالرصاص ويقولون: ان النصارى عمّالين يضربونا وقد ضربوا هذا العبد منا واصيب في كفه، فاخذوهم وحققوا الدعوى، فظهر من تقريرهم بانهم عاملين رابطة بان يقوصوا في حارة النصارى ويقولون: ان النصارى عمّالين يقوصون علينا ونحن مارين بالطريق، وبالصدفة من قواص بعضهم اصابوا كف العبد كما هو قرر بذلك مقابل قائمقام البلد. فيحبسونهم وهدوا الهيجان. ومن جملة رابطتهم هذه ان يحرقوا الفرن الذي بحارة النصارى ويصرخون على باقي اسلام المدينة ويهجمون على حارات النصارى نظير ما حصل بدمشق، فلو ان حصلت هذه الفتنة بحمص لكانت اتبعت الى نصارى حماة ومنها الى المعرة حتى الى حلب التي قبل الشام بنحو عشرة سنين قام كم جاهل منهم وخربوا كنائس ونهبوها مع كم بيت من النصارى وقتلوا منهم ستة وثلاثين نفس ومنهم القس ميخائل الكلداني واثنين خوارنة والخواجا نعمة الله حمصي، وسبوا ثلاثمائة وخمسين من النساء والبنات، ومن المجاريح مائتين واثنين وعشرين احدهم غبطة السيد البطريرك السرياني الكاتوليك كما اطلعنا على ذلك من كراس مؤلف بهذه العملية من احد مسيحيي حلب، وبعده الدولة ارسلت عسكر ومسكت عاملي القبيح مع عبد الله بك بابنسي وارسلتهم الى اللومان. وقد سمعت من البعض من اسلام دمشق قبل هذه الطوشة بقولهم: حينما اسلام حلب قامت وقتلت من النصارى وحرقت* الكنائس وسبت النساء ماذا حصل عليهم سوى توجهوا قليلاً الى اللومان ورجعوا الى بيوتهم. والغاية من قولي ان عدم القصاصات اللازمة الى اهالي حلب بوقت قيامهم على النصارى هي التي ايضاً جعلت الجسارة الى اسلام دمشق، ومعها سعى واليها

احمد باشا الذي توجه واعطى الجواب للكل عن عمله. يمكنني أقول ان لو ان هذه الفتنة حصلت ايضاً الآن في حلب لما كان بقي مسيحي واحد في كامل سوريا سوى الاماكن المحصنة نظير لبنان وغيره ان وجد. والرابع من الاسماء المحامين عن النصارى فهو الشيخ احمد الترك شيخ مشايخ حوران الذي اشهر حمايته لهم لانه قال: من يؤذي نصرانياً واحداً فما انتقم سوى من رأسه ودمه وعياله وارزاقه، وحضر الى قرايا النصارى وبقي يحامي عنهم حتى النهاية. فنسأله تعالى ان يعامل عاملي الخير والمعروف بكثرة الارزاق وفي طول الاعمار وبزيادة السجاعة مكافأة لما احتملوه باتعابهم ومصاريفهم.
قد ذكرنا قبلاً حضور عساكر فرنسا الى بيروت انما ما ذكرنا كيفية حضورها، فهو كان بمخابرة الخمسة دول الذي ذكرناهم سابقاً، ولذلك قصدنا الآن ان نحرر صورة تحريرين واردين من دولة روسيا الى سفرائها الذي احدهما* في الاستانة والثاني في باريز.

صورة الاول الى سفيرها بالاستانة

بـ ٢١ كانون الثاني سنة ٦١ ان تقرير موسيو نوفيكوف معتمدنا في سوريا المضاف الى ارادتكم صارت مطالعته بكل رضاء، ونرغب بان يكون مداوم السلوك على المنهج القديم حكم عزمه واجادة رأيه لان مادة ٤٦ المتضمنة شروحات متعددة على مدة اشغال سوريا بالعساكر الفرنساوية قد صدرت منا الارادة به، وبما انها تتعلق بمسألة دقيقة جداً التي نحن بانتظارها، فلنرى قريباً نهايتها ونتيجتها بين دواوين الدول، ونحن الآن نلبث لبيان الحال الذي اتخذه مسيو نوفيكوف بحسب رأينا. ان الاهتمام العسكري في لبنان فالجنود الفرنساوية لا يجب ان يكون عليها تحديد سوى اجراء المقصد التام

نظراً لما شرعت به ارادة القوات العظيمه وانه لامر غير ممكن بان يكون سعيها الآن قد تم ولأنها قد دخلت البلاد في حالة اصولية. ولذلك نحن مصدقون بان وجود العسكر المذكور هو الذي صير السلامة لسوريا وعدم اقامتهم سيكون سبباً عظيماً لرجوع حركات اشد رداوة من الامور الماضية. وقد وجد هناك ليس فقط مسؤولية بل الشيء الذي يجب ملاحظته اعظم، فهو ان مجد وشرف اوروبا. قد وجد متأخراً بحيث ان نفوذ ارادتها لحد الآن متوقف من كون ما صار الحصول على اتمام المقصد الكافي ارادة اوروبا. يحق لها الاحتفال لانها صدرت لسبب امر عادل وعلى الخصوص فرنسا التي قبلت هذه الوكالة، فاذا ما اكملتها وتركت عهدتها غير كاملة، فسيلومونها بقية القوات بسبب الدواهي التي ستصير فيما بعد وهي تسبب كفاحات حرب جديد في عالم السياسى الذي هو امر سبق النظر اليه وهو مهل جداً. تحريرنا هذا هو عن امر جلالة الامبراطور.

[كرسيكو]
ناظر الخارجية

الثانية الى الكونتي كيسير سفيرها في باريس

لي الشرف ان ارسل لك نسخة تحرير الواردة من خارجية فرانسا الى سفيرها هنا لانه اخبرنا بها بناءً على امر حكومة المشار اليه، واول الرسالة هو متعلق في وجود العساكر الفرنساوية في سوريا بالوقت المعين لاقامتها بناءً على اتفاق بـ ٥ تشرين سنة ٨٦٠، وانه قد قارب* انجاز وذلك ان الحكومة الفرنساوية ترغب ان نشرع في انعقاد جمعية ثانية لاجل التذكر في قيام العسكر ام ابقاه، فنحن مستعدون للتشبث الى هذه المسؤولية، فالحالة هذه انتم مفوضون عن

امر جلالته في الاشتراك بالمذاكرة في الجمعية، واما السلوك الذي يلزمكم اتخاذه ايها الكونت، فهذا قد علمته من رسالتي الى الامير لابانوف المؤرخة في ٣ منه التي قد ارسل لكم نسختها، فالآن رأى المجمع العالي الامبراطوري بابقاء العساكر الفرنساوية في سوريا حيث بدون ذلك تحصل اخطار مهولة، وهذه العساكر هي من قبل اوروبا بالوكالة المفاضة لرأي فرنسا، وقد قبلتها نظراً لعدالتها وانسانيتها. ولحد الآن سوريا ما دخلت بالراحة ورجوع العساكر يسبب حركات جديدة. لان مجد اوروبا وشرفها سلامة سوريا، فالاحسن ان مادة التمديد تترك الى حينما يصير الاصلاح او حكم جديد باتفاق عمومي على شروط كافية، عوضاً عن كفالات الامنية التي وجدها شعب سوريا لوجود العلم الفرنساوي. ونحن مفوضون المدير الفرنساوي مما يرى لتكميل هذه الخدمة الذي يحق له الاختيار من دون معارض. وفي* هذا المعنى ينبغي ان سعادتكم توافقوا حكمة ورأي القوات فيما بينها وبين الباب، فاذا حكمة الجمعية مثل رأينا فهو المناسب ولا بد منه، وان يكون اضافة جنود دولته ام من دول آخرين، فانتم لا تعملوا اعتراضاً بهذا المعنى. انتهى.

ان فؤاد باشا قد رأى ان المسيحيين ليس فقط ما حضر منهم احد من بيروت كما افادهم سابقاً، بل لم يزل البقية يجد منهم مسافرين. وكان بقي منهم بدمشق اربعة آلاف نسمة دمشقيين وثلاثة آلاف نسمة اغراب، أعني من حاصبيا وراشيا وحينة وعين الشعرة وقلعة جندل وما يتبع بدوائر الشام. ومنهم حوارنة فهؤلاء كان ارسل منهم الى صيدا نحو خمسة آلاف نسمة، وافيد من الناظر بانه صار متوفي منهم نحو الف نسمة لان ما وافقهم المناخ. ولذلك طلب رؤساء مسيحيي دمشق وامرهم ان ينتبهوا على النصارى بعدم توجههم

لبيروت بناءً لما افيد ايضاً من ناظر الخستخانة في بيروت لاجل المرضى منهم كما يبان في منطوق الامر الآتي شرحه من كون حصل ازدحام زائد في بيروت من كل جهات وحصل من ذلك امراض متنوعة.

صورة الامر

اعلان الى جناب احبابنا رؤساء الملل المسيحيين* الروحيين في دمشق ورئيس قومسيون الاعانة واعضائه ومعتبري الطوائف العيساوية بها.
ان الدمشقيين المسيحيين المصابين لا زال الاهتمام في ظل الحضرة السلطانية بوسائل راحتهم اينما كانوا، فنظراً لما ينبغي النظر فيه لصحتهم وفي هذا الاثناء تقدم لنا تقرير من مجلس الاطباء في بيروت بخصوص الازدحام الذي يخشى منه ظهور مرض وبائي كما قد حدث في صيدا وتوفي منهم كثيرون، ولهذا قد استقر الرأي على ارسال فرقة منهم الى طرابلوس محافظة على اعتدال المناخ، وبما ان تعميرات بيوت المصابين الدمشقيين وانضمامهم سيجري نظامها في دمشق خاصةً، فاقتضى ان نعلمكم انه لا عدنا نسمح بالاذن لمن يريد السفر الى بيروت بناءً على ما تقرر، ولذلك نرغب منكم اشهار ارادتنا الى الجميع التي تأول في خبريهم، اعلموا واعتمدوا بـ ٢٩ رمضان سنة ٢٧٧.

انني أرغب الآن ان أصف بقدر امكاني عظم الخراب الذي احاق به مسيحيو دمشق خاصةً عن خلافهم، فننظر هؤلاء المساكين بكل هذه المدة بطالين من كل عمل اشغال ودائرين بالشوارع* ناهضين من قهوة ومقرين في خلافها، منهم يتذكر مصيبته التي بقدر جرمها ان كان فقد اباه ام اخاه ام ابنه ام حريق بيته ونهب موجوداته او

اعترافه بتغيير ديانته ام قضية ذات مفعول لشهامته، ولذلك تنظرهم كمن دخلوا بمرض الجنون. واما اولئك الجهال منهم تنظرهم دائرين بدون حشمة ولا ادب ناسين ما ضربه الله لهم في هذه المصائب التي هي لقصاصات الخطايا الذي سمح سبحانه في حريق هذه الحارة الحاوية ثلاثين الف نسمة بقدر مدينة على موجب عمارات دمشق المتسعة. فلا شك انه تعالى يأدّب بنيه ويفتقد بالعصى سيئاتهم، فترى اي زمان هو حتى يرجع نظام هذه المسيحيين كما كانوا اولاً، وحتى يكون حضور رجال الله اصحاب الغيرة نظير البادري فرنسيس العازري والبادري ملاك الفرنسيسكاني ويبنون اولئك الديورة مع المدارس وينضم بها هؤلاء الاولاد والبنات. آه واسفاه أهل ننظر ذلك خاصةً صارت العالم مجروحين من بعضهم بعضاً الى النصارى مع الاسلام والدروز ايضاً، فأشرح هنا صورة تحرير وارد لي من بيروت لنفهم هنا ايضاً ما اكثر هذا الخراب الذي حصل على ملة النصرانية في هذه البلاد.

صورة التحرير

في ٢٣ نيسان سنة ٦١ من بيروت للشام جناب الاخ المحترم،*
بعد السؤال عن خاطركم الكريم أعرض قد وصلني تحريركم بـ ١٨ شهره، وحمدته تعالى الذي حائز الصحة، وفهمت فحواه المملوء غماً خاصة لما شاملكم من الاحزان التي نستكم مصيبتكم بدمشق نظراً لما تنظرونه باخوانكم المسيحيين من الغموم والاكدار، وقد تضاعفت احزاني جداً لسوء حالة الدمشقيين والى ما اتصلوا اليه من الذل والاهانة ان كان بدمشق ام هنا في بيروت، تنظرهم ألوف بطالين جائلين من مكان الى غيره ويوعدون انفسهم بالراحة من شهر الى آخر، وما ظاهر لهم علامة الضياء، فزهقت العالم ارواحها

من هذا الحال الحائق بهم وهو الذل والفقر، وفضيحتهم بين شعوب غريبة ولا احد يرثي لحالهم، وهذا شيء انتظاره لا يحتمل وبودّهم الخلاص باي شكل كان، ويعرفون لهم مسكن يقرون به ويؤتمنون على ارواحهم وتركن ضمائرهم من القلق خاصة اخبار طرفينا ان عساكر فرنسا مسافرون من بيروت الى محلاتها، وحصلت العالم باضطراب اكثر من كيان الطوشة وبالحقيقة بأني قد طبق على قلبي وزهدت بلاد الشرق ولو كانت وطني. ان الجرح الذي ذقته بهذه المصيبة بفقد اخي ونور عيني، فلا يمكن ان يقابل بشيء وزاد عليّ حينما أنظر لهؤلاء المساكين اهل الدلال والرفاهية في كذا اهانه وذلية من قلب جريح وحزن وغم لا يوصف. أحرر لحضرتكم كتابتي هذه وبدموع ونوح من احزان هذه الدنيا وما لحقنا جميعاً من عوارضها،* وما قدره علينا الحق سبحانه وتعالى وعلى كافة مسيحيين هذه البلاد. توجه من هنا حضرة جنرال بوفور قائد جيوش الفرنساوية الى قرية عبر وصحبته الف عسكري لاجل حركة حدثت هناك دروز مع نصارى، والقيل انه واقع قتل ومجاريح بين الطائفتين. والغاية ان هذه البلاد تخربط نظامها وتنافرت قلوب سكانها وحتى حكامها وصار شيء صعب اعادته لمسراه القديم، فنسأله تعالى كما انه سمح لحد كذا ان يرتضي ويرفع غضبه عنا ويرحمنا ويجعل نهاية هذه الامور على خير سلامنا. الى جناب الاخوان ومن هنا يسألون خاطر الداعي.

في اول هذا الشهر ترتب عشرة من طوائف النصارى لعمل قمسيون لاجل توزيع اعانة الدولة والخبز على النصارى ومناظرة اعطاء المسلوبات وتفريقها بالثمن من جامع المحفوظات لكلٍ بقدر حاله، ولئلا يحضر احد من القريب عن نصارى دمشق ويأخذ منها، فهؤلاء مناظرون على جميع ذلك.

قد حضر خبر بموت نقيب افندي الاشراف وعمر افندي الغزي في اللومان مع محمد بك العظمة.
قد حصل جمعية الاثي الدول في مدينة باريس مع اللثي العثمنلي لاجل امور سوريا ولاجل النظر في ابقاء عساكر فرنسا في بيروت او في قيامها لان العهدة التي تحررت من الخمسة دول بمدة اقامة العسكر* قد قاربة انجاز وتباين ان العسكر بيقى في بيروت الى اليوم الخامس عشر من شهر نوار ١٨٦١. وفي اليوم التاسع عشر من شهر ايار الذي من سنة ٦١ توجه وكلاء الدول الخمسة الى الاستانة لاجل المكالمة مع الدولة العثمانية في انجاز هذه الامور، وقبل توجههم كان توجه ايضاً اميران من قبل فرانسا وروسيا، واجتمعوا بالاستانة وابدؤوا للدولة ما عندهم من اللازم الذي يجيء توضيحه بعده.
اما المساكين مسيحيو دمشق قد حصلوا باضطراب زائد من ذلك، لانهم لم يعلموا ماذا يحدث من هذا الاجتماع وهم بعد موجودون فيما بين اعدائهم، وينظرون ان هذا هو الشهر الحادي عشر من ابتداء المصيبة، وللآن لم ينالوا الهدوء ولا قليل من الراحة، فحقاً انه لعذاب شديد قد شمل قلوبهم، ليس من المصيبة فقط بل ومن عدم معرفتهم بما سيكون اخيراً من هذه الجمعيات وهذه العساكر.
بهذا الشهر فؤاد باشا احضر اربعة عشر رجل من الاسلام ذوي صنائع ومنهم تجار، واختلى بهم وحرصهم في عدم اشهار ما يقوله لهم، ثم قال لهم بان في كل يوم يجتمعوا في مكان مخصوص سراً ويتكلموا في قضية تحمل كل واحد من المسيحيين وما يستحق من العوض وينظروا الى صناعته وتجارته* والى امتعة بيته، تخميناً كم ويلاحظوا بقدر امكانهم ظناً عن امتعة ومجوهرات حريمه واعطائهم دفتر النفوس المحررة به كامل اسماء البلد، ويلاحظوا تخميناً مكان تجارة فلان، فكانت بالقيسريات ام في البيوت الذي احترقت

وانتهبت، واخيراً يحرروا قائمة في قدر تحمل كل احد منهم، ويقدموها لدولته. وانهم تركوا بعض الاسماء التي لا يعرفونها مع الكنائس والديورة، ولكن باطل هو هذا التخمين وعسر الاستحسان به لان في بلادنا هذه يجد من يشتغل بمائة الف غرش ورأس ماله خمسمائة الف، ويجد من يشتغل بمائة الف ورأس ماله عشرة آلاف، خلافاً لاوروبا الذي يلزمهم في شغل التجارة ان يبين كل منهم رأس ماله، وكثيرون الذين عندهم اموال ولا احد يعرف حالهم، حتى انني أقول انه يجد من الاخوة لا يعرفون رأس مال اخيهم.

في شهر ايار انقطع خبر الميري عن النصارى وتعين لهم عوضه خمسة وثلاثين فضة لكل نفر عدا الخمسين فضة المعين للنصارى، الجملة غرشين* وخمسة فضة، وقد رفت اسماء النصارى الفلاحين من هذا التعيين مع الاسماء التي كانت تأخذ منه وهي من اهالي الميدان الذين سالمون من نهب بيوتهم وبقي الصرف الى نفس مسيحيي دمشق. واما الاغراب عن دمشق امر عليهم بان يتوجهوا الى محلاتهم بقراياهم واعطائهم تقاوي حنطة وشعير لاجل يزرعون اراضيهم ويعيشون. وقد وضع عساكر باغلب المقاطعات لاجل المحافظة ولطلب الاموال.

وفي هذه السنة حصل غلاء شديد بايالات دمشق، وتصرف جفة الحنطة بـ ٦٥ والذرة بـ ٥٥ والشعير بـ ٤٥ وخبز الحنطة الرطل بـ ٧ والشعير الرطل بـ ٤. وقليل الحبوب في البلد واغلب الاهالي خلاف النصارى في ضيق من جري ذلك، ومنهم من ينام بدون عيش. واما الآن بآخر شهر ايار تهاودت الاثمان لان الغلال بهذه السنة حصل جيد ورجع جفة الحنطة الى ٢٥ والشعير بـ ١٢.

بهذا الاثناء قد طرح فؤاد باشا على مدينة دمشق وعلى الايالات التابعة لها تسعين الف كيس، واحضر رؤساء وعمد القميسيونات المرتبة في كل ثمن من البلد الذين قبلاً ذكرنا ترتيبهم، ثم واحضر

رئيس مجلس اعانة نصارى دمشق مع اعضائه كما قلنا قبلاً. وبدأ يعظ* عليهم بان يتحدوا بالمحبة مع بعضهم بعض ولا عاد يفتح بالمخاطبات بما سبق من القباحات بحق المسيحيين، ويظهروا لهم الانس والوداعة والمودة القلبية، وقال لهم ان شركم هذا هو جسيم جداً والقصاصات التي جرت هي قليلة عدا الذين لقوا شرهم بسفك دمهم عينه كعملهم نفسه، فالدولة العلية قد سمحت الآن عمّا مضى وكل من تلقى نصيبه. فمن الآن وصاعداً ليس فقط تقاصص عاملي الشرور بأشد القصاصات، وانما تضع جواسيس لتناظر اهل الافتراء متوحشي الاطباع الذين لم يطيعوا اوامرها بإجراء المسالمة الانسانية لمن هم اخوانهم بالوطن، والآن ديوان فوق العادة المختصة به امور الحادثة قد قفل بابه ولم يعد يسمع من تلك الدعاوي السابقة. والمفقود للمسيحيين صارت الدولة تعوض على اصحابه بشرط ان تأخذه تدريجاً من الدمشقيين والايالات التابعة لها. وقد اعطاهم تعليمات لكل من نظار قمسيونات الثمانية اثمان دمشق لكن بموجبها يفرضون على نفس دمشق خمسة وعشرين الف كيس، وعلى ايالات الشام خمسة وستون الف كيس، فتكون الجملة تسعون الف كيس كما موضح بعده توزيعها وسلمهم اعلان يقرؤونه على الجميع وتعلقت* صورته في شوارع المدينة.

صورة الاعلان

هو معلوم لدى الجميع ان الوقعة المؤلمة التي حصلت في دمشق لم يسبق لها مثال ولا ذكر لها نظير في التواريخ القديمة ولا الحديثة، وهي مادة فاضحة منافية لاحكام الشريعة العادلة ومخالفة للانسانية والمدنية، وبما ان الله سبحانه قد كلف عباده العدل والاحسان وامرهم ان يتجنبوا الجور والغدر وقد فرض على ذمة ولي الامر انفاذ

الاوامر الالهية على الدوام. فقد تعلقت بالارادة السنية بان يجري على الفور المعاملات التي يقتضيها الحال في هذا الباب، فاصحاب الجنايات قد لقوا تأديبهم وتربيتهم جزاءً لقبائحهم وذنوبهم التي ثبتت لدى التحقيق بالبراهين الكافية، والذين افلتوا من المجازاة الدنيوية فانهم ينتظرون بالندم عقاب الآخرة على ارتكاباتهم. فالمظلومون المصابون هم الان محرومون اموالهم وبيوتهم واشيائهم، وكثيرون منهم لا محل لهم ولا مأوى يتعيشون من الاعانة المعطاة لهم من طرف الدولة العلية. ولما كان استحصال الاسباب لاصلاح هؤلاء المصابين ورفع اضرارهم من اخص مرغوبات الدولة العلية، فيجب على* اهالي دمشق واهالي الايالة قاطبةً صرف الهمة والجهد في هذا الباب لاجل تطهير وطنهم من هذه النقيصة التي عرضت له، وبناءً عليه ينبغي ان يعطى لهؤلاء المصابين مبلغاً كافياً من الدراهم لاجل تعمير بيوتهم ولاجل سد احتياجاتهم الضرورية. ومع ان امر تحقيق متلفاتهم هو مباشر فيه، وامر معلوم ان ايفاء جميع تضميناتهم دفعة واحدة من الاهالي هو خارج عن دائرة الامكان، وان امر تسوية ذلك من طرف الخزينة هو مما لا يساعد عليه الوقت ولا الحال، ومن ثم قد حصل القرار على طرح ضريبة فوق العادة على اهالي مدينة دمشق نفسها واهالي النواحي الاربع التي حولها والقضاوات التابعة لها وعلى طلب اعانة من بعض محلات. وقد اعلنت صورة طرح ذلك وصورة استيفائه في قرار مخصوص، فالدراهم المطلوبة الآن ضريبة فوق العادة ربما تظهر كثيرة الا انها تظهر لا محالة قليلة اذا قيست بالجناية الواقعة وحسبت القسامة الشرعية على المقتولين الذين لا يعرف قاتليهم، لانه في دمشق لم يتلف المال فقط بل اريق دماء كثيرين كما هو معلوم. وبما ان التعمير وتضمين الضرر الذي لحق* بمسيحيي دمشق هو من مقتضيات معدلة الشرع والقانون، والدراهم التي تعطى لذلك ايفاءً

وضعية وخدمة عائدة الى المعدلة والمساعي التي تصرف وجوباً لاصلاح احوال المصابين هي واسطة لتطهير ذلك القطر من وصمة الدم المظلوم الذي التطخ به صانعيه ووسيلة لزوال كذا عارض الذي اعترى فاعليه. وبما ان باب الدعاوى والمحكمات من هذه الوقوعات السالفة قد اضحى من الآن مغلقاً، فمهما بذل طمعاً في استحصال كذا نتيجة لا يكون شيئاً كثيراً. واذ كان ما طرح على كل انسان موافقاً لقاعدتي العدل والحقانية، فلا ينبغي لاحد ان يستصعب اداء ما يلحقه من ذلك بل يليق بكل انسان لاجل راحته وفخره ان يدفع الحصة التي تصيبه حباً بدفع هكذا بليت. فانه لا يخل برفعة واعتبار من كانت عادته ركوب جواد مثلاً مسوم اذا ركب برذوناً ولا باعتبار من اعتاد تناول الاطعمة النفيسة ان يقتات بالطعام البسيط، والانسان العاقل يجب عليه ان ينظر الى المصيبة* التي اصيب بها جاره ولا يلتفت على خسارته المالية، وليعلم ان تأدية ما توزع من هذه التضمينات في المدة المعينة هو فرض لا بد منه وعلى موجبه يكون اجراء العمل، ومن اظهر ادنى رخاوة او تهاون بذلك لا يمضى ادنى وقت عن اجراء تربيته وتأديبه، ولكي يكون ذلك معلوماً لدى الجميع قد صار نشر هذا الاعلان من ديوان نظارة الامور الخارجية والمأمورية المخصوصة لاصلاح احوال سوريا، فاعلموا واعتمدوا.

في اواخر شهر ايار توجهت عساكر فرانسا من بيروت وحضرت ستة مراكب حربية واستقامت في الميناء لاجل المحافظة بما يحدث بموجب الرابط الذي حصل بالجمعية. وحين توجه العساكر مع جنرالهم بوفور لاقاهم ارامل واولاد المصابين وصرخوا بالبكاء قائلين: الى اين تمضوا وتاركينا حزانى ولا بقي لنا سنداً، فاجابهم الجنرال بانه سوف ينظرون عمل فرانسا، القائل الى راحتهم الذي الآن لا يشعرون به.

وعند وصول العسكر الى فرانسا فقد حصل هيجان من الشعوب لسبب قيام العسكر من سوريا قبل اتمام راحة المصابين.* وعند اجتماع الديوان الشورى العالي بمدينة باريس اجابهم حضرة وزير الدولة بالجواب عن مسألتهم قائلاً: ايها السادات لا تحسبوا رجوع عسكرنا من سوريا تقصيراً، الآن فرانسا متى كان بها مصلحة او عمل خصوصي لا ترجع عنه ولكن في امر سوريا ما ذهب العسكر من قبل فرنسا وحدها بل من قبل اوروبا كلها. فالآن برجوعه ليست فرانسا الراجعة بل اوروبا قد رجعت من حيث كنا. قبلاً قبلنا الذهاب عنها فوجب الآن الرجوع برأيها، ولكن عند اتمام ما عاهدنا اوروبا عليه نُخل من ارتباطنا معها وتعود فرنسا الى حريتها الذاتية، فلهذا مع بعثها الآن المراكب لجلب العسكر بعثت ايضاً ستة سفن حربية تقيم في بحر سوريا. فان تجدد الجور على النصارى، ففرنسا حينئذ تتصرف بما يحسن لها لانها من المستحيل ان تترك الدماء تجري وهي متقاضية عنها.

ثم تلي عليهم رسالة من وزير الخارجية الى سفير الدولة بالاستانة فسّر الجميع فحواها، واجابوا* نِعم ما فعلته دولتنا.

تعريب الرسالة

من وزير الخارجية السيد ثوڤنيل الى سفير الدولة الفرنساوية في الاستانة السيد دلاواليث

ايها السيد ان حضرة العاهل المعظم قد امر الآن بان عساكره التي في سوريا ترجع منها بمقتضى العهدة المحررة بـ ١٩ آذار الماضي، فبايضاحي لكم ذلك لكي تبلغوه للدولة العثمانية الذي لا بد لي امتثالاً للامر العاهلي ان أرجوك بان تنبه وزراء السلطان الى الالزامات التي اوجبها عليهم سفر عسكرنا، لاننا غيرة على البشرية ومنعاً

لسفك الدماء قد قبلنا ان ننوب عن اوروبا في بعث عساكرنا الى سوريا، فبعثناها بغير مقصد ثاني وافرغنا جهدنا لاتمام الغاية المقصودة من اوروبا، ولقد كنا نرغب ان ننجز امر الاصلاح طبق ما كان يؤمل انجازه عند ارسالنا العسكر، ولكننا قلنا سابقاً وما برحنا نعتقد بانه كان يجب ابقاء العسكر هناك الى حين انجاز عمل الاصلاح وترتيب عمل المستقبل، فلو تجارينا عليه لكانت جميع الدول ارتضت وهو نفسه كان عين المصلحة* للدولة العثمانية، ولكنها هي اختارت ان تلتزم على نفسها وحدها اتمام العمل وتوطيد الراحة، وسفيرها اكد بالمجلس انها قادرة على ذلك، وقد بالغ في هذا التأكيد حين تجديد مدة ابقاء عسكرنا ثلاثة اشهر آخرين حتى اضطر مجلس شورى الدول الى التصديق والاعتماد على مقاله، فبهذا قد قبلت الدولة العثمانية درك العواقب والتزمته على نفسها التزاماً خصوصياً، فلنا الحق الآن ان ننبهها لذلك، فعند مبارحتنا سوريا بعد الخسائر التي لا نأسف عليها اذا استفادت بواسطتها اهل تلك البلاد، ولكن الدولة العاهلية لا تطيق ان يتجدد في سوريا فواحش ثانية لأنه مما يهيج حماسة اوروبا كلها ويشهد صريحاً بعدم كفاءة الدولة العثمانية وبلا محالة يحكم بوجوب القيام مقامها، فاذاً ان لم تغير هي رأيها، فنحن عازمون على ترك سوريا مطابقة للعهد الذي لا يسعنا نقضيه لانه بمقتضى تلك العهدة بعثنا العسكر، وبمقتضاها نرجعه اذ كان بعثه منا بوجه النيابة عن اوروبا، فلذلك لا نحيد عن الواجب على النائب وقد خطر لنا ان نجدد العرض على الممالك* في ان يستمر العسكر مدة اخرى ولكن الذي جرى بالمجلس السابق من المجادلة ومن تشدد الدولة العثمانية واصرارها على طلب التفرد بالعمل، اوجبنا الى حفظ وقارنا بعدم الخطاب، فعلى الدولة العثمانية التي هي الاخبر بمصلحة نفسها ان تطلب ذلك او تعدل عنه، اما نحن فسنترك سوريا باليوم الذي تعين في عهدة باريس ولكننا لا

نتركها قبل ان ننادي جهاراً بما عندنا من الخشية. وبعد ان نحرض الدولة العثمانية على ان تبين صريحاً امكانها لاجراء الراحة ومنع تجديد الفواحش التي جرت وبهذا لا نكون تركنا شيئاً من الواجب علينا، لاننا من جهة اولى قد اوضحنا رأينا الى ممالك اوروبا بان رجوع العسكر قبل انجاز العمل الواجب هو بغير محلة، ومن جهة ثانية قد عملنا كل الممكن لنجعل الدولة العثمانية ان تتصرف بحق رعاياها بمقتضى الواجب على كل دولة شرعية عادلة. فاذا كان ايها السيد ليس علينا عمل شيء آخر حال كوننا مرتبطين مع اوروبا بعهدة اشتراك العمل ولكن اعلم ان انجازنا ما عاهدنا شركائنا عليه يخرجنا* من القيد الذي كنا ارتبطنا معهم به، ويعيد لنا حريتنا الخصوصية المطلقة التي بموجبها نثبت حكمنا ونجري عملنا وحينئذ تكون لنا الرئاسة بالاستقلال في ان نفحص بغير قيد ولا التفات الى احد مما سيجري من الحوادث في سوريا. وعلينا الآن ان لا نكتم على الدولة العثمانية بان حقوقنا القديمة تضطرنا الى ان لا نعدل عن حماية نصارى سوريا من كل جور يحدث عليهم، فعليك اذاً ايها السيد ان تتكلم صريحاً بكل هذا مع عالي باشا وتتلوا عليه هذه الرسالة وتعطيه نسخة منها.

بيان توزيع مبلغ التسعين الف كيس على مدينة دمشق وايالاتها

اجمالي كيس	مدينة دمشق كيس
	١٦٥٠٠ اجور املاك
٢٥٠٠٠	٠٨٥٠٠ على الانفس

قرايا الشام التي بالجهات الاربع من دمشق
كيس

٢٥٠٠٠ بدل اعشار ثلاثة سنوات

٣٥٠٠٠	١٠٠٠٠ على الانفس
*٦٠٠٠٠	

تابع التوزيع المذكور

اجمالي كيس	
٦٠٠٠٠	جمع ما قبله
	مقاطعة بعلبك كيس
	١٣٢٨ بدل اعشار سنة واحدة
٠٤٣٢٨	٣٠٠٠ على الانفس
	مقاطعة البقاع كيس
	٢١٤٧ بدل اعشار سنة واحدة
٠٤١٤٧	٢٠٠٠ على الانفس
	سنجق حوران والجيدور كيس
	٢١٤٧ بدل اعشار سنة واحدة
٠٤٨٩٧	٢٧٥٠ على الانفس
	جبل دروز حوران

	كيس
	٠٢٢٩ بدل اعشار سنة واحدة
٠٨٢٢٩	٨٠٠٠ على الانفس
	قضاء حاصبيا كيس
	٠٤٤١ بدل اعشار سنة واحدة
٠٢٤٤١	٢٠٠٠ على الانفس
	قضاء راشيا كيس
	٠١٢٦ بدل اعشار سنة واحدة
٠١٧٦١	١٦٣٥ على الانفس
٠٢١١٧	قضاء حماه اعانة نصف اعشار سنة
٨٧٩٢٠	

تابع التوزيع المذكور

اجمالي كيس	
٨٧٩٢٠	نقل جمع ما سبق
٠٠٤٣٣	قضاء حمص اعانة نصف اعشار سنة
٠٠٢٧٥	حصن الاكراد اعانة نصف اعشار سنة
٠٠٢١٦	قضاء معرة النعمان اعانة نصف اعشار سنة
٠٠٦٦٩	قضاء عجلون اعانة

٠٠٤٧٥	قضاء القنيطرة اعانة
٠٠٠٤٨	ايكى قبولى اعانة
٩٠٠٠٠	

صورة احدى تعليمات ذلك

ان المبلغ المذكور الذي تعين اخذه دفعة واحدة من دمشق وايالاتها على حساب عموم تضمينات الوقوعات السابقة بشرط ان يستثنى من ذلك الاهالي المسيحيين واولئك الاشخاص المعلومين الذين شوهدت منهم الخدمة في الوقوعات المذكورة. بلغ لدى الحساب تسعون الف كيس، فمن ذلك بلغ خمسة وثمانون الفاً وسبعمائة [وسبعة] وستون كيساً ينبغي طرحها على المحلات المتداخلة في الوقوعات المعلومة التي هي اولاً نفس مدينة دمشق، ثانياً قرى* النواحي الاربع، ثالثاً قضى بعلبك والبقاع وحوران والجيدور وجبل دروز حوران وحاصبيا وراشيا. ويكون تحصيلها منهم جزءً نقدياً ضريبة فوق العادة، واربعة آلاف ومائتان وثلاثة وثلاثون كيساً تتمة المبلغ ينبغي تحصيلها على صورة الاعانة من باقي ايالة المذكورة.

قد قلنا قبلاً ان الجمعية التي انتخبها فؤاد باشا من اهل اسلام دمشق ارباب تجارة ومعلمي صنائع الحرير وغيره لاجل يخمنون بقدر امكانهم مفقودات كل من مسيحيي دمشق، ويعملون بهم قائمة يقدمونها لفؤاد باشا. وهكذا بعد نهاية عمليتهم هذه وتقديم القائمة تحرر من طرف الحكومة لكل عائلة ورقة مطبوعة معين بها مفقودات العائلة مع محروقات محلها وتغدقة على مسيحيي دمشق،

وبها يطلب خاطرهم ان كان هم راضيين بما تخمن لهم، وهذه صورة احدى الاوراق:

صورة الاعلان الذي هو افتتاح العلم خبر كما يسمونه أعني الحاوي ضائعات ومحروقات العائلة*

انه لما كان من اخص المطلوب العالي تقدير الاضرار التي التحقت بمصابي دمشق المسيحيين من قبل مسلوباتهم ومحروقاتهم وفاءً لقاعدتي العدل والحقانية وتسوية بدلاتها في صورة ممكنة وتأمين الاهالي المرقومين واستحصال سعادة احوالهم ليرتعوا في رياض الرفاه بظليل المراحم الملوكية. فالسلطنة السنية قد شاركت رعاياها في المضرة التي ألمت بهم واضطرت ان تعطي من الخزينة لاعانتهم، فكما ان اقصى مرغوبها اصلاح احوالهم على وجه الحقانية وعدم وقوع مغدورية على احد منهم، كذلك يجب عليهم ان تكون مرغوباتهم منزهة عن طلب اضرار الدولة. فقد كان لاح لنا بين التخمين والقاعدة المذكورة بانه كل من المصابين ان ينظم دفتراً يتضمن بيان اضراره من جهة مسلوباته ومحروقاته بحيث يدقق فيما يدعيه على حدة ويتحقق ذلك بطريقة محاكمة اعتيادية، تتعين بها مقدار المفقودات الثابتة له، ولكن هذه التحقيقات والتدقيقات تحتاج الى زمن وافر ينشأ عنه امتداد مصيبة* المصابين. فقد صار البحث على الطريق الاسرع، فالمأمورية المخصوصة ارتأت وجمعت لديها اناس من الدمشقيين المعتبرين الخالين من الغرض واصحاب الوقوف على حالة المسيحيين بحسب التعلقات المخصوصة معهم، واستعلمت منهم عن حقيقة ما يعلمونه عن حالة كل منهم تقديراً، فقد وضعت على وجه تقريبي درجة اثاث البيت والملبوسات وغير ذلك من الاشياء الفاقدة لكل عائلة بحسب الحالة التي كانت عليها قبل

الواقعة بنسبة لامثالها واقرانها. وبناءً على هذه القاعدة قد وضع بعد المذكرات الدقيقة لكل من الاملاك قيمة التعمير او الترميم موضحاً بجانبها نسبة الايجار والبدل السابق، والمقصود من وضعهما انما هو اظهار اثر المرحمة لدى اعتبار الفرق الكائن بين نسبة الاجور الاول الموضوعة قبلاً في دفاتر المال من اربابها الذين كانوا وضعوها بانقص من قيمتها لاجل دفع اتاوةً قليلة عنها، فحباً لاظهار المرحمة السنية قد* صرف النظر عن هذا القياس. وبما انه لو اخطر الامر الى بيع شيء من الاملاك او تركه للورثاء لكان غير ممكن ايصال قيمته الى درجة كلفته ومصروفه بل كان يعتبر ثمنه الصحيح ما تبلغ قيمته بالبيع، فيجب ان تتعين لكل من الاملاك تلك القيمة التي كانت تساويها بالسعر الدارج قبل الحريق، ولما كانت قيمة الدملة والماء والاساس والنقض وما شاكل ذلك داخلة ضمن القيمة الحقيقية التي تتعين لكل من الاملاك وكان يجب تنزيلها من اصل المصروف اللازم اعطاؤه للبناء. فقد اتخذ اساساً لتخمين المحروقات صورتان احداهما صورة تقدير قيمة التعمير على وجه يستطاع به ايصال ثمن الملك المطلوب بناؤه الى قيمته الجارية قبل انتقاضه، والثانية اعطاء بدل مناسب لاجل ترميم ما يحتاج الى الترميم من البيوت التي لم تحرق بكاملها، ثم بعد ذلك قد طرحت المأمورية المخصوصة هذا الدفتر تحت نظر ارباب الوقوف، وانما على صورة غير رسمية* ابتغاءً لاكمال ما يكون ناقصاً من البدلات الموضوعة فيه، ثم انه لا يخفى على ذوي الانصاف ان هذه التخمينات قد وضعت معادلة للتقريب الصحيح ومن المحتمل ان يكون قد وضع لشخص زيادة قليلة ولآخر نقصان جزئي، وعلى كلا الوجهين لا بد ان تكون الفروقات بذاتها طفيفة، ولما كان الرضا العالي يكره شيء اجراه جبراً قد ترك قبول هذه التخمينات وتسويتها لرضا كل انسان الطوعي واختياره بحيث يستمر طريق التحقيق

مفتوحاً لكي يُعرف كل انسان مقدار ضائعاته، فالذي يوافق هذا التخمين حسابه ويقبل به نابذاً الوقوع في غاية الاثبات والتدقيق الطويل العريض، فالحكومة تجري له مقتضاه سريعاً والذي لا يرتضي بهذا التخمين وكان ادعاه زائداً عن ذلك وهو مقتدر على اثباته، فتحال دعواه الى جمعية التدقيق وما يثبت له بعد التدقيقات اللازمة في دعواه يجرى تسويتها وفاقاً لقاعدتي* العدل والصواب.

ان المسيحيين بعد اطلاع كل منهم على هذه الاوراق التي مقيد بها ضائعاته التي منهم لا توازي قيمة الربع وآخر الثلث وغيره النصف عدا الذين منهم ما اصيب من المائة عشرة فقط. وجد نحو اثني عشر عائلة مفروضين بزيادة عن الحقانية. ولذلك حصلت المسيحيون في غم شديد لانهم من المعلوم ان يبقوا في حالة الفقر. وقد قلنا قبله انه لعسر جداً على اولائك الفارضين هذه التخمينات غير المعروفة عندهم، فالبيوت التي ظاهر عمارها وكلفها نوعاً عن المفقودات ومع ذلك ما امكنهم تقديرها حتى ولا بنوع متقرب بل ننظر ان البيت الذي ربما لا يتعمر بمائة الف غرش وهم مقدرونه اربعين. وانما قد وجد اخيراً نحو ثلاثين اربعين عائلة الذين وجدوا انهم في مقاربة مطلوبهم، فقبلوا اوراقهم مع الذين في مصالح الميري، هؤلاء من الابتداء حصل الرأي بخصوصهم وانفرض لهم بقدر اللازم وقبلوا. فالمسيحيون قدموا شكوى امرهم للرؤساء الروحيين، حيث الحكومة ارتأت صواباً في انها تجعل خطاباتها للمسيحيين عند الرؤساء الروحيين، وقد شرحوا لهم* كيفية ذلك ووجدوا ان منهم اذا جمع مال المسلوبات ومبلغ المحروقات معاً فلا يكفي عمار بيته، فكيف يعمره ويعيش ومنهم لا يكفي له مصاريف سنة ام سنتين بالكاد، فكيف يشتغل. فقدموا الاعراض لفؤاد باشا في عدم قبول المسيحيين

بهذه الاوراق، فاجابهم في ترتيب مجلس التحقيق ويحضر المظلوم ويقدم البراهين عن ضائعاته.

صورة جواب فؤاد باشا

ان الورقة المحررة من الاهالي المسيحيين المصابين في دمشق بواسطة جناب البطاركة والرؤساء الروحيين لطرف المأمورية المخصوصة المحتوية على بعض المطالعات بناءً على القرار الذي صار نشره قبلاً من جانب المأمورية بخصوص تسوية اضرارهم، فقد صارت مطالعته بكمال الدقة. فالمضرات التي اوجبتها وقوعات سوريا على التبعة العيساوية قد عرف الناس اجمعون انها اوجبت تأثيراً فعالاً لدى السلطنة السنية، وبناء على ذلك من مقتضى الاوامر السنية الصادرة قبلاً وبعداً استحصال هذه المضرات واصلاحها بالتمام وعدم ترك احد بورطة الضرر. فالمأمورية قد اتخذت ذلك اساساً للعمل وفتشت على الطريق الاسهل وجعلت اخيراً الصورة المبنية في القرار* المذكور اساساً للتسوية بكونها قد تخمنت بعد مراجعات من كثيري ارباب المعلموات، فلا بد انها تقربت للحقانية فقد حصل التفتيش على القيمة الصحيحة للاملاك. واما المسلوبات لم تحصر في اثاث البيوت بل الذين تقرر عن فقد اموال تجارتهم ضمن املاكهم المحروقة. ولما كان غير ممكن الحكم القطعي على تخمين لم تحصل عليه موافقة المدعي، فاقتضى اننا كلفنا الذين وجدوا تخميناتهم موافقة لحسابهم ودعاويهم للقبول الاختياري، وغير القابلين فسيحصل التحقيق عن متلوفاتهم وفاءً لقاعدتي العدل والحقانية. وما دام كما قلنا ان هذه التخمينات ليست هي تحت حكم قطعي وباب التحقيق فهو يفتح لاولئك غير القابلين، فلا يستطاع القول بوقوع الغدر او التعدي. وانما الذين لم يرتضوا بما تخمن لهم

سواء من جهة المحروقات او المسلوبات، فينبغي ان يحرروا على اوراقهم المرسولة لهم من جانب المأمورية بانهم يطلبون التحقيق ويرسلونها لطرف الحكومة. واما نظراً الى تعمير المحروقات من جانب الحكومة فعدم طلبها للعمار وليس هو ناشئاً عن ملاحظة عدم كفاية المبالغ المخمنة للمحروقات* بل لانواع المشكلات في هذا المجرى لانه لو اقتضى ان الحكومة تعمر هذه الاملاك المحروقة لاحتاج الامر لتعيين معتمدين مفرقة للتعمير ولا يمكن اجراء هذه التعميرات بدون منازعات بين المأمورين واصحاب الاملاك. واما اذا كانت الصعوبات في مداركة الفعلة والادوات المقتضية لجميع هذه الانشاءات فالحكومة لا تهمل اصلاً عن اجراء التسهيلات اللازمة في الصورة التي لا يقع منها مغدورية على الناس ولتكن جمعية مخصوصة لذلك وبمقتضى ما يقر عليه قرار المذكرات. فالحكومة تجري كلما يكون قابلاً للاجراء ثم لا توجد مجبورية على احد بتعمير املاكه بكاملها حالاً، بل ينبغي ان يكون التعمير بالتدريج فما بقى محل لهذه المطالعات. فبناءً على ذلك يجب على الحكومة ان تعطي بدلات المسلوبات والمحروقات معاً نقداً، فالآن ينبغي الى الذين لم يقبلوا بما تخمن لهم بل يطلبون التحقيق فسيترتب جمعية مركبة من الاعضاء التي يجب على الحكومة ان تنتخبهم الذين يتعينون من كل ملة مسيحية اليهم ان يكونوا من ذوي العفة والاستقامة، فهو عائد الى الملل. فعليهم ان* يعينوا الاعضاء على الوجه المشروح بحيث كل طائفة تنتخب الاعضاء بالصورة التي تمنح لكل انسان الامنية التامة. فنظراً الى المطلوب دفعةً واحدة فلو كان يوجد مساعدة في امور مالية السلطنة السنية لما ترددت عن ايفاء دراهم كل انسان بدون تأخير بما انها ترغب زيادة عن الجميع رفاه رعاياها وسعادة احوالهم. واما الصور التي جعلت لتأدية ذلك كما يتبين في القرار هي التي ساعد عليها الامكان في الوقت

الحاضر ومدة التقاسيط المعينة هي المدة النهائية لايفاء هذه التضمينات، ولذلك نشر هذا الاعلان من طرف المأمورية المخصوصة ليحيط الرفيع والوضيع علماً بما فيه. انتهى

ان المسيحين بعد اطلاعهم على هذا الخطاب الذي من فؤاد باشا وانهم ليسوا مجبورين في قبول ما تخمن لهم بل سيفتح مجلس للتحقيقات عن دعاوي المصابين، فقد حصلوا تعزية بنوع ما. منهم من يقول: آخذ ما يخصني وأسافر من بلاد العثمنلي. ومنهم الذين لهم متعلقات في البلد ام في خدمة الميري فهؤلاء مقرون. وانما ليس بدون ارتياب ومخاوف وصاروا يجتهدون في اقناع خلافهم ولو باطلاً حتى يركنوا افكارهم بالاقامة. وقد حضر* بعض الرجال من بيروت دون عيالهم لينظروا حال البلد وراحتها، وبعضهم اجليوا عيالهم حينما رأوا الراحة الظاهرة. وهم باثناء ذلك لحد نهاية حزيران بوقت الظهر سمعوا اصوات المدافع من القلعة واحد وعشرين مدفع وعرف ان السلطان عبد المجيد توفي وتولى مكانه السلطان عبد العزيز. فالنصارى توجهوا للشوارع ليفهموا ما هذه المدافع فعرفوا ذلك من المنادية كالعادة في المدن المشهورة. وباثناء ذلك اشتغل حالاً الهيجان في كامل البلد. وكما قلنا في المقالة الخامسة بانه كان اجتماعهم نظير هباب البارود وحصلت ضوجة عظيمة في المدينة، وتقلدت الاشقياء بالسلاح وحضر اهالي القرى الذين جعلوا الازدحام بمرورهم في بوابات البلد. وكانوا يصرخون جميعهم: نريد المحابيس نريد المحابيس. وتسمع زغاريط نسائهم من كامل جهات المدينة بالشوارع والحارات. فمن كان منهم هرم يقول للآخر: يهنيك لقد زال عنا الشر وخلصنا من هذه المظالم ودفع هذه الاموال. والجاهل يقول: نريد ان نكمل على النصارى. واما المساكين المخروطة قلوبهم من الرعبات الماضية وذايقون طعم

الغراء الكاوي* قد ذاقوا منهم تلك الاهانة المعروفة منهم في شتم دينه وصليبه وكفره والخ، وهم يتراكضوا جرياً للمحلات التي مقيمون بها ودقروا ابواب بيوتهم ولو انهم عرفوها باطلة ولا تفيد شيئاً. واما النساء الذين كثيرون منهم عند الحكماء من ألم مخاوفهم الماضية بما شاهدت اعينهم من سفك الدماء والميتات المتنوعة للرجال فقد زادت عليهم ايضاً هذه المحدثة التي ما ظنوا سوى ان هي الاخير من وجود مسيحي بالشام. واما الشعب فكان ليس فقط يقولون نريد المحابيس بل ويتكالمون بالهجوم على سراية الحكومة. وقد بقيت هذه الضوجة نحو ساعتين وحالاً بينما حضروا العساكر من القشل المغرقين بها وهجموا على هؤلاء الجهال والفلاحين، وفرّ منهم هاربين ومسك منهم كثيرون ووضعوهم بالحبس حتى كادت الحبوس بكل ازدحام، وتفرقت العساكر في كامل شوارع المدينة دائرة من مكان الى غيره في كل ذاك اليوم والليل حتى للصباح، ومن ينظرونه من الاشقياء يرسلونه للحبس. فرقدت امور هذه الطوشة وذهبت الاشقياء لمحلاتها والفلاحون لقراياها، وهؤلاء منهم الذي حضر للمدينة ينطر ما هذا الواقع، ومنهم تقلدوا في السلاح وانتظروا الى صوت آخر من المدينة* حتى يحققوا تسهيل الطريق. وحينئذ يفتكون بالنصارى الموجودين عندهم مع ما يجد من العسكر لو تعارضهم، فهذه الضوجة التي ما كان مظنوناً بها من قبل الحكومة. فلو تعوق تفريق العساكر ساعة ايضاً فكان يصعب على الحكومة الحاضرة ضمها. بعد ان تكون أخذت مفعول الهيجان وكثرت الاجتماع وكان اشتغل الضرب من كل جهة مع النهب من بعضهم بعض ايضاً مع بيوت الاغنياء والخزينة والخ. فالنصارى لا يظن انه كان يبقى منهم احد بدون قتل فقد راقت الامور باليوم التالي كما قلنا، وحضرت خطابات من والي باشا الحاضر الى كل من رؤساء طوائف المسيحيين يخبره بما توقع بذلك وانه يطمن

النصارى ويركن قلوبهم عن هذه الحركة التي حصلت على غفلة وما كان مظنوناً عنهم ذلك.

صورة احد الخطابات

الى جناب حرمتلو رعايتلو المحب الوفي مطران الكاتوليك بالشام انه غير خافي ما جرى من انعقاد المجلس العمومي نهار امس تاريخه لاجل اعلان كيفية الجلوس الهمايوني المقرون باليمن والنصر والظفر، وبعده قد عرفنا ما وقع بالبلد من ذوي الجهالة وعديمي* الرشد والدراية التي احدثت الوجل والوسوسة عند الطوائف المسيحيين، فهذه الاراجيف التي حصل وقوعها وان تكن بمنّه تعالى عديمة الاساس ولا يوجب الحصول بواسطتها على هاجس ومخاوف الا ان من كون مستصغر الشرار يجب اطفائه قبل تعاظمه وامتداده، فبحين ما تسامع ذلك عند محبكم بالحال اصدرنا الاعلانات القاطعة الى رؤساء الاثمان واعضاء المجالس بهم ومنها انتشرت في كافة شوارع المدينة واجرينا الشبيهات بمنع ذلك وبمنّه تعالى بالحال قد تلاشت تلك الاراجيف وقطعت ألسنة الاقاويل الكاذبة من كل وجه، وقد اوضحنا اعلانات الجزاء لمن بعد ذلك يتسامع عنهم ومنهم هكذا اراجيف، وبما ان بظل ظليل المراحم الشاهانية الملوكانية سوف يتزايد دوام استقرار عموم صنوف التبعة والرعية على بساط الراحة والامنية سيما على الدوام غير فاترين على الاقدام باكمال اسباب ذلك بما يفوق عن الامكان، فيلزم والحالة هذه افادة الكيفية الى عموم التبعية المسيحية من اولادكم الروحيين لكي يكونوا بغاية الامنية والرفاهية الكاملة من كامل الوجوه بظل* ظليل القدرة العلية غير ملتفتين الى مسموعات باطلة نظير هذه

ولاجل ابذال همتهم الوفيه بازالة هكذا اوهام من افكارهم. صار اصدار هذه الشقة المخصوصة.

السيد محمد امين   والي الشام حالاً

انني قد حررت هذه الحوادث التي جرت بالشام وحولها بقدر امكاني مما كابده مسيحيو هذه البلاد من الامم اعدائهم مع انهم من قديم الزمان وهم ذاقوا منهم مرارات الاهانة، وعندما كان يصرّح احدهم لاحد منهم، فالترك ينادي له: يا گاور أعني كافر، وابن العرب ينادي: ولك يا معلم، وهم يصرخون لاحدهم: يا سيدي، والى الآن لم تسمع شهادتهم في الشريعة على رجل مسلم ولا على درزي لانه متصف بالاسلام. فأين الحرية التي وعدت بها دولة العثمنلي ان تجريها الى مسيحيي هذه البلاد، فأقول ان هذه الضربة التي الآن اصابتهم فهي من اجل بعض اخبارات بين الشعب الاسلامي بانهم سوف يحصل النصارى على الحرية، اي نعم قد نالوا قليلاً منها بوقت استيلاء دولة المصريين مع حكومة الامراء الشهابيين من قبلها في لبنان، واقامت هذه تسعة سنين* ومضت كالمنام ولسبب ما نالوه بذاك الوقت قليلاً من الحرية فقد ذاقوا نصيبهم الآن بهذه المصيبة، وحينما كانوا سابقاً بدون هذه الحرية منذ حكمت الاسلام بهذه البلاد، فكانوا عائشين بينهم نظير الاسرائليين بمصر، وانما كانوا يتشفقون لهم لصغر انفسهم وهم كانوا يحتمون في كبرائهم خلاف ما الآن، كانوا يسمعون منهم انا حماية فرانسا وآخر روسيا والخ، وهذه من جملة البغضات الكمينة في قلوبهم. ثم وكانوا سابقاً يدفعون للحكومة مال الجزية على كل ذكر رشد منهم، ومن مدة وجيزة صدر امر الدولة في ابطال اخذ الجزية من النصارى وهذه نفسها ايضاً التي اجلبت هذا الخراب عليهم. وفي ولاية احمد باشا المقدم ذكره قد طلب منهم عوض الجزية، مال النظامية أعني بدل

لبس الشبان بالعسكرية. كما قد روي في جمعية الدول بان تكون التسوية بين الاهالي جميعاً بدون تمييز ولا التفات الى الاديان وان يكون عسكر من المسيحيين بين عساكر الاسلام، وبما ان العثمنلي لا يمكن ان يقبل بذلك من كون الشريعة المحمدية، ترفض ذلك فقد اخترع هذه الوسيلة وهي ان يأخذ دراهم عوض العسكر، ولما ان النصارى* وجدوا هذا الطلب خارج عن تحملهم كونه بقدر الجزية للأث مراد، فاعرضوا له شكوى حالهم وأبوا عن الدفع، وبما ان الباشا المذكور لا يمكنه التحصل جبراً كما افيد من طرف الدولة بان يكون بالرضا لا بالجبر كونه مخترع كما قلنا عوض العسكر. فاحمد باشا قدم الانهاء للدولة بموجب وضع شهادات اعيان البلد المقدم ذكرهم واظهر ان نصارى دمشق عاصيين ولم يدفعوا مال النظامية، وارسل هذا الانهاء صحبة عمدة من هؤلاء الاعيان، وهناك قد فرغ السموم التي تلقنها شفاهاً للذين هم معروفون وقابلون لشرب السموم بحق النصرانية، وبعد رجوع هذا الرجل لدمشق قد اجلب بشفتيه ما حمله من رداوة اولائك، وبعد حضوره بنحو ثلاثين يوم هاجت البلد وحصلت هذه المصيبة للمسيحيين. فاذا القارئ امعن النظر فيجد صريحاً كيفية التدابير التي حصلت بهذا النوع لانه كما قلنا في ابتداء هذا الكتاب وجه عدد ٤١ بان يوم عيد الضحية وجدت الاسلام العساكر ناطرة على ابواب الجوامع بقولهم ان النصارى مستعدون في حارتهم بالسلاح حتى تدخل الاسلام للجوامع ويكونوا بالصلاة ويحضرون يذبحونهم. فما هو هذه التقاويل* بوقت الهيجان، أليس حتى يكملوا أدبهم في ذلك المصيبة. واما احمد باشا يمكنني ان أقول بانه قتل نفسه بيده بنوع ما، لانه بوقت مدة ولايته بدمشق نحو ثلاثة سنوات قد جعل الامنية والراحة في جميع الايالة الشامية، وكان يمسك كثيراً من الاشقياء الذين يعملون الفساد والطياشات من المدينة وقد راقت امور البلاد وحصلت الامنية في الطرقات ودارت

الاشغال المسرة للجميع، واخيراً قد طغاه الغش من الذين غشوه باسرارهم الخفية. وقد ترك جانباً المقول عليه الذي هو نفس رأس الدولة العثمانية ومن تابع لاطاعته الذين كانوا يبغضون، ألقى الفساد في اهالي المملكة. وانعرف بانه قد بكى عندما بلغه مصائب رعاياه مسيحيي سوريا، ولكن باطلاً تبكي الآن ايها الملك الاعظم، لان المصيبة قد مضت ورعيتك اضحت بأشقى حال، لا أقول فقط عن المسيحيين بل اغلب رعاياك بدون راحة، نظراً لهذا الحادث الذي فرط في سوريا لاجل تواني، لا بل مرغوبات المتظاهرين انهم خاصيتك، اما الآن فالرعية اجمع يتوسلون لجلالتك ان تمعن النظر بعمل تدابير موافقة لراحتهم وبالاخص بعض وزرائهم وحكامهم الذين كثيرون منهم يحضرون فاتحين* افواههم الى أكل اموال الرعية بالرشوة وما شاكلها ولا يهمهم قيمة شرفهم لانه يحضر احدهم ويعرف ان اقامته سنة وبالكاد سنتين وبما انه مستأجر، فلا يعينه امر راحة اغنامكم بل امر ارباحه وانشراحه خلافاً لصاحب الخراف الذي يرعاها بالدلال ولا ينام خوفاً من ان يأتي الذئب ويفترس واحدة منها، فدبر اذاً ايها الملك ما تراه حسناً لراحة رعيتك التي يسألك الله عنها في يوم الدين لانهم عباده واليه يرجعون.

فنسأل الله تعالى بواسطة من يترحم لامر حرية المسيحيين ان بعد مصائبهم واحزانهم هذه يحصلوا قليلاً على الحرية، خاصةً في ديانتهم حتى يقدر ان يعيش ذاك الذي يرغب ايضاً الاقامة بهذه البلاد المتوحشة الاطباع والعسر تمدنها في ايامنا هذه من كون اهلها يشبهوا الوحوش. فان كانوا مجنزرين في قيد العساكر نظير ما كانت الدولة المصرية، فعاشوا مع اهل الذم بالسلامة. ومتى نظروا ان جنزيرهم خالي، فيظهر احدهم كالحيوان ولا يفهم من قولي بانهم معلمو قوانين الحروب ام رجال حرب، كلا بل يغدرون بالضعيف الذي بينهم نظير اهل الذم* واهل العرض منهم.

وان قالوا بانهم قتلوا والي الشام من نحو ثلاثين سنة يسمى سليم باشا، فأجيب ان قولهم هذا يؤكد عدم شهامتهم ونخوتهم لان هذا الباشا هو معلوم بانه حضر وتولى دمشق بامر الدولة وبيده اوامر ان يجريها بالشام، وكان عنده نحو ألفين عسكري باشي بوزق مسميات الآن ضبطية، وبعد وصوله حضر للديوان كعادة الولاة وتلى فرمانه السلطاني الذي يبين ولايته، وبعده اظهر ارادة الملك باجراء حادثة الصليان، فالوجوه كحسب عوائدهم الظاهرة اجابوه بالاطاعة، فارسل مأمور وكاتب ليرقموا اعداد واسماء المغالق والدكاكين الذين عليهم هذه الحادثة الجزية، وعند وصولهم لمحلة العقيبة في ثمن سوق ساروجا قام كم جاهل وضربوا المأمور مع الكاتب وتباعهم باقي جهال المدينة وهجموا على سرايا الحكومة، فالباشا توجه حالاً الى القلعة التي هي بقرب السرايا ودخل لها وقفل ابوابها، وحاصر بها نحو شهرين بدون ان يحضر له معونة من احد ولا عنده ذخائر، حتى اخطر مع نحو خمسمائة عسكري الذين دخلوا معه ان يأكلوا لحوم الخيل الذين ادخلوها معهم،* واخيراً طلب الامنية من الاعيان لكي يخرج من القلعة ويتبصر بما يتفق، فحضروا اليه واعطوه الامنية وخرج من القلعة ووضعوه بمحل بالقرب منها مع نحو عشرة آلاف وخدامه، وباليوم الثاني حضروا اليه من الجهال وقتلوه بالليل مع خدامه. فهذه شهامتهم ونخوتهم بعد اعطاء الامنية لرجل الدولة خادم ملكهم، ثم وقطعوا رأسه وداروا به على النصارى ليأخذوا منهم اكراميات جبراً، وعلقوه على باب دير الفرنسيسكان، وأخذوا منهم جرماً وراءهم، فهذه هي سجاعتهم.

كذلك في سنة ١٨٢٠ كان والي الشام يسمى درويش باشا، وكان عاصي على الدولة ولم يرد ان يخرج من دمشق كحسب الاوامر الصادرة له من قبلها، فصدر الامر الى سليمان باشا والي عكا لكي يمضي اليه ويخرجه من دمشق جبراً، فارسل له الامير بشير

الشهابي حاكم جبل لبنان مع عساكره الجبليين، وعند وصولهم الى قرية المزة من غربي دمشق بنحو ساعة، فخرجت اليه فرسان الدمشقيين مع درويش باشا الذي سند ظهره بهم وتلاقوا مع اولائك، وقليلاً حصل بينهم من القتال، ومن دون عاقة هجمت عليهم عساكر الجبليين مع اميرهم المذكور، وحالاً فلوا راكضين وللنجاة طالبين* مع واليهم درويش باشا، ولما بعضهم لم يلحق الشام من الهجمة عليهم، فكثيرون منهم طرحوا انفسهم بالنهور وداسوا بعضهم بعضاً نظير فيلة الاغنام من صوت الذئب، وبوقتها رتبت عليهم الشعار اقاويل مغنى بما اصابهم من تلك الوقت التي ذهبت منهم كثيرون.

اما السجاعة التي اظهروها بأيام نابليون الاول سنة ١٧٩٧، كما مدورجة في كتاب تاريخ المذكور، حينما وصلت عساكره الى عكا، ومنها حضر الى مرج ابن عامر بقرب الناصرة وكانوا نحو اورطة عسكر اي نحو ثمانمائة عسكري فرنساوي الذين فقط حضروا للمرج وتوجهت لهم جماهير الاهالي من كل ناحية واغلبهم دمشقيون، فاجتمعوا نحو اربعين الف مقاتل وتحاوطوا هذه الاورطة في ساحة المرج، فهؤلاء الفرنساويون جعلوا نصفهم يضارب والنصف الثاني يستريح، وهم صافيون نظير قلعة وبقوا صامدين الى ان وصلوا اليهم نحو ثلاثة آلاف عسكري من اوردي عكا اخوانهم، وعند قرب وصولهم وانسمع ضرب مدافعهم قالت هؤلاء الجموع الكثيرون: قد أتانا سعفة الآن عند وصولهم لعندنا نقدر معهم نملك هؤلاء الصامدين امامنا.* ولما تحققوا بانهم فرنساوية من اصوات المدافع التي كقول التاريخ تغني نابليون وحاضرون لاسعاف اخوانهم الثمانمائة عسكري الذين بقوا يومين صامدين قبال نحو اربعين الف، فحالاً فروا اولائك الكثيرون هاربين وتركوا ذخائرهم وخيامهم وكثير من الاسلحة، وصاروا يطرحوا بعضهم على الارض لكثرة ازدحام ركضهم.

فهذه الثلاثة سجايا التي بعضها نظرناه عياناً، والبعض عرفناه من التاريخ والنقل العياني، ولا سمعنا حتى ولا منهم عن سجاعة حربية بوقت ما سوى من افراد وعلى بعضهم بعض.
فأقول ان ابراهيم باشا رجل وزير حضر من مصر سنة ١٨٣٢ وحكم هذه البلاد باجمعها وجعلها بغاية الامنية كما مشهور ذلك.
فالايالة نظير هذه حاوية من كامل اجناس العالم يجد بها نحو خمسة آلاف عسكري الذي ليس منها بدمشق سوى خمسمائة عسكري عند احمد باشا المقدم ذكره بوقت تلك الطوشة، فهذه هي التي تعلمهم على عدم المروءة وتسمع عند الغير انها سجاعة. فنسأل الله تعالى ان يصلح امور سوريا ويجعل هذه المصيبة تذكاراً الى الملوك المتقدمين لينظروا ما يوافق هذه البلاد وصيانتها وعمارها، من كون هذه المصيبة قد اثرت في* كامل سكانها لبعد سنين كثيرة من الدثار.
في اول شهر تموز حضر لبيروت داود باشا داوداغلي من الاستانة، وهو من قبل الدولة متصرف على جبل لبنان بدون مقارشة والي سوريا وحكومته الى ثلاثة سنوات، وبالنهاية ينظر الموافق في عزله ام في ابقائه لمدة اخرى، كما روى ذلك في مجلس الدولة. وباثناء ذلك رجع وكلاء الدول الخمس وأقاموا في بيروت.
اليوم التاسع من شهر تموز وهو تذكار انفس الشهداء الذين قتلوا ظلماً في دمشق، وقد حصل لهم ثلاثة جنازات احدهم في كنيسة الروم الكاتوليك، والثاني في كنيسة السريان الكاتوليك، والثالث في دير ماري فرنسيس. وحصل مناحة شديدة المرارة عند المصابين في تذكار هؤلاء الشهداء وكان يوم مظلم من الاحزان والغموم مفعماً نوحاً وعويلاً لكل بقدر عظمة مصيبته وما قدره الله عليه مما ذكرناه قبلاً.

في شهر آب ظهرت اخبار بين العامة بان رجلاً مغربياً تنبأ ان باليوم السابع من الشهر القمري الواقع يوم الاربعاء تقوم اهالي الشام وبرّها* المتواصل حولها، ويحصل حرب عظيم فيما بين العساكر الموجودة والاهالي ويهرق دماء كثير ويجري في شوارع دمشق نظير الماء، وان كامل ما يجد من النصارى لا يبقى منهم واحد بدون قتل. وهذه الخبرية قد عملوا لها عماد لركزها أعني في سوابق هذا الرجل وصحة اخباره والخ. كعادة العالم في تصديق كذا اشياء باطلة، ودارت هذه الخبرية حتى انني أسمع وأنظر الكلام من اجلها باغلب الاماكن، وهي صارت المعوّل عليه. وكنت أتعجب من العقلاء وهم متوهمون مرعوبون القلب من قبل ذلك. ومن حيث في ابتداء ظهور هذا الخبر كان باقي لحلول اليوم المخبر عنه مدة عشرين يوماً، وكل مضي يوم وغيره تتعاظم هذه الخبرية ويحصل لها فروع بوجه الصدفات، ومن ذلك يرضخ تصديقهم لها. فقد حصل سجس عظيم عند المسيحيين من جري ذلك ومن طول مدة الوعد. قد فاقت احزانها على الحركة التي حصلت بوقت الجلوس الملوكي. كما اخبرنا عنه وبعد ان الحكومة عرفت بهذا السجس ارسلت واطمأنت النصارى عند الرؤساء الروحيين ورفعت من عقولهم هذه الاوهام التي حققوها عند حلول الوقت. وانما فلا يلامون لأنهم لم يبطل منهم الموت من تأثير الرعبات* الكائنة معهم من الماضي.

ان المسيحيين بعدما رأوا هذين الضوجتين التين ذكرناهما بعد انهم كانوا مؤمّلين بان الاسلام ندموا على ما مضى من اوله، ولذلك قد قطعوا الامل من الاقامة ايضاً بدمشق. ومنهم لم يعد منتظر ان يأخذ شيئاً من تعويض ضائعاته، ونجد كثيرين منهم تركوا حتى بعض متعلقات ضرورية وسافروا لبيروت، لان القصاصات التي جرت عليهم من الحكومة ما وصلت معهم سوى لسنة واحدة، وعندما

نظروا الفرصة استعدوا لانتقامهم ايضاً. والاصعب من ذلك فهو ان الدروز بعد ان عرفوا قفل باب فوق العادة وانه لا تسمع الدعاوي السابقة، فحضروا لدمشق وصاروا دائرين بالمدينة بنفوس مرتفعة، وبعض النصارى والاغلب من النساء يعرفون من منهم الذي قتل اخيه ام ولده او رجالها، ولحد الآن ما ظهر شيئاً من قصاصاتهم كما تقاصصت اسلام دمشق. فكيف ممكن ان المسيحيين يطيقون كذا منظر محزن مما فعلوه معهم هؤلاء المنافقين، فلا شك عدم قصاصاتهم تشهر لهم علانية ان اعمالهم بالنصارى كانت مقبولة لدى اولياء الامر كما هم يتكالمون بذلك في مجامعهم وخلواتهم وتحققت اقوالهم من عدم قصاصاتهم.

واما النساء والبنات الاتي* افترسن من الاشقياء وحملن منهم فبهذه المدة ولدن، فقدمن بنيهن هؤلاء الى قمسيون المسيحيين وصرخن بقولهن، لا نقبل في بيوتنا هؤلاء الاولاد. فقد ترتب لهن مرضعات لتربيتهم، وان كانت الوالدة فقيرة اخذت مصروفاً وبقي الولد عندها. فما هي اذاً هذه الحالة والعيشة السيئة، أفهل يلزم فواحش اكثر حتى المسيحيون تترك دمشق، فأي نعم ان هذا العمل الدنس فهو مع كم واحدة من النساء والبنات. ولكن انما هو محتو هذا العار في كامل مسيحيي دمشق لانه ملتحق بالجنس. فيا مسيحيين اخرجوا من دمشق ولا تجعلوها مقركم لانني في هذه المدة التي انا موجود بها فكنت ألاحظ كيفية هؤلاء البرابرة، وأتسمع اقاويلهم فما وجدت منهم دليل السلامة. فاهربوا اذاً منها واسمعوا ما يقول لكم معلمكم السماوي: اذا ضاقت عليك كورة فارحل الى خلافها وهو يرزقكم من غيرها، وسبحانه هو اب الايتام والارامل والمساكين. غادروا دمشق يا مسيحيين كما هي غدرت بكم بعد ثروتكم وغنائكم، اصبحتم بها في ليلة واحدة فقراء ولا احد منكم قدر على مشتري قطعة عيش ليقيت لهفة اطفاله وجوعه وهو بالقلعة بعد* بيوتكم

ومساكنكم الرحبة، اضحيتم غرباء ولا مقر لكم سوى بالقلعة مطروحين على الارض تحت شمس النهار وندى الليل. ومن كان منكم بأخٍ اصبح بدونه، ومن كان بولدٍ وحيد فقده، والتي برجل اضحت ارملة، واطفالها يتامى. دمشق قد خلفت لكم عاراً عظيماً لا يقدر وصفه ولا يكون منسياً بعد اجيال مديدة، فلو استمعتم كلام المنافقين لكانت نقضت ايضاً جروحاتكم التي لا أظن بانها ختمت في دمشق جبرتم على ترك دينكم جبراً، واضحيتم مختونين علامةً لانكار فاديكم. حينما جرت عليهم القصاصات، فكنا نظن في دوام السلامة التي بوقته تظاهروا بها والآن قد خاب هذا الامل وننظر السموم طايفت بافواههم ومضغوا بألسنتهم حلاوة ما ذاقوه منكم ويترقبون فرصة اخرى، وليس هو بأمرٍ بعيد لان الحيوان ولو تأدب عن ذنب ما مرة ام اكثر، فيرجع بالسهولة ان لم يجد العصاء مرتفعة دائماً قباله. ومنهم قد اعادوا شيئاً ما، وهو قد أخذوا مال احدكم انطون اليازجي في قرب المزة بجانب دمشق نحو اربعة وعشرين الف غرش مع حوائجه وعطلوه من الضرب حتى اضحى بدون عقل. وايضاً قد قتلوا احدكم سليم الانتسايه قرب داريا حدي دمشق، ثم واخذوا* ابنة عشرة سنين وافترشها شاب من اسلام الميدان. ولو ان هؤلاء ذاقوا من الحكومة جزاتهم لكن لم ننظرهم بأقصى التوحش. وهذه هي اعمالهم لحد الآن فأين تكون السلامة عندهم.

وها انني قد وضعت لكم قدر ما فقد لكم بدمشق ومقدار قيمة ما تلف لكم بالحريق بقدر الامكان بعد مخابرتي مع ارباب الخبرة وذوي العقول التاقية جميع ما اقتناه اجدادكم وكابدوا اتعاباً لجمعه منذ اعوام مديدة. قد فقد منكم في ليلة واحدة وباطلاً تطلبون عوضه من العالم بل الله وحده الذي يعوض لكم متى عملنا رضاه وحفظنا وصاياه، لانه تعالى سبق وهددنا قائلاً: ان سمعتم مني ستأكلون خيرات الارض وان لم تسمعوا سيأكلكم السيف. فنسأله تعالى بان يكف

غضبه عنا ويرحمنا، ننظر هنا اولاً عدد المقتولين والذين توفوا من الرعب بموجب تقرير الاطباء المؤكدين ذلك.

بيان عدد المقتولين باليد وعدد المتوفين من الرعب بالشام ودوائرها من الشام تقريباً موافقاً

	٢٥٠٠ مقتولين باليد والمفقودين
٥٥٠٠	٣٠٠٠ متوفين من الرعب
٠٥٠٠	من ناحية وادي العجم كاملة
١٣٠٠	من حاصبيا وتوابعها كاملة
١٤٠٠	من راشيا وتوابعها كاملة
٠٣٠٠	من زحلة كاملة
١٨٠٠	من دير القمر كاملة
١٥٠٠	من ناحية المتن والشوف
٠٣٠٠	من البقاع واماكن متفرقة
١٢٦٠٠	

يمكننا ان نلاحظ هنا بان النصف من هؤلاء قتلوا باليد، والنصف الآخر ماتوا من الرعب بالمشاهدة والسمع. وقدر الجميع كما مذكور اثنا عشر الف وستمائة نفس لا غير. نسأل الله تعالى ان يرحمهم ويرحمنا اجمعين.*

بيان مقدار كمية المفقود بالنهب وقدر قيمة المحروق استحسان الخبيرين

بيان المفقود بالنهب فقط

اجمالي

كنائس واديرة

كنائس الروم	١٦٠٠٠٠٠	
دير الفرنسيسكانين	١٢٥٠٠٠٠	
كنيسة الروم الكاتوليك	١٠٠٠٠٠٠	
كنيسة سريان كاتوليك مع مال اسقفها	١٠٠٠٠٠٠	
كنيسة المارونية	٠٥٠٠٠٠٠	
	٥٣٥٠٠٠٠	
كنيسة ارمن يعقوبية	٠٦٠٠٠٠٠	
كنيسة بروتستنط	٠٢٠٠٠٠٠	
دير الكبوجيين	٠١٥٠٠٠٠	
كنيسة ارمن كاتوليك	٠١٥٠٠٠٠	
كنيسة روم كاتوليك شرقيين	٠١٥٠٠٠٠	
كنيسة سريان يعقوبية	٠١٠٠٠٠٠	
اجمالي قناطيش ومدارس	٠٧٥٠٠٠٠	٧٤٥٠٠٠٠

بيوت قناصل وكشلاريات

قنصل النمسا	٥٠٠٠٠٠
قنصل روسيا	٣٠٠٠٠٠
قنصل اميركا	٣٠٠٠٠٠
قنصل اليونان	٣٠٠٠٠٠
	*١٤٠٠٠٠٠

تابع المفقود بالنهب فقط
اجمالي

٧٤٥٠٠٠٠ تابع ما قبله

تابع بيوت قناصل

	١٦٠٠٠٠٠	تابع جمع قبله
	٠٣٥٠٠٠٠	قنصل بلجيك
	٠٢٥٠٠٠٠	قنصل ساردو سابق
٢٤٠٠٠٠٠	٠٢٠٠٠٠٠	قنصل يونان سابق

المسيحيون تقدير عائلات

	١٥٠٠٠٠٠٠	عائلة	٠٥٠	٣٠٠٠٠٠
	١٠٠٠٠٠٠٠	عائلة	١٠٠	١٠٠٠٠٠
	٢٤٥٠٠٠٠٠	عائلة	٣٥٠	٠٧٠٠٠٠
	٢٠٠٠٠٠٠٠	عائلة	٥٠٠	٠٦٠٠٠٠
	١٥٠٠٠٠٠٠	عائلة	١٠٠٠	٠١٥٠٠٠
	٨٤٥٠٠٠٠٠			
	٠٣٥٠٠٠٠٠	عائلة	٠٥٠٠	٠٠٧٠٠٠
٨٩٥٠٠٠٠٠	٠١٥٠٠٠٠٠	عائلة	٠٥٠٠	٠٠٣٠٠٠
٩٩٣٥٠٠٠٠				

بيان قيمة المحروق فقط
اجمالي

كنائس واديرة

٢٥٠٠٠٠٠	كنائس الروم
١٢٥٠٠٠٠	دير الفرنسيسكانين
	دير العازرية
	٠٧٥٠٠٠٠ من النهب
٢٢٥٠٠٠٠	١٥٠٠٠٠٠ من الحريق
١٥٠٠٠٠٠	كنيسة روم كاتوليك مع الخستخانة
*٧٥٠٠٠٠٠	

تابع المحروق وقيمته فقط
اجمالي نقل جمع ما قبله

تابع كنائس واديرة

٧٥٠٠٠٠٠	نقل جمع ما قبله
٠٥٠٠٠٠٠	كنيسة سريان كاتوليك
٠٤٠٠٠٠٠	كنيسة الموارنة
٠٧٠٠٠٠٠	كنيسة ارمن يعقوبيين
٠٣٠٠٠٠٠	كنيسة بروتستنط
٩٤٠٠٠٠٠	
٠٣٠٠٠٠٠	دير الكبوجيين
٠٢٠٠٠٠٠	كنيسة الشرقيين

	٠١٠٠٠٠٠	كنيسة سريان يعقوبيين
	٠١٠٠٠٠٠	كنيسة ارمن كاتوليك
١١١٠٠٠٠٠	١٠٠٠٠٠٠	اجمالي قناطيش ومدارس

المسيحيون بيوت

	١٥٠٠٠٠٠٠	بيت	٣٠	٥٠٠٠٠٠
	١٢٥٠٠٠٠٠	بيت	٥٠	٢٥٠٠٠٠
	١٨٧٥٠٠٠٠	بيت	١٥٠	١٢٥٠٠٠
	١٥٠٠٠٠٠٠	بيت	٢٠٠	٠٧٥٠٠٠
	١٠٠٠٠٠٠٠	بيت	٢٥٠	٠٤٠٠٠٠
	٦٠٢٥٠٠٠٠			
	٠١٨٠٠٠٠٠	بيت	١٥٠	٠١٢٠٠٠
	٠١٤١٢٠٠٠	بيت	١٧٨	٠٠٨٠٠٠
٦٣٨٦٢٠٠٠	٠٠٤٠٠٠٠٠	بيت	٢٠٠	٠٠٢٠٠٠
			١٢٠٨	

بيوت يقتضي لها تصليح

	٢٥٠٠٠٠٠	بيت	٥٠	٥٠٠٠٠
	١٥٠٠٠٠٠	بيت	٥٠	٣٠٠٠٠
	٠٥٠٠٠٠٠	بيت	١٠٠	٠٥٠٠٠
٠٤١٣٦٠٠٠	٠١٣٦٠٠٠	بيت	٠٦٨	٠٢٠٠٠
*٧٩٠٩٨٠٠٠				

تابع قيمة المحروق فقط

اجمالي				
٧٩٠٩٨٠٠٠	نقل جمع ما قبله			
	دكاكين سوق وشارع			
	٠٣٧٥٠٠٠	دكان	٥٠	٧٥٠٠
	٠٢٥٠٠٠٠	دكان	٥٠	٥٠٠٠
	٠١٢٥٠٠٠	دكان	٥٠	٢٥٠٠
	٠٥٠٠٠٠٠	قهاوي وفران وبوايك	٥٠	١٠٠٠٠
٠١٧٥٥٠٠٠	٠٥٠٠٠٠٠	مصابغ ومحلات بهائم	٥٠	١٠٠٠٠
	دكاكين صنائع			
	١٠٠٠٠٠٠	دكان	١٠٠	١٠٠٠٠
	٠٧٥٠٠٠٠	دكان	١٠٠	٠٧٥٠٠
	٠٥٠٠٠٠٠	دكان	١٠٠	٠٥٠٠٠
٠٢٣٥٠٠٠٠	٠١٠٠٠٠٠	دكان	٠٥٠	٠٢٠٠٠
٨٣٠٩٨٠٠٠				
٩٩٣٥٠٠٠٠	نقل جميع المنهوبات من قفاه			
١٨٢٤٤٨٠٠٠				
٠٣٠٠٠٠٠٠٠	تعطيلات سنة: ان هذا القلم نضعه بقدر مصروف السنة اعتبار عائلة ٣٠٠٠ ١٠٠٠٠			
٢١٢٤٤٨٠٠٠				

عنها	عنها
كيس عدد	مليون غرش
٤٢٤٨٩٦	٢١٢,٥ الا ٥٢ الف

فقط مائتين واثنا عشر مليون غرش ونصف، عنها اربعمائة واربعة وعشرون الف كيس وثمانمائة وستة وتسعون كيس لاغير، بموجب استحسان اهالي الخبرة بعد المداولة الطويلة والفحص* بوجه التقريب.

في اواخر شهر آب فؤاد باشا طلب للمواجهة عنده رؤساء المسيحيين الروحيين وابدى لهم بانه مستحسن في المباشرة بعمار الكنائس اولاً لان المسيحيين اذا شاهدوا ادارة البنايات في كنائسهم فيرغبون عند ذلك في عمار محلاتهم ويحضرون جميع المتغربين عن دمشق ايضاً وتركن قلوبهم بالاكثر. فاجابه الرؤساء بالاطاعة وحمدوا ما ارتاؤوه، فاعطاهم تعليمات لذلك مفوضة في البنود الآتي شرحها في كيفية عمار الكنائس.

صورة التعليمات وبنودها

انه بناء على المباشرة الواقعة الآن باستحصال اسباب اصلاح احوال مسيحيي دمشق وتضمين اضرارهم، قرّ الرأي ابتداءً على انشاء الكنائس المحروقة في محلة المسيحيين وتعمير المحلات المختصة بالرؤساء الروحيين. قد صدر الحكم من لدن المأمورية المخصوصة بالكشف على الكنائس والمحلات المذكورة والمبادرة الى انشائها على المواد الآتي بيانها:

المادة الاولى

ينبغي ان يترتب جمعيات مختلفة بحيث تكون كل واحدة منها مؤلفة من ستة اشخاص ثلاثة منهم تعينهم الحكومة وثلاثة ينتخبهم الرئيس الروحي* ويحصل الكشف على الكنائس والمحلات المختصة بكل مذهب على حدة، ولكي يكون الكشف بالتبعية يبتدأ فيه اولاً بالمعابد المختصة بمذهب الروم، ثانياً بالمعابد المختصة بالروم الكاتوليك، ثالثاً بالمعابد المختصة بمذهب السريان، رابعاً بالمعابد المختصة بمذهب الموارنة، خامساً بالارمن ثم بمعابد الارمن الكاتوليك، بشرط ان الثلاثة اعضاء المعنيين من طرف الحكومة والثلاثة المنتخبين من قبل الدين الروحي لذلك المذهب يجتمعون مبادرين لايفاء مأمورية الكشف على المعابد المختصة به.

المادة الثانية

انه يجب على الجمعيات حفظ النظام والترتيب كما في المادة الاولى، وهو انتخاب معلمي الكشف من معلمي البناء، وكل فرقة من الجمعية تعتبر اعضاء للحكومة والفرقة الاخرى اعضاء للمذهب.

المادة الثالثة

ينبغي ان معلمي جمعية الكشف تتوجه بنفسها الى المحلات التي يطلب كشفها من معابد ذلك المذهب وهناك يجرون تحت نظارتهم الكشف اللازم على تلك المحلات وبما انه يجب في اول الامر تعمير كنيسة واحدة لكل مذهب، فيكشف حالاً على الكنيسة التي يعينها لهم الرئيس الروحي* ويتحرر بذلك دفتر ويتقدم. واذا بقي لذلك المذهب كنائس اخرى يجري فيما بعد الكشف اللازم عليها وعلى باقي المحلات المختصة به ويترتب دفاترها ويصير تقديمها.

المادة الرابعة

اذا كان لمذهب من المذاهب كنائس متعددة واراد رئيس ذلك المذهب تعمير كنيسة واحدة فقط راغباً ان يضم اليها مصاريف الكنائس الآخر، فمع انه يجب انشاء الكنائس وتعميرها على الحال التي كانت عليه قبل الحريق، فيجب حينئذ بعد اجراء الكشف لانشاء جميع الكنائس لذلك المذهب ان يجري ايضاً الكشف على الكنيسة المطلوب تعميرها على الصورة الجديدة على حدة ويضم له مصاريف المعابد المراد تركها وان يعطي بيان مقائسة ذلك.

المادة الخامسة

اذا طُلب توسيع احدى الكنائس طولاً ام عرضاً او ارتفاعاً يقبل ذلك ويجري مقتضاه بشرط ان لا يتجاوز مصاريف الكشف الواقع عليها حينما هي في هئتها السابقة.

المادة السادسة

يجب ان يتبين في دفاتر الكشف اعداد واجناس واثمان الاخشاب والحجارة والكلس وغير ذلك من الاشياء اللازمة للبنيان والتعمير مع يومية الفعلة كل شيء بالتفصيل. وبما انه قد قطع جانب* وافر من الاشجار لاجل تعمير محروقات محلة المسيحيين، فيجب ان يعطى من ذلك ما يطلب من الاخشاب بحسب الاسعار المقطوعة في دفتر الكشف لكل جنس ونوع منها، وانه طلب من الميري الحجارة والكلس اللازمة للعمار باسعارها المقطوعة، فليعط ذلك من دون تأخير. وينبغي ان يتبين في خلاصة الدفاتر كمية واثمان الاشياء التي يجب اعطاؤها عيناً، وكمية المصاريف التي يجب اعطاؤها نقداً كل على حدة.

المادة السابعة

بعد اتمام دفاتر الكشف المختم من الاعضاء والمعلمين يُرسل حالاً الى المأمورية المخصوصة، وبالمذاكرة مع الرؤساء الروحيين يجري العمل في امر الانشاء على موجب القرار الذي يعطى، وما عدا الاشياء التي يجب اعطاؤها من طرف الميري عيناً ينبغي ان يعطى عاجلاً، من النقود لاجل مداركة اللاوازم والجانب الآخر فبحسب الاقتضاء يعطى دفعة فدفعة.

المادة الثامنة

انه عندما يُعطى القرار على كمية وانواع الاخشاب التي يجب اعطاؤها للكنائس من طرف الميري ينبغي للحكومة ان تنقل الاشجار اللازمة وتحولها الى شكل الاخشاب وكذلك الحجارة والكلس يجب ان تفاد الحكومة عن كمية المطلوب وانواعه لكي* يصير اسباب ايجاره حالاً، وينبغي للحكومة ان تجري سريعاً ما يلزم من هذا القبيل.

محمد فؤاد

ان المبلغ الذي انفرض على دمشق وايالاتها قد حصل اعاقة من بعض المحلات في تحصيله بكونه ليس بيسير، ولذلك اضطرت الحكومة في ازدياد العساكر بكل الجهات وبادرت بتحصيله جبراً عدا جبل دروز حوران. هؤلاء بقوا الى شهر ايلول ما ورد منهم شيء وقدموا اعراضات للحكومة في عدم امكانهم لدفع هذا المطلوب كيس ٨ الف كما مذكور بمحله، وحيث ما امكن للحكومة فتح الحروب معهم خاصةً بذاك الوقت الذي مقتضى به تصليح شيء اعظم، وانما كانت ترسل اوامر التهديد الى مدير هذه الناحية الذي لا يخرج بيده سوى الكلام معهم فقط. وكان بعض مشايخهم يبينون

ظاهرهم بالاطاعة وهم بعيدون منها، وانما الشيخ فارس عامر احد المشايخ العمد الذين يؤولون على الناحية الشرقية من الجبل، وقسمته هذه تبلغ اوفر من النصف بالمقاطعة، فارسل اعراض الى سرعسكر باشا وطلب منه الامنية، وانه يرغب ان يحضر لدمشق ليعرض شكواه، وحول ايضاً مكتوب الى مطران يعقوب السرياني وطلب منه الافادة بالنصيحة عن حضوره خوفاً ان يجري عليه مغدورية من قبل الحكومة، فالمطران اعرض ذلك الى سرعسكر باشا وأخذ منه قول الشرف بان يحضر هذا الشيخ ولا يكون له سوى ما يسره.* وعند ذلك حرر له جواب مكتوبه وارسله له. وعند وصول هذا التحرير الى الشيخ فارس ارسل الى عمد ومشايخ الناحية التي يؤول عليها، وعين جمعية في محله بالبلد التي تسمى شهبا وعند اجتماعهم وتلى عليهم تحرير المطران المذكور، فاجابوا جميعهم اننا نسمع نصيحة المطران يعقوب السرياني ونطيع للدولة ونقدم مطاليبنا لها بالسرعة، وهذا التحرير قد صار منه نسخ ومُدح مقالهُ الصوابي الذي به ينصح جماعة الدروز الى اطاعة الدولة.

صورة التحرير

جناب افتخار المشايخ الاكرمين وعمدة الاماجد المحترمين حميد الشيم الشيخ بو حمود فارس عامر الافخم اطال الله بقاءه،
عند افتقاد خاطركم الكريم والسؤال عن رفاهية مزاجكم السليم باحسن الاوقات ورد الينا تحرير مودتكم وحمدناه تعالى في دوام سروركم وجميع شرحكم صار معلومنا تذكروا انه بهذا الاثناء قد صدر امر سعادة افندينا مشير باشا المعظم الى جناب مدير القضاء في طلب مال ضريبة فوق العادة، وانه قد باشرتم بعمل جمعية من مشايخ وارباب الديانة ومعتبري البلاد، وانذرتموهم للاطاعة وقد

تباين لكم بعض اختلافات من البعض منهم وأبوا عن دفع المطلوب رغب انذاركم لهم افراداً، وقدمتم لهم* اقتضاء الاطاعة واللزومات لرفضها، فاجابوا بالقبول وفرضتم الآن مبلغ ألفين كيس وحصلت المبادرة بجمعها ومرسلين جنابكم الآن نقلت من الحنطة مقدماً عنها. وان قريباً تحضرون ونشاهدكم بدمشق، فأجيب بانه يلزم جميعنا ان نعرف في ان الدولة العلية هي حليمة على رعاياها كالوالدة الطبيعية على اولادها، ولئن نجد بعض الاوقات تقدم لهم بعض علاجات مرة انما لا تقصد بذلك ضررهم بل انتفاعهم لاجل ازالة بعض الامراض عنهم وبمثله، اذا وجد بعض الامهات تأدب اولادها لكن لا ترغب بغضتهم بل محبتهم ليكونوا مستقيمين وتفرح من اطاعتهم لها. ولذلك قد انزل الله في الوصية الرابعة من العشرة على يد موسى النبي قائلاً: أكرم اباك وامك وعن لسان، قال: من يعصي اباه وامه موتاً يموت لان جلّت قدرته يعرف مقدار محبة الوالدين لاولادهم، وان الاطاعة لهم ضرورية ونظيره الدولة العلية لرعاياها وفي محلات عديدة يوصى باطاعتها. قال الانجيل الكريم: اعطي مال قيصر لقيصر واوفي ما عليك لله وبالشريعة المطهرة، طيعوا الله واولي امركم. ما حررت كتابتي هذه لأعظكم لكونكم سبقتم وانذرتم المأبين عن الاطاعة بل لأذكركم بالاقاويل الشريفة* المصرحة بهذا الخصوص، فكونوا حريصين على ما ابتديتم به ونادوا جهاراً بصوت عال بما انذرتم به ان احد الاولاد الطائعين اذا انذر بعض اخوته المتردين واقادهم لاطاعة والديهم، فيكون جزاؤه اعظم حباً. وجنابكم سيشاهدون ثمرة اتعابكم يوم تاريخه تشرفنا في اجتماع دولتلو افندم مشير باشا. ومن اعراضاتنا لسعادته اعرضنا في حضور تحريركم لنا وكيفية عملكم الحميد، وبالوقت صدر امره الكريم جواباً لاعراضكم ومن شيم الوزارة الجليلين قد اعطى لجنابكم الامنية الكافية كما تلقيناها من فيه الفخيمة شفاهاً خصوصي

لنا عن جنابكم، وقد امرني سعادته بانني أحرر لكم جميع ذلك لانه حصل ممنوناً لتعبكم بتسهيل المطلوب، فانظروا ها قد نضج حالاً اثمار عملكم وقد شاهدتم قبلاً ما تلقاه جناب اخيكم الشيخ بو قاسم اسعد آغا منذ اعرضنا لدولته في اتقان سلوكه مع مسيحيي ناحيتكم بالحادثة الماضية وتقابل في نصيبه من شرف الدولة العلية. نؤمل ان لا يبرح مقال تحريرنا هذا من ذاكيتكم ويبقى محفوظاً للتذكر به بوقت اللزوم لان نحن واياكم الطائعين للدولة العلية نفرح في اكتساب احد الشاردين لا لكونه بعيداً من قصاصها بل لانه اطاع بدون تأديبها الصارم،* عسى قريباً نشاهد لطفكم الانيس مزيد اشواقنا لجناب اخيكم المحترم واطال الله بقاءكم.

محبكم المخلص

غريغوريوس يعقوب

رئيس اساقفة السريان

بدمشق الشام

وبعد عشرة ايام حضر هذا الشيخ لدمشق وقابل مشير باشا ووالي باشا، بينما حضر فؤاد باشا من بيروت وقابله وقدم الاطاعة وتعين محل من الحكومة لنزوله به وصارت تحضر الاموال من قبل الدروز. فالمطران يعقوب قد ربح ثلاثة ممنونيات، احدهم من الحكومة، والثانية من طائفة الدروز، والثالثة من الاهالي لانه قد حصلت الامنية فيما بين بلادهم نوعاً عن قبل حضور هذا الشيخ.

في شهر ايلول كان حضور فؤاد باشا لدمشق من بيروت لانه في كل كم يوم يتوجه لبيروت يقيم كم يوم تحت الاقتضاء ويرجع لدمشق، وحضر ايضاً وكلاء الدول الخمسة، وكل منهم أخذ محل بالمدينة من المحلات المعتبرة. واجتمع جملة امراء مع فؤاد باشا بالمذاكرة عما يخص تدبير المصابين، واخيراً اعتمدوا في عمل قمسيون لتحقيقات

دعاوى المسيحيين وكيفية القرار الذي حصل بعد ان* الحكومة عينت اعضاء المجلس الذي من قبلها، ولذلك طوائف النصارى عينوا الاعضاء الذين من قبلهم وارسلوا اسمائهم للحكومة. وعند ذلك كل من وكلاء الدول أخذ نسخة بكيفية القرار وبنوده واسماء الاعضاء باجمعهم، وعادوا الى بيروت. فلما تلى هذا القرار عند النصارى فحصلوا بغاية السرور لانه خالي من المغدورية وتباين لهم بانهم يعودون الى احوالهم التي كانت عليها خاصةً مما شاهدوه من مجابرة فؤاد باشا.
وقد رجعت الموظفون الى مأمورياتهم الذين من المسيحيين. واعطاهم نياشين رتبة رابعة، واحدهم جبرايل افندي بحري صراف الخزينة عمل عزيمة محتفلة لفؤاد باشا ومشير باشا ووالي باشا وبعض الضباط ومن وجوه البلد، وبعده انطون افندي الشالي عمل عزيمة ايضاً للمذكورين وكانت اكلف من تلك، وبعده ديمتري افندي شلهوب عمل عزيمة وزاد على الآخرين، ومن بعده المطران يعقوب السرياني عمل عزيمة وكانت لائقة على الوجهين، وبعده مشير باشا سرعسكر عمل عزيمة محتفلة وادعي جميع رؤساء النصارى الروحيين والزمنيين والوزارء والضباط والعساكر، وكانت ليلة مفعمة حظاً، وبعده والي باشا عمل عزيمة واستدعى لها جميع ما ذكرناهم كافةً.*

صورة القرار في تضمينات مسيحيي دمشق بحسب اصل الخمسة نسخ، وهذه السادسة، التي أخذها وكلاء الدول وهذه بقيت للحكومة بعد ان طبعت.

انه لما كان من اخص مطلوب وملتزم السلطنة السنية اصلاح احوال اهالي المسيحيين المصابين في مدينة دمشق وتضمين المضرات

التي التحقت بهم، فباول الامر قد جرى من طرف المأمورية المخصوصة تحقيقات عمومية وتخمنت مسلوبات كل احد ومحروقاته بوجه تقريبي، فبلا شك انه وقع بها سهو وخطأ ولذلك اعطى لكل منهم الاختيار في الردّ ام القبول بكونه لا يمكن تجويز وقوع المغدورية بحق احد، فالتضمينات المتعلقة بالاملاك يحصل تقديرها بمشاهدة عرصات الاملاك المحترقة، واما التحقيق على المسلوبات يلزم اجراؤها على وجه آخر. وبناء على هذين المسألتين لاجل السرعة والسهولة قد اعطي هذا القرار الآتي بيانه في صورة تنظيم ذلك:

الفصل الاول في صورة رؤية دعاوي التضمينات بوجه العموم

المادة الاولى

ان دعاوي الذين قبلوا بالطوع والرضا بدلات مسلوباتهم ومحروقاتهم على موجب التخمينات التي صارت مقدماً، فهذه قد فرغ منها ومن* الآن وصاعداً، الذين لم يوافقهم لا بدل مسلوبات ولا بدل محروقات حسبما تخمن لهم ويطلبون الفحص والتدقيق من الجهتين ويدعون بكل منهما حسب الاصول.

المادة الثانية

انه منذ اشهار هذا الاعلان لحد اسبوع واحد مجبور كل انسان ان يبين صورة اختياره، ومن كان غير قابل فليحرر بديل ورقة العلم خبر المعطاة له قبلاً كيفية قبوله ام عدمه، ونحب وضع امضاه وختمه فيسلمها لرؤساء قمسيونات الاعانة اللذين في دمشق وبيروت وطرابلوس. لكي من كان قابلاً فيعطى له سركي بايفاء مطلوبه

توقيفاً للقرار، ومن كان غير قابل فتتحول دعواه الى مجلس التحقيقات.

المادة الثالثة

فمن كان قتل له احد من عائلته في اثناء الحادثة يلزم ان يبين اسم وسن وحال ذلك الشخص المقتول وما كان عليه في هذه العائلة ثم رأيه وطلبه.

المادة الرابعة

اذا كان يوجد بعض اشخاص لم تعط لهم اوراق علم وخبر ولم تتقدر مسلوباتهم لعدم وجود قيد لاملاكهم في دفتر الوركو، فيلزم ان يحرروا عرضحالات ويسلموها لرؤساء القمسيونات التي بالجهات المحررة حيث* يعينون للحكومة اسم ومحلة وزقاق ذلك البيت او الملك الذي لهم.

الفصل الثاني في تضمينات المحروقات
المادة الخامسة

انه يترتب لاجل تثمين المحروقات اربعة جمعيات، وتكون مركبة من ذاتين معتبرين احدهما من طرف الحكومة والثاني من طرف المسيحيين، ثم ومن اربعة قلفاوات بالوجه المذكور. واما انتخاب هؤلاء الوكلاء والقلفاوات يكون بمعرفة الرؤساء الروحيين ووجوه الملل وباكثرية الآراء.

المادة السادسة

ان المـأمورين المـذكورين سـواء مـن طـرف الحكومـة ام مـن قبـل المسـيحيين يجـب ان يحلفـوا يمينـاً بسـلوك طريـق الحـق والاسـتقامة وعدم اضرار الدولة ولا المسيحيين بشيء.

المادة السابعة

ان المكافـاة النقدي المقتضـي اعطـاوه الـى الاشـخاص الـذين يتعينـون لهذه الجمعيات بمقابلة تعبهم، فيعطى من طرف الحكومة.

المادة الثامنة

ينبغـي ان تقسم محـلات المسيحيين الـى دائـرات اربـع وكـل* جمعيـة تشـتغل فـي احـدى هـذه الـدوائر، وكـل مـن الـدعاوي تتحـول لجهـة دائرتهـا، وقد نُظمت ورقـة فـي صـورة تشكيل هذه الـدائرات فيكـون العمل بموجبها.

المادة التاسعة

ينبغي ان يُعتبر قيمة الملك بما كان يساوي من الثمن بالسعر الذي لـو ابيع قبـل الحريـق او تعتبـر القيمـة التـي كـان يقـع عليهـا التـوارث لـو توفي صاحبه، وهكذا تُعتبر كمية الدراهم التي يجب صـرفها لتجديـده ليـوازي ثمنـه السـابق، وهكـذا يكـون عمليـة المـأمورين والجمعيـات بموجب هذه القاعدة وفاءً للحقانية.

المادة العاشرة

ينبغي على كل جمعية ان تذهب بكاملها الـى عرصـة البيـت او الملـك الـذي يحققـون عليـه ويأخـذون مسـاحة تلـك العرصـة، ولـدى التحقيـق

يتحرر به دفتر وبعد نهاية كل تحقيق، فيمضى من كامل الجمعية وبعد الختم يرسل الى الحكومة لكي يجري بمقتضاه.

المادة الحادية عشر

ان مادة الكشف فهي منوطة بالقلفاوات البنائين، فالمأمورون وان كانوا يجرون الدقة الا ان هؤلاء فلا يصنعون شيئاً مغايراً الا ان هذه الجمعيات هي في صورة حكم، والقرار الذي يعطونه يعتبر قطعياً.

المادة الثانية عشر

بما انه قد تطهر جانب من محلات المسيحيين المحروقة* من جانب الحكومة، فالباقي من المحلة يجري تطهيره ايضاً، والماء الجاري بهذه المحلات فالمواضع التي اليها الماء من المجاري العمومية، فاذا كانت تخربت حصراً في الحادثة، فيصير عمارها من جانب الحكومة، واما المجاري المختصة بكل دار فهذه حساب مصارفاتها على صاحب الملك.

المادة الثالثة عشر

ان البيوت التي لم تحترق ولا تهدمت بل يقتضي لها ترميم، فهذه قد ابتدأ في انجازها من طرف الحكومة، فتكون حينئذ مستثناء من هذا القرار.

الفصل الثاني في تضمين المسلوبات

المادة الرابعة عشر

يقتضي ان يتعين جمعية لاجل رؤية دعاوي المتعلقة في المسلوبات وتسويتها، فيلزم ان تكون مركبة من اثنين وعشرون عضواً، منهم

احدى عشر تعينهم الحكومة والاحدى عشر تعينهم المسيحيون. فالذين هم من قبل الحكومة يلزم ان يكون منهم ستة اعضاء من اهل الاسلام واحدهم رئيساً. والذين هم من قبل المسيحيين يجب ان يكونوا بحسب اعداد المذاهب اي ان يكون من طائفة الروم ثلاثة،* وثلاثة من طائفة الروم الكاتوليك، وواحد من طائفة السريان الكاتوليك، وواحد من طائفة اللاتينين، وواحد من طائفة الموارنة، وواحد من طائفة الارمن، وواحد من الارمن الكاتوليك. وكل من الملل المذكورة تجتمع وجوهها عند رئيسها الروحي وينتخبون ذاك العضو، ثم اذا احبوا عضواً ان يكون من غير مذهبهم فلا مانع بذلك.

المادة الخامسة عشر

ينبغي ان اعضاء هذه الجمعية يتحلفوا على السلوك بالصداقة والاستقامة وعدم ذهاب افكارهم الى مضرة احد الطرفين البتة.

المادة السادسة عشر

انه يلزم ان تقسم اصحاب الدعاوي الى قسمين، فالقسم الاول هم الذين ليس لهم رأس مال بصنائعهم بل يتعيشون بكد ايديهم فقط، والقسم الثاني هم الذين خارجون عن هؤلاء. فيقضي ان الصنف الاول ينقسم الى صنوف متعددة ويتخصص لهم في درجات متعددة بحسب رأي المجلس بمقتضى اللازم، ويتعين لكل درجة مقداراً من التضمينات الموافقة للحقانية. واما الصنف الثاني الذين يلزم التدقيق عن ضررهم الشخصي وتعيين* مقدار ما يلزم ان يعطى من التضمينات لكل منهم.

المادة السابعة عشر

ان المجلس المذكور بعد ان يعين تضمينات الحرف الذين يشتغلون باليومية بعد تفريق صنوفهم، فيجب ايضاً ان يحقق عن احوال المقتولين من كل عائلة ويبين مقدار الذي يلزم اعطاؤه من آثار المرحمة السنية لتلك العائلة، كما يأتي بيانه وهو ان العائلات المصابين بفقد رؤسائهم ارباب سداد معيشتهم، والثاني هو وان كان رئيس عائلتهم حياً لكن اصيب بفقد المعين له، والثالث هم الذين ولئن كانت مصيبتهم ليست هي بدرجة القسمين المنوه عنهما وانما اصيبوا بتلف احد اعضاء عائلتهم. فينبغي ان يتعين لكل من هؤلاء الصنوف الثلاثة مقدار الذي يجب اعطاؤه على سبيل العطية السنية عدا قيمة مسلوباته ومحروقاته، ويكون موضحاً ذلك ليس بدفتر المجلس فقط بل وبالمضبطة التي يأخذها المدعي بذلك ليصير وفاؤه سوية.

المادة الثامنة عشر

يجب ان اصحاب الجمعية تدعوا اليها فرقاً فرقاً بالتبعية من اصحاب الدعاوي، فالذين بالجهات يمكنهم يقدمون قوائم متلفاتهم عند وكيل يحضر عنهم بالمجلس، فيجب* ان عضو ذلك المذهب يقدم المعلومات نظراً الى اثاث ولجملات ذلك المحل بوجه الحقانية، وان كان هذه الجمعية ام صاحب الادعاء يقتدران على اقامة شاهداً على ذلك، فتتعين حينئذ الشهادات التي تعطى وتتبين، ثم ويحصل التدقيق في ان كان المدعى اضاع جميع ذلك بالحادثة ام خلص منه شيئاً ما.

المادة التاسع عشر

ان الدعاوي المختصة في الامتعة المتعلقت بالتجارة، فيجب ان يجري التدقيق التام بخصوصها ومراجعات الشهادات التي تتقدم من المدعي، وان كان خلص منها شيء ام فقد الجميع ويجب الاستخبار

من ارباب الوقوف في هذا الباب. اما ضائعات السندات المتعلقة بالتجارة، فيحصل عنهم الفحص التي تعينه لذلك القاعدة التجارية ويسأل من لهم الخبرة بحال تجارة صاحب الدعوى.

المادة العشرون

ان الذين تقدر قيمة مسلوباتهم في مجرى الحق، فيعطى لاصحاب الدعوة مضبطة بامضاء وختم الرئيس والاثنين وعشرين عضواً، وذاك يقدمها لطرف المأمورية المخصوصة ليعطى بموجبها السند اللازم للايفاء.

المادة الحادية والعشرون*

انه عند ابتداء هذه الجمعية يجب اولاً في رؤية دعاوى الاعضاء وتسوية تضميناتهم غير الذين منهم قبلوا اوراقهم الاولى، وحين المطالعة في دعوى ذلك العضو فلا يجب ان يكون بالمجلس عضواً بل كأحد المدعيين بينما تنتهي دعواه. ويجب ان يخرج ايضاً عضو نظيره من اعضاء الحكومة ليكونوا الاعضاء متساويين عدداً من الطرفين، ولا ينبغي لاحد من الاعضاء ان يتوكل لاحد مطلقاً من اصحاب الادعاء.

المادة الثاني والعشرون

انه في اثناء مذاكرات المجلس اذا خطر في بال احد اعضائه شيء ما يسهل سرعة هذه المتعلقات فيما يكون خارجاً عن القواعد المعينة في هذا القرار، فيجب الاعراض عنه لطرف المأمورية المخصوصة.

المادة الثالث والعشرون

وهي الاخيرة

ان مذاكرات المجلس يجب ان تكون علنية.
تمت*

في عشرين تشرين الاول توجه وكلاء الدول من الشام لبيروت وهم معتمدون على القرار المقدم ذكره، وكذلك أخذوا بيان في اسماء اعضاء هذا المجلس كل بمفرده ومذهبه. فالاول فهو الرئيس يسمى محمد رشدي شرواني زاده، الثاني السيد محمود افندي حمزة زاده، الثالث عثمان بك ابن مردم باشا رئيس مجلس التجار، الرابع الشيخ محمد البيطار فقيه العلم، الخامس السيد خليل الخياط تاجر حرير، السادس [---] عمدة ملقيي سداوات الحرير، السابع شبلي افندي ايوب، الثامن ابراهيم افندي طنوس، التاسع انطون افندي الشالي، العاشر ديمتري افندي شلهوب، الحادي عشر ميخايل افندي طويل، تم مأمورين الحكومة. ثم اعضاء سلك المسيحيين من طائفة الروم الخواجات يوحنا زريق وعبده ابو شعر سركيس دبانة، ومن طائفة الروم الكاتوليك فهم نقولا خباز وانطون غرة ويوسف الرطل، ومن طائفة السريان جرجس مدور، ومن طائفة اللاتينين ميخايل شيحا، ومن طائفة الموارنة ابراهيم قده، ومن طائفة الارمن مماس ترزي باشي، ومن طائفة الارمن الكاتوليك سركيس قششوا، تمت الاثنين* وعشرون عضواً.

وفتح المجلس باليوم الخامس والعشرون من تشرين الاول سنة ١٨٦١، فكان ابتداء خطابهم قام احد الاعضاء وتلى القرار وبنوده المقدم ذكره الذي من فؤاد باشا، وعند النهاية اجاب رئيس المجلس بانه يجب ان نضع هذا الايمام اساس الى اعمالنا لنعرف ما يلزمنا عمله، ثم قال فلنبتدئ اولاً في تضمينات الاعضاء بحسب الامر

والقى قرعة باسمائهم، فمن كان اول ام ثاني والخ. تقدم قائمة اولاً من الخواجا سركيس قششوا بمبلغ ٦٧٥ الف منها مسلوبات ٥٢٥ الف ومحروقات ١٥٠ الف، فحصل التدقيق الكافي بذلك وتقدم شهادات منها مسيحيين ومنها اسلام، وبعد ثلاثة ايام روى بالمجلس بان يكون له ٤٠٠ الف عن طلبه. تقدم ثاني قائمة من الخواجا سركيس دبانة بمبلغ ٨٠٠ الف منها مسلوبات ٦٢٠ الف ومحروقات ١٨٠ الف، وبعد المذاكرة الطويلة والتحقيق الكافي فتعين له ٤٢٥ الف. تقدم ثالث قائمة من الخواجا مماس ترزي باشى بمبلغ ٦١٥ الف، وبعد الفحص والتدقيق فتعين له ٢٣٥ الف. قد ذكرنا طلب هؤلاء الثلاثة قوائم لكي نفهم هنا ان احدهم أخذ الثلثين وغيره النصف والاخير الثلث، وهكذا كانت قوائم المسيحيين في* هذه الكيفية. لاننا لا نقول ان هذه القوائم ام غيرها هم بوجه الصدق جميع المحرر بهم بل يجد بعض قيودات لا تقبل التصديق. فعلى كل حال الآن حصل المسيحيون بكل امنية من جرى ذلك نوعاً عنما تخمن لهم من تلك الرجال الاسلام الذي [لا] ينبغي سمعه. وبعد نهاية تضمينات اعضاء المجلس فصارت المسيحيون كل منهم يحرر عرضحال ويرسله للمجلس والكاتب يضعه بالنمرة لكي يكون بالدور بعد ان الرئيس يعلم عليه. وعند نهاية كل دعوة مدعى يتحرر مضبطة ويضع بها امضاء وختم الرئيس وكذلك الاثنين وعشرين عضواً بالصفة المتتابعت كما مدروجة باسمائهم قبله. فصاحب الدعوى يقدم هذه المضبطة للمأمورية المخصوصة ويأخذ عوضها سركي مفرض به كيفية ايفاء المبلغ، اي الربع نقدي حالاً والباقي مقسم على اربعة دفع في كل ثلاثة اشهر دفعة. واما نظراً للفاقدين بالقتل فكان المجلس يضم للمدعى مع ما تحقق له من ٥ الف الى ١٠ الف ام ١٥ الف، وهذه كانت تعتبر بالضرر الذي حصل لهذه العائلة أعني اذا كان المقتول والدهم وهم اولاد صغار، ولابنهم مرشد ان

يكون بمكان والده وهلم جراً. لان مرات عديدة كان يحضر فؤاد باشا بالمجلس وينظر اعماله.* فاهالي دير القمر وزحلة أخذوا ايضاً بدل مسلوبات ومحروقات، اما قرى البقاع مع القرى التي في دائرة دمشق فما أخذوا سوى قيمة محروقات عدا الذين لهم امانة مودعة بدمشق وفقدت بها. فيقدم الاثبات المقبول عنها ويأخذ قيمتها.

كالعادة وفؤاد باشا توجه لبيروت في ١٢ تشرين الثاني وفي ٢٠ تشرين الثاني حضر نيشان شرف الى فؤاد باشا من السلطان عبد العزيز. وفي ٢٨ منه حظي بورود الامر الكريم بانه ارتقى الى وزارة الصدارة بالدولة العثمانية، ومطلوب حضوره سرعةً للاستانة، وفي آخر الشهر رجع لدمشق بقصده وداع الدمشقيين، وتوجهت لملاقاته كامل الوزراء والولاة والعلماء واعيان البلد والعساكر والمأمورين وكامل اعضاء المجالس والموظفين، وحصلت زينة في المدينة ثلاثة ايام مع ضرب المدافع من القلعة والمرجة.

وباليوم الثاني من حضوره توجهت رؤساء المسيحيين من روحيين وزمنيين، وقدموا له السلام فبدأ يطمنهم بالراحة والامنية، وقال انني ولو كنت غائباً عنكم فلم أفتر عن ملاحظتكم بنوع خصوصي، وقد أومى بيده على حليم باشا سر عسكر سوريا، وقال قد وكلته بالنيابة عني فكونوا بغاية* الراحة، ثم اجابهم السر عسكر ان امنيتكم هي بكفالة دمي.

من مضي نحو شهر حررت المسيحيون عرضحال للسلطان عبد العزيز وبه التمسوا دوام استقرار فؤاد باشا في سوريا، وجعلوا بناء مضمونه لاجل الخراب الذي اتى بهم من جري المصيبة، وثم ما حصل الآن من الامنية في كامل سوريا بواسطته. ولما لم ينالوا جواباً وحضر فؤاد بقصد الوداع والسفر للاستانة بموجب الامر. فعند ذلك حرروا عرضحالين احدهم للملك والثاني تشكر لفؤاد باشا

نفسه. ومن حيث عرضحال الاول الذي بالتماس ابقاء فؤاد باشا والاثنين الآخرين مقارب مقالهم لبعضهم، فهنا نشرح فقط صورة عرضحال الثاني الذي للسلطان عبد العزيز.

صورة العرضحال

اللهم يا ناصر الحق المبين، ويا راحم الراحمين نتوسل اليك متضرعين ان تحفظ وتؤيد وتشيد وتخلد تخت خلافة حضرة سلطاننا امير (المؤمنين) ولي نعمتنا الاعظم وخنكارنا المعظم روح جسم نوع بني آدم المظلل بشروقات مراحمة كافة الامم ادام الله سرير ملله العالي الى ابد الازمان ونهاية الدوران،* معروض عبيد جلالتكم مسيحيي الشام المصابين الذين بحالتي السر والجهر لشفوق قلب عظمتكم الكلي الرأفة حامدين وشاكرين انفاً من برهة قليلة بحسب ما سبق من عواطف حادس قصة مصيبتنا ذات الشروحات الطويلة، طمعنا بكثور مراحم راعيها المشرقة انوار شموس معدلته على قاصيها ودانيها، تجاسرنا نحن عبيد سلطنتكم المصابون بمعروض الاستغاثة لسماء القبة الملوكانية الملتفتة طبعاً لاغاثة المظلومين واوضحنا كيفية حصولنا على مبادئ الراحة والامنية بظل ظليل وقاية معدلة عظمتكم السليمانية بواسطة محاسن همم ومآثر حكمة وزيركم الخطير التي شاهدنا بمدة مأموريته المخصوصة استبدال المخاوف والاضطرابات السابقة لنعمة الامنية والاستراحة اللاحقة بمآثر حكمته الفائقة ودوام يقظته الشهيرة لعلاج جروحاتنا الكثيرة ملتمسين تجديد مدة مأموريته المخصوصة مدة يسيرة التي يمكن بها زوال غيوم المخاوف والاوجال* وعمار معابدنا ومساكنا بالامنية وراحة البال لكي نحصل بظل عالي وقاية جلالتكم على تمام الرفاهية وسعادة الاحوال، وبينما نحن متمسكون

بسلك هذا الامال واذ صدرت الارادة السنية بترقي حضرة الوزير المشار اليه لمسند الصدارة العظمى التي لا نشك ان الالهامات الربانية التي طرقت صبح قريحة جلالتكم الهمايونية تنطوي على نجاح احوال صنوف عموم تبعة عظمتكم العلية نظراً لما اتصف به هذا الوزير الخطير من محاسن تدابير الحكمة الافلاطونية العديمة النظير، ولو لم تدركنا العناية العظيمة من شفقة مراحمكم العميمة في ابقاء المأمورية المخصوصة بعهدة استئهال وزيركم المشار اليه لكنا بدون ريب حصلنا على غاية الانكسار القلبي، الا ان غزارة رأفة جلالتكم البديعة المؤثر حكمت رعاياها المصابين في اكمال علاج جراحاتهم بيد حكمة هذا الحكيم الامين، ودليل ذلك ان بمجرد حصوله على هذا المسند العظيم المقام نهض مسرعاً من بيروت لمحروسة الشام واقام* لنا وكيلاً هماماً الذي هو مشير عسكركم الهمايوني عبد الحليم باشا الساهر ليلاً ونهاراً على الصيانة الضابطة من تطرق الاختلافات الوهمية، ونحن عبيد جلالتكم مع محزونية مفارقتنا لحضرة الصدر الاعظم المشار اليه متشكرين وحامدين شفقة ورأفة حضرة خنكارنا الاعظم سيد الملوك والسلاطين على ما اولانا من نعمة الرفاهية والامنية بعد تلك الصواعق المندفعة بسيف عظمتكم السنية. وبناءً على ذلك تجاسرنا بدون استحقاق بتقديم معروض التشكر لشمس معدلتكم المشرقة على الاكوان والافاق مسترحمين دوام ابقاء المأمورية المخصوصة بعهدة ونظارة وزيركم المشار اليه لحين اتمام عمار كنائسنا ومحلاتنا ورجوع المشتتين منا واستقرارنا باوطاننا بظليل مراحم جلالتكم مكررين الابتهال والتوسل بتأييد سرير سلطنة عظمتكم ما دامت السنين والاعوام بحرمة الانبياء العظام امين اللهم امين.

مختم من رؤساء ووجوه وعموم مسيحيي دمشق

ان التدابير التي اجراها فؤاد باشا في الايالة الشامية لا يمكننا نكرانها في ابتداء عمله كانت* تظن به المسيحيون بانه من نوع يرغب انضمامهم وراحتهم ومن نوع آخر يرغب المحاماة عن فاعلي الرديء في هذه المصيبة، ان كان الاسلام للمحبة الدينية والدروز للافت الاسلام وصحبتهم بما يتزيوا لهم بالديانة. ولكن اذا امعن النظر جيداً وابصر عن بعدٍ مما يأتي من الممكنات كما روى ذلك باشكال عديدة، وهي ان الاهالي بهذه البلاد قد حققوا عظم شرهم مع النصارى وانما كانوا مستندين على رضا احمد باشا الذي للبعض منهم كان يظهر له دليل الرغبة ولو باشارات اللفظ، سيما الذين يرسلهم للجهات ويتفاوضون مع من هو قريباً لغرضهم والاخيرين كان يكفي لاقناعهم سكوته عن ذنوب اولائك. ولاجل ذلك قد استعدت الاهالي بانه اذا بلغ القصاصات الى اقصاها غير المحتمل، فنهضوا باجمعهم لمحاربة الدولة ولئلا يستطيعوا على الظفر بها عدا اذا طلبت مساعدة الاجنبيين. غير ان جميع هذه الايالة الشامية وتوابعها (اذا لم يتعاظم الشر ويمتد) فتعود خراباً وفي عدة اعوام لم تعد لنظامها، وانما عند ذلك المسيحيون لا أظن ان يبقى نصفهم من القتل وتذهب كافة ارزاقهم واموالهم ولئن جرحهم هذا العظيم تأثيره، فلا يبرئ من الذي* اجراه فؤاد باشا من قصاصات المجرمين، ولكن ان رفعنا برقع الغرض ونظرنا عاقبة هذه الامور، فنرى انه جعل تدابيره هذه بكل حكمة حتى اضطرت اهالي سوريا الى اقصى الاطاعة مقرين في عظم شرهم دافعين مبالغ الاموال التي فرضت عليهم لخاصة هذه المصيبة، فقط صابرون على الضيق واهانة العساكر وتفريغ بيوتهم للنصارى وسكنائهم مع بعضهم بعضاً بالازدحام، الامر الذي منافي ومحرم في مذهبهم، مقرين في بيوتهم من مخاوف العساكر بالشوارع ناصتين لقتل مائتين رجل من شرفاء وعمد وتجار بلدتهم، حتى الذين هم اساس وعمدة الديانة المشهورة

اسماؤهم في نفس الدولة اضطروا بالامر ان يحتقروا ويتوجهوا منفيين من بيوتهم ووطنهم. وان اجيب في اننا نرى هنا قصاصات فؤاد باشا بالاسلام ولا قرنا قصاصاته بالدروز، فأجيب ان هذه القضية ما عادت متعلقة اخيراً بأمره الخصوصي بل في رأي جمعية الوكلاء الخمس، فلو احبوا اولائك قصاصاتهم لما تأخر عنها اصلاً، كما اوضح هو نفسه ذلك شفاهاً لاحد رؤساء مسيحيي دمشق، وهو بغاية الزعل. وان قيل بانه قاصص اسلام دمشق لاجل الاشاعة بين العالم التي هاجت باغلب الجهات من هذا العمل المتوحش، فأجيب أما كان ينبغي ايضاً ان يجعل حصة من هذه* القصاصات للدروز بكونه مسلم وطبيعياً يحب جنسه لولا تكون يداه مقيدتين في هذا النوع، ولكن لا يلزمنا الفحص بما ارتاؤوه بهذه الجمعية عن عدم قصاصات الدروز.

في هذا الاثناء حضر فؤاد باشا الى حارة النصارى وصحبة بعض المسيحيين الموظفين واجتمعوا في محل انطون افندي الشالي المحروق، وبما انه قد شرع في ابتداء البناية به، فوضع الحجر الاول في اساس هذا المحل بحضور فؤاد باشا. وباليوم الثاني شرع والي باشا في عمل وليمة محتفلة ودعى اليها كامل الوزراء والولاة والمأمورين ورؤساء العساكر ورؤساء المسيحيين الروحيين والزمنيين والمظفيين، وذلك لاجل فرح الحكومة في ابتداء العمارات في حارة النصارى الدمشقيين.

قد تعين مجلس قمسيون في بيروت مركب من الحكومة ومن حمايا الاجنبيين لاجل الفحص على مفقودات حمايا الدول الاوروبائين. تقدم قائمة من وكيل دير الفرنسيسكانين عن ضائعات ومحروقات الدير وهي بمبلغ ثمانون الف ريال عامود. فالقائمة قبلت بدون نقص البتة واعطى له بها تحويل على خزينة الاستانة* بالمبلغ ذاته.

في اليوم الرابع قد طلب فؤاد باشا رئيس مجلس التضمينات والحقانية وقال لهم، اولاً لا أريد ان احد المسيحيين يحصل له مغدورية في تحقيق دعواه بالمجلس، ثانياً لا أتأمل منكم مغدورية الدولة في تضمين الزيادة لاصحاب الدعاوي بل يلزم ان دائماً تلاحظوا زمتكم باجراء العدالة والحقانية بين الطرفين.

ورتب تضمينات اهل اصناف المصابين الذين يعيشون من اشغالهم بتعب ايديهم. وهذا الدفتر يحتوي على سبعة نمر بمعرفة منتخبين من اهالي الحرفة الذين يعرفون عن احوالهم للمجلس وكيفية نمره هي هكذا: نمرة اول ٢٠ الف، ٢- ١٢ الف، ٣- ١٠ الف، ٤- ٨٥٠٠، ٥- ٦٥٠٠، ٦- ٤٥٠٠، ٧- ٢٥٠٠. وكل من هؤلاء الاصناف قد وضع بنمرة بمقتضى تحمله مما كان يحتوي، وقد امرهم في تشهيل هذه الدفاتر سرعة حيث عند نهايتها واستلام السراكى بيد هؤلاء ويقبضون الذي يصرف منها بموجب القانون وحينئذ يقطع عنهم الاعانة اليومية.

في اليوم السادس وهو الجمعة امر بطلب كامل اعيان دمشق اسلام ومسيحيين وهم الشرفاء والعلماء والمشايخ ومدرسو الجوامع ورؤساء الاثمان والآخرون هم رؤساء روحيين والمامورين بالوظائف الميري ورؤساء المجالس* واعضائهم واغلب وجوه البلد وتعين الوقت لحضورهم بالساعة اربعة عربية الى سراية العسكرية، وكان هؤلاء اجتمعوا في كشك مشير باشا العسكرية واستقروا على كراسي بالرتبة، وبعد القهوة نهض فؤاد باشا قائماً ثم نهضت الوزراء الذين بجانبه ثم جميع الموجودين وابتدأ في وعظة تحتوي المحبة والاتحاد والسلوك الحسن مع بعضهم بعضاً اي بين الاسلام والنصارى، فقال لنحو جهة الاسلام ان راحة المنصابين وعمارهم هو من اخص مرغوب حضرة مولانا صاحب الشوكة وهو نفسه رغبتي الخصوصية في ان بعد الآن وصاعداً يكونوا حائزين تمام

رفاهيتهم والمعاشرة الحسنة فيما بينكم فالآن ولو انني متوجه الى دار السعادة لخدمة الصدارة، فمن بعدٍ أنظر وألاحظ ذلك مما هو يغاير مرغوب الدولة العلية، ثم وبنوع آخر ألاحظ عمار سوريا وراحة اهاليها لانني الآن أدعى سوريا، ثم أخذ بيده الاعراضين المقدمين بالتشكر عن حسن تدبيره في سوريا احدهم كما قلنا من مسيحيي دمشق والثاني من اسلامها، وقال قد أخذت هؤلاء المعروضين المقدمين منكم لا لاجل احتياجي* لهما بل لكي أبقيهما ليكونا دليل محبتكم لي وحبي لكم، فانا الآن استودعكم وأتأمل ان أسمع عنكم جميعاً التوفيق وحسن النجاح. وبعد ان فرغ صرخ احد العلماء وهو الاول منهم يسمى الشيخ احمد الكزبري وابتدأ في خطبة دعاء للسلطان عبد العزيز ابن السلطان محمود غازي خان، ثم وزيره صاحب الصدارة وباقي وزرائه وعساكره واستقامت هذه الخطبة نحو عشرة دقائق، واخيراً تقدمت هؤلاء الموجودون بالرتبة وقبلوا إتكَهُ وبقي واقفاً حتى الى الاخير منهم، وبعد ان توجه الجميع خرج من قبله مرسال وأفهم المطران يعقوب السرياني بان يبقى، فعاد ايضاً الى فؤاد باشا فاجابه انني متوجه من سوريا ولم أجد علامة التي تعلن مودتي لك وحبك لي، فاجاب المطران ان دليل حبي فهو دوام طلبي من الله سبحانه في دوام عزكم وتوفيق مرادكم واما عنوان مودتكم فهي شمولي بانظاركم. حينيذ اعطاه نيشان رتبة رابعة وتفارقا وسافر من دمشق باليوم نفسه الواقع في ٦ كانون الاول ١٨٦١ وترك اعلان به يودع اهالي سوريا* جميعاً، وتفرقت صورته مطبوعة الى كامل ولاة ومأمورين ايالات سوريا.

صورة الاعلان

يا اهل سوريا، انني سأفارقكم نظراً لتوجيه خدمة الصدارة، عليَّ من احسان حضرة والي نعمتنا مولانا السلطان المعظم، وبما ان الوقائع المؤلمة التي نشبت في العام الماضي بهذه الجهات وكانت موجبة لنفور اهل العرض، فلله الحمد قد زالت الآن آثارها الرديئة بظل ظليل الحضرة السلطانية واستقرت راحة المملكة وامنيتها وحصلت الموجبات في اصلاح احوال المصابين، فالآن تروني راجعاً الى دار السعادة مصحوباً بالتسلية الوحيدة، وهي انني ان شاء الله تعالى أشاهدكم بوقت قريب بحالة سعيدة تنسيكم الحالة التعيسة التي اصابتكم قبلاً، وبما ان المأمورية المخولة لعهدتي هي بدون استثناء خدمة لحصول آثار النية السلطانية الشفوقة تماماً نحو كافة التبعة الملوكية، وعند اجتهادي بذلك سأعتني بالاخص في اشغال هذه الجهات* لانني من بعد الآن أعتبر ذاتي سورياً قلبياً. وعلى وفاق الامر الملوكاني قد احيلت محافظة صيانة المملكة لحضرة صاحب الدولة عبد الحليم باشا واستودع بعهدته تأمين احوال الرعية، وصفات المشار اليه وغيرته واستقامته الثابتة تمنح الكفالة اللازمة للجميع ثم كافة المأمورين الكرام ومن بدوائرهم من كونهم يصرفون الخدمة التامة بهذه الخصوصات. فلا ريب ان الجميع يكونون مستريحي البال في ظليل الشوكة السلطانية اذ لا يحصل ادنى نقصان في آثار المراحم الملوكية التي صرفت حتى الآن مبلغ وافر لنحو الاهالي المصابين. فيجب في مقابلة ذلك ان جميع الاهالي تكون حركاتها موافقة افكار الحضرة السلطانية الخيرية، ويكون كل صنف من صنوف التبعة متمسكاً بقاعدة الاتحاد وحب الوطن. اذ يقومون الجميع بايفاء اوامر الدولة ويأدون خدمتهم باتمام كما هو المأمول بحميتهم، وبما ان حضرة المشير المشار اليه مأذون باجراء التأديبات الشديدة حالاً بحق الذين يتجاسرون سواء كان شخصاً او جمعية على وقوع ادنى حركة* مغايرة للرضى العالي. اقتضى

اشهار هذا الاعلان من مقام الصدارة العظمى ليحيط الجميع علماً بما فيه ويتجنبوا مخالفته.

فبعد ان فؤاد باشا بارح دمشق تغيرت معاشرة الشعب مع المسيحيين نوعاً عما كانت من ذي قبل من الاناسة المشتملة بالندم، فابتدأت افكار الاضطرابات وتقلبات افكارهم باشكال متنوعة فيما يؤول للسكنى بدمشق.

وبعد وصول فؤاد باشا للاستانة توجه مسرعاً لتقبيل اقدام الحضرة الملوكانية، وبوصوله شاهده بوجهٍ بشوش وقال له: انني أشكر من تعبك يا فؤاد باشا ومن فطنتك وسعيك الحميد، وحينئذ طأطأ ذاك وقبل قدميه فلبسه بعنقه نيشان الشرف السلطاني، وعدا وظيفة الصدارة سلمه رئاسة كامل خزاين المملكة.

اما المسيحيون الدمشقيون صارت تحضر من كامل الجهات التي كانوا توجهوا لها قبلاً لاجل اثبات مسلوباتهم بدمشق ومحروقات املاكهم كما ذكرنا ذلك بمحله، فكل منهم يدخل للمجلس ويقدم معروضه مع قائمة ضائعاته، وبالمجلس يتحرر جورنال عما يدعى به وعن اسماء الشهود الذين يعينهم،* وعند قيام الدعوى تستحضر الشهود وتسمع شهاداتهم افراداً، فان لم يجد اختلافاً منافياً للدعوى، فيتعين من المجلس جزء من المال لذاك المدعي، ويستحضر ليفهم مقداره، فان اجاب بالقبول يتحرر المضبطة وتمضى من الرئيس وكامل الاعضاء، وان أبا عن القبول وادعى المغدورية والظلم، فتعاد الدعوى ويراجع الجورنال وما تقرر من الشهود ويستحضر معرفون في حاله، فان وجد اخيراً انه يستحق الزيادة يضاف له كمية اخرى وغالباً ما لاحظنا احداً حصل بمغدورية سوى بعض قلائل والذين منهم قبل اوراق التخمينات الاولى على فكرة انه أخذهم مكسب من عدم.

انما الذي عذب المسيحيين فهو مدة اقامتهم لاجل اثبات ادعائهم وتاركين عائلاتهم بالجهات ومقيمين بعضهم بالخانات، ومنهم عند اقربائهم في بيوت ضيقة، خاصةً وقوفهم في دار المجلس اياماً عديدة في البرد وتحت الشتاء لان كثيرين يستقيمون ثلاثة اشهر بينما تنتهي دعواهم، ويقتضي شهر آخر بينما يستحق القسط الاول النقدي. وياما تنظر دموعهم لاجل احتراق افكارهم المشكلة منها لم يكن له من يعرف به ويشهد له عن تجارته ام صنعته او اثاث بيته وملابس حريمه، فالذي يعجز عن ذلك فيسلم لرأي المجلس، فيتعين له مبلغ بحسب* التوفيق. ومنها ترك عائلته في بلاد غريبة واقامته بعيشة مرة. ولا يوجد علاج لهذين المرضين لان مشكل التحقيق في كذا قضايا مبهمة يقتضى لها عاقة، غير ان بالتوفيق الرباني قد وجد رئيس المجلس حسن الاخلاق بشوش الوجه يقبل رأي الاعضاء الذين معروفون منه بالامنية ويفتح باب التسهيلات بانجاز الدعاوي، خاصةً ذانيك العضوان المصدقان جداً منه، وهما انطون افندي شالي وديمتري افندي شلهوب ملاحظين صالح المسيحيين وعدم ظلمهم وعدم مغدورية الدولة، ولولا مصادفة التوفيقات التي شرحناها بالمقتصر، فاولاً كانت الدعاوى يطول انتهاؤها، ثانياً لما أخذت النصارى هذا المبلغ الذي يأخذونه الآن.

اما تحقيق المحروقات فقد تعين ناظران احدهما الشيخ رضى افندي الغزي، فهو رئيس الناظرين، وهما سعيد افندي الاسطواني رئيس جهة الحارة من القبلة، ودرويش افندي منجك رئيس الجهة الشمالية. وكل جهة لها نظار مسيحيون يتوجهون للكشف منهم قلفاوات بنائين، ومنهم لاجل النظارة والكتابة، وهم الخواجات يوحنا شلهوب وميخايل ابو شنب وجبران شبطيني وابراهيم هبرا والقلفاوات يوسف ورده ويوحنا غناجه. فبعد* ان يجروا المساحة على ذلك المحل وينظروا ما كان به من كيفية العمار وكلف زينته من

الاستخبار ام مشهود بينهم ويقدروا كل بناء بذاته ان كان حجراً ام لبناً او دفاً من الطبق المكلس، ويحرروا هذه القيمة كل لوحده بعد ان ينظروا بلاط الرخام، ان وجد، وكيفية شغله وكلفه الدقيقة. وهكذا فحصوا وحرروا مقدار ذلك وبموجب القانون الذي بيدهم بحيث يصل المحل الى المبلغ الذي لو ابيع قبل المصيبة، وثم وبالمبلغ يرجع كما كان اولاً، واخيراً حرروا مضبطة بامضاء واختام جميعهم مع رئيسهم الاول، ثم احضروها للمجلس الذي تكلمنا ان به وكلاء المسيحيين، فاستحضروا صاحب الملك وسألوه ان كان هو قابل بما تحقق له من قيمة بناء ملكه، وحينئذ يأخذ ربع المبلغ نقدي والربع اخشاب لزوم عمار محله الحاضرة من الميري، والنصف الآخر مقسط كما مبين بمحله، والذين استحق لهم القسط الاول الذي هو ليوم ٤٥، فيقدم السركي مع المعروض بطلبه، وحالاً يصدر الامر بالصرف. ويقبض بالتمام بعد القطع منه ما كان استلامه من المسلوبات المقيدة عليه بالورقة المعطاة له قبلاً من قمسيون المسيحيين الممضية منه بالوصل عن استلامه سابقاً. ومن ازدياد مخاوف النصارى في ان الدولة لا تدفع* فيما بعد بقية هذه الاموال ويشابهون ذلك بما سبق من طوشة حلب كما سطرنا قبله مختصر منها، ولذلك صار الذي يقبض ربع مطلوبه ويذهب يبيع الباقي. وقد تحضرت لهذه المشتروات جملة اناس منهم مسيحيون اوروبائيون، ومنهم يهود ويأخذون من هؤلاء المساكين كل مائة يدفعون لهم عنها ستين، وتدريجياً الى الثمانين ايام تصعد وايام تنزل، وهم يترقبون كذا فرص ويشترون منهم، ثم في ابتداء التحقيقات كانت المعاملة صاعدة، ولما كانوا يقبضون فالحكومة امرت بنزولها فيصرفون كل مائة بثمانين غرش. فالذي باع مطلوبه بالمائة ستين ام سبعين، وصار يصرف كل مائة غرش بثمانين، فرجع مطلوبه الى النصف ان كان بالمسلوبات ام بالمحروقات في حد واحد.

اما مطالب الاصناف اي الحرف الصنائع الذين يتعيشون من شغل ايديهم، فالذي مطلوبه لحد خمسة آلاف غرش قبضه بكامله لان ترتيب هؤلاء هو مخالف عن اولائك، والذي من فوق الخمسة آلاف بعد ان يقبض ٥ الف والزائد يتقسط ثلاثة قسوط بكل شهر اربعة يقبض الثلث. ومن هؤلاء الاغلب الذين باعوا مطاليبهم، اذا لم أقل جميعهم، لان الفقير يكون مرشده عقله الذي* يكون نظيره خالي من الفطنة لان منهم كثيرين حينما قبضوا قيمة مبلغ مطلوبهم، فحالاً كل منهم التفت الى ما كان يشتهيه اولاً ولا كان يطوله لسبب فقره نظير الملبوسات الزائفة والخ. وبعد مضي سنة من قبضه هذه الدراهم التي هي قيمة ما كان يجد عنده وعند زوجته، فرجع المسكين الى ما كان اولاً من القلة والعوز وكما قلنا بانه سالك بحسب مرشده.

اما هذه السراكي التي بيد اربابها فقد حصل الاتفاق العمومي في ان تبتدل في اوراق حضرت من الدولة مطبوعة تسمى بلغة الفرنساوية كونسليده اي امنية موطدة بعهدة الدولة عوض اولائك السراكي الذين بختم ناظر المأمورية المخصوصة، وهؤلاء مؤجلات الى اربعة سنوات، وكل ثلاثة اشهر جميعها تنسحب في نمرة النصيب. فالذي يقع عليها المصائب تندفع نقداً مع عطل المدة التي مضت عليها عن كل مائة غرش ستة غروش بالسنة، والذي لم تصب وتبقى الى الوقت الذي به تصب كذلك تصرف مع عطل المدة الماضية عليها. ولما حصل ذلك اتصل اثمان السراكي الى المائة اربعة وثمانين غرش، فالذين ما صرفوا سراكيهم بالبيع نجت احوالهم نوعاً من البائعين.*

اما البيوت التي باطراف حارات النصارى لجهة حارات الاسلام وما احترقوا كما ذكرنا ذلك بمحله، فالحكومة ارسلت لهم معلمين ورمموهم من بعض تخربات قليلة بهم. وصارت تنقل بعض النصارى لهم لان الاسلام نهضوا بطلب بيوتهم التي قاطنين بها

النصارى وكانوا مداومين بطلبها من الحكومة حتى كادت في حيرة كلية. لذلك فصار الذي قبض الدفعة الاولى من قيمة محروقات محله، فيلتزم بترك بيت المسلم، والذي ليس له بيت وقبض من قيمة مسلوباته فيترك ايضاً سكن المسلم. وحينئذ ضاقت على النصارى ايجار البيوت وحصلوا في عذاب. فهذا عدا البيوت التي كائن بها معبد كل ملة ام مدرسة اولاد هؤلاء بقوا الى ان تعمر ولو قليلاً من معبد تلك الملة وعند ذلك نقلوا اليها.

فالنصارى بادروا في البنايات بمحلاتهم والقلائل منهم الذين مضطرون ايضاً من الاقامة بدمشق بقوا ينظرون ويعدون ذواتهم بالغد، ومنهم باعوا رملات بيوتهم لخلافهم وسافروا لغير جهات لان اتصلت أجرة معلم البناء ام النجار والنحات الى ثلاثين غرش يومي، والفاعل الى اثني عشر غرش وتعالت ايضاً* اصناف اللازمة للبنايات.

في شهر كانون الاول سنة ١٨٦٣ انقفل باب الدعاوي جميعاً، وقد جمع كامل تضمينات مسيحيي دمشق مع قيمة محروقات املاكهم مع ما أخذوه من المصاريف كما اننا وضعنا قبلاً تعطيلاتهم سنة تخميناً بقدر مصروفها:

كيس	
٢٢٧٠٠٠	عن قيمة السراكي التي أخذوها اثبات ادعائهم من مسلوبات ومحروقات
٠٩٧٠٠٠	عما أخذوه تعيين الاعانة والخبز وقيمة كساوي
٣٢٤٠٠٠	

فقط ثلاثمائة واربعة وعشرون الف كيس، فهنا يبان ان مسيحيي دمشق أخذوا حقوقهم بكاملها غير ان بما فيه المصروفات التي أخذوها بوجه الاعانة تقريباً لانه يجد ايضاً مدفوع من خزينة الاستانة نظير مطلوب دير الفرنسيسكانين اربعة آلاف كيس وغيره قلائل، فالمعدل المذكور فهو مطابق لما شرحناه، ولحد هنا يكفي ما حررناه بهذا الخصوص.*

وكانت نهاية هذا الكتاب في شهر آذار سنة ١٨٦٤، فأرجو القارئ والسامع ان يطلب لي الرحمة من الله ان كنت حياً ام ميتاً لانني ليس بقليل حتى جمعت كامل ما تقدم به من الافادة مجرداً لمجد الله وخير اخواني المسيحيين المقيميين في هذه البلاد احتراساً مما يأتي من دوران هذه الدنيا العديمة الثبات، لا يسمح الله ايضاً بذلك بل يكون لاولئك الذين يشاهدون تمام الحرية بهذه البلاد وحينئذ يقدمون مرة السلام، لك يا مريم تمجيداً لله بما احتملوه مسيحيي دمشق وباقي اخوانهم في هذه الديار من اعدائهم كونهم يسمون باسم المسيح ولاجل الانفس الذين استشهدوا وقتلوا ظلماً نسأل الله تعالى ان يرحمنا جميعاً آمـــــين.*

Ṭūsheh al-Naṣārā

The Massacre of Christians

in Damascus in 1860

Hirofumi Wakabayashi

CHISEN SHOKAN

TOKYO

2019

Abstract

This book surveys the inter-religious conflict of Ottoman Damascus in 1860. The incident, which cost the lives of many Syrian Christians, is placed into historical context by quoting numerous primary sources including contemporary Arabic manuscripts as well as Western diplomatic documents and newspapers. Six local key figures, that is, three Arab Christians and three Arab/Turk Muslims are highlighted to describe the multidimensional course of events as comprehensively as possible. In particular, two Arabic manuscripts, regarded by most of Arab and Western historians as extremely sensitive even in the Arab society today and hitherto left unpublished, are edited for the first time and attached as appendixes to this study together with their Japanese translations.

In the introduction some basic facts about the Christian communities in Greater Syria (Bilād al-Shām) across the eras from the Roman Empire to the Ottoman Empire, especially those under the rule of Islamic dynasties, are overviewed as a background. The reform of the Ottoman Empire in the 19th century (the Tanzimat reform) bears particular significance because it changed the fundamental structure of the Muslim-Christian relationship: Christians became legally equal to Muslims though they could not be easily integrated into a community with their neighbour Muslims. Christians in the Tanzimat era inclined to seek help from the European Powers to improve their social conditions. This tendency, accelerated by the rivalry among the Powers, led them to a serious crisis which culminated in the outbreak of the disaster in 1860.

In Chapter 1 primary sources and academic works on the 1860 incident are classified into groups and are considered according to their specific content. One group of documents including reports of the victim Christians and the French diplomats have a view on the incident to the effect that the massacre of the Christians in the Lebanon and Damascus occurred as a result of a plot by the local Ottoman authority, the Muslim notables and the Druzes. Not a few modern scholars accept it as an established theory. Documents that have survived from the sources left by the Ottomans, the Damascene Muslims and the Druzes never support this hypothesis. British diplomatic documents and newspapers interestingly accuse the Syrian Christians, especially the Maronites, as aggressors of the factional conflicts in the Lebanon. A recent study approachs to a more objective understanding of the crisis in the Lebanon, but the 1860 massacre in Damascus still remains a mistery in the darkness of an anathematized and

distorted history.

From Chapter 2 to Chapter 7 six eyewitnesses of the Damascus incident are researched respectively: Mīkhā'īl Mishāqah (medical doctor and historian, later vice-consul of the US), Yūsuf al-Dimashqī (Orthodox priest and theologian, martyred), Yūsuf 'Arbīlī (educator, later emigrated to the US), Muḥammad Abū al-Su'ūd al-Ḥasībī (Muslim notable), 'Abd al-Qādir al-Jazā'irī (ex-Emir of Algeria, exiled in Damascus) and Ahmad Pasha (Ottoman governor of Damascus, executed). Their lives are profiled with detailed documentation to explore their attitudes towards the 1860 crisis. The controvercial nature of the massacre will be more clearly understood through these multifaceted studies.

Chapter 8 explains the aftermath of the 1860 incident: restoration of order in the Lebanon and Damascus, punishment of the Damascene Muslims and the Druzes, the French expedition to Syria and reconstruction of the Christian quarter in Damascus. The dispute between the higher-ranking hierarchy of the Orthodox Patriarchate of Antioch (located in Damascus) and the Orthodox Arabs over the compensation fund for the Church eventually became one of the main causes to expel the Patriarch and bishops of Greek origin from the Patriarchate in 1899. In the meantime the Syrian Arab community in the US had grown up in number since the immigration of 'Arbīlīs, the first Syrian immigrant family, in 1878. However a sharp disagreement on religious and political issues divided the Orthodox Syrians and the Maronites in New York. The two parties quarrelled mobilizing Arabic newspapers and filing libel suits and ended up with violence in 1905. The Maronites in the US played a major role in establishing French Lebanon after the First World War.

Two Arabic manuscripts are published herein with texts and Japanese translations. The asterisk in the Arabic texts indicates the last word of each page of the manuscript.

1 *The Sighs of Syria (Tanahhudāt Sūriyā)*, ca. 1861.

The author of this work is considered to be Jibrā'īl Mīkhā'īl Shaḥādah al-Dimashqī whose name was written on 18v. of the Damascus manuscript by a different hand. The work is edited based upon four manuscripts:

(1) The Orthodox Patriarchate of Antioch MS 189 (No. 9), in eighteen leaves.

Abbreviated as 'D' in the notes. Provenance: the library of Dīmitrī Shaḥādah. This manuscript has disappeared from the archive of the Patriarchate. However, a microfilm copy is preserved in the library of the University of Balamand in Lebanon. cf. *al-Makhṭūṭāt al-'Arabīyah fī Maktabah Baṭriyarkīyah Anṭākīyah wa-Sā'ir al-Mashriq l-l-Rūm al-Urthūdhuks*, Beirut, 1988, p. 32.

(2) American University of Beirut MS 956.9: T16A: c.1, in twenty leaves.

Abbreviated as 'B'. Provenance: the library of 'Īsā Iskandar al-Ma'lūf.

(3) Houghton Library, Harvard College Library, Harvard University MS Arab 1, in forty leaves.

Abbreviated as 'H'. Provenance: the library of Isaac Hollister Hall. An incomplete manuscript. cf. Mrislav Krek and Leslie A. Morris, Arabic Script Manuscripts in American Institutions, *MELA Notes*, no. 63 (Spring 1996), pp. 53-54.

(4) Bibliothèque Orientale, Université Saint-Joseph de Beyrouth MS 66, in eight leaves.

Abbreviated as 'SJ'. An incomplete manuscript: both front and last leaves are missing. The manuscript by an anonymous author is listed under the title of *Aḥwāl al-Naṣārā ba'da Ḥarb al-Qurim (The Conditions of the Christians after the Crimean War).*

2 *The Book of Sorrows on the History of the Event of Syria and Mount Lebanon and their Dependencies, concerning what befell the Christians from the Druzes and the Muslims on 9 July 1860 (Kitāb al-Aḥzān fī Tārīkh Wāqi'ah al-Shām wa-Jabal Lubnān wa-mā yalī-himā bi-mā aṣāba al-Masīḥīyūn min al-Durūz wa-l-Islām fī 9 Tammūz Sanah 1860)*, ca. 1864.

Caesar E. Farah suggests that the author of the manuscript is Mīkhā'īl Zayyāt without mentioning the source. cf. Caesar E. Farah, *The Politics of Interventionism in Ottoman Lebanon 1830-61*, London, 2000, p. 795. The work is edited based upon the sole manuscript:

American University of Beirut MS 956.9: K62kA: c.1, in 163 leaves including five leaves for its contents.

Provenance: the library of Būlus Ṣufayr.

Hirofumi Wakabayashi
Professor, School of Law, Tohoku University, SENDAI
Former Charge d'Affairs ad interim, Embassy of Japan in Syria

人名索引

ア　行

カ　行

サ　行

タ　行

ナ　行

ハ　行

マ　行

ヤ　行

ラ　行

事 項 索 引

あ　行

か　行

さ　行

た　行

な　行

は　行

ま　行

や　行

ら・わ　行

参 考 文 献

各書名の冒頭に本書において引用する際の略称を記した

1 原　典

(1) キリスト教徒の著作

ʻAbdū and Shakhāshīrī (eds.), *Mashhad ʻIyān* = Malḥam Khalīl ʻAbdū and Andrāwus Ḥannā Shakhāshīrī (eds.), *Mashhad ʻIyān bi-Ḥawādith Sūriyah wa-Lubnān*, Cairo, 1908.

Abkāriyūs, *Nawādir al-Zamān* = Iskandar b. Yaʻqūb Abkāriyūs, *Nawādir al-Zamān fī Waqā'iʻ Jabal Lubnān*, London, 1987.

al-Bāshā (ed.), *Mudhakkirāt Tārīkhīyah* = Qusṭanṭīn al-Bāshā (ed.), *Mudhakkirāt Tārīkhīyah: tataḍammanu Bayān Thawrah Dimashq wa-l-Ḥarīq al-Kabīr fī-hā wa-Qudūm Ibrāhīm Bāshā ilā al-Shām wa-Ḥurūbi-hi fī-hā maʻa al-Dawlah al-Uthmānīyah wa-Thawrāt Filasṭīn wa-l-Duruz wa-Aḥwāl Ḥukūmati-hi fī-hā ilā an kharaja min-hā wa-rajaʻa ilā Miṣr wa-ʻādat ilay-hā Turkiyā*, Ḥarīṣā (Lebanon), [1925].

al-Bustānī, *Aʻmāl* = Buṭrus al-Bustānī, *Aʻmāl al-Jamaʻīyah al-Sūrīyah*, Beirut, 1852.

[al-Bustānī,] *Asʻad al-Shidyāq* = [Buṭrus al-Bustānī,] *Qiṣṣah Asʻad al-Shidyāq*, Beirut, 1860.

[Dimashqī,] *Tārīkh Ḥawādith* = [Mīkhā'īl Dimashqī,] *Tārīkh Ḥawādith jarat bi-l-Shām wa-Sawāḥil Barr al-Shām wa-l-Jabal,* 1843, MS British Library, Oriental Room, Add. 22673/2.

al-Ḥaddād (ed.), *Tafsīr Injīl* = Yūsuf Muhannā al-Ḥaddād (ed.), *Tafsīr Injīl al-Qiddīs Yūḥannā al-Bashīr al-Thāwlūghūs li-l-Qiddīs Yūḥannā al-Dhahabī al-Fam, akhraja-hu min al-Lughah al-Yūnānīyah ilā al-Lughah al-ʻArabīyah ʻAbd Allāh b. al-Faḍl al-Anṭākī wa-huwa thamāniyah wa-thamānūn Maqālah wa-yatlū kull Maqālah ʻIẓah*, Beirut, 1863-1867.

Maʻlūf (ed.), *Tārīkh Ḥawādith* = Luwīs Maʻlūf (ed.), *Tārīkh Ḥawādith al-Shām wa-Lubnān min Sanah 1197 ilā Sanah 1257 Hijrīyah (1782-1841 Masīḥīyah)*, Beirut, 1912.

MS Mishāqah, *al-Jawāb* = Mīkhā'īl Mishāqah, *al-Jawāb ʻalā Iqtirāḥ al-Aḥbāb*, 1873, Jafet Library, American University of Beirut, MS956.9: M39jaA: c.1.

Mishāqah, Sharḥ Asbāb = [Mīkhā'īl] Mishāqa, Sharḥ Asbāb Qiyām Muslimīn Dimashq ʻalā al-Masīḥīyīn 1860, National Archives II, College Park, Maryland, Record Group 84, Beirut, vol. 80, Enclosure no. 20, 27 August 1860, pp. 174-176.

Mishāqah, *Ṭāʻah al-Injīl* = Mīkhā'īl Mishāqah, *al-Risālah [al-Mawsūmah] bi-l-Dalīl ilā Ṭāʻah*

al-Injīl, Beirut, [1849].

Qasāṭlī, *al-Rawḍah al-Ghannā* = Nu'mān Qasāṭlī, *al-Rawḍah al-Ghannā' fī Dimashq al-Fayḥā'*, Beirut, 1879.

[Qasāṭlī/Makāriyūs,] *Ḥasr al-Lithām* = [Nu'mān Qasāṭlī/Shāhīn Makāriyūs,] *Ḥasr al-Lithām 'an Nakabāt al-Shām: wa-fī-hi Mujmal Akhbār al-Ḥarb al-Ahlīyah al-Ma'rūf bi-Ḥawādith Sanah 1860 ma'a Tamhīd fī Waṣf al-Bilād al-Jughrāfī wa-l-Siyāsī*, Cairo, 1895.

Rustum and Abū Shaqrā (eds.), *Muntakhabāt* = Asad Rustum and Ṣubḥī Abū Shaqrā (eds.), *Kitāb Muntakhabāt min al-Jawāb 'alā Iqtirāḥ al-Aḥbāb*, Beirut, 1955.

Sabānū (ed.), *Tārīkh Ḥawādith* = Aḥmad Ghassān Sabānū (ed.), *Tārīkh Ḥawādith al-Shām wa-Lubnān aw Tārīkh Mīkhā'īl Dimashqī*, Damascus, 1982.

Ṣarrūf (ed.), *Tanwīr al-Mushtāq* = Wahbah Allāh Ṣarrūf (ed.), *Kitāb Tanwīr al-Mushtāq li-Mabḥath al-Inbithāq, wa-huwa yashtamilu 'alā Sitt Nubadh*, Jerusalem, 1859.

Shuqayr (ed.), *al-Aqwāl al-Ḥaqīqīyah* = Sa'īd Yūsuf Shuqayr (ed.), *al-Aqwāl al-Ḥaqīqīyah fī Rithā' Fuqadā' al-'Ā'ilah al-'Arbīlīyah*, New York, 1904.

Shuqayr (ed.), *Ṣadā al-Naḥīb* = Sa'īd Yūsuf Shuqayr (ed.), *Ṣadā al-Naḥīb fī Rithā' al-Najīb*, New York, 1904.

(2) イスラーム教徒の著作

Abū Dāwud, *Sunan* = Sulaymān b. al-Ash'ath b. Shaddād Abī Dāwud al-Sijistānī, *Sunan Abī Dāwud*, 2 vols, Cairo, 2000.

al-Bīṭār, *Ḥilyah al-Bashar* = 'Abd al-Razzāq b. Ḥasan b. Ibrāhīm al-Bīṭār al-Mīdānī al-Dimashqī, *Ḥilyah al-Bashar fī Tārīkh al-Qarn al-Thālith 'Ashar*, 3 vols, Damascus, 1961-1963.

Cevdet Paşa, *Tezâkir* = Ahmed Cevdet Paşa, *Tezâkir*, 4 vols., Ankara, 1953-1991.

Esat, *Mir'ât* = Mehmet Esat, *Mir'ât-ı Mekteb-i Harbiye*, Istanbul, A.H. 1310 (1892/93).

MS al-Ḥamzāwī = Shaykh al-Ḥamzāwī, *Fatwa Concerning the Fall of the Christians in Damascus in 1860*, Bibliothek der Deutschen Morgenländischen Gesellschaft (Martin-Luther-Universität Halle-Wittenberg), Arab. Hs. 47 (B288).

MS al-Ḥasībī = Muḥammad Abū al-Su'ūd al-Ḥasībī, MS 4668 (4), Ẓāhirīyah Library (Dār al-Kutub al-Ẓāhirīyah).

al-Ḥuṣnī, *Muntakhabāt* = Muḥammad Adīb Āl Taqī al-Dīn al-Ḥuṣnī, *Muntakhabāt al-Tawārīkh li-Dimashq*, 3 vols., Damascus, 1927-1934.

Ibn al-'Arabī, *Futūḥāt al-Makkīyah* = Muḥīy al-Dīn Abū 'Abd Allāh Muḥammad b. 'Alī b. al-'Arabī, *Futūḥāt al-Makkīyah*, 3 vols., Cairo, A.H. 1329 (1911).

al-Jazā'irī, *Dhikrā al-'Āqil* = 'Abd al-Qādir al-Jazā'irī, *Dhikrā al-'Āqil* [*wa-*]*Tanbīh al-Ghāfil*, [Beirut, 1900.]

[al-Jazā'irī,] *Dīwān al-Shā'ir* = ['Abd al-Qādir al-Jazā'irī,] *Dīwān al-Shā'ir al-Amīr 'Abd al-Qādir al-Jazā'irī 1807-1883*, 3rd ed., Algiers, 2007.

(al-Jazā'irī,) *Kitāb al-Mawāqif* = ('Abd al-Qādir al-Jazā'irī,) *Kitāb al-Mawāqif fī al-Wa'ẓ wa-l-Irshād*, 3 vols., [Cairo, A.H. 1328-1329 (1909/10-1910/11).]

al-Jazā'irī, *al-Miqrāḍ al-Ḥādd* = 'Abd al-Qādir al-Jazā'irī, *al-Miqrāḍ al-Ḥādd li-Qaṭ' Lisān Muntaqiṣ Dīn al-Islām bi-l-Bāṭil wa-l-Ilḥād*, Algiers, 1989.

(al-Jazā'irī,) *Mudhakkirāt* = ('Abd al-Qādir al-Jazā'irī,) *Mudhakkirāt al-Amīr 'Abd al-Qādir: Sīrah Dhātīyah kataba-hā fī al-Sijn Sanah 1849 tunshar li-Awwal Marrah*, Alger, 1983.

[al-Jazā'irī,] *Poésies* = ['Abd al-Qādir al-Jazā'irī,] *Poésies d'Abd-el-Kader: ses règlements militaires* (*Shi'r al-Shaykh al-Ḥājj 'Abd al-Qādir wa-l-Ḥukm al-Shar'ī li-l-'Askar al-Muḥammadī*), Paris & Alger, 1848.

Muḥammad b. 'Abd al-Qādir, *Tuḥfah al-Zā'ir* = Muḥammad b. 'Abd al-Qādir al-Jazā'irī, *Tuḥfah al-Zā'ir fī Ma'āthir al-Amīr 'Abd al-Qādir wa-Akhbār al-Jazā'ir*, 2 vols., Alexandria, 1903.

al-Murādī, *Silk al-Durar* = Abū al-Faḍl Muḥammad Khalīl b. 'Alī al-Murādī, *Silk al-Durar fī A'yān al-Qarn al-Thānī 'Ashar*, 4 vols., [Istanbul - Cairo], AH 1291-1301 (1874/75-1883/84).

Muslim, *Ṣaḥīḥ* = Muslim b. al-Ḥajjāj, *Ṣaḥīḥ Muslim*, 8 vols., Istanbul, AH 1330.

al-Shaṭṭī, *Rawḍ al-Bashar* = Muḥammad Jamīl al-Shaṭṭī, *Rawḍ al-Bashar fī A'yān Dimashq fī al-Qarn al-Thālith 'Ashar wa-Niṣf al-Qarn al-Rābi' 'Ashar AH 1201-1350*, Damascus, 1946.

al-Usṭuwānī, *Mashāhid wa-Aḥdāth* = Muḥammad Sa'īd al-Usṭuwānī, *Mashāhid wa-Aḥdāth Dimashqīyah fī Muntaṣaf al-Qarn al-Tāsi' 'Ashar AH 1256-1277 (1840-1861)*, [Damascus], 1994.

[Ziyâ Paşa,] *Zafernâme Şerhi* = [Ziyâ Paşa,] *Zafernâme Şerhi*, [Istanbul, ca. 1870.]

2 欧文史料

Alby, *Les prisonniers* = Ernest Alby, *Les prisonniers d'Abd-el-Kader, ou cinq mois de captivité chez les Arabes: orné du portrait d'Abd-el-Kader et de plan de Tékédemta*, 2 vols, Paris, 1837.

Anderson, *History of the Missions* = Rufus Anderson, *History of the Missions of the American Board of Commissioners for Foreign Missions to the Oriental Churches*, 2 vols., Boston, 1872.

Bellemare, *Abd-el-Kader* = Alexandre Bellemare, *Abd-el-Kader - sa vie politique et militaire*, Paris, 1863.

Bellows, *The Old World* = Henry Whitney Bellows, *The Old World in Its New Face: Impressions of Europe in 1867-1868*, 2 vols, New York, 1868-1869.

Bessé and Morris, *The Turkish Empire* = Alfred de Bessé and Edward Joy Morris, *The Turkish Empire, Embracing the Religion, Manners and Customs of the People, with a Memoir of*

the Reigning Sultan and Omer Pasha, Philadelphia, 1854.

Безобразов (ed.), *Материалы* = Безобразов (ed.), *Материалы для биографии ар. Порфирия Успенского*, 3 vols., СПб., 1910.

Bird, *The Martyr* = Isaac Bird, *The Martyr of Lebanon*, Boston, [1864.]

Bourgade, *Soirée de Carthage* = François Bourgade, *Soirée de Carthage, ou Dialogues entre un prêtre catholique, un muphti et un cadi*, Paris, 1847.

Churchill, *Abdel Kader* = Charles Henry Churchill, *The Life of Abdel Kader, Ex-Sultan of the Arabs of Algeria; Written from His Own Dictation, and Compiled from Other Authentic Sources*, London, 1867.

Churchill, *The Druzes and the Maronites* = Charles Henry Churchill, *The Druzes and the Maronites under the Turkish Rule from 1840 to 1860*, London, 1862.

Churchill, *Mount Lebanon* = Charles Henry Churchill, *Mount Lebanon: A Ten Years' Residence, from 1842 to 1852, describing the Manners, Customs, and Religion of its Inhabitants; with a Full & Correct Account of the Druse Religion, and Containing Historical Records of the Mountain Tribes*, 3 vols, London, 1853.

Clauzel, *Explications* = Bertrand Clauzel, *Explications du Maréchal Clauzel*, Paris, 1837.

Clauzel, *Observations* = Bertrand Clauzel, *Observations du Général Clauzel sur quelques actes de son commandement à Alge*r, Paris, 1831.

Desmichels, *Oran* = Louis Alexis Desmichels, *Oran sous le commandement du général Desmichels*, Paris, 1835.

[Devoisins,] *Recueil de documents* = [Valentin Devoisins,] *Recueil de documents sur l'expédition et la prise de Constantine par les Français, en 1837, pour servir à l'Histoire de cette campagne*, Paris, 1838.

d'Ideville (ed.), *Le Maréchal Bugeaud* = Henry d'Ideville (ed.), *Le Maréchal Bugeaud, d'après sa correspondance intime et des documents inédits, 1784-1849*, 3 vols., Paris, 1881-1882.

Dodd, *Russian War* = George Dodd, *Pictorial History of the Russian War 1854-5-6: With Maps, Plans, and Wood Engravings*, London, 1856.

Edwards, *La Syrie* = Richard Edwards, *La Syrie 1840-1862: histoire, politique, administration, population, religion et moeurs, événements de 1860 d'après des actes officiels et des documents authentiques*, Paris, 1862.

Farley, *Massacres* = James Lewis Farley, *The Massacres in Syria*, London, 1861.

Finn, *Stirring Times* = James Finn, *Stirring Times: Or, Records from Jerusalem Consular Chronicles of 1853 to 1856*, 2 vols., London, 1878.

Frankl, *Nach Jerusalem!* = Ludwig August Frankl, *Nach Jerusalem!*, 3 vols., Leipzig, 1858.

Grieu, *Le duc d'Aumale* = René de Grieu, *Le duc d'Aumale et l'Algérie*, Paris, 1884.

Haines, *Jonas King* = Haines, F. E. H., Mrs, *Jonas King, Missionary to Syria and Greece*, New York, 1879.

Herbert, *The Chronicles* = Frederick William von Herbert, *The Chronicles of a Virgin Fortress:*

Being Some Unrecorded Chapters of Turkish and Bulgarian History, London, 1896.

al-Jazā'irī, *Rappel à l'intelligent* = 'Abd al-Qādir al-Jazā'irī, *Le livre d'Abd-el-Kader intitulé: Rappel à l'intelligent, avis à l'indifférent: considérations philosophiques, religieuses, historiques, etc., par l'émir Abd-el-Kader: Traduites avec l'autorisation de l'auteur, sur le ms original de la Bibliothèque impériale, par Gustave Dugat, Membre de la Société asiatique, avec une lettre de l'émir, une introduction et des notes du traducteur*, Paris, 1858.

Johnson, *The Life of a Citizen* = Jeremiah Augustus Johnson, *The Life of a Citizen at Home and in Foreign Service*, New York, 1915.

Julian, *Works* = Emperor Julian, *The Works of the Emperor Julian*, 3 vols. London, 1913-1923.

Keith, *Evidence* = Alexander Keith, *Evidence of the Truth of the Christian Religion, derived from the Literal Fulfilment of Prophecy; particularly as illustrated by the History of the Jews, and by the Discoveries of Recent Travellers*, Edinburgh, 1828.

Loge Henri IV, *Initiation* = Loge Henri IV, *Tenue Solennelle du 1er septembre 1864: Initiation de l'Émir Abd-El-Kader*, Paris, 1865.

MacMahon, *Franciscan Martyrs* = Matthaeus MacMahon, *Franciscan Martyrs of Damascus 1860: Beatified on October 10th, 1926 by His Holiness Pope Pius XI*, Dublin, 1927.

[Mollière,] *Journal de l'expédition* = [Pierre Alexandre Jean Mollière,] *Journal de l'expédition et de la retraite de Constantine en 1836, par un officier de l'armée*, Paris, 1837.

Nolan, *War Against Russia* = Edward Henry Nolan, *The Illustrated History of the War Against Russia*, 2 vols., London, 1857.

O'Ryan, *Memorias* = Thomás O'Ryan y Vázquez, *Memorias sobre el viaje militar a la Crimea: presentada por los Oficiales del Cuerpo de Ingenieros nombrados en 1855 para seguir y estudiar las operaciones de la guerra entre Rusia y las potencias occidentales de Francia e Inglaterra auxiliando a la Turquía*, 3 vols., Madrid, 1858-1861.

Pardoe, *The City of the Sultan* = Julia Pardoe, *The City of the Sultan, and Domestic Manners of the Turks in 1836*, 2 vols, London, 1837.

Paton, *The Bulgarian* = Andrew Archibald Paton, *The Bulgarian, the Turk, and the German*, London, 1855.

Porter, *Five Years* = J. L. Porter, *Five Years in Damascus*, 2 vols., London, 1855.

Porter, *The Giant Cities* = Rev. J. L. Porter, *The Giant Cities of Bashan and Syria's Holy Places*, London, 1865.

Poujoulat, *La vérité* = Baptistin Poujoulat, *La vérité sur la Syrie et l'expédition française*, Paris, 1861.

Rappoport, *Leopold the Second* = Angelo S. Rappoport, *Leopold the Second: King of the Belgians*, London, 1910.

Richard, *Étude sur l'insurrection* = Charles Richard, *Étude sur l'insurrection du Dhara 1845-1846*, Alger, 1846.

Rihbany, *A Far Journey* = Abraham Mitrie Rihbany, *A Far Journey*, Boston & New York, 1914.

Rinn, *Histoire de l'insurrection* = Louis Rinn, *Histoire de l'insurrection de 1871 en Algérie*, Alger, 1891.

Rousset, *La conquête* = Camille Rousset, *La conquête de l'Algérie 1841-1857*, 2 vols., Paris, 1889.

Saint-Arnaud, *Lettres* = Armand Jacques Leroy de Saint-Arnaud, *Lettres du Maréchal de Saint-Arnaud 1832-1854*, 2 vols., Paris, 1855.

Savary, *Algérie* = André-Daniel Savary, *Algérie: nouveau projet d'occupation restreinte*, Paris, 1840.

Scott, *A Journal of a Residence* = Colonel Scott, *A Journal of a Residence in the Esmailla of Abd-el-Kader: and of Travels in Morocco and Algiers*, London, 1842.

Scouller, *Manual* = James Brown Scouller, *A Manual of the United Presbyterian Church of North America 1751-1881*, Harrisburg, 1881.

Séjour, *Les massacres* = Victor Séjour, *Les massacres de la Syrie: drame en huit tableaux*, Paris, 1860.

[Skene,] *Rambles* = [James Henry Skene,] *Rambles in the Deserts of Syria and Among the Turkomans and Bedaweens*, London, 1864.

Spafford-Vester, *Our Jerusalem* = Bertha Spafford-Vester, *Our Jerusalem: an American Family in the Holy City 1881-1949*, New York, 1950.

Suchet, *Lettres édifiantes* = Jacques Suchet, *Lettres édifiantes et curieuses sur l'Algérie, par M. l'Abbé Suchet, vicaire-général d'Alger*, Tours, 1840 [sic.].

Un témoin oculaire, *Souvenirs de Syrie* = Un témoin oculaire [Sfer Abdallah,] *Souvenirs de Syrie: expédition française de 1860*, Paris, 1903.

Volney, *Voyage* = Constantin François de Chassebœuf, comte de Volney, *Voyage en Syrie et en Égypte, pendant les années 1783, 1784 & 1785*, 2 vols, Paris, 1787.

3 史料集

Ḍaw (ed.), *Ḥawādith* = Anṭwān Ḍaw (ed.), *Ḥawādith 1860 fī Lubnān wa-Dimashq: Lijna Bayrūt al-Dawlīyah; al-Maḥāḍir al-Kāmilah 1860-1862,* 2 vols., Beirut, 1996.

Correspondence = Great Britain, Both Houses of Parliament, Parliamentary Papers, *Correspondence relating to the Affairs of Syria 1860-61.*

Correspondence, Part II = Great Britain, Both Houses of Parliament, Parliamentary Papers, Part II, *Correspondence relating to the Affairs of Syria (in continuation of Correspondence presented to Parliament in April 1860)*, London, 1861.

Dispatches = Great Britain, House of Commons, Command Papers, Accounts and Papers, vol. LXIX (August 1860): *Dispatches from Her Majesty's Consuls in the Levant, respecting*

Past or Apprehended Disturbances in Syria, 1858 to 1860.

Disturbances = Great Britain, House of Commons, Command Papers, Accounts and Papers, vol. LXIX (August 1860): *Papers relating to the Disturbances in Syria, June 1860.*

Further Papers = Great Britain, House of Commons, Command Papers, Accounts and Papers, vol. LXIX (August 1860): *Further Papers respecting Disturbances in Syria, 1860.*

Further Papers, June 1860 = Great Britain, House of Commons, Command Papers, Accounts and Papers, vol. LXIX (August 1860): *Further Papers relating to the Disturbances in Syria, June 1860*, London, 1860.

al-Khāzin (eds.), *al-Muḥarrarāt* = Fīlīb al-Khāzin wa-Farīd al-Khāzin (eds.), Majmū' *al-Muḥarrarāt al-Siyāsīyah wa-l-Mufawwaḍāt al-Dawlīyah 'an Sūriyā wa-Lubnān min Sanat 1840 ilā Sanat 1910*, 3 vols. Jūnieh (Lebanon), 1910-1911.

Maḥfūẓāt Baṭriyarkīyah Anṭākīyah = *Maḥfūẓāt Baṭriyarkīyah Anṭākīyah wa-Sā'ir al-Mashriq li-l-Rūm al-Urthūdhukus*, 6 vols, Koura (Lebanon), 2001-2009.

Olney et al. (eds.), *Wellington II* = R. J. Olney et al. (eds.), *Wellington II: Political Correspondence November 1834-April 1835*, London, 1986.

Plantet (ed.), *Correspondance* = Eugène Plantet (ed.), *Correspondance des deys d'Alger: avec la cour de France, 1579-1833*, 2 vols, Paris, 1889.

Testa (ed.), *Recueil des traités* = Le Baron I. de Testa (ed.), *Recueil des traités de la Porte ottomane avec les puissances étrangères depuis le premier traité conclu en 1536, entre Suléyman I et François I, jusqu'à nos jours*, 11 vols., Paris, 1864-1911.

Zūzū, *Nuṣūṣ wa-Wathā'iq* = 'Abd al-Ḥamīd Zūzū, *Nuṣūṣ wa-Wathā'iq fī Tārīkh al-Jazā'ir al-Mu'āṣir 1830-1900*, Algiers, 2009.

4 研究書・翻訳

Abun-Nasr, *A History of the Maghrib* = Jamil M. Abun-Nasr, *A History of the Maghrib in the Islamic Period*, Camridge, 1987.

Ageron, Abd el-Kader = Charles-Robert Ageron, Abd el-Kader souverain d'un royaume arabe d'Orient, *Revue de l'Occident musulman et de la Méditerranée, Numéro spécial, Actes du IIe Congrès International d'Etudes Nord-Africaines*, 1970.

Ageron, *Histoire de l'Algérie* = Charles-Robert Ageron, *Histoire de l'Algérie contemporaine: 1830-1988*, 9e éd., Paris, 1990.

al-'Alāwī, *al-Amīr al-Jazā'irī* = Fāris Aḥmad al-'Alāwī, *al-Amīr al-Jazā'irī fī Dimashq: Wathā'iq tunshar li-Awwal Marrah 'an al-Amīr 'Abd al-Qādir al-Jazā'irī wa-Awlādi-hi wa-Aḥfād-hi*, Tlemcen, 2014.

Anon., *Mukhtaṣar* = Anonymous, *Mukhtaṣar Tārīkh Ṭā'ifah al-Rūm al-Malakīyīn al-Kāthūlīkīyīn*, Beirut, 1884.

Aouli et al., *Abd el-Kader* = Smaïl Aouli et al., *Abd el-Kader*, Paris, 1994.

‘Awaḍ, *al-Idarāh al-‘Uthmānīyah* = ‘Abd al-‘Azīz Muḥammad ‘Awaḍ, *al-Idārah al-‘Uthmānīyah fī Wilāyah Sūriyah 1864-1914*, Cairo, [1969].

Badem, *The Ottoman Crimean War* = Candan Badem, *The Ottoman Crimean War 1853-1856*, Leiden, 2010.

Badī‘ah al-Jazā’irī, *Dirāsah* = Badī‘ah al-Ḥasanī al-Jazā’irī, *Dirāsah li-Kitāb Tuḥfah al-Zā’ir wa-Ma’āthir al-Amīr ‘Abd al-Qādir*, Damascus, 2009.

Badī‘ah al-Jazā’irī, *al-Mudhakkirāt al-Maz’ūmah* = Badī’ah al-Ḥasanī al-Jazā’irī, *al-Mudhakkirāt al-Maz‘ūmah: Taḥqīq wa-Dirāsah*, Damascus, 2010.

Badī‘ah al-Jazā’irī, *Wa-mā baddalū Tabdīlan* = Badī‘ah al-Ḥasanī al-Jazā’irī, *Wa-mā baddalū Tabdīlan: Tafāṣīl Daqīqah ‘an Jihād al-Amīr ‘Abd al-Qādir al-Jazā’irī wa-Dawlati-hi wa-Hijrati-hi*, Damascus, 2002.

Blair et al., *By Faith Endowed* = Carolyn L. Blair et al., *By Faith Endowed: The Story of Maryville College 1819-1994*, Maryville, 1994.

Bouyerdene, *Abd el-Kader* = Ahmed Bouyerdene, *Abd el-Kader, l'Harmonie des contraires*, Paris, 2008.

Braude and Lewis (eds.), *Christians and Jews* = Benjamin Braude and Bernard Lewis (eds.), *Christians and Jews in the Ottoman Empire: The Functioning of a Plural Society*, 2 vols., New York, 1982.

Brower, *A Desert Named Peace* = Benjamin Claude Brower, *A Desert Named Peace: The Violence of France's Empire in the Algerian Sahara 1844-1902*, New York, 2009.

de Clerck et al., *1860* = Dima de Clerck et al., *1860: histoires et mémoires d'un conflit*, Beyrouth, 2015.

Englezakis, The Antiochene Question = The Antiochene Question of 1897-1899: An Unpublished Journal of Constantine I. Myrianthopoulos, Benedict Englezakis, *Studies on the History of the Church of Cyprus 4th-20th Centuries*, Aldershot, 1995.

Essey, Raphael Hawaweeny = Basil Essey, Saint Raphael Hawaweeny, Bishop of Brooklyn, Augustine Casiday (ed.), *The Orthodox Christian World*, London, 2012.

Farah, *Interventionism* = Caesar E. Farah, *The Politics of Interventionism in Ottoman Lebanon 1830-61*, London, 2000.

Farah, Protestantism and Politics = Caesar E. Farah, Protestantism and Politics: The 19th Century Dimension in Syria, David Kushner (ed.), *Palestine in the Late Ottoman Period: Political, Social and Economic Transformation*, Jerusalem, 1986.

Fattūḥ, al-Usrah al-‘Arbīlīyah = ‘Īsā Fattūḥ, al-Usrah al-‘Arbīlīyah wa-Ma’āthir-hā al-‘Ilmīyah wa-l-Adabīyah, *Dirāsāt fī Tārīkh al-Adab al-Ḥadīth*, Damascus, 2003, pp. 5-20.

Fawaz, Amīr ‘Abd al-Qādir = Leila Fawaz, Amīr ‘Abd al-Qādir and the Damascus «incident» in 1860, Brigitte Marino (ed.), *Études sur les villes du Proche-Orient XVe-XIXe siecle: Homage à André Raymond*, Damas, 2001.

Fawaz, *An Occasion* = Leila Tarazi Fawaz, *An Occasion for War: Civil Conflict in Lebanon and*

Damascus in 1860, Oxford, 1993.

Fortescue, *The Orthodox Eastern Church* = Adrian Fortescue, *The Orthodox Eastern Church*, London, 1929.

Fortescue, *The Uniate Eastern Churchs* = Adrian Fortescue, *The Uniate Eastern Churchs: The Byzantine Rite in Italy, Sicily, Syria and Egypt*, London, 1923.

Gallois, *A History of Violence* = William Gallois, *A History of Violence in the Early Algerian Colony*, Basingstoke, 2013.

Ghazzal, *L'économie politique* = Zouhair Ghazzal, *L'économie politique de Damas durant le XIXe siècle: Structures traditionnelles et capitalisme*, Damas, 1993.

Gibb, *Ottoman Poetry* = Elias John Wilkinson Gibb, *A History of Ottoman Poetry*, 6 vols., London, 1900-1909.

Graf, *Geschichte* = Georg Graf, *Geschichte der christlichen arabischen Literatur*, 5 vols., Vatican, 1944-1953.

Gualtieri, *Arab and White* = Sarah Gualtieri, *Between Arab and White: Race and Ethnicity in the Early Syrian American Diaspora*, Berkeley, 2009.

al-Ḥāfiẓ and Abāẓah, *Tārīkh 'Ulamā' Dimashq* = Muḥammad Muṭī' al-Ḥāfiẓ and Nizāl Abāẓah, *Tārīkh 'Ulamā' Dimashq fī al-Qarn al-Rābi' 'Ashar al-Hijrī*, 3 vols., Damascus, 1986-1991.

Hitti, *The Syrians* = Philip K. Hitti, *The Syrians in America*, New York, 1924.

Hopwood, *The Russian Presence* = Derek Hopwood, *The Russian Presence in Syria and Palestine 1843-1914: Church and Politics in the Near East*, Oxford, 1969.

Huart, *Littérature arabe* = Clément Huart, *Littérature arabe*, Paris, 1902.

İnal, *Sadrıâzamlar* = İbnülemin Mahmut Kemal İnal, *Osmanlı Devrinde Son Sadrıâzamlar*, 14 vols., Istanbul, 1940-1953.

İnalcık et al., *Econimic and Social History* = Halil İnalcik et al., *An Econimic and Social History of the Ottoman Empire 1300-1914*, Cambridge, 1994.

(al-Jazā'irī,) *Autobiographie* = ('Abd al-Qādir al-Jazā'irī,) *L'Emir Abdelkader: autobiographie; ecrite en prison (France) en 1849 et publiée pour la première fois*, Paris, 1995.

Kark, *American Consuls* = Ruth Kark, *American Consuls in the Holy Land 1832-1914*, Jerusalem & Detroit, 1994.

Kaufman, *Reviving Phoenicia* = Asher Kaufman, *Reviving Phoenicia: The Search for Identity in Lebanon*, London, 2004.

Khoury, *Urban Notables* = Philip S. Khoury, *Urban Notables and Arab Nationalism: The Politics of Damascus 1860-1920*, Cambridge, 1983.

Kirillina, Arab Scholars = Svetlana Kirillina, Arab Scholars from the Ottoman Empire in Russian Universities in the Nineteenth and Early Twentieth Centuries, Colin Imber et al. (eds.), *Frontiers of Ottoman Studies: State, Province, and the West*, 2 vols., New York, 2005.

Koller, Omer Pasha Latas = Markus Koller, Omer Pasha Latas and the Ottoman Reform Policy in Bosnia and Herzegovina (1850-1851), *The Piety of Learning: Islamic Studies in Honor of Stefan Reichmuth*, Leiden, 2017.

Крымский, *История* = А. Е. Крымский, *История новой арабской литературы (XIX-начало XX века)*, Моксва, 1971.

Kuleli Askeri Lisesi, *Kuleli Askeri Lisesi* = Kuleli Askeri Lisesi, *Dünden Bugüne Kuleli Askeri Lisesi*, Istanbul, 2007.

Kuneralp, *Osmanlı Erkân* = Sinan Kuneralp, *Son Dönem Osmanlı Erkân ve Ricali 1839-1922*, Istanbul, 1999.

Kurd ʻAlī, *Khiṭaṭ al-Shām* = Muḥammad Kurd ʻAlī, *Khiṭaṭ al-Shām*, 6 vols., Damascus, 1925-1928.

Makdisi, *Artillery of Heaven* = Ussama Makdisi, *Artillery of Heaven: American Missionaries and the Failed Conversion of the Middle East*, New York, 2008.

Maʻoz, *Ottoman Reform* = Moshe Maʻoz, *Ottoman Reform in Syria and Palestine 1840-1861: The Impact of the Tanzimat on Politics and Society*, Oxford, 1968.

Massūḥ, Aḥdāth 1860 = Jūrj Massūḥ, Aḥdāth 1860 fī Mudhakkirāt Dīmitrī Dabbās, Dima de Clerck et al.(eds.), *1860: Histoires et mémoires d'un conflit*, Beyrouth, 2015.

Masters, *Christians and Jews* = Bruce Masters, *Christians and Jews in the Ottoman Arab World: The Roots of Sectarianism*, Cambridge, 2001.

Messaoudi, *Les arabisants* = Alain Messaoudi, *Les arabisants et la France coloniale: Annexes*, Lyon, 2015.

Meyendorff, *Unity* = John Meyendorff, *The Vision of Unity*, New York, 1987.

Miftāḥ, al-Radd = ʻAbd al-Bāqī Miftāḥ, al-Radd ʻalā Man ankara Nisbah al-Mawāqif li-l-Amīr ʻAbd al-Qādir, Ahmed Bouyerdene et al.(eds.), *Abd el-Kader: un spirituel dans la modarnité*, Damas, 2012.

Moreno, *Images of America* = Barry Moreno, *Images of America: Ellis Island*, Charleston (South Carolina), 2003.

Naff, *Becoming American* = Alixa Naff, *Becoming American: The Early Arab Immigrant Experience*, Carbondale & Edwardsville, 1985.

Neale, *The Holy Eastern Church* = John Mason Neale, *A History of the Holy Eastern Church*, 5 vols., London, 1847-1873.

Patel, *The Arab Nahḍah* = Abdulrazzak Patel, *The Arab Nahḍah: The Making of the Intellectual and Humanist Movement*, Edinburgh, 2013.

Qurbān, *al-Azmah* = Iliyās Qurbān, *al-Azmah al-Baṭriyarkīyah al-Anṭākīyah al-Urthūdhuksīyah 1891-1899*, Ṭarābulus (Lebanon), 1979.

Riedler, *Opposition and Legitimacy* = Florian Riedler, *Opposition and Legitimacy in the Ottoman Empire: Conspiracies and Political Cultures*, London, 2011.

Rustum, *Anṭākīyah* = Asad Rustum, *Kanīsah Madīnah Allāh Anṭākīyah al-ʻUẓmā*, 3 vols.,

Beirut, 1958.

Saad, *The Damascus Crisis* = Elias N. Saad, *The Damascus Crisis of 1860 in the Light of Kitab al-Ahzan, an Unpublished Eye Witness Account*, M.A. thesis, American University of Beirut, 1974.

Salibi, The 1860 Upheaval = Kamal S. Salibi, The 1860 Upheaval in Damascus as Seen by al-Sayyid Muhammad Abu'l-Su'ud al-Hasibi, Notable and Later *Naqib al-Ashraf* of the City, William R. Polk and Richard L. Chambers (eds.), *Beginnings of Modernization in the Middle East: The Nineteenth Century*, Chicago, 1968, pp. 185-202.

Schatkowski Schilcher, *Families in Politics* = Linda Schatkowski Schilcher, *Families in Politics: Damascene Factions and Estates of the 18th and 19th Centuries*, Stuttgart, 1985.

Scheltema, *The Lebanon* = Johann Friedrich Scheltema, *The Lebanon in Turmoil: Syria and the Powers in 1860*, New Heaven, 1920.

Somel, *Public Education* = Selçuk Akşin Somel, *The Modernization of Public Education in the Ottoman Empire 1839-1908: Islamization, Autocracy and Discipline*, Leiden, 2001.

Steppat, Some Arabic Manuscript Sources = Fritz Steppat, Some Arabic Manuscript Sources on the Syrian Crisis of 1860, Jacques Berque et Dominique Chevallier(eds.), *Les Arabes par leurs archives: XVIe-XXe siècles*, Paris, 1976, pp. 183-191.

Stokoe and Kishkovsky, *Orthodox Christians* = Mark Stokoe and Leonid Kishkovsky, *Orthodox Christians in North America 1794-1994*, New York, 1995.

al-Ṣulḥ, *Suṭūr min al-Risālah* = ʻĀdil al-Ṣulḥ, *Suṭūr min al-Risālah: Tārīkh Ḥarakah Istiqlālīyah qāmat fī al-Mashriq al-ʻArabī Sanah 1877*, Beirut, 1966.

Süreyya, *Sicill-i Osmanî*= Mehmed Süreyya, *Sicill-i Osmanî*, 6 vols., Istanbul, 1996.

Tabātabāʻī, *Kharāj* = Hossein Modarressi Tabātabāʻī, *Kharāj in Islamic Law*, London, 1983.

Ṭarrāzī, *Khazā'in al-Kutub al-ʻArabīyah* = Fīlīb dī Ṭarrāzī, *Khazā'in al-Kutub al-ʻArabīyah fī al-Khāfiqayn*, 4 vols., Beirut, 1947.

Temimi, *Le Beylik de Constantine* = Abdeljelil Temimi, *Le Beylik de Constantine et Ḥādj 'Aḥmed Bey (1830-1837)*, Tunis, 1978.

Temimi, Héritage politique = Abdeljelil Temimi, Héritage politique et identité de l'Emir Abdelkader apres sa libération a la lumiere de documents inédits (1851-1864), ʻAbd al-Jalīl al-Tamīmī, *Aḍwā' Jadīdah ḥawla Shakhsīyāt Maghāribīyah: al-Amīr ʻAbd al-Qādir wa-ʻAbd al-Karīm al-Khaṭṭābī wa-l-Ḥabīb Bū Ruqībah wa-ʻAllāl al-Fāsī wa- Ākharīn*, Tūnis, 2010.

Thackston (tr.), *Murder* = Wheeler. M. Thackston, Jr. (tr.), *Murder, Mayhem, Pillage, and Plunder: The History of Lebanon in the 18th and 19th Centuries by Mikhayil Mishaqa*, New York, 1988.

Tristram (ed.), *The Daughters of Syria* = Rev. H. B. Tristram (ed.), *The Daughters of Syria: A Narrative of Efforts by the Late Mrs. Bowen Thompson for the Evangelization of the Syrian Females*, 2nd ed., London, 1872.

Türkmen, Mekteb-i Harbiye-i Şahane = Zekeriya Türkmen, XIX. Yüzyıl Askerî Yenileşme Devri Eğitim-Öğretim Kurumlarından Mekteb-i Harbiye-i Şahane (Sultan II. Mahmut ve Sultan Abdülmecit Dönemleri), *Osmanlı İstanbulu III: III. Uluslararası Osmanlı İstanbulu Sempozyumu Bildirileri*, Istanbul, 2015.

Ülman, *Suriye Buhranı* = A. Halûk Ülman, *1860-1861 Suriye Buhranı: Osmanlı Diplomasisinden Bir Örnek Olay*, Ankara, 1966.

Woerner-Powell, *Another Road to Damascus* = Tom Woerner-Powell, *Another Road to Damascus: An Integrative Approach to 'Abd al-Qadir al-Jaza'iri 1808-1883*, Berlin, 2017.

Zakkār (ed.), *Bilād al-Shām* = Suhayl Zakkār (ed.), *Bilād al-Shām fī al-Qarn al-Tāsi' 'Ashar: Riwāyāt Tārīkhīyah Mu'āṣirāh li-Ḥawādith 'Ām 1860 AD wa-Muqaddimāt-hā fī Sūriyah wa-Lubnān*, Damascus, 1982.

若林『聖像画論争』= 若林啓史『聖像画論争とイスラーム』知泉書館 2003.

5　雑誌論文

Aksu, Lancaster Öğretim Sistemi = Ayşe Aksu, İngiltere – Amerika – Osmanlı Hattında Lancaster Öğretim Sistemi, *Değerler Eğitimi Dergisi*, vol. 6, no. 16 (December 2008).

Anon., Young Syrian = Anonymous, The Story of a Young Syrian, *The Independent*, vol. 55, 30 April 1903.

'Arbīlī, al-Ḥādithah = Ibrāhīm 'Arbīlī, al-Ḥādithah aw hiya Madhbaḥah Sanah 1860 fī Dimashq al-Shām, *al-Kalimah* (New York), vol. 9 (1913), no. 3, pp.151-161; no. 4, pp. 219-228; no. 5, pp. 296-301; no. 6, pp. 352-365; no. 7, pp. 406-419.

'Arbīlī, Muhājarah = Ibrāhīm 'Arbīlī, Fī Muhājarah al-Duktūr wa-l-Ustādh Yūsuf 'Arbīlī ma'a 'Ā'ilati-hi al-Sittah ilā al-Wilāyāt al-Muttaḥidah al-Amrīkīyah, *al-Kalimah* (New York), vol. 9 (1913), no. 8, pp. 488-497; no. 9, pp. 542-552; no. 11, pp. 659-673; no. 12, pp. 730-744.

Banjalučanin, Omer-Paša = Ivan Franjo Jukić Banjalučanin, Omer-Paša i Bosanski Turci I, *Bosanski prijatelj: Časopis saderžavajući potriebite koristne i zabavne stvari*, vol. 2 (1851).

Baron, Damascus Jewry = Salo W. Baron, Great Britain and Damascus Jewry in 1860-61: An Archival Study, *Jewish Social Studies*, vol. 2, no. 2 (April 1940).

Bellemare, Abd-el-Kader = Alexandre Bellemare, Abd-el-Kader - sa vie politique et militaire 1832-1860, *Revue Contemporaine*, vol. 63 (1862), pp. 5-41; pp. 325-360; pp. 523-555; pp. 660-696; vol. 64 (1862), pp. 73-101; pp. 249-269; pp. 406-431.

al-Bīṭār, Tarjamah = Muḥammad Bahjat al-Bīṭār, Tarjamah al-Shaykh 'Abd al-Razzāq al-Bīṭār, *al-Manār*, vol. 21, no. 6 (1919).

Bulaybil (ed.), Tabrīr al-Naṣārā = Anonymous, Tabrīr al-Naṣārā min-mā nusiba ilay-him fī Ḥawādith Sanah 1860, ed. Louis Bulaybil, *al-Mashriq*, vol. 26 (1928), pp. 634-635.

Clark, Mikhail Mishaqa = John Clark, Mikhail Mishaqa and the Damascus Massacres of 1860,

Islamic Culture, vol. 74, no. 2 (April 2000), pp. 1-36.

Danziger, Abd Al-Qadir's first overtures = Raphaël Danziger, Abd Al-Qadir's first overtures to the British and the Americans (1835-1836), *Revue de l'Occident musulman et de la Méditerranée*, vol. 18, no,1 (1974).

Eser, Mekteb-i Harbiye Örneği = Gülşah Eser, Türkiye'de Modern Bilimlerin Eğitiminde Mekteb-i Harbiye Örneği, *Osmanlı Bilimi Araştırmaları*, vol. 13, no. 2(2012).

[Faraḥyān,] Nubdhah Mukhtaṣarah = [al-Khūrī Yūsuf Faraḥyān,] Nubdhah Mukhtaṣarah fī Fitan Sūriyā, ed. Louis Shaykhū, *al-Mashriq*, vol.24 (1926), pp. 801-824; pp. 915-938.

Gökbilgin, Cebel-i Lübnan Meselesi = M. Tayyib Gökbilgin, 1840'tan 1861'e kadar Cebel-i Lübnan Meselesi ve Dürzîler, *Belleten*, vol. 10, no. 40, (October 1946).

Goldthwaite, Kawkab America = William M. Goldthwaite, Kawkab America, *Goldthwaite's Geographical Magazine*, vol. 3, no. 6, (June 1892).

Goodell, Lancasterian Schools = William Goodell, Extracts from Letters of Mr. Goodell, dated Oct. 1833: Lancasterian Schools established by the Turks, *The Missionary Herald*, vol. 30, no. 2 (February 1834).

Ḥilmī, al-Ṭibā'ah = Ibrāhīm Ḥilmī, al-Ṭibā'ah, *Lughah al-'Arab: Majallah Shahrīyah Adabīyah 'Ilmīyah Tārīkhīyah*, Baghdad, vol. 2, no. 6 (Dec. 1912), pp. 223-231.

Houghton, Syrians = Louis Seymour Houghton, Syrians in the United States, *The Survey* (New York, The Charity Organization Society), vol. 26, no. 14(July 1, 1911), pp. 481-495; no. 19 (August 5, 1911), pp. 647-665; no. 23(September 2, 1911), pp. 786-803; vol. 27, no. 1(October 7, 1911), pp. 957-968.

[Jullien(ed.),] Les Massacres = [Michel Marie Jullien(ed.),] Les Massacres de Damas, *Relations d'Orient: Syrie, Égypte, Arménie*, Bruxelles, Décembre 1885.

Karpat, The Ottoman Emigration = Kemal H. Karpat, The Ottoman Emigration to America 1860-1914, *International Journal of Middle East Studies*, vol. 17, no. 2 (May 1985).

Keskinkiliç and Ceylan, Protected Subjects = Erdoğan Keskinkiliç and Ebubekir Ceylan, Her Majesty's Protected Subjects: The Mishaqa Family in Ottoman Damascus, *Middle Eastern Studies*, vol. 51, issue 2 (2015).

Levy, The Officer Corps = Avigdor Levy, The Officer Corps in Sultan Mahmud II's New Ottoman Army 1826-39, *International Journal of Middle East Studies*, vol. 2, no. 1(1971).

Lewis, Churchill of Lebanon = Norman N. Lewis, Churchill of Lebanon, *Journal of the Royal Central Asian Society*, vol. 40 (1953), iss. 3-4, pp. 217-223.

Maalouf, Mīkhā'īl Mishāqā = Shireen Maalouf, Mīkhā'īl Mishāqā: Virtual Founder of the Twenty-four Equal Quartertone Scale, *Journal of the American Oriental Society*, vol. 123, no. 4 (Oct.-Dec. 2003), pp. 835-840.

al-Ma'alūf, al-Khūrī Yūsuf = 'Īsā Iskandar al-Ma'alūf, al-Khūrī Yūsuf Muhannā al-Ḥaddād, *al-Ni'mah: Majallah al-Baṭriyarkīyah al-Anṭākīyah al-Urthūduksīyah* (Damascus), vol. 2, no. 1 (Jun. 1910), pp. 15-25; vol. 2, no.2 (Jul. 1910), pp. 75-87.

[Mubārak,] Mā waqa'a lī = [al-Rāhib Mubārak,] Mā waqa'a lī fī Ḥādithah Sanah 1860, *al-Masarrah* (Ḥarīṣā, Lebanon), vol. 4 (1913), pp. 535-543; pp. 581-586; pp. 622-625.

Patorni(ed. & tr.), 'Abd-el-Qāder = Anatole Fernand Henry Patorni(ed. & tr.), L'Émir el-Hadj 'Abd-el-Qader: Règlements militaires avec appendice - texte et traduction nouvelle accompagnée de notes, *Bulletin de correspondance africaine: antiquités libyques, puniques, grecques et romaines*, Alger, 5è année(1886).

Paulding, Diseases = Joseph Gardner Paulding, Diseases and the Practice of Medicine in Damascus, *The Boston Medical and Surgical Journal*, vol. 46, no. 5 (March 3, 1852).

Poltoratzky, Bibliothèque russe-française = Serge Poltoratzky, Bibliothèque russe-française, *Bulletin du bibliophile belge*, vol. 13 (1857).

Rafeq, New Light = Abdul-Karim Rafeq, New Light on the 1860 Riots in Ottoman Damascus, *Die Welt des Islams* vol. 28 , no. 1 (1988), pp. 412-430.

Rogan, Sectarianism = Eugene L. Rogan, Sectarianism and Social Conflict in Damascus: The 1860 Events Reconsidered, *Arabica*, vol. 51, no. 4 (October 2004), pp. 493-511.

Ṣāfī, Thawrah al-Dimashqīyīn = Khālid Muḥammad Ṣāfī, Thawrah al-Dimashqīyīn 1247/1831: Dirāsah Tārīkhīyah, *Majallah Jāmi'ah al-Azhar bi-Ghazzah, Silsilah al-'Ulūm al-Insānīyah*, vol. 14 (2012), no. 2

al-Ṣalībī (ed.), Lamḥāt = Kamāl Sulaymān al-Ṣalībī (ed.), Lamḥāt min Tārīkh Dimashq fī 'Ahd al-Tanẓīmāt: Kunnāsh Muḥammad Abū al-Su'ūd al-Ḥasībī, *al-Abḥāth*, vol. 21 (1968), pp. 57-78; pp. 117-153; vol. 22 (1969), pp. 51-69.

Šedivý, The Diplomatic Background = Miroslav Šedivý, The Diplomatic Background of Austria's and Prussia's Military Assistance to the Ottoman Empire in the 1830s, *West Bohemian Historical Review*, vol. 2, iss. 1 (2012).

Temimi, Lettres inedites = Abdeljelil Temimi, Lettres inedites de l'Emir Abdel Kader en arabe (1855-1860), *Revue d'Histoire Maghrebine*, vols. 15-16 (1979).

Thompson, Ottoman Political Reform = Elizabeth Thompson, Ottoman Political Reform in the Provinces: The Damascus Advisory Council in 1844-45, *International Journal of Middle East Studies*, vol. 25 (1993).

Yacono, Les prisonniers = Xavier Yacono, Les prisonniers de la smala d'Abd el-Kader, *Revue de l'Occident musulman et de la Méditerranée*, vol. 15, no. 1 (1973).

Yaramış, Mekteb-i Harbiye'nin Kuruluşu = Ahmet Yaramış, Atatürk'ün Yetiştiği Mekteb-i Harbiye'nin Kuruluşu, *Kocatepe Üniversitesi Sosyal Bilimler Dergisi*, vol. 8, no. 3 (2006).

Zachs, Mīkhā'īl Mishāqa = Fruma Zachs, Mīkhā'īl Mishāqa: The First Historian of Modern Syria, *British Journal of Middle Eastern Studies*, vol. 28, no. 1 (2001), 67-87.

Zaydān, 'Abd al-Qādir = Jurjī Zaydān, al-Amīr 'Abd al-Qādir al-Jazā'irī, *al-Hilāl*, vol. 1, no. 5 (January. 1893).

Zaydān, Mīkhā'īl Mishāqah = Jurjī Zaydān, al-Duktūr Mīkhā'īl Mishāqah, *al-Hilāl*, vol. 1, no. 6 (February. 1893).

年　表

ダマスクス・レバノン山関連	参　考
1366 アンティオキア総主教座，ダマスクスに遷る	
1517 オスマン帝国セリム一世，シリア征服	
1724 ルーム・カトリック教会成立	
	1774 キュチュク・カイナルジャ条約
	1783 露，クリミア・ハーン国を併合
	1798-1801 ナポレオン，エジプト遠征
1821 メッゼの合戦	
	1826 イェニチェリ軍団解体
	1830 ギリシア独立承認
	1830 仏，アルジェリア征服開始
1831 総督セリム・パシャ殺害	1831 カトリック・ミッレト成立
1832-1840 イブラーヒーム・パシャのシリア支配	1832 アブド・アルカーディルをアミールに推戴
	1834 オスマン帝国軍学校創設
1836 アンティオキア総主教座学校設立	
	1839 ギュルハネ勅令
1841 レバノン山宗派抗争	
1843 レバノン山カーイム・マカーム制導入	
1845 レバノン山宗派抗争	
	1847 アブド・アルカーディル，仏軍に投降
	1848 仏二月革命
	1850 プロテスタント・ミッレト成立
	1850 アレッポの騒乱
	1852 仏第二帝政開始
	1853-1856 クリミア戦争
1855 アンティオキア総主教座にアラビア語印刷所開設	1855 非イスラーム教徒に対する人頭税廃止
1855 アブド・アルカーディル，ダマスクスに移住	1856 改革勅令
1857 ルーム・カトリック教会，西方暦導入	
	1858 ジェッダの騒乱
1859 キスラワーンの農民叛乱	
1860.6 レバノン山騒乱の発生	

ダマスクス・レバノン山関連	参　　考
1860.6.29-7.2 犠牲祭	
1860.7.6 レバノン山騒乱の和睦	
1860.7.9-11 ダマスクス騒乱	
1860.7.16 新総督ムアンマル・パシャ，ダマスクス到着	
1860.8.3 騒乱の被疑者逮捕開始	
1860.8.16 仏軍，ベイルート上陸	
1860.8.20 ダマスクスの犯罪者処刑	
1860.9.8 アフマド・パシャ処刑	
1860.9 ベイルート特別法廷設置	
1860.9 列国委員会発足	
1860.10 ダマスクスの名望家追放	
1860.12 ベイルート特別法廷判決	
1861.6 仏シリア派遣軍撤収	
1861.6 レバノン山組織規定採択	1861.6 スルターン・アブデュルメジド崩御
1862.5 列国委員会終結	
1863.12 補償請求締切	
	1869 スエズ運河竣工式
	1870 仏第二帝政崩壊
	1871 アルジェリア・カビリー地方の叛乱
	1872 コンスタンティノープル宗教会議
	1876 オスマン帝国憲法
	1877-78 露土戦争
1878 アルビーリー一家米国移住	1878 ベルリン条約
	1892 米国で『カウカブ・アミーリカー』紙創刊
	1895 米国でシリア正教慈善協会設立
1899 メレティオス・アッドゥーマニーを総主教に選出	
	1904 ハワーウィーニィー，ブルックリン主教に任命
	1905 ニューヨーク・シリア移民の抗争

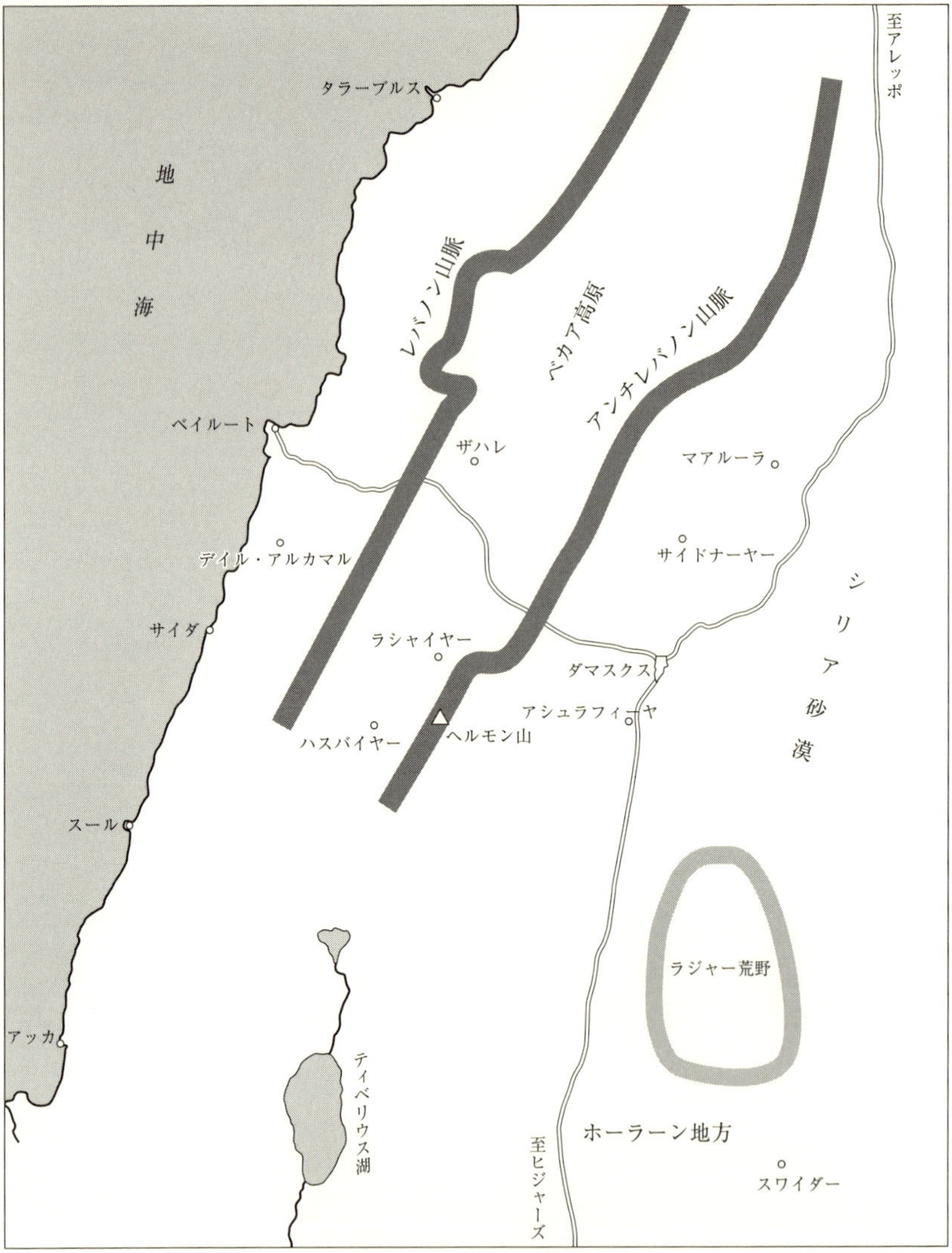

地図1　ダマスクス周辺図

出典）J. L. Porter, Memoir on the Map of Damascus, Hauran, and the Lebanon Mountains, *Journal of the Royal Geographical Society of London*, vol. 26 (1856)

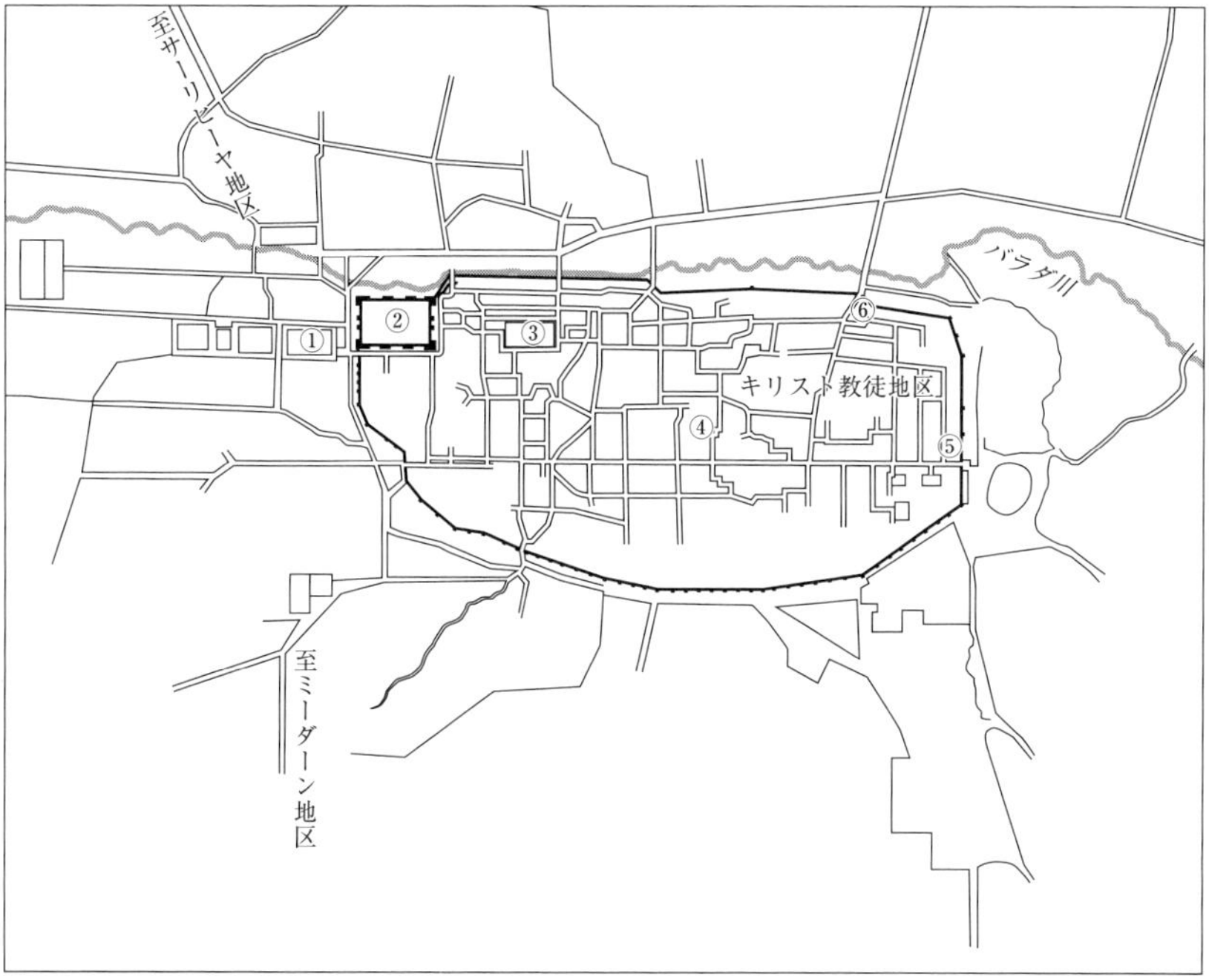

地図2　ダマスクス市街

出典）　J. L. Porter, *Five years in Damascus: Including an Account of the History, Topography, and Antiquities of That City; with Travels and Researches in Palmyra, Lebanon, and the Hauran*, London, 1855

①総督府	④正教会アンティオキア総主教座
②城塞	⑤東門
③ウマイヤ・モスク	⑥トマス門

若林 啓史（わかばやし・ひろふみ）

1963 年北九州市門司区生。1986 年東京大学法学部卒業・外務省入省。シリア（1987-89 アラビア語研修），連合王国（1989-90 Senior Associate Member, St. Antony' s College, Oxford University），イラク（1990-91），ジョルダン（1991-92）の日本大使館，外務本省，山梨県警察本部（2001-03 警務部長），イラン（2003-06 参事官），内閣府国際平和協力本部事務局（2006-09 参事官）を経てシリア（2010-13 公使），オマーン（2013-15 公使），イラン（2015-16 公使）の日本大使館で勤務。2016 年より東北大学法学研究科教授。2019 年より同大学客員教授。

〔主要業績〕『聖像画論争とイスラーム』知泉書館 2003 年（第 1 回パピルス賞受賞），『俳句・戦争・中東：松本「放談会」の記録』（共著）関記念財団 2019 年，『2011 年以降の中東情勢をめぐって：座談会・若林啓史氏に聞く』（共著・座談会記録）関記念財団 2016 年，『イスラーム世界研究マニュアル』（共著）名古屋大学出版会 2008 年，「正教会エルサレム総主教座のアラブ信徒」『イスラム世界』42 号日本イスラム協会 1993 年，『岩波イスラーム辞典』（項目執筆）2002 年，『世界民族問題事典』（項目執筆）平凡社 1995/2001 年。

〔シリアの悲嘆〕　ISBN978-4-86285-300-4

2019 年 8 月 25 日　第 1 刷印刷
2019 年 8 月 30 日　第 1 刷発行

著者　若林啓史
発行者　小山光夫
印刷者　藤原愛子

発行所　〒113-0033 東京都文京区本郷1-13-2
電話03（3814）6161 振替00120-6-117170
http://www.chisen.co.jp
株式会社　知泉書館

Printed in Japan　印刷・製本／藤原印刷